syr086 Foto: mb

Reise Know-How im Internet

Aktuelle Reisetipps und Neuigkeiten
Ergänzungen nach Redaktionsschluss
Büchershop und Sonderangebote

www.reise-know-how.de
info@reise-know-how.de

Wir freuen uns über Anregung und Kritik.

Reise Know-How®

Vorwort

„Ich liebe dieses sanfte, fruchtbare Land und seine einfachen Bewohner, die zu lachen verstehen und das Leben genießen können; die (...) Würde, Stil und gewaltig viel Humor besitzen und die den Tod nicht fürchten. Insha'allah werde ich wiederkommen ..." Mit diesem Satz beendete Agatha Christie ihre Autobiografie. Sie spricht von Syrien, das sie viele Male, meist über mehrere Monate hinweg, zusammen mit ihrem Mann, dem Archäologen Max Mallowan, besucht hatte. „Wie sehr habe ich diesen Teil der Welt geliebt!", schrieb sie in einem anderen Buch, und wie sehr kann ich sie verstehen! Syrien ist ein außergewöhnliches Land, ein Land mit den liebenswertesten Menschen, die mir je begegnet sind, ein Land, das jeden in seinen Bann zieht, der sich ihm ohne Vorurteile nähert. Dabei gehört es nicht zu den klassischen Reisezielen. Es ist ein Land, an dem der internationale Tourismus lange Zeit vorbeigegangen ist. Und wahrlich, weder locken aufregende Beachpartys noch hundertprozentige Sonnengarantie die Massen ins Land, und das ist auch ganz gut so: Andere Länder haben diese Rolle übernommen, und Syrien hat mehr, so viel mehr zu bieten als das.

In Syrien hat die Menschheit Geschichte gemacht. 12.000 Jahre, die ihre Spuren hinterlassen haben. Hier ist das erste Alphabet entstanden, hier gab es die ersten Städte der Menschheit und die ersten römischen Säulenstraßen. Syrien spielte auch für das Christentum eine wesentliche Rolle, denn hier soll Kain seinen Bruder Abel erschlagen haben, hier wurde der Saulus zum Paulus, und hier liegt (angeblich) noch immer ein Gürtel der Jungfrau Maria. Unter der muslimischen Herrschaft war Syrien eine Zeit lang der Nabel der islamischen Welt und übernahm diese Rolle später wieder, als Faisal 1918 dort die erste arabische Republik proklamierte. So viele Epochen, so viel(e) Geschichte(n), und jede wirkt bis in die heutige Zeit hinein. Und die Zeit ist nicht stehen geblieben: Man spürt in Syrien eine große Vitalität, die Einbindung Jahrtausende alter Kultur in ein modernes Leben.

Syrien ist jedoch vor allem **ein arabisches, ein orientalisches Land.** Die Lebendigkeit und Schönheit seiner Suqs und Altstädte bezaubern, ebenso die grandiosen Bauten muslimischer Baumeister. Hinzu kommen sensationelle Ruinenfelder, aufregende Städte und herrliche Landschaften. All das sucht seinesgleichen, und doch ist es nicht das, was Syrien alleine ausmacht: Es sind, wie schon erwähnt, die Menschen, die das Land bewohnen und es zu einem Juwel der Liebenswürdigkeit und Freundlichkeit machen. Auch Sie werden sich der Gastfreundschaft und dem Charme der Syrer nicht entziehen können und immer das schöne Gefühl haben, willkommen zu sein.

Ich wünsche Ihnen eine wunderschöne Reise – und ich bin mir sicher, Sie werden sie haben!

Muriel Brunswig-Ibrahim

Ein paar Anmerkungen vorweg

Sie werden es bei der Lektüre dieses Buches merken: Ich bin keine Altorientalistin und keine Archäologin! Ich bin Islamwissenschaftlerin. Syrien ist natürlich ein „Eldorado für Archäologen", wie es Max von Oppenheim ausdrückte, dieses Buch aber ist kein Kunstreiseführer, der sich allein auf die Beschreibung der antiken Ruinenstätten konzentriert. Die kommt selbstverständlich nicht zu kurz, vor allem aber will der vorliegende Reiseführer **praktische Informationen für das Reisen vor Ort** geben und **mit der islamischen Gesellschaft und arabischen Kultur bekannt machen.** Ich habe viele Monate in Syrien verbracht, spreche die Sprache und glaube daher, das Land und seine Menschen gut zu kennen. Diese praktische Kenntnis, gepaart mit dem theoretischen Rüstzeug, das ich mir im Verlauf meines Studiums angeeignet habe, machen die Grundlage dieses Buches aus.

Der zweite Punkt, den ich ansprechen möchte, ist die **Transkriptionsproblematik,** die bei arabischen Termini und Namen auftaucht. Es gibt eine wissenschaftliche Umschrift aus dem Arabischen in die lateinische Schrift. Doch diese ist mit Sonderzeichen versehen und deswegen für einen Reiseführer nicht tauglich. Ich habe mich daher nach einer gängigen Transkription gerichtet, die man vor allem in der englischen Literatur findet. Die Umschriftentabelle findet sich im Kapitel „Sprachhilfe Syrisch" ab S. 465. Nun tauchte jedoch das Problem auf, dass syrische Straßenschilder, Orts- und Hotelnamen nicht immer, oder besser, nur selten in diese Transkription „passen". Die Lösung: Namen, die auch im Deutschen vorkommen, wie z.B. Damaskus oder Aleppo, aber auch Koran und Scharia, habe ich in dieser deutschen Form übernommen. Die anderen Ortsnamen habe ich meiner Transkription angepasst.

Im Arabischen gibt es kurze und lange **Vokale.** Die langen werden im Allgemeinen mit einem â, û oder î gekennzeichnet. Diese Verlängerungszeichen habe ich allein in der Sprachhilfe verwendet. Für den Rest des Buches hätte der Aufwand in keinem Verhältnis zum Nutzen gestanden. Ich bin mir sicher: Wenn Sie mit Hilfe meiner Umschrift einen Namen aussprechen, wird man Sie verstehen, auch wenn Sie die Vokale nicht an der richtigen Stelle längen.

Wichtig: Im Sommer 2008 hat die syrische Regierung die Dieselsteuer um mehr als 300% erhöht. Seitdem ist es zu Preissteigerungen gekommen, deren Ende nicht abzusehen ist und die im vorliegenden Buch nicht alle berücksichtigt werden konnten. In dieser Hinsicht ist in Syrien vieles in Bewegung, parallel zur Steueranhebung wurden auch die Löhne um 25% angehoben, im Herbst 2008 wurden dann Preissenkungen angekündigt, die aber nicht realisiert wurden. Zudem bleibt abzuwarten, wie sich die globale Finanz- und Wirtschaftskrise im Land auswirkt. Ich habe mich auf jeden Fall bemüht, die Preise so aktuell wie möglich zu halten – wenn es dennoch zu Abweichungen kommen sollte, bitte ich dies zu entschuldigen.

Die **Internet- und E-Mail-Adressen** in diesem Buch können – bedingt durch den Zeilenumbruch – so getrennt werden, dass ein Trennstrich erscheint, der nicht zur Adresse gehören muss!

Hinweis: Bei vielen Städten/Orten/Sehenswürdigkeiten erfolgt ein **Verweis auf den Kartenatlas** am Ende des Buches (z.B. Damaskus ⇗ VI,A3).

Inhalt

Praktische Tipps A–Z

(unter Mitarbeit von *Elfi H. M. Gilissen*)

Land und Leute

Routenteil A: Damaskus und Umgebung

Routenteil B: Der Hauran und das Drusengebirge

Routenteil C: Das Orontestal und die Mittelmeerküste

Routenteil F: Die Wüste

Anhang

Kartenatlas nach Seite 492

Exkurse

Info-Kästen

syr083 Foto: mb

Praktische Tipps A–Z

syr080 Foto: mb

syr084 Foto: mb

Das Café Noufara in Damaskus

Route 66 ...

Im Eiscafé Bakdash (Damaskus)

Als Gast in Syrien

In Syrien ist jeder Gast willkommen, denn er kommt von Gott. Wer zudem noch mit **ein paar Grundregeln** vertraut ist, wird sehr schnell feststellen, dass sich zu der „üblichen" Gastfreundschaft bald schon eine große Freude darüber gesellen wird, dass der Gast sich so gut mit den Umgangsformen auskennt. Wenn Sie also die folgenden Punkte beachten, kann nichts mehr schief gehen!

Wer in ein arabisches Land reist – das gilt für Syrien in gleichem Maße wie für jedes andere arabische Land auch –, sollte sich damit vertraut machen, dass das alltägliche Leben, trotz aller zur Schau gestellten Moderne, durch **Traditionen und feste Umgangsformen** geprägt ist.

- **Andre Länder, andre Sitten!** Wundern Sie sich nicht ständig oder ärgern Sie sich nicht über für Sie Unverständliches. Es kann nicht immer Antworten auf alle Fragen geben! Vor allem aber darf nicht alles mit europäischen Maßstäben gemessen werden. Nur weil man etwas nicht kennt oder nicht versteht, muss es deshalb nicht schlecht sein. Wer sich bewusst macht, dass andere Kulturen andere Wertigkeiten haben, wird es auf seiner Reise sehr viel leichter haben.
- **Nehmen Sie sich Zeit!** Zeit zu haben ist im Orient eine ausgesprochene Tugend, Ungeduld wird eher missbilligend betrachtet. **„As-Sabr djamil" („Geduld ist schön"),** sagt man, und daran sollte man sich halten. Verspätungen, noch nicht einmal besonders üblich, sollten nicht mit „deutscher" Pünktlichkeit gemessen werden. Hier gelten andere Zeitbegriffe!
- Wenn Sie jemanden **fotografieren** wollen, fragen Sie vorher!
- Bevor man den Moscheeinnenraum oder ein Zimmer betritt, müssen die **Schuhe** ausgezogen werden, auch wenn man manchmal darauf aufmerksam gemacht wird, das sei nicht nötig. Der Fußboden ist oft auch der Ort, an dem gegessen wird, also: Schuhe aus!
- **Zärtlichkeitsbezeugungen** zwischen Mann und Frau in der Öffentlichkeit werden nicht nur als unsittlich angesehen, sie sind gesetzlich verboten! Das gilt nicht für Männer bzw. Frauen untereinander. Händchen haltende Männer sind durchaus normal – und fast immer heterosexuell! Das gilt auch für sich heftig umarmende Männer oder Frauen.

Regeln, wenn man **zu Gast bei einer Familie** ist:

- Eine **„Einladung"** ist nicht immer eine Einladung! Es entspricht der arabischen Höflichkeit, jeden Fremden einzuladen. Das bedeutet jedoch nicht, dass dies immer ernst gemeint ist. Sie müssen sich mehrmals bitten lassen (in aller Regel dreimal), dann erst können Sie mit gutem Gewissen annehmen.
- Es ist in aller Regel gut, ein paar **Süßigkeiten** mitzubringen: Die Kinder des Hauses freuen sich, und es ist Usus, sie damit zu beglücken.

Buchtipp – Praxis-Ratgeber:
- Harald A. Friedl
Respektvoll reisen
(REISE KNOW-HOW)

- Bei einem Besuch werden viele **Fragen** gestellt, auch um herauszufinden, wie oder was der andere ist, um sich ihm dann besser anpassen zu können. Auch wenn manche Fragen allzu neugierig erscheinen, ist es von Vorteil, freundlich zu bleiben und zu antworten. Dieses Frage- und Antwortspiel dient auch der Kommunikation. Dreht man den Spieß um und fragt selbst, wird man mehr über das Land und seine Menschen erfahren, als in vielen Büchern steht.
- Wird **Essen** oder Gebäck aufgetischt: Greifen Sie zu, aber nur mit der rechten Hand, die Linke ist unrein! Nichts ist beleidigender als ein Gast, der nicht isst. Es bedeutet, dass es ihm nicht schmeckt oder er nicht mit der Gastfamilie von einem Teller essen will. Auch ist es angebracht, langsam zu essen. Denn wenn man aufhört zu essen, könnte sich die Familie genötigt fühlen, auch aufzuhören.
- Bleibt man über Nacht oder ist man länger als einen Tag bei einer Familie zu Gast, sollte man auf jeden Fall, neben den Süßigkeiten für die Kinder, **Gastgeschenke** mitbringen. Das muss nicht unbedingt etwas „aus der Heimat" sein, wobei ein paar Fotos oder Postkarten von dort sicherlich sehr beliebt sind. Ein Geschenk aus Deutschland ist etwas besonderes, und wer eins dabei hat, steht auf jeden Fall gut da. Natürlich sind auch in Syrien gekaufte Gaben angebracht. Der Fantasie ist dabei keine Grenzen gesetzt. Wer sich dennoch etwas schwer tut – nie verkehrt sind: Zigaretten, Obst, Kuchen, Kassetten, Spielzeug, Tücher, Seife etc. Gastgeschenke sollten nicht am Anfang gereicht werden, es sieht sonst so aus, als wollte man die Gastfamilie bestechen. Man sollte sie aber auch nicht erst zum Schluss geben, denn dann gliche es einer Bezahlung.
- Ein letzter kleiner Tipp: Achten Sie darauf, **was die Syrer machen und wie sie es machen.** Dann können Sie am wenigsten falsch machen!

syr070 Foto: lv

An-, Ein- und Ausreise

Anreise mit dem Flugzeug

Nonstop- und Direktverbindungen aus dem deutschsprachigen Raum nach Syrien bestehen mehrmals wöchentlich, aber nicht täglich mit **Syrian Arab Airlines** von Frankfurt, Berlin und Wien sowie mit **Austrian Airlines** von Wien nach Damaskus. Ein- oder zweimal wöchentlich kann man auch Direktflüge von Frankfurt, Berlin und Wien nach Aleppo mit Syrian Arab Airlines buchen. Daneben gibt es **interessante Umsteigeverbindungen** nach Damaskus ab vielen Flughäfen in Deutschland, Österreich und der Schweiz mit Air France über Paris, mit Alitalia über Mailand oder Rom, mit British Airways über London, mit Malev über Budapest sowie mit Turkish Airlines über Istanbul. Darüber hinaus gibt es weitere interessante Umsteigeverbindungen nach Damaskus mit Cyprus Airways ab Frankfurt, Zürich und Wien über Larnaca, mit Egypt Air ab Berlin, Düsseldorf, Frankfurt, München und Wien über Kairo sowie mit Royal Jordanian ab Frankfurt, München, Zürich und Wien über Amman. Diese können zwar billiger sein als die Nonstop-Flüge, aber man muss hier auch eine längere Flugdauer einkalkulieren.

Ein Direktflug von Deutschland, Österreich oder der Schweiz nach Damaskus dauert etwa vier Stunden, mit Zwischenlandung oder Umsteigen etwa zwei bis drei Stunden länger.

Fluggesellschaften

Dies sind die wichtigsten Fluggesellschaften mit Verbindungen von Mitteleuropa nach Syrien:

- **Air France,** www.airfrance.de
- **Alitalia,** www.alitalia.de
- **Austrian Airlines,** www.aua.at
- **British Airways,** www.ba.com
- **Cyprus Airways,** www.cyprusairways.com
- **Egypt Air,** www.egyptair.de
- **KLM,** www.klm.de
- **Malev,** www.malev.de
- **Royal Jordanian,** www.rja.com.jo
- **Syrian Arab Airlines,** www.syriaair.com
- **Turkish Airlines,** www.turkishairlines.de

Flugpreise

Je nach Fluggesellschaft, Jahreszeit und Aufenthaltsdauer in Syrien bekommt man ein **Economy-Ticket** von Deutschland, Österreich und der Schweiz nach Damaskus und zurück **ab 400 Euro** (Endpreis inkl. aller Steuern, Gebühren und Entgelte).

Meistens preisgünstigere Flüge sind mit den **Jugend- und Studententickets** (je nach Airline alle jungen Leute bis 29 Jahre und Studenten bis 34 Jahre) möglich. Dann gibt es einen Flug z.B. mit Malev von Frankfurt über Budapest nach Damaskus und zurück ab etwa 300 Euro.

Kinder unter zwei Jahren fliegen ohne Sitzplatzanspruch für 10% des Erwachsenenpreises, ansonsten werden für ältere Kinder die regulären Preise je nach Airline um 25–50% ermäßigt. Ab dem zwölften Lebensjahr gilt der Erwachsenentarif oder ein besonderer Jugendtarif (s.o.).

Von Zeit zu Zeit offerieren die Fluggesellschaften **befristete Sonderange-**

Mini-„Flug-Know-how"

Check-in

Nicht vergessen: Ohne **gültigen Reisepass, Visum im Pass** oder als Gruppenreisender mit Bestätigung des syrischen Reisebüros, welches das Visum vor Ort ausstellt, kommt man nicht an Bord eines Flugzeuges mit Ziel Syrien.

Bei den meisten internationalen Flügen muss man **1–2 Stunden vor Abflug am Schalter der Airline** eingecheckt haben. Viele Airlines neigen zum Überbuchen, d.h., sie buchen mehr Passagiere ein als Sitze im Flugzeug vorhanden sind, und wer zuletzt kommt, hat dann eventuell das Nachsehen.

Wenn ein vorheriges Reservieren der **Sitzplätze** nicht möglich war, hat man die Chance, einen Wunsch bezüglich des Sitzplatzes zu äußern.

Das Gepäck

In der **Economy Class** darf man in der Regel nur Gepäck bis zu 20 kg pro Person einchecken (steht auf dem Flugticket) und zusätzlich ein Handgepäck von 7 kg in die Kabine mitnehmen, welches eine bestimmte Größe von 55 x 40 x 23 cm nicht überschreiten darf. In der **Business Class** sind es meist 30 kg pro Person und zwei Handgepäckstücke, die insgesamt nicht mehr als 12 kg wiegen dürfen. Man sollte sich beim Kauf des Tickets über die Bestimmungen der Airline informieren.

Aus Sicherheitsgründen dürfen **Taschenmesser, Nagelfeilen, Nagelscheren,** sonstige Scheren u.Ä. nicht im Handgepäck untergebracht werden. Diese Gegenstände sollte man unbedingt im aufzugebenden Gepäck verstauen, sonst werden sie bei der Sicherheitskontrolle einfach weggeworfen. Darüber hinaus gilt, dass Feuerwerke, leicht entzündliche Gase (in Sprühdosen, Campinggas), entflammbare Stoffe (in Benzinfeuerzeugen, Feuerzeugfüllung) etc. nichts im Passagiergepäck zu suchen haben.

Flüssigkeiten oder vergleichbare Gegenstände in ähnlicher Konsistenz (z.B. Getränke, Gels, Sprays, Cremes, Shampoos, Zahnpasta, Suppen) dürfen nur in der Höchstmenge von jeweils 0,1 Liter als Handgepäck mit ins Flugzeug genommen werden. Die Flüssigkeiten müssen in einem durchsichtigen, wiederverschließbaren Plastikbeutel transportiert werden, der maximal 1 Liter Fassungsvermögen hat.

Rückbestätigung

Bei den meisten Airlines ist heutzutage die Bestätigung des Rückfluges nicht mehr notwendig. Allerdings empfehlen alle Airlines, sich dennoch **telefonisch zu erkundigen,** ob sich an der Flugzeit nichts geändert hat, denn kurzfristige Änderungen der genauen Abfluguhrzeit kommen beim zunehmenden Luftverkehr heute immer häufiger vor.

Wenn die Airline allerdings eine Rückbestätigung **(reconfirmation)** bis 72 oder 48 Stunden vor dem Rückflug verlangt, sollte man auf keinen Fall versäumen, die Airline kurz anzurufen, sonst kann es passieren, dass die Buchung im Computer der Airline gestrichen wird; der Flugtermin ist dahin. Das Ticket verfällt aber nicht dadurch, es sei denn, die Gültigkeitsdauer wird überschritten, aber unter Umständen ist in der Hochsaison nicht sofort ein Platz auf einem anderen Flieger frei.

Die Rufnummer kann man von Mitarbeitern der Airline bei der Ankunft, im Hotel, dem Telefonbuch oder auf der Website der Airline erfahren.

bote. Dann kann man für knapp über 300 Euro von vielen Flughäfen in Deutschland, Österreich und der Schweiz mit Alitalia über Mailand oder Rom nach Damaskus und zurück fliegen. Diese Tickets haben in der Regel eine befristete Gültigkeitsdauer und eignen sich nicht für Langzeitreisende.

Ob für die gewünschte Reisezeit gerade Sonderangebote für Flüge nach Syrien auf dem Markt sind, lässt sich im Internet, in Reisebüros und bei den einzelnen Airlines erfahren.

In Deutschland gibt es die häufigsten Verbindungen nach Syrien von Frankfurt aus. Tickets für Flüge von und nach anderen deutschen Flughäfen sind oft teurer. Da kann es für Deutsche attraktiver sein, mit einem **Rail-and-Fly-Ticket** per Bahn nach Frankfurt zu reisen (entweder bereits im Flugpreis enthalten oder 30–60 Euro extra). Man kann je nach Fluglinie auch einen preiswerten Zubringerflug der gleichen Airline von einem kleineren Flughafen in Deutschland buchen. Außerdem gibt es Fly & Drive-Angebote, wobei eine Fahrt von und zum Flughafen mit einem Mietwagen im Ticketpreis inbegriffen ist.

Buchtipps – Praxis-Ratgeber::
- Frank Littek
Fliegen ohne Angst
- Erich Witschi
Clever buchen, besser fliegen
(beide Bände Reise Know-How)

Reist man viel per Flugzeug, kann man als **Mitglied eines Vielflieger-Programms** auch indirekt sparen, beispielsweise im Verbund der www.staralliance.com (Mitglieder u.a. Austrian Airlines, Egypt Air, Turkish Airlines), www.skyteam.com (Mitglieder u.a. Air France, Alitalia) oder www.oneworld.com (Mitglieder u.a. Malev, Royal Jordanian); die Mitgliedschaft ist kostenlos. Fliegt man mit Fluggesellschaften eines Verbundes, reichen die gesammelten Flugmeilen dann vielleicht schon für einen Freiflug bei einer der Partnergesellschaften beim nächsten Flugurlaub. Bei Einlösung eines Gratisfluges ist langfristige Vorausplanung nötig.

Buchung

Viele günstige Tarife bekommt am einfachsten über Internetbuchung bei den einzelnen Airlines (Adressen s.o.) oder in renommierten **Reisebüros,** wie der Flugbörse (www.flugboerse.de), Opodo (www.opodo.de) etc. Wer bereit ist, für eine gute Beratung etwas mehr zu bezahlen, dem sei eLVau-Travel in Freiburg empfohlen (www.elvau-travel.de).

Last Minute

Wer sich erst im letzten Augenblick für eine Reise nach Syrien entscheidet oder gern pokert, kann Ausschau nach Last-Minute-Flügen halten, die von einigen Airlines **mit deutlicher Ermäßigung ab etwa 14 Tage vor Abflug** angeboten werden, wenn noch Plätze zu füllen sind. Diese Flüge lassen sich nur bei Spezialisten buchen:

- **L'Tur,** www.ltur.com, Tel. 00800-21 21 21 00 (gebührenfrei für Anrufer aus Europa); 165 Niederlassungen europaweit.
- **Lastminute.com,** www.lastminute.de, (D)-Tel. 01805-28 43 66 (0,14 €/Min.), für Anrufer aus dem Ausland Tel. 0049-89-444 69 00.
- **5 vor Flug,** www.5vorflug.de, (D)-Tel. 01805-10 51 05 (0,14 €/Min.), (A)-Tel. 0820-20 30 85 (0,145 €/Min.).
- **Restplatzbörse,** www.restplatzboerse.at, (A)-Tel. (01) 58 08 50.

Ausreise

Die **Ausreise-Tax** am Flughafen Damaskus wird erst bei der Ausreise erhoben und zwar in Syrischen Lira. Jede Person älter als zwölf Jahre muss bei der Ausreise über den Flughafen eine Gebühr von 1500 Lira bezahlen, bei der Ausreise über den Landweg 800 Lira. Devisen werden nicht akzeptiert – weshalb man diese Summe in Lira aufheben sollte. Der Schalter für die Tax ist am Damaszener Flughafen nicht ganz einfach zu finden, zumal er nur arabisch beschriftet ist. Am besten fragen Sie am Check-in, wo Sie die Steuer bezahlen sollen, oder beim Zoll, wenn Sie über Land ausreisen.

Anreise mit der Bahn

Der Reiz und die Tiefe der Eindrücke, die eine Bahnreise in den Orient bieten, dürften wohl nur schwer zu übertreffen sein. Zu betrachten ist eine solche Reise in zwei Etappen:

Die erste Etappe geht zunächst bis nach Istanbul. Mehrere Routen stehen dabei zur Verfügung, z.B. über Wien – Belgrad – Sofia, Wien – Budapest – Bukarest oder München – Zagreb – Belgrad – Sofia. In jedem Fall muss ein- bis zweimal umgestiegen werden, und immer wird das Etappenziel nach zwei Nachtfahrten am Vormittag erreicht. In Istanbul Sirkeci, dem europäischen Bahnhof der Bosporus-Metropole, endet die erste Hälfte der Fahrt. Die Züge dieser Verbindungen sind sehr verspätungsanfällig, weshalb stets auf ausreichende Anschlusszeiten geachtet werden sollte. Oder, wenn man schon da ist: Man unterbricht die Fahrt auf einer oder mehreren der Unterwegs-Stationen und lernt so auch noch ein paar der durchaus reizvollen Städte des Balkans kennen.

Je nach Buchungszeitpunkt und Verfügbarkeit ist die einfache Tour ab Deutschland **bis Istanbul** schon für rund **200 Euro** zu haben. Für die Strecken der ersten Etappe besteht Reservierungspflicht; die Fahrkarten und – die meisten – Reservierungen sind in Westeuropa erhältlich.

Die zweite Etappe: Selbstverständlich sind auch hier Unterbrechungen unterwegs möglich und empfehlenswert. Wer einfach nur am Stück durchfahren will, nimmt den jeden Sonntagvormittag verkehrenden direkten Schlafwagen von Istanbul über Ankara und Adana **nach Aleppo** (Abfahrt am asiatischen Bahnhof Istanbul Haydarpasa). Die Fahrzeit bis Aleppo beträgt rund 30 Stunden, ein Speisewagen ist auf Teilstrecken mit dabei. Offiziell verkehrt der Schlafwagen sogar weiter bis Damaskus, die Regel aber ist, dass in Aleppo für die restlichen rund sechs Stunden in die syrische Hauptstadt in einen anderen Zug oder in einen Bus umgestiegen werden muss.

Fahrkarten und Reservierungen für diese Strecke sind zurzeit nur vor Ort zu bekommen. Da der Zug aus Richtung Westen im europäischen Teil Istanbuls genau dann ankommt, wenn der Zug im asiatischen Teil schon abfährt, hat man dafür auch die Zeit. Am Reservierungs-Schalter im europäischen Bahnhof sitzen meist auch fremdsprachenkundige türkische Eisenbahner. Wichtig ist, dort den Pass dabeizuhaben. Der Fahrpreis für die zweite Etappe betrug Ende 2008 rund 50 Euro – Schlafwagen-Unterbringung inklusive.

- **Informationen über Zugverbindungen innerhalb der Türkei** (Istanbul) werden erteilt unter der Telefonnummer 00 90-216-336 04 75 (Türkischkenntnisse sind von Vorteil).
- Die **Planung und Buchung** der Anreise bis Istanbul muss nicht an einem Schalter der DB oder auf deren Website versucht werden. Es empfehlen sich dafür die Dienste einer spezialisierten Bahnagentur: Gleisnost am Stadttheater, Bertoldstr. 44, 79098 Freiburg, Tel. 0761-38 30 31, www.gleisnost.de.

Anreise mit dem Bus

Hier gilt Ähnliches wie mit der Bahn: Es gibt keine durchgehende Busverbindung, und es sind die zwei Etappen Europa und Asien zu betrachten. Die europäische Etappe wird von Bussen der Deutschen Touring (Tel. 069-7 90 35 01, www.touring.de) ab rund zehn deutschen Städten meist einmal wöchentlich in rund zwei Tagen und für ca. 150 Euro (einfach pro Person) bewältigt. Für die asiatische Etappe kann man in Istanbul direkt ein Ticket bis nach Syrien kaufen, auch wenn man in Antakya fast immer den Bus wechseln muss (Kosten zwischen 30 und 40 Euro; Istanbul – Aleppo dauert etwa 30 Stunden). Es wird geringfügig teurer, wenn man nur bis Antakya fährt und von dort dann einen Bus nach Syrien nimmt. Wer sich unterwegs noch die Türkei ansehen will, sollte auf jeden Fall in Antakya Station machen. Ab hier fahren fast stündlich Busse nach Syrien!

Anreise mit Bahn, Schiff und Bus

Schöner, aber auch aufwendiger, länger und vor allem teurer ist die Anreise nach Syrien mit verschiedenen Verkehrsmitteln. Sehr beliebt ist die Zug-Bus-Kombination via Istanbul oder aber die Zug-Schiff-Bus-Kombination.

Ausgangspunkt für die nachfolgenden **Routen** ist immer Basel, die Preise (ab München) variieren nur wenig.

Teil 1 der Strecke ist die **Fahrt von Deutschland nach Italien,** zu einem der Fährhafen. Dort (bzw. im Vorfeld) muss man sich entscheiden, ob man lieber mit dem Schiff nach Griechenland fährt und dann über Land weiter in die Türkei oder aber direkt auf dem Seeweg in die Türkei. Eine weitere Möglichkeit ist die, von Italien nach Patras (Griechenland) zu schippern, von dort über Land bis Athen und schließlich auf eine der Inseln Kos, Patras oder Rhodos zu fahren, um von dort eine Fähre in die Türkei zu nehmen.

Fähren nach Patras fahren ab Bari, Brindisi oder Ancona (am nördlichsten, dafür dauert die Überfahrt am längsten!). Direkt in die Türkei geht es ab Venedig und Brindisi.

Zugkosten: Je nach italienischem Hafen ab Basel zwischen 80 und 100 Euro (einfach).

Es gibt keine direkten Zugverbindungen, man muss zumindest in Mailand umsteigen, nach Mailand gibt es aber zwei Nachtzugverbindungen mit der Deutschen Bahn, einmal von München aus und einmal von Dortmund (DB NachtZug, www.nachtzugreise.de oder in Deutschland Tel. 01805-14 15 14).

Fähren nach Griechenland

Die Fähren sind in der Regel sehr preisgünstig. **Bari – Igoumenitsa** (nördlich von Patras) gibt es ab 50 Euro Schiffspassage, die Überfahrt dauert 9–11 Std. **Ancona – Patras** kostet ab 50 Euro und dauert im schnellsten Fall 20 Std.

Wer von hier weiter muss, kann mit der Bahn bis Athen fahren (ca. 4 Std.). Von dort geht es entweder über Land weiter bis Istanbul oder aber man nimmt eine Fähre auf eine der Inseln, um von dort weiter an die türkische Ägäisküste zu kommen. Von Kos geht ein Schiff nach Bodrum, von Rhodos geht ein Schiff nach Marmaris, von Samos eines nach Kusadasi, von Lesbos eines nach Ayvacik, von Symi eines nach Datca und von Chios geht ein Schiff nach Cesme. Die Preise für diese Griechenland-Türkei-Verbindungen sind recht hoch. So kostet beispielsweise Rhodos – Marmaris um die 65 Euro.

Fähren in die Türkei

Türkeifähren verkehren das ganze Jahr. Die bequemste Variante ist die Strecke Venedig – Izmir. Die Überfahrt dauert rund 60 Std.

Ancona – Cesme mit Marmara Lines: Mai bis Oktober 1x wöchentlich, ca. 43 Std., der Preis (Pullman-Schlafsessel) liegt bei 135 Euro (NS) bzw. 160 Euro (HS), hinzu kommen 55 Euro Hafengebühren.

Brindisi – Cesme mit Marmara Lines: nur im Sommer, 1- bis 2x wöchentlich, ca. 30 Std., der günstigste Reisepreis (Pullmann-Schlafsessel) liegt bei 85 Euro. Auch hier kommt eine Hafentax von 55 Euro pro Person dazu.

Tickets und Infos erhalten Sie bei den Spezialisten von RICHTIG SCHIFFEN unter www.richtig-schiffen.de oder Tel. 01805-54 64 63 (0,14 €/Min.).

Weiterfahrt in der Türkei

Ist man dann endlich in der Türkei, nicht aber in Istanbul, muss man einen Bus nach Antakya nehmen. Nur von Istanbul direkt gibt es Busverbindungen (eventuell auch von Ankara) nach Syrien (s.o.). Busfahren in der Türkei ist sehr billig. Eine Gesamtdurchquerung bis an die syrische Grenze kostet nicht mehr als 30 Euro. In Antakya gibt es einen relativ großen Busbahnhof, mit vielen Busgesellschaften, die nach Syrien fahren. Unterschiede bestehen kaum, nehmen Sie den billigsten Bus oder den, der für Sie zeitlich am günstigsten liegt. Täglich gehen viele Busse nach Aleppo, Lathaqiya und Damaskus. Es ist auch möglich, ab Antakya mit dem Dolmus (Sammeltaxi) nach Yayladag zu fahren und von dort ein Taxi an die syrische Grenze zu nehmen. Man überquert sie zu Fuß und kann von dort weiter nach Kasab fahren (s.u. bei „Einreise").

Die Grenzüberquerung für Reisende mit öffentlichen Verkehrsmitteln ist meist einfach und schnell. Näheres dazu weiter unten.

syr072 Foto: mb

Auf dem Busbahnhof von Hama

Anreise mit dem Pkw

Wer nicht mit der Fähre bis nach Griechenland oder in die Türkei reisen möchte, dem bietet sich ab Deutschland folgende Route an: über Österreich, Slowenien, Kroatien, Serbien, Bulgarien und die Türkei nach Syrien. Um eine ungefähre Vorstellung zu haben, wie weit es ist: München und Istanbul liegen etwa 1900 km voneinander entfernt, von Istanbul nach Aleppo sind es noch einmal ca. 1250 km.

Bei der Beschreibung der Strecke richte ich mich nach den Vorschlägen des ADAC (www.adac.de), dessen Informationen umfassend und detailliert sind.

Die **Route beginnt in München.** Über die A 8 geht es zunächst Richtung Salzburg, weiter über die A 10 Richtung Wien/Slowenien.

Slowenien (allg. Empfehlungen des Auswärtigen Amtes): Außer dem allgemeinen, weltweit gültigen Sicherheitshinweis, dass Terroranschläge überall vorkommen können, gibt es keine landesspezifischen Sicherheitshinweise. Eine Reise durch Slowenien ist also gefahrlos, auch wenn Kleinkriminalität und Betrug durchaus vorkommen. Bezüglich des Pkw wird die Mitnahme der Grünen Versicherungskarte empfohlen. Vom 15.11. bis 15.3. bestehen eine Winterreifenpflicht sowie die Pflicht, Schneeketten mitzunehmen. Die Autobahn ist mautpflichtig.

Nach dem Grenzübertritt wird auf die A 2 gewechselt. Man folgt der Beschilderung nach Zagreb und passiert nach ungefähr 200 km die Grenze nach Kroatien.

Kroatien (allg. Empfehlungen des Auswärtigen Amtes): Neben den allgemeinen, weltweit geltenden Sicherheitshinweisen gibt es speziell für Kroatien die Warnung vor Landminen, vor allem in den Grenzgebieten zu Serbien, Ungarn und Bosnien-Herzegowina. Es wird dringend davor gewarnt, Straßen und Wege zu verlassen, da Minen häufig am Straßenrand verlegt wurden. Bezüglich des Pkw wird die Mitnahme der Grünen Versicherungskarte empfohlen. Auch in Kroatien werden Mautgebühren verlangt.

Anreise über Land

Es gibt wahrscheinlich 1001 Möglichkeiten, nach Syrien über Land zu reisen, und gemeinsam ist ihnen nur eines: Es braucht etwas Zeit und Freude am Unterwegs-Sein. Wer über beides verfügt, kann eine wunderschöne Reise antreten und sich langsam auf ein so fremdes Land wie Syrien einstellen.

Wichtiges zur Einreise vorweg:
- **Slowenien:** Es genügt ein Personalausweis; der Reisepass ist nötig, da man ja nach Syrien will.
- **Kroatien:** Ein Personalausweis oder Reisepass, der mindestens so lange gültig ist wie die Aufenthaltsdauer im Land, berechtigt zu einem Aufenthalt bis zu drei Monaten.
- **Serbien:** Für drei Monate reicht ein Reisepass, der mindestens so lange gültig ist wie die Aufenthaltsdauer im Land.
- **Bulgarien:** Es reicht ein Reisepass für zehn Tage Aufenthalt.
- **Türkei:** Mit einem gültigen Reisepass kann man bis zu drei Monate im Land bleiben. Es gelten die allgemeinen Zollbestimmungen.

Da sich die Einreisebestimmungen jederzeit ändern können, ist es ratsam, sich vorher bei einem der Verkehrsclubs oder bei den Botschaften direkt zu erkundigen.

Checkliste fürs Auto (Transitländer)

Kfz-Papiere ——— **Tempolimit** ——— **Benzin** ——— **Mautgebühren**

Österreich
- Führerschein, Kfz-Schein, Grüne Versicherungskarte, D-Schild;
- Ort 50 km/h, Landstraße 100 km/h, Autobahn 130 km/h;
- Diesel, Bleifrei Normal (91 Oktan), Bleifrei Super (95 Oktan), Bleifrei Super Plus (98 Oktan);
- Maut: 10-Tagesvignette, 4,50 €

Slowenien
- Führerschein, Kfz-Schein, Zulassungsschein, Grüne Versicherungskarte, D-Schild;
- Ort 50 km/h, Landstraße 90 km/h, Schnellstraßen 100 km/h, Autobahn 110 km/h;
- Diesel, Bleifrei EuroSuper (95 Oktan), Bleifrei Eurosuper Plus (98 Oktan);
- Maut: 16 €

Kroatien
- Führerschein, Kfz-Schein, Zulassungsschein, Grüne Versicherungskarte, D-Schild;
- Ort 50 km/h, Landstraße 90 km/h, Schnellstraßen 110 km/h, Autobahn 130 km/h;
- Eurodiesel, Bleifrei EuroSuper (95 Oktan), Bleifrei Eurosuper Plus (98 Oktan);
- Maut: 5,50 €

Serbien
- Führerschein, Kfz-Schein, Zulassungsschein, Grüne Versicherungskarte, D-Schild;
- Ort 60 km/h, Landstraße 80 km/h, Schnellstraßen 100 km/h, Autobahn 120 km/h;
- Diesel, Bleifrei Super (95 Oktan);
- Maut: 14,97 €

Bulgarien
- Führerschein, Kfz-Schein, Zulassungsschein, Grüne Versicherungskarte, D-Schild;
- Ort 50 km/h, Landstraße 90 km/h, Autobahn 130 km/h;
- Diesel, Bleifrei Super (95 Oktan), Bleifrei Super Plus (98 Oktan);
- Maut: 7-TagesVignette, 5 €

Türkei
- Führerschein, Kfz-Schein, Zulassungsschein, Grüne Versicherungskarte, D-Schild; ab dem asiatischen Teil: Haftpflichtversicherung des türkischen Touring Club;
- Ort 50 km/h, Landstraße 90 km/h, Autobahn 120 km/h;
- Diesel, Bleifrei Super (95 Oktan), Bleifrei (96 Oktan);
- Maut: 9,78 €

Hinter der Grenze geht es auf der A 3 an Zaghreb vorbei, bis nach rund 300 km die Grenze zu Serbien passiert wird.

Serbien (allg. Empfehlungen des Auswärtigen Amtes): Neben den allgemeinen, weltweit gültigen Sicherheitshinweisen gelten für Serbien besondere Sicherheitshinweise. Der Kosovo hat sich im Februar 2008 einseitig für unabhängig erklärt, was von Deutschland völkerrechtlich anerkannt wurde. So kann es immer wieder zu Großdemonstrationen kommen, weshalb es bei einer Reise durch Serbien notwendig ist, sich auch kurzfristig über die Sicherheitslage zu informieren. Diebstähle und Übergriffe auf parkende Autos sind in Serbien häufiger als in den Nachbarländern, Nachtfahrten können gefährlich sein, da die Straßen nicht immer im besten Zustand sind. Die Grüne Versicherungskarte ist Pflicht, es werden Mautgebühren kassiert.

Nach der Grenze wechselt man auf die 1/E 75, die man nach rund 400 km verlässt, um auf die E 80 zu gelangen. 60 km später hat man die Grenze nach Bulgarien erreicht.

Bulgarien (allg. Empfehlungen des Auswärtigen Amtes): Neben den allgemeinen, weltweit geltenden Sicherheitshinweisen sind für Bulgarien keine besonderen Sicherheitshinweise zu beachten. Dennoch gilt ein erhöhtes Risiko des Autodiebstahls. Vor Übernachtungen am Straßenrand oder wildem Campen wird deshalb abgeraten. Außerdem wird vor „falschen" Polizisten gewarnt, die Bußgelder kassieren. Es ist deshalb wichtig zu wissen, dass „echte" Polizisten gar keine Bußgelder kassieren dürfen. Im Zeitraum vom 1.11. bis 1.3. ist es auch tagsüber Pflicht, mit Abblendlicht zu fahren. Im Land herrscht eine Vignettenpflicht.

Sie folgen nun der Straße 8/Europa, bis Sie nach rund 80 km die A 1 erreichen. Nach der Ausfahrt Trakia wechseln Sie auf die E 80 bis zur türkischen Grenze, die nach rund 300 km erreicht ist.

Türkei (allg. Empfehlungen des Auswärtigen Amtes): Neben den allgemeinen, weltweit geltenden Sicherheitshinweisen gelten für die Türkei weitere Sicherheitshinweise. Grundsätzlich ist nach Meinung des Auswärtigen Amtes eine erhöhte Gefahr von Anschlägen zu erkennen, weshalb zu erhöhter Vorsicht geraten wird. Vor allem im Südosten des Landes kommt es immer wieder zu Auseinandersetzungen zwischen der kurdischen PKK und dem türkischen Militär. Es gibt aufgrund der hohen Sicherheitsvorkehrungen im ganzen Land verstärkt Polizeikontrollen. Wegen der unorthodoxen Fahrweise mancher Türken ist von Nachtfahrten abzuraten. Die Kriminalitätsrate ist in der Türkei eher niedriger als in den westlichen Nachbarländern. Pkw werden in den Pass des Einreisenden eingetragen, der Zoll stellt außerdem ein Formular aus, das eine Deadline für die Ausreise festlegt. Die Grüne Versicherungskarte gilt nur für den europäischen Teil der Türkei, für den asiatischen Teil, also Anatolien, ist beim Grenzübertritt beim Touring-Club eine Kfz-Haftpflichtversicherung (30 bis 90 Tage) abzuschließen. Es gibt eine Mautpflicht.

Vorbei an Edirne geht es zunächst weiter auf der E 80. Nach rund 450 km, bei Kaynasli, geht es dann auf die D 100, 20 km weiter auf die E 89 bis Konya. Danach wird auf die E 90 gewechselt, 1100 km weiter (ab der Grenze) auf die E 91, die Sie nach Hatay (= Antakia) bringt. Von hier folgen Sie der Beschriftung zur syrischen Grenze, die nach insgesamt **3100 km** (von München) erreicht ist. Hinter der Grenze folgen Sie der Route D 2 ab Bab el Hawa.

Jeder Autofahrer, der nach Syrien reist, sollte sich **einem Verkehrsklub**

anschließen! Ausgezeichnetes Informationsmaterial mit Landkarten, exakten Kilometerangaben, Übernachtungsvorschlägen für unterwegs, mit allen Kfz-Informationen, Infos vom Auswärtigen Amt etc. (von der Stiftung Warentest mit „sehr gut" bewertet) bietet neben dem ADAC auch der **Auto- und Reiseclub Deutschland ARCD** (91427 Bad Windsheim, Pf 440, Tel. 0 98 41-40 90, Fax 4 09 64).

Weitere Informationen, v.a. die Reise in der Türkei betreffend, bietet auch der türkische Automobilklub:

- **Türkiye Turing ve Otomobil Kurumun**
1. Otosanayi Sitesi yai, 4. Levet, Istanbul, Tel. 00 90-212 282 81 40, www.turing.org.tr.

Einreise nach Syrien

Einreisebestimmungen

Im Großen und Ganzen verändern sich Einreisebestimmungen für Syrien selten und wenn, nur minimal. Dennoch wird für folgende Angaben keine Garantie übernommen! Eventuelle Veränderungen sind fast immer auf den Visumanträgen vermerkt.

Grundsätzlich ist ein **Reisepass** notwendig, der noch mindestens 6 Monate nach Ausreise aus Syrien gültig sein muss und **kein Visum, Einreise- oder Ausreisestempel von Israel** enthält. Mitreisende Kinder brauchen einen eigenen Kinderausweis mit Lichtbild. Auch für sie herrscht Visumpflicht. Jeder Syrien-Reisende muss ein **gebührenpflichtiges Visum** beantragen. Es gibt vier unterschiedliche Visumsarten: 1. Die einmalige Einreise (30 Tage innerhalb von 3 Monaten), 2. die mehrmalige Einreise (mehrere Aufenthalte von 30 Tagen innerhalb von 6 Monaten), 3. die einmalige Durchreise (72 Stunden innerhalb von 3 Monaten) und 4. die mehrmalige Durchreise (mehrmals 72 Stunden innerhalb von 6 Monaten). Grundsätzlich ist es so, dass das Visum für eine einmalige Einreise ungültig wird, wenn man das Land verlässt, und sei es auch nur für ein paar Stunden z.B. nach Baalbek (Libanon). Wer also plant, Tagesausflüge in den Libanon oder nach Jordanien zu machen, braucht ein Visum mit mehrmaliger Einreise. Das Visum ist immer ab dem Ausstellungstag gültig, und auch wenn es für drei oder sechs Monate ausgestellt ist, darf man dennoch nur für einen begrenzten Zeitraum in Syrien bleiben (s.o.). Wer länger im Land bleiben möchte, muss sich vorher beim Immigration Office *(Maktab al-Hidjra wa-Djawazat)* melden (nicht aber schon nach 15 Tagen, wie noch in den veralteten Passstempeln steht, sondern erst nach 30 Tagen – wer früher kommt, wird wieder zurückgeschickt). Näheres hierzu siehe im Abschnitt „Immigration Office". Visa erhält man bei den syrischen Botschaften oder Konsulaten.

Hinweis: Da sich die **Einreisebestimmungen kurzfristig ändern** können, raten wir, sich kurz vor Abreise beim Auswärtigen Amt (www.auswaertiges-amt.de bzw. www.bmaa.gv.at oder www.dfae.admin.ch) oder bei der jeweiligen Botschaft zu informieren.

syr073 Foto: mb

Offiziell ist es auch möglich, erst an der **syrisch-libanesischen Grenze** ein Visum zu beantragen, was aber häufig zu Komplikationen führen kann. Selten in meinem Leben habe ich so viele Geschichten über einen Grenzübergang gehört, wie über den syrisch-libanesischen: Visa, die nicht akzeptiert wurden, Grenzübergänge ohne Visum, Behauptungen der Behörden, man habe das falsche Visum ... Um sicher zu gehen, dass der Grenzübertritt klappt (das gilt übrigens für jeden Grenzübertritt!), sollte man ein Visum haben, das in Europa ausgestellt wurde. Ich habe zwar noch nie gehört, dass jemand länger als drei Tage an der Grenze festgehalten wurde, wohl aber schon, dass man Leute mit „falschem" oder gar keinem Visum nicht hat einreisen lassen. Außerdem ist es oft sehr anstrengend, in Nachbarländern ein Visum zu beantragen (das gilt am wenigsten für Jordanien). Wer sich erst auf dem Weg nach Syrien, d.h. in den meisten Fällen in der Türkei, ein Visum beschaffen möchte, muss mit einer etwas längeren Prozedur rechnen. Grundsätzlich muss jeder, der sich außerhalb Deutschlands ein Visum besorgt, erst einmal auf die deutsche Botschaft gehen. Dort erhält

Lebensmittelladen

man so etwas wie eine „Unbedenklichkeitsbescheinigung". Mit dem Schreiben der deutschen (bzw. österreichischen oder schweizerischen) Botschaft, das extra bezahlt werden muss, und zwei Passfotos begibt man sich zur syrischen Botschaft, gibt seinen Pass bis 12 Uhr mittags ab, zahlt das Entgelt und darf am nächsten Tag wieder kommen! Die Prozedur insgesamt dauert also mindestens zwei Tage, die Kosten scheinen mehr oder weniger willkürlich festgelegt zu sein.

Ein Visum erhalten alle Bürger der Bundesrepublik Deutschland, Österreichs und der Schweiz sowie alle Bürger, die in Deutschland eine Aufenthaltsgenehmigung haben. Für sie gelten allerdings andere Bestimmungen, die individuell erfragt werden müssen.

Das **Visum wird** demjenigen **verweigert,** der einen israelischen Vermerk im Ausweis hat oder einen jordanischen Grenzstempel der Grenzen Taba, Wadi-Araba, Wadi al-Urdun, Rafah und Sharm al-Shaikh. Kinder unter 15 Jahren brauchen die schriftliche Zustimmung ihrer Eltern.

Die **Adressen der diplomatischen Vertretungen,** bei denen man ein Visum beantragen kann:

- **Botschaft der Arabischen Republik Syrien**
  Rauchstr. 25, 10787 **Berlin,**
  Tel. 030-50 17 70, Fax 50 17 73 11,
  www.syrianembassy.de.
  Das Visum lässt sich am einfachsten über die Website beantragen. Formulare und Infos über die notwendigen Unterlagen (2 Formulare mit Passfoto, ein noch mind. 6 Monate gültiger Reisepass, Überweisungsbeleg) und die aktuellen Preise gibt es dort.
- **Botschaft der Arabischen Republik Syrien**
  Daffingerstr. 4, 1030 **Wien,**
  Tel. 01-533 46 33, Fax 533 46 32.
- **Generalkonsulat der Arabischen Republik Syrien**
  72, Rue de Lausanne, 1202 **Genf,**
  Tel. 022- 732 56 58, Fax 73 84 75.

Besonders praktisch, wenn man mehrere Visa für den Landweg braucht: Deutsche und Österreicher können sich ihr Touristen- oder Businessvisum auch über die **Visum Centrale** beschaffen. Auf deren Homepage (www.visum-centrale.de) sind alle Geschäftsstellen aufgeführt, an die man sich auch direkt wenden kann.

Weitere diplomatische Vertretungen, aktuelle Reisehinweise zu allen Transitländern und **Hinweise zur allgemeinen Sicherheitslage** nennen:

- **Deutschland:** www.auswaertiges-amt.de und www.diplo.de/sicherreisen (Länder- und Reiseinformationen), Tel. 030-50 00-0, Fax 50 00-34 02.
- **Österreich:** www.bmeia.gv.at (Bürgerservice), Tel. 05-0 11 50-44 11, Fax 05-0 11 59-0.
- **Schweiz:** www.dfae.admin.ch (Reisehinweise), Tel. 031-323 84 84.

Wichtig: Bei der Einreise müssen Sie eine **Einreisekarte** ausfüllen, die bei der Ausreise wieder abzugeben ist! Außerdem benötigen Sie zur Einreise zweimal einen Satz von **Kopien der ersten vier Seiten Ihres Reisepasses.**

Fahrzeugpapiere

Für die Einreise mit dem Pkw sind folgende Unterlagen notwendig: Eine **internationale Zulassung,** ein **Internationaler Führerschein** (zu erhalten bei der Führerscheinstelle), ein **Carnet**

de Passage (für den Transit kann man anstelle des Carnet an der Grenze eine vorübergehende Einfuhrgenehmigung erhalten; diese Formalitäten sind aber gebührenpflichtig und etwas kompliziert) und eine **Vollmacht** für den Fall, dass man mit einem **geliehenen Fahrzeug** einreisen möchte.

Die grüne Versicherungskarte wird in Syrien nicht anerkannt, sodass an der Grenze eine **Kfz-Haftpflichtversicherung** abgeschlossen werden muss (zusammen mit der Einfuhrgenehmigung ca. 40 US-$ im Jahr 2008). Diese gilt 28 Tage, eine Verlängerung kann man beim Zollamt Damaskus beantragen. Da die Mindestdeckungssummen deutlich unter den deutschen Standards liegen, empfiehlt der ADAC den Abschluss einer Kurzkasko- und Insassenunfallversicherung.

Dieselfahrzeuge (nur Pkw) dürfen bis zu einem Zeitraum von drei Monaten nach Syrien einreisen, allerdings wird eine völlig überzogene Dieselsteuer von 100 US-$ pro Woche verlangt. Bei der Einreise erhält man eine Erlaubnis für eine Woche – und kann diese dann bei den Zollbehörden in Damaskus, Homs oder Aleppo verlängern lassen. Pick-ups und Wohnmobile sowie Campingwagen dürfen offiziell nur von Juni bis Oktober einreisen – in der Praxis aber erhalten fast alle Fahrzeuge auch im Winter eine Einreisegenehmigung. Grundsätzlich muss jeder Autoreisende eine Straßenbenutzungsgebühr von derzeit 8 US-$ bezahlen. Die Bestimmungen variieren und unterliegen einem steten Wechsel, sodass man sich unbedingt bei der syrischen Botschaft nach den neuesten Bestimmungen erkundigen sollte.

Zoll- und Devisenbestimmungen

Die **Einfuhr von Bargeld** im Gegenwert von mehr als 5000 US-$ muss bei der Einreise deklariert werden, um die ausländische Währung wieder ausführen zu dürfen.

Die **Einfuhr von GPS-Geräten** unterliegt gesonderten Regelungen, die direkt an der Botschaft erfragt werden müssen. Es kann vorkommen, dass einem die Einfuhr solcher Dinge verboten wird. Auf die Mitnahme von Geräten mit Fernbedienung sollte verzichtet werden.

Die **Ausfuhr von Antiquitäten** ist staatlich geregelt. Sie untersteht der Altertumsverwaltung in Damaskus, die hierfür eine Sondererlaubnis erteilen muss. Es wird dringend davon abgeraten, bei einschlägigen Angeboten an den vielen historischen Stätten „zuzuschlagen". Meist sind die Exponate Fälschungen, sind sie es nicht, ist ihre Ausfuhr verboten. Des Weiteren ist die Ausfuhr von syrischen Pfund verboten.

Einführen darf man 200 Zigaretten sowie je 1 Liter Parfüm und Alkohol.

Grenzabfertigung

Egal, an welcher Grenze und wie man einreist – folgende Prozedur ist überall dieselbe: Erst reist man aus dem anderen Land aus. Das wird in den Pass eingetragen. Mit diesem Stempel geht es dann zur syrischen Grenzabfertigung. Reist man mit dem Flugzeug ein, entfällt dieser Schritt. Dort übernimmt die Passkontrolle die Einreiseformalitäten.

Beim Einreiseschalter muss man in aller Regel zwei, manchmal nur eine **Einreisekarte** ausfüllen, in denen Angaben zu den Eltern, zum Anliegen des Syrienbesuches, zu früheren Reisen etc. gemacht werden müssen (werden im Flugzeug verteilt bzw. liegen an der Grenzstation aus). Mit diesem Zettel wird ein Eintrag in den Pass gemacht. Das geschieht an einem Passschalter, der eigens für Ausländer eingerichtet ist. Ist man durch die Passkontrolle durch, geht es zum Zoll, das Gepäck wird dort, meist nur flüchtig, inspiziert. Fertig. Diese Vorgehensweise gilt für jede (!) Einreise nach Syrien. Die Einreisekarte(n) brauchen Sie wieder für die Ausreise, also **unbedingt aufheben!**

Einreiseformalitäten mit dem eigenen Pkw

Die Einreiseformalitäten an den Grenzen Jordanien, Libanon und Bab al-Hauwa sind relativ unaufwendig, da die Beamten häufiger mit Touristen zu tun haben. Auch hier muss man erst einmal durch die Passkontrolle. Danach folgt der Kauf der Steuermarken und der Versicherung. Für beides braucht man Passbilder des Wageninhabers, also bereithalten. Das Carnet kostet meist 10 US-$, die Versicherung 40 US-$. Hat man beides erstanden (an welchen Schaltern das ist, muss individuell erfragt werden!), geht es weiter zum Zoll. Einen Zwangsumtausch gibt es nicht. Im Normalfall muss man mit etwa 1 Std. Abfertigung rechnen.

Einreiseformalitäten mit öffentlichen Verkehrsmitteln

Keine besonderen außer den oben beschriebenen.

Einreise von der Türkei

Derzeit gibt es **fünf offene Grenzübergänge** zwischen der Türkei und Syrien: Bab al-Hauwa, Azaz, Kasab, Tell Abyad und Qamishli, wobei der am meisten frequentierte der über Bab al-Hauwa ist. Das ist auch der einzige Grenzübergang, über den öffentliche Busse fahren. Nach Kasab kommt man öffentlich, wenn man ab Antakya mit dem Dolmus (Sammeltaxi) nach Yayladag fährt und ab dort zu Fuß oder mit dem Taxi weiter bis zur Grenze kommt. Der Grenzübergang hier ist recht unkompliziert. Hinter der Grenze sind es 300 m bis zur nächsten Straßenkreuzung, bei der es rechts nach Kasab geht. Warten, bis ein Bus vorbeifährt!

Wer von der Türkei mit dem Pkw nach Syrien einreist, findet die Anfahrtsbeschreibungen über **Bab al-Hauwa** bis Aleppo bei Route D 2 (bei Km 212), über **Azaz** nach Aleppo bei Route D 1 (bei Km 130), über **Tell Abyad** bei Route E 1 (bei Km 188), über **Qamishli** bei Route E 1 und über **Kasab** nach Lathaqiya bei Route C 2 (Km 66).

Einreise von Jordanien

Es gibt **nur einen Grenzübergang** zwischen Syrien und Jordanien: Derâa/al-Ramtha. Wer von hier einreist, kann sich an die Routenbeschreibung B 2 bei Derâa halten. Öffentliche Verkehrsverbindungen gibt es täglich mit der Buslinie JETT ab Amman.

Einreise vom Libanon

Es gibt derzeit **drei offene Grenzübergänge** zwischen dem Libanon und Syrien: Hamidaya bei Tartus (Route C 1, Amrit), Damaskus (siehe Ausflug nach Bludan und Zabadani) und al-Qusair bei Homs.

Der Libanon hat keine syrische Botschaft, sodass es manchmal (!) möglich ist, das Visum an der Grenze zu erhalten. Das ist allerdings ziemlich teuer, nämlich 39 US-$ cash.

Einreise vom Irak

Seit dem Irak-Krieg 2003 sind alle Grenzen, die zuvor kurzzeitig geöffnet waren, wieder geschlossen.

Weiterreise

Jordanien

Visa nach Jordanien kann man sowohl im Heimatland, in Syrien selbst oder aber direkt an der Grenze erhalten. Die **Einreise mit dem Pkw** ist nur über den Grenzübergang Derâa/Ramtha (s.o.) möglich.

Wer **mit öffentlichen Verkehrsmitteln** unterwegs ist, kann von jeder größeren Stadt mit dem Bus (Näheres dazu in den jeweiligen Ortskapiteln) nach Amman reisen.

Libanon

Wer nur für einen **Wochenendtrip** in den Libanon möchte, braucht kein Visum; alle Aufenthalte bis 48 Stunden sind visumfrei. Die syrische Einreisekarte können Sie für den Notfall aufheben. Zumeist erhalten Sie jedoch bei der erneuten Syrieneinreise eine neue Karte. **Visa** über einen längeren Zeitraum bekommen Sie entweder in Ihrem Heimatland oder aber an einem der drei offenen Grenzübergänge zwischen Syrien und dem Libanon (in Syrien selbst gibt es keine libanesische Botschaft oder Behörde, bei der man ein Visum beantragen könnte). Diese Übergänge sind: Hamidaya, Damaskus und al-Qusair. Alle Grenzübergänge sind auch für **Privat-Pkw** passierbar. Die Abfertigung ist schnell, man muss weder Versicherungen abschließen noch sonst irgendwelche Gebühren bezahlen. Erforderlich ist lediglich ein Carnet.

Busse und Sammeltaxis in den Libanon verkehren von jeder größeren Stadt aus (siehe auch Ortskapitel).

Türkei

Deutsche, Schweizer und Österreicher brauchen für die Türkei **kein Visum.** Mit dem Auto kommen Sie über jeden der fünf Grenzübergänge in die Türkei (Bab al-Hauwa, Azaz, Kasab, Qamishli und Tell Abyad).

Öffentliche Busse, die in Damaskus, Lathaqiya, Aleppo und Tartus abfahren, nehmen den Grenzübergang Bab al-Hauwa. Dreimal wöchentlich fährt auch ein **Zug,** die Fahrtdauer von Damaskus nach Istanbul beträgt 39 Stunden.

Iran

Es besteht die Möglichkeit, von Syrien aus einmal die Woche mit dem

Zug von Damaskus bzw. Aleppo nach Teheran zu fahren. Dazu muss man sein **Visum** bereits haben, das man in Syrien, der Türkei oder in seinem Heimatland beantragen muss. Abfahrt ist samstags, die Fahrt dauert 60 Stunden. Ansonsten gibt es auch Busunternehmen, die diese Strecke anbieten.

Grundsätzlich gilt: Die Einreisebestimmungen für die Einreiseländer sind individuell zu erfragen.

Ausreise

Zur Ausreise gibt es nicht viel zu sagen: Die Prozedur ist ähnlich wie bei der Einreise. Etwas anderes ist es, wenn Sie mehrere Monate im Land waren und eine Aufenthaltsgenehmigung haben. Dann ist ein Ausreisevisum zu beantragen! Das läuft über das Immigration Office und dauert in aller Regel 24 Std. und ist kostenlos.

Bei der Ausreise über den **Flughafen in Aleppo oder Damaskus** ist eine Ausreisegebühr bzw. **Flughafentax von 1500 Lira** zu entrichten.

Bei der Rückeinreise gibt es auch auf europäischer Seite Freigrenzen, Verbote und Einschränkungen. Folgende **Freimengen** darf man zollfrei einführen in die EU und die Schweiz:

- **Tabakwaren** (für Personen ab 17 Jahren): 200 Zigaretten oder 100 Zigarillos oder 50 Zigarren oder 250 g Tabak oder eine anteilige Zusammenstellung dieser Waren.
- **Alkohol** (für Personen ab 17 Jahren) **in die EU:** 1 l Spirituosen (über 22 Vol.-%) oder 2 l Spirituosen (unter 22 Vol.-%) oder eine anteilige Zusammenstellung dieser Waren und 4 l nicht-schäumende Weine und 16 l Bier; **in die Schweiz:** 2 l bis 15 Vol.-% und 1 l über 15 Vol.-%.
- **Andere Waren** (in die EU): 10 l Kraftstoff im Benzinkanister; für See- und Flugreisende bis zu einem Warenwert von insgesamt 430 €, über Land Reisende 300 €, alle Reisende unter 15 Jahren 175 € (bzw. 150 € in Österreich); (in die Schweiz): neu angeschaffte Waren für den Privatgebrauch bis zu einem Gesamtwert von 300 SFr. Bei Nahrungsmitteln gibt es innerhalb dieser Wertfreigrenze auch Mengenbeschränkungen.

Wird die Wertfreigrenze überschritten, sind **Einfuhrabgaben** auf den Gesamtwert der Ware zu zahlen und nicht nur auf den die Freigrenze übersteigenden Anteil. Die Berechnung erfolgt entweder pauschal oder nach dem Tarif jeder einzelnen Ware zuzüglich sonstiger Steuern.

Einfuhrbeschränkungen bestehen u.a. für Tiere, Pflanzen, Arzneimittel, Betäubungsmittel, Feuerwerkskörper, Lebensmittel, Raubkopien, verfassungswidrige Schriften, Pornografie, Waffen und Munition; in Österreich auch für Rohgold und in der Schweiz auch für CB-Funkgeräte.

Nähere Informationen

- **Deutschland:** www.zoll.de
oder beim Zoll-Infocenter,
Tel. 069-46 99 76 00.
- **Österreich:** www.bmf.gv.at
oder beim Zollamt Klagenfurt Villach,
Tel. 01-51433-56 40 53.
- **Schweiz:** www.ezv.admin.ch
oder bei der Zollkreisdirektion in Basel,
Tel. 061-28 71 111.

Ausrüstung und Kleidung

Grundsätzlich richtet sich die Auswahl der Dinge, die man als Reisender mitnehmen sollte, nach den individuellen Wünschen und Bedürfnissen. Eine vorher angefertigte Checkliste kann das Packen erleichtern. Zudem gibt es ein paar Dinge, die das Reisen in Syrien unproblematischer machen.

Kleidung

Kleider machen Leute! Syrien ist ein islamisches Land: Hier gelten andere Moralvorstellungen als bei uns, und an diesen wird man gemessen. Richtige Kleidung erleichtert das gegenseitige Verständnis und schafft Respekt füreinander. Grundsätzlich gilt es, sich ordentlich anzuziehen. Jede Form der abgerissenen Kleidung ist eine Beleidigung, nach dem Motto: Denen ist es noch nicht einmal wert, sich für uns Syrer anständig anzuziehen. Wer es sich in Syrien irgendwie leisten kann, trägt **ordentliche und saubere Kleidung.** Gerade, wenn man auch einmal in einem schönen Restaurant essen möchte oder in einem Mittelklasse- oder besseren Hotel absteigt, wird man feststellen, wie wenig angebracht „unordentliche" Kleidung ist.

Kurze Hosen, auch für Männer, gelten als Unterwäsche und rufen Belustigung hervor. Dasselbe gilt für Träger-Shirts.

Mehr noch für Frauen, aber auch für Männer gilt es, die Oberarme und Beine zu bedecken. Tragen Sie **weite Kleidung.** Das kommt einerseits dem islamischen Kleidungsverständnis näher, zum anderen werden Sie feststellen, dass das gerade im Sommer die Temperaturen erträglicher macht.

Völlig unangebracht sind Bikini oder bei Männern ein nackter Oberkörper außerhalb der Hotelstrände. An öffentlichen Stränden oder in öffentlichen Schwimmbädern sollten Frauen **einteilige Badeanzüge** tragen. Wenn eine Frau sich darin allerdings unwohl fühlt, weil sie die einzige ist, die so „frei" bekleidet herumläuft, empfehle ich, ein T-Shirt darüber zu ziehen. Syrische Frauen behalten in aller Regel ihre vollständige Kleidung an, wenn sie ins Wasser gehen.

Ein **Kopftuch** ist in aller Regel weder notwendig noch angebracht. Viele Musliminnen verzichten in der Zwischenzeit auf diese Kopfbedeckung, bei den Drusen ist es sogar unüblich, ein Kopftuch zu tragen, und außerdem leben in Syrien so viele Christen, dass es fast schon lächerlich wirken könnte, wenn europäische Frauen, offensichtlich keine Musliminnen, Kopftücher tragen würden. Etwas anderes ist es, wenn eine Frau eine Moschee betreten möchte. Dann sollte sie unbedingt ein Kopftuch aufziehen. Viele Moscheen, gerade auch die, die für den Tourismus geöffnet sind, geben kuttenartige Gewänder für Frauen aus, die dann übergezogen werden müssen. Ein guter Kompromiss kann ein großes Tuch sein, das man sich um die Schultern wirft und bei gegebenem Anlass über den Kopf zieht. Darunter kann auch leichte Kleidung getragen werden, ohne dass schiefe Blicke zu befürchten wären.

Im Winter, wenn es sehr kalt werden kann, sollte man unbedingt auch warme Sachen mitnehmen, entsprechendes gilt für die regenreichen Monate (vgl. zum Klima das entsprechende Kapitel in „Land und Leute“).

Wer länger laufen möchte, sollte sich unbedingt feste Schuhe einpacken! Gerade in Palmyra sind diese mehr als praktisch (vgl. dort)!

Sonstiges

Unterschätzen Sie die Kraft der Sonne nicht! Auch wenn es Regenperioden gibt, auch wenn es im Winter kalt werden kann, die meiste Zeit ist es bullig heiß! Das oben erwähnte große Tuch kann auch Nacken und Kopf schützen! Desweiteren sind eine gute Sonnenbrille und **Sonnencreme** unerlässlich!

Neben den erforderlichen Dokumenten und Finanzmitteln dürfen wichtige **persönliche Dinge** nicht fehlen, etwa benötigte Medikamente, eine Ersatzbrille bei Brillenträgern, Kontaktlinsenflüssigkeit für Kontaktlinsenträger, Literatur (außerhalb von Damaskus und Aleppo gibt es so gut wie keine Bücher in europäischen Sprachen), Landkarten etc. Was den Inhalt einer Reiseapotheke betrifft, sei auf das Kapitel „Gesundheit“ verwiesen.

Fotografen sollten unbedingt Ersatzbatterien und Speicherkarten mitnehmen. Beides ist in Syrien nicht immer in der gewünschten Form erhältlich und oftmals von minderer Qualität!

Wirklich toll sind kleine **Gastgeschenke,** die man aus Deutschland mitbringt. Fast jedem Urlauber kann es passieren, dass er einmal bei einer Familie „landet“. Wenn man dann, wie es sich gehört, ein kleines Geschenk vorweisen kann, wird man sich selbst besser fühlen, und die Freude der Gastgeber wird groß sein. Gastgeschenke können sein: Fotografien von daheim, Postkarten mit Schnee oder einem Münster, Schokolade, kleine Seifen, amerikanische Zigaretten, Parfümflacons, Kosmetika, schöne Feuerzeuge, Taschenmesser, Spielsachen für die Kinder (ich habe immer einen aufblasbaren Ball dabei) etc.

Wirklich praktisch ist eine **Taschenlampe.** Nicht nur, dass es in Syrien häufig zu Stromausfällen kommt, auch bei Besichtigungen kann eine Taschenlampe weiterhelfen.

Ebenso praktisch ist auch ein **Reisewecker.** Man sollte sich nie auf einen Hotelservice verlassen, der verspricht, einen am nächsten Morgen rechtzeitig zu wecken. Das arabische Verständnis für Zeit ist häufig ein anderes als in unseren Breitengraden ...!

syr374 Foto: mb

Essen und Trinken

Die syrische Küche

„Wer also lange leben möchte, der nehme sein Morgenmahl früh und sein Nachtmahl spät ein."

aus „1001 Nacht"

In Syrien wird **spät gespeist.** Das wird v.a. demjenigen auffallen, der bei einer syrischen Familie zu Gast sein darf. In Restaurants oder an kleinen Essensständen kann man zu jeder beliebigen Tages- und Nachtzeit essen, im Rahmen der Familie jedoch sind die Zeiten festgelegt: Dabei ist ein Mittagessen, das erst um 15 Uhr serviert wird, keine Seltenheit, ebensowenig ein Abendessen um 23 Uhr.

Jede Speise ist ein **Geschenk Gottes,** folglich wird das Mahl „im Namen Gottes" – „bi-smillah" begonnen und mit dem „Lob Gottes" – „al-hamdulillah" beendet. **Gegessen wird** grundsätzlich nur **mit der rechten Hand,** wobei dünnes Fladenbrot (arab. *Khubz*) als „Besteck" dient, mit dem man die Speisen von den großen Gemeinschaftstellern nimmt. Der Gastgeber ist stets darauf bedacht, dass seine Gäste das Beste vom Essen erhalten.

Beendet der Gast das Essen, sehen sich häufig auch alle anderen gezwungen, das Mahl zu beenden, sodass man versuchen sollte, so langsam wie möglich zu essen und stets, auch wenn man schon satt ist, etwas im Mund zu behalten! Außerdem gilt es, viel zu essen und das Essen stets zu loben – **schlechte Esser sind unhöfliche Esser!**

Die syrische Küche gehört sicherlich zu den einfallsreichsten des Orients! Alleine die breite Palette an **Vorspeisen,** den sog. **„mezze"** oder **„muqabillat",** ist umwerfend: **Hummus,** ein leckerer Kichererbsenbrei mit Sesamöl, **Mutabbal,** ein Auberginenpüree mit Knoblauch, **Wara' Ainab,** gefüllte Weinblätter, **Fattush,** ein Salat mit frittiertem Brot, **Kibbi,** frittierte Bulgur- oder Hackfleischbällchen oder **Kibbi nayye,** rohe Hackfleischbällchen, **Falafel,** frittierte Kichererbsenbällchen, **Laban,** ein fester Joghurt mit Olivenöl, **Tabbule,** ein Petersiliensalat mit Weizenschrot und Tomaten, dazu frische Salate, eingelegtes Gemüse, frittiertes Gemüse, Oliven, Joghurtcreme – der Vielfalt sind keine Grenzen gesetzt!

Es ist unüblich, dass sich der Einzelne z.B. im Restaurant eine Vorspeise bestellt. Meist bestellt man mehrere, die dann in die Mitte des Tisches gestellt werden und von denen man gemeinsam isst. Brot dient auch hier in den meisten Fällen als Besteck.

Fast parallel zu den Vorspeisen werden dann auch die **Hauptspeisen** gereicht, meist Fleisch oder Fisch. Der Fleischspieß heißt in Syrien **Shu'af,** entweder vom Hähnchen oder vom Lamm. Gegrilltes oder gebratenes Hähnchen nennt sich **Farudj,** Fisch, den es v.a. entlang der Küste und der Flüsse gibt, **Samak.** In der Regel erhält man das Fleisch gegrillt oder gebraten zusammen mit Reis oder frittierten Kartoffeln.

syr075 Foto: lv

Selten bekommt man auch **Mansaf** angeboten, ein köstliches, wenn auch sehr schweres Beduinenmahl. Es besteht aus Weizenschrot oder Reis, der in einer sehr fetten Flüssigkeit gekocht wurde, gebratenem Fleisch und frittierten Mandeln. Dazu reicht man Schafsmilch – einfach lecker!

Ein starker Kaffee, häufig mit Kardamon gewürzt, und Süßigkeiten, **Halwayat,** beenden das Mahl. Die Fülle an Süßigkeiten näher zu beschreiben, ist fast nicht möglich, so zahlreich sind sie. Man bestellt am besten einfach nur Halwayat und erhält einen Teller mit den köstlichen süßen Stückchen. Da bleibt einem nur eines übrig: Durchprobieren!

Es gibt jede Menge kleine Gerichte, die man zwischendurch essen kann, z.B. haben sich einige Bäckereien auf **Futtair** oder **Burrak Sabanash** spezialisiert, das sind kleine Minipizzen (z.T. wie eine Pizza Calzone zusammengebacken), die mit Hackfleisch, Spinat oder Schafskäse belegt sind. Auch **Shawarma,** Fleisch vom Drehspieß, ist häufig im Angebot. Lecker und unbedingt zu empfehlen sind auch **Falafel** (5 Lira das Stück). Diese Kichererbsenbällchen werden häufig in einem Sandwich gegessen.

Einfallsreich, vielfältig und lecker – syrische Gerichte

An **Getränken** ist die Auswahl weniger reichhaltig: Meist wird zum Mahl Wasser gereicht, dass man in Syrien in aller Regel aus der Leitung trinken kann. Reisende, deren Magen noch nicht ganz „orienterprobt" ist, sollten auf Mineralwasser aus der Flasche zurückgreifen. Des Weiteren gibt es eine ganze Fülle sog. Softdrinks, darunter auch US-Marken, die bis 2005 im Land verboten waren.

Freunde des edlen Tropfens, sprich **Wein,** werden in Syrien keine allzu große Freude haben, es sei denn, sie trinken libanesischen Wein (z.B. „Ksara"). Der einzig brauchbare Wein Syriens wird in Suwaida hergestellt und heißt **„ar-Rayan".** Bestehen Sie aber darauf, dass er trocken (arab. *mez*) ist, sonst erwartet Sie ein Likör!

Das syrische **Bier** ist da schon etwas besser. Es gibt zwei Sorten, „al-Barada" aus Damaskus und „al-Sharqi" aus Aleppo, beide besser als ihr Ruf!

Eine Art Nationalgetränk ist der **Araq,** ein sehr voller Anisschnaps mit stolzen 53% Alkoholgehalt. Man trinkt ihn mit Wasser verdünnt (oft nur 1:1) und mit vielen Eiswürfeln! Er ist meines Erachtens besser als der türkische Raki oder der griechische Ouzo.

Das nichtalkoholische Nationalgetränk ist der **Tee.** Schwarz, bitter, süß! Immer und überall getrunken, wird ihn jeder Reisende binnen kürzester Zeit kennen lernen. Ähnliches gilt für den arabischen **Kaffee,** den man fast immer gesüßt, mit Kardamon gewürzt und immer ohne Milch trinkt!

Eine arabische Besonderheit sind die Obstsaftstände, die man an allen Straßen und Wegen findet. Hier werden je nach Jahreszeit die leckersten Säfte und Shakes gemixt. Probieren Sie mal **Muz wa-halib,** eine zuckersüße Bananenmilch, oder **Portaqal,** einen frisch gepressten Orangensaft, oder ein **Panashé,** ein Früchte-Cocktail, oder einen frischen Apfelsaft, **Tufah.** Jeder Saft ist frisch gepresst und unübertrefflich im Geschmack!

Versorgungsmöglichkeiten im Land

Vom kleinen Falafel-Stand bis zum Edelrestaurant, vom einfachen Saftstand bis zur Piano-Bar – in Syrien ist alles vorhanden.

Essen und Trinken ist in Syrien **außerordentlich günstig.** Schon für 20 Cent kann man satt werden, und es schmeckt vorzüglich! Selbst in Restaurants, die zwei Sterne oder mehr haben und von außen deutschen Spitzenrestaurants gleichen, kommt man mit Menü selten auf mehr als 15 Euro pro Person (und dann hat man viel gegessen!). Im vorliegenden Reiseführer werden diese Restaurants unter der Rubrik **„Schick und schön"** angegeben. Einige dieser Restaurants bieten auch eine gemischte syrisch-internationale Speisekarte an, wobei die Qualität des Gebotenen sehr unterschiedlich sein kann. Nur wenige internationale Gerichte schmecken so, wie wir das „von Zuhause" kennen. Daneben gibt es rein internationale Restaurants (allerdings wenige). Diese wurden nur dann in diese Kategorie mit aufgenommen, wenn sie wirklich gutes Essen anbieten, das jedoch auch nicht immer „original" schmecken muss.

Restaurants der ganz anderen Art sind „für das Volk". Ein Menü, bestehend aus Salat, Humus, Fleisch und einem (meist anti-alkoholischen) Getränk, kostet hier nicht mehr als 4 oder 5 Euro. Diese Restaurants findet man meist unter **„Einfach, aber köstlich".**

Alkohol wird in erstaunlich vielen Restaurants ausgeschenkt – meist wird darauf hingewiesen.

Daneben gibt es jede Menge kleine „Snackerien", meist zusammen mit einem Säfteladen. Ein Sandwich oder Hamburger (gar nicht so schlecht!) kostet zwischen 25 und 60 Lira. Eine syrische Besonderheit sind die schon häufiger erwähnten **Säfteläden.** Hier kann man sich je nach Saison Säfte frisch pressen lassen (u.a. Karottensaft, Orangensaft, Bananenmilch, Granatapfelsaft, Apfelsaft oder den köstlichen Fruchtcocktail). Auch als Frau alleine kann man für längere Zeit in diesen Läden verweilen.

Teehäuser sind meist Männerrefugien. Mit steigender Touristenzahl oder aber in der Nähe von Universitäten wächst jedoch die Anzahl weiblicher Besucher. Hier sitzt man, trinkt Tee oder Kaffee und kann in aller Ruhe seine Wasserpfeife rauchen oder ein Backgammon spielen. Relativ neu – und vor allem in Damaskus und vereinzelt auch in Aleppo zu finden – sind **Cafés,** die **in alten Stadthäusern** untergebracht sind und Frauen und Männern die Gelegenheit bieten, in schönem Ambiente, oftmals mit guter Musik und Wechselausstellungen, Kleinigkeiten zu essen, Wasserpfeife zu rauchen, Tee oder Softdrinks zu trinken. Daneben gibt es natürlich noch die Patisserien, die Pudding- und Eiscafés sowie die schicken Cafés der Neustadt, die von Frauen und Männern gleichermaßen aufgesucht werden. Adressen finden sich bei den einzelnen Stadtbeschreibungen.

Feiertage

Offizieller **freier Tag** ist in Syrien der **Freitag.** An diesem Tag sind alle Banken, alle offiziellen Stellen sowie die meisten Läden geschlossen. Ausnahme: das Christenviertel. Hier flaniert man bei offenen Geschäften, am Sonntag hingegen besuchen die christlichen Familien ihre muslimischen Nachbarn beim Einkauf!

Nationalfeiertage

- **1. Januar:** Neujahr
- **8. März:** Revolutionstag, auch „Tag der Republik" genannt
- **21. März:** Muttertag
- **17. April:** Tag des Abzugs der Franzosen
- **1. Mai:** Tag der Arbeit
- **6. Mai:** Tag der Märtyrer
- **16. November:** Tag der Machtübernahme von Hafez al-Asad
- **25. Dezember:** Weihnachten

An den meisten nationalen Feiertagen (mit Ausnahme des Tags der Arbeit) geht das normale Leben in Syrien seinen Gang. Nur Ämter, Schulen und andere offizielle Stellen sind geschlossen, auf den Straßen kann man Para-

Der Islamische Kalender

Neben unserem christlichen Kalender existiert in Syrien, wie in allen islamischen Ländern, ein zweiter Kalender, der **Mondkalender.** Man findet häufig eine Datumsangabe sowohl in christlicher Zeitrechnung *(miladi),* als auch in muslimischer *(hidjri).*

Ein Hidjri entspricht einem Jahr christlicher Zeitrechnung minus 10–11 Tagen je nach Mondaufgang. 100 Hidjri entsprechen ungefähr 97 Jahren christlicher Zeitrechnung.

Jedes neue islamische Datum beginnt abends nach Sonnenuntergang und jeder neue islamische Monat mit Mondaufgang.

Monatsnamen und Beginn (islamisches Jahr 1429):

1. Muharram - 29.12.08
2. Safar - 28.01.09
3. Rabia I (Rabi' al-awwal) - 26.02.09
4. Rabia II (Rabi' ath-thani) - 28.03.09
5. Djumada I (al-awwal) - 26.04.09
6. Djumada al-akhira - 26.05.09
7. Radjab - 24.06.09
8. Sha'ban - 24.07.09
9. Ramadan - 22.08.09
10. Shawwal - 21.09.09
11. Dul Qa'ada - 20.10.09
12. Dul Hidja - 19.11.09

Im nächsten Jahr verschieben sich der Jahresbeginn mit dem Mondjahr und damit auch die Monate um 10 bis 11 Tage nach vorne.

Namen der Wochentage:
Sonntag - Yaum al-hadi
Montag - Yaum ath-thani
Dienstag - Yaum ath-thalith
Mittwoch - Yaum ar-rabi
Donnerstag - Yaum al-khamis
Freitag - Yaum al-djuma'a
Samstag - Yaum as-sabt

Daten der religiösen Feiertage für die kommenden Jahre

Hidjra-Jahr	Ramadan-Beginn	Aid al-Fitr	Aid al-Adha
1430	22.08.09	21.09.09	27.11.09
1431	11.08.10	10.09.10	17.11.10
1432	01.08.11	31.08.11	07.11.11
1433	22.07.12	21.08.12	28.10.12

den sehen, und im Fernsehen wird von der Großartigkeit Syriens und seiner Politik berichtet.

Religiöse Feiertage

Da die Mehrheit der Syrer Muslime sind, werden an dieser Stelle nur die muslimischen Feiertage aufgeführt (christliche Feiertage werden wie bei uns gefeiert, bei den orthodoxen Christen jedoch eine Woche später!). Die **islamischen Feiertage** richten sich nach dem islamischen Kalender, der insgesamt zehn Tage kürzer ist als der christliche. Aus diesem Grund verschieben sich die Feiertage jedes Jahr.

Festivals

- **Juli:** Syrisches Sängerfest in Aleppo, Konzerte in der ganzen Stadt.
- **August:** Musikfestival „Hub wa Salam" („Liebe und Frieden") – in Lathaqiya Seidenstraßenfestival – in allen Städten Syriens mit vielen internationalen Konzerten, Theaterveranstaltungen etc. Spannend! Buchmesse in Damaskus.
- **September:** Thekla-Fest in Maalula mit Prozessionen und Straßenfest. Prozession in Seyd Naya. Theaterfestival in Bosra (alle zwei Jahre).
- **Oktober:** Märtyrerfest in Maalula mit Prozessionen. Palmyra-Festival – das große Festival in Palmyra mit Pferde- und Kamelrennen, Musik, Theater und Handwerker-Markt.
- **November:** Internationales Filmfestival in Damaskus, Internationales Theaterfestival in Damaskus (sie wechseln sich jedes Jahr ab).

Zu den Festen und Feierlichkeiten in Syrien lese man im Kapitel „Sitten und Gebräuche".

Finanzen

Die offizielle syrische Währung ist das **syrische Pfund,** die **Lira.** Ein- und Ausfuhr der Lira ist untersagt. Eine Lira hat **100 Piaster.** Es gibt 5-, 10-, 25- und 50-Piaster-Münzen und Banknoten zu 1, 5, 10, 25, 25, 50, 100, 500 und 1000 Lira sowie 1-, 2-, 5-, 10- und 25-Lira-Münzen. Die Zahlen auf den Banknoten sind sowohl mit arabischen als auch mit lateinischen Ziffern wiedergegeben, sodass auch der europäische Reisende die Geldscheine leicht voneinander unterscheiden kann. Etwas problematischer sind da die Münzen. Da gibt es nur eines: Arabische Ziffern lernen oder sich die Form und Farbe der Münzen merken.

Die in Europa gängigen **Kreditkarten** MasterCard, American Express und VISA werden auch in den großen Hotels nur ungern akzeptiert, sonst überhaupt nicht.

Seit kurzem ist es möglich, mit der **Maestro-Karte** (auch EC-Karte genannt), der Schweizer PLUS Karte und auch mit der Postgeldkarte an Automaten Geld zu ziehen. Bislang findet man Geldautomaten vor allem in den großen Städten, doch auch in den kleineren Orten gibt es mehr und mehr Bankomaten. Je nach Hausbank wird dieser Service nicht zusätzlich in Rechnung gestellt, sondern ist im Grundpreis der Kontoführung enthalten. Manche Banken stellen jedoch eine Gebühr von bis zu 1% des Abhebungsbetrags in Rechnung. Die maximale Summe pro Transaktion sind

10.000 Lira, man kann jedoch mehrmals nacheinander abheben. Zuverlässig sind in der Regel die Automaten der Bank of Syria and Overseas. Wichtig: Am Flughafen gibt es keinen Geldautomaten, der EC-Karten annimmt. Bargeld kann hier jedoch gewechselt werden.

Wichtig ist die Mitnahme von **Bargeld,** wenn man in klassifizierten Hotels übernachten möchte, denn diese kann man nur in Euro oder US-Dollar bezahlen! Die Preise sind in der Regel in Dollar ausgeschrieben - man kann aber ohne Problem auch in Euro zahlen. Vorsicht jedoch, wenn Dollar-Preise in Euro umgerechnet werden - manchmal fällt der Wechselkurs dann stark zu Ungunsten des Gastes aus - weshalb Sie den aktuellen Wechselkurs im Kopf haben oder gleich mit Lira bezahlen sollten (aber auch da sollte man den Wechselkurs kennen).

Vollkommen abzuraten ist von **Travellerschecks.** Der Umtausch ist mit höchsten Komplikationen verbunden und nur in Damaskus und auch dort nur sehr selten und gegen Vorlage der Kaufquittung möglich.

Man kann übrigens nicht in jeder **Bank** Geld wechseln, sondern nur in solchen, die über einen Exchange-Schalter verfügen! Die Commercial Bank ist die einzige Bank Syriens. Über die Deutsche Bank ist ein internationaler Bankenverkehr möglich.

Achten Sie beim Tauschen darauf, dass man Ihnen **genügend kleine Scheine und Münzen** gibt, denn nichts ist fataler, als beim Einkauf kein Kleingeld parat zu haben, wenn der Händler nicht herausgeben kann!

Wechselkurs (März 2009)

1 Euro = 64,29 Lira, 1 Lira = 0,016 Euro
**1 US-$** = 48,44 Lira, 1 Lira = 0,020 US-$
1 SFr = 41,37 Lira, 1 Lira = 0,024 SFr

Preise in Syrien

Das Leben in Syrien ist **billig.** V.a. Lebensmittel und öffentlicher Transport sind nicht mit europäischem Preisniveau zu vergleichen.

Lebensmittel und Essen

In diesem Handbuch sind in den Stadtkapiteln **bei Hotels und Restaurants Preiskategorien** angegeben. Für Restaurants gilt folgende Einteilung:

- **„Wirklich edel"** bedeutet: Sehr gehobene Preisklasse, europäisches Preisniveau. Dazu gehören alle Restaurants, die gute internationale Gerichte servieren.
- **„Schick und schön"** bedeutet: Gehobene Preisklasse, d.h. in Syrien, dass ein Abendessen mit alkoholischen Getränken nicht teurer als 1000 Lira p.P. kommen dürfte. Das ist die oberste Preisgrenze. In aller Regel kosten Vorspeisen 50–100 Lira und Hauptgerichte 250–450 Lira. Eine Flasche Bier kostet in diesen Restaurants 75–100 Lira, eine Flasche Arak etwa 250 Lira. Diese Preiskategorie gilt auch für die Restaurants, die z.B. mit **„Schöne Restaurants in Altstadthäusern"** etc. angegeben sind.
- **„Einfach, aber köstlich"** bedeutet: Preise um die 200 Lira pro Person, je nachdem, was man isst.

Verhältnismäßig günstig sind die verschiedenen Sandwiches, die man überall kaufen kann. Ein **Shawarma** kostet im Durchschnitt 50 Lira, ein **Falafel-Sandwich** 25 Lira, ebenso ein Käsesandwich.

Frisch ausgepresste **Säfte** kosten je nach Saison und Obst zwischen 50 und 100 Lira, wobei eine **Bananenmilch** *(Muz wa-Halib)* fast immer am teuersten ist.

Kaffee oder **Tee** in Cafés oder Teehäusern darf im absoluten Höchstfall nicht mehr als 100 Lira kosten, und dann sollte es ein großer sein! Eine einheimische Cola oder ein anderes **Softgetränk** liegt häufig bei 100 Lira.

Selbstversorger können in Syrien äußerst billig leben: Brot, Tee und Zucker sind subventioniert und somit sehr preisgünstig. Auch Obst und Gemüse kosten um ein Vielfaches weniger als bei uns (z.B. Mandarinen ab 40 Lira). Teuer sind importierte Dinge (Bananen, Lipton-Tee, Nescafé etc.). Wer also auf diese Dinge nicht verzichten möchte, muss sich auf internationale Preise einstellen.

Ein Kilo frisches **Baguette** kostet 60 Lira, Fladenbrot ist noch um einiges günstiger! **Fleisch** ist nicht ganz günstig, aber auf jeden Fall billiger als bei uns. 1 kg Hähnchen z.B., das günstigste Fleisch, kostet um die 250 Lira.

Mineralwasser in Flaschen kostet etwa 25 Lira, mit Unterschieden je nach Ort und Marke.

Unterkunft

Es gibt eine **weite Spanne an Zimmerpreisen.** Im günstigsten Falle – das ist aber meist auch der dreckigste ... – kann man ein DZ für 400 Lira haben. Man darf dann weder mit Komfort noch mit Sauberkeit rechnen. „Ordentlich" wohnen kann man ab 800–1200 Lira für ein Zimmer, die Preise nach oben hin sind natürlich offen.

Hotels, die durch **Sterne (*)** klassifiziert wurden, können nur in Dollars bezahlt werden. Zimmer in einem 2-Sterne-Hotel kosten in aller Regel um die 50 US-$, haben immer ein Bad, oft einen Kühlschrank, Telefon und Fernseher. Die Bettwäsche sollte bei dieser Preisklasse sauber sein! Hotels mit vier und fünf Sternen sind preislich auf europäischem Niveau anzusiedeln.

Wichtig zu wissen ist, dass mit der Erhöhung der Dieselsteuer um mehr als 300% im Sommer 2008 eine **Preissteigerung** in allen Bereichen zu verzeichnen ist, die bei Drucklegung dieses Buches noch nicht zu Ende war. Auch ist es möglich, dass weitere Subventionen gestrichen werden, was die Preise zusätzlich in die Höhe treiben kann, denkbar ist aber auch, dass die Dieselsteuer wieder gesenkt wird. Es ist deshalb durchaus möglich, dass die Preise im Buch zum Teil zu niedrig oder auch zu hoch angesetzt wurden.

Reisekosten

Der öffentliche Transport ist äußerst günstig in Syrien. Eine **Busfahrt** über 250 km z.B. kostet nicht mehr als 200 Lira, eine Zugfahrt über 350 km nicht mehr als 150 Lira.

Auch **Taxifahrten** sind günstig. Innerhalb einer Stadt nie mehr als 50 Lira, mit Sammeltaxis kosten weitere Strecken etwas mehr als im Bus, aber nie mehr als 25%!

Auch **Inlandsflüge** sind sehr günstig. Von Damaskus nach Aleppo beispielsweise kostet der Flug 1200 Lira.

Für **Selbstfahrer:** 1 l Diesel kostet derzeit 7 Lira, 1 l Benzin etwa 25 Lira. Das kann sich jedoch bald ändern, sprich: teurer werden.

Eintrittspreise

Für fast jedes Monument, dass besichtigt werden kann, werden **150 Lira** verlangt. Kostenlos sind nach wie vor die Ruinen in Palmyra.

Mit einem **Internationalen Studentenausweis (ISIC;** www.isic.de) erhält man vor allem bei Eintrittsgeldern zu historischen Stätten einen wirklich bemerkenswerten Nachlass: Statt 150 Lira zahlt man mit ISIC nur 10 Lira! Vorsicht vor Betrügern, die sich diese Tatsache zunutze gemacht haben und gefälschte Ausweise verkaufen. Vor allem in Palmyra und Umgebung, aber auch rund um das Hotelviertel in Aleppo ist das der Fall!

Ganz legal kann man den Ausweis zu Hause bei STA Travel oder beim Studentenwerk erwerben (D: 12 Euro, A: 10 Euro, CH: 20 SFr). Man muss dazu die Immatrikulationsbescheinigung, den Personalausweis und ein Passbild vorlegen.

syr076 Foto: mb

WICHTIG!

Fotografieren

Fotografieren, gerade in einem eher unbekannten kulturellen Kontext, ist immer eine **zwiespältige Angelegenheit.** Leicht wird man dazu verführt, alles und vor allem Menschen nur noch als Objekt durch den Sucher zu betrachten, mehr den fotografischen Wert der „Motive" für den Diaabend zu Hause vor Augen als eine offene Herangehensweise an Land und Leute unterwegs. Dennoch wäre es schade, ganz ohne Kamera zu reisen, denn die Menschen, traumhafte Landschaften, farbenprächtige Suqs und wunderschöne Städte locken den (Hobby-) Fotografen. Letztlich aber sind es genau die Erlebnisse, die man nicht mit der Kamera einfangen kann, die am lebendigsten in Erinnerung bleiben.

Moralisches vorweg ...

Syrien ist ein islamisches Land, und so sollte man, wenn man die Kamera auf einen Menschen richtet, immer daran denken, dass das **Abbilden von Menschen koranisch verboten** ist. Das bedeutet nicht, dass es alle Muslime ablehnen, abgelichtet zu werden; dennoch sollte man gerade beim Fotografieren von Menschen mit äußerstem **Fingerspitzengefühl** herangehen. Kameras können, je nachdem, wie damit umgegangen wird, wie eine Waffe wirken. Jedes Foto eines Menschen ist ein Eindringen in dessen Privatsphäre, sodass man sich unbedingt vorher die **Erlaubnis für eine Aufnahme einholen** sollte: „Mumkin Sura?", „Ist ein Foto möglich?", eine einfache Frage, die zumeist mit einem freundlichen Nicken beantwortet wird. Wird einem die Bitte verwehrt, sollte man dies respektieren.

Ganz und gar taktlos ist es, betende Menschen zu fotografieren, oder bettelnde. Überhaupt haben Syrer wenig Verständnis für das Bedürfnis der Europäer, „pittoreske" Armut für die Ewigkeit festzuhalten. Dies empfinden sie als beleidigend und würdelos! Ähnliches gilt, wenn der Ausländer ein Gespräch mit einem Syrer anfängt, um dann sofort die Kamera hervorzuholen. Häufig wirkt das verletzend, ebenso verletzend übrigens wie der schnelle Griff zur Geldbörse, nachdem das Foto des freundlichen Syrers im Kasten ist. Die bessere Vorgehensweise besteht darin, eine Weile mit den Leuten zu sprechen und dann höflich zu fragen. Allerdings sollte dabei nie der Eindruck entstehen, dass man alleine aus dem „fotografischen Grund" eine Konversation begonnen hat. Ein „Abschiedsfoto" nach einem netten Gespräch, am besten noch mit einem selbst darauf, dessen Abzug man dann auch wirklich nach Syrien schickt, sind in aller Regel heiß begehrt und erfreuen beide Seiten!

Besonderes Feingefühl sollte man bei **Fotos von Frauen** walten lassen. Die meisten Frauen werden es Ihnen nicht erlauben, „einfach so" ein Foto

Türme aus Süßigkeiten

zu machen. Zum Einen liegt die Ursache dafür im islamischen Bilderverbot, welches für Frauen eine weit höhere Bedeutung zu haben scheint als für Männer, zum Anderen ist hinter der Ablehnung die Angst zu spüren, dass dann auf dem Bild viele fremde Männer die abgebildete Frau sehen können. Die Frau kommt dadurch zu sehr in die öffentliche Sphäre, die eigentlich Männern vorbehalten ist (siehe dazu auch „Frauen im Islam"). Also die dringende Bitte: Seien Sie respektvoll!

Verbotenes danach ...

Eine anderes Problem stellt sich bezüglich **politischer oder militärischer Objekte** (dazu zählen im Allgemeinen auch Brücken): Es ist schlicht verboten, Fotos davon zu machen – wann aber handelt es sich um ein „verbotenes" Gebäude und wann nicht? So passierte es einmal, dass eine junge neuseeländische Frau aus Versehen das Privathaus des Präsidenten ablichtete, ohne zu wissen, dass es sein Wohnhaus war! Sofort griffen sie Polizisten auf, gingen mit ihr auf die Polizeiwache, nahmen ihr die Kamera weg und hielten sie fest, nicht länger jedoch, bis der Film entwickelt war. Dann gaben sie der Frau die Kamera zurück mit all den anderen Fotos und legten ihr sogar noch einen neuen Film ein. So viel zur syrischen Höflichkeit.

In einigen Gebieten ist das Fotografieren **generell verboten,** so beispielsweise im Gebiet des Djabal Hermon und in den Golanhöhen sowie beim Grab des Abel.

Buchtipps – Praxis-Ratgeber:
- Helmut Hermann
Reisefotografie
- Volker Heinrich
Reisefotografie digital
(beide Bände Reise Know-How)

Technisches zum Schluss ...

Wunderschöne Fotomotive und fast immer gute Lichtverhältnisse in Syrien sorgen für einen hohen Speicherplatzbedarf! Packen Sie also genügend (große) Speicherkarten ein! Ähnliches gilt für Batterien – die Auswahl in Syrien ist gering!

Denken Sie auch daran, dass Syrien ausgedehnte Wüstengebiete hat, mit der Folge, dass sich Staub und Sand binnen kürzester Zeit in allen Ecken und Ritzen finden. Also: Gut verschließbare Beutel schützen die Kamera. Aber nicht nur Staub und Sand können der Kamera schaden, auch die Feuchtigkeit der Küstenregionen sollte beachtet werden. Am besten hilft hier Reis in der Kameratasche.

Für Leute mit guten Kameras lohnen gerade in den Suqs und für Gebäude Weitwinkelobjektive. Teleobjektive sind für Menschenbilder hilfreich, da man dann die Kamera der Person nicht direkt vor das Gesicht halten muss. Praktisch sind Sonnenblenden und Polfilter während der hellen Mittagsstunden, doch sollte man, der Lichtverhältnisse wegen, zu dieser Tageszeit sowieso aufs Fotografieren verzichten!

Frauen allein unterwegs

Um es gleich vorweg zu nehmen: Frauen können prima alleine durch Syrien reisen! Natürlich muss sich eine Frau immer wieder vor Augen halten, dass sie sich in einem islamischen Land befindet. Werden jedoch ein paar wenige Grundregeln beachtet, wird die Freude an einer Reise durch dieses spannende und schöne Land groß sein.

Sei es ganz allein oder zu zweit: Eine Frau stößt zwar häufig auf Unverständnis (Wo ist dein Mann?), selten aber auf Ablehnung. Tourismus spielt in Syrien noch keine allzu große Rolle. Vielleicht mag hierin auch das Geheimnis liegen, dass es Frauen alleine weniger schwer haben als zum Beispiel in Ägypten oder Tunesien. In den Ländern, in denen Tourismus fast überall zu spüren ist, gilt die Europäerin viel eher als „Freiwild". Natürlich will ich damit nicht sagen, dass es Belästigungen in Syrien nicht gibt – selbstverständlich gibt es die, sie halten sich jedoch wirklich im Rahmen!

Das größte Problem liegt in der wechselseitig falschen Wahrnehmung. **Stereotype und Halbwahrheiten bestehen auf beiden Seiten** und behindern einen normalen Umgang miteinander. So wie für viele von uns die verschleierte Frau noch immer das Opfer darstellt, die unfreie und unterdrückte Frau, so sehen die Syrer in der unverschleierten europäischen allein reisenden Frau eine bedauernswerte Person, die keinen Mann gefunden hat und/oder nach Syrien gereist sein könnte, um hier einen Mann zu finden.

Ich selbst bin viele Male durch die islamische/arabische Welt gereist, und in keinem Land habe ich mich alleine wohler gefühlt als in Syrien. Grundvoraussetzung dabei ist – und das gilt letzlich auch für Männer –, dass man gerne alleine reist. Viele Menschen machen es sich vor der ersten Reise ohne Partner nicht bewusst, was es bedeutet, alleine und auf sich gestellt zu reisen. Das bedeutet nicht nur, dass man seine Ruhe hat und alles ganz ohne Diskussion bestimmen kann, dass man frei ist und auf niemanden Rücksicht nehmen muss; alleine reisen, das bedeutet auch ganz definitiv, dass mann/frau alleine essen muss, alleine ein Bierchen trinken gehen muss, alleine im Caféhaus sitzt und abends, wenn die Bürgersteige hochgeklappt werden, alleine „losziehen" muss. Frauen haben es bei all diesen Dingen ganz generell schwerer. Bereisen sie dann auch noch ein islamisches Land, potenzieren sich die Schwierigkeiten. Und doch bildet Syrien unter den islamischen Ländern auch hier wieder eine Ausnahme, denn immer noch spielt, gerade in ländlichen Regionen, der Tourismus eine so untergeordnete Rolle, dass **Ausländer** vor allem **als Gäste** gesehen werden, nicht als Devisenbringer. So werden gerade Frauen häufig in Familien eingeladen, damit sie den Abend nicht alleine verbringen müssen. Insofern sind allein reisende Frauen privilegiert, denn sie kommen leichter und schneller in den

Genuss der überaus großen Gastfreundschaft der Syrer.

Auch ist es relativ leicht, **Restaurants** zu finden, in denen eine Frau problemlos alleine, auch bei einem guten Glas Wein oder Bier, speisen kann, ohne unangenehm aufzufallen. Ganz im Gegenteil: Es gibt immer mehr Lokale, in denen auch syrische Studentinnen verkehren. Mittlerweile haben sich sogar ein paar **Teehäuser** auf den Besuch von Frauen eingestellt, vor allem natürlich Teehäuser, die sich in der Nähe touristischer Anziehungspunkte befinden. Außerdem haben sich gerade in Damaskus' Altstadt **Cafés** etabliert, die viel und häufig von Frauen aufgesucht werden. Doch darf eine Frau sich nichts vormachen: Teehäuser sind immer noch eine Männerdomäne und so kann es außerhalb von Damaskus und Aleppo schwierig werden, ein passendes Plätzchen zu finden. Frauen, vor allem die aus der Oberschicht, treffen sich in den schicken Cafés der Neustadt. In der Medina, der Altstadt, hingegen gilt die Regel: alte Strukturen, alte Rollenverteilung. Niemand würde eine Frau wegschicken, aber die Männer schauen nun mal bisweilen irritiert.

Gerade was Restaurants, Caféhäuser und Hotels angeht, habe ich **in diesem Buch besondere Hilfestellungen** gegeben, indem ich bei manchen Orten explizit darauf hingewiesen habe, dass sie wunderbar für allein reisende Frauen geeignet sind. Natürlich können diese Tipps nur ein Spiegel persönlicher Erfahrungen sein. Ich lehne jede Verantwortung für abweichende Erlebnisse ab, aber ich bin mir fast sicher, dass meine Erfahrungen in Hotels und Restaurants gute Richtlinien für allein reisende Frauen sind. Ganz generell lässt sich sagen, dass eine Frau in der gehobeneren Preislage (die ist in Syrien relativ niedrig) immer problemlos speisen kann. Ähnliches gilt für Hotels. Ich persönlich habe mich allerdings in manchen Restaurants oder Hotels alleine wohler gefühlt als in anderen. Aus diesem Grund habe ich bei diesen Orten Hinweise wie „Prima auch für allein reisende Frauen!" hinzugefügt. In den Hotels, die über Sterne verfügen – das gilt natürlich besonders für Hotels der oberen Mittelklasse –, kommt es für Frauen eigentlich nie zu Problemen.

Reisen in öffentlichen Verkehrsmitteln funktioniert fast immer reibungslos. Unangenehm wird es allerhöchstens mal nachts alleine im Taxi, da können schlüpfrige Bemerkungen fallen, noch nie ist mir aber ein Fall wirklicher Belästigung von dieser Seite berichtet worden. Wenn die Möglichkeit besteht, sollte eine allein reisende Frau darauf achten, im Bus neben einer anderen Frau zu sitzen und nicht neben einem Mann. Das lässt sich nicht immer realisieren, ist aber auch nicht weiter schlimm. Meist kümmert sich der Busangestellte darum.

Buchtipp – Praxis-Ratgeber:
- Birgit Adam
Als Frau allein unterwegs
(Reise Know-How)

Ein paar Grundregeln für allein reisende Frauen in Syrien

- **Oberster Grundsatz: Sie sind nicht ledig!** Man sollte immer einen Ehemann haben, am besten auch Kinder, und das dokumentieren können (Fotos von den Lieben daheim, Ehering etc.).
- Es kann passieren, dass Mann Sie fragt, ob Sie Russin sind *(Inti Russi?)*. Das sollten Sie energisch verneinen! Die meisten Prostituierten Syriens stammen aus den ehemaligen Sowjetrepubliken – in Syrien gleichbedeutend mit „russisch". Die Frage danach, ob man Russin sei, ist nicht selten die Anfrage eines Freiers, ob er an der richtigen Adresse ist.
- Grundsätzlich gilt für Syrien wie für jedes andere Land auch: Wer sicher auftritt, wird sich auch sehr schnell und leicht zurechtfinden. Unsicherheit ruft Unsicherheit hervor.
- **Kleider machen Leute!** Dies gilt in islamischen Länder ganz besonders für Frauen: Wer im Flatterhemdchen daherkommt, wird damit rechnen müssen, auch für ein „Flattermädchen" gehalten zu werden. Lange Hose oder Rock, Jacke oder Bluse, die über den Po geht, bedeckte Schultern, kein allzu freies Dekolleté und v.a. immer ein BH sind angemessene Kleidung! Je ordentlicher man auftritt, desto höher wird man in der gesellschaftlichen Hierarchie eingestuft und um so respektvoller behandelt werden. Kopftücher sind übrigens in keiner Weise nötig. Auch einige Syrerinnen laufen mittlerweile „oben ohne" herum! In Moscheen sollte man jedoch grundsätzlich ein Tuch parat haben.
- Lassen Sie den Blick lieber schweifen, als Männer direkt anzusehen. Sonnenbrillen – auch wegen der heftigen Sonne sehr sinnvoll – tun hier Wunder.
- Reagieren Sie laut und empört, wenn jemand Sie anfässt, sei es auch nur am Ärmel oder an der Schulter. Die Umstehenden können ruhig hören, dass ein Mann Unsittliches tut. Im Falle ernsthafter Belästigung greifen die Umstehenden dann meist ein. Ein „Rühr mich nicht an", arabisch: „La talmisi", kann Wunder wirken. Man darf ein Berühren auf keinen Fall dulden, denn dieses signalisiert, dass man auch für mehr offen ist! Allah sei's gedankt, dass es selten passiert, dass Männer grapschen. Wenn es dennoch einmal vorkommt, dann deswegen, weil viele in dem Glauben sind, europäische Frauen wollten das. Sich darüber aufzuregen, macht wenig Sinn. Viele europäische Filme und auch das Verhalten einiger Touristinnen tragen zu diesem Bild bei. Ein Syrienurlaub eignet sich nicht dazu, die Menschen des Gastlandes von Emanzipation zu überzeugen. Wer sich in ein orientalisches Land begibt, sollte besser versuchen, sich den Sitten anzupassen und entsprechend zu verhalten. Natürlich lässt sich Grapschen nie und nimmer rechtfertigen, aber letztendlich passiert es nur, weil sich die wenigsten Frauen wirklich wehren. Jede Berührung, die akzeptiert wird, macht auch anderen Mut, damit anzufangen.
- **Beobachten Sie die Syrerinnen.** Natürlich gibt es da diesen wesentlichen Unterschied, dass syrische Frauen selten alleine reisen, beobachtet man sie aber auf der Straße, lässt sich so einiges von ihnen lernen.

Wer sich mit diesen Regeln (und ihrer Einhaltung) abfinden kann, wird auch als Frau alleine eine wunderschöne Reise erleben, denn einen riesengroßen Vorteil hat es, alleine als Frau unterwegs zu sein: Man wird viel häufiger von Frauen oder Paaren mit nach Hause genommen, darf in die Frauenwelt eintauchen, wenn man die Töchter ins Hammam begleitet, und lernt etwas über die in Syrien ganz groß gelebte Frauensolidarität – und das entschädigt für so manchen Pfiff auf der Straße allemal!

Gesundheit

ergänzt von **Dr. med. Christian Jäck**

Reisegesundheitsinformationen zu Syrien online unter www.travelmed.de und im Buchanhang.

Wer eine Reise in ein fernes Land plant, muss wissen, dass sich sein Körper in der Fremde durchaus schwächer verhalten könnte. Wer also gesundheitliche Probleme hat, sollte sich **vorher** unbedingt **bei seinem Hausarzt erkundigen**, ob der Gesundheitszustand eine derartige Reise (und das völlig andere Klima) zulässt.

Zudem sollten Sie sich vor der Reise über einige medizinische Dinge Gedanken machen. So sollten Sie klären, wie Ihr **Versicherungsschutz** im Ausland aussieht und, wenn nötig, eine **Zusatzversicherung** abschließen (siehe Kapitel „Versicherungen"). Außerdem ist ein Gang zum **Zahnarzt** empfehlenswert, damit beginnende Schäden entdeckt und behoben werden können; eine zahnärztliche Behandlung in Syrien ist meist beschwerlicher.

Grundsätzlich gibt es für Syrien **keine Pflichtimpfungen;** bei einer Einreise aus Infektionsgebieten ist aber eine Gelbfieberimpfung nachzuweisen.

Gewisse **Gesundheitsrisiken** bestehen: Zu nennen wären Darminfektionen (Würmer, Salmonellen, Shigellen, Amöben und Lambilien), Hepatitis A, Polio, Typhus, sehr begrenzt Malaria, selten Bilharziose (am Oberlauf des Euphrat und im Norden bis zur Türkei), saisonal Meningitis, Brucellose und Echinokkose.

Zur **Malariavorsorge** gibt das Tropeninstitut der Ludwig-Maximilian-Universität in München folgende Empfehlungen: Die vorwiegende Malaria-Art in Syrien ist die *Malaria tertiana;* ein guter Mückenschutz wird empfohlen, ebenso eine Vorbeugung mit Medikamenten bei längeren Aufenthalten im Gefahrengebiet. Außerdem sollte eine Notfallmedikament im Reisegepäck vorhanden sein! Beraten Sie sich mit Ihrem Arzt (siehe auch weiter unten).

Des Weiteren empfiehlt die LMU eine **Diphterie-Impfung** (sie ist alle zehn Jahre aufzufrischen), eine **Hepatitis-A- und -B-Impfung** sowie **Impfschutz gegen Polio und Tetanus.**

Buchtipps:

Zum Thema Gesundheit bzw. Krankheiten auf Reisen hat REISE KNOW-HOW nützliche Ratgeber im Programm:

- Dr. Dürfeld, Dr. Rickels
Selbstdiagnose und -behandlung unterwegs
- David Werner
Wo es keinen Arzt gibt, Gesundheitshandbuch zur Hilfe und Selbsthilfe
- Armin Wirth
Erste Hilfe unterwegs effektiv und praxisnah

Reiseunabhängige Impfungen

Nicht nur für Reisende, sondern für jeden, der verantwortungsbewusst mit sich umgeht, sind einige Impfungen unerlässlich. Vor einer reisebezogenen Impfplanung sollte deshalb dieser **„Basisimpfschutz“** überprüft und ggf. ergänzt werden. Alle folgenden Impfungen sind zur Krankheitsvorbeugung im Inland vom Bundesgesundheitsamt empfohlen, die Impfkosten tragen die Krankenkassen.

Tetanus (Wundstarrkrampf)

Dies ist eine aktive Impfung (Toxoid); ausreichender Impfschutz besteht nach der zweiten von drei Spritzen, die innerhalb eines Jahres als Grundimmunisierung verabreicht werden. Danach muss nur noch **alle zehn Jahre** mit einer Dosis **aufgefrischt** werden, im Verletzungsfalle frischt man sicherheitshalber bereits nach fünf Jahren auf. Die Grundimmunisierung wird meist bei Kleinkindern durchgeführt, oftmals wird es jedoch versäumt, den Schutz aufzufrischen.

Die Impfung ist sehr gut verträglich, ein Zeitabstand zu anderen Impfungen ist nicht erforderlich. Eine einmalige Auffrischung genügt auch dann, wenn die letzte Impfung länger als zehn Jahre zurückliegt.

Polio (Poliomyelitis, Kinderlähmung)

Bekannt ist die Schluckimpfung gegen Kinderlähmung. Sie wird nicht mehr empfohlen, statt dessen wird ein Totimpfstoff zur Injektion verwendet, der bald auch als Kombinationspräparat mit Tetanus und Diphtherie auf den Markt kommen soll. Der zeitliche Ablauf des Impfschemas ist derselbe wie bei der Tetanusimpfung, auch hier genügen Auffrischungen alle zehn Jahre. Wegen des irreführenden Begriffes „Kinderlähmung“ werden die Auffrischungen im Erwachsenenalter meist versäumt, es handelt sich jedoch um **keine Kinderkrankheit!** Auch in Deutschland erkranken jedes Jahr einige Dutzend Menschen an Polio. In südlichen Ländern ist das Risiko wesentlich höher, weltweit sind es etwa 300.000 Neuerkrankungen jährlich. Eine kausale Behandlung für die bereits ausgebrochene Polio gibt es nicht, es bleiben meist Schäden an Muskulatur und Nervensystem zurück. Der Impfstoff ist gut verträglich, er kann mit vielen anderen Impfungen gleichzeitig verabreicht werden.

syr077 Foto: mb

Diphtherie

Eine fast vergessene Krankheit, die durch konsequente Impfung in den 1950er Jahren schon fast ausgerottet schien, inzwischen jedoch wegen zunehmender Impfmüdigkeit **wieder auf dem Vormarsch** ist. In den Ländern der ehemaligen Sowietunion erkranken jährlich Zehntausende. Aufgrund der geöffneten Grenzen könnte eine Epidemie auch auf Deutschland übergreifen.

Die Erkrankung beginnt mit einer Entzündung im Rachen und kann deshalb anfangs für eine Mandelentzündung gehalten werden. Im Verlauf kann eine Schädigung von Herz und Nervensystem auftreten, dann ist die Behandlung schwierig. Der Impfstoff ist ein Toxoid und schützt nicht vor dem Erreger *(Corynebacterium diphtheriae)*, sondern nur vor dessen Ausscheidungsprodukten (Toxine), die die Krankheit verursachen.

Die Al-Khoury-Gallerie in Damaskus

Kinder werden meist kombiniert gegen Tetanus und Diphtherie geimpft, auch für Erwachsene gibt es einen Kombinationsimpfstoff für diese beiden Krankheiten, in diesem ist eine geringere Menge Diphtherietoxoid als im Kinderimpfstoff. Am besten sollte man die Tetanusauffrischung alle zehn Jahre mit dem **Kombinationsimpfstoff Tetanus/Diphtherie** durchführen. Auch wenn seit der letzten Diphtherieimpfung mehr als zehn Jahre vergangen sind, genügt eine Auffrischung.

Impfungen gegen Hepatitis

Hepatitis A

Die so genannte **infektiöse Gelbsucht.** Gegen diese Virusinfektion gab es lange nur die passive Impfung mit Immunglobulinen. Inzwischen sind gute Erfahrungen mit der aktiven Totimpfung (Handelsname: *Havrix®*) gemacht worden. Es wird 3x geimpft, Abstand zwischen 1. und 2. Impfung 2–4 Wochen, dann nach 6–12 Monaten. Ab der 2. Impfung besteht Schutz für ein Jahr, nach der 3. für ca. zehn Jahre. Ein Zeitabstand zu anderen Impfungen ist nicht erforderlich. Bei dem neuen Präparat *Havrix® 1440* besteht schon kurz nach der ersten Injektion Impfschutz; die Auffrischung soll nach 6–12 Monaten erfolgen, dann alle zehn Jahre. Preis: etwa 60 Euro pro Spritze.

Hepatitis B

Die so genannte **Serum- oder Transfusionshepatitis.** Mehrere Totimpfstoffpräparate sind seit Jahren im Einsatz und gut verträglich. Die Grundimmunisierung besteht (je nach verwendetem Präparat) aus drei bis vier Impfungen innerhalb eines Jahres, Auffrischungen alle fünf Jahre oder nach Blutkontrolle. Es ist kein Zeitabstand zu anderen Impfungen notwendig. Eine Impfdosis kostet um die 60 Euro.

Malaria in Syrien

Syrien ist **kein Malariagebiet;** wenn überhaupt, dann tritt die Krankheit nur im Nordosten des Landes und nur in der Zeit von Mai bis Oktober auf.

Vorwiegende Malaria-Art ist die **Malaria tertiana** („Dreitagesfieber"). Die Bezeichnung ist missverständlich gewählt: erster Tag Fieber, zweiter Tag fieberfrei, dritter Tag erneuter Fieberschub. Die Tertianaform der Malaria verläuft **nicht lebensbedrohlich,** es kann jedoch zu späteren Rückfällen, auch noch nach Jahren, kommen.

Die vieldeutigen **Symptome einer Erkrankung** sind anfangs meist Schüttelfrost, unregelmäßiges Fieber, Kopf- und Gliederschmerzen; gerade in diesem Stadium ist es wichtig, eine Malariaerkrankung in Betracht zu ziehen, um die richtige Behandlung zu beginnen. Im weiteren Verlauf kommt es dann zu den jeweils typischen Fieberschüben.

Behandelt (zur Prophylaxe und Therapie) **wird** die Malaria tertiana **mit Chloroquin** (z.B. *Resochin®*). Auch während der Schwangerschaft und Stillzeit anwendbar. Vorsicht bei Schuppenflechte, Nieren- und Lebererkrankungen. Häufige Nebenwirkungen sind Appetitlosigkeit, Magenschmerzen, Übelkeit, Erbrechen, Durchfall, gelegentlich kommen Schlafstörungen, Schwindel, Kopfschmerzen und Sehstörungen vor. Chloroquin-Einnahme nicht auf nüchternen Magen, darf aber zum Essen genommen werden.

Für die **Prophylaxe** gilt: Eine Woche vor Abreise (bzw. vor Erreichen des Malariagebietes) mit der ersten Dosis beginnen, fortführen bis vier Wochen nach Verlassen des Malariagebietes.

Darmerkrankungen

Die beste Verhütung von Krankheiten ist eine effektive Vorsorge!

Die Gefahr von Wurmerkrankungen und Darminfektionen kann man leicht mit ein paar Essens- und Trinkregeln eindämmen! Dabei gehört Syrien nicht unbedingt zu den Ländern, die in dieser Hinsicht ein besonders großes Gefahrenpotenzial aufweisen! **Leitungswasser** hat in Syrien fast immer

Trinkwasserqualität. Ich selbst trinke es immer und bin trotzdem nie ernsthaft erkrankt. Dennoch darf das kein allein-gültiger Maßstab sein. Aber auch das Auswärtige Amt ist dieser Meinung, sodass ich sie hier verbreite. Einzig in den Sommermonaten, wenn das Wasser knapp wird, kann es vorkommen, dass es nicht mehr ganz in Ordnung ist. Dann sollte man es abkochen oder doch auf Mineralwasser aus der Flasche umsteigen. Was für Leitungswasser gilt, gilt natürlich auch für Eiswürfel! „Orientneulinge" sollten ganz einfach vorsichtig sein!

Auch wenn in den meisten Städten das Abwasser durch moderne Klärwerke gefiltert und erst anschließend zur Bewässerung genutzt wird, so kann es doch vorkommen, dass Gemüse mit Fäkalien gedüngt wird. Seien Sie also vorsichtig, wenn sie ungeschältes **Obst** oder **Gemüse** essen. In Restaurants können Salate und rohes Gemüse in der Regel bedenkenlos gegessen werden.

Wirklich abzuraten ist von **rohem Fleisch,** wenn es nicht kurz zuvor geschlachtet wurde (was bei Familien häufig der Fall ist, die erst schlachten, wenn der Gast eingetroffen ist). Jedes Fleisch jedoch, dass von einem Metzger stammt, sollte gut durchgebraten bzw. durchgekocht sein. Etwas problematisch sind auch Speisen, die mit **rohen Eiern** hergestellt werden, wie Majonnaise oder Eiscreme: Sie bergen die Gefahr von Salmonellen.

Soweit die wichtigsten Speiseregeln. Mein Arzt gab mir noch folgenden Tipp, den ich hier mit allerbestem Ge-

Tropenmedizinische Institute in Deutschland (Auswahl)

- **Berlin:** Institut für Tropenmedizin, 14050 Berlin, Spandauer Damm 130, Tel. 030-30 11 66, www.charite.de/tropenmedizin/.
- **Dresden:** Städtisches Klinikum Dresden-Friedrichstadt, Referenzzentrum für Reisemedizin, 01067 Dresden, Friedrichstr. 39, Tel. 0351-4 80 38 01.
- **Hamburg:** Bernhard-Nocht-Institut, 20359 Hamburg 36, Bernhard-Nocht-Str. 74, Tel. 040-42 81 80, Fax 42 81 84 00 (bei schriftlichen Anfragen einen frankierten Rückumschlag beilegen, Reiseziele und als Betreff „Reiseprophylaxe" angeben); www.bni.uni-hamburg.de.
- **Heidelberg:** Inst. für Tropenhygiene am Ostasieninstitut der Uni, 69120 Heidelberg, Im Neuenheimer Feld 324, Tel. 06221-56 29 05, www.klinikum.uni-heidelberg.de.
- **München:** Institut für Infektions- und Tropenmedizin der Universität und Landesimpfanstalt, 80802 München, Leopoldstr. 5, Tel. 089-33 33 22 (AB), Impfauskünfte (durchgehend) für Asien: Tel. 336755; „Impfsprechstunde" (personliche Impfberatung und Impfungen), Leopoldstr. 5/Ecke Georgenstr., Mo bis Fr 11–12 Uhr, Mi, Do 16.30–18 Uhr; www.tropinst.med.uni-muenchen.de.
- **Tübingen:** Institut für Tropenmedizin, 72074 Tübingen, Wilhelmstr. 27, Tel. 07071-2 98 23 64, www.medizin.uni-tuebingen.de/tropenmedizin/.
- **Würzburg:** Missionsärztliche Klinik, Tropenmedizinische Abteilung, 97074 Würzburg, Salvatorstr. 7, http://tropen.missioklinik.de.

wissen weitergeben kann und der mir – das bilde ich mir zumindest ein – so manchen Durchfall ersparte: Ein Whisky vor dem Schlafengehen tötet alle gefährlichen Bakterien ab!

Selbsthilfe bei Durchfall

- Zunächst muss der erhöhte Flüssigkeits- und Mineralverlust ausgeglichen werden, hier helfen Rehydrationsgetränke (z.B. *Elotrans*®). Zur Geschmacksverbesserung kann Fruchtsaft beigemischt werden.
- Nahrungspause, für mindestens sechs Stunden nichts essen. Danach, wenn möglich, Getreideschleimsuppe, Zwieback o.Ä.
- Bei gleichzeitigem Erbrechen und/oder fieberhaftem Verlauf kann es sich auch um die Erstsymptome einer Malaria handeln.
- Ohne schädliche Nebenwirkungen kann eine Therapie mit *Perenterol*® begonnen werden; diese medizinische Hefe hilft, wieder eine normale Darmflora aufzubauen. Kohletabletten sind meist nicht so wirkungsvoll.
- Durchfall mit Blutbeimengung weist auf eine Infektion mit Geschwüren im Dickdarm hin: Ruhr, ausgelöst durch Shigellen oder Amöben. Arzt aufsuchen.
- Falls nach drei Tagen keine Besserung eintritt und/oder noch Fieber besteht, ist ebenfalls ärztlicher Rat einzuholen – eine banale Reisediarrhoe sollte sich dann schon gebessert haben.

AIDS

Die offiziellen Zahlen zur HIV-/AIDS-Verbreitung im Land sind niedrig, über die Dunkelziffer kann nur spekuliert werden. Syrien verfolgt eine recht **strenge Gesundheitspolitik** in dieser Hinsicht. Wer eine Aufenthaltsgenehmigung beantragen will, weil er länger als zwei Monate im Land bleiben möchte, muss mindestens einen AIDS-Test machen. HIV-positive Ausländer werden sofort des Landes verwiesen.

Sicherheit bei sexuellen Aktivitäten bieten nur **Kondome.** Es gibt sie auch in Syrien in jeder Apotheke zu kaufen. Falls man an eine Dorfapotheke geraten ist, wo kein Englisch gesprochen wird und dringend Bedarf hat: Kondom heißt auf Arabisch – „Kaput" ...!

Reisen mit Kindern

Immer mehr Kinder begleiten ihre Eltern auf „abenteuerliche" Reisen, so auch nach Syrien. In aller Regel stellt das auch überhaupt kein Problem dar, wenn man sich ein paar **Regeln** klar macht: Kinder sind durch Infektionskrankheiten gefährdeter als Erwachsene. Sie müssen deswegen über einen guten Impfschutz verfügen. Dazu sollten Sie Ihren Kinderarzt aufsuchen.

Vor allem Kinder haben unter Darmerkrankungen zu leiden. Ist das Kind noch sehr klein und trinkt aus der Flasche, sollten Sie dafür sorgen, dass das Pulver mit Mineralwasser angerührt wird. Wichtig sind außerdem eine ausreichende Flüssigkeitszufuhr und ein wirksamer Sonnenschutz! Da das Immunsystem von Kindern noch nicht so stark ist wie das eines Erwachsenen, sollten für Kinder dieselben Regeln gelten wie für Erwachsene, nur alles eine Stufe strenger.

Ist Ihr Kind gerade in der Phase, in der es alles in den Mund steckt, würde ich von einer Syrienreise abraten!

Schlangen

Schlangenbisse sind auch in Syrien extrem selten; wenn überhaupt, besteht die Gefahr nur in der Wüste. Das Tragen von festem Schuhwerk, auch als Schutz gegen Blutegel, Insekten und Skorpione, ist grundsätzlich zu empfehlen. Schuhe und Kleidung müssen vor dem Anziehen überprüft und ausgeschüttelt werden, da Schlangen und Skorpione gerne in ihnen übernachten. Gegen viele Schlangengifte gibt es ein Antiserum, im Notfall steht es aber nicht unbedingt zur Verfügung, da diese Substanzen recht teuer sind und gekühlt aufbewahrt werden müssen. Um das richtige Serum auswählen zu können, ist eine genaue Beschreibung der Schlange sehr hilfreich.

Hilfe im Notfall

- Das Körperteil mit der Bissstelle soll möglichst nicht mehr bewegt werden, bei einem Biss am Bein auf keinen Fall mehr laufen!
- Falls innerhalb einer halben Stunde ein gut ausgerüstetes Krankenhaus erreicht werden kann, sollte das verletzte Körperteil in Tieflage ruhig gestellt und warm gehalten werden, anschließend rascher Transport.
- In allen anderen Fällen muss vor Ort eine Notbehandlung beginnen: innerhalb der ersten fünf Minuten je einen geraden Schnitt durch jede Bisswunde (z.B. mit einer Rasierklinge), 1 cm lang und 5 mm tief, die Wunden ausbluten lassen; keinesfalls sollte mit dem Mund abgesaugt werden.
- Körperteil 15 cm oberhalb der Bissstelle abbinden (mit Gürtel, Binde oder Damenstrumpf, keinesfalls Schnur, Draht o.Ä. verwenden), um den Rückstrom vergifteten Blutes zu verhindern. Es muss jedoch noch Blut hineinfließen können, daher Puls am Handgelenk oder Fußrücken tasten und Binde ggf. lockern.
- Der Gebissene soll viel trinken, jedoch keinen Alkohol.
- Als Schmerzmittel ist *Paracetamol*® erlaubt.
- Die früher empfohlene Kühlung oder Eisbehandlung hat sich als ungünstig erwiesen und sollte nicht mehr durchgeführt werden!
- Jeder von einer Schlange Gebissene gehört so schnell wie möglich in ein Krankenhaus!

Skorpione

Skorpione sind **nachtaktive Tiere,** die sich tagsüber zwischen Steinen, Blättern oder im Sand aufhalten. Die meisten Arten verursachen ungefährliche Stiche, die ähnliche Beschwerden wie Bienen- oder Wespenstiche hervorrufen, bei den giftigeren Arten kommt es zu starkem Schmerz, Taubheit des betreffenden Körperteils, in seltenen Fällen kommen Muskelkrämpfe, Atembeschwerden und Herzrasen hinzu.

Die Unterscheidung hinsichtlich der Gefährlichkeit ist für einen Laien nicht möglich, sodass nach jedem Stich Vorsicht geboten ist. Besonders gefährlich können Skorpionstiche für Kinder unter fünf Jahren sein. Für manche giftige Arten existiert ein Antiserum (Gegengift). Die Stiche mancher Skorpionarten können noch nach Monaten Gefühlsstörungen hervorrufen.

Behandlung von Skorpionstichen

- Ruhigstellen des gebissenen Körperteils.
- Einstichstelle kühlen, evtl. mit Eis.
- Antihistamintabletten (z.B. 3 Tbl. *Tavegil*®) und evtl. Schmerzmittel geben.
- In ärztliche Behandlung begeben, dabei möglichst Beschreibung des Skorpions hinsichtlich Größe und Farbe.

Sonstiges

Bilharziose kann man vermeiden, indem man in keinen stehenden Gewässern badet (gilt v.a. für den Euphrat!). Einem **Sonnenstich** beugt man durch Sonnenschutz (Tuch, Brille, Sonnenmilch mit hohem Schutzfaktor) vor. **Hohes Fieber** lässt sich mit Paracentamol oder Aspirin senken. Autan wirkt Wunder gegen **Mücken.** Aber Vorsicht: In schlechten Hotels gibt es häufig **Flöhe** oder **Bettwanzen!** Diesen kann man nur entgehen, wenn man das Bett vorher auf Sauberkeit prüft (ich mache das meist einfach mit der Nase: Der Geruch lässt oft Rückschlüsse auf den Zustand eines Bettes zu!). Ist man sich nicht sicher und muss aber in dem Zimmer übernachten: Die Mitnahme eines Katzen- oder Hunde-Floh-Halsbandes, das man sich ins Bett legt, hilft.

Auch wenn man in Syrien überall Apotheken findet, sollte man doch zumindest einen Grundvorrat an Medikamenten dabei haben, die es a) nicht in Syrien gibt und die man b) im Notfall sofort braucht. In eine **Reiseapotheke** gehören deshalb meines Erachtens folgende Dinge: ein Fieberthermometer, Aspirin (gibt es in Syrien nicht!), ein Durchfallmittel für den Akutfall sowie Elektrolyte (als sanftes Mittel bei lästigem Durchfall empfehle ich unbedingt Heilerde). Außerdem sind Desinfektionsmittel angebracht sowie Pflaster und Verbandszeug (dessen Qualität in Syrien angezweifelt werden darf). Ein Breitbandantibiotikum braucht in aller Regel nicht mitgenommen zu werden, da dieses wirklich in jeder Apotheke zu erhalten ist, und jedes noch so kleine Dorf hat eine Apotheke! Ähnliches gilt für den Rest der gängigen Medikamente! Menschen, die chronisch krank sind und/ oder spezielle Medikamente benötigen, sollten ihren Bedarf autark decken können und einen eventuellen Mehrbedarf berücksichtigen! Frauen, die mit der Pille verhüten, sollten ihr Präparat dabei haben, da es in Syrien selten genau die Pille gibt, die man gerade nimmt!

Medizinische Versorgung in Syrien

Apotheken gibt es in fast jedem Dorf. Hier kann man Medikamente zu festgesetzten Preisen kaufen. Meist gibt es so gut wie alle Medikamente, die auch in Europa erhältlich sind. Brauchen Sie ein besonderes Medikament, sollten Sie den Hauptwirkstoff kennen, da die Präparate selten den selben Namen haben wie in Europa. In Syrien sind alle Medikamente rezeptfrei. Eine fachkundige Beratung durch die Apotheker (meist Frauen) ist in aller Regel gewährleistet.

Es gibt in Syrien ausreichend **Ärzte** (einen auf 1000 Einwohner) sowie staatliche und private Kliniken. Viele Ärzte haben im Ausland studiert, einige deutsch- bzw. englischsprachige Ärzte werden im vorliegenden Buch bei den praktischen Informationen zu den einzelnen Städten aufgelistet. Die Behandlung in staatlichen Krankenhäusern ist umsonst und nicht sehr gut angesehen. Wer das Geld hat, geht in eine private Klinik. Diesem Urteil meiner syrischen Freunde und Bekannten schließe ich mich kommentarlos an.

Weitere Informationen zum Gesundheitswesen finden sich im Kapitel „Bevölkerung und Sozialwesen“.

Immigration Office

Nach 30 Tagen Aufenthalt im Land muss sich der Reisende auf dem so genannten „Immigration Office", dem **„Maktab al-Hidjra wa-Djawazat"**, melden, auch wenn der Einreisestempel häufig noch besagt, man müsse sich schon nach 15 Tagen melden – diese Angabe ist veraltet. Jede Provinzhauptstadt verfügt über ein solches Büro, doch auf den Touristen eingestellt sind nur die Büros in Damaskus und Aleppo (und auch dort nur in sehr bescheidenem Maße).

Um eine **Aufenthaltsverlängerung** zu beantragen, muss man vier Passfotos bei sich haben. Dann holt man sich vier Formulare (in Aleppo gibt es diese im 1. OG im hinteren Raum rechts, in Damaskus im 2. OG links am Schalter). Meist sind die Formulare auf französisch oder arabisch. Es wird nach dem Namen, dem Vornamen, den Eltern, dem Beruf, dem Einreisedatum, der Visumsnummer, der Passnummer usw. gefragt.

Nach der vierfachen, unterschriebenen Ausfertigung geht man wiederum zu einem Schalter, um ein weiteres Papier zu erwerben. In Aleppo befindet sich dieser Ort im Erdgeschoss, gleich rechts um die Ecke, in Damaskus erhält man das benötigte Papier vor dem Immigration Office in einem kleinen Laden. Es kostet 25 Lira. Auch dieses Formular will gewissenhaft ausgefüllt sein! Alle fünf Papiere gibt man dann,

syr073 Foto: lv

Im Hotel Beit Rumman (Damaskus)

zusammen mit dem Ausweis, wieder an der Stelle ab, an der man auch die ersten vier Formulare erhalten hat. Im Regelfall wird man nun gebeten, nach 24 Stunden wieder zu kommen. In Einzelfällen geht es auch schneller. Keine Angst, der Pass ist im Immigration Office in seriösen Händen, also, don't worry!

24 Stunden später. Der wichtigste Teil steht nun bevor: Der Präsident des Office muss die Verlängerung unterschreiben. Dazu geht man mit vorbereitetem Pass und den Papieren in dessen Büro (in Aleppo ist es im 1. OG

gleich rechts, in Damaskus liegt es im 4. OG). Hat der Präsident sein Zeichen unter den Stempel gesetzt, hat man im günstigsten Fall weitere vier bis sechs Wochen ergattert (je nachdem, für wie lang man seine Verlängerung beantragt hatte). Oft werden allerdings nur weitere 14 Tage gestattet. Dann geht die Prozedur halt zwei Wochen später wieder von vorne los, doch nun weiß man ja wenigstens, wie es geht: Vier Passfotos und vier Formulare und ...

Informationsstellen

Syrien hat kein eigenes Fremdenverkehrsbüro, sodass die **syrischen Botschaften** diese Aufgabe übernehmen. Auf Anfrage werden kostenlose Stadtpläne und Landkarten verschickt, die sehr hilfreich sind. Weitere Informationsstellen sind außerdem:

- **Deutsch-Syrischer Verein e.V.**
Landesverband Bayern, Schwanthalerstr. 111, 80339 München, Tel./Fax 089-50 62 79, www.deutsch-syrischer-verein.de.
- **Euro-arabischer Freundeskreis**
Trautmannstr. 5, 81373 München, Tel. 089-76 04 498, www.eaf-ev.de.

Internetadressen

- **www.whatsonsyria.com**
Ganz unterschiedliche Themen werden hier behandelt – syrienrelevante, internationale usw. –, unschlagbar aber ist der Kulturteil und für aktuelle Ausstellungen, Kino und Theater auch der Punkt „What's on where?".
- **www.musicsyria.com**
Diese Website, betrieben unter der Ägide von fünf engagierten Syrerinnen und einem Syrer, ist wirklich toll! Die Seite gibt nicht nur eine fantastische Übersicht über arabische und syrische Musik, sondern versucht auch, durch die Musik einen anderen Blickwinkel auf das Land zu geben.
- **www.damascus-online.com**
Sehr umfangreiche und informative Seite, auch zu den Golanhöhen, aber auch Veröffentlichungen arabischer Gedichte etc.
- **www.auswaertiges-amt.de/diplo/de/Laenderinformationen/01-Laender/Syrien.html**
Die Länder- und Reiseinformationen des Auswärtigen Amtes.
- **www.sana.org**
Website der syrischen Nachrichtenagentur. Die Seite gibt einen guten, informativen Nachrichtenüberblick über alle Belange, die Syrien betreffen: Kultur, Wirtschaft, Tourismus etc. – natürlich staatlich „eingefärbt".
- **www.cafe-syria.com**
Auch hier gibt es jede Menge Informatives, v.a. was die offiziellen Dinge betrifft. Man kann z.B. einen Blick auf die syrische Verfassung von 1973 werfen (unter **www.cafe-syria.com/constitution.htm**).
- **www.syriaonline.com**
Hier gibt es jede Menge interessante Informationen über Syrien. So kann man beispielsweise den Flugplan der Syrian Arab Airlines abrufen oder sich Infos zur Reise herunterladen.
- **www.syriatourism.org**
Offizielle Homepage des syrischen Tourismusministeriums. Sehr gute und professionell aufgemachte Online-Seiten mit aktuellen Informationen und vielen Tipps.
- **www.syriatoday.com**
Internetauftritt der gleichnamigen englischsprachigen Zeitung.
- **www.qantara.de**
Interessante Homepage mit Infos, die die deutsch-arabischen Beziehungen auf allen Ebenen betreffen.
- **www.souria.com**
Sehr schön aufgemachte Homepage mit aktuellen Informationen und einem syrienbezogenen Diskussionsforum.

● **www.dainst.org**
Homepage des deutschen Archäologischen Instituts in Damaskus. Detailinformationen zu aktuellen Grabungen im Land.

● **www.al-bab.com**
Infos über den Nahen Osten mit einem schnellen Überblick und Links zu allen arabischen Onlinezeitungen.

● **www.nawafir-tours.com**
Auf der Homepage der Damaszener Reiseagentur finden sich unter „News from Syria" immer die aktuellsten Entwicklungen im Land: neue Ausgrabungsstätten, Festivals, Events etc. Gute Informationsquelle!

● **www.arab.net** (oder wer direkt will: ...net/syria/syria_contents.html)
Hier findet man alles an Informationen zur arabischen Welt sowohl im Allgemeinen als auch länderspezifisch. Zugang zu den großen (z.T. auch englischsprachigen) arabischen Tageszeitungen.

● **www.fit-for-travel.de**
Informationen zur Reisemedizin vom Tropeninstitut der LMU München.

● **www.travelmed.de**
Alle Informationen zu Gesundheitsbelangen und aktuelle Meldungen.

Medien

Syrien öffnet sich, das merkt man auch daran, dass nun Internet und Parabol-Antennen zugelassen sind. Im ganzen Land gibt es Internet-Cafés mit schnellem Zugang ins World Wide Web. Das ist keine Selbstverständlichkeit für ein Land, wo es bis 1998 gar kein Internet gab ...

Tages-, Wochen- und Monatszeitungen

Seit es Internet gibt, kann man sich auch bei den Homepages der großen syrischen Zeitungen direkt einklinken und die aktuelle syrische Politik verfolgen. **www.sana.org** ist die Homepage der *Syrian Arab News Agency*. Aktuelle Artikel werden auf Französisch und Englisch angeboten. Wer Arabisch lesen kann, findet unter **www.thawra.com** die Online-Ausgabe der regierungsnahen syrischen Tageszeitung „Thawra" und unter **www.tishreen.info** die der regierungsnahen Tageszeitung „Teshreen". Außerdem gibt es noch die Tageszeitung „al-Baath", die – nomen est omen – auch eine regierungsnahe Zeitung ist. Die einzige englische Tageszeitung Syriens ist die „Syria Times", online unter http://syriatimes.tishreen.info einzusehen. Neben diesen regierungsnahen/staatlichen Zeitungen existieren seit Ende 2006 zwei weitere, nicht-staatliche Tageszeitungen: „Al-Watan" (www.alwatan.sy) und „Baladna" (ohne Online-Ausgabe). Wochenzeitungen sind die „al-Iqtissadiya" (arabische Online-Ausgabe: www.iqtissadiya.com), ein Wirtschaftsblatt, sowie die „Abiad wa Aswad" – „Weiß und Schwarz". **„Syria Today"** (online unter www.syria-today.com) ist eine englischsprachige Monatszeitung, deren Kulturseiten auch Auskunft über Konzerte und Künstler geben. Nicht zu überbieten jedoch ist die Monatsschrift **„What's on Syria"** (www.whatsonsyria.com), mit sehr ausführlichem und aktuellem Kultur-, Kino-, Theater- und sonstigem Veranstaltungsprogramm. In dem Blatt findet sich allerlei Interessantes zu Syrien sowie ein nicht zu unterschätzender Veranstaltungskalender auf der letzten

Seite. In diesem wird auf Ausstellungen hingewiesen, auf Konzerte, Filme und Theateraufführungen. In der Syria Times findet sich auch das Fernsehprogramm. Das ist v.a. für den halb-internationalen Sender (s.u.) interessant!

Europäische Zeitschriften und Tageszeitungen kann man in einigen wenigen Buchläden finden, meist in denen, die großen Hotels angeschlossen sind.

Radio und Fernsehen

Es gibt in Syrien **zwei offizielle Fernsehkanäle,** wobei der eine halb-international ist. D.h. es werden Nachrichten auf Englisch und Französisch gesendet sowie internationale Spielfilme und Serien. In den Grenzgebieten kann man türkisches, libanesisches, jordanisches und irakisches Fernsehen empfangen. Seit in Syrien Parabol-Antennen zugelassen sind, scheint jeder zweite Haushalt über eine derartige Antenne zu verfügen. Seitdem sind auch osteuropäische, türkische und griechische Programme zugänglich. Der einzige deutsche Sender, der immer empfangen werden kann, ist Eurosport. Des Weiteren gibt es unregelmäßig deutsche Nachrichten auf **BBC** und **Deutsche Welle TV.** Die meisten Hotels verfügen über eine Parabol-Antenne.

Daneben gibt es in Syrien diverse Radioprogramme, eines davon bringt auch Nachrichten auf Englisch. Die stets wechselnde Frequenz wird unregelmäßig in der Syria Times veröffentlicht. Für den deutschen Touristen dürften v.a. die Nachrichten der **Deutschen Welle** von Interesse sein. Die Frequenzen ändern sich allerdings immer wieder; sie können unter Tel. 0221-389 32 08 oder per Fax 0221-389 32 20 erfragt werden.

Notfall

Wird der Reisepass oder Personalausweis im Ausland gestohlen, muss man dies bei der örtlichen Polizei melden. Darüber hinaus sollte man sich an die nächste diplomatische Auslandsvertretung seines Landes wenden, damit man einen **Ersatzausweis** zur Rückkehr ausgestellt bekommt.

Auch in dringenden **Notfällen,** z.B. **medizinischer oder rechtlicher Art,** sind die Auslandsvertretungen bemüht, vermittelnd zu helfen.

Diplomatische Vertretungen

In Syrien

- **Deutsche Botschaft (Damaskus)**
Ambassade d'Allemagne, al-Malki, Sh. Abdulmunem Al-Riad (Ecke Ebla-Straße), Tel. 37 90 00 00, Notfallnummer: 0933-21 22 89.
- **Deutsches Konsulat (Aleppo)**
Consulat d'Allemagne, Abi Firas Al-Hamadani Straße, Sebil, Tel. 21 228 04 07.
- **Schweizer Botschaft (Damaskus)**
Ambassade de Suisse, Mezze, Sh. Shafi 2, Tel. 611 19-72, -73, -74.
- **Österreichische Botschaft (Damaskus)**
Ambassade d'Autriche, Mohamed Naim Al-Deker Gebäude, Mezze, Sh. Farabi 1, Tel. 61 38 01 00.
- **Österreichisches Konsulat (Aleppo)**
Consulat d'Autriche, Rue Baron gegenüber Banque Centrale, Imm. Pères Jesuites, Tel. 21 211 40-70, -71 oder -73.

Diebstahl oder Verlust von Geld

Bei Verlust oder Diebstahl der Kredit- oder Maestro-(EC-)Karte sollte man diese umgehend sperren lassen. Für deutsche Maestro- und Kreditkarten gibt es die einheitliche **Sperrnummer 0049-116 116** und im Ausland zusätzlich 0049-30-4050 4050.

Für österreichische und schweizerische Karten gelten:

- **Maestro-(EC-)Karte,** (A)-Tel. 0043-1-204 88 00; (CH)-Tel. 0041-44-271 22 30, UBS: 0041-848-88 86 01, Credit Suisse: 0041-800-80 04 88.
- **MasterCard,** internationale Tel. 001-636-722 71 11.
- **VISA,** Tel. 0043-1-71 11 17 70; (CH)-Tel. 0041-58-958 83 83.
- **American Express,** (A)-Tel. 0049-69-97 97 10 00; (CH)-Tel. 0041-44-659 63 33.
- **Diners Club,** (A)-Tel. 0043-1-50 13 50; (CH)-Tel. 0041-58-750 80 80.

Geldnot

Wer dringend eine größere Summe ins Ausland überweisen lassen muss wegen eines Unfalles o.Ä., kann sich über **Western Union** Geld schicken lassen. Für den Transfer muss man die Person, die das Geld schicken soll, vorab benachrichtigen. Diese muss dann bei einer Western-Union Vertretung (in Deutschland u.a. bei der Postbank) ein entsprechendes Formular ausfüllen und den Code der Transaktion telefonisch oder anderweitig übermitteln. Mit dem Code und dem Reisepass geht man zu einer beliebigen Vertretung von Western Union in Syrien (siehe unter www.westernunion.com), wo das Geld nach Ausfüllen eines Formulares binnen Minuten ausgezahlt wird. Je nach Höhe der Summe wird eine Gebühr ab 10,50 Euro erhoben.

Öffnungszeiten

In Syrien ist der Freitag der Sonntag! Alle Schulen, Behörden, Geschäfte, Banken, die Post etc. sind dann geschlossen! Auch die meisten Suqläden lassen an diesem Tag ihre Jalousien unten. Allein ein paar Lebensmittelhändler und eventuell manch Souvenirverkäufer bleiben von dieser Regel ausgeschlossen. In den christlichen Vierteln dagegen sind die Läden am Sonntag geschlossen.

Die **Öffnungszeiten** sind **nicht fest vorgegeben,** aber nach folgenden Zeiten kann man sich in etwa richten:

- **Ämter, Banken:** 8–14 Uhr.
- **Läden:** 8–13 Uhr, 16–20 Uhr.
- **Museen:** Di geschlossen, Öffnungszeiten im Sommer 8–18, im Winter (01.11.–31.03.) nur bis 16 Uhr.
- **Minibusverkehr** außerhalb der Städte bis 17 Uhr.
- **Mittagessenszeit** ist zwischen 13 und 15.30 Uhr, das **Abendessen** wird zwischen 20 und 23 Uhr eingenommen.

Post, Telefon und Fax

Telefonieren

Seit ein paar Jahren gibt es die praktischen **Telefonkarten,** mit denen man in den meisten großen Städten (Ausnahme: Qamishli) von fast allen öffentlichen Telefonzellen im Ausland anrufen kann. Es gibt sie zu 300, 500 und 1000 Lira (= Einheiten). Erwerben kann man die Telefonkarten entweder im Telegrafenamt (oft identisch mit der Hauptpost), bei Verkäufern nahe des Amtes sowie an den meisten Kiosken.

Eine Minute Telefonieren nach Europa kostet 97 Lira (nach 22 Uhr nur noch 47 Lira), eine Minute innerhalb einer Stadt 1 Lira.

Eine andere, billige und gute Möglichkeit, nach Europa zu telefonieren, ist **Skype.** In fast allen Internet-Cafés mit DSL ist dies möglich.

In Syrien herrscht ein Handyboom. Man sieht und hört überall Leute ihre **Handys** präsentieren, natürlich mit den neuesten Klingeltönen. Das eigene Handy lässt sich in Syrien in der Regel problemlos nutzen, denn die meisten Mobilfunkgesellschaften haben **Roamingverträge** mit einer der beiden syrischen Gesellschaften Syriatel (www.syriatel.com) oder MTN Syria (www.mtnsyria.com). Wegen hoher Gebühren sollte man bei seinem Anbieter nachfragen oder auf dessen Website nachschauen, welcher der Roamingpartner günstig ist und diesen per **manueller Netzauswahl** voreinstellen.

Nicht zu vergessen sind die **passiven Kosten,** wenn man von zu Hause angerufen wird (Mailbox abstellen!). Der An-

Vorwahlen

Deutschland: 0049
Österreich: 0043
Schweiz: 0041

Wer sich in Syrien anrufen lassen möchte oder im Vorfeld selbst in Syrien anrufen möchte, die Vorwahl von Syrien lautet: 00963, dann, wie immer, die 0 der Städtevorwahl weglassen.

Städtevorwahlen

Aleppo	021
al-Hassaka	052
Bosra	015
Damaskus	011
Dair az-Zur	051
Derâa	015
Hama	033
Homs	031
Lathaqiya	041
Palmyra	031
Qamishli	053
Raqqa	022
Suwaida	016
Tartus	043
Zabadani	013

Die **syrische Inlandsauskunft** erreicht man unter den Nummern 141 und 142.

Buchtipp – Praxis-Ratgeber:
- Volker Heinrich
Handy global – mit dem Handy im Ausland
(Reise Know-How)

rufer zahlt nur die Gebühr ins heimische Mobilnetz, die teure Rufweiterleitung ins Ausland zahlt der Empfänger. Wesentlich preiswerter ist es, sich von vornherein auf **SMS** zu beschränken, denn der Empfang ist dabei in der Regel kostenfrei.

Falls das eigene Handy **SIM-lockfrei** ist (keine Sperrung anderer Provider vorhanden ist) und man viele Telefonate innerhalb Syriens führen möchte, kann man sich eine **örtliche Prepaid-SIM-Karte** besorgen. In Syrien werden die Karten (in Blechdosen) überall am Straßenrand neben den entsprechenden Läden angeboten.

Faxen

Faxe sind teuer. Eine Seite nach Europa kostete 2008 300 Lira, jede weitere Seite 150 Lira. Faxe können von der Hauptpost gesendet werden sowie von den meisten großen Hotels.

Post

Briefe und Postkarten können von jedem Postamt nach Europa verschickt werden. Die Wahrscheinlichkeit, dass diese auch ankommen, ist groß, auch wenn es bis zu drei Wochen dauern kann. Briefe nach Europa kosten 32 Lira. Dringend abzuraten ist von Briefkästen, die in der Stadt aufgestellt sind.

In Aleppo und Damaskus gibt es **„Postlagernd"-Schalter,** wo man unter Vorlage seines Ausweises die Post abholen kann. Man sollte unbedingt auch unter seinem Vornamen suchen lassen, denn oft können die Beamten bei fremden Namen nur schwer zwischen Vor- und Nachnamen unterscheiden!

Wer mehr einkauft, als er transportieren kann/möchte, kann ein **Paket** schicken. Dies geht inzwischen unproblematisch von allen Postämtern und kostet nur wenig. Verpackungsmaterial kann in der Post selbst gekauft werden, die Pakete sind in der Regel rund zwei Wochen unterwegs.

Reisen im Land

Syrien hat ein recht **weites öffentliches Verkehrsnetz.** Ein kleines Problem besteht jedoch darin, dass viele sehenswerte Stätten außerhalb von Ortschaften oder abseits von größeren Straßen liegen. Wer dann mit öffentlichen Verkehrsmitteln unterwegs ist, ist zur Besichtigung auf Taxis oder Mitfahrgelegenheiten angewiesen. Taxis sind jedoch in der Regel nicht allzu teuer (gute Verhandlungskünste vorausgesetzt), und bisweilen lohnt es sich auch, mal für einen Tag (oder mehrere) ein Auto mit Fahrer anzuheuern (was je nach Qualität und Verhandlungsgeschick zwischen 50 und 80 Euro kostet).

Bei jedem Ort und am Beginn jeder Routenbeschreibung finden sich Hinweise auf die **öffentlichen Verkehrsverbindungen.** Ein kleiner Wermutstropfen hierbei ist, dass sich Fahrpläne immer wieder ändern oder erst gar nicht bestehen. Aus diesem Grunde wurden nur die möglichen Verbindungen sowie (bei längeren Fahrten) die übliche Dauer einer Fahrt angegeben, nur selten die Abfahrtszeiten (als Richtlinien für die Häufigkeit der Verbindungen). Diese muss der Reisende vor Ort selbst erkunden. Bei Verkehrsmitteln, die keine festen Abfahrtszeiten haben (z.B. Sammeltaxis, Regionalbusse, Minibusse etc.), sondern dann abfahren, wenn sie voll sind oder sich nach einem Rhythmus (z.B. alle zwei Stunden) richten, wurde in der Regel darauf hingewiesen.

Inlandsflüge

Syrien verfügt über ein nicht allzu großes, bisweilen aber doch sehr nützliches Inlandsflugnetz. Man kann **von Damaskus nach Dair az-Zur, Qamishli** (3 x wöchentlich), **Aleppo** (täglich) **und Lathaqiya** fliegen, der Flugplan ändert sich halbjährlich.

Inlandsflüge sind **vergleichsweise billig** (zwischen 1000 und 2000 Lira, one way), und gerade wenn man nach Qamishli möchte und die lange Busfahrt scheut, oder man schnell wieder nach Damaskus muss, lohnt ein Inlandsflug allemal. **Syrian Arab Airlines** hat in jeder größeren Stadt Büros. Entsprechende Flugpläne sind bei den einzelnen Städten aufgeführt. Syrian Arab Airlines hat auch eine Internetseite, auf der die Abflugzeiten abgefragt werden können: **www.syriaair.com.**

Eisenbahn

Das Eisenbahnnetz in Syrien umfasst 2200 km. Die Züge sind in aller Regel **langsamer als Busse** (z.B. Damaskus – Aleppo 5 Stunden, der Bus braucht im günstigsten Fall 3,5 Stunden). Hinzu kommt, dass sich die meisten Bahnhöfe außerhalb der Stadt befinden und die Abfahrt vieler Züge nachts ist. Dennoch: Die Züge sind bequem (zumindest in der 1. Klasse) und ganz gemütlich. Man hat viel Platz und die Sitze lassen sich so weit zurücklehnen, dass man problemlos schlafen kann. Zugfahren ist in Syrien **sehr billig** (auch in der ersten Klasse), sodass die Züge fast immer ausgebucht sind (also frühzeitig buchen). Da sie aber die genannten Nachteile haben, sind sie für den Individualtouristen eher zu vernachlässigen.

Das Land verfügt über **zwei Eisenbahnlinien:** Die eine führt **von Aleppo** via Lathaqiya, Banyas, Tartus und Homs **nach Damaskus,** die andere **von Damaskus** über Homs, Hama, Aleppo, Qamishli, Hassake **nach Dair az-Zur.** Beide Linien werden mehrmals täglich in jeder Richtung bedient.

Der **Fahrplan** ändert sich häufig, Abfahrtszeiten sollten also unbedingt vorher immer noch einmal erfragt werden! Den aktuellen Fahrplan kann man auch im Internet unter **www.cfs-syria.org** einsehen. Zugtickets müssen reserviert werden.

Busse

Busse sind die **gängigen Verkehrsmittel in Syrien,** sodass die meisten Reisenden den Bus wohl als Hauptverkehrsmittel benutzen werden. Der große Vorteil dieser Art zu reisen ist,

Vom Busbahnhof und Ticketkauf

Manch Reisender weiß von den Strapazen des Busticketkaufs zu berichten. Da kommt man, nichts Böses ahnend, mit schwerem Gepäck an den Busbahnhof, um in den nächsten Bus Richtung xy zu steigen; und kaum nähert man sich dem Gebäude, schon kommen die ersten Männer und fragen: „Aleppo?", „Hama?" In den allermeisten Fällen aber will man in Ruhe gelassen werden und lieber selbst nachsehen, wann Busse fahren und von welcher Gesellschaft. Dabei können diese Herren einem häufig weiterhelfen, denn sie weisen einem den Weg in das gewünschte Büro. Natürlich werden sie versuchen, den Kunden in das Büro zu zerren, für welches sie arbeiten, aber wenn gerade kein Bus ihrer Gesellschaft in die gewünschte Richtung fährt, erhält man einen Wink, an welches Büro man sich wenden sollte. Keine Angst, man muss keine Vermittlungsgebühr zahlen. Die Männer arbeiten für ihre Büros und erhalten hier ihren Lohn. Es bleibt jedem selbst überlassen, ob er den Männern folgt oder aber auf eigene Faust versucht, den nächsten Bus zum gewünschten Ziel zu finden.

Im ausgesuchten Büro wird dann das Ticket gegen Vorlage des Reisepasses ausgestellt. Manchmal ist es so, dass bei Fahrtantritt oder kurz zuvor die Pässe eingesammelt werden, das hängt mit den Polizeikontrollen zusammen, die unterwegs stattfinden können. In aller Regel jedoch wird davon abgesehen.

dass Busse häufig, regelmäßig und fast überallhin fahren.

Sieht man von den Stadtbussen ab, gibt es **drei Kategorien** von Bussen: die privaten Pullmann-Busse, die den Überlandbusverkehr bedienen, die einfachen Kurzstreckenbusse (sog. *Hophop*) und die Mini- oder Servicebusse, wie man sie nennt.

Pullmann-Busse

Der **Zustand** der privaten Pullmann-Busse ist meist **sehr gut.** Es gibt viele Superluxusbusse mit Klimaanlage, vollständig funktionierender Videoausrüstung, mit hochmodernem Equipment und viel Beinfreiheit.

Als Grundregel gilt: Man sollte sich den **Bus ansehen, bevor man sich das Ticket kauft,** und dann entscheiden, mit welcher Gesellschaft man fährt. Das ist zwar nicht immer möglich, aber dann von Vorteil, wenn es klappt.

Pullmann-Busse fahren **zu fast jeder Tages- und Nachtzeit** von den größeren Städten in alle Richtungen. Hier ist eine Platzreservierung nur vor wichtigen Feiertagen nötig. Die meisten Busse fahren pünktlich ab (plus/minus 20 Minuten) und kommen mehr oder weniger auch pünktlich an.

Minibusse (auch Service-Busse)

Minibusse, heutzutage fast alles moderne japanische 10-Sitzer-Kleinbusse, fahren als Sammeltaxis die **Ziele der näheren Umgebung,** so auch alle Dörfer, an. Ihre Abfahrtsstelle ist meist in der Nähe der Regionalbusbahnhöfe, häufig haben beide Busse sogar nur einen einzigen Bahnhof. Minibusse haben feste Strecken, aber keinen Fahrplan. Sie fahren ab, wenn sie voll sind, die Fahrtziele stehen, auf Arabisch, in den Fenstern der Busse angeschrieben. Als Reisender muss man sich zu dem richtigen Bus durchfragen, was aber kein Problem darstellen sollte, da die Syrer sehr hilfsbereite Menschen sind. Das Sammeltaxisystem wird auch in größeren Städten anstelle von Buslinien praktiziert, da nennen sich die Minibusse dann Servicebusse, die feste Linien fahren.

Sammeltaxis

Sammeltaxis **fahren ab, wenn sie voll sind.** Sie sind für den Reisenden v.a. beim grenzüberschreitenden Verkehr (nach Jordanien oder Libanon) von Bedeutung. Da in Sammeltaxis weit weniger Menschen als in einem Bus sitzen, sind die Grenzformalitäten viel schneller erledigt. Ein großes Taxi (häufig altersschwache amerikanische Riesenlimousinen) befördert mindestens sechs Personen, zwei auf dem Beifahrersitz und vier auf der Rückbank. An Tagen vor den großen Festen kann sich die Anzahl der Reisenden sogar auf neun Personen erhöhen. Jeder Ort hat zentrale Abfahrtsplätze für Sammeltaxis. Meist befinden sie sich in der Nähe der Busbahnhöfe. Schlepper und Fahrer rufen die Zielorte aus. Es gibt festgesetzte Preise. Wem das Reisen auf diese Art zu eng ist, kann zwei Plätze für sich kaufen oder dementsprechend mehr. Vor allem Frauen, syrische und europäische, bevorzugen es, mehr zu zahlen und dafür bequemer zu fahren und keinen Mann auf dem Schoß sitzen zu haben ...

Taxis

Taxi fahren funktioniert in Syrien wie überall auf der Welt. Die allermeisten Taxis haben ein **Taxameter,** doch ob es eingeschaltet wird, ist eine andere Frage. Das Problem mit den Taxametern ist, dass sie noch die Tarife anzeigen, die vor der Benzinpreiserhöhung galten – und damit völlig veraltet sind. Die Syrer wissen dies und geben dem Fahrer ein entsprechendes Trinkgeld. Bei Ausländern geht man davon aus, dass sie tatsächlich nur den angegebenen Preis zahlen – der zu niedrig ist. Also bleibt einem oft nichts anderes übrig, als den Preis vorher auszuhandeln und dann zu fahren. Trinkgelder sind obligatorisch. Nachts liegen die Preise weit höher. Kleine Taxis dürfen nur in den Städten fahren.

Mit dem eigenen Pkw

Mit dem eigenen Wagen nach Syrien zu reisen, hat sicherlich den großen Vorteil einer flexiblen und unabhängigen **Mobilität,** die gerade in diesem Land, wo so viele Sehenswürdigkeiten nur schwer oder mit viel Zeitaufwand zu besichtigen sind, nicht zu unterschätzen ist. Nicht zu unterschätzen sind jedoch auch die **bürokratischen/ finanziellen Hindernisse,** die einem,

Kurzstreckenbus („Hophop“)

syr071 Foto: lh

insbesondere dann, wenn man ein Dieselfahrzeug besitzt, in den Weg gelegt werden können (vgl. dazu den Abschnitt „Anreise").

Infos für Autofahrer

- **Reparaturen im Land:** In fast jedem Dorf gibt es Reparaturwerkstätten, wobei hier oft mehr improvisiert als wirklich repariert wird. Dennoch sollte man diese Leistungen zu würdigen wissen! In den großen Städten ist eine zuverlässige Reparatur gewährleistet. Oft befinden sich Autoreparaturwerkstätten an den großen Ausfallstraßen der Städte, meist nahe des Busbahnhofes. Der ADAC empfiehlt, sich bei seinem Autohändler ein Verzeichnis aller Kundendienststellen der eigenen Automarke sowie die wichtigsten Ersatzteile im Voraus zu besorgen.
- **Straßenzustand:** Es gibt ein gut ausgebautes Straßennetz und einige wenige Autobahnen. Die meisten Straßen sind in sehr gutem Zustand, das Netz der neuen und ausgebesserten Straßen wird immer größer. Kleine und wenig befahrene Nebenstraßen können öfters mal in weniger gutem Zustand sein. Häufig sind Straßen, die an sich nicht schlecht sind, im Ortsbereich sehr mäßig.
- **Verkehrskontrollen:** Fahren Sie an Polizei- oder Militärkontrollen langsam heran. Fahren Sie nur dann weiter, wenn Sie ein deutliches Zeichen dazu erhalten haben. Im Allgemeinen sind Polizisten Touristen gegenüber ausgesprochen freundlich und hilfsbereit. Also keine Angst!
- **Verkehrsvorschriften:** Die Verkehrsregeln sind nahezu identisch mit den unsrigen, nur richten sich die Syrer reichlich selten danach. Man muss ständig mit Unerwartetem rechnen! Grundsätzlich scheint es, als schauten die Einheimischen nie nach hinten. Platz schafft man sich mit Hilfe der Hupe, und ein jeder achtet vor allem auf den Verkehr vor einem. Nachtfahrten sollte man vermeiden. Unbeleuchtete Fahrzeuge, Sandverwehun-

gen und Schlaglöcher sowie plötzlich auf die Straße laufende Menschen oder Tiere stellen eine große Unfallgefahr dar.

- **Beschilderung:** Die Straßenschilder sind meist dieselben wie in Europa. Allerdings sind die Hinweisschilder nicht immer in lateinischer Schrift gehalten. Für diesen Fall sind die wichtigsten Ortsnamen in diesem Buch mit ihrer arabischen Schriftweise angegeben.
- **Bleifrei tanken:** Bleifreies Benzin, arab. *Khali min Rasâs,* kann man in Syrien in den meisten Städten tanken. Verlässt man diese jedoch, kann es schwierig werden. Also: Reichlich tanken und mindestens einen Reservekanister mitnehmen.
- **Offroad:** Es gibt natürlich auch in Syrien ein paar Pisten, die man mit Geländewagen befahren kann. Doch muss man sich vorher bei einem Polizeiposten melden (welcher Posten für die jeweilige Piste zuständig ist, wird bei den einzelnen Routen angegeben). Grund für die polizeiliche Meldung ist, dass die meisten Pisten durch militärisches Sperrgebiet führen. Zwar würde es kein Polizist je wagen, einem Touristen den Kopf abzureißen, weil dieser vergessen hat, sich vorher bei der Polizei zu melden, dennoch können Polizeikontrollen ohne entsprechendes Permit durchaus unangenehm werden.

Buchtipp – Praxis-Ratgeber:
- Erich Witschi, **Unterkunft und Mietwagen clever buchen** (Reise Know-How)

Worauf Sie achten müssen, wenn Sie einen Wagen mieten:
- Vollkaskoversicherung inkl.?
- Insassenversicherung inkl.?
- Steuer (im Normalfall 20% des Mietpreises) inkl.?
- Unbegrenzte Kilometerzahl?
- Zustand des Autos. Man ist mit dem TÜV (ja, den gibt es!) in Syrien nicht ganz so gründlich wie bei uns ...!

Mit dem Mietwagen

Letztendlich gilt für Reisen mit dem Mietwagen Ähnliches wie für Reisen im eigenen Pkw, zumindest, was die Hinweise über Reparaturen, Straßenzustand und Verkehrsregeln betrifft.

Bei Mietwagen sollte man sich überlegen, wie man am besten vorgeht, sprich ob man sich an einen großen internationalen Anbieter wendet oder an kleine lokale Firmen. Auch wenn man bei internationalen Autovermietern den Vorteil hat, schon von Deutschland aus sein Auto buchen zu können, so darf man dann nicht damit rechnen, in Syrien auch ein gutes Auto vorzufinden. Die Preise unterscheiden sich nicht, ganz gleich, ob man sein Auto schon von Europa aus bucht oder erst in Syrien. Der einzige internationale Anbieter ist **Europcar** (www.europcar.com). Es ist also durchaus eine Überlegung wert, bei einem Reiseveranstalter oder einem kleinen Autovermittler sein Auto zu mieten. Diese verleihen ihre Autos aber meist **mit Fahrer.** Auch wenn das im ersten Moment absurd klingen mag: Ein Auto mit Chauffeur ist häufig billiger als ein Auto ohne! Und ein Fahrer kann noch dazu von Vorteil sein. Die Beschilderung in Syrien ist eher mäßig, und häufig stimmen Straßen nicht mit den Karten überein. Hinzu kommt, dass man sich als Mitfahrer viel besser der Landschaft widmen kann und sich nicht auf den z.T. nervenaufreibenden Verkehr konzentrieren muss. Die meisten Fahrer wissen viel über die Gegend zu erzählen und kennen häufig Orte, an die man als Selbstfahrer wohl nie kommen würde. Allerdings liegt genau darin auch ein Problem: Manche der Fahrer, v.a. dann, wenn das Mietangebot sehr günstig ist, leben von den Provisionen, die sie von Händlern und Hotelbesitzern erhalten, wenn sie ausländische Gäste „abliefern". In solchen Fällen ist es notwendig, energisch einzugreifen, will man sich nicht dirigieren lassen, sondern selbst bestimmen. Macht ein Vermieter ein verblüffend günstiges Angebot, etwa 1000 Lira am Tag inkl. Fahrer, kann man davon ausgehen, dass der Fahrer nichts außer den Provisionen verdient. Dass er unter diesen Umständen versuchen wird, so viele wie möglich einzuheimsen, ist nur verständlich. Gute Reisebüros, wie z.B. Nawafir Travel in Damaskus (siehe dort), vermitteln zuverlässig Autos mit englisch sprechenden Fahrern, die ganz bestimmt keine Provisionen abkassieren möchten, sondern wunderbar solide und gut arbeiten.

Reisen mit dem Fahrrad

Immer mehr Menschen finden es spannend, mit dem Fahrrad nach Asien oder Afrika zu fahren. Syrien liegt dann häufig auf der Strecke. Erfahrungsberichten von Radlern zufolge ist Syrien ein sehr angenehm zu befahrendes Land. Die Menschen sind offen und freuen sich über die „Exotik" der Fahrradfahrer – kein Syrer käme jemals auf die Idee, so lange Strecken mit einem Fahrrad zu bewältigen.

Ein Problem ist sicherlich die große Hitze im Sommer bzw. die kalten Nächte im Winter. Nicht zu unterschätzen sind auch die großen Höhenunterschiede und die fehlenden Unterkunftsmöglichkeiten an vielen Orten. Dann ist wildes Campen angesagt, d.h. ein Zelt muss von Europa mitgebracht werden.

Weiterhin sollte man sich darüber im klaren sein, dass Reparaturwerkstätten (die es zumindest in Damaskus und Aleppo gibt) selten die wesentlichen Ersatzteile für europäische Fahrräder haben! Man sollte also wichtige Ersatzteile dabei haben!

Vor allem die kleinen Straßen eignen sich hervorragend zum Radfahren. Man wird aber immer wieder darauf angewiesen sein, auf die großen Straßen auszuweichen, was weniger angenehm und gefährlicher ist. Die syrischen Autofahrer rechnen einfach nicht mit Radfahrern. Das sollte man sich immer klar machen!

Reisezeit

Syrien kann problemlos **das ganze Jahr über** besucht werden. Allerdings muss man bei den verschiedenen Jahreszeiten einiges beachten.

Im Sommer sollte man sich vor allem in der Wüste und am Euphrat auf z.T. **sehr hohe Temperaturen (bis zu 50°C)** gefasst machen, auf volle Hotels und syrischen Inlandstourismus, insbesondere an der Küste und im Gebirge. Während der syrischen Ferien oder wochenends ist oft kein einziges Hotelbett mehr frei.

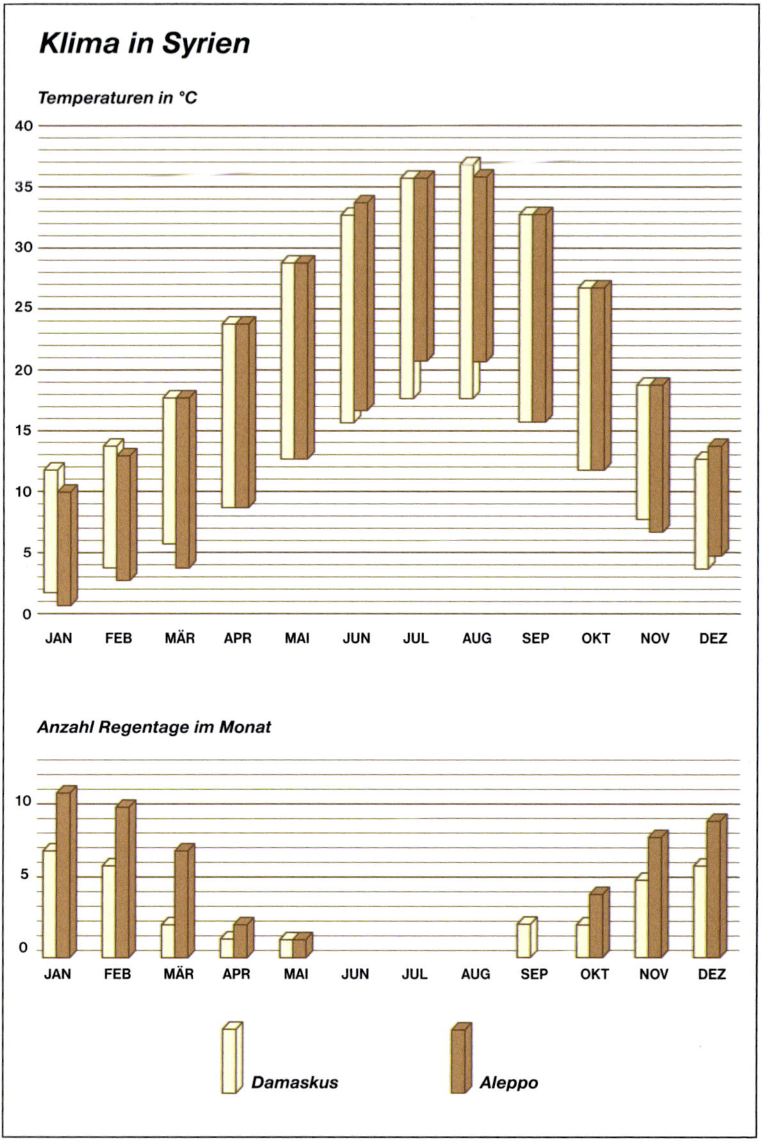
Klima in Syrien
Temperaturen in °C
40
35
30
25
20
15
10
5
0
JAN
FEB
MÄR
APR
MAI
JUN
JUL
AUG
SEP
OKT
NOV
DEZ
Anzahl Regentage im Monat
10
5
0
JAN
FEB
MÄR
APR
MAI
JUN
JUL
AUG
SEP
OKT
NOV
DEZ
Damaskus
Aleppo

Im Winter regnet es häufig, besonders an der Küste, viele Hotels haben dann geschlossen, vor allem in den Ferienorten wie Ra's al-Basit, Kasab, Bludan, Zabadani, Slunfa etc. Außerdem kommt es immer wieder vor, dass Gebirgsstraßen wegen Schnee- und Eisglätte gesperrt sind. In Aleppo, Homs, Hama und Damaskus kann es im Winter empfindlich kalt werden. Man sollte deswegen bei der Zimmerwahl unbedingt auf das Vorhandensein einer Heizung achten!

Im Winter ist es häufig menschenleer, und man ist gerade beim Besuch historischer Stätten oft ganz allein. Kontakte zur Bevölkerung sind in dieser Jahreszeit sehr viel schneller hergestellt. Im Sommer muss man unbedingt eine Siesta einplanen und die Besichtigung vieler Orte auf den frühen Morgen verschieben. Dafür ist es länger hell, und abends lässt es sich gemütlich auf der Hotelterrasse sitzen und die laue Nacht genießen.

Wirklich tolle Reisezeiten sind das **Frühjahr** (März bis Mai) oder der **Herbst** (Mitte September bis Mitte November). Das sind jedoch auch die beliebtesten Reisezeiten der internationalen Reiseveranstalter. Dementsprechend viele Gruppen sind unterwegs, sodass in dieser Zeit bei den meisten Hotels eine Zimmerreservierung angebracht ist! Die Preise liegen dann etwas höher, wenn auch nur unwesentlich.

Unbedingt beachten sollte man bei der Reiseplanung den **Ramadan,** den **islamischen Fastenmonat.** In dieser Zeit funktioniert das öffentliche Leben nämlich anders, will sagen, langsamer. Die Öffnungszeiten verschieben sich, oft beginnt die Arbeit erst am späten Vormittag, zieht sich dafür aber durch bis eine Stunde vor Fastenbrechen. Da die Syrer in dieser Zeit von Sonnenaufgang bis -untergang fasten, kann es schwer werden, etwas zu essen zu bekommen. Man sollte sich außerdem höflicherweise mit dem Essen und Trinken in der Öffentlichkeit zurückhalten. In den Hotels und schicken Restaurants jedoch ist es meist möglich, versorgt zu werden!

Ich habe den Ramadan als eher unangenehmen Monat empfunden, da die Leute aufgrund ihres Hungers und Durstes weit weniger geduldig sind und schneller aggressiv werden. Andererseits sind die letzen zehn Tage des Monats sensationell, denn dann pulsiert das Leben, zumindest in den großen Städten, nachts auf den Straßen wie sonst nie! Näheres siehe unter dem Stichwort „Feste und Feiertage“.

Sicherheit

Auf der ganzen Welt sind Terroranschläge zu verzeichnen. Auch in Syrien gibt es dementsprechend keine Sicherheitsgarantie. Dennoch ist die Gefahr, in Syrien einem **Terroranschlag** zum Opfer zu fallen, meiner Meinung nach wesentlich geringer als in anderen Ländern, auch europäischen.

Syrien ist ein sicheres Reiseland! Wie in allen Ländern der Welt, gibt es natürlich auch hier Kriminalität, doch ist diese, meinen Erfahrungen nach zu urteilen, weniger stark ausgeprägt als z.B. in Europa (wo sie auch nicht gerade den Alltag prägt). Die soziale Kontrolle funktioniert sehr gut, und so kann man sich sicher sein, dass die Umstehenden immer auf einen achten werden.

Die meisten **Syrer sind ausgesprochen freundlich und hilfsbereit.** Hat man ein Problem, sollte man sich an den nächstbesten Einheimischen wenden, er wird dafür sorgen, dass einem geholfen wird! Gleiches gilt für die vielen Straßenpolizisten.

Gerade Touristen versucht man in Syrien das Gefühl von Sicherheit zu geben. So werden Vergehen gegen Touristen streng geahndet. Ich habe es einmal erlebt, dass eine junge Frau von einem Ladenbesitzer daran gehindert wurde, den Laden wieder zu verlassen. Diese Frau ging, nachdem sie es endlich geschafft hatte, schnurstracks zu einem Polizisten und erzählte ihm, was ihr passiert war. Dieser begleitete sie zurück und nahm den Mann fest. Nur dadurch, dass die Frau ihre Beschuldigung zurücknahm, blieben dem Mann mehrere Monate Gefängnis erspart.

Dennoch können größere und kleinere **Gaunereien** immer wieder vorkommen. Das beginnt bei den immer wiederkehrenden Versuchen, mehr Geld als eigentlich geboten von den Touristen zu verlangen: Taxifahrer, die einen überhöhten Preis fordern, Ladenbesitzer, die neue Stücke als antik verkaufen usw. usf. Aber diese Versuche kennt man ja aus vielen Ländern, entsprechend gelassen und energisch sollte man sie abwehren.

Ein **Diebstahl** ist unverzüglich der Polizei zu melden. Die Chance, dass man seine Habseligkeiten wieder zurückbekommt, ist zwar eher gering, aber gerade im Falle einer abgeschlossenen Reiseversicherung sollte man auf keinen Fall auf den Behördengang verzichten. Einem Diebstahl vorbeugen kann man natürlich immer noch am besten, wenn man die Wertgegenstände versteckt/gut gesichert bei sich trägt und nicht offen im Wagen oder im Hotel liegen lässt, auch wenn Hoteldiebstahl sehr selten ist.

Buchtipp – Praxis-Ratgeber:
- Matthias Faermann
Schutz vor Gewalt und Kriminalität unterwegs
(Reise Know-How)

Souvenirs

Wer durch die **Suqs** läuft und nichts findet, was ihm gefällt, ist entweder desinteressiert oder überfordert: Was auch immer man sich vorstellen kann, von Zahnpasta bis zum Spitzen-BH, von Windeln bis zum Pilgergewand, von Seifen bis zu Ziegenköpfen – hier gibt es einfach alles.

Die meisten Reisenden verlangen jedoch weniger nach profanen Alltagsdingen. Kunsthandwerk, Intarsienarbeiten und Brokatstoffe sind es, die des Touristen Herz höher schlagen lassen. Auch diese Arbeiten findet man in den Läden der Suqs, doch gute Qualität hat ihren Preis, und dieser will erfeilscht sein!

Die qualitativ besten und günstigsten Waren findet man bei den **Werkstätten** selbst, die sich häufig in der Nähe der Suqs befinden. Hier kann man den Preis selten um mehr als 10% drücken. Das ist aber auch nicht nötig, denn die Preise liegen in der Regel weit unter denen der Bazarhändler und sind meist korrekt. In den großen Souvenirläden entlang der Hauptsuqstraßen der Bazare in Aleppo und Damaskus kann man mit einer Handelsspanne bis zu 50%, zum Teil noch darüber, rechnen. Also: Ein Preisvergleich lohnt allemal, und als Grundregel gilt: Je weiter man sich von den Touristenzentren entfernt, desto günstiger kann man die schönen Dinge erstehen.

Was gibt es zu kaufen?

Da gibt es die wunderbaren **Brokat- und Damaststoffe.** Damast kommt, nomen est omen, aus Damaskus! Diese fein gewebten Stoffe, die man ab 350 Lira pro Meter erstehen kann, gibt es in allen Farben und wenigen Formen. Fast immer messen sie 90 cm in der Breite und können meterweise gekauft werden. Superedle **Seidenstoffe,** die man nur an wenigen Orten finden kann (z.B. im Handwerkersuq in Damaskus), kosten ab 3000 Lira aufwärts!

Wahre Kunstwerke sind die **Intarsienarbeiten,** die man überall finden kann und für die Syrien, v.a. Damaskus, berühmt ist! Aus edlen Hölzern werden Vertiefungen geritzt, die dann mit Plättchen aus Perlmutt, Knochen oder Metallen, in neuester Zeit auch Plastik, ausgelegt werden. Angefangen bei einem Backgammonspiel, werden Kisten, Truhen, Schatullen, Tische, einfach alles mit diesen Einlegearbeiten verziert. In Damaskus, rund um das Bab Sharqi, kann man es häufig klopfen und hämmern hören: Hier befinden sich viele Werkstätten, in denen die kleinen Schätze hergestellt werden. Wer nachfragt, darf auch mal bei den Herstellungsarbeiten zuschauen. Nicht nur einmal wurden mir in aller Genauigkeit die Herstellungsweise und die Materialien erklärt – unbedingt lohnenswert für diejenigen, die vorhaben, eine größere Anschaffung dieser filigranen Arbeiten zu tätigen. Material und Feinheit der Muster bestimmen den Preis. So sind Perlmuttverzierungen natürlich teurer als Plastik und Backgammonspiele mit wenigen Mustern billiger als aufwendig gearbeitete Schmuckschatullen. Der Preis für ein mittelgroßes, schönes Backgammonspiel ohne Perlmutt beträgt umgerechnet ca. 20 Euro.

Typisch für Syrien und absolut edel ist die alte orientalische Kunst der **Metalleinlegearbeiten.** Dabei werden in Metallplatten Muster eingeritzt, die man dann, zur Verzierung, mit weicherem Metall auslegt! Vor allem die großen Tabletts aus Kupfer oder Messing können wahre Meisterwerke sein: Eingeklopfte oder eingelegte Muster schmücken die Metallfläche, wobei hier die Qualität stark schwanken kann. Schöne Metalltabletts (keine Blecharbeiten) sind, je nach Qualität, Größe und Material, ab etwa 50 Euro zu haben.

Wunderschön sind auch die **Schnabelkannen,** aus denen traditionell der Kaffee serviert wird. Es gibt sie verziert, unverziert, aus Messing, aus Edelstahl und in allen Größen. Ganz besonders schöne Kannen findet man im Midanviertel in Damaskus. Hier kann man kleine, handgearbeitete Kannen in bester Qualität ab 450 Lira erstehen.

Breit ist das Angebot an **Parfüms und Blumenessenzen:** Überall werden diese wunderbaren Öle verkauft. Wer möchte, kann sich auch sein Lieblingsparfüm mixen lassen. Listen hängen aus! Je nach Qualität kosten 5 ml reines Blumenöl um 300 Lira. Dazu gehören dann die wunderschönen **gläsernen Flacons,** die man im ganzen Orient findet. Zarte Gebilde aus mundgeblasenem Glas, in allen Formen und Farben, und meist mit so gut geschliffenen Hälsen, dass die Öle tatsächlich nicht auslaufen!

Beliebt als Reiseerinnerung sind auch **Wasserpfeifen,** die so genannten **Argilehs.** Man findet sie in unterschiedlichster Qualität auf allen Bazaren. Eine gute Wasserpfeife (klein) kann man ab 250 Lira erhalten. Wer diese aber nicht nur zur Zierde besitzen möchte, sollte unbedingt vorher prüfen, ob sie auch funktioniert. In gesonderten Tabakläden kann man entsprechenden **Tabak** kaufen, den es in sämtlichen Geschmacksvariationen gibt: Besonders beliebt bei den Syrern sind Fruchtaromen wie Aprikose (Mishmish), Erdbeere (Fres oder Tut), Apfel (Tufah) oder Früchtecocktail (Fawakeh). Nicht aromatisierter Tabak heißt Dukhan. Nützlich für den deutschen Hausgebrauch ist zudem die **selbst zündende Kohle,** die man meist in denselben Läden kaufen kann, wo es auch die Wasserpfeifen gibt. Man hält die Kohle mit einer Zange in eine Kerze oder an ein Feuerzeug und wartet so lange, bis sie brennt.

Wie jedes arabische Land, kann auch Syrien mit einem großen Angebot an **Silber- und Goldschmuck** aufwarten: Goldschmuck gilt als Wertanlage und wird aus diesem Grund der Frau als deren Existenzsicherung zur Hochzeit geschenkt. In jedem Suq findet man Gold- und Silberläden, in denen manch Europäern die Augen übergehen. Goldschmuck wird nach Gramm bezahlt, am besten, man erkundigt sich vorher nach dem internationalen Goldpreis. Hinzu kommt häufig ein kleiner Aufpreis für die Verzierungsarbeit, der in aller Regel jedoch sehr gering ist. Bei Silberschmuck variiert der Grammpreis je nach Aufwendigkeit des Stückes. Gelegentlich wird man versuchen wollen, Ihnen ein Schmuckstück als antikes Stück zu verkaufen. In aller Regel dürfte es sich hierbei um ein auf antik getrimmtes Stück handeln. Wirkliche Antiquitäten sind rar und äußerst teuer. Außerdem ist die Ausfuhr echt antiker Stücke verboten und wird ggf. mit hohen Strafen belegt.

Wer durch die Suqs der Städte läuft, wird sich den **Düften des Orients** nicht verschließen können. Kaffee duftet mit Kardamon um die Wette, Zimtstangen kämpfen gegen den Duft der getrockneten Rosen an, mit Worten lässt sich das nur schwer fassen. In gut verschlossenen Beuteln kann man diese Düfte einfangen und nach Hause transportieren. Kaffee mit Kardamon kostet etwa 70 Lira pro 200 g (in Syrien werden viele Dinge à 200 g = eine Ugiyah verkauft), eine Ugiyah getrocknete Rosen kostet etwa 120 Lira, Blumentee 40 Lira! Aber nicht nur Gewürze locken den Gourmet: Wie wäre es mit kandierten Früchten oder Zuckergebäck, oder dürfen es Damaszenische Süßigkeiten sein oder doch eher Aleppiner Pistazien ...?

Was auch immer Sie suchen, ich bin sicher, in den syrischen Suqs werden Sie fündig!

Sport und Freizeit

Das Sportangebot in Syrien bewegt sich in einem sehr bescheidenen Rahmen. Zwar verfügt das Land über 200 km Küste, doch wird hier weniger auf Tourismus als auf Industrialisierung gesetzt. Wassersport ist bislang nur in Lathaqiya möglich.

Öffentliche Schwimmbäder gibt es vor allem in großen Städten, sie sind jedoch so überfüllt mit Menschen, dass sie ihrem Namen kaum gerecht werden. Besser sind da schon die **Swimmingpools** der großen Hotels, die man auch als Nicht-Gast benutzen kann, gegen einen nicht gerade geringen Obolus natürlich.

Ähnlich verhält es sich mit den **Tennisplätzen,** die einigen Cham-Hotels angeschlossen sind.

Seit 2001 hat Syrien einen **Golfplatz** (18 Loch) sowie einen **Reitclub.** Beide sind dem Ebla Cham Palace Hotel nahe dem Flughafen Damaskus angeschlossen und können sowohl von Gästen als auch von Nichtgästen genutzt werden.

Fahrradverleihe gibt es nicht.

Fußballfans sei der Besuch eines Stadions an einem Freitag, dem Spieltag der syrischen Vereine, empfohlen.

Einige Reisebüros haben sportliche bzw. Freizeitaktivitäten in ihrem Programm.

Trinkgeld

Ein Trinkgeld von **10–15%** ist in Restaurants, in den Hotels, im Taxi, beim Friseur, für Stadtführer, Schuhputzer etc. üblich. Gerade im Dienstleistungsbereich sind es die Trinkgelder, von denen sich die Arbeitenden finanzieren. Aber auch hier gilt: Alles im rechten Rahmen. Wer zu viel gibt, wirkt protzig und kränkt damit denjenigen, den er bezahlt hat. Falsch ist es, jede Gefälligkeit in barer Münze zurückzahlen zu wollen. So ist es unsinnig, jemandem ein Trinkgeld dafür zu geben, dass er den Weg gewiesen hat, oder dafür, dass er ein Restaurant empfohlen hat o.Ä.

Das Hammam – Baden für Fortgeschrittene

Ich erinnere mich noch gut an meinen ersten Besuch einer öffentlichen Badeanstalt, also in einem Hammam: Seit Monaten lag das alte und schöne Gebäude auf meinem Weg, täglich lief ich daran vorbei. So manches Mal blieb ich stehen, um vielleicht einen Blick nach innen erhaschen zu können. Aber nein: Das Hammam schien fest verriegelt. Die einzige Möglichkeit, doch einmal das verheißungsvolle Innere zu sehen, war der Besuch – aber groß war die Furcht, das Badehaus zu betreten.

Hammam – damit verband ich hochromantische Vorstellungen: ein türkisches, Pardon, ein arabisches Dampfbad mit Marmorbecken und Messinghähnen, eine Oase der Ruhe und Geborgenheit, Frauen, die, schamhaft bedeckt, mit goldenen Bechern langsam das lauwarme Wasser über sich rieseln lassen, nachdem sie sich mit wohl duftenden Substanzen gewaschen hatten ...

Nach fast vier Monaten dann war es so weit: Zögernd, aber mit stolz erhobenem Haupte (aufgrund der überwundenen Angst) betrat ich das Badehaus. Klein und hässlich, dachte ich, würde ich mir vorkommen, ob der Schönheit der orientalischen Feen ... Zumindest diese Angst wurde mir gleich in den ersten Minuten genommen: Eine dicke Frau, bekleidet mit einem blauen Putzkittel, kam sofort auf mich zu: „Baden?" Ich sagte mutig „ja", und schon wurde ich in die Umkleideecke geschubst. Alle Frauen schauten mich an. Da stand ich nun, spürte die Blicke auf mir und begann zögerlich, mich auszuziehen. Was sollte ich anbehalten, was ablegen? Die anwesenden Frauen waren alle bekleidet, keine schien baden zu wollen. Sie saßen einfach nur da und tranken Tee, während ich mich auszog. Nun denn, ich hatte beschlossen, mutig zu sein, also musste ich da durch. Instinktiv schien ich das Richtige getan zu haben, indem ich nur den Schlüpfer anbehielt, denn als ich in Richtung der Frauen lief, begannen diese, mir zuzulächeln und zeigten mir den Weg ins Bad. Zum ersten Mal nahm ich den Raum wahr, in dem ich mich befand: ein altes Gemäuer, meinen Vorstellungen gar nicht so unähnlich, ein großer, marmorierter Brunnen in der Mitte und bunte Sitzkissen drumherum für das Ausruhen nach dem Bad. Tatsächlich, eine Oase der Ruhe – dachte ich! Dann der Schock: Die Tür zum Badezimmer öffnet sich und dicke Rauchschwaden in einer höllisch heißen Temperatur umfassen mich, tragen mich davon, hinein in den ohrenbetäubenden Lärm. Erst sehe ich gar nichts, denn es ist stockfinster (hinterher erfahre ich, weshalb: Früher, als die Männer noch nicht so vernünftig waren, wie sie das heute – angeblich – sind, trafen sie sich zu den Frauenbadestunden auf dem Dach des Hammams, um den Frauen durch die Dachluken bei ihrem Waschtreiben zuzusehen. Also mauerte man diese Dachluken kurzerhand zu und ließ nur die kleinen, grünen, gläsernen Dachziegel übrig, die dem Raum jetzt Licht geben).

Langsam gewöhnen sich meine Augen an die Dunkelheit, und ich erkenne, dass der Lärm von den vielen Kindern kommt, die ihre Mütter begleiten. Ich taste mich langsam voran und finde eine leere Ecke, in die ich mich verkriechen möchte. Aber schon hat ein Kind entdeckt, dass da eine Person ist, die so ganz anders als seine Mutter ist, und es ruft laut in den Raum hinein, „Mama, Mama, da ist eine Weiße, eine andere ...". Und schon kommen die Frauen neugierig auf mich zu. Offensichtlich hatten sie noch nie mit einer Europäerin zu tun, Touristinnen gibt es in diesem Viertel nicht. Die Erste fragt mich ganz vorsichtig, woher ich denn komme. Ermutigt durch meine Antwort, ruft sie durch den Raum „He, habt Ihr gehört, sie kommt aus Almanya", und nun gibt es keinen Halt mehr. Alle wollen mich sehen, mich waschen, mit mir reden. Ich verstehe kaum ein Wort und überlege mir krampfhaft, wie ich fliehen könnte, als eine alte, mir scheint, eine uralte Frau auf mich zukommt. „Geht", zischt sie den anderen zu, die sofort verschwinden. „Massage?" fragt sie mich. Ich will aus Dankbarkeit nicht nein sagen und nicke, nicht ahnend, dass das eigentliche Abenteuer Hammam nun erst beginnt. Ich werde gewalzt und geknetet, gewaschen und gefetzt, und dabei redet die Alte, zahnlos und mit tätowiertem Gesicht, auf mich ein. Plötzlich entfährt ihr ein Schrei, als sie beginnt, meine Haut mit einem Massagehandschuh zu bearbeiten: „Ya haram" ruft sie, „schaut nur, wie dreckig die Deutsche ist". Verärgert schaue ich an mir herunter, frage mich, wie diese Frau dazu kommt – und jetzt muss ich schreien! Lauter schwarze Würmchen („Dreckspaghetti" nennt man die wohl) bedecken meinen Leib. Die Frauen stürmen auf mich zu, „Oh Gott" stammeln sie, „ist die dreckig". Mir wird das nun doch zu unangenehm. Ich springe auf, schütte einen Eimer Wasser über mich und renne nach draußen. Ich kann nicht mehr, orienterprobt oder nicht, das ist zuviel. Ich ziehe mich an und will gerade gehen, da kommt die alte Frau aus dem Badehaus. Ein Bakschisch möchte sie haben, dafür, dass sie mich massiert hat. Ich gebe es ihr, und sei es auch nur, damit sie Ruhe gibt. Leicht verstört gehe ich nach draußen. Dort atme ich tief durch und versuche, das Erlebte aus meinem Kopf zu bannen. Sinnlos. Nachts träume ich vom Hammam, viele Nächte noch träume ich vom Hammam ...

Ganze vier Jahre brauchte ich, um wieder einen Versuch zu wagen. Diesmal ging ich nicht alleine, sondern mit einer guten (arabischen) Freundin. Alles lief glatt, keine Frau wollte mich berühren, keine empörte sich über meine schwarzen Würmchen, keine Frau schrie, als sie mich sah. Und ich? Ich war enttäuscht!

syr079 Foto: md

Unterkunft

Hotels

In Syrien stehen **Hotels aller Preis- und Komfortklassen** zur Verfügung: Von der kleinen Kaschemme bis zur Luxussuite, alles ist zu haben, allerdings nicht überall! Grundsätzlich sind die Preise der kategorisierten (= Sterne) Hotels in US-Dollar angeschrieben und auch in Devisen zu bezahlen. Vorsicht bei den Wechselkursen, die in den Hotels z.T. sehr schlecht sind. Im Zweifelsfall kann man auch in Syrischen Pfund bezahlen, was so manche Diskussion um den Euro-Kurs vermeiden hilft.

Der Sterne-Standard der Hotels muss nicht zwangsläufig mit der Realität der Etablissements korrespondieren. So gibt es 4-Sterne-Hotels, die alt, staubig und abgewohnt wirken, manche 3-Sterne-Hotels hingegen blitzen nur so vor Sauberkeit und beeindrucken durch ihren Komfort. Auch darf man, egal, in welcher Kategorie, nicht immer unbedingt davon ausgehen, dass das Hotelpersonal Englisch spricht. Ausgenommen hiervon sind nur Hotels, die sich ganz und gar auf westliche Touristen eingestellt haben.

Die **Klassifizierung der Hotels** beginnt in Syrien bei zwei Sternen. Das bedeutet einen Mindestkomfort mit eigenem Bad, Kühlschrank und oftmals sogar TV im Zimmer. Zimmer in dieser Kategorie beginnen bei 16 US-$ und können bis zu 35 US-$ kosten. Einige der kleinen 2-Sterne-Hotels haben großen Charme und häufig ein unvergessliches Ambiente. Drei Sterne bieten häufig nicht mehr Komfort oder Sauberkeit, oftmals ist es nur ein Fahrstuhl, der den Reisenden ins richtige Stockwerk bringt. 3-Sterne-Hotels kosten zwischen 20 und 80 US-$, wobei man für 80 US-$ wirklich was richtig Tolles erwarten darf (wie beim Hotel Amer in Damaskus, das jeden einzelnen Dollar wert ist!). Die absolute Luxusklasse sind 5-Sterne-Hotels. Dieser Kategorie gehören das Hotel Four Season (das beste in Syrien) in Damaskus, die beiden Sheraton-Hotels in Damaskus und Aleppo sowie das Cham Palace Hotel in Damaskus an. Alle anderen Häuser liegen weit unter 5-Sterne-Niveau. Denn fünf Sterne versprechen international gängigen Komfort, immer einen Pool (auch wenn man nicht immer davon ausgehen kann, dass dieser benutzbar ist) und andere Sportanlagen, mehrere Restaurants und Bars. Kein einziges der 5-Sterne-Hotels ist in einem alten Gebäude untergebracht, alles ist hoch modern. Legen Sie bei den anderen sogenannten Luxushotels im Land keine europäischen Maßstäbe an – sie erfüllen sie bei weitem nicht!

Ganz anders die sogenannten **Boutiquehotels.** Es handelt sich hierbei um meist sehr schöne und edle Altstadthäuser, die zu kleinen Hotels umgebaut wurden. Selten verfügen sie über viele Zimmer und haben aus diesem Grund auch eher den Charakter eines Gästehauses als den eines Hotels. Vor allem in Damaskus und Aleppo findet man diese schönen Unterkünfte, aber auch Hama kann inzwischen mit einem Boutiquehotel aufwarten.

Geschichte atmen andere Hotels, etwa das **Hotel Baron in Aleppo** oder das Zenobia in Palmyra (beide 3 Sterne). Als Grand Hotel hat das Hotel Baron Anfang des 19. Jahrhunderts so berühmte Gäste wie T. E. Lawrence, Agatha Christie, König Faisal beherbergt. Die Atmosphäre dieser Tage spürt man noch immer, den Staub jedoch auch ... Mit drei Sternen ist dieses Hotel sicherlich überbewertet und in Anbetracht der kleinen und dunklen Zimmer auch überteuert.

Nicht überbewertet mit drei Sternen ist das **Hotel Zenobia in Palmyra,** das aus der Zeit Anfang des letzten Jahrhunderts stammt und die erste Adresse für europäische Reisende in der Wüste war. Im Stil des Art déco errichtet, liegt es inmitten der Ruinen von Palmyra. Seitdem es von der Cham-Kette übernommen und von Grund auf renoviert wurde, erstrahlt es im alten Glanz und ist eine der besseren Adressen in Syrien.

Neben den Übernachtungsmöglichkeiten, die eine Klassifizierung aufweisen, gibt es die **unklassifizierten Hotels.** Während man die Sterne-Hotels in Euro/Dollar bezahlen muss, ist das bei den einfachen Hotels nicht nötig. Diese sind oftmals nicht allzu sauber, und frische Bettwäsche scheint selten zu sein. Man sollte als Reisender unbedingt darauf bestehen, frische Bettwäsche zu erhalten. Im Normalfall wird einer freundlichen Bitte auch entsprochen. Oftmals gibt es in diesen Hotels

syr081 Foto: mb

kein eigenes Bad im Zimmer, und Gemeinschaftsduschen und -toiletten sind nicht immer nach Männlein und Weiblein getrennt. Wenn man als Frau unterwegs ist, sollte man sich umsehen, ob noch andere Frauen im Hotel sind. Die Toiletten sind etwas gewöhnungsbedürftig: 1. stinken sie nicht selten, 2. handelt es sich dabei häufig um Stehklos, d.h. in den Boden sind einfach Löcher eingelassen. Ein Wasserhahn neben dieser Öffnung und ein bereit gestellter Plastikeimer ersetzen die gewohnte Spülung. Klopapier gibt es nicht.

Old Vine Hotel (Damaskus)

Man kann von diesen Hotels keinen Komfort verlangen, dafür sind sie sehr günstig (ab 400 Lira für ein DZ). Manche dieser Unterkünfte, gerade in Damaskus, sind wahre Kleinode, wie das **al-Haramain,** das in einem alten osmanischen Haus aus dem 16. Jahrhundert untergebracht ist. Die Zimmer gruppieren sich um einen herrlichen Innenhof mit Brunnen und Pflanzen.

Mit der Erwähnung dieses Hotels sind wir auch schon bei der letzten Kategorie angekommen, den sogenannten **Traveller Lodges.** Es gibt in Syrien kein allzu großes Traveller-Publikum (damit meine ich v.a. Rucksackreisende jeder Couleur). Dennoch scheint es für sie eine eigene Hotelkategorie zu geben. Gleichgültig, ob man in Malaysia, in Ecuador oder eben in Syrien unterwegs ist, „Traveller" gibt es weltweit, und weltweit gleichen sich die Unterkünfte, in denen sie bevorzugt absteigen. Meist sind das Empfehlungen aus dem „Lonely Planet", denen fast alle folgen. Traveller Lodges zeichnen sich durch ein junges internationales Publikum aus, durch kleine Bibliotheken mit Büchern in mehreren Sprachen, durch mehrsprachiges und sehr hilfsbereites Personal, das die Gäste auch schon mal mit in die Stadt nimmt oder Touren mit ihnen veranstaltet. Die Zimmer sind sauber, es gibt Gemeinschaftsräume. Hier ist man auch als Frau gut aufgehoben, und immer

syr082 Foto: mb

wird man Leute finden, mit denen man den Abend verbringen kann.

Für alle Hotels, die bevorzugt von europäischem/westlichem Publikum aufgesucht werden – seien es Traveller Lodges oder Luxushotels – gibt es eine Grundregel: In der Hauptsaison (März und April, September bis Mitte November) kann es häufig vorkommen, dass sie ausgebucht sind, denn auch Reisegruppen steigen hier ab. Eine Reservierung oder ein Anruf am Morgen tut dann Not!

Im vorliegenden Buch sind die Hotels wie folgt kategorisiert bzw. preislich gekennzeichnet:

€	DZ ohne Frühstück bis 15 Euro
€€	DZ mit Frühstück bis 35 Euro
€€€	DZ mit Frühstück bis 70 Euro
€€€€	DZ mit Frühstück bis 120 Euro
€€€€€	DZ mit Frühstück ab 120 Euro

Sind Preisspannen angegeben (z.B. €-€€), dann bedeutet dies, dass der Preis meist direkt am Übergang zwischen beiden Preisklassen liegt und je nach Saison schwankt. Grundsätzlich sind alle Zimmerpreise in Syrien verhandelbar! Gerade in der „Off Season" kann man die Preise sehr gut nach unten drücken!

Camping

Eine traurige Nachricht für die Fans des Campingurlaubes: Es gibt **nur vier Campingplätze,** die diesen Namen auch verdienen: Zwei davon befinden sich in dem kleinen Dorf Kafr Ame nahe der türkischen Grenze bei Bab el Hawa, der dritte ist in Damaskus, an der Autobahnausfahrt Richtung Aleppo. Hinzu kommt noch ein kleiner inoffizieller Platz in den Oasengärten von Palmyra.

Das heißt aber nicht, dass Camper nun ihren Urlaub in Syrien aufgeben müssten. Nein! Viele Hotels bieten an, das Zelt oder den Bus neben dem Haus aufzustellen. Im Falle des Hotels **La Table Ronde** beim **Krak des Chevaliers** z.B. hat man damit ins Schwarze getroffen. Auf einem kleinen Wiesenstück neben dem Hotel kann man sich seine Behausung einrichten und hat dabei einen sensationellen Blick auf den Libanon.

Wer will, kann seinen Camper meist problemlos an jedem beliebigen Ort parken. Ist ein militärisches Sperrgebiet in der Nähe, werden die Soldaten die Campenden darauf hinweisen, dass sie nicht bleiben können. Man sollte ihnen unbedingt Folge leisten.

Wenn Sie Ihr Auto oder Zelt einfach irgendwo aufbauen, ist es sehr gut möglich, dass Sie damit die Menschen der näheren Umgebung anlocken. Sie wollen sehen, wer da in ihrer Nähe haust. Mit einer Einladung zum Tee Ihrerseits ist das Eis schnell gebrochen, und man wird einen schönen Abend miteinander verbringen. Wer sich unsicher ist, kann auch bei der jeweiligen Polizeistation nachfragen. Oftmals darf man in deren Hof übernachten.

Klöster

In Syrien gibt es häufig die Möglichkeit, in einem Kloster zu übernachten, v.a. in Damaskus und Umgebung so-

Legendär: die Bar im Hotel Baron (Aleppo)

wie im Salihiya-Gebirge. Die Übernachtungskosten sind dabei nicht fix. Man erwartet einen kleinen **Obolus für die Zimmerbenutzung.** Seien Sie großzügig, denn dieses Geld wird grundsätzlich einem guten Zweck zugeführt. Auf dem Berg Cherubim beispielsweise wird davon ein Waisenhaus finanziert, in Damaskus werden arme Familien unterstützt, und in Maalula können so die Klöster erhalten werden.

Oftmals ist es ein sehr **schönes Erlebnis,** in diesen Klöstern zu übernachten. In Mar Musa z.B., nördlich von Damaskus, wohnt man am Ende einer Schlucht, ganz und gar einsam in einem Kloster aus dem 7. Jahrhundert! Häufig gibt es kein Telefon, sodass man sich nicht vorher ankündigen kann: Gehen Sie einfach hin und fragen Sie. Meist ist ein längerer Aufenthalt (ab 3 Tagen) erwünscht! Die Zimmer sind sehr einfach, aber sauber.

Versicherungen

Zunächst ein Tipp: Für alle abgeschlossenen Versicherungen sollte man die **Notfallnummern** notieren und mit der **Policenummer** gut aufheben! Bei Eintreten eines Notfalles sollte die Versicherungsgesellschaft sofort telefonisch verständigt werden!

Der Abschluss einer **Jahresversicherung** ist in der Regel kostengünstiger als mehrere Einzelversicherungen. Günstiger ist auch die Versicherung als Familie statt als Einzelpersonen. Hier sollte man nur die Definition von „Familie" genau prüfen.

Auslandskrankenversicherung

Die Kosten für eine Behandlung in Syrien (und den meisten Transitländern auf dem Landweg) werden von den gesetzlichen Krankenversicherungen in Deutschland und Österreich nicht übernommen, daher ist der Abschluss einer privaten Auslandskrankenversicherung **unverzichtbar.** Bei Abschluss der Versicherung – die es mit bis zu einem Jahr Gültigkeit gibt – sollte auf einige Punkte geachtet werden. Zunächst sollte ein Vollschutz ohne Summenbeschränkung bestehen, im Falle einer schweren Krankheit oder eines Unfalls sollte auch der Rücktransport übernommen werden. Diese Zusatzversicherung bietet sich auch über einen Automobilclub an, insbesondere wenn man bereits Mitglied ist. Diese Versicherung bietet den Vorteil billiger Rückholleistungen (Helikopter, Flugzeug) in extremen Notfällen. Wichtig ist auch, dass im Krankheitsfall der Versicherungsschutz über die vorher festgelegte Zeit hinaus automatisch verlängert wird, wenn die Rückreise nicht möglich ist.

Schweizer, die nach Syrien reisen wollen, sollten bei ihrer Krankenversicherungsgesellschaft nachfragen, ob die Auslandsdeckung auch für das Zielgebiet gilt. Sollte man keine Krankenversicherung mit Auslandsdeckung haben, kann man sich kostenlos bei Soliswiss (Gutenbergstr. 6, 3001 Bern,

Tel. 031-380 70 30, www.soliswiss.ch) nach einem attraktiven Krankenversicherer informieren.

Zur **Erstattung der Kosten** benötigt man grundsätzlich ausführliche Quittungen (mit Datum, Namen, Bericht über Art und Umfang der Behandlung, Kosten der Behandlung und Medikamente; auf Englisch).

Andere Versicherungen

Ob es sich lohnt, weitere Versicherungen wie eine Reiserücktritts-, Reisegepäck-, Reisehaftpflicht- oder Reiseunfallversicherung abzuschließen, ist individuell abzuklären – sie enthalten viele Klauseln, sodass sie nicht immer Sinn machen.

Eine **Reiserücktrittsversicherung** lohnt sich bei teureren Reisen und z.B. teureren Flugtickets mit einem fixen Termin, die man nicht umbuchen kann. Die Reiserücktrittsversicherung zahlt für den Fall, dass der Versicherte, ein Angehöriger oder ein Mitreisender vor der Abreise einen schweren Unfall hat, schwer erkrankt, verstirbt oder schwanger wird. Sie zahlt in der Regel auch, wenn man gekündigt wird oder nach Arbeitslosigkeit einen neuen Arbeitsplatz bekommt, das Eigentum des Versicherten durch einen Brand oder Einbruch verwüstet wird u.Ä. Nicht gelten in der Regel Terroranschläge, Streik, Naturkatastrophen, Unruhen, Krieg etc.

Die **Reisegepäckversicherung** lohnt sich seltener, da z.B. bei Flugreisen verlorenes Gepäck oft nur nach Kilopreis und auch sonst nur der Zeitwert nach Vorlage der Rechnung ersetzt wird. Wurde eine Wertsache nicht im Safe aufbewahrt, gibt es bei Diebstahl auch keinen Ersatz. Kameraausrüstung und Laptop dürfen beim Flug nicht als Gepäck aufgegeben worden sein. Gepäck im unbeaufsichtigt abgestellten Fahrzeug ist ebenfalls nicht versichert. Die Liste ist endlos ... Überdies deckt häufig schon die Hausratversicherung Einbruch, Raub und Beschädigung von Eigentum auch im Ausland.

Eine **Privathaftpflichtversicherung** hat man in der Regel schon. Hat man eine **Unfallversicherung,** sollte man prüfen, ob diese im Falle plötzlicher Arbeitsunfähigkeit aufgrund eines Unfalls im Urlaub zahlt. Auch durch manche **Kreditkarten** oder **Automobilclubmitgliedschaft** ist man für bestimmte Fälle schon versichert. Die Versicherung über die Kreditkarte gilt jedoch nur für den Karteninhaber!

syr116 Foto: mb

Land und Leute

syr114 Foto: mb

syr115 Foto: mb

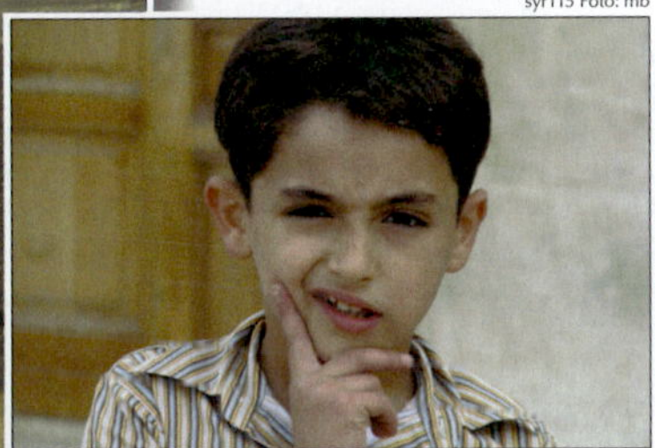

Ruinen am Asadsee

Ein Genuss - Essen im Restaurant Al Haretna (Damaskus)

Charme will geübt sein ...

Landesüberblick Syrien

Offizieller Name: Arabische Republik Syrien

Lage:

Syrien liegt inmitten des sog. „Fruchtbaren Halbmondes“, also des bogenförmigen Nordrandes der arabischen Halbinsel. Das Land erstreckt sich zwischen 32° und 37° nördlicher Breite und 35° und 42° östlicher Länge. Die Westgrenze bilden Mittelmeer und Libanon, die Ostgrenze der Irak; die nördliche Grenze ist die Türkei, die südliche Jordanien. Seit Besetzung der Golanhöhen ist auch Israel direkter „Nachbar“ im Südosten des Landes.

Größe:

Das Staatsgebiet Syriens umfasst eine **Fläche von 185.180 km².** Zusätzlich beansprucht Syrien die heute türkische Provinz Antakya (Hatay) für sich, den Libanon sowie die Golan-Höhen.

Bevölkerung:

Zahlen des Auswärtigen Amtes zufolge hatte Syrien 2008 ca. **20 Mio. Einwohner.** (Hinzu kamen schätzungsweise 1,5 Mio. Flüchtlinge aus dem Irak.) Statistisch gesehen kommen 85 Einwohner auf einen Quadratkilometer. Tatsächlich lebt mehr als die Hälfte der Syrer in den Städten, in der Wüste hingegen fast niemand. Das (hohe) Bevölkerungswachstum lag zuletzt bei ca. 2,5%, die Analphabetenrate bei unter 20%.

Der Großteil der Bevölkerung (90%) ist arabisch. Daneben gibt es schätzungsweise eine halbe Mio. Kurden, 200.000 Armenier und einige tausend Assyrer in dem Gebiet um Maalula.

Auch unter den Arabern existieren „eigene Identitäten“: So bezeichnen sich die wenigen noch existierenden Nomaden als „reine“ Araber im Gegensatz zu den „syrischen“ Arabern. Auch die Drusen im Süden, die Alawiten und die Juden grenzen sich von den anderen Arabern aufgrund ihrer Religion ab. Eine Sonderrolle unter den Arabern spielen die palästinensischen Flüchtlinge (fast 500.000).

Sprache:

Offizielle Staatssprache ist **Arabisch,** nahe der türkischen Grenze spricht und versteht man bisweilen auch Türkisch. In Maalula und Umgebung wird als einzigem Ort weltweit bis heute noch Aramäisch, die Sprache Jesu, gesprochen.

Geschäftssprachen in Syrien sind neben Arabisch Englisch und Französisch.

Staat und Regierung:

Syrien ist eine arabische Republik *(al-Djumhuria al-arabiya as-suriya)* und gehört gemäß der Verfassung von 1973 zur arabischen Nation. An der Spitze der Regierung steht seit dem Tod von *Hafez al-Asad* im Jahr 2000 sein Sohn *Bashar al-Asad.*

Religion:

90% aller Syrer bekennen sich zum **Islam,** 85% davon zum sunnitischen Glauben. 12% bekennen sich zum Alawitentum, dem auch der Präsident *Asad* angehört, der Rest teilt sich in imamitische Schiiten, Ismailiten und Drusen. Daneben gibt es Christen und 200 Juden.

Währung:
Die syrische Währung ist das **syrische Pfund** (arab. **Lira**). 1 Euro entsprach im März 2009 ca. 64 Lira.

Uhrzeit:
MEZ plus 1 Std. (während unserer Sommerzeit plus 2 Std.); Achtung: Auch in Syrien gibt es eine Sommerzeit, und zwar vom 1. April bis 1. Oktober.

Gewichte und Maße:
Metrisches System.

Stromnetz:
220 Volt, 50 A.C. (Wechselstrom).

Geografie

von **Martin Schemel**

Allgemeines

Unter „Syrien“ versteht/verstand man eigentlich die **Tafellandschaft Vorderasiens,** welche heutzutage die Staaten Israel und Libanon ganz und einen großen Teil Jordaniens und Syriens und den Westirak umschließt. In diesem Buch wird jedoch ausschließlich das Gebiet des Staates „Arabische Republik Syrien“ dargestellt. Dieser Staat zählt zu den sogenannten **Levante-Staaten** („Levante“ bedeutet, ebenso wie „Orient“ und „Anatolien“, Osten und Sonnenaufgang), auch wenn sein Territorium weit über die eigentliche Levante nach Osten hinaus ausgreift, denn der Schwerpunkt der Wirtschaft und der Bevölkerungsverteilung liegt im klimatisch begünstigten Westen.

Die Gesamtfläche der Arabischen Republik Syrien beträgt **185.180 km²,** das Land ist damit etwa halb so groß wie Deutschland. Das Gebiet erstreckt sich zwischen 32°20′ und 37°20′ nördlicher Breite und 35°40′ und 42°20′ östlicher Länge.

Landschaftsprägende Elemente

Bezüglich seiner Landesnatur erscheint Syrien als **ein Land des Überganges,** denn es liegt klimatisch **zwischen** den Einflüssen des **Mittelmeeres** (ozeanisch) und der kontinentalen **Wüste.** Die Grundelemente der syrischen Landschaft scheinen in einen relativ kontinuierlichen westöstlichen Formenwandel eingegliedert zu sein. Beim Relief kann man feststellen, dass die Stärke der jungen Krustenbewegungen und somit auch die tektonische Überformung im Westen am größten ist. Bruchfaltengebirge mit einer Höhe von bis zu 2814 m (Djabal ash-Shaikh, höchste Erhebung Syriens) überragen das Vorland. Je weiter man sich in Richtung Osten fortbewegt, desto mehr nivellieren sich **Relief** und tektonische Verformung, bis schließlich in Ostsyrien die Oberflächenformen durch die eintönigen Ebenen des Tafellandes der syrischen Wüstensteppe bestimmt werden. Die **Niederschlagsmenge,** und davon abhängig die Flora (und die Anbaumöglichkeiten), unterliegt ebenfalls im Allgemeinen einer **Abnahme von West nach Ost.**

Es gilt meist die **Regel:** Je weiter im Osten Syriens, desto flacher das Gelände, desto geringer der Niederschlag, was wiederum spärlicheren Pflanzenwuchs zur Folge hat, und desto kontinentaler das Klima (das bedeutet: größere Temperaturgegensätze zwischen Sommer und Winter und zwischen Tag und Nacht).

Grenzen

Die **Form des Staatsgebietes Syrien** kann grob als **unregelmäßiges Fünfeck** beschrieben werden. Die Grenzen, welche die Form dieses Polygons bestimmen, beruhen weder auf geografischer noch auf ethnischer Grundlage. Sie sind das Resultat mühevoller Absprachen mit den Nachbarländern, und nicht alle Verläufe scheinen aus syrischer Sicht endgültig festgelegt, so zum Beispiel die Grenze mit der türkischen Region Hatay (Antakia), die auf offiziellen syrischen Landkarten als temporärer Grenzverlauf dargestellt wird (um nur einen Territorialkonflikt zu erwähnen).

Lediglich die äußerste **Westseite** des Staates Syrien ist durch ca. 170 km **Levante-Küste** natürlich begrenzt. Südlich von Arida verläuft die syrisch-libanesische (West-) Grenze zuerst dem Nahr al-Kabir folgend nach Osten, folgt dann der Kammlinie des Antilibanon nach Süden, von wo aus sie sich dann als syrisch-israelische **Grenze östlich des Tiberiassees und des Jordanflusses** fortsetzt. Die syrisch-türkische **(Nord-) Grenze** stützt sich, nachdem sie nördlich von Ra's al-Basit zuerst in östlicher und dann in nördlicher Richtung verlief, auf einen Abschnitt des Orontes. Dann verläuft sie **parallel des Flusses Karasu,** bevor sie östlich abbiegt. Bis Nusaybin (türkisch) folgt sie der Bahnlinie Aleppo – Bagdad, stößt dann weiter als die Bahntrasse nach Osten bis zum Tigris vor und folgt dem Fluss nach Süden bis zur **Grenze mit dem Irak.** Als syrisch-irakische Grenze legt sie sich, zuerst in südwestlicher, dann in **südlicher** Richtung verlaufend, um den **Djabal Sindjar,** der auf irakischer Seite bleibt, und überschreitet bei **Abu Kamal** den Fluss Euphrat. Als gerade Linie setzt die Grenze sich nach Südwesten durch die syrische Wüste fort. Schließlich verläuft die dann schon **syrisch-jordanische Grenze** westwärts um den **Djabal al-Druz,** der auf syrischer Seite bleibt, und steigt dann mit dem Fluss Yarmuk zum Tiberiassee ab. Hier trifft sie auf die weiter oben skizzierte Westgrenze.

Großlandschaften

Im Wesentlichen ist Syrien eine Steppen- und Wüstenhochebene. Für eine menschliche **Besiedlung** und **Kulturanbau** eignen sich nur die **Küstengebiete,** die großen Oasen und die Flussniederungen, an denen eine Bewässerung machbar ist, sowie die fruchtbaren Vulkanböden des Hauran.

Der parallel zur Küste verlaufende **Djabal al-Ansariya,** auch Djabal an-Nusairiya oder Djabal as-Salihiya (max. Höhe 1562 m) genannt, ist das bedeutendste Gebirge Nordsyriens. Der Osthang fällt sehr steil zum Graben des **Ghab** hin ab, der den Djabal an-Nusairiya vom Djabal az-Zawiya trennt. Zum Meer hin findet eine sanfte Abdachung zur bis zu **30 km breiten Küstenebene** statt. In der Sohle des Ghab fließt der Orontes, der allerdings nicht stark genug war, die frühere Sumpflandschaft zu entwässern, was dazu führte, dass man den quer liegenden Riegel zu sprengen versuchte, um den Ghab trockenzulegen und das Gebiet landwirtschaftlich zu nutzen.

Südlich des **Djabal as-Salihiya** beginnt die Gebirgskette des Libanon, an der Syrien allerdings keinen Anteil hat. Westlich des Libanon (des Staates und des Gebirges) breitet der Karstgebirgszug des Antilibanon, dessen Hauptkamm (max. Höhe 2659 m) die Grenze zwischen den beiden Staaten bildet, seinen Osthang auf syrisches Gebiet aus. Südlich hiervon liegt der **Hermon (Djabal ash-Shaikh),** der mit einem seiner drei Gipfel die **höchste Erhebung (2814 m) Syriens** bildet.

In den **südlichen Basaltländern (Golan, Hauran** und am **Djabal ad-Druz)** lagern über dem kristallinen Grundgebirge Basaltdecken, die z.T. Gebirge bis zu 1800 m Höhe aufgebaut haben.

Mit weiten **Schwemmlandfächern** (entstanden durch die Flusswerke des Khabur und Balikh) erstreckt sich das nordostsyrische Hügelland nördlich des **Djabal al-Aziz,** der mit 920 m die höchste Erhebung der syrischen Djazira bildet. **Djazira** heißt Insel, und gemeint ist das **Land zwischen den beiden Flüssen Euphrat und Tigris.** Ein anderer, bekannterer Name für diese Region ist das zu Weltruhm gelangte Mesopotamien, was nichts anderes bedeutet als „Zwischenstromland".

Das Bild des östlichen Landesteils wird durch eine weite Hochebene geprägt, die vorwiegend aus Wüstensteppe mit Felsen- und Schuttflächen besteht, in der sich fruchtbares Land nur am Euphrat befindet.

Im Südosten des Landes beginnt eine überwiegend aus Sanddünen bestehend **Wüste (Badiyat ash-Sham),** die sich im Irak und in Jordanien fortsetzt.

Die Böden

Trotz vieler Unterschiede (Ausgangsgestein, klimatische Faktoren, Bodengeschichte, anthropogene Einflüsse) besitzen die Böden Syriens vor allen Dingen ein gemeinsames Charakteristikum: Ihr **Humusgehalt ist sehr gering.**

Vom Ausgangsgestein abhängig ist die Eignung der Böden für die Landwirtschaft: So finden wir z.B. beiderseits des **Euphrats Böden,** die selbst bei ausreichender Bewässerung eher ungünstige Wachstumsbedingungen bieten. In Nordsyrien hingegen konnten sich tiefgründige Böden entwickeln, während z.B. die Güte der **Basaltböden Südsyriens** von der Verwitterungsdauer (und somit dem Alter der Gesteine, also des Lavaergusses) determiniert wird.

In den **niederschlagsreicheren Landesteilen** im Westen ist im Allgemeinen die **Humusbildung** weiter **vorangeschritten,** während wir in trockeneren Landesteilen im Osten teilweise Rohböden selbst über nicht besonders widerstandsfähigem Ausgangsgestein finden können. Die menschlichen Eingriffe, allen voran die Zerstörung der Waldbestände in den westlichen Landesteilen, führten zur irreparablen Bodenabschwemmung, die als ein, wenn nicht gar als der Grund für die Entstehung der vielen „Toten Städte“ Westsyriens (vgl. entsprechenden Exkurs) gesehen werden muss.

Die Flüsse

Nur zwei Wasserläufe in Syrien verdienen die Bezeichnung „Fluss“: **Euphrat und Orontes.** Ersterer, der mit Abstand wasserreichste Fluss Syriens, auf arabisch Nahr (seltener Bahr) al-Furat genannt, weist in seinem Verlauf von ca. 700 km von der syrisch-türkischen bis zur syrisch-irakischen Grenze ein sehr geringes Gefälle von nur 160 Metern auf, was dazu führt, dass der Fluss das Hochland in weiten Mäandern (Flussschlingen) durchströmt. Aus dem Norden fließen die Flüsse **Khabur, Balikh** und **Sadjur** zu (alle perennierend, d.h. das ganze Jahr über wasserführend); aufgrund ihrer tief eingeschnittenen Läufe bzw. ihrer geringen Wasserführung sind sie jedoch ohne Hebevorrichtung kaum zur Bewässerung geeignet.

Der wasserreichste und größte Fluss Westsyriens, der **Orontes,** auf arabisch **Nahr al-Asi** (= „der Rebell“, weil er der einzige Fluss in der Region ist, der von Süden nach Norden fließt), speist sich aus Gebirgsquellen bzw. den Niederschlägen am Küstengebirge, sodass der Fluss hinsichtlich der Wassermenge nur geringe Schwankungen übers Jahr aufweist. Über eine Länge von ca. 450 km – das entspricht dem größten Teil seines Laufes – fließt er durch Syrien, er entspringt jedoch in den Gebirgszügen des Antilibanon im Libanon und mündet in der Türkei ins Mittelmeer. Die vier Knicke in seinem Verlauf eignen sich hervorragend für den Bau von Stauanlagen, was z.T. schon seit der Römerzeit (vor Homs) geschah. Das Durchflussgebiet des Orontes erhält für Trockenfeldbau ausreichend Niederschlag, sodass der Fluss vor allem bei der Bereitstellung von zusätzlichem Wasser zur künstlichen Bewässerung eine Rolle spielt (man beachte die Wasserräder entlang seines Laufes bei Hama!), wodurch der Anbau intensiviert und mehrere Ernten pro Jahr erreicht werden können.

Entlang des **Tigris** (arab. **Nahr ad-Didjla**) fallen ausreichend Niederschläge von ca. 700 mm im Jahr.

Der **Yarmuk** an der syrisch-jordanischen Grenze ist aufgrund der extrem niedrigen Erosionsbasis des Jordangrabens sehr tief in einem engen Tal eingeschnitten, was eine **Uferbewässerung** schier **unmöglich** macht.

Ein Flüsschen von besonderer (wenn auch unscheinbarer) Bedeutung sei hier noch erwähnt: der **Barada,** welcher mit einem kleinen Nachbarflüsschen, nach seinem Austritt aus dem Gebirge, die größte Ghuta Syriens versorgt: Die Rede ist von der Ghuta von Damaskus.

Eine ganze Anzahl von (Karst-) Quellen speist kleine Wasserläufe, und Grundwasserschichten lassen verschiedene Oasen inmitten der trockenen Steppe erblühen. Die **weiteren Wasserläufe** sind höchstens **von lokaler Bedeutung** (so z.B. der Quwayq bei Aleppo), schrumpfen zu dürftigen Rinnsalen zusammen oder führen nur periodisch nach Niederschlägen oder Schneeschmelze, z.B. nördlich im angrenzenden Taurusgebirge, Wasser (Wadis).

Es gibt in Syrien **keine natürlichen Seen.** Der See von Homs, der Asad- und der Afrin-Stausee sind künstlich angelegt. Wenn der Winter besonders niederschlagsreich ausfällt, können sich monatelang flache Wasserschichten in abflusslosen Senken, Endsümpfen und Salzpfannen bilden.

Syriens Bodenschätze

Der gewinnträchtigste syrische Rohstoff ist das **Erdöl,** das im äußersten Nordosten des Landes gefördert wird, von wo aus direkt eine **Pipeline,** die sich in Homs mit einer aus Kirkuk/Irak kommenden Leitung vereinigt, **nach Banyas** führt. In letzter Zeit wurden nur kleinere Ölfelder entdeckt.

Lange **vernachlässigt** wurden die recht ergiebigen **Erdgasvorkommen,** die für Weiterverarbeitung und den Betrieb von Kraftwerken mittlerweile in großem Umfang genutzt werden. Im Norden von Palmyra/Tadmur wird **Phosphat** abgebaut. Außerdem bestehen **Eisenerzvorkommen** und Steinsalzlager. Kupfer- und andere Metallerze, Bauxit, Gold, Silber, Schwefel, Kalk, Gips, Quarzsand, Basalt und Mergel sind Rohstoffe, deren Gewinnung nur von lokaler Bedeutung ist. Zu erwähnen seien noch die **Marmorvorkommen** bei Damaskus und Lataqiya.

syr087 Foto: mb

Klima

von **Martin Schemel**

Klimatisch liegt Syrien in einem Übergangsraum zwischen dem winterfeuchten Mittelmeergebiet im Westen des Landes und den kontinentalen trockenen Gebieten im östlichen Landesteil.

Großwetterlagen

Die **Hauptjahreszeiten** mit jeweils ungefähr vier Monaten bilden in Syrien der **Sommer** und der **Winter,** wobei der „Hochsommer" in den Monaten Juli und August Einzug hält, während der „tiefste Winter" im Januar und Februar stattfindet. Für **Herbst und Frühling** bedeutet das, dass sie nur als **Übergangsjahreszeiten** mit einer Dauer von manchmal nur einem Monat zwischen den beiden „Extremen" liegen.

Im Sommer liegt Syrien im Einflussgebiet der subtropischen Trocken- und Passatzone, was wolkenarmes, trockenes und warmes Wetter mit strahlendem Sonnenschein von großer Beständigkeit zur Folge hat, während im Winter die außertropische Westwindzone das Klima diktiert, sodass das Winterwetter infolge des Durchzugs von Zyklonen mit wolkigen und heiteren Abschnitten unbeständig ist. Sommers sind also die Wirkung von Ein- und Ausstrahlung, winters die herangeführten Luftmassen entscheidend.

Straße durch die Wüste zwischen Damaskus und Palmyra

Das **Sommerwetter** ist in ganz Syrien recht **einheitlich,** lediglich Luftfeuchtigkeit und Tagestemperaturschwankungen sind im ozeanischen Bereich höher bzw. niedriger. Im Winter erscheint das Witterungsgeschehen auch lokal viel unterschiedlicher, und Syrien lässt sich in eindeutig differenzierbare Klimaregionen einteilen.

Föhnartige Fallwinde aus dem Hochland von Anatolien bringen dem **nordöstlichen Landesteil** oft **heiße** und **trockene Luft,** gleiches kann auch auf die Ghab-Senke zutreffen, wenn trockene Luftmassen (die ihre Feuchtigkeit beim Überqueren der Gebirgsketten abgeben konnten) beim Absinken erwärmt werden.

Höhenlagen des Küstengebirges sind im Sommer wegen ihrer „milderen" Temperaturen begehrte Sommerfrischen. Im Winter liegt hier oft eine dünne Schneeschicht.

Temperaturen

An der **Westküste** (Lathaqiya) werden **winterliche Tiefstwerte von 13°C** und **sommerliche Höchstwerte von 27°C** gemessen.

In den kontinentalen **Wüstenregionen** werden die Temperaturunterschiede wesentlich größer, z.B. in Dair az-Zur: **6°C im Winter** und **32°C den Sommer über.**

In den vom **Kontinentalklima** beherrschten Gebieten ist (nicht überall) **Nachtfrost** zwischen November und April möglich.

Darüber hinaus gibt viele Abstufungen. So „blühen" z.B. die Oasen der Städte Aleppo, Hama und Damaskus im Übergangsklima (zwischen ozeanisch und kontinental) unmittelbar im Rücken der Küstengebirgskette.

Niederschläge

Die Niederschläge stellen in ihrer Periodik, in ihrer wechselnden Menge und ihrer räumlichen Verteilung den **wichtigsten Klimafaktor** für Syrien dar, denn die im Vergleich zu den Temperaturen viel ausgeprägteren Schwankungen in der Niederschlagsmenge sind für Wasserhaushalt und Landwirtschaft ein großer klimatischer Unsicherheitsfaktor.

Am meisten Regen fällt im Januar. Der Dezember im Westen und der Februar im Osten sind die Monate mit den zweithöchsten Niederschlägen. Im Osten ist der Anteil der März- und Aprilregen an den Gesamtniederschlägen höher als an der Küste.

Im Westen liegt die Verdunstungsrate merklich unter der im Osten, wodurch das Gefälle des im jeweiligen Landesteil zur Verfügung stehenden Regenwassers weiter verschärft wird.

Syrien lässt sich grob in **Niederschlagszonen** gliedern, die sich großteils mit dem westöstlichen Formenwandel von Relief, Bevölkerungsverteilung, Landnutzung und auch Siedlungsgeschichte decken: Im **Gebirgsland im Westen** Syriens beträgt der Niederschlag überall über 600 mm (teilweise über 1000 mm) im Jahr. In den **seit frühester Zeit besiedelten Ackerfluren Westsyriens** liegen – wie an einer Perlenkette aufgereiht – die vier wichtigsten Städte Syriens, von Nord nach Süd Aleppo, Hama, Homs und Damaskus. Die Jahresniederschläge liegen hier noch bei über 400 mm. Das erst ab 1850 von der sesshaften Bevölkerung wieder besiedelte **Steppenland** erhält noch Niederschläge, die pro Jahr zwischen 250 und 400 mm schwanken, und liegt direkt östlich im Anschluss an die Städtereihe, mit einer Breite, die zwischen wenigen und manchmal fast 100 km beträgt. Es erstreckt sich auch entlang der nördlichen Grenze zur Türkei, wo ebenfalls ausreichend Regen fällt, und zwar aufgrund des Wolkenstaus, den das Taurusgebirge verursacht.

Die **Wüstensteppe** ist überwiegend sehr eben und erstreckt sich, mit Ausnahme der westlichen und nördlichen Teile des Landes, über ganz Syrien und nimmt somit 50–60 % der Landesfläche ein. Die Niederschläge betragen weniger als 250 mm pro Jahr, was für manche Gegenden und Jahre bedeuten kann, dass es überhaupt nicht regnet. Außergewöhnlich und für die Landwirtschaft in Syrien von großer Bedeutung waren die heftigen Regenfälle in den Jahren 2000 bis 2002. Sie ließen die Wüste „erblühen". So sah man damals wieder viel mehr Nomaden als in den Jahren zuvor, da erstmals seit langer Zeit wieder eine nomadische Viehwirtschaft möglich war. Auch die Stauung neuer Seen, wie am Afrin, sorgt für Wasserreserven, die die Landwirtschaft dringend benötigt.

syr088 Foto: mb

Flora und Fauna

von **Martin Schemel**

Pflanzenwelt

In allen Teilen Syriens ist die **natürliche Vegetation durch** anthropogene (d.h. **menschliche**) **Eingriffe** stark **degradiert** worden. Gründe dafür waren die Nutzung des Holzes für das Holzhandwerk, als Brennholz, zur Herstellung von Holzkohle u.v.m., aber auch die Rodung für landwirtschaftlichen Anbau und die Überweidung (natürlich nur indirekt ein menschlicher Faktor). Größer als in anderen Mittelmeeranrainern scheint das Ausmaß der **Vegetationszerstörung** gewesen zu sein, sodass das heutige Pflanzenkleid nur ein kümmerlicher Rest des früher viel üppigeren Pflanzenbestandes ist. Die Vernichtung des (früher oft undurchdringlichen Hoch-) Waldes, die teilweise schon vor ca. 3000 Jahren begann, wurde erst mit einem **Forstgesetz (1935) der französischen Mandatsregierung** zum Schutz der noch vorhandenen Bestände bekämpft. Selbst **die syrische Wüste ist eine vom Menschen verursachte Wüste,** ursprünglich soll sie von einer recht dichten Decke aus Gräsern, Kräutern und Zwergsträuchern überzogen gewesen sein. Im Frühjahr wird jedoch deutlich, dass selbst die niederschlagsärmsten Gebiete Syriens

Im Salihiye-Gebirge

von einer Vollwüste weit entfernt sind, denn nach ergiebigen Regenfällen beginnt der Sand zu „blühen" und überall liegt ein grüner Schleier.

Wichtigster ökologischer Faktor für die Pflanzenverbreitung in Syrien ist das **Klima,** aber auch Bodenunterschiede führen im Einzelnen zu verschiedenen Vegetationsausformungen. Es überschneiden sich in Syrien **vier große Florenregionen:** In Westsyrien herrscht die **mediterrane** (Eichen, Nadelbäume etc.) vor, im nordwestlichen Gebirge die **euro-sibirische** (Rotbuche, Hasel, etc.), in Inner- und Ostsyrien die **irano-turanische** (Pistazien etc.) und in Südostsyrien die **saharo-indische** (z.B. Dattelpalme), wobei die Mischung in den unterschiedlichen Landesteilen sehr unterschiedlich sein kann.

Nur in der **Küstenebene** und an den Westhängen der küstennahen Gebirgszüge finden wir heute aufgrund des ausreichenden Niederschlags eine **üppige Vegetation**, die, ähnlich wie an anderen Mittelmeerküsten, als Macchie (das sind immergrüne Hartlaubgebüschformationen aus 1–3 m hohen Sträuchern, die oft ein dichtes Gestrüpp bilden) auftritt. **Pinien, Eichen, Tamarisken, Zypressen, Aleppokiefer** und ganz selten die **Libanonzeder** sind die **häufigsten Baumarten dieser Region.** Östlich des Küstengebietes, wo die Steppe in die Wüstensteppe übergeht, bestimmen in, grob gesagt, von West nach Ost abnehmender Anzahl Sträucher, Kräuter und Gräser das Vegetationsbild der trockeneren Regionen.

Tierwelt

Die **Wildtierwelt** Syriens ist sehr **artenarm,** und das, obwohl es nur wenige Gebiete auf der Erde gibt, wo sich im Laufe der Zeit so viele verschiedene Tierwelten begegnet sind: So vertreten/vertraten z.B. Dachs, Reh, Bär und Marder die nördliche Tierwelt, Gazelle, Antilope, Panther und Luchs repräsentier(t)en die afrikanische, Schakal, Wolf und Hyäne die indische Fauna. Doch viele Tiere wurden ausgerottet oder durch die Ausweitung des Kulturlandes aus Syrien verdrängt. Hierzu gehört der Syrische Halbesel. Mit einer Widerristhöhe von 1 m war er der kleinste seiner Art. Nachweislich bis zum letzten Weltkrieg konnten sich am fast unzugänglichen Ostabfall des **Djabal as-Salihiya** (Teil des Küstengebirges) Wolf, Hyäne, Bär, Wildschwein, Panther und Luchs halten.

In der Wüstensteppe und Steppe kommen **viele Arten von Echsen,** darunter auch **Chamäleons** und diverse **Hamsterarten** vor (u.a. der Syrische Hamster, von dem der als Haustier gehaltene Goldhamster abstammt). Weit verbreitet ist der **Schakal**. Auch **Raubvögel** sind, trotz der (in manchen Regionen noch populären) Falknerei, in größerer Anzahl vertreten. **Flamingos und Pelikane** finden sich am Asad-Stausee und an der Küste.

Als Lastenträger dienen **Esel, Pferd, Maulesel und Dromedar.** Dieses einhöckrige „Kamel" wird zudem teilweise als Fleischlieferant geschätzt und oft auch nur noch aus Prestigegründen gehalten. Weitere **Haustiere** sind **Kü-**

he, Schafe, Ziegen und diverse **Geflügelarten,** wobei dem Schaf eine Sonderrolle zukommt, zumal es in Syrien 17 Mio. Schafe gibt, fast so viele also, wie das Land Einwohner hat. Das Hausschwein ist in Syrien nicht oder wenigstens kaum anzutreffen, da Muslimen der Verzehr von Schweinefleisch untersagt ist. Auch Katzen und Hunde gibt es in Syrien. Sie gelten aus religiösen Gründen jedoch als unrein, und deshalb versucht ein Muslim, die körperliche Berührung mit ihnen zu vermeiden. Allerdings weiß man die Fähigkeiten dieser Tiere auch zu schätzen (etwa für die Wache und die Mäusejagd), in den Städten streunen sie jedoch meist nur umher und scheinen sich nur von Abfall zu ernähren.

Geschichte

In Syrien sagt man: Jeder Mensch hat zwei Heimaten, Syrien und seine eigene. Gemeint ist damit, dass Syrien eine wesentliche Rolle im Prozess der menschlichen Zivilisation spielte und aus diesem Grunde für alle Menschen dieser Erde eine zweite Heimat ist – **Syrien, die Wiege der Kulturen** also.

Übertrieben haben die Syrer mit dieser Meinung nicht. Tatsächlich war die Region **jahrtausendelang Zentrum von Hochkulturen,** in Ugarit entdeckte man die **erste Alphabetschrift** der Menschheitsgeschichte, Täfelchen aus dem 14. Jahrhundert v.Chr. weisen Zeichen auf, die man als Ursprung unserer Schrift identifizieren kann. Die Tempel von Mari, Ebla, Palmyra und Bosra gehören zu den am besten erhaltenen überhaupt und zeugen von der langen Geschichte, auf die das Land zurückschauen kann.

Diese lässt sich weit zurückverfolgen: Archäologische Funde bezeugen, dass die Region **seit dem Beginn der Altsteinzeit besiedelt** ist. Während der neolithischen Revolution im 9. Jahrtausend v.Chr. begannen die Menschen hier Behausungen zu bauen, Pflanzungen anzulegen und Tiere zu domestizieren. Grund dafür waren die durch einen Klimawandel geschaffenen guten Bedingungen innerhalb des **„Fruchtbaren Halbmondes“,** der Region also, die sich über das heutige Syrien, den Libanon und Israel sowie das Zweistromland zwischen Euphrat und Tigris im heutigen Irak erstreckt. Ein Umherwandern war nun nicht mehr nötig, der Schritt vom Jagen und Sammeln zur aktiv produzierenden Wirtschaft (Grundlage war der **Regenfeldbau**) und somit zur Sesshaftigkeit war vollzogen.

Ein **gut funktionierendes Bewässerungssystem** war die Voraussetzung, Überschüsse produzieren zu können. Erst dann konnten sich Menschen aus der Lebensmittelproduktion „ausklinken“ und anderen Tätigkeiten nachgehen, vor allem Handwerk und Handel. Ausgedehnte Handelsnetze gingen einher mit dem Willen zur Expansion, und mit der Erweiterung des Lebensraumes wuchs auch die Bevölkerung.

Die neuen Gemeinschaften passten sich ihrer Umgebung an, die notwendigen Aktivitäten wurden untereinander aufgeteilt, das soziale Leben organisiert. Erste Häuser entstanden, meist Rundbauten aus ungebranntem Lehm, aus Dörfern wurden Städte, aus Städten Reiche. Je komplexer der Tauschhandel und die gesellschaftlichen Beziehungen wurden, desto nötiger war eine effiziente Verwaltung. Ein gemeinsames Wertesystem musste geschaffen werden, kollektive Denkmuster waren Voraussetzung für den Erfolg. Die Religion war nur eine Möglichkeit, eine Basis dieser Art zu schaffen. So begann und gestaltete sich der Prozess der menschlichen Zivilisation vor über 10.000 Jahren.

syr089 Foto: lv

Im 4. Jahrtausend entstanden in Syrien die **ersten Hochkulturen der Menschheitsgeschichte,** noch vor denen im Nil- und im Industal, wie z.B. Tell Brak, das in seiner Kunsthistorie auch unabhängig von den Großreichen in Mesopotamien war. Gegen Ende des 1. Jahrtausends v.Chr. wurde Syrien ein wichtiger Bestandteil der hellenistischen Welt, später dann des Römischen und Byzantinischen Reiches. 89 Jahre lang war Damaskus Hauptstadt des islamischen Weltreiches und somit der Nabel dieser Welt. Später hinterließen Kreuzritter ihre Spuren, ihnen folgten die Mamluken und Osmanen.

Das folgende Kapitel ist der Versuch, die große und aufregende Geschichte Syriens in der gebotenen Kürze und nötigen Detailliertheit zu schildern. Zur Vertiefung der Materie verweise ich auf die Bücher, die in der Literaturliste im Anhang angegeben sind.

Die frühsyrischen Reiche (ca. 3100–539 v.Chr.)

Die syrische Frühgeschichte (frühe Bronzezeit, ca. 3100–2100 v.Chr.)

Die ersten wirklichen Städte entstanden im 4. Jahrtausend unter den **Sumerern** im südlichen Mesopotamien. Die Machthaber dieser Städte weiteten ihren Herrschaftsbereich bis ins Gebiet des heutigen Syrien aus, wo sie an wichtigen Knotenpunkten weitere

Statuette aus Mari

Städte errichteten, darunter **Mari** und **Ebla.** Diese beiden Stadtstaaten entstanden etwa zur selben Zeit (zu Beginn des 3. Jahrtausends) und können als **erste syrische Städte** angesehen werden. Sie lebten vor allem vom Handel. Syriens Lage zwischen Ägypten und Mesopotamien – ausgesprochen wichtig für den Transithandel – war ausschlaggebend für die politischen Geschicke der kommenden Jahrtausende. Hin und her gerissen zwischen den Großmächten musste Syrien mehr als einmal eine Pufferfunktion übernehmen und konnte nie ein eigenes Großreich schaffen, auch wenn die Klein- und Vasallenstaaten in Syrien oftmals eine eigenständige, z.T. großartige Kultur hervorbrachten. Vor allem Mari, einer der bedeutendsten Stadtstaaten, stand sowohl politisch als auch kulturell in großer Abhängigkeit zu den herrschenden Mächten. Ebla, das sich zumindest zeitweise vom Einflussbereich Mesopotamiens lösen konnte, brachte eine eigenständige Kultur hervor. Die ersten schriftlichen Zeugnisse dieser Zeit stammen aus **Ebla,** wo man im Jahr 1975 den sensationellen **Fund von 14.000 Tontafeln** machte, die **Aufschluss über die frühe Geschichte Syriens** geben. Aus ihnen geht hervor, dass Ebla ein blühender Staat war, der zumindest phasenweise ganz Syrien beherrschte. Es wird von Beutezügen gegen Mari berichtet und davon, wie groß die Prachtentfaltung des Stadtstaates gewesen sein muss. Ein großer Teil des Fernhandels lief über Ebla; Holz, begehrtes Produkt dieser Zeit, konnte von Syrien aus exportiert werden und ließ erst Mari, dann Ebla zu Reichtum gelangen.

Die Konkurrenz zwischen Mari und Ebla schwächte beide und so ging ihre Blütezeit mit dem Aufschwung der **Akkader** zu Ende, die von Südmesopotamien aus langsam ans Mittelmeer vorrückten und beide Städte um 2300 v.Chr. zerstörten. Die akkadische Herrschaft währte nur kurz, die Hauptstadt des Reiches, Akkad, wurde bis zum heutigen Tag nicht lokalisiert.

Die Zeit der amoritischen Stadtstaaten (mittlere Bronzezeit, ca. 2100–1600 v.Chr.)

Den Akkadern folgten die semitischen Amoriter, die ab 2100 in Syrien Stadtstaaten errichteten. Die Macht der Amoriter wuchs langsam, aber stetig, bis sie die wichtigsten Herrscher Syriens waren. Die **Amoriter waren Nomadenvölker,** die Schafe züchteten und im Norden Syriens lebten, einer Region, die **Amurru** genannt wurde (daher der Name). Durch die akkadische Oberherrschaft war ihnen, die bisher den Tauschhandel kontrollierten, die Lebensgrundlage entzogen. Ihre einzige Chance war die Machtübernahme, und so herrschten sie von Mesopotamien aus über den Westen. 1950 v.Chr. wurde Ebla zu neuem Leben erweckt, ein Erdwall sollte die neue Stadt schützen. Doch Ebla musste seine Macht mit dem neu entstandenen **Yamkhad** teilen. Bald schon schwand die Bedeutung Eblas zugunsten von Yamkhad. Ebla wurde schließlich 1600 v.Chr. durch den Hethiterkönig Mursili I. zerstört. Von Yamkhad ist heute nichts mehr erhalten, Aleppo wurde auf dessen Ruinen errichtet.

Mari, einst im Schatten Eblas, wurde 1800 v.Chr. von einer amoritischen Dynastie beherrscht und wurde wieder zu einer bedeutenden und großen Stadt, die eine Blütezeit erlebte. Den Beleg dafür lieferten 20.000 Tontafeln, die man dort fand.

Doch während der Herrschaft der Amoriter in Syrien wuchs **im Osten eine neue Macht** heran: die **Babylonier.** Dem berühmten babylonischen Herrscher **Hammurabi** gelang es um **1750 v.Chr., Mari zu zerstören** und so die Herrschaft über den Osten an sich zu reißen. Das führte dazu, dass sich Syriens Zentren in den Westen, genauer gesagt, nach Yamkhad und Ugarit verlagerten. Kurze Zeit schien es, als wolle Yamkhad den Status von Neu-Mari übernehmen, doch konnte sich auch diese Stadt nicht halten.

Ab dem 18. Jahrhundert v.Chr. wurde Syrien von zwei Mächten regiert: den Hethitern im Norden (aus Zentralanatolien kommend) und den Babyloniern im Osten. Diesen gegenüber standen **lokale Bevölkerungsgruppen,** die politische Einheiten bildeten. Sie versuchten, den fremden Mächten ein politisches Gegengewicht entgegen zu stellen.

Kurz vor 1800 v.Chr. schufen die **Assyrer,** deren Kerngebiet in den Hochebenen des nördlichen Zweistromlandes lag, im Nordosten Syriens eine neue **regionale Hauptstadt: Shubat Enil.** Diese wurde 200 Jahre später von den Hurritern eingenommen, die damit in Syrien das späte Bronzezeitalter einläuteten.

Hurriter, Hethiter und der Stadtstaat von Ugarit (spätes Bronzezeitalter, ca. 1600–1200 v.Chr.)

Während sich die **Hethiter** den **Norden** des Landes untertan gemacht hatten, wanderten die **Hurriter,** ein Volk **aus Kleinasien,** nach Syrien ein. Das Kerngebiet ihres **Reiches Mitanni** wurde der nördliche Khabur, in der Gegend von Tell Brak, das als Nawar eine wichtige Stadt unter den Hurritern war. Aus Texten dieser Zeit ist bekannt, dass die hurritische Gesellschaft aus drei Klassen bestand, den Bauern und Pflügern, den Tagelöhnern und aus den Steuerbefreiten, d.h. spezialisierten Handwerkern.

Mit einer starken Streitkraft schafften es die **Hethiter 1380 v.Chr.,** die hurritische Herrschaft zu brechen. Sie etablierten sich **im Norden des Landes** und errichteten dort **neue Städte,** so auch **Emar (Tell Maskana).** Die Hethiter stiegen zu einer bedeutenden Macht auf, die schon bald die Ägypter auf den Plan rief, die bereits seit einigen Jahrhunderten massiven Einfluss auf den Südwesten und die Mittelmeerregion des heutigen Syrien ausübten.

1285 v.Chr. kam es dann zwischen den Ägyptern und den Hethitern zu der **Schlacht von Kadseh** (bei Homs), die den Hethitern den Sieg brachte.

Während im Hinterland Syriens der Machtkampf zwischen Ägyptern, Hethitern und Hurritern tobte, etablierten sich **an der Mittelmeerküste kleine**

Syrien von 1500 bis 600 v.Chr.

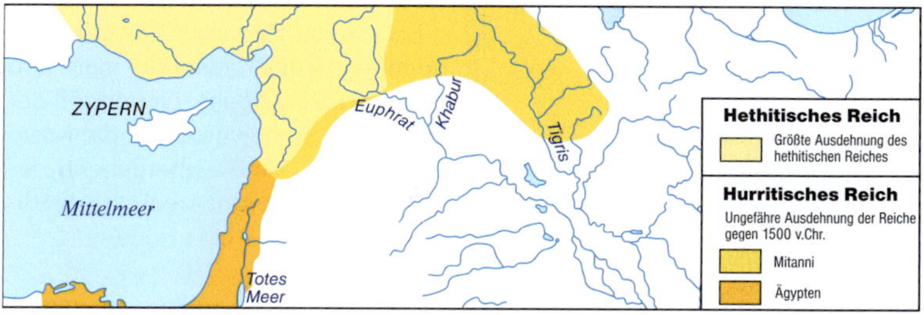

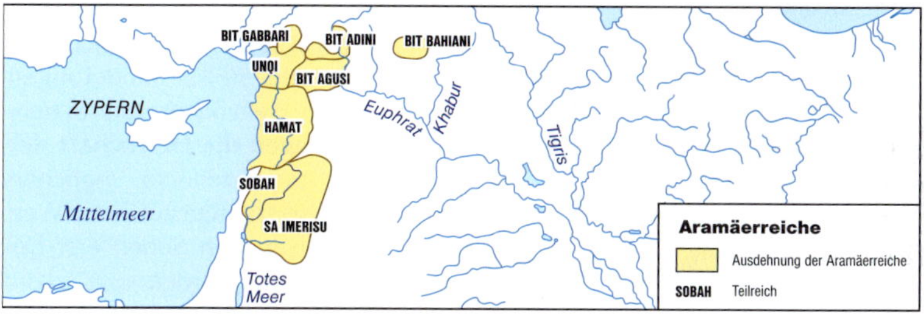

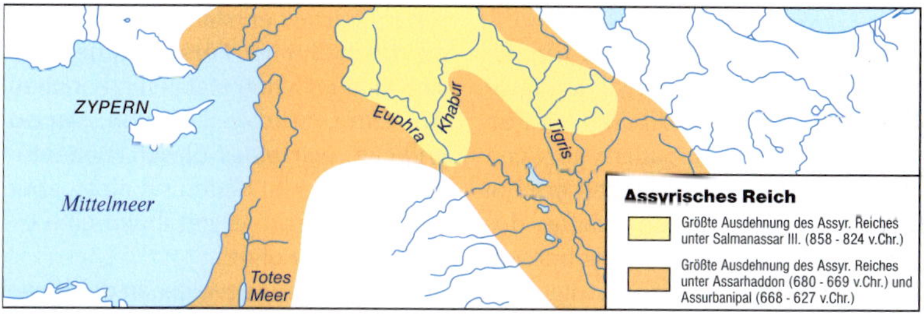

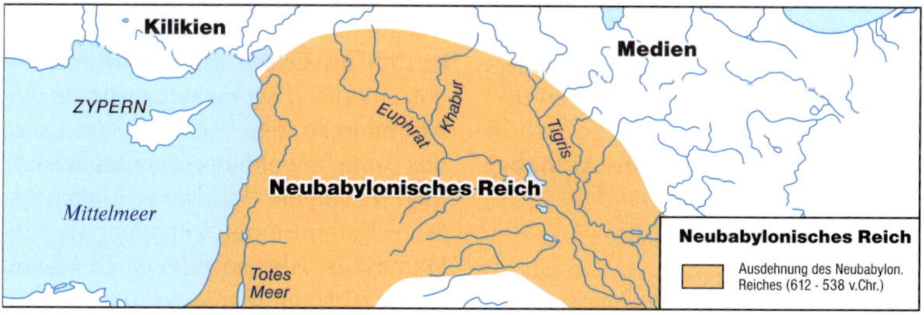

syr091 Foto: lv

Statue im Aleppiner Nationalmuseum

Handelsstaaten, darunter **Ugarit,** zusammen mit Byblos der wichtigste überhaupt. Schon 9000 v.Chr. waren hier die ersten Stadtmauern gezogen worden, seine erste Blütezeit erlebte Ugarit in der zweiten Hälfte des 2. Jahrtausends. Ugarit, bewohnt von Semiten, hatte eine eigenständige Kultur und lebte vor allem vom Mittelmeerhandel. Bahnbrechendes ereignete sich hier im 14. Jahrhundert v.Chr.: Aus der unübersichtlichen und schwer zu erlernenden Silbenschrift entwickelte sich das **erste Alphabet der Menschheit:** 30 Zeichen ersetzten nun über 1000 Silben, die moderne Schrift war geboren.

Etwa in der Zeit um 1200 v.Chr. beginnt ein neues Kapitel der syrischen Geschichtsschreibung: Der Angriff der sogenannten Seevölker auf die Küste Syriens und damit einhergehend der Untergang der bronzezeitlichen Stadtstaaten.

Herrschaft der Seevölker, die neuhethitischen Fürstentümer und die Aramäer (ca. 1200–853 v.Chr.)

Ausgedehnte Völkerwanderungen brachten die **Seevölker** nach Syrien. **Sie zerschlugen die Herrschaft der Hethiter,** zerstörten so manchen Stadtstaat und konnten auf ihrem Weg vom Norden in den Süden erst bei Ägypten gestoppt werden.

Aus der „Konkursmasse" des hethitischen Reiches entstanden einige kleine, unabhängige **Fürstentümer,** die sich in Nordsyrien etablieren konnten. **Ain Dara,** nordwestlich von Aleppo gelegen, war eines dieser Fürstentümer. Viel Macht hatten sie nicht, aber sie überlebten und mit ihnen eine eigenständige Kultur.

Während die Seevölker an der Küste walteten und im Inneren die neuhethitischen Kleinstaaten herrschten, machte sich **im Osten eine neue Macht** auf, Einfluss in Syrien zu gewinnen: die **Aramäer,** so genannt, da sie das Land des Aram bewohnten; ursprünglich kamen sie von der Arabischen Halbinsel. Sie schufen binnen kürzester Zeit in Damaskus, Aleppo oder auch Hama kleine Fürstentümer.

Guanza, das heutige Tell Halaf, wurde die **Hauptstadt** einer der wichtigsten aramäischen Staaten. In der Stadt befand sich ein eindrucksvoller Palast, dessen Wärter man heute als Nachbildung vor dem Aleppiner Museum sehen kann.

Den größten Einfluss hatten die Aramäer auf die Region mit der **Durchsetzung der aramäischen Sprache als Umgangssprache des Vorderen Orients.** Vor allem in den Bereichen Handel und Diplomatie wurde Aramäisch die führende Sprache. Auch Jesus soll sie gesprochen haben, in Maalula und Umgebung, nördlich von Damaskus gelegen, ist die Sprache bis heute lebendig geblieben.

Die Assyrer und Neubabylonier (856–539 v.Chr.)

Die Aramäer waren nie auf einen ernsthaften Konflikt aus. Sie verschanzten sich in kleinen Fürstentümern und konnten oder wollten nie ein Großreich schaffen. Dies wussten die Assyrer auszunutzen und besetzten von Norden her die aramäischen Einflussgebiete. **856 v.Chr. eroberte Salamanassar III. Til Barsip** (Tell Ahmar) und hatte somit die Kontrolle über das Euphrat-Gebiet. Dur Kutlimmu, das heutige Tell Shaikh Hamid, wurde erweitert, neue Städte entstanden. **745 v.Chr. eroberten die Assyrer weite Teile Syriens** und unterwarfen die aramäischen Fürstentümer definitiv. Dabei deportierten sie die Lokalbevölkerung nach Assyrien (Nordsyrien). **Hama wurde zu einem der wichtigsten Lokalfürstentümer.** Erfolgreiche Gegenwehr leisteten allein arabische Nomadenstämme, die sich der unmittelbaren Unterdrückung entzogen, auch weil sich ihre Lagergebiete weit ab der Städte befanden.

612 v.Chr. traten die Assyrer die Macht an die Neubabylonier ab, die von Mesopotamien kamen. Dieser Wechsel hinterließ kaum Spuren, denn es war mehr ein formeller, **administrativer Wechsel,** als eine wirklich neue Herrschaft. Die Babylonier schafften es binnen kurzer Zeit, auch die Ägypter zu vertreiben, doch ihre Macht soll-

syr092 Foto: mb

Eingangstor von Duro Europos

Land und Leute

te nicht lange währen, denn schon waren die Perser auf dem Vormarsch, um sich das fruchtbare Land mit den wichtigen Handelsknotenpunkten einzuverleiben.

Syrien in der Zeit von 539 v.Chr.–635 n.Chr.

Die Herrschaft der Perser (539–333 v.Chr.)

539 v.Chr. wurde Syrien ein **Teil des großen persischen Achämidenreiches,** Damaskus die Hauptstadt der neuen Provinz. Die Perser, die ihr Reich in den Mittelmeerraum ausdehnen wollten, schätzten die geografische Lage Syriens und wussten die syrischen Dynastien zu fesseln, in dem sie sie nicht als Vasallen, sondern vielmehr **als Verbündete** behandelten. So genoss Syrien **weitestgehende Autonomie.** Die Syrer setzten ihren Handel fort, die Perser bauten Straßen von ihrem Kernland ans Mittelmeer. **Küstenstädte wurden befestigt** und verteidigt, darunter **Amrit,** das antike Marathos. Trotz der persischen Vorherrschaft setzte sich die aramäische Sprache weiter als Verwaltungssprache durch, persische Dokumente wurden übersetzt. An den Küsten war das Kanaanitische die Muttersprache, in den Wüstengebieten dominierte zunehmend das Arabische.

Die Griechen: Alexander der Große und seine Nachfahren (333–64 v.Chr.)

333 v.Chr. besiegte Alexander der Große die Perser bei Issos. Kontakte zwischen Syrien und Griechenland hatten schon lange bestanden. Handel bestimmte die Beziehungen. Aber noch nie hatten die Griechen einen Herrschaftsanspruch auf die Region gestellt.

Der Tod Alexanders 323 v.Chr. hatte Wirren in der Nachfolgeregelung zur Folge, die erst 312 v.Chr. entschieden werden konnte. **Seleukos I.** übernahm die Macht, und **Syrien** ging in seinen Besitz über. Es wurde das **Kernland seiner Herrschaft.** Zahlreiche Städte, darunter **Apamea** und **Duro Europos,** wurden unter ihm gegründet, das Reich erstreckte sich bis zum Indus und brachte seinen Bewohnern eine Zeit des Wohlstands und Fortschritts.

Die Seleukiden, Nachfolger des großen Seleukos, mussten wiederum um die Herrschaft in Syrien kämpfen. **Im Süden** drohten die **Ptolemäer:** Ihr Einfluss im Hauran und rund um Damaskus war so weit gewachsen, dass sie diese Region quasi beherrschten. **Im Osten** machten sich die **Parther** bemerkbar. Denen war es Mitte des 3. Jahrhunderts v.Chr. gelungen, die Ostprovinzen des Seleukidenreiches einzunehmen. 113 v.Chr. besetzten sie Dura Europos. Im Zusammenspiel mit dem Aufbegehren kleiner arabischer Fürstenhäuser war den Griechen der Untergang geweiht. Sprachlich hatten sie nie Einfluss auf die Region nehmen können. Wohl aber entstanden unter ihrer Herrschaft großartige Städte.

Den **Todesstoß** erhielten die Nachfahren Seleukos jedoch von dritter Seite, nämlich **durch die Römer, die im Jahre 64 v.Chr. Syrien besetzten** und es zu ihrer Provinz erklärten. Mesopotamien, das bis zu diesem Zeitpunkt immer eng mit Syrien verbunden war, wurde persisch und blieb es auch bis zum Aufkommen des Islam.

Syrien, römische Provinz (64 v.Chr.–395 n.Chr.)

Knappe 400 Jahre lang war Syrien römisch. Die ersten 100 Jahre der römischen Herrschaft waren durch permanente **Auseinandersetzungen und Kriege mit den Parthern** gekennzeichnet. Erst **Vespasian,** von seinen Truppen 68 n.Chr. in Syrien zum Kaiser proklamiert, konnte das Reich stabilisieren. Der Einfluss der römischen Kultur nahm seinen Anfang. Ab der Mitte des 1. Jahrhunderts n.Chr. entstanden die ersten römischen öffentlichen Gebäude und Straßen, Bewässerungskanäle wurden gebaut, auch **neue Städte entstanden. Palmyra** wuchs zu einer blühenden Handels-

stadt heran, auch wenn sich die Stammesstrukturen noch nicht änderten. Die Bevölkerung nahm zu.

Mehr und mehr Dörfer wurden gegründet, und eine eigene Stadtkultur konnte sich in den ersten vier nachchristlichen Jahrhunderten ausbilden.

Unter Kaiser **Trajan** (98–117) wurde das südliche Syrien zur Provinz, es entstand die neue **Provinz Arabia,** benannt nach den hier nomadisierenden Menschen, die sich selbst als „Araber" bezeichneten. **Bosra wurde Provinzhauptstadt.**

Mark Aurel (162–180) vergrößerte die syrische Provinz durch die Eroberung der Djazira, welche kurz danach eine Blüte erlebte. Im dritten Jahrhundert stellte Syrien drei römische Kaiser, **Phillippus Arabus** (244–249), der bekannteste unter ihnen, ließ Philippopolis gründen, das heutige Shahba.

Während sich die römische Herrschaft im Zentrum Syriens etablierte,

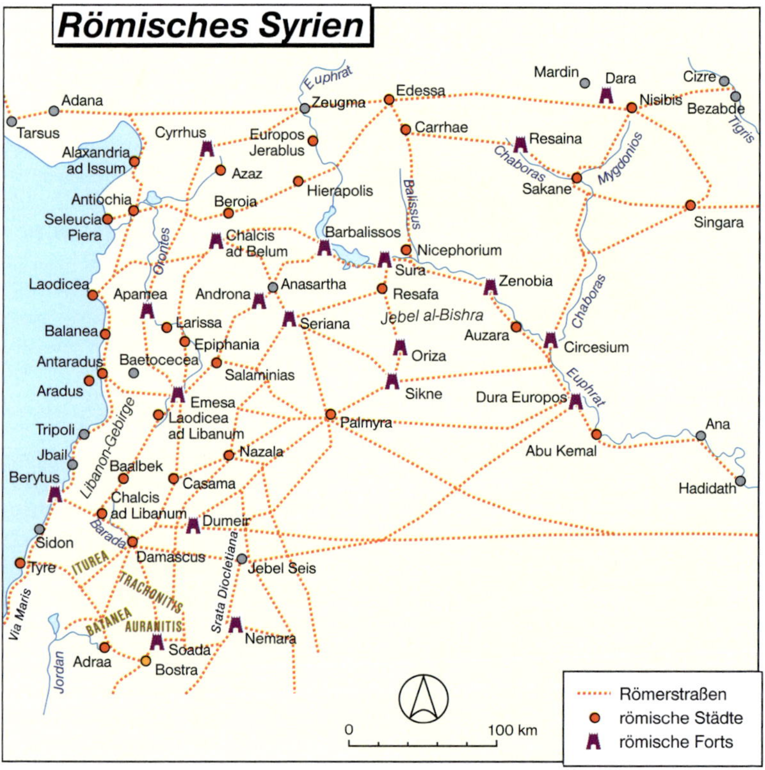

bröckelte das Reich **im Osten:** Die **Sassaniden,** die zwischenzeitlich die Parther in Persien gestürzt hatten, versuchten den Osten des Landes an sich zu reißen. Erst **Odainat, König von Palmyra,** konnte sie bis in das heutige Gebiet des Iran zurückdrängen. Odainats Tod folgte die sagenumworbene Herrschaft seiner **Witwe Zenobia,** die ihre politischen Ambitionen, **ein eigenes Großreich** zu schaffen, mit ihrer Gefangennahme und Absetzung büßen musste. Das war im Jahr 272.

Der Osten wurde nun per Friedensvertrag mit den Sassaniden gesichert, 313 gewährte Kaiser **Konstantin** allen Bürgern des Römischen Reiches die **Glaubensfreiheit,** unter **Theodosius** stieg das **Christentum** zur **Staatsreligion** auf. Die großen Judenverfolgungen begannen, Tempel wurden zu Kirchen umgebaut, überall entstanden neue christliche Zentren. Nach Theodosius Tod 395 kam es zur **Spaltung des Römischen Reiches** in das weströmische (Rom) und das oströmische Reich (Byzanz).

Die byzantinische Herrschaft (395–635 n.Chr.)

Konstantinopel wurde die neue Hauptstadt des oströmischen Reiches. Im Gegensatz zur westlichen Kapitale Rom, die 476 im Zuge der Barbareninvasionen unterging, konnte sich Byzanz bis zum Jahr 1453 behaupten, als es sich den Osmanen beugen musste.

Byzanz umfasste 50 Provinzen, die zusammen fünf Diözesen bildeten. Aber auch diese konnten ein Auseinanderbrechen des Reiches nicht verhindern. Ketzerbewegungen, große Epidemien und Erdbeben schwächten das Reich. Doch noch konnten sich die Byzantiner in Syrien halten. Nicht nur das, das Christentum erlebte einen massiven Aufschwung. Eine **eigenständige syrische Kultur und Sprache** entstanden. Große Bauten, etwa die Basiliken in ar-Rusafa, wurden in Angriff genommen, ganze Städte und Dörfer entstanden, darunter die sogenannten „Toten Städte" (vgl. entsprechenden Exkurs).

syr093 Foto: lv

Am Jupitertor in Palmyra

Land und Leute

Bis Anfang des 6. Jahrhunderts erlebte Syrien eine **christliche Blütezeit.** Die Bevölkerung wuchs, in Apameia z.B. wohnten 100.000 Menschen. Handwerker organisierten sich in Vereinigungen, die Kunst erreichte neue Höhepunkte.

Unter Justinian (527–565) und seinen Nachfolgern wurde das Land wieder **von Kriegen erschüttert,** schwere Erdbeben trugen zur weiteren Schwächung bei. Die Sassaniden aus Persien fielen verstärkt ein, 609 konnten die Perser für 20 Jahre die Macht in Syrien an sich reißen, dann schaffte es Byzanz erneut, die Perser zu vertreiben. In diesem Machtgerangel war es den aus dem Hidjaz einströmenden **Muslimen** ein Leichtes, sich des Landes zu bemächtigen. **635 konnten sie Damaskus erobern** und somit ein neues Zeitalter einläuten.

Die islamische Herrschaft in Syrien (635–1918)

Die Islamisierung und Eroberung Syriens (635–661)

Im Jahre 635, drei Jahre nach dem Tod des Propheten Muhammad, nahmen die Muslime Damaskus ein. Damit begann in Syrien die islamische Herrschaft. Zwar hatten schon davor einzelne Gruppen muslimischer Kämpfer versucht, Syrien für die islamische Gemeinschaft, die *umma,* zu gewinnen, ihre Anzahl jedoch war zu gering, um Erfolg haben zu können.

Als Muhammad starb, hatte er sich nicht um seine Nachfolge gekümmert, und die neue Religionsgemeinschaft drohte an den Nachfolgestreitigkeiten zu zerbrechen. So war die Herrschaft des Nachfolgers, des ersten Kalifen **Abu Bakr,** gekennzeichnet durch die Bemühungen, die Muslime zusammen zu halten. Kaum aber herrschte ein wenig Stabilität im Reich, wurde Syrien begehrtes Ziel der arabischen Eroberungskriege. Die Muslime wurden von der Bevölkerung meist mit offenen Armen empfangen, zu lange hatten sie unter der byzantinischen Herrschaft gelitten. **Christen und Juden wurden in ihrer Religionsausübung nicht mehr behindert** wie noch unter den Byzantinern; die Muslime versprachen ihnen vollkommene Akzeptanz ihrer Religionen unter der Voraussetzung, dass sie ihre Steuern, eine Art Kopfgeld, an die Muslime entrichteten. **Viele syrische Araber traten zum Islam über.** Während sich so der Islam in Syrien langsam ausbreitete, gingen die Nachfolgestreitigkeiten im Osten weiter. **661 konnte sich Mu'awiya vom Klan der Banu Umayya als Kalif durchsetzen** und begründete somit die erste islamische Dynastie, die **Umayyaden.**

Die Herrschaft der Umayyaden (661–750)

Mu'awiya, als erster umayyadischer Kalif, **wählte Damaskus als Hauptstadt** des islamischen Reiches. Das hatte vor allem zwei Gründe: Erstens

Qasr al-khair ash-Sharqi (östliches Wüstenschloss): eines der wenigen umayyadischen Bauwerke, das bis heute erhalten ist

syr094 Foto: mb

war er bereits unter den Kalifen *Umar* (634–644) und *Uthman* (644–656) Statthalter von Damaskus gewesen. Hier hatte er Verbündete, die ihm zur Seite standen. Auf Mu'awiya ging zum Großteil die Eroberung Syriens zurück. Zweitens hoffte er, mit einer Dezentralisierung der islamischen Welt, also einer Abnabelung von Mekka, seiner Herrschaft mehr weltlichen Charakter zu verschaffen.

Unter der Dynastie der Umayyaden erlebte das islamische Reich die **größte Ausdehnung,** die es je erfahren hatte: Im Westen reichte das islamische Reich bis an den Atlantik, im Norden bis nach Frankreich und ans Kaspische Meer, im Süden bis zum unteren Nillauf und im Osten bis zum Indus. All dies hatten die Umayyaden bereits **im Jahre 711** erreicht. Unter ihnen wurde die Herrschaft der Sassaniden zerschlagen und die Byzantiner bis nach Kleinasien zurückgedrängt. Zwei Mal gelang es den Umayyaden sogar, bis Konstantinopel vorzudringen, ohne die Stadt jedoch einnehmen zu können.

Den äußeren Erfolgen zum Trotz **drohte das Reich im Inneren zu zerbrechen.** Hatte man Mu'awiya als Kalifen noch anerkannt, da er, wenn auch erst sehr spät, zu den Prophetengefährten gehört hatte, sah es bei seinem Sohn Yazid, dem auserkorenen Nachfolger, schon anders aus. Ihm warfen

syr090 Foto: mb

seine Gegner „unislamische“ Handlungsweisen vor – die Einheit des Reiches war gefährdet. **Im zweiten Bürgerkrieg (680–692) zerbrach** dann **die islamische Einheit.** Gegner der Umayyaden, darunter auch die Anhänger Alis, aus denen sich später die Schiiten rekrutierten, hatten sich zusammengefunden, um gegen die Herrschaft in Damaskus anzugehen. **Abd al-Malik,** dem fünften umayyadischen Kalif, gelang es, die **Herrschaft** wieder zu **stabilisieren.** Unter ihm wurde auch **der Staat arabisiert.** Waren unter seinen Vorgängern noch immer persische und byzantinische Verwaltungsmuster angewandt worden und galten beide Sprachen weiterhin als offizielle Sprachen, so änderte sich dies unter Abd al-Malik zugunsten des Arabischen. Unter ihm und seinen Nachfolgern **Walid (705–715)** und **Hisham (724–743)** erlebte das Reich seine **kulturelle Blüte.** Bauwerke wie die **Umayyaden-Moschee** und die **Wüstenschlösser** entstanden. Dennoch, ein wirklich stabiles Staatsgebilde mit zentralisierten Machtstrukturen konnte sich nicht entwickeln, dazu war das islamische Reich auch schon zu groß. Das machten sich Gegner der Umayyaden zunutze und stürzten sie. Eine neue Dynastie, die der **Abbasiden,** übernahm die Macht.

Römische Säulen im arabischen Suq von Damaskus

Die Abbasiden in Syrien (750–968)

Die Abbasiden, die ihren Herrschaftsanspruch mit einem verwandschaftlichen Verhältnis ihres Urahns zum Propheten Muhammad legitimierten, verlegten den Herrschaftssitz von Damaskus in den Irak. **762 gründeten sie Bagdad,** das neue Hauptstadt wurde. **Syrien wurde zu einer wenig beachteten Provinz,** die Handelswege wurden zugunsten Bagdads verschoben, hohe Steuern steigerten den Zorn der Bevölkerung. Nur der Kalif **Harun ar-Rashid (786–809),** bekannt aus den „Erzählungen aus 1001 Nacht“, der für mehrere Jahre in Raqqa seine Residenz errichten ließ, wurde von den Syrern verehrt. 100 Jahre lang konnten die Abbasiden das Reich noch zusammenhalten, dann aber zerbrach es in viele Kleinstaaten.

Nominell blieben sie bis 1258 an der Macht, tatsächlich jedoch hatten sie diese schon viel früher verloren.

Im 9. Jahrhundert schwappte zum ersten Mal der **Einfluss Ägyptens** nach Syrien. Die Syrer, an den politischen Rand gedrängt, trauerten der Umayyadenherrschaft nach. Die **Tuluniden,** eine ägyptische Statthalterdynastie, konnte ihren Machtbereich auf Syrien ausweiten, ein Tulunide wurde 892 offiziell von Bagdad zum **Statthalter von Syrien** ernannt. Damit waren sie die ersten nicht-abbasidischen Fremdherrscher in Syrien seit 750. Den Tuluniden folgten **Mitte des 10. Jahrhunderts** die **Hamdaniden** im Norden Syriens. Unter dem Hamdaniden **Saif ad-Daula** erlebte **Aleppo** eine **kulturelle Blüte** und wurde für kurze Zeit zum Zentrum der arabischen Dichtkunst und Gelehrsamkeit. Die Hamdaniden wussten geschickt die Ägypter gegen Bagdad auszuspielen und konnten sich so einige Zeit lang als autonome Herrscher etablieren. Doch sie rechneten nicht mit den Fatimiden, die die Macht in Ägypten und damit auch in Syrien übernommen hatten.

Die fatimidische und seldjukische Herrschaft in Syrien (969–1124)

969 ging die Macht in Ägypten an die Fatimiden über, die von Nordafrika in den Vorderen Orient eindrangen. Die Fatimiden, die ihren Namen von Fatima, der Tochter des Propheten und Ehefrau des vierten Kalifen Ali ableiteten, vertraten den **schiitischen Glauben** und lehnten sich v.a. gegen die ihrer Meinung nach illegitime Herrschaft der Umayyaden und Abbasiden auf. Sie errichteten in **Kairo,** das unter ihnen gegründet wurde, ein **eigenes Kalifat** und **unterwarfen den Süden Syriens.** Im Norden des Landes herrschten wieder die Byzantiner. Gleichzeitig drangen türkische Gruppen in den Iran und Irak vor, und schon 1055 übernahm der Seldjuke Toghilbek die Vormundschaft über den schwachen Abbasidenkalifen in Bagdad. Damit war die Grundlage für eines der wichtigsten Staatengebilde im Vorderen Orient geschaffen: das **seldjukische Reich.** Hauptgegner der Seldjuken waren die Byzantiner und Fatimiden, die im Gerangel um die Vorherrschaft in Syrien immer mehr an Kraft verloren. Ende des 11. Jahrhunderts war dann die Macht der Schiiten gebrochen, aber lange konnten sich die Seldjuken dieses Triumphes nicht erfreuen, denn nun drohte Gefahr von ganz anderer Seite: Die Kreuzfahrer waren im Anmarsch.

Bedrohung durch das Abendland: die Kreuzzüge (1099–1291)

Mit Ankunft der Kreuzfahrer im Jahr 1099 in Syrien verstärkte sich die Zerstückelung des Territoriums. Die christlichen Krieger ließen sich an strategisch günstigen Ausgangspunkten für ihre Züge ins Heilige Land nieder.

Die Kreuzritter, die Europa 1097 verließen, hatten das Ziel, **Jerusalem** zu **„befreien“,** denn seit der Eroberung des syro-palästinensischen Raumes durch die Seldjuken waren Pilgerreisen für Christen schwierig geworden.

Schnell gelang es den Kreuzfahrern, **an der gesamten Mittelmeerküste gewaltige Burgen** zu bauen, als Beispiele seien nur *Krak des Chevaliers* oder die Burg *Marqab* erwähnt. Mit Errichtung der Burgen begannen große Teile der Bevölkerung, sich zum Christentum zu bekennen.

Balduin I. (1100–1118) schuf ein neues christliches „Reich" am Mittelmeer, dass von Urfa in der Türkei bis nach Jerusalem reichte. Das Hinterland konnte er nie an sich reißen. Schon unter seinem Nachfolger zerfiel das junge Herrschaftsgebiet. Ein türkischer Emir namens **Nur ad-Din (1147–1174)** vollzog die **Wiedervereinigung Syriens,** das unter der Zersplitterung durch seldjukische Emire gelitten hatte. Unter seiner Herrschaft begann die Macht der Kreuzfahrer zu schwinden. 1144 hatte er den Kreuzfahrern Urfa (Edessa) entrissen, **im Jahr 1153** gelang ihm die endgültige **Eroberung von Damaskus.** Mit Nur ad-Din zusammen kämpfte der Kurde **Salah ad-Din,** der bei uns so bekannte Saladin. Ihm gelang es **1173, die fatimidische Herrschaft in Ägypten** zu **zerschlagen,** was den muslimischen Widerstand gegen die Kreuzritter weiter stärkte. Nur ad-Din starb 1174, und Salah ad-Din übernahm als Anführer der von ihm gegründeten **Dynastie der Ayyubiden** die Herrschaft. Ihm gelang es, den Christen Jerusalem zu entreißen, und er beendete so 1187 den zweiten Kreuzzug. Salah ad-Din und seine Nachfolger bemühten sich in der Folgezeit um eine **Politik der guten Nachbarschaft mit den Christen,** die von nun an wieder nach Jerusalem pilgern durften. Immer wieder versuchten Kreuzfahrer, zuletzt unter Richard Löwenherz, Jerusalem zu erobern, doch die ayyubidische Herrschaft war stabil und konnte so den Christen Widerstand leisten. Es kam zu einer kulturellen Blütezeit.

Die Mamluken (1260–1516)

1260 fielen die Mamluken **aus Ägypten** in Syrien ein, um die Mongolen zurückzudrängen, die 1258 Bagdad gestürmt und damit der de facto schon lange beendeten Herrschaft der Abbasiden endgültig den Todesstoß versetzt hatten. Die Mamluken (benannt nach der arabischen Bezeichnung für Sklave/Besitz: *mamluk*) waren Nachfahren von auf dem Schwarzmeermarkt gekauften Sklaven. Sie machten einen Großteil des ayyubidischen Heeres aus und hatten die Macht in Kairo an sich gerissen. **Ihnen gelang es 1291, die letzten Kreuzfahrer zu vertreiben,** die im 13. Jahrhundert noch einmal zu einer massiven Bedrohung geworden waren.

Nachdem die Mamluken den Platz ihrer ehemaligen Herren in Ägypten 1250 eingenommen hatten, weiteten sie nun, nach ihrem Erfolg gegen die Kreuzfahrer unter Baibars, ihre Macht in Syrien aus. Während in ihrem Herrschaftsgefüge zunächst die Regentschaft vom Vater auf den Sohn überging, wurde später die Sultanswahl eingeführt, ein komplizierter Ausleseprozess, der zu Streitigkeiten unter den Bewerbern führte und das Land schwächte.

Die Herrschaft der Mamluken war gekennzeichnet durch weitere **Mongoleneinfälle.** 1400/01 zerstörten die kriegerischen Reiter Damaskus und besetzten es 40 Tage lang, dann plünderten sie Aleppo. Insgesamt aber scheiterten sie bei ihrem Versuch, am Mittelmeer Fuß zu fassen. Der **Mittelmeerhandel** nahm trotz aller Wirren zu. Immer mehr europäische Handelshäuser hatten ihre Niederlassungen in Syrien, Karawanenwege liefen durch das Land. Hohe Steuerlasten sowie Pestepidemien warfen das Land jedoch zurück.

1453 fiel Konstantinopel (Byzanz) **und wurde zu Istanbul,** der **Hauptstadt des osmanischen Reiches.** Die Osmanen, Mitte des 14. Jahrhunderts hervorgegangen aus einem seldjukischen Fürstenhaus an der Westküste der Türkei, wagten den Sturm auf die wohl bestbefestigte Stadt des Nahen Ostens und gewannen. Bis 1516 konnten sich die Mamluken in Syrien noch halten, dann ging das Land an die Osmanen, die von nun an 400 Jahre lang im Land herrschen sollten.

Syrien unter den Osmanen (1516–1918)

Das mamlukische Reich war zerrüttet, sodass es den Osmanen leicht fiel, die Herrschaft in Syrien zu übernehmen. **Die neue Macht schob sich bis Ägypten und zu den heiligen Stätten von Mekka und Medina vor** und dehnte sich bald auch weit nach Westen aus (1529 erste Belagerung von Wien). Eine Ausbreitung nach Osten war nur schwer möglich, denn in Persien hatten sich die Safawiden mit Beginn des 16. Jahrhunderts durchsetzen können, die die schiitische Religion als Staatsreligion ausriefen. Diese schiitische Front verhinderte ein Ausbreiten der osmanischen Macht gen Osten.

Syrien wurde arabisches Kernland eines sunnitischen Reiches (im Gegensatz zu den Schiiten erkennen die Sunniten die Nachfolger des Propheten Muhammad, die nicht dessen Nachkommenschaft entstammen, als rechtmäßig an).

Die osmanische **Regierung,** die ihren **Sitz in Istanbul** hatte, setzte von dort aus **Statthalter** ein, die vor allem ihre eigene Bereicherung im Sinn hatten und die Bewohner ihrer Provinzen ausbeuteten. Auflehnungsversuche wurden brutal niedergeschlagen, die Gouverneure hatten quasi die Allmacht über ihre Bezirke.

Gekennzeichnet war die Herrschaft der Osmanen auch durch eine **Öffnung nach Westen.** Europäische Handelshäuser errichteten Niederlassungen, Konsulate wurden geschaffen, der Austausch zwischen den Kulturkreisen wurde reger, die Osmanen versuchten Anschluss an europäische Technik und Wissenschaft zu finden. So aber rückte der Vordere Orient auch mehr und mehr in das **Interessenfeld der europäischen Kolonialpolitik,** und es war nur eine Frage der Zeit, bis Syrien und mit ihm der gesamte arabische Raum direkte Einflussgebiete vor allem Frankreichs und Englands werden würden. Für das Osmanische Reich bedrohlich waren zudem erste nationale Bewegungen auf dem

Geschichte in Zahlen

ca. 1.000.000	**Paläolithikum (Altsteinzeit)**
12.000–4000	**Neolithikum (Jungsteinzeit)**
6000–3100	Entstehung der ersten Dörfer
ca. 3100–2100	**Syrische Frühgeschichte (frühe Bronzezeit)**
ca. 2900	Gründung von Mari und Ebla
2340–2150	Akkadisches Reich – Sargon von Akkad (2340–2284)
ca. 2300	Die Akkadier zerstören Mari und Ebla
ca. 2100–1600	**Zeit der Stadtstaaten (Mittleres Bronzezeitalter)**
ca. 2100	Aufkommen der Amoriter
ca. 2000	Wiederaufbau von Ebla
1900–1786	Zweites goldenes Zeitalter von Mari
18. Jh.	Die Amoriter herrschen über Nordsyrien
ca. 1792–1750	Regierungszeit von Hammurabi von Babylon
ca. 1750	Hammurabi von Babylon zerstört Mari
ca. 1600	Ebla wird durch die Hethiter zerstört
ca. 1600–1200	**Spätes Bronzezeitalter**
1595	Babylon fällt an die Hethiter
1550	Die Hethiter erreichen Syrien, es beginnt ein Wettbewerb der Ägypter, Hethiter und Hurriter um Syrien
1400–ca. 1365	Goldenes Zeitalter von Ugarit, Entwicklung des Alphabets
1350	Die Hethiter lösen die mitannitische Herrschaft ab; in der Folgezeit Kriege zwischen den Ägyptern und den Hethitern; Frieden ab ca. 1284
1200–539	**Eisenzeitalter**
ca. 1200	Seevölker dringen nach Syrien ein
1200–1150	Aramäer gelangen nach Syrien
970–931	König Salomon von Israel
9. Jh.	Aramäer errichten einen neo-hethitischen Staat in Nordsyrien
853	Schlacht von Qarqar; die Assyrer verteidigen die aramäischen Staaten
732	Assyrer nehmen Damaskus ein
605–539	Neo-Babylonier kontrollieren Syrien
539–333	**Persische Ära**
539	Cyrus eignet sich babylonischen Besitz in Syrien an
333–64	**Hellenistische Ära (ab 301 Seleukiden)**
333	Schlacht von Issos; Alexander von Mazedonien besiegt Darius III, der in Syrien als letzter persischer Herrscher regierte
311–281	Regierungszeit Seleukos I.
223–187	Regierungszeit von Antiochos dem Großen
198	Antiochos der Große besetzt Südsyrien
164–138	Bürgerkriege brechen die seleukidische Kontrolle
64 v.–395 n.Chr.	**Römische Ära**
64	Pompejus annektiert Syrien, Gründung der Provinz Syrien mit großer lokaler Autonomie
37–4	Herrschaft von Herodes dem Großen in Judäa

31	Schlacht von Actium. Oktavian geht als Sieger hervor
27–14 n.Chr.	Herrschaft von Oktavian (Augustus)
14–37	Herrschaft von Tiberius
66	Jüdische Revolte gegen die römische Herrschaft
105	Trayan annektiert das Nabatäische Königreich und gründet die Provinz Arabia mit dem Stützpunkt Bosra
113	Trayan annektiert Duro Europos
117–138	Hadrian marschiert gen Osten
119	Hadrian erreicht Palmyra und nennt die Stadt Hadriana
spätes 2. Jh.	Die meisten römischen Straßen werden in Syrien gebaut, ebenso die Kolonadenstraße in Apamea und die Burg Husn Sulaiman
194	Syrien wird in vier Provinzen aufgeteilt
211	Duro Europos wird zur römischen Provinz
212	Palmyra wird zur römischen Provinz
244	Gründung von Shahba unter Philippus Arabus
256	Duro Europos fällt an die Sassaniden
267–272	Herrschaft der Zenobia
272	Aurelian übernimmt die Macht in Palmyra
330	Unter Konstantin wird Konstantinopel zur Hauptstadt
395–636	**Byzantinische Ära**
395	Das römische Reiche wird in ein oströmisches und weströmisches Reich aufgeteilt
389–458	Lebenszeit von Simon, dem Säulenheiligen
422	Der hundertjährige Frieden mit den Sassaniden beginnt
527–565	Herrschaft des Justinian
573	Unter Chosroes gelangen die Sassaniden bis Apameia
611–614	Die Sassaniden nehmen Syrien inkl. Damaskus ein
622	Hidjra des Propheten Muhammad
632	Tod des Propheten
635	Islamische Armeen nehmen Damaskus unter Mu'awiya ein
636	Schlacht von Yarmuk; Beginn der islamischen Ära
636–661	**Herrschaft der Rechtgeleiteten Kalifen**
637	Eroberung von Aleppo und siegreiche Schlacht gegen die Sassaniden
638	Letzte syrische Stadt in arabischen Händen
640–656	Mu'awiya ist Gouverneur von Syrien
656–661	Erster islamischer Bürgerkrieg
661–750	**Umayyadische Ära**
661–681	Mu'awiya ist erster umayyadischer Kalif; Damaskus wird zur Hautstadt des islamischen Reiches
680–692	Zweiter islamischer Bürgerkrieg
706–714	Bau der Umayyaden-Moschee
711	Vordringen des Islam bis Spanien und Indien
750–968	**Abbasidische Ära**
762	Gründung von Bagdad, der neuen islamischen Hauptstadt
772	Gründung von Raqqa als islamischer Stadt
786–809	Herrschaft Harun ar-Rashids
813	Damaskus revoltiert gegen die Abbasiden

868–905	Tuluniden in Ägypten
944–1003	Hamdaniden herrschen in Aleppo
944–967	Herrschaft Saif ad-Daulas
969–1099	**Fatimidische und seldjukische Ära**
969	Gründung von Kairo
978–1076	Fatimiden kontrollieren Südsyrien
996–1021	Herrschaft al-Hakims, der von den Drusen als Imam verehrt wird
1037	Seldjuken übernehmen die Kontrolle in Bagdad
1055	Seldjuken übernehmen die Kontrolle von Nordsyrien und beenden damit die Herrschaft der Fatimiden in Syrien
1071	Schlacht von Manzikart. Byzanz wird geschlagen
1095	Die Kreuzfahrer nehmen Antiocha ein
1098	Massaker von Ma'arrat an-Nu'man
1099–1291	**Die Kreuzfahrer**
1099	Einnahme von Jerusalem
1108	Einnahme von Lathaqiya
1109	Einnahme von Tripoli
1119	Ager Sanguins Schlacht nahe Sarmada; seldjukischer Sieg über die Kreuzfahrer
1124/25	Sieg über Aleppo
1128	Die Zengiden übernehmen die Macht; erste Attacke der Kreuzfahrer auf Damaskus
ab 1130	Die Ismailiten etablieren sich an der Küste
1146–1174	Herrschaft Nur ad-Dins
1147–1149	Zweiter Kreuzzug
1176	Die **Ayyubiden unter Saladin übernehmen die Macht** in Syrien, nachdem sie 1171 die Herrschaft der Fatimiden in Kairo beendet hatten
1176–1193	Herrschaft Saladins
1186	Saladin übernimmt die Kontrolle über Aleppo
1187	Saladin siegt über die Kreuzfahrer bei der Schlacht von Hattin
1187–1192	Dritter Kreuzzug
1192	Waffenstillstand zwischen Saladin und Richard Löwenherz
1202–1204	Vierter Kreuzzug. Besetzung von Konstantinopel
1217–1221	Fünfter Kreuzzug
1258	Die Mongolen zerstören Bagdad
1260	Einfall der Mongolen unter Hülägü
1260–1516	**Mamlukische Ära**
1260	Schlacht bei Ain Yalud; die Mamluken, ayyubidische Sklaven, besiegen die Mongolen und übernehmen die Macht in Ägypten und Syrien
1260–1277	Herrschaft Baibars
1271	Eroberung Krak des Chevaliers
1281	Zweiter Mongolensturm
1285	Eroberung von Marqab
1287	Rückeroberung von Lathaqiya
1289	Rückeroberung von Tripoli
1291	Rückeroberung von Tartus

1300–1303	Dritter Mongolensturm; Damaskus wird besetzt
1302	Arwad, letzte Kreuzfahrerbastion, wird zurückerobert
1400/01	Letzter Mongolensturm unter Timur Lenk
1453	Konstantinopel fällt an die Osmanen
1516–1918	**Osmanische Ära**
1516	Die Osmanen übernehmen die Macht in Aleppo
1548	Erster osmanisch-europäischer Vertrag
1555	Bau der Tekkiya Sulaiman
1805–1848	Muhammad Alis Herrschaft in Ägypten
1860	Drusisches Massaker an den Christen in Damaskus
1863	Die erste Teerstraße von Damaskus nach Beirut ist fertig
1918–1946	**Französische Mandatszeit**
1918	Das Osmanische Reich zerbricht, die alliierten Kräfte des 1. Weltkriegs fallen in Damaskus ein
1918–1920	König Faisal von Syrien regiert
1920	Beginn der französischen Mandatszeit
1936	Frankreich gibt Antiocha und Alexandrette an die Türkei
1943	1. arabisch-israelischer Krieg
1945	Syrien tritt der UN bei
1946	Französisches Bombardement von Damaskus, danach Unabhängigkeit
1946 bis heute	**Unabhängiges Syrien**
1949	Waffenstillstandsabkommen zwischen Syrien und Israel; ohne jede Wirkung
1949–1957	5 Staatsstreiche, außenpolitische Spannungen mit Israel und Jordanien
1950	1. syrische Verfassung tritt in Kraft
1958–1961	Vereinigte Arabische Republik mit Ägypten
1963	Putsch der Baath-Partei
1967	Niederlage im Sechs-Tage-Krieg; der Golan wird von Israel besetzt
1970	Hafez al-Asad erlangt die Macht und beginnt mit der „Korrektur-Bewegung"
1971	Hafez al-Asad wird zum Staatspräsidenten gewählt
1973	Neue Verfassung
Okt. 1973	Oktoberkrieg mit Israel, Verlust von Qunaitra
1976	Syrien greift in den Libanon-Krieg ein
1980	Abschluss eines 20-jährigen Freundschaftsvertrages mit der UdSSR
1982	In Hama wird ein Islamisten-Aufstand niedergeschlagen, Israel marschiert in den Libanon ein
1984	Rifaat al-Asad, der Bruder des Präsidenten, versucht einen Putsch gegen Hafez al-Asad
1986/87	Sanktionen der USA wegen angeblicher syrischer Unterstützung von Terroristen
1991	Syrien schlägt sich im Golf-Krieg auf die Seite der USA und seiner Alliierten
1992	Beginn der Nahost-Friedensgespräche
1993	Aussetzung der Nahost-Friedensgespräche

1994	Tod von Basil al-Asad, dem ältesten Sohn von Hafez al-Asad, der als dessen Nachfolger auserkoren war
Okt. 1994	US-Präsident Bill Clinton in Damaskus
1996	Die israelisch-syrischen Geheimverhandlungen über einen Friedensschluss werden abgebrochen
1998	Syrien fordert als Bedingung für einen Frieden den Abzug aus den Golan-Höhen
Nov. 1998	Asad erlangt wie in allen bisherigen Wahlen 99,9% der Stimmen
Ende 1999	Wiederaufnahme der Friedensgespräche mit Israel in den USA
2000	Erste Internet-Cafés werden eröffnet
März 2000	Asad und US-Präsident Bill Clinton treffen sich in Genf, um die unterbrochenen Friedensverhandlungen wieder in Gang zu bringen
10.06.2000	Tod von Hafez al-Asad
12.06.2000	Haftbefehl gegen Rifaat al-Asad, den Bruder des verstorbenen Präsidenten, der aus dem Londoner Exil Anspruch auf dessen Nachfolge erhebt
10./11.07.2000	Ein Referendum und die Bestätigung durch das Parlament machen Bashar al-Asad, Sohn des verstorbenen Präsidenten, zu dessen Nachfolger
Okt. 2000	Staatsbesuch Gerhard Schröders in Damaskus; erster Besuch eines deutschen Kanzlers seit 1978
Nov. 2000	600 politische Gefangene werden aus dem Gefängnis entlassen
Frühjahr 2001	„Damaszener Frühling“: Beginn der Reformen und Öffnung des Landes, leider dauert der Frühling tatsächlich nur einen Frühling lang; Reformen müssen wieder zurückgenommen werden; der Demokratisierungsprozess verlangsamt sich; viele der neu gegründeten Debattierclubs werden geschlossen
März 2001	Neues Gesetz zur Gründung von Privatbanken; damit ist der Schwarzmarkttausch quasi aufgehoben
Mai 2001	Papst Johannes Paul II. zu Besuch in Damaskus
Juni 2001	Rückzug syrischer Soldaten aus der Bekaa-Ebene im Libanon mit neunjähriger Verspätung
Juli 2001	Asad auf Staatsbesuch in Deutschland
Juni 2002	Dammbruch eines Orontes-Stausees, über 20 Menschen sterben
2003	Irak-Krieg; Syrien wird von den USA und Israel beschuldigt, Terroristen auszubilden
Okt. 2003	Israels Luftwaffe feuert Raketen auf ein Lager unweit Damaskus; Syrien antwortet diplomatisch, es kommt zu keinem Gegenangriff Parlamentswahlen; mehr Parteien sind zugelassen, doch das Wahlergebnis steht schon im Vorfeld fest
Sept. 2004	Der israelische Geheimdienst ermordet ein führendes Mitglied der Hjamas in Damaskus
2005	Die Baath-Partei beschließt die Einführung der „sozialen Marktwirtschaft“

Feb. 2005	Der frühere libanesische sunnitische Ministerpräsident Rafiq al-Hariri wird bei einem Bombenanschlag mitten in Beirut ermordet; es kommt in der Folge zu anhaltenden Massendemonstrationen gegen die syrische Präsenz; Syrien willigt daraufhin in den Truppenabzug ein
April 2005	Die letzten syrischen Soldaten verlassen den Libanon
Sept. 2005	Der syrische Innenminister General Ghasi Kanaan erschießt sich, nachdem er jede Mithilfe Syriens am Hariri-Mord abgestritten hat
Okt. 2005	Der UN-Sicherheitsrat verlangt von Syrien umfassende Hilfe bei der Aufklärung des Hariri-Mordes unter Androhung von Wirtschaftssanktionen; Syrien sagt diese Hilfe zu
Jan./Feb. 2006	„Karikaturen-Streit“: Nach dem Erscheinen von Muhammad-Karikaturen in einer dänischen Zeitung bzw. ihrem Nachdruck in einer norwegischen Zeitung kommt es zu Demonstrationen und Anschlägen auf die dänische und norwegische Botschaft in Damaskus
Juli 2006	Israel beginnt den zweiten Libanonkrieg (nach 1982); Syrien selbst ist nicht betroffen, leidet aber unter der Zerstörung der Transportwege zwischen Beirut und Damaskus
September 2006	Versuchter Angriff auf die US-Botschaft in Damaskus
2007	Syrien leidet mehr und mehr unter dem noch immer anhaltenden Zustrom irakischer Flüchtlinge
Januar 2007	Israel weigert sich, an israelisch-syrischen Friedensverhandlungen teilzunehmen
September 2007	Israel bombardiert Syrien – angeblich soll am Euphrat ein Atomreaktor entstanden sein
Januar 2008	Die schlimmste Kaltfront seit 40 Jahren hält das Land im Griff; der syrische Außenminister al-Muallim besucht den deutschen Außenminister Steinmeier in Berlin, der dafür gerügt wird
April 2008	Jimmy Carter reist nach Damaskus, um dort den exilierten Chef der Hamas – Maschaal – zu treffen; ein Kurzbesuch bei Bashar al-Asad springt dabei auch noch raus
Mai 2008	Unter der Ägide Frankreichs erklärt sich Bashar al-Asad zu neuen Friedensgesprächen mit Israel bereit
September 2008	Eine Bombe detoniert in der Nähe eines Gebäudes des Geheimdienstes an der Autobahn Richtung Flughafen: 17 Menschen sterben, eine syrische radikale Gruppe bekennt sich und ist nach wenigen Tagen gefasst – als Motiv der Tat wird die „Säkularisierung“ Syriens genannt
Oktober 2008	Die USA bombardieren ein kleines Dorf nahe der irakischen Grenze: Acht Zivilisten werden getötet, darunter auch Frauen und Kinder; als Grund nennen die USA die Verfolgung eines irakischen Terroristen; es kommt zu keiner Entschuldigung, als Konsequenz werden die amerikanische Botschaft sowie die amerikanische Schule in Damaskus geschlossen

Balkan und in Griechenland, die mit Gebietsverlusten endeten. Die **arabischen Nationalisten** sammelten sich im Exil in Ägypten, das die Briten seit 1882 besetzt hielten und das nur noch nominell Istanbul unterstand. Ab 1908 gründeten die arabischen Nationalisten Geheimgesellschaften und forderten mehr Rechte und eine föderale Struktur des Reiches. Die Erosion des Osmanischen Reiches war unaufhaltsam. Mit der Zuspitzung der Krise auf dem Balkan infolge der südslawischen Nationalbewegungen kam es schließlich zum 1. Balkankrieg (1912/13), der zum militärischen Zusammenbruch des Osmanischen Reiches führte. Endgültig ging das Reich im 1. Weltkrieg unter, Seite an Seite mit dem Deutschen Kaiserreich und der österreichisch-ungarischen Monarchie. Damaskus wurde von den arabischen Aufständischen und dem britischen Militär befreit, die Türken zogen sich zurück.

Die französische Mandatsregierung (1918–1946)

Nach der Befreiung von Damaskus legte ein **arabischer Nationalkongress** in der Hauptstadt die Basis für eine konstitutionelle Monarchie und proklamierte **Prinz Faisal** aus Mekka, den Anführer des arabischen Aufstandes, zum **König von Großsyrien.** Doch die Unabhängigkeit währte nicht lange: Auf der Friedenskonferenz in San Remo wurde das Gebiet der ehemaligen arabischen Provinzen des Osmanischen Reiches in lauter Kleinstaaten unterteilt. **Frankreich** erhielt das **Völkerbundsmandat** über **Libanon und Syrien,** Großbritannien das Mandat über Palästina, Transjordanien und Irak – gemäß dem Abkommen von Sykes-Picot, einem Geheimvertrag zwischen einem britischen und einem französischen Diplomaten. **1920 rückte die französische Armee in Damaskus ein,** nachdem die Araber bei Maisalun eine von vornherein aussichtslose, eintägige Schlacht verloren

syr095 Foto: mb

Ar-Rusafa: eine der beeindruckendsten historischen Stätten in Syrien

hatten. Die Regierungsmitglieder um Faisal flohen und formierten kurze Zeit später unter dem Schutz der Briten den Hauptteil der Mandatsregierung im Irak, der schon 1930 weitgehend unabhängig und in den Völkerbund aufgenommen wurde.

Die Franzosen schlugen **Aufstände** wie den von **Ibrahim Hanano** 1925–27 mit harter Hand nieder und gingen auch gegen Demonstranten rigoros vor. Bis 1927 zählte man auf arabischer Seite 6700, auf französischer Seite 2000 Tote. 100.000 Araber waren heimatlos geworden. Die Diplomatie in den 1930er Jahren war vor allem eine verpasste Chance, eine **1936 in Paris ausgehandelte Verfassung** wurde vom französischen Parlament **nicht ratifiziert.** Statt dessen lösten die Franzosen das Gebiet um Antiocha und Alexandrette nach und nach von Syrien ab und traten es 1939 an die Türkei ab. Im Vorfeld des 2. Weltkrieges erkaufte sich Frankreich so die Neutralität der Türkei, die anders als im 1. Weltkrieg nicht an Deutschlands Seite in den Krieg zog. Die Verbitterung der Araber über die Verkleinerung und Aufteilung des arabischen Gebietes war groß, zumal die Furcht herrschte, auch Palästina unter britischem Mandat könnte verloren gehen, wenn die jüdische Einwanderung anhalten würde. **1936** brach **in Palästina** ein dreijähriger **Aufstand gegen die Briten** aus, teilweise unterstützt von syrischen Arabern. Als Frankreich 1940 von Deutschland besetzt wurde, marschierten Briten und **Franzosen in Syrien** und Libanon ein, um den Vichy-treuen (also Nazi-Deutschland ergebenen) Generalgouverneur abzusetzen. General de Gaulle, der sich in Beirut einrichtete, versprach den Syrern einmal mehr die Unabhängigkeit. Doch noch im Jahr **1945 – Syrien** war schon **Gründungsmitglied der Arabischen Liga und der UNO** und der Weltkrieg in Europa zu Ende – setzte Frankreich die Luftwaffe ein, bombardierte Damaskus und tötete viele Zivilisten. Erst 1946, nach massivem Druck der Briten und der UNO, verließ der letzte französische Soldat das Land.

Die politische Entwicklung

seit der Unabhängigkeit bis heute

von **Dr. Manfred Sing**

Außenpolitik

Die arabische Einheit

Ein viel zitierter Satz eines griechisch-katholischen, syrisch-libanesischen Nationalisten lautet, **eine syrische Nation gebe es nicht, sondern nur eine arabische.** Wiewohl dieser Ausspruch mittlerweile mehr als 70 Jahre alt ist, hat er nichts an Aktualität verloren – in Syrien bekommt man ihn immer wieder zu hören. Dies hat zum einen damit etwas zu tun, dass seit 1963 mit der Baath-Partei eine betont **panarabisch** argumentierende Partei an der Macht ist, also eine Partei, deren Programm die Vereinigung aller Araber in einem Staat propagiert. Zum anderen ist der Wunsch nach einer arabischen Einheit in der Bevölkerung nach wie vor weit verbreitet, vielleicht auch gerade deshalb, weil die arabische Welt, der Nahe Osten und selbst die syrische Gesellschaft so zersplittert sind. Der Wunsch nach einer arabischen Einheit hat nicht nur politisch-ideologische Aspekte, sondern ernste soziale und wirtschaftliche Hintergründe: Wohl in kaum einem anderen Teil der Welt herrscht eine derartige Kluft auf so kleinem Raum wie zwischen den erdölreichen Monarchien, die sich alles leisten können, und den rohstoffarmen Ländern, die von sogenannten Erdöl-Renten abhängen, um überhaupt überleben zu können. Dass aus dem arabischen Einheitstraum in den vergangenen 70 Jahren dennoch nichts geworden ist, liegt – neben der Einmischung der Großmächte von außen – an den divergierenden Interessen der Eliten in den verschiedenen arabischen Ländern. Was die **syrische Elite** betrifft, so befürworteten ihre Vertreter je nach sozialem Hintergrund und politischer Ausrichtung entweder das **nationalstaatliche Prinzip oder** einen **Zusammenschluss** Syriens mit einem oder mehreren seiner Nachbarstaaten oder mit Ägypten oder sie plädierten für den noch größeren panarabischen Zusammenschluss. Oft genug sahen sich die Verfechter der verschiedenen Vereinigungsprojekte als Konkurrenten und sogar als erbitterte Feinde, jedenfalls nicht als Partner, die ein ähnliches Ziel auf verschiedenen Wegen erreichen wollten.

Mit der vollständigen Unabhängigkeit des syrischen Staates im Jahr 1946 hofften die Regierenden in Damaskus, die Grenzziehung der französischen und britischen Kolonialmächte bald korrigieren zu können. Die arabischen oder großsyrischen Nationalisten unter den syrischen Politikern teilten das Gefühl, dass sie die Republik Syrien als einen ungeliebten Rumpfstaat empfanden; in ihren Augen umfasste das **„natürliche Großsyrien"**, *bilad ash-Sham,* zumindest noch den Libanon mit dem wichtigen Handelszentrum Beirut, den die Franzosen 1943 abgetrennt in die Unabhängigkeit entlassen hatten, meistens aber auch Palästina, das unter britischer Verwaltung stand, sowie Jordanien unter seinem haschemitischen König, der ursprünglich aus Mekka stammte und von den Briten in Amman als Statthalter eingesetzt worden war. Auch die Nordgrenze Syriens war umstritten, weil Frankreich 1938/1939 einen Streifen sowie das Gebiet um Alexandrette, das den Hafen und Endpunkt der Karawanen- und Haupt-Handelsstadt Aleppo bildete, an die Türkei abgetreten und damit die Türkei von einer möglichen Beteiligung am 2. Weltkrieg auf Seiten Deutschlands abgehalten hatte. Doch schon die Gründung der Arabischen Liga in Kairo 1944 war in Bezug auf die **kolonialen Grenzziehungen** zweischneidig, denn einerseits keimte bei den Arabern die Hoffnung auf, die Grenzen nach dem 2. Weltkrieg revidieren und selbst festlegen zu können, andererseits wurde von den Gründungsmitgliedern der Liga die Unantastbarkeit der bestehenden Regierungen vereinbart. Schon die Vereinigung Syriens mit dem **Libanon** erwies sich in den 1940er Jahren als undurchführbar. Aus arabisch-nationalistischer Sicht wurden dafür vor allem die christlichen Maroniten, die damals im Libanon die größte konfessionelle Minderheit darstellten, verantwortlich gemacht, weil sie ihren „eigenen" libanesischen Staat behalten wollten. Die arabischen und großsyrischen Nationalisten, die vor allem unter den Muslimen und den kleineren christlichen Minderheiten in Syrien und Libanon verbreitet waren, fassten die Abspaltung des Libanon als Erbe der kolonialistischen Konstellation auf, weil das „katholische" Frankreich seit dem 19. Jahrhundert gegenüber dem Osmanischen Reich als Schutzmacht der mit dem Vatikan unierten Maroniten aufgetreten war; demnach hatte dieses Bündnis zwischen den Maroniten und der Kolonialmacht den Maroniten letztlich einen eigenen Staat beschert und die Vereinigung mit den syrischen oder arabischen Nachbarn verhindert. Diese Sichtweise übertrugen die arabischen Nationalisten auch auf das **Palästina-Problem,** wo sie die gleiche Konstellation, nämlich ein Bündnis der britischen Mandatsmacht mit der jüdischen Minderheit zu Lasten der Araber, am Werk sahen. Mit der Ausrufung des Staates Israel im Jahr 1948 ging Palästina ebenfalls verloren; und die arabischen Nationalisten sahen sich in Bezug auf die Libanon- wie auf die Palästina-Frage als Opfer neo-kolonialer und imperialistischer Weltpolitik. Der Traum von der arabischen Einheit wurde durch diese Rückschläge jedoch nur noch mehr angeheizt und von verschiedenen, rechten wie auch linken, nationalistischen Parteien in Syrien, Libanon und Irak zum Programm erhoben. In dieser Phase des Übergangs von der Mandatszeit zur Unabhängigkeit formierte sich unter anderem auch die **Baath-Partei** in Syrien und Libanon mit einem panarabischen Programm. Eine direkte Folge der Kriegsniederlage gegen Israel waren drei aufeinander folgende **Militärputsche** in Syrien schon in den Jahren 1948/49, wodurch die alte Elite der Notabeln und Großgrundbesitzer aus der Politik verdrängt wurde und das Militär mehr Einfluss auf die Gestaltung syrischer Politik nahm. Dadurch vollzog sich in den 1950er Jahren ein **politischer Generationswechsel,** in dessen Verlauf Jungoffiziere und linke Parteien allmählich die großbürgerlichen Landbesitzer aus ihren Ämtern verdrängten.

Das weitere Schicksal Syriens in den 1950er Jahren war stark mit **Ägypten** und dem Kalten Krieg verknüpft. Die **Verstaatlichung des Suez-Kanals 1956** – der als deutliches Relikt der britischen Kolonialpolitik betrachtet wurde – durch den ebenfalls durch einen Militärputsch (1952) an die Macht gekommenen **Djamal Abd an-Nasser** rief in der ganzen arabischen Welt eine gewaltige Euphorie hervor. Obwohl Frankreich, Großbritannien und Israel in Verkennung der weltpolitischen Lage ihre Militärmaschinerie gegen Ägypten in Gang setzten, stand Nasser am Ende als Sieger da, weil die USA und die UdSSR in der UNO gemeinsam das Kriegsende und den Abzug der fremden Truppen vom Suez-Kanal durchsetzten. Arabien hatte einen Volkshelden, der versprach, das Unrecht der Vergangenheit zu korrigieren. In dieser Stimmung nahm in den panarabischen Zirkeln in Syrien – vor allem in der Baath-Partei und in der ihr nahestehenden Militärführung – der Traum einer **syrisch-ägyptischen Einheit** immer deutlichere Formen an. 1958 reiste Staatspräsident Shukri al-Quwwatli mit einer Delegation auf eigene Faust zu Nasser, unterzeichnete einen Einheitsvertrag und legte sein Amt nieder. Nasser galt zusammen mit Indiens Nehru als Hoffnungsträger der Blockfreien-Bewegung, die sich weder dem kapitalistischen noch dem kommunistischen Lager anschließen wollte. Doch die **Frontlinien** im Kalten Krieg waren nun auch im Nahen Osten zu spüren, denn die Großmächte schürten die Konflikte zwischen den arabischen Regierungen. Auf der einen Seite standen die Republiken Syrien und Ägypten, die sich zur **Vereinigten Arabischen Republik** (VAR) (1958–1961) zusammengeschlossen hatten, auf der anderen die haschemitischen Königreiche Jordanien und Irak, die als Verbündete der Briten und des Westens galten. Als 1958 ein blutiger Putsch den haschemitischen König im Irak vom Thron stürzte, keimte erst recht die Hoffnung auf, eine größere arabische Einheit stehe kurz bevor. Auch im Libanon brachen 1958 Kämpfe zwischen Christen und Muslimen über die Frage aus, ob sich das bis dahin außenpolitisch neutrale Land der VAR anschließen sollte. Die Hoffnungen der arabischen Nationalisten zerbrachen jedoch erneut wegen innerer Uneinigkeiten und wegen der Einflussnahme der Großmächte. Als Nasser Syrien immer mehr zur Nordprovinz der VAR degradierte, unter seine zentralistische Kontrolle stellte, seine syrischen Sympathisanten aber vor den Kopf stieß und groß angelegte, schlecht vorbereitete Verstaatlichungen und Landreformen durchführen wollte, gab es einen syrischen Gegenputsch und die Syrer kündigten 1961 die Einheit auf. Seitdem waren in Syrien zwar immer wieder Vereinigungen mit Ägypten oder dem Irak im Gespräch, aber kein Vorhaben wurde je in die Tat umgesetzt. In den 1960er Jahren kam es vielmehr sowohl in Syrien als auch im Irak zu blutigen Auseinandersetzungen zwischen Nasseristen, Baathisten, Sozialisten und Kommunisten, die sich gegenseitig die Verantwortung am Scheitern der Einheitsbemühungen gaben.

Die junge Generation der Baath-Partei, die sich in den 1960er Jahren ganz einem **„arabischen Sozialismus"** verschrieben und in einem anti-westlichen Klima eine Annäherung an die UdSSR vollzogen hatte, sah es deshalb als Ziel an, erst die gerechte Gesellschaft im eigenen Land durchzusetzen und für Stabilität im Innern zu sorgen, bevor man sich um die arabische Ein-

syr102 Foto:

heit kümmern konnte. Der **Sechs-Tage-Krieg 1967,** von Israel nach vorhergehenden syrischen und arabischen Provokationen geführt, verursachte auf arabischer Seite ein schweres Trauma, weil Israel nicht nur im Handstreich siegte, sondern den bis dahin unter ägyptischer Verwaltung stehenden Gaza-Streifen, die später wieder an Ägypten zurückgegebene Sinai-Halbinsel, die unter jordanischer Verwaltung stehende Westbank und die syrischen Golan-Höhen besetzen konnte. Nach dem **Yom-Kippur-Krieg 1973** ist Syrien von sich aus keine direkte Konfrontation mehr mit Israel eingegangen, es hat aber auch keinen Frieden mit Israel geschlossen und versteht sich nach wie vor als „Frontstaat" – und als solcher wird Syrien von den anderen arabischen, ölreichen Staaten für den Kampf gegen den „zionistischen Feind" alimentiert. Syrien unterhält seit langem sehr gute Beziehungen zu Saudi-Arabien und den anderen Golfstaaten, was insofern kein Wunder ist, da seit den 1970er Jahren die **Ölstaaten** aufgrund der enorm gestiegenen Petrodollar-Einnahmen immer mehr Einfluss auf Wirtschaft und Politik in der gesamten Region haben und sich die **regionalen Machtverhältnisse** dadurch verschoben haben, was auch zu einer ideologischen Ver-

Werben um Wählerstimmen

schiebung vom arabischen Nationalismus oder arabischen Sozialismus der 1960er Jahre hin zu einer verstärkten **Präsenz des Islam** in Politik und Gesellschaft geführt hat.

Syrien versteht sich nach wie vor als eine **regionale Ordnungsmacht,** eine Rolle, die das Land gerade auch durch seine Intervention im libanesischen Bürgerkrieg 1976 bestätigte. Ausgebrochen war der **libanesische Bürgerkrieg** (1975–1990) unter anderem wegen eines Angriffs auf Palästinenser durch christliche Milizionäre, die die Präsenz der PLO im Libanon ablehnten. Syrien intervenierte zunächst auf Seiten der Christen, als sich ein Sieg der linken, panarabisch-muslimischen Gruppierungen abzeichnete, die auf Seiten der Palästinenser standen. Syrien wollte dadurch das Gleichgewicht im Libanon und in der Region bewahren. Bei einem Sieg der linken panarabischen Kräfte befürchtete Damaskus eine Eskalation der Krise im Libanon und der Feindseligkeiten gegenüber Israel. Eine solche Entwicklung, die wie 1967 zu einem Gegenschlag Israels hätten führen können, wollte Syrien auf jeden Fall vermeiden.

Die **Einschätzung der westlichen Welt** über die Rolle Syriens hat sich seitdem zweimal gewandelt. Galt Syrien in den 1970er und 1980er Jahren als Mündel der Sowjetunion und als Hort des internationalen Terrorismus, so wurde 1990/91 die Beteiligung Syriens an der Kriegsallianz gegen Irak im Kuwait-Konflikt finanziell und politisch entlohnt, während Syrien seit dem Irak-Krieg 2003 wiederum als Terrorismus-Förderer angeprangert wird und international mit dem Rücken zur Wand steht. Dies ändert sich nun zögernd, vor allem seit sich Syrien 2008 zu Friedensverhandlungen mit Israel bereit erklärt und auch die USA mehrmals aufgefordert hat, bei der Grenzsicherung zum Irak zu helfen, um so die Einreise von Terroristen aus dem Irak zu verhindern.

1990 akzeptierte die internationale Staatengemeinschaft Syrien und seine Armee im Libanon als Ordnungs- und Friedensmacht. Im zu Ende gehenden Bürgerkrieg sollte Syrien die **Umsetzung des libanesischen Friedensabkommens von Taif** (1989) überwachen. Keine wichtige Entscheidung in Beirut wurde seitdem ohne Weisung aus Damaskus getroffen. Auch den Amerikanern galt Syrien wieder als kooperationswilliger Partner, und es kam kurzfristig sogar Bewegung in die Friedensverhandlungen zwischen Libanon, Syrien und Israel. Israel, das 1978 und 1982 im Libanon interveniert hatte, zog sich 2000 aus dem letzten Stück der besetzt gehaltenen Sicherheitszone im Südlibanon zurück; lediglich der Status eines kleinen Gebiets, der sogenannten Schebaa-Farmen im Grenzgebiet zwischen Libanon, Syrien und Israel, blieb ungeklärt – und dient der schiitischen Hizbollah, die 1982 nach dem israelischen Einmarsch entstanden war, heute als Vorwand, den „Befreiungskampf" gegen Israel fortzuführen.

Der **Irak-Krieg 2003** hat die strategische Bedeutung Syriens als Scharnierstelle zwischen Israel, Libanon und

Irak erhöht und zugleich vollkommen verändert. Das Land wird nun erneut beschuldigt, den **„Terrorismus“** in den drei Nachbarstaaten zu fördern. Nach US-amerikanischer Einschätzung unternimmt Syrien zu wenig gegen die Infiltration kampfbereiter Araber in den Irak; Damaskus unterstütze palästinensische Widerstandsgruppen, die den Friedensprozess mit Israel ablehnen, sowie im Libanon die anti-israelische Hizbollah, was richtig ist, wenn man bedenkt, wie oft Hizbollah-Chef Nasrallah in den syrischen Medien erscheint. Zudem werden dem syrischen Geheimdienst die Anschläge von 2005 im Libanon gegen missliebige Politiker und Journalisten zur Last gelegt. Der **internationale Druck auf Syrien,** seine Innen- und Außenpolitik zu verändern, hat daher enorm zugenommen. Im Herbst 2004 gelang es den USA und Frankreich, das dabei wohl auch an seine alte Rolle als Schutzmacht der libanesischen Christen anknüpfte, im UN-Sicherheitsrat die **Resolution 1559** durchzusetzen. Darin werden der **Abzug aller Besatzungstruppen aus dem Libanon,** also auch der 1990 noch akzeptierten syrischen, sowie die Entwaffnung der Hizbollah, der letzten Bürgerkriegsmiliz, verlangt. Zunächst blieb diese Resolution wirkungslos. Als jedoch am 14. Februar 2005 der frühere libanesische sunnitische Ministerpräsident **Rafiq al-Hariri,** der vom pro-syrischen ins anti-syrische Lager gewechselt war und die UN-Resolution unterstützt hatte, bei einem Bombenanschlag mitten in Beirut ermordet wurde, kam es in Beirut zu anhaltenden Massendemonstrationen gegen die syrische Präsenz. Daraufhin trat die libanesische Regierung ab, und Syrien willigte in einen Truppenabzug ein. Die internationale Politik erhofft sich von einer Demokratisierung im Libanon auch eine Ausstrahlung auf die gesamte Region (inklusive Irak) sowie eine Schwächung des syrischen Regimes. Während der Bush-Administration ein „Regime-Wechsel“ in Damaskus am liebsten gewesen wäre, bleibt abzuwarten, ob mit dem neuen US-Präsidenten Obama eine Entspannung der Situation eintritt, zumal Frankreich eine sehr aktive Position bei der Vermittlung der Friedensgespräche übernommen hat.

Unklar ist auch das künftige **Verhältnis** der ungleichen Nachbarn **Libanon und Syrien.** Ökonomische Einbußen haben vor allem die Syrer zu befürchten. Denn für Syrien zahlte sich die Präsenz im Bankenplatz Beirut in mehrfacher Hinsicht aus. Viele Syrer verdienten sich als Hilfs- und Gelegenheitsarbeiter am Bau und im Dienstleistungssektor den Lebensunterhalt für ihre Familien, und der syrische Staat profitierte von verschiedenen Geschäften und wirtschaftlichen Verflechtungen mit dem Libanon.

Zum nördlichen Nachbarn **Türkei** ist das Verhältnis durchwachsen. Dass der NATO-Staat militärische Zusammenarbeit mit Israel betreibt, passt Damaskus nicht. Das Hauptkonfliktfeld zwischen beiden Ländern liegt aber im Bereich der **Wasserversorgung.** Immer wieder wird in den Sommermonaten Wasser in den Vorstädten von

Damaskus knapp. Einer der Gründe liegt darin, dass die Türkei in den letzten Jahren viel Geld in Staudammprojekte gesteckt hat und nun das Wasser des Euphrats in großem Umfang nutzt. Syriens Regierung beklagt immer wieder, dass sich die Türkei hierbei über internationales Recht hinweg setze, weil sie die Wassermindestmenge nicht beachte. Eine Einigung steht nach wie vor aus. Dieses ernste Problem wird auch als Hintergrund dafür gesehen, dass **Abdullah Öcalan,** der Anführer der kurdischen Guerilla-Bewegung in der Türkei (PKK), lange Zeit ein gern gesehener Gast in Syrien gewesen sein soll. Erst als die Türkei ihre Truppen an der syrischen Grenze zusammenzog und Drohgebärden gen Damaskus richtete, soll Öcalan das Land verlassen haben. Nach einer Odyssee durch Europa und Afrika wurde er vom türkischen Geheimdienst verhaftet, vor Gericht gestellt und zu lebenslanger Haft verurteilt. Mit der syrischen **Kurden-Politik** gegenüber ca. 1,5 Millionen syrischen und ca. 200.000 staatenlosen Kurden hat diese Instrumentalisierung Öcalans jedoch wenig zu tun. In der Kurden-Frage herrscht nämlich eher ein Konsens mit der Türkei. Einerseits können kooperationswillige Kurden zwar hohe Positionen im Staat erreichen, andererseits werden den Kurden keine Minderheitenrechte als Gruppe zugebilligt. Die Forderung nach kurdischen Sonderrechten wird von Staats wegen vielmehr als Anstiftung zum Bürgerkrieg oder zum Rassismus verfolgt. 2004 kam es in Nordsyrien zu Unruhen zwischen Kurden und Sicherheitskräften mit mehreren Toten. Besondere Sorgen dürfte den Machthabern in Damaskus in diesem Zusammenhang der Autonomiestatus der Kurden im Nordirak bereiten, der einigen Einfluss auf die Kurden in Nordsyrien haben dürfte.

syr103 Foto: mb

Der Konflikt mit Israel

Syrische Truppen waren gemeinsam mit anderen arabischen Streitkräften viermal in **Kriegshandlungen** mit Israel verwickelt: 1948, nach der Ausrufung Israels, führte die Niederlage zum

Verlust von Palästina. Im syrischen Sprachgebrauch heißt dieser Umstand „an-nakba", die Katastrophe. Der Verlust der Golan-Höhen im Sechs-Tage-Krieg 1967 wird als „an-naksa" bezeichnet, als Rückfall. Den Oktoberkrieg 1973 (israelisch: Yom-Kippur-Krieg) betrachtet die syrische Führung als erfolgreichen Krieg der Befreiung, „harb at-tahrir", zumal da Syrien bei den folgenden Verhandlungen einen Teil des Golans mit dem von den Israelis beim Abzug zerstörten Dorf Qunaitra zurückbekam. 1982 überschritten israelische Truppen bei der Invasion Beiruts die sogenannten syrischen Linien im Libanon.

Palästina – die heutigen Staaten Jordanien und Israel – betrachten manche Syrer auch heute noch als Teil des „natürlichen" Großsyrien. Jerusalem gehört zu einer Region, die als Süd-Syrien bezeichnet wurde. Der **Palästina-Konflikt** wird daher nicht nur wegen der Kriegsniederlagen betrauert, sondern er stellt für viele Syrer ein Symbol dafür dar, dass ihnen in ihrem eigenen Haus die demokratische, westliche Welt kein Mitspracherecht einräumt. Andererseits bedeutet diese Sichtweise auch, dass mancher Syrer mit einem palästinensischen Staatswesen wenig anfangen kann, weil er die Besetzung Palästinas durch Israel als arabisches, nicht als palästinensisches Problem ansieht – diese Sichtweise war im Übrigen bis Ende der 1960er Jahre die dominierende, nicht nur in der arabischen Welt; das Palästina-Problem bestand bis dahin in der Flüchtlingsfrage und der Frage des Landbesitzes bzw. der Entschädigung, nicht in der Frage einer eigenen palästinensischen Staatlichkeit. Erst danach ging man allmählich dazu über, die PLO als legitime Vertreterin der Palästinenser zu akzeptieren und eine Zwei-Staaten-Lösung zu diskutieren.

Historisch belastet ist deshalb das **Verhältnis Syriens zur PLO** und zur Palästinensischen Autonomiebehörde unter dem 2005 gestorbenen Präsidenten Yasser Arafat. Da die syrische Regierung Palästina im Prinzip als Teil des eigenen Landes betrachtete, konnte es sich mit der Forderung der Palästinenser nach einem eigenen Staat lange Zeit nur schwer anfreunden und ebenso wenig mit den Friedensverhandlungen der PLO. Daher unterhält Syrien auch heute gute Beziehungen zu den Gegnern der PLO, also zu palästinensischen Gruppen, die nicht der PLO angehören oder sich abgespalten haben oder die zur islamistischen Konkurrenz der PLO gehören, wie zum Beispiel die palästinensisch-islamischen Hamas-Bewegung. Die Divergenzen zwischen Syrien und der PLO begannen, als die PLO einen Alleinvertretungsanspruch für die palästinensische Sache formulierte und dafür arabische Unterstützung einforderte. Noch Mitte der 1960er Jahre unterstützte die linke Baath-Regierung in Damaskus die PLO-Anschläge in Israel und bereitete sich auf einen langwierigen Volkskrieg vor – eine Doktrin ganz im Zeichen des weltweiten antiimperialistischen Kampfes. Damals wollten die syrischen Baathisten eine israelische Reaktion provozieren, um

Nasser in einen Krieg mit dem Erzfeind zu zwingen. Der kurze und demoralisierende Sechs-Tage-Krieg 1967 strafte indes alle Konzepte Lüge, denn weder Volkskrieg noch arabische Einheit hatten in der Auseinandersetzung mit Israel eine reelle Basis. Das Verhältnis zwischen PLO und Syrien ist seither erkaltet, und die PLO hatte schwere Rückschläge zu verkraften. Nach der israelischen Besetzung der Westbank 1967 verlagerte die PLO ihre Operationsbasis zunächst nach Jordanien, wurde von dort aber 1970 durch die jordanische Armee im sogenannten „Schwarzen September" vertrieben, weil sie einen Staat im Staate gebildet hatte. Die arabische Welt, besonders auch Syrien, schaute zu. Ebenso konnte die PLO 1982 nur unter UNO-Aufsicht aus Beirut, der neuen PLO-Operationsbasis, evakuiert werden, nachdem israelische Streitkräfte West-Beirut eingekesselt hatten. Auch hier beklagte die PLO wiederum die syrische Zurückhaltung bzw. sogar die Parteinahme für die christliche Gegenseite 1976. Syrien wiederum stand Arafats Friedensverhandlungen mit Israel äußerst skeptisch gegenüber und betrachtete Arafats Einlenken als einen „Separatfrieden", wie ihn auch Ägypten (Camp David 1979) und Jordanien (1994) mit Israel geschlossen hatten. Syrien bleibt, neben dem bis vor kurzem von ihm kontrollierten Libanon, der letzte Nachbar Israels, der einen Friedensschluss verweigert.

Der **Friedensprozess zwischen Israel und Syrien** unter amerikanischer Vermittlung ging vor diesem Hintergrund nur stockend voran. Die Verhandlungen begannen 1993, wurden aber unter Israels Ministerpräsident Benjamin Netanjahu ausgesetzt. Die Wiederaufnahme der Gespräche Ende 1999 und Anfang 2000 in den USA war ein Hoffnungszeichen ohne konkretes Ergebnis. In den bisherigen Friedensverhandlungen fürchtete Syrien die Konsequenzen eines raschen, unüberlegten Abkommens. Die Syrer haben das Beispiel Arafats vor Augen, der von israelischer Seite weitgehend abhängig war, bei der Umsetzung von Verhandlungszusagen hingehalten wurde, aber ständig weitere Zusagen und Vorleistungen erbringen sollte und letztlich für das Scheitern der Verhandlung verantwortlich gemacht wurde. Syrien tritt prinzipiell für „eine umfassende und gerechte Lösung in Nahost" ein und beruft sich auf die entsprechenden UN-Resolutionen 242 (von 1967) und 338 (von 1973), die einen Rückzug Israels aus den besetzten Gebieten und eine gerechte Regelung des Flüchtlingsproblems fordern und deren Auslegung umstritten, aber Grundlage der Friedensverhandlungen ist. Es ist fraglich, ob die syrische Formel einer „umfassenden Lösung" letztlich mehr erbringen kann als die Rückgabe der israelisch besetzten Golan-Höhen, auch wenn sich Syrien gerne in die Pose des letzten Streiters für die Rechte der **Flüchtlinge** wirft, nachdem diese Frage bei den Verhandlungen zwischen PLO und Israel stets ausgeklammert wurde. Das Schicksal der palästinensischen Flüchtlinge in den arabischen Staaten wird seit langem nur noch als eine Art Trumpfkarte im politischen Poker benutzt, ohne dass die arabischen Staaten die Situation der Flüchtlinge verbessert hätten. Die arabischen Staaten, in denen die Palästinenser Gastrecht genießen, verweigerten bislang weitgehend eine Einbürgerung, selbst noch der dritten Generation von „Flüchtlingen", weil die Einbürgerung ihrer Ansicht nach den Skandal der israelischen Vertreibungspolitik unsichtbar machen würde. Am deprimierendsten ist zweifellos die Lage für die Palästinenser im Libanon, denen nicht nur die Integration verwehrt ist, sondern denen durch eine Liste von mehr als 70 verbotenen Berufen sogar die bloße Existenz erschwert wird. Auch in Damaskus bestehen ganze Vorort-Viertel aus palästinensischen Flüchtlingen und ihren Nachkommen. Eines der am dichtesten besiedelten Viertel trägt noch im Namen, dass es ursprünglich keineswegs für die Ewigkeit gebaut war: Es heißt Muchayyam, obwohl von einem „Zeltlager" längst nichts mehr zu sehen ist. Eine Rückkehr in ihre Heimat ist für diese Flüchtlinge nur noch eine Illusion, an die sie selber kaum mehr glauben.

Was die Bereitschaft zu Verhandlungen anbelangt, setzte der neue Präsident Bashar al-Asad nach 2000 das vorsichtige **Taktieren** seines Vaters fort. Andererseits äußerte er sich aber ungewohnt provokativ zum israelischen Vorgehen gegen militante Palästinenser (extralegale Hinrichtungen) nach Ausbruch der zweiten Intifada 2001, indem er dieses mehrfach, darunter auch im Rahmen des Papstbesuches in Syrien, mit den Praktiken der Nazis verglich.

Mit der wachsenden strategischen Bedeutung Syriens für die Region seit dem Irak-Krieg 2003 wurden auch die **US-amerikanische** und die **israelische Politik** konfrontativer. So verhängten die USA zum Beispiel ein Wirtschaftsembargo für bestimmte Güter gegenüber Syrien, und die israelische Luftwaffe feuerte 2003 einige Raketen auf ein Lager unweit von Damaskus ab, das nach israelischen Angaben palästinensischen Terroristen zur Ausbildung diente und nach syrischen Angaben nur ein verlassenes Camp war. Sowohl 2007 als auch 2008 wurden syrische Dörfer von der amerikanischen Luftwaffe angegriffen, wobei zumindest 2008 auch acht Zivilisten getötet wurden – auch diese Aktionen mit dem Argument „legitimiert", die Dörfer hätten – dieses Mal – irakischen Terroristen Unterschlupf gewährt. Diese Militärschläge soll die syrische Regierung offenbar als Warnschuss verstehen. Schien es 2003 zunächst so, als ob Syrien einlenke und die Unterstützung für palästinensische Büros in Damaskus verringere, verlagerte sich der Konflikt zwischen Syrien und Israel durch die UN-Resolution 1559 und die Ermordung Rafiq al-Hariris alsbald auf den libanesischen Kampfplatz, was zur Folge hatte, dass Syrien aus dem Libanon abziehen musste. Ganz anders jedoch verhielt es sich dann nach dem Angriff der USA 2008, bei dem zum ersten Mal Menschen getötet wurden. Syrien sah sich erstmalig nicht mehr nur als verschüchtertes Opfer, sondern forderte die USA zu einer Erklärung und einer Entschuldigung auf, die jedoch nicht erfolgten. Dies führte zur Schließung der US-Botschaft in Damaskus und aller amerikanischen Einrichtungen im Land. Umso erstaunlicher, dass Syrien trotz dieser Ereignisse an seinen Friedensgesprächen mit Israel, die unter der Ägide Frankreichs seit Mai 2008 wieder in Gang sind, festhält.

Der Konflikt mit Israel hatte stets direkte **Rückwirkungen auf Syriens Innenpolitik,** nicht nur weil das Land bis 1990 horrende Summen für die Rüstung ausgab – Geld, das dann z.B. für die Infrastruktur oder im Bildungsbereich fehlte –, sondern auch in Bezug auf Machterhalt und Machtwechsel. Das zeigt sich daran, dass nach der arabischen Niederlage von 1948 das syrische Militär gegen die alte Garde der Zivilpolitiker putschte, denen die Schuld am militärischen Desaster gegeben wurde. Als 1963 die Baath-Partei ebenfalls durch einen Putsch die Macht übernahm, verhängte sie den bis heute gültigen **Ausnahmezustand** mit der Begründung, das Land befinde sich im Krieg mit Israel. Als sich Luftwaffengeneral **Hafiz al-Asad** 1970 weigerte, der PLO im „Schwarzen September" zu Hilfe zu kommen und deshalb abgesetzt werden sollte, putschte er seinerseits und übernahm die Macht durch seine sogenannte „Korrektur-Bewegung", mit der er generell eine vorsichtige Außenpolitik verfolgte.

Als Konsens syrischer Politik galt lange Zeit, dass die Auseinandersetzung mit Israel nur durch militärische Stärke zu gewinnen sei. Die Rüstungsausgaben stiegen mit Hilfe von Petro-Dollars aus den Golfstaaten in Schwindel erregende Höhen; seit dem Zusammenbruch der Sowjetunion fehlten jedoch weitgehend die Mittel und das Material zur Modernisierung der Armee. Generell benutzen alle Regierungen in Syrien das **Motiv einer fortwährenden Bedrohung durch Israel,** um die eigene unversöhnliche Politik gegenüber dem äußeren Feind zu legitimieren, die Herrschaft im Inneren zu stabilisieren und von anderen arabischen Staaten Geld einzutreiben. Dass der syrische Haushalt seit langem von diesen Öl-Renten abhängig ist, hat zur Folge, dass jedwede syrische Regierung nur dann einen Friedensschluss mit Israel riskieren wird, wenn absehbar wäre, dass die bisherigen Finanzquellen nicht versiegen würden oder Alternativen an deren Stelle träten. Als Beispiel dafür kann man sich vor Augen führen, dass Ägypten nach dem Friedensschluss mit Israel im Jahr 1979 mehrere Jahre von der Arabischen Liga boykottiert wurde und seitdem im Nahen Osten neben Israel der Empfänger der höchsten Finanzhilfen aus den USA ist.

Jenseits der politischen Ebene hat sich die **Wahrnehmung des Konflikts mit Israel** seit dem Sechs-Tage-Krieg 1967 massiv verändert. Dass Israel trotz aller arabischer Aufrüstung und allen Säbelrasselns auch noch Ost-Jerusalem, „al-Quds" („die Heilige", wie Jerusalem auf Arabisch heißt) erobern konnte, löste in der arabischen Welt eine kollektive Depression aus und führte zugleich dazu, dass seither der Kampf um Palästina aufgrund der Symbolkraft Jerusalems noch stärker als zuvor auch als religiöser Konflikt dargestellt und begriffen wird. Auf israelischer Seite, wie z.B. in der Siedlerbewegung, und auf muslimischer Seite, wie z.B. in der Hamas, werden religiöse Deutungsmuster gebraucht, um das Anrecht auf das gesamte Gebiet als von Gott verbürgtes Recht auszugeben. Mit dazu beigetragen hat 1969 auch der Brandanschlag eines christlichen Australiers auf die al-Aqsa-Moschee auf dem Tempelberg; dieser Anschlag führte zur Gründung einer neuen, weltweiten islamischen Organisation, der Organisation der Islamischen Konferenz in Saudi-Arabien. Ein wichtiger Punkt bei allen Friedensverhandlungen mit Israel ist die Forderung von arabischer und muslimischer Seite, dass **Jerusalem** als Stadt der drei Weltreligionen international nicht als alleinige Hauptstadt Israels anerkannt werden dürfe.

Gegen eine friedliche Lösung des Nahostkonflikts gibt es in Syrien (trotz der Wiederaufnahme der Friedensgespräche) wie auch in Israel eine starke Opposition, die mit einer Mischung aus **religiöser und nationalistischer Symbolik** argumentiert. In der Durchschnittsbevölkerung sind die Feindbilder auf beiden Seiten des Golan nach Jahrzehnten des Kriegsgeschreis und der Feindbild-Produktion sehr ausgeprägt. In den syrischen Medien werden mit jedem Zwischenfall in Palästina oder Israel die anti-zionistischen, manchmal auch anti-jüdischen, Parolen geschürt, und so treffen Besucher aus Deutschland immer wieder auf alt bekannte antisemitische Stereotype und auf Gesprächspartner, die mit Bewunderung von Hitler und dem Holocaust sprechen und für die die Juden schlichtweg „das Böse" in der Welt darstellen. Ein gängiger Vorwurf lautet, Israel werde vom Westen mit anderen Maßstäben gemessen als die arabische Welt; oft wird der Nahost-Konflikt dann als Brennglas für die Ungerechtigkeiten in der ganzen Welt verstanden. Unter dieser Voraussetzung ist es fast unmöglich, eine sinnvolle Diskussion über Friedenslösungen zu führen. Diese Diskussionserfahrung kann jeder Besucher machen; allerdings ist es ohnehin ratsam, **politische Debatten** von sich aus nur mit guten Bekannten und nicht an öffentlichen Orten anzufangen, es sei denn, man hat Lust auf Parolen und Schaufensterreden. Anders sieht es mit Situationen aus, in die man unverschuldet hinein gerät: Wie sensibel man auf einen sich judenfeindlich äußernden Taxifahrer oder Kellner reagiert, hängt gewiss von der eigenen Tagesform ab; die Frage, wie man am besten reagieren sollte, wird jeder für sich selbst und wohl von Fall zu Fall anders beantworten müssen.

Innenpolitik

Die Baath-Partei

Seit 1963 regiert die Baath-Partei in Syrien, die **„Partei der arabischen Wiedergeburt"**. Sie übernahm mit

Hilfe des Militärs am 8. März 1963 die Macht. Das Datum der Machtübernahme ist nicht zufällig. Am 8. März 1920 hatte der Syrische Nationalkongress die Unabhängigkeit Syriens ausgerufen, was aber von den europäischen Kolonialmächten damals nicht akzeptiert wurde. Unter einer arabischen Wiedergeburt versteht die Partei, dass die Araber nach Jahrzehnten des europäischen Kolonialismus und Jahrhunderten der osmanisch-türkischen Fremdherrschaft wieder an ihre ruhmreiche Vergangenheit anknüpfen und aus ihrem reichen kulturellen Erbe schöpfen sollten. In ihrem Programm verbindet die Partei den „arabischen Sozialismus" und den „panarabischen Nationalismus" miteinander. Bis heute propagiert sie eine arabische Einheit vom Atlantik bis zum Persischen Golf. Der **„arabische Sozialismus"** zeichnet sich dadurch aus, dass der marxistische Klassenkampf abgelehnt wird, weil er die arabische Nation spalten würde. Stattdessen wird auf eine gerechte Gesellschaft durch soziale Reformen hingearbeitet. Im Jahr 2005 hat man diese Idee durch den Beschluss einer behutsamen Einführung der „sozialen Marktwirtschaft" ersetzt – damit wandelt sich ganz langsam das Partei-Prinzip der Baath. Dass sich der Mensch – nach den Worten des Parteigründers Michel Aflaq – in einer „permanenten Revolution" befindet, zeigte sich anfangs vor allem in den Verstaatlichungen und der Landreform. Der Staat bestimmt auch heute noch über die wichtigsten Wirtschaftsbereiche und kontrolliert das öffentliche Leben. Doch die Einführung der sozialen Marktwirtschaft setzt einen Wandel in Gang: Staatliche Betriebe werden privatisiert, Monopole aufgegeben.

Die legalen Parteien sind mit der Baath-Partei in einer **nationalen Einheitsfront** organisiert. Dem Modell einer liberalen Demokratie und des parlamentarischen Wettstreits steht die Partei skeptisch gegenüber, obwohl es seit 2000 immer mehr Reformen und Freiräume gibt.

Gegründet wurde die Partei 1943 von dem Christen **Michel Aflaq** und dem Muslim **Salah ad-Din al-Bitar.** Eine wichtige Rolle spielte auch der alawitische Vordenker **Zaki Arsuzi.** Dessen Kritik von links an der alten Garde der Baath-Partei animierte die junge Generation 1966 zu einem Putsch gegen die Parteiführung, die daraufhin zum Teil in den Irak floh. Es gehört wohl zur Ironie in der Geschichte, dass die zwei Parteiflügel in den Nachbarländern zutiefst verfeindet waren, obwohl sie sich für eine Vereinigung aller Araber einsetzten.

Mit der Machtübernahme („Korrektur-Bewegung") durch **Hafiz al-Asad** begann 1970 nach Jahren der politischen Unruhe und Abrechnung eine neue Zeitrechnung, die zu einer relativ friedlichen und gemäßigten Entwicklung des Landes führte. Hafiz al-Asad ging zunehmend auf Distanz zur radikalen Linken, die Syrien in den Sechs-Tage-Krieg mit Israel getrieben hatte, und führte das Land auf einen vorsichtigen außenpolitischen und wirtschaftlichen Kurs, der sich durch

syr104 Foto: mb

eine langsame, aber stetige Privatisierung und eine Öffnung hin zum Weltmarkt beschreiben lässt.

Eine wichtige Rolle in der Baath-Partei spielen die **religiösen Minderheiten** in Syrien, vor allem Alawiten, Drusen und griechisch-orthodoxe Christen. Da ihnen oftmals der Aufstieg in zentralen gesellschaftlichen und staatlichen Feldern verwehrt war, die von den großen sunnitischen Familien besetzt waren, rekrutierte sich die **Armee** aus ihnen; wie in anderen Ländern auch, wurde die Armee dadurch zur einer „Schule der Nation", weil sie eine der wenigen Institutionen darstellte, in der sich Angehörige aus unterschiedlichen sozialen, konfessionellen, ethnischen und politischen Gruppen als Rekruten auf gleicher Grundlage und Augenhöhe trafen. Bei den Minderheiten fand die Baath-Partei auch deshalb starken Zuspruch, weil sie sich mit ihrem sozialistischen Programm als säkulare und damit als **nicht-konfessionell gebundene Bewegung** verstand; Aufsteiger aus niederen sozialen Schichten und Angehörige konfessioneller Minderheiten hofften daher, in der Partei als gleichberechtigte Mitglieder der Gesellschaft anerkannt zu werden. In der Baath-Partei und im Militär waren deshalb dieselben Minderheiten stark überrepräsentiert, die in

Der Hizbollah-Chef Nasrallah
mit den Asads in trauter Einigkeit

der sunnitischen Mehrheitsgesellschaft eher ein Randdasein fristeten. So kam es, dass sich mit der Machtübernahme der Baath-Partei viele **Alawiten** in Spitzenpositionen in Staat und Militär etablieren und ihre Gegner in internen Machtkämpfen beseitigen konnten. Hafiz al-Asad baute dieses konfessionelle Prinzip weiter aus und machte es zur Basis seines Machterhalts, weil er trotz interner Rivalitäten auf den Zusammenhalt der alawitischen Minderheit bauen konnte. Die panarabische Ideologie verband sich so kurioserweise mit einer Re-Konfessionalisierung der Politik, welche durch die Ideologie nur mühsam verschleiert wurde. Diese Re-Konfessionalisierung weitete sich, von der Spitze aus, auf die gesamte Gesellschaft aus. Inoffiziell, versteht sich, definieren sich nun alle Gruppen und Familien in Relation zu den Alawiten oder über ihre Nähe oder Ferne zu den herrschenden Clans. Kritik an der Machtübernahme durch die Alawiten und die Baath-Partei übten vor allem die **Muslimbrüder,** die vorwiegend aus dem sunnitischen Milieu der Bevölkerungsmehrheit stammten, oder bürgerlich-liberale oder linke Kritiker, die oftmals den nicht-alawitischen Minderheiten angehören. Um ihre Macht zu sichern, griff die Baath-Partei deshalb sowohl gegenüber islamistischen als auch gegenüber linken Kräften in den 1980er Jahren hart durch. Die **Kombination aus panarabischer Ideologie und Clanherrschaft** ist im Übrigen kein Einzelfall: Ähnlich ging auch Saddam Hussein im Irak vor, der seine Macht von 1968 bis 2003 sichern konnte, indem er sich auf seinen Familienclan aus Tikrit stützte, der der dortigen sunnitischen Minderheit angehörte.

Die Rolle des Islam in der Politik

Seit der Unabhängigkeit Syriens taucht immer wieder neu die Frage auf, welche Rolle der Islam in einem syrischen Nationalstaat, der sich zu Sozialismus und Arabertum bekennt, spielen solle. Die Baath-Partei steht dem Islam keineswegs ablehnend gegenüber, sondern betrachtet ihn als **wichtigen Teil der arabischen Identität.** Im arabischen Propheten Muhammad und in seinen Gefährten sehen die Baathisten vielmehr die ideale Verkörperung des arabischen Geistes, der in der Gegenwart wiederbelebt werden soll. Entstehung und Ausbreitung des Islam gelten also als bedeutende historische Etappen arabischer Geschichte. Auch Christen oder nichtsunnitische Muslime in der Baath-Partei stimmen darin überein, dass der Islam die **Sitten und Traditionen des täglichen Lebens** in der arabischen Welt stark prägt, sodass sie keine Einwände dagegen haben, von einer **arabisch-islamischen Zivilisation** zu sprechen. Da die Religion hier tendenziell jedoch nur als ein Set aus sozialen und kulturellen Faktoren betrachtet wird, üben konservative Geistliche und islamistische Gruppen immer wieder Kritik an dieser **nationalistischen Interpretation des Islam.** Dass sich die Baath-Partei zum Sozialismus bekennt, rückt sie für viele Strenggläubige sogar in die Nähe des Atheismus.

Der Konflikt zwischen der staatstragenden Partei und ihren religiösen Kritikern reicht weit zurück. Die wichtigste **politisch-religiöse Opposition** besteht in den inzwischen verbotenen **Muslimbrüdern,** einer Organisation, die 1928 in Ägypten gegründet und durch syrische Studenten auch bald in Syrien heimisch wurde. Sie setzt sich für ein islamisches Staats-, Wirtschafts- und Rechtswesen ein. Nach 1946 erlangten die Muslimbrüder einigen Einfluss, und es gelang ihnen sogar, eine Zeit lang einen Minister zu stellen. Erst unter der Militärregierung der 1950er Jahre wurden sie verboten. In den 1960er Jahren meldeten sie sich durch Proteste zu Wort, als einige Linksbaathisten atheistische Parolen verbreiteten, die auch bei Christen helle Empörung auslösten. In den 1980er Jahren eskalierte der Konflikt zwischen dem Staat und den Muslimbrüdern, deren Führung sich heute im Exil in London eingerichtet hat.

Religionsgelehrte forderten insbesondere bei den Debatten um die Verfassung in den Jahren 1950 und 1973 eine stärkere Ausrichtung des Staates an islamischen Idealen. Die Debatten endeten jeweils mit einem Kompromiss. In die **erste Verfassung von 1950** wurde der von überzeugten Muslimen und von den Muslimbrüdern unterstützte Passus „Der Islam ist Staatsreligion“ nicht übernommen und durch den Satz „Die Religion des Staatspräsidenten ist der Islam“ ersetzt, was damals auch den Muslimbrüdern genügte. **1973** erhoben sich erneut Proteste, weil dieser Satz in der **neuen Verfassung,** die Hafiz al-Asad nach seiner Machtübernahme schreiben ließ, gestrichen werden sollte. Hintergrund dafür ist, dass strenge Sunniten die Alawiten als eine Sekte und damit nicht als eine zum Islam gehörende Gruppe ansehen; einem solchen Islam-Verständnis folgend hätte Hafiz al-Asad als mutmaßlicher Nicht-Muslim gar nicht Staatspräsident werden können. Die **Verfassungskrise** löste sich dadurch, dass der ursprüngliche Satz wieder aufgenommen wurde und ein schiitischer Gelehrter aus dem Libanon ein Rechtsgutachten er-

syr105 Foto: mb

Eingangstor zur Umayyadenmoschee in Aleppo

stellte, nach dem die Alawiten sehr wohl Muslime seien, nämlich ein schiitischer Zweig. Diese Nähe der Alawiten zur Schia mag – neben den nahe liegenden politischen Interessen – auch die guten Beziehungen Syriens zu Khomeinis Iran nach der Revolution 1979 und die Unterstützung für die 1982 gegründete schiitische Hizbollah erklären, sie minderte aber keineswegs die Ablehnung sunnitischer Radikaler, die auch in den Schiiten nur Abweichler vom wahren Islam sehen. Die Verfassungskrise von 1973 wird daher als Vorspiel für die Terrorakte gesehen, die Syrien ab 1976 erschütterten. Im Zuge des Libanon-Krieges bewaffneten sich sunnitische Radikale und riefen zum Kampf gegen den syrischen Staat auf. 1982 kam es so weit, dass die Muslimbrüder die mittelsyrischen Städte Homs und Hama für „befreit" erklärten. Doch die syrische Luftwaffe schlug mit Gewalt zurück und bombardierte die Innenstädte. Die Zahl der Opfer ist unklar, es soll angeblich 30.000 Tote gegeben haben. Syrien versucht dieses **rigorose Vorgehen gegen die islamische Opposition** als Kampf gegen den islamischen Terrorismus auszugeben und damit auch den Vorwurf als absurd hinzustellen, es unterstütze den internationalen Terror; bei der Unterstützung für radikale palästinensische und islamistische Gruppen handelt es sich nach syrischem Verständnis hingegen um legitime Hilfe für Widerstandskämpfer.

Gute Beziehungen unterhält der syrische Staat **zu Vertretern islamistisch-palästinensischer Gruppen,** neben der Hamas-Bewegung angeblich auch zum Islamischen Djihad. Der geistige Führer der Hamas, der greise Scheich Ahmad Yasin, der 2004 gezielt von der israelischen Armee liquidiert wurde, war ein gern gesehener Gast in Syrien. Große Bedeutung hat auch das **gute Verhältnis zu Iran** und zu der von Iran unterstützten libanesisch-schiitischen Hizbollah (Partei Gottes). Nach der iranischen Revolution von 1979, die Syrien wegen der anti-imperialistischen und anti-amerikanischen Stoßrichtung guthieß, wurden in Syrien Pilgerzentren wie die schiitischen Moscheen Sayyida Zainab im gleichnamigen Vorort und Sitt Ruqqiya direkt neben der Umayyaden-Moschee gebaut, da den Schiiten die traditionellen Pilgerzentren Nadjaf und Kerbela im Irak aufgrund des Golfkrieges mit dem Irak (1980–1988) verschlossen waren. Im Golfkrieg stand Syrien auf der Seite der Iraner, was die Beziehungen zum Irak und zu anderen arabischen Staaten belastete.

Es wäre folglich falsch, zu schließen, „der Islam" habe in Syrien einen schweren Stand. Das Gegenteil ist richtig: Im **Alltag der Bevölkerung** spielt der **Glaube eine große Rolle,** was sich dem Besucher sowohl an christlichen als auch an islamischen Festtagen zeigt. Außerdem wird das Familien- und Personenstandsrecht von der Konfessionszugehörigkeit bestimmt. Das hat zur Folge, dass die Syrer viele persönliche Angelegenheiten nicht vor einem zivilen, sondern nur vor einem religiösen Gericht nach dessen Vorgaben regeln können und dass sich die Rechte zwischen den verschiedenen Konfessionen und zwischen Mann und Frau unterscheiden.

Im staatlichen Bereich spielt die Religionspolitik eine wichtige Rolle. Das Aushängeschild des staatlich unterstützten Islam ist die **Naqshbandiya-Bruderschaft;** ihr gehörte der frühere Mufti der Republik, Scheich Ahmad Kuftaru (gest. 2004), an. Im Damaszener Stadtviertel Rukn ad-Din betreibt die Bruderschaft eine Islamische Universität namens Abu n-Nur (Vater des Lichts), deren mehrjährige Kurse von Gläubigen aus der ganzen Welt aufgesucht werden; hier finden sich nicht nur arabische Studenten, sondern auch Muslime aus Afrika, Amerika und Europa. Die Institution versteht sich als Unterstützerin des Dialogs zwischen den Weltreligionen. Den oftmals kämpferischen Freitagspredigten können interessierte Besucher in der Moschee – und Besucherinnen in einem davon abgetrennten Teil – beiwohnen. Die Reden werden simultan über Kopfhörer in mehrere Sprachen, zumindest aber ins Englische, übersetzt und sind zum Teil auch auf dem Markt zu kaufen. Gebrandmarkt wird vor allem der „moderne Kreuzzug" gegen die Religion.

Staatspräsident Bashar al-Asad

Bashar al-Asad (geb. 1965) folgte seinem Vater Hafiz al-Asad nach dessen Tod 2000 direkt als Präsident nach; diese **innerfamiliäre Thronfolge** in einer verfassungsmäßigen Republik belegt – an höchster Stelle sozusagen – die große Bedeutung familiärer Bande und Klientelbeziehungen in Staat und Gesellschaft. Um diese Nachfolge möglich zu machen, musste das Parlament zudem die Verfassung ändern, weil Bashar noch nicht das nötige Mindestalter von 40 Jahren erreicht hatte. Der Tod des eigentlich als Nachfolger vorgesehenen Bruders Basil bei einem Autounfall (1994) war ein schwerer Schlag für den Regierungsapparat. Danach wurde Bashar als Amtsnachfolger des krebskranken Vaters aufgebaut. Seitdem hängen in ganz Syrien die Plakate mit den drei Asads.

Bashar hat **in London und Paris Medizin studiert** und **keine typische Militärlaufbahn** wie sein Bruder absolviert; bei Amtsübernahme wurde er daher über Nacht um mehrere Dienstgrade befördert.

Nach seinem Amtsantritt verkündete er immer wieder den **Willen zu Reformen,** zum Beispiel bei seiner Antrittsrede, aber auch auf dem nach vielen Jahren wieder einberufenen, mehrtätigen Parteikongress im Jahre 2005. Seit 2000 wurden zum Beispiel Internet-Cafés und Mobiltelefone zugelassen; auch das militaristische Aussehen der Schuluniformen wurde abgeschafft, der internationale Zahlungsverkehr erleichtert und der Korruption der Kampf angesagt; auch wurden zahlreiche langjährige politische Gefangene freigelassen und einige Funktionäre der alten Garde verhaftet. Die neuen Freiheiten in Politik und Medien waren im sogenannten **„Damaszener Frühling"** im Jahre **2001** jedoch nur von kurzer Dauer. Einige der prominenten Regimekritiker wurden in den folgenden Monaten verhaftet und das Erscheinen neu gegründeter Zeitschriften wieder eingestellt. Die **Parlamentswahlen 2003** gingen nach dem alten Muster vor sich, allerdings wurde der Spielraum für die Parteien erweitert, die zusammen mit der Baath-Partei die Nationale Einheitsfront bilden.

Während unter Hafiz al-Asad das Bild eines autoritär und zentralistisch geführten Machtapparats verbreitet war, sind sich die Beobachter heute unklar, wie die **interne Machtverteilung** zwischen Partei, Regierung und Geheimdiensten aussieht. Bashar hat das Land in einem Moment internationaler und regionaler Instabilität übernommen, die sich unmittelbar auf Syrien auswirkt. Dies dürfte ein Grund sein, warum der anfängliche Wille zu Reformen schon nach wenigen Schritten gebremst wurde. Der andere Grund liegt darin, dass der junge Präsident einen **bürokratischen Überwachungsstaat** geerbt hat, der sämtliche gesellschaftlichen Bereiche kontrolliert, auf Vetternwirtschaft und dem Prinzip gegenseitiger Klientelbeziehungen basiert und dessen Reform sich deshalb als extrem schwierig erwiesen hat. Doch Finanzkrise, internationaler Druck und sinkende Unterstützungszahlungen der Ölstaaten haben Reformen unumgänglich gemacht und schreiten daher langsam und immer wieder mit Rückschlägen versehen, doch stetig voran.

syr106 Foto: mb

Bashars Vater **Hafiz al-Asad** gehörte mit einer offiziellen Amtszeit von 30 Jahren (1970–2000) zu den dienstältesten Staatsmännern der Welt. Geboren wurde der Alawit in Kurdaha bei Lathaqiya am 6. Oktober 1930. Mit 16 Jahren schloss er sich der Baath-Partei an, die damals gerade seit drei Jahren existierte. Von 1952 bis 1956 besuchte Asad die Militärakademie und trat in die Luftwaffe ein. Zu seiner militärischen Ausbildung gehörte auch ein Luftwaffen-Kurs in der UdSSR. Während der Zeit der syrisch-ägyptischen Einheit gehörte Asad zu einer Reihe junger Offiziere, die in Kairo stationiert waren. Dort, abseits der alten Baath-Garde, reiften bei den Jungoffizieren linksrevolutionäre Ideen heran, die sie in den folgenden Jahren in Syrien umsetzen sollten. Nach der Auflösung der syrisch-ägyptischen Einheit wurde Asad vorübergehend vom Dienst suspendiert, weil er gegen die Auflösung opponiert hatte. Er schloss sich als einer von fünf Führern dem Untergrund-Komitee an, das den Umsturz am 8. März 1963 vorbereitete. Auch beim zweiten Militärputsch vom 23. Februar 1966 spielte er eine zentrale Rolle, agierte danach aber weiter eher im Hintergrund. Erst 1970 übernahm der Kommandeur der Luftwaffe selber die Macht, rief die „Korrektur-Bewegung" aus und ließ sich ein Jahr später zum Präsidenten wählen. Die „Korrektur-Bewegung" umfasste eine Reihe weiterer arabisch-sozialistischer Parteien, die in einer Progressiven Nationalen Front zusammengefasst wurden. Den Oktoberkrieg 1973 gegen Israel lässt die Regierung als großen Erfolg feiern, weil dabei angeblich der Mythos israelischer Unbesiegbarkeit gebrochen worden sei.

Vor dem Besuch der Moschee: Touristen ziehen einen Umhang an

Wirtschaft

Dank der **Erdöl- und Erdgasfelder im Nordosten** des Landes kann Syrien in diesem Bereich einen bescheidenen Export vorweisen. Außerdem sind **Baumwolle** und in sehr geringem Maße auch Oliven und Zitrusfrüchte weitere Devisenbringer. Devisen sind dringend notwendig, um die ständigen Handelsdefizite zumindest nicht zu vergrößern, denn noch immer ist Syrien stark auf Importe angewiesen. Große **Bewässerungsprojekte,** wie die **Stauseen** im Osten, sollen die landwirtschaftliche Produktion steigern helfen und eine Grundversorgung an Nahrungsmitteln garantieren.

Seit der Machtübernahme Bashar al-Asads im Jahr 2000 wird **wirtschaftlichen Reformen** höchste Priorität eingeräumt. Damit sind wirtschaftliche Liberalisierung, Marktöffnung und Verwaltungsreformen gemeint. Verschiedene positive Maßnahmen sind getroffen worden (z.B. Reduzierung der Anzahl der staatlichen Wechselkurse auf zwei, Abschaffung der gelegentlich willkürlich agierenden Wirtschaftsstrafgerichte). Die Liberalisierung und

Deregulierung des Marktes löst die bisherige staatliche Planwirtschaft ab, der Wirtschaftssektor wurde auch für private Investoren geöffnet. Dies geht sogar so weit, dass 2005 die **Einführung der „sozialen Marktwirtschaft"** durch die Baath-Partei beschlossen wurde. Dafür wurde ein Fünfjahresplan vorgelegt, der bis 2010 die soziale Marktwirtschaft realisiert haben soll. Ein erster Schritt hierfür, schon vor 2005, war die Öffnung für Privatbanken. Dennoch schreckten zu Beginn vor allem hohe Steuern und Zölle ausländische Investoren ab. Das hat sich inzwischen geändert und neben dem Banken- wurde 2004 auch der Versicherungssektor für internationale Investoren geöffnet. Das hat vor allem golfarabische Investoren angelockt, aber auch einheimische Geschäftsleute. 2006 wurden nach Angaben des Internationalen Währungsfonds 80% des syrischen Nicht-Öl-Bruttoinlandproduktes durch private Unternehmen generiert. Die syrische Wirtschaft ist jedoch – da darf man sich nichts vormachen – nach wie vor stark sozialistisch-planwirtschaftlich geprägt. Der Weg zur sozialen Marktwirtschaft ist allerdings geebnet und soll neben dem oben genannten Fünfjahresplan auch durch das **Projekt Syria 2025** ausgebaut werden. Für das Jahr 2010 soll das gesamtwirtschaftliche Wachstum 7% betragen, 2007 waren es immerhin schon über 3%. Man sieht also: Es geht voran. Dass die im Herbst 2008 einsetzende weltweite Finanz- und Wirtschaftskrise auch Syrien (negativ) betreffen wird, ist nicht zu bestreiten und wird manche Planungen, Erwartungen und Zukunftsentwürfe über den Haufen werfen.

Wirtschaftsdaten

- Das **Bruttoinlandsprodukt** lag 2006 bei ca. **30 Mrd. US-$,** das waren etwa 1465 US-$ pro Kopf. Erwirtschaftet wird es zu 23% in der Landwirtschaft, zu 35% in der Industrie und zu 43% in Dienstleistungen, Verkehr und Handel.
- Das **Wirtschaftswachstum** lag 2007 bei über 3%.
- An Rohstoffen verfügt das Land über Erdöl, Erdgas, Phosphate, Salz, Gips, Eisenerz, Marmor und Naturasphalt.
- Die Industrie konzentriert sich auf die Bereiche Petrochemie, Textilien, Nahrungsmittel, Tabak, Phosphatabbau.
- Wichtigste **Exportpartner** (2006): Deutschland (20,9%), Italien (18,1%) und Frankreich (9,6%).
- Importiert (2006) wird v.a. aus Italien (11,7%), Deutschland (9,6%) und Frankreich (8,5%).
- Die offizielle **Arbeitslosenquote** liegt bei **11,7%,** die Inflationsrate lag 2006 bei 2,1%.

Landwirtschaft

Syrien ist ein Agrarland. Trotz der Bemühungen der syrischen Regierung, die Wirtschaftssektoren Industrie, Bodenschätze und Erdöl zu den Hauptträgern auszubauen, bildet die Landwirtschaft nach wie vor die **Grundlage der Wirtschaft.** 23% des Bruttoinlandsproduktes stammen aus der Landwirtschaft, 28% des Landes werden landwirtschaftlich genutzt (5 Mio.

syr108 Foto: lv

ha, der Rest ist zu trocken), **43% des Bodens ist Weidefläche** (8,3 Mio. ha), 30% der Bevölkerung arbeitet in der Landwirtschaft. Die Regierung forciert den landwirtschaftlichen Ausbau. War die Landwirtschaft 2004 noch mit 30% am BIP beteiligt, waren es 2006 nur noch 23%. Auch wenn dies auf den ersten Blick einen Rückgang darstellt, so war 2006 trotzdem ein Rekordjahr in der Produktivität, u.a. auch durch ausreichende Wasserversorgung aufgrund starker Regenfälle in den Jahren zuvor. Grundsätzlich geht es der Landwirtschaft also gut – auch dies eine Folge der Öffnung des Landes unter der jungen Regierung. Diese ist bestrebt, den privaten landwirtschaftlichen Sektor durch eine engere Kooperation mit dem staatlichen Bereich intensiver zu fördern. Zu diesem Zweck wurden gemischte Agrargesellschaften gegründet, die eine Reihe von **Vergünstigungen** genießen. Hierzu zählen die zollfreie Einfuhr von erforderlichen Maschinen und Ausrüstungen aus dem Ausland und Steuerbefreiungen sowie **Subventionen** für Saatgut, Pestizide und Düngemittel.

Blick auf die Gharb-Ebene, eine der wichtigsten Anbauflächen Syriens

Baumwolle, die auf bewässertem Land angebaut wird, ist das **wichtigste Agrarprodukt für den Export.** Neben der Schaffung von Arbeitsplätzen und einem gestiegenen Einkommen hat die Baumwolle v.a. für eine Steigerung der Deviseneinnahmen gesorgt. Bis 1974 machte Baumwolle ein Drittel des Exportes aus, dann wurde Erdöl wichtigster Exportartikel. Die Hälfte der Baumwollernte wird für die inländische Textilindustrie verwendet. Da man diese noch weiter ausbauen will, versucht man die Baumwollernte zu steigern. Die meisten Baumwollfelder befinden sich in der Djazira.

Weizen und Gerste sind weitere wichtige Agrarprodukte. Auf fast zwei Drittel der bebaubaren Fläche Syriens werden diese Getreidesorten angepflanzt. Durch die **Kombination aus Preiskontrolle, Liberalisierung und Verbesserung der Bewässerungssysteme** konnten die Weizenproduktion in den 1990er Jahren verdoppelt und der Zukauf von Weizen und anderen Getreidesorten reduziert werden.

Der landwirtschaftliche Ertrag ist trotz neuer Bewässerungstechniken noch immer stark witterungsabhängig. Um diesen Risikofaktor einschränken und die Produktion steigern zu können, hat Syrien 140 Staudämme gebaut. Die **Stauseen** sollen mehr als 50.000 ha Land mit Wasser versorgen und somit die Risiken des Regenfeldbaus mindern.

Die Früchte der Baumkulturen, wie Oliven, Trauben, Äpfel, Granatäpfel, Aprikosen, Feigen, Pistazien und Mandeln, sind weitere wirtschaftlich wichtige Agrarprodukte. Sie dienen größtenteils der **Eigenversorgung,** werden aber auch exportiert.

Ein weiterer wichtiger Sektor der syrischen Wirtschaft ist die **Viehzucht.** Weite Gebiete Syriens können jedoch infolge der natürlichen Gegebenheiten nur als zeitweilige Weidefläche genutzt werden. Die Viehzucht ist vor allem **Arbeitsgebiet der Nomaden.** Nur ein kleiner Prozentsatz der sesshaften Bauern betreibt Viehzucht in bescheidenem Maße. Es überwiegt die Schafzucht. Rinderzucht ist meist auf die bewässerten Gebiete beschränkt und wird nur von Bauern betrieben. Daneben werden Truthähne gehalten, Kaninchen, Gänse, Enten und Bienenvölker. Der **Fischfang** vor allem im Mittelmeer und im Euphrat ist von untergeordneter Bedeutung.

Erdöl und Erdgas

Erdöl und Erdgas sind die **wichtigsten Ressourcen** des Landes. Seit 1968 wurden in Syrien umfangreiche Erdölvorkommen erschlossen, wenn auch in einer viel geringeren Dimension als in anderen arabischen Staaten. Heute geht man davon aus, dass die Vorräte in 15 bis 20 Jahren erschöpft sein werden. Die Erdölförderung betrug 2007 370.000 Barrel pro Tag. Eine verstärkte Erdgasnutzung ist überall, vor allem aber in der Wüste bemerkbar. Derzeit werden täglich ca. 12 Mio. Kubikmeter Erdgas gefördert, der Großteil wird zur heimischen Energieproduktion verwendet. Syrien taxiert seine Reserven auf über 240 Mrd. Kubikmeter.

Syrien kooperiert seit 2002 wieder verstärkt mit internationalen Energieunternehmen für Neuexplorationen im Öl- und Gasbereich, setzt aber aufgrund seiner begrenzten Ressourcen auch vermehrt auf erneuerbare Energien. Erdöl und Erdgas machen zwei Drittel der Ausfuhrgüter aus (daneben Textilien, Obst und Gemüse, Baumwolle und Weizen).

Das Land ist Mitglied der **Organisation arabischer Erdöl exportierender Länder (OAPEC),** gehört aber nicht der OPEC, der Organisation Erdöl exportierender Länder, an.

Die Ausbeutung der inländischen Vorkommen erfolgt durch die staatliche **Syrian Petroleum Company** (SPC). Außerdem wurden Bohrkonzessionen an ausländische Gesellschaften vergeben. Sofern die Exploration erfolgreich war, erfolgte die Förderung gemeinsam mit der SPC. Die größte dieser Gesellschaften ist das **Shell-Konsortium,** bestehend aus Pecten, Shell und Deminex. 1985 ging das Shell-Konsortium ein Joint-Venture-Unternehmen mit der SPC ein, um die **Al-Furat Petroleum Company** zu gründen. Dieses Unternehmen zeichnet für zwei Drittel der Förderungsmenge verantwortlich .

Der größte Teil der Erdölförderung wird in den beiden **Raffinerien in Banyas und Homs** verarbeitet, die zusammen über jährliche Kapazitäten von rund 11 Mrd. Tonnen Raffinerieprodukten verfügen. Die meisten **Ölfelder** liegen im Euphratgebiet, im Nordosten des Landes, in der Nähe von Dair az-Zur.

Industrie und produzierendes Gewerbe

Die syrische Wirtschaft befindet sich in einem Transformationsprozess. Trotz einer weiterhin ausgeprägten Staatswirtschaft setzt sich der Trend zum privaten Unternehmertum fort. Bashar al-Asad will Syrien für ausländische Investoren attraktiver machen und die Wirtschaft liberalisieren, um so einen Aufschwung zu fördern. Allerdings hat sich der Anstieg des Bruttoinlandsprodukts zuletzt verlangsamt.

Auch wenn sich die **wirtschaftlichen Reformen** nur langsam vollziehen, so haben sie doch den **privaten Sektor belebt.** Die Vereinfachung von Vorschriften, die Ausweitung der Industrie auf private Firmen, die Erleichterungen für ausländische Investoren und der **Rückzug der syrischen Staatsmonopole** gaben der Wirtschaft neuen Antrieb. Ein Investitionsgesetz hat die Etablierung von neuen Projekten vorangetrieben, wenn auch erst in sehr bescheidenem Maße. Der Tourismus als wirtschaftlicher Sektor wird weiter ausgebaut, trotz diverser Rückschläge seit den Terroranschlägen in New York vom 11. September 2001.

Die **Hauptindustriezweige** sind neben der Petrochemie **Lebensmittel, Textilien, Leder, Papier, Chemikalien, Zement** und **Zucker.** Trotz zunehmender Industrialisierung ist die Einfuhr noch immer größer als die Ausfuhr. Haupteinfuhrgüter sind Metall(-waren), Maschinen, Nahrungsmittel und Transportmittel.

Die Staatsindustrie konzentriert sich v.a. auf die Produktion von Zement und Chemikalien, um den noch immer notwendigen Import zu senken.

Vor allem der Bereich Maschinenbau und Metallverarbeitung wächst. Zurück gehen hingegen die Gewerbe zur Verarbeitung von Holz.

Neben großen Industriebetrieben gibt es eine Vielzahl kleiner Unternehmer und Werkstätten. Über deren Gewinnspannen und Gehälter liegen keine Zahlen vor, sie geben jedoch einem großen Teil der syrischen Bevölkerung Arbeit.

Tourismus

Hier tut sich was! Man hat die **Entwicklungsfähigkeit** dieses Wirtschaftszweiges entdeckt und versucht nun, ihn zu fördern und damit mehr Devisen ins Land zu holen. Für den Touristen macht sich das sehr positiv bemerkbar. Das Reisen wird in dem Maße immer leichter, wie sich die touristische Infrastruktur erweitert. Neue Hotels und Reisebüros entstehen, die internationale Kommunikation, auch via Internet, nimmt zu. Die Zahl der Touristen steigt ständig, auch wenn der weltweite islamistische Terrorismus und Auseinandersetzungen im Zeichen eines „Kampfes der Kulturen" wie etwa im Februar 2006, als im Kontext des „Karikaturenstreites" auch in Damaskus große Demonstrationen wider die Verunglimpfung des Propheten Muhammad eine anti-westliche Stimmung verbreiteten, dem Tourismus nicht gerade förderlich sind. 2008 jedoch war ein Aufschwung zu verzeichnen, der Anlass zu Optimismus gibt.

War früher v.a. ein betuchteres Publikum in Syrien erwünscht, hat das Land, nicht zuletzt aufgrund der Erfahrungen der Nachbarländer Jordanien, Ägypten, aber auch Tunesien und Marokko, gelernt, dass gerade die **„mittelschichtigen" Touristen** die eigentlichen Devisenbringer sind, da sie in weit größerer Zahl einreisen.

Die in den 1980er Jahren zur Belebung des Reiseverkehrs erlassenen Gesetze eröffneten günstige Möglichkeiten für den privaten Unternehmensbereich, u.a. durch gute Bedingungen zur Bildung staatlich-privater Mischunternehmen, an denen der Staat zu mindestens 25% beteiligt ist, jedoch die Betriebsführung dem privaten Teilhaber überlässt. Dieser Gemischtsektor genießt eine Reihe von Vergünstigungen, so z.B. weitreichende Steuerbefreiung, Ausnahmeregelungen bezüglich der Importgesetze und -zölle sowie devisenwirtschaltlicher Art.

Davon profitieren in erster Linie private Unternehmer, die in Hotels und Restaurants investieren. Dem Touristen kann's nur recht sein, schließlich profitiert er von der Konkurrenz.

Alle hier genannten Zahlen entstammen den Internetseiten des Deutschen Auswärtigen Amtes (www.auswaertiges-amt.de).

Bevölkerung und Sozialwesen

2008 gab es rund **20 Mio. Einwohner** in Syrien, das sind über sieben Millionen mehr als 1990. Prognosen der UN gehen davon aus, dass sich die Zahl der Einwohner Syriens bis zum Jahr 2030 verdoppeln wird. Das **Bevölkerungswachstum** ist von 3,2% im Jahr 1999 auf 2,4% 2007 gesunken. Die Besiedlung des Landes ist extrem ungleichmäßig, denn logischerweise ist die Wüste recht dünn besiedelt, die Städte dafür um so dichter. Die größte Bevölkerungsdichte hat die Provinz Damaskus Stadt, gefolgt von den Provinzen Tartus und Lathaqiya sowie den Provinzen Aleppo, Derâa, Raqqa und Dair az-Zur. Die Zahl der Nomaden hat in den vergangenen Jahren ständig abgenommen, die wenigen, die noch übrig sind, befinden sich zum großen Teil im Übergang zum Halbnomadismus bzw. zur Sesshaftigkeit.

Wirtschaftliche Situation der Bevölkerung

Ein großer Teil der Bevölkerung, v.a. in den ländlichen Gebieten, bezieht **kein regelmäßiges Geldeinkommen.** Die weit verbreitete Subsistenzwirtschaft sichert den meist großen Familien oft nur das Existenzminimum. Auch Landarbeiter werden in der Regel mit Naturalien entlohnt. Für die meisten Berufstätigen im produzierenden Gewerbe und im Dienstleistungsbereich hingegen werden **Mindestlöhne** bzw. -gehälter staatlich festgelegt, die regional unterschiedlich sind. Die Entwicklung der Gehälter hat oft nicht mit der Inflation Schritt halten können, was im Laufe der Zeit dazu geführt hat, dass viele Arbeitnehmer noch einen zweiten oder dritten Job annehmen mussten. Dies hat sich in den letzten Jahren gebessert. Denn während die offiziellen Lohnanhebungen von 1994 (30%) einen gewaltigen Preisauftrieb verursachten, brachten Lohnzuwächse in späteren Jahren nur geringe Preissteigerungen mit sich.

Die höchsten Gehälter beziehen Arbeitnehmer in den Bereichen Bergbau, Gewinnung von Steinen und Erden, gefolgt vom Ernährungsgewerbe und der Textilindustrie.

Lag das durchschnittliche Bruttojahreseinkommen 1993 bei 5400 Syrischen Lira, war es bis 2007 offiziell um mehr als das Dreifache angestiegen. Diese Zahlen beschönigen jedoch die Realität, denn was diese Rate nach oben treibt, sind wenige Spitzengehälter, die nicht repräsentativ sind. Hinzu kommt die bereits angesprochene Problematik, dass durch diese geringen Löhne oft eine zweite und dritte Arbeit angenommen werden muss, vor allem weil die Mieten, gerade in den Städten, oft den monatlichen Lohn überschreiten.

Die Regierung hat diese Problematik erkannt und reagiert mit staatlicher **Preiskontrolle** sowie mit **Subventionierung** der wichtigsten Güter und Dienstleistungen, u.a. durch die Ausgabe sog. Lebensmittelmarken. Im Zu-

syr109 Foto: mb

ge der Wirtschaftsliberalisierung wird jedoch versucht, die Preise den Marktregeln von Angebot und Nachfrage zu überlassen. Das bringt nicht zwangsläufig Preissteigerungen mit sich, denn die neu aufkommende lebhafte Konkurrenz kann das Preisniveau auch senken.

Syrien hatte 2007 eine **Arbeitslosenquote** von über 12%. Diese Zahl ist jedoch insofern irreführend, als viele „Arbeitslose" im informellen Sektor durchaus Arbeit haben. Wegen der – wie in den meisten Entwicklungsländern – verbreiteten erheblichen Unterbeschäftigung sind die Grenzen zwischen Arbeit, Gelegenheitsarbeit, der Tätigkeit unbezahlt mithelfender Familienmitglieder und „echter" Arbeitslosigkeit fließend.

Mais-Verkäufer in Damaskus

Alle hier genannten Zahlen entstammen den Internetseiten des Deutschen Auswärtigen Amtes (www.auswaertiges-amt.de).

Schulwesen

Die Grundlagen für ein modernes, flächendeckendes Schulwesen wurden von König *Faisal* gelegt, der das Land von 1918–1920 regierte. Bis 1918 war die offizielle Amts- und Staatssprache Türkisch, und allein christliche Schulen boten ihren Unterricht auf Arabisch an. Das änderte sich in der Regierungszeit Faisals. Man erinnere sich: Faisal wurde zum König eines großarabischen Reiches ausgerufen, in dem es auch galt, Arabisch wieder als Staatssprache einzuführen. Unter Faisal wurden 37 neue Schulen errichtet und der Grundstock der Universität in Damaskus gelegt.

In der Zeit der französischen Mandatsregierung (1922–1946) wurde das **französische Schulsystem** eingeführt; es besteht in seinen Grundzügen bis heute, auch wenn sich die Inhalte verändert haben. So schließt die Grundstufe noch immer mit dem sog. „Certificat" ab und die dritte Oberstufe mit dem „baccalaureat".

Waren früher die meisten Schulen privat, wurde unter der Baath-Regierung die Verstaatlichung forciert. Somit besteht eine staatliche Kontrolle über private Bildungseinrichtungen. Auch die rund 500 Koranschulen, meistens nur sehr klein und privat geführt, sind unter Staatsaufsicht gestellt worden.

Das heutige Schulwesen ist folgendermaßen aufgebaut: Es gibt eine **obligatorische Grundstufe von sechs Jahren.** Hier lernen die Kinder Arabisch, Mathematik, Religion, Naturkunde, Hygiene, Musik und Singen. Ab der dritten Klasse kommt Sozialkundeunterricht dazu. Der Grundstufe folgen **drei Jahre Sekundar- oder Mittelstufe.** Diese sind bereits nicht mehr Pflicht, aber immerhin 60% der Schüler machen weiter. Hinzu kommen nun Fremdsprachen, Naturwissenschaften, Geschichte, Geografie und Politik. Der **Abschluss** dieser Stufe **heißt Kafa'at;** die staatliche Prüfung ist Voraussetzung für eine Ausbildung, z.B. als Grundschullehrer, oder für den Zugang zu Fachoberschulen.

Die dritte und letzte Stufe, **die Oberstufe,** noch einmal **drei Jahre,** soll den Schüler auf die Universität vorbereiten. Die letzten beiden Jahre teilen sich in einen geisteswissenschaftlichen und in einen naturwissenschaftlichen Zweig auf. Die Schwerpunkte sind im geisteswissenschaftlichen Bereich v.a. Philosophie und Soziologie, bei den Naturwissenschaften wird Mathematik in den Vordergrund gestellt. Für Männer kommt grundsätzlich eine vormilitärische Ausbildung hinzu. **Abgeschlossen wird** die Oberstufe **mit dem Shahada thanawiya** oder **Bakaluriya,** wie der Abschluss im Volksmund noch immer genannt wird.

Neben diesen allgemeinbildenden Schulen gibt es **fachbezogene Berufsschulen,** die man nach Abschluss der Mittelstufe besuchen kann. Im Allgemeinen dauert die Ausbildung dort weitere zwei Jahre, ein drittes Jahr ist nur bei sehr gutem Zeugnis möglich. Man schließt die Berufsschulen mit einer **Meisterprüfung** bzw. einem **Fachhochschulabschluss** ab. Berufsschulen gibt es in den Bereichen Technik, Handel, Haus- und Landwirtschaft.

Es gibt **vier Universitäten im Land,** die älteste in Damaskus, die jüngste in Homs (außerdem in Aleppo und Lathaqiya). Das Studienangebot ist breit gefächert.

Seit 1970 herrscht **Schulpflicht,** sie wird auch konsequent eingehalten. Allerdings ist die Anmeldung oftmals reine Formsache und sagt nichts über den tatsächlichen Schulbesuch aus ...

Eine offizielle Statistik geht heute von einer **Analphabetenrate** bei Männern von 14%, bei Frauen von 26% aus. Die Regierung hat sich den Kampf gegen den Analphabetismus verstärkt zum Ziel gesetzt. Ein Schwerpunkt ihres Programms stellt z.B. die Lehrerausbildung dar; die Anzahl der Lehrer erhöht sich permanent. Um das Lesen und Schreiben auch unter den Erwachsenen zu fördern, wurden **spezielle Programme zur Alphabetisierung Erwachsener** ins Leben gerufen. Dahinter steht die Erwartung, dass den Menschen das Bewusstsein für ihre persönlichen und die gesellschaftlichen Interessen vermittelt wird und auf diese Art und Weise kommende Generationen Bildung und Arbeit lieben lernen, die sie anschließend wieder in die Gesellschaft einbringen können. Um das Bildungsniveau zu erhöhen, soll die Mittelstufe nach und nach auch obligatorisch werden.

Gesundheitswesen

Der **Ausbau** der medizinischen Versorgung ist ein **besonderes Anliegen** der syrischen Regierung. Es gelang, die Säuglings- und Kindersterblichkeit spürbar zu reduzieren (die Sterblichkeitsrate bei Säuglingen lag 2006 bei 1,4%). Die Einrichtungen des staatlichen **Gesundheitsdienstes** stehen den Menschen in Syrien **kostenlos** zur Verfügung, daneben gibt es private ärztliche Versorgung durch Praxen und private Krankenhäuser.

Unzureichend ist noch immer die medizinische Versorgung **in ländlichen Gebieten.** Gerade im Landesinneren, in der Wüste, ist sie häufig nur ambulant, in Gestalt von **Versorgungsautos,** gewährleistet. Oft mangelt es an sauberem Wasser oder an einer hygienischen Abwasserbeseitigung. In der Stadt jedoch haben die Menschen problemlos Zugang zu gutem Wasser, und die medizinische Versorgung ist am besten gewährleistet.

Syrien ist sehr gut mit **Ärzten** versorgt. Auf etwa 1000 Einwohner kommen statistisch 1,4 Ärzte, ungefähr 2500 Einwohner teilen sich einen Zahnarzt.

Die **Lebenserwartung** ist vergleichsweise hoch: Sie lag 2006 bei den Männern bei etwa 72 Jahren, bei den Frauen waren es 76 Jahre. Damit liegen die Syrer zwar leicht unter dem mitteleuropäischen Durchschnitt, aber weit über dem asiatischen.

Die Regierung hat in den 1980er Jahren begonnen, landesweit **Schutzimpfungskampagnen** zu starten; die Aktionen hatten großen Erfolg: So sind heute fast alle Syrer gegen Tuberkulose, Diphterie und Polio geimpft.

Alle genannten Zahlen sind den Webseiten des Deutschen Auswärtigen Amtes (www.auswaertiges-amt.de) sowie www.spiegel-online.de (Wissen) entnommen.

Ethnische Gruppen

Syrien ist ein arabisches Land, d.h. **die große Mehrheit der Bevölkerung ist arabisch.** Die Araber haben das Land nicht erst mit der Islamisierung besiedelt. Schon im 2. Jahrhundert wanderten südarabische Stämme aus dem Jemen und Hadramaut nordwärts. Sie hatten sich v.a. in Syrien schon feste ökonomische Strukturen erarbeitet und sich teilweise mit der aramäischen Bevölkerung vermischt, als im 5. und 6. Jahrhundert die sogenannten Nordaraber kamen. Angst um die Ressourcen unter den nun schon seit drei Jahrhunderten angesiedelten „Südarabern" brachte massive Stammeskonflikte mit sich, die die weitere Geschichte Syriens mitbestimmten.

Heute machen die Araber etwa 90% der Bevölkerung aus. Dazu zählen auch die wenigen noch existierenden **Beduinen.** Sie, die eigentliche „urarabische" Bevölkerung Syriens, werden jedoch mehr und mehr verdrängt. Es gibt kaum noch Karawanen, die sie begleiten könnten, moderner Handel und neu entstandene Landesgrenzen machen es den Nomaden schwer, ihren Lebensunterhalt zu verdienen. Die meisten der noch etwa 100.000 Personen zählenden Bevölkerungsgruppe sind zumindest halbsesshaft. Und doch kann man immer wieder entlang der Straßen einzelne Zelte stehen sehen, bisweilen sogar mit Kamelen davor, auch wenn diese nur noch als Statussymbole gehalten werden und nicht mehr als Transportmittel.

Die Geburt des arabischen Volkes

Eines Tages sah Sara, wie Isma'il, der Sohn, den die Ägypterin Hagar Abraham geboren hatte, umhertollte. Da sagte sie zu Abraham: Verstoß' diese Magd und ihren Sohn! Denn ich möchte nicht, dass er zusammen mit meinem Sohn Isaak Erbe wird. Dieses Wort verdross Abraham sehr, ging es doch um seinen Sohn. Gott aber sprach zu Abraham: Sei wegen des Knaben und deiner Magd nicht verdrossen! Höre auf alles, was Sara dir sagt! Denn nach Isaak sollen deinen Nachkommen benannt werden. Aber auch den Sohn der Magd will ich zu einem großen Volk machen, weil auch er dein Sohn ist.

Am Morgen stand Abraham auf, nahm Brot und einen Schlauch mit Wasser, übergab beides Hagar, legte es ihr auf die Schulter, übergab ihr das Kind und entließ sie. Sie zog fort und irrte in der Wüste von Beerscheba umher. Als das Wasser im Schlauch zu Ende war, warf sie das Kind unter einen Strauch, ging weg und setzte sich in der Nähe hin, etwa einen Bogenschuss entfernt, denn sie sagte: Ich kann nicht mit ansehen, wie das Kind stirbt. Sie saß in der Nähe und weinte laut. Gott hörte den Knaben schreien; da rief der Engel Gottes vom Himmel her Hagar zu und sprach: Was hast du, Hagar? Fürchte dich nicht, Gott hat den Knaben dort schreien gehört, wo er liegt. Steh auf, nimm den Knaben und halte ihn fest an deiner Hand; denn zu einem großen Volk will ich ihn machen. Gott öffnete ihr die Augen und sie erblickte einen Brunnen. Sie ging hin, füllte den Schlauch mit Wasser und gab dem Knaben zu trinken. Gott war mit dem Knaben. Er wuchs heran, ließ sich in der Wüste nieder und wurde ein Bogenschütze. Seine Mutter nahm ihm eine Frau aus Ägypten. (Genesis 21; 9–21)

Eine besondere Gruppe innerhalb der arabischen Bevölkerung sind die **arabischen Flüchtlinge aus Palästina.** Im Zuge der Bildung des Staates Israel wurde es von zionistischer (nicht unbedingt von allgemein jüdischer) Seite angestrebt, ein „araberfreies" Israel zu schaffen. Da die Zionisten in jenen Jahren wortführend waren, begann eine erfolgreiche Vertreibungspolitk. Dörfer wurden zerstört und abgebrannt, man „riet" den Arabern, zu fliehen. Spätere Behauptungen von Zionistenführern, die Flucht von 900.000 Palästinensern wäre durch einen großen arabischen Führer geplant gewesen, wurden von den Vereinten Nationen widerlegt. Die Nachbarländer mussten (und wollten zum Teil auch) diese Flüchtlinge aufnehmen, nicht jedoch unter der Prämisse, sie einzubürgern. Vielmehr wollte man sich bis zur Lösung der Palästinafrage um sie kümmern. So gelten diese nach 1948 ins Land gekommenen Flüchtlinge nicht als syrische Staatsbürger. Die Zahl der Flüchtlinge stieg 1967 nach der Annexion der Golan-Höhen durch Israel erneut an. Durch eine zusätzlich hohe Geburtenrate lebten 2008 fast eine halbe Million Palästinenser in Syrien, und ihre Zahl steigt weiter.

Neben Arabern leben v.a. Kurden und Armenier in Syrien sowie eine verschwindend geringe Zahl von Aramäern, Türken und Tscherkessen. Die größte Gruppe stellen die **Kurden.** Sie siedeln vor allem im Grenzgebiet zur Türkei und dem Irak. Von den wohl insgesamt 20 Mio. Kurden leben etwa 1,5 Mio. in Syrien. Die zweitgrößte Gruppe sind die **Armenier,** zum größten Teil Christen. Schon Ende des 19. Jahrhunderts hatte es immer wieder Massaker an den zahlreichen im Osmanischen Reich lebenden Armeniern gegeben. Ab Mai 1915 begann das jungtürkische Regime im Zuge seiner Türkisierungspolitik mit der planmäßigen Deportation und Auslöschung dieser Bevölkerungsgruppe. Die Armenier wurden aus ihren Städten und Dörfern vertrieben und auf „Todesmärschen" in die syrische Wüste geschickt. Die Nachfahren der wenigen Überlebenden sowie die Nachfahren vieler, die flüchten konnten, leben heute in Syrien, fast alle nahe Aleppo. Sie pflegen ihre eigene Sprache, Schrift und Tradition.

Schließlich verdienen noch die **Assyrer** einen Hinweis, die als letzte Aramäisch sprechende Menschen der Welt in Syrien leben.

Familie und Stamm

Ein großer Teil der Bevölkerung Syriens lebt noch immer in einer **Großfamilie,** wobei selten mehr als drei Generationen unter einem Dach zusammen wohnen. Kleinfamilien wählen ihren Wohnort zumeist in der Nähe der Eltern, sodass der Familienbund auch ohne gemeinsame Wohnstätte gewährleistet ist. Fast immer lebt eines der Kinder mit der eigenen Familie im Haus der Eltern. Das kann sowohl

Der Stolz aller Eltern – fröhliche Kinder

Sohn als auch Tochter sein, öfter aber ist es der Sohn.

Familienoberhaupt ist offiziell der Mann, in der Realität führt jedoch oft die Mutter (v.a. wenn mehrere Generationen zusammen leben) das Regiment. In den Städten macht sich ein **Trend zur Kleinfamilie** bemerkbar. Das bedeutet aber nicht, dass der Familienzusammenhalt dadurch geschwächt wäre. Zu allen großen Festen und Feierlichkeiten kehrt man in den Schoß der Familie zurück, und auch sonst bleibt man im ständigen Kontakt untereinander.

Jedes Familienmitglied ist für den Erhalt der Ehre, die man der Familie schuldet, **verantwortlich.** Gerät eines der Mitglieder in eine unehrenhafte Situation, leidet die gesamte Familie darunter. Einen besonderen Stellenwert nimmt dabei die Jungfräulichkeit der Töchter ein. Wenn sich auch in den Städten die Ansichten darüber ein ganz klein wenig gelockert haben, so bestimmen die althergebrachten Werte bis heute das Ansehen einer Familie. Ist das Ansehen beschädigt, kann es zum Ausschluss aus der Dorfgemeinschaft kommen, was wiederum weitreichende Folgen für die Familie haben kann. Um dem zu entgehen, kommt es häufiger zum Verstoß der „ehrlosen" Tochter, im schlimmsten

syr110 Foto: mb

Sind syrische Frauen unterdrückt?

In der westlichen Welt ist man sich einig: Die arabische Frau wird unterdrückt. Schleier, Harem, politische Untätigkeit, alles deutliche Indizien dieser Unterdrückung. Zwei grundsätzliche Fehler enthält dieser Standpunkt: Erstens urteilt man pauschal über Araberinnen und übernimmt halbwahre Stereotypen, und zweitens geht man davon aus, dass Araberinnen automatisch auch immer Musliminnen sind.

Die öffentliche **Diskussion in Europa** formt ein Bild der arabischen Frau, die dringend der Hilfe ihrer westlichen Schwestern bedarf. Es ist schon erstaunlich, dass viele noch immer die westliche Kultur für die einzig denkbare Voraussetzung einer freiheitlichen Gesellschaftsordnung halten. Ist „West" wirklich „the best"? Lassen sich westliche Werte so einfach auf andere, ja alle Gesellschaften anwenden? Was bedeutet eigentlich „Freiheit"? Ist denn die westliche Frau wirklich frei? Kann man von Gleichberechtigung sprechen, wenn Frauen in hohen gesellschaftlichen Positionen noch immer in der absoluten Minderzahl sind? Deutsche Universitäten schaffen es noch nicht einmal, 15% der Lehrstühle mit Frauen zu besetzen, in Syrien sind es 35%. Und hat nicht auch die deutsche Frau mit einer unglaublichen Doppelbelastung zu kämpfen, nämlich zu arbeiten, eine gute Mutter und eine gute Hausfrau zu sein? Viele syrische Frauen, die arbeiten, können sich eine Hilfe im Haushalt leisten. Ist dies nicht der Fall, entsteht natürlich genau die gleiche Doppelbelastung wie in Europa auch. Immerhin: Die Syrerin lebt meist in einem Großfamilienverband, in dem die Arbeit unter den Frauen besser verteilt werden kann. Dennoch: Schönfärben braucht man die Situation der Frau auch in Syrien nicht, auch wenn die Lage besser ist, als sie auf den ersten Blick erscheint, vor allem aber in den hiesigen Medien gerne gezeichnet wird.

Frauenthemen werden nicht nur in Europa diskutiert. Die islamische Welt ist voll von Frauenbewegungen, die aktiv ihre Position im weltweiten Frauenbefreiungskampf suchen. Nur wenige arabische Frauenorganisationen wollen dabei dem Vorbild ihrer westlichen Schwestern folgen. Sie suchen nach eigenen Wegen, die Befreiung und Gleichberechtigung der Frauen im Rahmen ihrer Traditionen und Religion zu realisieren. Dabei arbeiten christliche und muslimische Frauen oft eng zusammen, denn egal welcher Religion eine Frau angehört: Alltägliche Benachteiligungen sind an der Tagesordnung.

Dabei steht, zumindest im Koran, Grundlegendes über die **(starke) Rolle der Frau.** Im Christentum hingegen sieht es, rein theologisch gesehen, weit düsterer aus. Die heutige Unterdrückung der Frau in den arabischen Ländern wird von Seite der kämpfenden (und leidenden) Frauen auf arabische Traditionen zurückgeführt, nicht auf religiöse. Das gilt in verstärktem Maße für Musliminnen, denn der Islam ist in seiner Grundtendenz nicht unbedingt eine frauenfeindliche Religion, auch wenn er heute häufig so ausgelebt wird und man arabische Traditionen immer noch mit dem Islam gleichzusetzen versucht.

Seit Beginn der Islamisierung gab es immer Frauen, die sich aktiv in die Politik eingemischt, ja auch mitgemischt haben. Frauen wie Aischa, die Lieblingsfrau des Propheten Muhammad, Sultaninnen und Königinnen in Kairo, Sanaa oder Granada bis hin zu modernen Staatschefinnen wie Benazir Bhutto oder Tansu Ciller haben bewiesen, dass auch sie innerhalb einer islamischen Gesellschaft Möglichkeiten haben, politisch zu agieren, ja sogar zu herrschen.

Die Erkenntnis, dass sich Unterdrückung und Ausschluss der Frauen aus dem öffentlichen Leben nicht durch den Islam rechtfertigen lassen, ist ein wesentlicher Bestandteil der Argumentation gläubiger Frauenrechtlerinnen. Es ist ihnen wichtig zu zeigen, dass **Islam und Frauenrechte** keinen Widerspruch darstellen. Mit dem Verweis auf die frühislamische Geschichte entkräften sie eines der Hauptargumente ihrer (fundamentalistischen) Gegner: dass die Emanzipation der Frau eine „Verwestlichung" der islamischen Gesellschaft bedeute. Der Koran ist durchaus „feministisch" interpretierbar, und diese Interpretation gibt es auch. Frau darf sich hierbei jedoch nichts vormachen: Denn so schön der Koran auch ausgelegt werden kann, die Realität sieht oft anders aus. Hier soll gar nicht von den Frauen die Rede sein, die glücklich in ihrer Rolle als Mutter aufgehen, nicht von den Frauen, die sich hinter einem Schleier geborgen und geschützt fühlen und auch nicht von den Frauen, die uns Europäerinnen ob unserer mangelnden Sicherheit im Leben bemitleiden – denn Frauen, die mit ihrem Leben glücklich sind, als unterdrückte Frauen zu bezeichnen, fällt schwer. Ich spreche von den alltäglichen Ungerechtigkeiten in der syrischen Gesellschaft. Natürlich ist die Frau – zumindest der Verfassung nach – dem Manne gleichgestellt. Dennoch ist sie vor allem im Scheidungs-, Ehe- und Erbrecht stark benachteiligt. Wenn sich eine Frau in Syrien scheiden lassen möchte, ist das ohne die Zustimmung ihres Mannes außerordentlich schwierig! Das gilt im Prinzip sowohl für die Muslima als auch für arabische Christinnen, denn, erinnern wir uns, das Christentum verbietet die Scheidung ja ganz und gar.

Männer fühlen sich für die Ehre der weiblichen Familienmitglieder verantwortlich. Diskriminierend wirkt sich für Frauen die Verbindung dieses ungeschriebenen Ehrenkodexes mit dem Strafrecht aus: Väter, die ihre (außerehelich) geschwängerte Tochter, Ehemänner, die ihre eigene (ehebrecherische) Frau töten, um die befleckte Ehre der Familie wiederherzustellen, können mit dem Verständnis der Umwelt und milden Urteilen der Justiz rechnen.

Als das im wahrsten Sinne des Wortes offensichtlichste Unterdrückungsmerkmal gilt vielen europäischen Betrachterinnen der **Schleier,** denn noch immer werden Minirock und ein tiefes Dekolleté als Zeichen von Emanzipation und Selbstbestimmung missdeutet. „Der wahre Schleier ist das Schweigen" – so umschreibt die Frauenrechtlerin Fatima Mernissi die Situation vieler Frauen in der arabischen Welt, und an diesem Punkt sollte man auch ansetzen. Sie fügt hinzu: „Wenn Frauen heute auf eigenen Wunsch den Schleier nehmen, ist das gut für sie." Der Schleier an sich bedeutet keine Unterdrückung. Ganz im Gegenteil ist er ein Zeichen der Gleichheit unter den Menschen. In vorislamischer Zeit war der Schleier allein adeligen Frauen vorbehalten. Laut Islam aber gibt es vor Gott keine Unterschiede unter den Menschen. Aus diesem Grund gestattete der Prophet allen Frauen, dieses Statussymbol zu tragen. Im Koran selbst gibt es keinen konkreten Hinweis darauf, dass der Kopf verschleiert werden muss. Wohl steht da, man solle sich verhüllen, aber das ist, wie alles, weit interpretierbar. Ein Kopftuch symbolisiert für die meisten Frauen nicht viel mehr als ihre Zugehörigkeit zu der Gemeinschaft der Gläubigen. Viele Studentinnen kehren mehr und mehr dahin zurück, dieses Kleidungsstück zu tragen. Sie fühlen sich darin aufgehoben, geschützt.

Fall sogar zu deren Ermordung durch den Vater oder Bruder, um so die „Ehre" der Familie zu retten. Strafrechtlich gelten in Syrien für solch eine Tat „mildernde Umstände"; häufig kommt es gar zum Freispruch für den/die Täter.

Eine **Sonderrolle** unter den Familien spielen **beduinische Großfamilien.** Hier leben noch immer mehrere Generationen zusammen, meist in Klane und Stämme getrennt. Während in Syrien allgemein die Zugehörigkeit zu einer der Religionsgruppen oder zu einer ethnischen Gruppe erstrangig ist, ist unter Nomaden der Stammeszusammenhalt noch immer von großer Bedeutung. Diese enge Bindung ist nicht zuletzt Ausdruck der existenziellen Notwendigkeiten eines Lebens in der Wüste. Dieser Zusammenhalt, den man im kleinen Maßstab auch in der Familie und im Dorf findet, stammt aus der arabischen Tradition. **Ibn Khaldun** (1332–1406), einer der größten arabischen Historiker und Geschichtsphilosophen, sieht diese **Solidarität** und die aus der Familie abgeleitete **Identität** als grundlegendes Moment, das den Stamm zusammenhält. Er erklärt die Solidarität als eine der menschlichen Natur entspringende Verhaltensweise. Sie kann durch Blutsverwandtschaft entstehen oder aber durch ein Klientel- oder Nachbarschaftsverhältnis. Dabei binden sich Einzelne oder Familienverbände an andere Gruppen an. Die heutige Familie und der Zusammenhalt in ihr können als ein Überbleibsel aus dieser Stammestradition gesehen werden.

syr111 Foto: mb

Ehe und Heirat

Die **Ehe** ist auch im Islam die **einzig erlaubte Beziehung zwischen Mann und Frau,** die nicht durch verwandtschaftliche Verhältnisse aneinander gebunden sind. Sie dient der Sicherung der Nachkommenschaft und Ordnung der Gemeinschaft.

Der Islam erlaubt es einem Mann, bis zu vier Frauen zu heiraten, wenn er in der Lage ist, diese gleichwertig zu lieben und zu versorgen. In fast allen

Tradition und Moderne – Frauen in Syrien

syr112 Foto: mb

Ländern ist dieser Fall die Ausnahme. Muslimische Männer dürfen auch Christinnen und Jüdinnen heiraten, muslimische Frauen hingegen dürfen nur Muslime ehelichen. Eheschließungen zwischen Musliminnen und Nicht-Muslimen werden in Syrien nicht vollzogen. Wollen zwei Menschen dennoch eine so geartete Ehe eingehen, müssen sie außerhalb Syriens (sehr beliebt ist Nordzypern) heiraten. Die Ehe muss in Syrien umgeschrieben werden und wird dann meist akzeptiert.

Suchten früher die Eltern die Braut bzw. den Bräutigam ihrer Kinder aus, so setzt sich allmählich die **Liebesheirat** durch. Häufig kennt sich ein Paar schon einige Zeit, bevor es heiratet. Ein **Ehevertrag** besiegelt die Ehe. Er definiert auch die Höhe des **Brautgeldes,** das der Frau im Falle der Scheidung oder Witwenschaft zusteht.

Die **Hochzeit** wird nach wie vor recht **traditionell gefeiert,** auch wenn sich äußerliche Unterschiede natürlich bemerkbar machen. So wird nur noch selten in traditionellen Gewändern, sondern in modernen Hochzeitskleidern geheiratet, und die Musik kommt nicht von einer Live-Band, sondern von Kassetten und CDs. Eine Hochzeit zieht sich **mehrere Tage** hin, wobei die Familie des Bräutigams anfangs getrennt von der der Braut feiert. Erst am letzten Tag zieht die Familie des Bräutigams zum Haus der Braut, wo man die neue Familie willkommen heißt. Gemeinsam geht es zurück zum Haus des Mannes, wo dann gefeiert wird. Um Mitternacht ziehen sich die Eheleute in ihre Gemächer zurück und vollziehen die Ehe. Moderne Oberschichtfamilien feiern häufig im Foyer eines großen Hotels, welches dann die Funktion des Bräutigamhauses einnimmt. Statt in das neue Heim, ziehen sich Braut und Bräutigam dann in die Hochzeitssuite zurück.

Feste und Feierlichkeiten

Syrer feiern gerne und oft. Dabei werden alle Gelegenheiten wahrgenommen, die sich bieten.

Früher galten **Weihnachten** und **Geburtstage** als rein christliche Angelegenheiten, heute erfreuen sie sich bei vielen Syrern großer Beliebtheit. Weihnachtsschmuck, der sich in der Vorweihnachtszeit in den Suqs bemerkbar macht, kaufen auch ganz offensichtlich Nicht-Christen. Im Dezember hängen dann in vielen Haushalten Leuchtsterne am Fenster, in den Wohnzimmern stehen geschmückte Tannenbäume. Dabei ist Weihnachten für Muslime kein religiöses Fest. Wer durch die Suqs schlendert oder bei einer syrischen Familie zu Gast ist, wird schnell den Hang zu dem feststellen, was bei uns gemeinhin als „Kitsch" bezeichnet wird. Gefeiert wird Weihnachten bei Muslimen nicht wie bei uns mit Geschenken, sondern einfach nur mit einem großen Essen.

Bei den **Drusen und Christen** feiert man außerdem auch die **Geburtstage** der Kinder. V.a. der erste Geburtstag des ersten Kindes wird groß begangen. Essen nimmt dabei eine zentrale Rolle ein. Man kocht den ganzen Tag und lädt dann zur Abendstunde die gesamte Familie sowie die Nachbarn ein. Das Geburtstagskind steht im Mittelpunkt des Festes, wird beschenkt, geherzt und herumgereicht. Familien, die diese Feste feiern, sind in der Minderheit. Wirklich konservative Familien können darüber nur den Kopf schütteln und sprechen von Häresie!

Es gibt jedoch eine ganze Reihe religiöser Feste, die von allen gefeiert werden und von denen hier die wichtigsten vorgestellt werden sollen. Im Gegensatz zu obigen Festen sind es eher gesellschaftliche Ereignisse, von denen man als Reisender auch einiges mehr mitbekommt.

Ramadan und Aid al-Fitr

„Oh die Ihr glaubt! Vorgeschrieben ist Euch das Fasten, wie es den Früheren vorgeschrieben ward. Vielleicht werdet Ihr gottesfürchtig!"

Koran, Sure 2, Vers 183

Der neunte islamische Monat ist der **Fastenmonat** Ramadan. Er dauert in aller Regel von Neumond zu Neumond, also 30 Tage. In den Stunden, in denen man einen schwarzen Faden von einem weißen unterscheiden kann, d.h. also **während des Tages,** ist es den Muslimen **nicht gestattet, zu essen, zu trinken, zu rauchen oder körperlicher Liebe nachzugehen.** Bei Sonnenuntergang aber, wenn die Farben verschwimmen, tönt von den Moscheen ein gewaltiger Schuss, der zum Essen aufruft. Dann beginnt das **Iftar,** das **Fastenbrechen.** Es ist Tradition, ganz nach dem Vorbild des Propheten, das Iftar mit einer Dattel zu beginnen, dann aber wird aufgetischt. Im Ramadan ist jedes Essen ein Festessen, häufig wird dafür ein Vielfaches dessen ausgegeben, was man im Rest des Jahres für Nahrung aufbringt. **Gegessen wird bis zum Morgengrauen,** der sich in Syrien auch wieder mit einem lauten Kanonendonner ankündigt. Er weckt die Fastenden etwa eine Stunde vor Sonnenaufgang und ertönt dann noch einmal beim wirklichen Fastenbeginn.

Der Ramadan ist eigentlich ein **Monat der Rückbesinnung,** ein Monat, in dem man sich daran erinnern soll, dass alle Speisen von Gott sind. Beim Fasten werden dem Menschen die Sünden verziehen, Gott hält die Tore der Hölle in diesen Tagen geschlossen, so zumindest sagt man, denn Gott liebt das Fasten. Eine besondere Bedeutung hat der 27. Ramadan, da Muhammad in dieser Nacht die erste Offenbarung zuteil wurde. Aus diesem Grunde wird sie in sehr frommen Familien besonders gefeiert.

Drusen fasten nur die letzten zehn Tage des Ramadan. Kranke, Schwache, Schwangere, Reisende und Frauen, die ihre Menstruation haben, brauchen nicht zu fasten. Es wird ihnen jedoch dazu geraten, die versäumten Tage nachzuholen.

Während des Ramadan spielt sich das Leben v.a. nachts ab. Früh morgens sind noch fast alle Läden geschlossen. Die **Leute** sind **tagsüber** weit **aggressiver als üblich.** Ab etwa einer Stunde vor Dunkelheit bemerkt man eine gewisse Hektik. Es wird noch schnell eingekauft, Frauen hetzen nach Hause, um fertig zu kochen, alles ruft nach einem Taxi. Wer um diese Uhrzeit auf ein Taxi angewiesen ist, muss sich auf lange Wartezeiten gefasst machen. 15 Minuten vor dem Iftar leeren sich dann die Straßen. Man sieht die Letzten nach Hause rennen, und mit dem Knall der Kanonenkugel könnte man auf den Boulevards Tango tanzen! Ein, zwei Stunden später beginnt dann wieder das Leben: Straßenhändler bauen ihre Stände auf, und bis weit nach Mitternacht wird die Straße zum Basar.

Die schönsten Nächte sind die letzten zehn Nächte. Dann pulsiert das Leben nur so. Man kleidet die gesamte Familie neu ein, auf den Straßen werden Karusselle und große Verstärkeranlagen aufgebaut, man fiebert dem letzten Tag, dem *Aid al-Fitr,* entgegen. An diesem letzten Tag des Ramadan ist der Höhepunkt des Monats erreicht. Man schlachtet Schafe, feiert auf den Straßen, Kinder fahren umsonst Karussell, überall sind Essbuden aufgebaut, Musik ertönt. Drei Tage später ist alles vorbei.

Aid al-Adha

Während das Ramadanfest auch das „kleine Fest" *(Aid al-saghir)* genannt wird, nennt man dieses das „große Fest", *Aid al-kabir.* Das **Opferfest** (wie es in der Übersetzung heißt) erinnert daran, dass Gott einst Ibrahim (Abraham) befahl, einen seiner Söhne zu töten. Als Gott sah, dass Ibrahim ihm gehorchte, stoppte er die grausame Tat und ließ ihn statt dessen ein Lamm schlachten. Dieses Lamm wird heute symbolisch für die damalige Güte Gottes geschlachtet. Jeder, der es sich leisten kann, sollte an diesem Tag, dem **zehnten Tag des Pilgermonats,** ein Tier schlachten. Es sollte zumindest ein Huhn sein, besser aber sind Schaf, Rind oder Kamel. Zwei Drittel des Fleisches ist denen zugedacht, die es sich nicht leisten können, selbst ein Tier zu schlachten: Das Opferfest soll für alle Fleisch erbringen.

In aller Regel beginnt das Fest mit dem Besuch der Gräber verstorbener Angehöriger. Danach trifft man sich zum gemeinsamen Frühstück, bei dem jede Menge Süßigkeiten aufgetischt werden. Der Rest des Tages wird Verwandtenbesuchen gewidmet. Kinder erhalten Geschenke, wie bei uns an Weihnachten, alle tragen ihre Festtagskleidung.

Auch wenn dieses Fest in der Rangordnung der Heiligkeit der Feste über dem Ramadanfest steht, so wird es doch nicht ganz so ausgiebig gefeiert. Es symbolisiert eben nicht im selben Maße die vorangegangenen Entbehrungen!

Maulid an-Nabi

Der Geburtstag des Propheten. An diesem Tag besucht man Freunde und Familie, um miteinander zu speisen. Ein eher ruhiger Feiertag, von dem man als Reisender wenig mitbekommt - kein Vergleich zum Geburtstagsfest des christlichen Propheten!

Religion

In Syrien herrscht Religionsfreiheit. Dennoch ist Syrien ein überwiegend islamisches Land. 90% der Bevölkerung bekennen sich zum Glauben des Propheten Muhammad, daneben gibt es Juden und Christen. Die meisten Muslime sind Sunniten, hinzu kommen Alawiten, Drusen, Ismailiten und Schiiten. Die Bedeutung des Islam veranschaulicht auch die Tatsache, dass in der Verfassung festgeschrieben ist, dass der syrische Staatspräsident muslimischen Glaubens sein muss.

Die **Religion ist in Syrien allgegenwärtig.** Im Gegensatz zu manch anderem islamischen Land sieht man Frauen in Syrien fast immer verschleiert, wenn auch die meisten Männer „westliche" Kleidung tragen. Der Islam durchdringt den Alltag und somit auch die Wahrnehmung des Reisenden. **„Insha'allah", so Gott will,** ist wohl die gängigste Formel, die zu fast jeder Gelegenheit gebraucht wird. Sie formuliert nicht nur die Omnipräsenz Gottes, sie zeigt auch, dass der Mensch Gott vollkommen ergeben ist und nichts geschieht, ohne dass Gott es will.

Muslime in Syrien

Allgemeine Grundlagen zur Religion des Islam

Im **7. Jahrhundert unserer Zeit wurde Muhammad die Offenbarung des Islam zuteil.** Er hatte den göttlichen Auftrag, den Islam unter den

Menschen zu verbreiten. Nach anfänglicher Ablehnung schaffte es der Prophet, eine Gemeinschaft um sich zu sammeln und die gesamte arabische Halbinsel zu erobern. Nur wenige Generationen nach seinem Tod (632) konnte sich das islamische Reich unter seinen Nachfolgern, den Kalifen, im Westen über Marokko (683) bis Spanien (711) und im Osten bis ins Industal (auch 711) ausweiten. **Syrien** war damals **Zentrum des Islam.**

Die islamische Lehre ist keine vollkommen neue. In ihr finden sich Elemente alten arabischen Stammesglaubens, des Judentums und des Christentums wieder. Es gibt zwei Grundideen, die recht einfach sind: **1. Der Glaube an die Einheit Gottes.** Es gibt nur einen Gott (arab. *al-illah* = Allah). „Sag: Er ist Gott, ein Einziger. Gott, durch und durch, ist der, an den man sich wendet. Er hat weder gezeugt, noch ist er gezeugt worden. Und keiner ist ihm ebenbürtig" (Koran, Sure 112). **2. Der Glaube an das Jüngste Gericht.** Beide Ideen gehen miteinander einher.

Muhammad ist der letzte Prophet des Islam, kein Heiliger, kein Sohn Gottes. Er hatte die Aufgabe, den Koran, das geschriebene Wort Gottes, unter die Menschen zu bringen und seiner Gemeinde mit einer vorbildlichen Lebensführung als Vorbild voranzugehen. Dass auch Muhammad dabei nicht unfehlbar war, ergibt sich daraus, dass er ein Mensch, kein Gottessohn war. Als der letzte der Propheten beschließt sein Leben das islamische Prophetentum. Da viele jüdische und christliche Propheten als islamische Propheten anerkannt werden, ist die **Akzeptanz gegenüber der christlichen und jüdischen Religion relativ hoch.** Ihr „Fehler" ist es, den letzten der Propheten nicht anerkannt zu haben, bei den Christen kommt hinzu, dass sie einen Propheten als Gottessohn sehen, Maria als Jungfrau bezeichnen und an den Heiligen Geist glauben. Dadurch weichen sie vom Monotheismus ab.

Die Pflicht des islamischen Menschen ist es, sich mit seiner ganzen

syr107 Foto: mb

Idyllische Landschaft im Salihiye-Gebirge

Land und Leute

Seele dem einzigen Gott zu unterwerfen. Das Wort „Islam" bedeutet nicht mehr als „sich Gott unterwerfen". In dem Bewusstsein, dass Gott allgegenwärtig ist, erfüllt der Muslim seine religiösen Gebote. Fünf dieser Gebote, auch **die fünf Pfeiler des Glaubens** genannt, sind für ihn Pflicht:

1. Das Glaubensbekenntnis (arab. *Shahada*): „La illah ila allah wa Muhammad rasulu allah", „Es gibt keinen Gott außer Gott, und Muhammad ist sein Prophet."

2. Das tägliche Pflichtgebet (arab. *Salat*). Dem Gebet geht die rituelle Waschung voraus. Es beginnt mit der Formel „Gott ist groß", „Allahu akbar", und vollzieht sich nach einem festgesetzten Muster. Fünfmal am Tag (bei Sonnenaufgang, mittags, nachmittags, bei Sonnenuntergang und bei Nacht) ruft der Muezzin zum Gebet, heutzutage meist vom Tonband. Reisende und Kranke dürfen auf das fünfmalige Beten verzichten. Es beten längst nicht mehr alle Muslime fünfmal am Tag in der Moschee, häufig wird das Gebet daheim gesprochen oder – seltener – auf hohe Feiertage und Freitage beschränkt.

3. Das Fasten im Monat Ramadan (arab. *Saum*). Der neunte Monat des islamischen Kalenders soll den Gläubigen dazu dienen, in sich zu gehen und Gott neu zu erfahren. Gefastet wird nur von Sonnenauf- bis Sonnenuntergang.

4. Die Almosen (arab. *Zakat*). Die Gläubigen haben eine Verpflichtung untereinander. Wer etwas besitzt, soll es teilen. Im Koran findet sich kein definierter Betrag, es wird „das Entbehrliche" empfohlen. Häufig wurde in der frühen islamischen Gesellschaft ein Zehntel des Gewinns als Zakat, auch Almosensteuer genannt, gefordert.

Diese Almosenpflicht erklärt vielleicht manch hartnäckige Forderung an „reiche" Touristen, ihre Habe mit der offensichtlich viel ärmeren syrischen Bevölkerung zu teilen.

5. Die Pilgerfahrt nach Mekka (arab. *Hadj*). Diese soll antreten, wer die Kraft und die finanziellen Mittel dazu hat. Kinder, Schwangere, alte und kranke Menschen sind von dieser Pflicht befreit. Die Pilgerreise ist eine Reise an die Stätten, an denen der Prophet lebte und wirkte. Neben einer symbolischen Steinigung des Satans werden verschiedene Orte aufgesucht. Höhepunkt des Hadj aber ist der Besuch der *Kaaba,* des Heiligtums des Islam: Abraham soll dieses Haus errichtet haben. Ein siebenmaliges Umschreiten und Küssen der Kaaba sowie das Gebet in der großen Moschee sind Bestandteil des Hadj. Wer dieses Ritual einmal vollzogen hat, darf sich ehrenhaft „Hadji" bzw. „Hadj" nennen.

Neben diesen fünf Säulen gibt es weitere Regeln, an die sich der Muslim halten sollte. So ist z.B. der Genuss von **Alkohol,** v.a. von Wein, abzulehnen. Obwohl heute in vielen islamischen Ländern Alkoholverbot herrscht (in Syrien nicht!), war Wein koranisch nie verboten. Ein Verbot hätte sich zur Zeit der Offenbarung auch kaum durchsetzen lassen, zur sehr liebten die alten Araber ihre Weine. In Syrien sind es v.a. Christen und Drusen, die sich der Weinherstellung widmen. Daneben gilt das Verbot, **Schweinefleisch** (in Syrien: *khanzir*) oder Fleisch von nicht geschächteten Tieren zu essen (geschächtet ist ein Tier dann, wenn es im Namen Gottes mit Kehlschnitt geschlachtet wurde).

Die religiösen Regeln des Islam werden durch den **Koran,** das geschriebene Wort Gottes, sowie die **Hadithe** bestimmt. Hadithe (übersetzt etwa „Gespräch, Mitteilung“) sind Überlieferungen der Taten und Aussprüche des Propheten. Koran und Hadithe gelten als Hauptquellen des islamischen Rechts, der **Scharia.** Diese, von muslimischen Gelehrten vom 10. bis zum 14. Jahrhundert zusammen getragene Lebens- und Rechtsordnung des Islam, wird heute in keinem islamischen Land mehr in „reiner“ Form praktiziert. Spätestens seit Beginn der Kolonialzeit wurde sie durch europäische Rechtsnormen ersetzt bzw. erweitert. Das betrifft vor allem die Bereiche des Staates und der Verwaltung. Innerhalb des Familienrechts wird in Syrien wie in vielen anderen islamischen Ländern noch auf Teilbereiche der Scharia zurückgegriffen.

Im Westen wird islamische Rechtsetzung häufig mit Amputationen oder Steinigungen in Saudi-Arabien oder dem Iran gleichgesetzt. Bei diesen „Hadd“-Strafen handelt es sich aber nur um einen minimalen Ausschnitt aus dem komplexen Rechtssystem der Scharia. Die Beweise bei Vergehen, die diese Strafen zur Folge haben, sind laut Gesetz dermaßen schwierig zu erbringen, dass in den meisten Fällen der Strafanwendung gar nicht nach der „richtigen“ Scharia gehandelt wird. Hier, wie in vielen anderen Bereichen, muss die Religion für machtpolitische Interessen herhalten.

Frauen und Männer

Das Verhältnis der Geschlechter zueinander ist im Islam ein anderes als in der westlichen Welt. Häufig wird diese **Geschlechtertrennung,** mit welcher auch eine **Aufgabenteilung** einhergeht, mit einer Unterdrückung der Frau gleichgesetzt. Aber wie sieht der Islam die Frau wirklich?

Es gibt nicht allzu viele Verse im Koran, die sich um die Stellung der Frau drehen, und die können – wie der **Koran** insgesamt – **vielfältig interpretiert** werden. Dieser Umstand steht einer „ultimativen“ Wahrheit im Wege. Aber es gibt doch Interpretationstendenzen, und je nach Standpunkt des Betrachters kann z.B. folgender Versausschnitt auf zwei unterschiedliche Weisen interpretiert werden: **„… Und die Männer stehen bei alledem eine Stufe über ihnen (den Frauen) …“** (Koran, Sure 2, Vers 228).

Interpretation Nr. 1: Der Mann steht über der Frau. Er hat die Verfügungsgewalt über sie. Er ist besser, wertvoller und starker, weswegen er das Recht hat, über die Frau zu herrschen. Diese Interpretation wird mit Vorliebe von sogenannten „Fundamentalisten“ oder „Konservativen“ zum Beweis für die im Koran begründete Unterlegenheit der Frau herange-

syr113 Foto: lh

zogen. Das Problem besteht darin, dass diese Interpretation den Kontext völlig außer Acht lässt, was nach Meinung verschiedener Religionsgelehrter aber nicht weiter schlimm ist, da Gottes Gnade unter anderem darin liege, dass einzelne Verse für sich allein stehend interpretiert werden können.

Interpretation Nr. 2: Der Kontext, in welchem der Vers steht, bezieht sich auf Themen wie Heirat, Scheidung, Witwenschaft und ökonomische Versorgung. Die deutsche Übersetzung „über der Frau stehen" ist in diesem Falle besonders unglücklich, „verantwortlich sein" wäre nach dieser Interpretation wohl geeigneter. Dass der Mann der Frau überlegen sei, wird aus diesem Vers nicht abgeleitet, zumal nur wenige Abschnitte zuvor die Gleichheit von Mann und Frau betont wird. Eine wirkliche Überlegenheit wäre vollkommen gegen die koranischen Prinzipien. So steht z.B. im bereits oben angeführten Koranvers auch folgender Satz: „... Die Frauen haben in der Behandlung von Seiten der Männer dasselbe zu beanspruchen, wozu sie ihrerseits den Männern gegenüber verpflichtet sind". Demnach kann eine eindeutige Rollenverteilung im Bereich der Familie gefolgert werden, nicht aber ein grundsätzliches Herr-Knecht-Verhältnis zwischen den Geschlechtern.

Häufig stellt der Koran den **Zusammenhang zwischen der Frau und ihrer Gebärtätigkeit** dar, nicht aber der Pflege der Kinder oder anderer „frauentypischer" Tätigkeiten innerhalb der Gesellschaft. Dennoch verlangt die islamische Tradition von der Frau ein bestimmtes Verhalten und die **Übernahme bestimmter „weiblicher" Aufgaben,** die innerhalb des Hauses liegen, zumal die Frau durch die Geburt mehr oder weniger ans Haus gebunden ist. Dabei geht es weniger darum, dass Männer den Frauen gegenüber ihre Macht ausspielen oder sie gar unterdrücken. Vielmehr scheint der Grundgedanke derjenige gewesen zu sein, dass jeder innerhalb eines Haushaltes verschiedene Aufgaben und Rollen übernimmt, um den anderen das Leben zu erleichtern. Unterdrückung oder Machtmissbrauch wären ein Verstoß gegen die Gesetze des Islam. Der im Koran von den Frauen häufig geforderte „Gehorsam", wie z.B. in Vers 34 der 4. Sure formuliert: „Die rechtschaffenen Frauen sind gehorsam", wird gerade innerhalb dieses Verses, in welchem es um Frauen und Männer geht, häufig als Gehorsamkeit gegenüber den Männern interpretiert. Liest man aber das arabische Original, geht eindeutig daraus hervor, dass es sich hierbei um die Gehorsamkeit gegenüber Gott handelt. Auch Männer werden auf diese Art und Weise zum Gehorsam-Sein ermahnt.

Die schiitische Moschee Sayyida Zainab bei Damaskus

Im Wert ihrer Taten oder moralisch **sind Mann und Frau ohne Unterschied:** „... Ich werde keine Handlung unbelohnt lassen, die einer von Euch begeht, gleichviel ob männlich oder weiblich. Ihr gehört ja als Gläubige zueinander ohne Unterschied des Geschlechts." (Koran, Sure 3, Vers 195).

Gott schuf Mann und Frau aus einem Wesen, entgegen dem nicht nur im Islam verbreiteten Vorurteil, dass der Mann der Frau schon bei der Schöpfung der Frau überlegen war. Die Schöpfung kennt keinen Unterschied zwischen Mann und Frau. Sie werden als Paar gesehen, das sich gegenseitig bedingt und ergänzt: „Und von allen Lebendigen haben wir ein Paar geschaffen. Vielleicht würdet ihr Euch mahnen lassen." (Koran, Sure 51, Vers 49). Im Gegensatz zur christlichen Tradition war es auch nicht Eva, die Adam zur Sünde verführt hat, sondern beide zusammen.

Ein letztes Wort zum Thema der **Beschneidung von Frauen:** Der Islam ist eine Religion, die die Sexualität als „Urkraft" des menschlichen Seins versteht. Sexualität ist ein Geschenk Gottes und nicht, wie im Christentum, alleine zur Fortpflanzung gedacht. Gott hat sowohl der Frau als auch dem Mann diese Lust geschenkt, und ein Geschenk Gottes sollte unter keinen Umständen abgelehnt werden. Der Sexualakt ohne die Freude des anderen ist koranisch verboten! Alleine diese Tatsache dürfte klar machen, dass die **Klitorisbeschneidung keine islamische Tradition** sein kann. Sie ist eine **altägyptische Unsitte,** die die Keuschheit der Frau für ihren Mann garantieren sollte. Leider hat sich diese vorislamische Tradition auch im modernen Ägypten (und anderen nordostafrikanischen Ländern) gehalten, und so werden häufig junge Mädchen, gleich ob Christinnen (Koptinnen) oder Musliminnen, beschnitten. In Syrien gibt es die Klitorisbeschneidung nicht.

Die Schiiten

15% der syrischen Bevölkerung gehören dem schiitischen Glauben an, wobei dieser sich noch einmal in **Drusen (2%), Ismailiten (1%) und Alawiten (12%)** aufsplittet.

Nach dem Tod Muhammads drohte die **islamische Gemeinde,** die **umma,** zu zerbrechen. Schuld daran war die **fehlende Nachfolgeregelung Muhammads,** der keine lebenden Söhne hinterlassen hatte. Konnte man sich auf die ersten drei Kalifen noch recht schnell einigen, wurde 656 **Ali,** der Schwiegersohn und Cousin des Propheten, zum vierten Kalifen ausgerufen. Dies stieß auf Unmut, da man Ali die Beteiligung am Mord des dritten Kalifen Uthman vorwarf bzw. die Deckung seiner Mörder. Die dadurch folgenden Unruhen mündeten im ersten arabischen Bürgerkrieg, der mit der Schlacht von Siffin, einem Ort, der heute im Asad-Stausee versunken ist, im Jahr 657 begann. Diese Schlacht bildete den Ausgangspunkt für die Abtrennung der Schiiten vom Rest der Muslime, die man später als Sunniten bezeichnete (nach der **Sunna,** der Tradition des Propheten).

Die Schiiten sind der Auffassung, dass **Ali ibn Abi Talib** nach dem Willen Gottes der erste **Nachfolger des Propheten** in der Leitung der Gemeinde hätte sein sollen. Sie argumentieren damit, dass Muhammad auf dem Weg von Mekka nach Medina kurz vor seinem Tod gesagt haben soll: „Dessen Herr ich bin, dessen Herr ist auch Ali". Daneben gibt es weitere Aussprüche des Propheten, die Ali als dessen Nachfolger benennen. Die Sunniten nun lehnen diese Aussagen als falsch ab. Ihrer Meinung nach hat der Prophet nie eine eindeutige Verfügung erlassen, was seine Nachfolge betraf.

Bei der **Schlacht von Siffin** ging es um machtpolitische Interessen des Hauses Umayya, aus dem sich, nach dem Tode Alis 661, die Dynastie der Umayyaden etablierte. Die Parteigänger Alis und jene Mu'awiyas, des Neffen des dritten Kalifen, der dessen Ermordung rächen wollte, standen sich gegenüber und kämpften um das Kalifenamt. Zwar konnten Alis Anhänger Mu'awiya besiegen, doch musste sich Ali in den Irak zurückziehen. Mit ihm eine Gruppe von Anhängern. Diese nannte man die **„Gruppe Alis", die „Shi'at Ali".** Daraus entstand der Name **Schiiten.**

Zu dem allgemein-islamischen Glauben an Allah, Muhammad und seine Botschaft tritt bei den Schiiten der **Glaube an den Imam** als rechter Führer der Gläubigen und wahrer Interpreten des Korans hinzu. Muhammad hat, nach dem Glauben der Schiiten, kurz vor seinem Tode Ali in die inneren Geheimnisse des Glaubens eingeweiht, und dieser hat sein esoterisches Wissen in seiner Familie weitervererbt. So werden **Ali und seine Nachfahren** bei manchen Gruppierungen fast schon **als Heilige verehrt.** Diese Verehrung geht bei manchen Strömungen so weit, dass sie in Ali und seinen Nachfahren die **Reinkarnation Gottes** sehen und deren Worte für wichtiger halten als die Aussagen des Propheten Muhammad.

Weitere Streitpunkte zwischen Sunniten und Schiiten sind beispielsweise die **Zeitehe, Mut'a,** die im schiitischen Glauben erlaubt ist, oder der Glaube an den **Mahdi,** einen im Verborgenen lebenden Imam, der am Tag des Jüngsten Gerichtes wieder erscheinen wird.

10–15% der muslimischen Weltbevölkerung gehören zur schiitischen Konfessionsgemeinschaft. Deren zahlenmäßig größte Gruppe, die 12-Schiiten (s.u.), lebt vor allem im Irak, im Iran und in Aserbaidschan sowie im Libanon. In Syrien findet man kaum 12-Schiiten, wohl aber Ismailiten, Drusen und Alawiten.

Ismailiten, Drusen und Alawiten

Diese **drei Absplitterungen der Schia** werden bis heute mit Argwohn betrachtet: wegen ihrer **Geheimlehren und -riten** sowie ihrer **religiös-sozialen Isolation,** die entweder selbst gewählt oder aufgezwungen ist. Nicht immer bekennen sich die Anhänger vor Fremden zu ihrer Religion, in Syrien selbst sind die einzelnen Gruppierungen eher ein Tabuthema.

Die **Ismailiten** oder **7-Schiiten,** wie sie auch genannt werden, glauben im Gegensatz zu den 12-Schiiten, dass der siebte Imam, Ismail, nie gestorben ist, sondern nur in der Verborgenheit lebt, um am Tag des Jüngsten Gerichtes, wieder zu erscheinen, „um die Erde mit Gerechtigkeit zu füllen". Die **12-Schiiten** haben Ismail nie akzeptiert und statt seiner Musa al-Kazim als siebten Imam anerkannt. Ihrer Doktrin nach ist der 12. Imam, Muhammad al-Mahdi, derjenige, der im Verborgenen lebt, nicht Ismail.

Aus den Ismailiten entstand im 9. Jahrhundert die Bewegung der **Alawiten.** Im 10. Jahrhundert tauchten sie in Syrien auf, wurden aber von den Sunniten unterdrückt. Ihre Religion ist eine **Geheimreligion,** die nicht in öffentlichen Gebäuden, sondern nur in Privathäusern ausgelebt wird. Die Alawiten geben die Geheimnisse ihrer Religion von Generation zu Generation weiter. In ihrem Glauben spielt **Esoterik** eine große Rolle, weswegen sie bisweilen von den Sunniten als unislamisch betrachtet wurden. Spätestens jedoch seit dem *fatwa* von 1973, einem Rechtsgutachten, das der libanesische Schiitenführer Musa as-Sadr erließ, und seit welchem die Alawiten offiziell als Schiiten gelten, ist mit diesem Vorurteil Schluss. Beinahe.

Ebenfalls aus den Ismailiten gingen die **Fatimiden** hervor, die, zu Beginn des 10. Jahrhunderts von Nordafrika kommend, im Vorderen Orient ein Reich aufbauten. Unter den fatimidischen Herrschern ist v.a. der wahrscheinlich geisteskranke **Kalif Hakim** zu nennen, der 1021 auf geheimnisvolle Weise verschwand, nachdem seine Anhänger ihn 1017 zur Reinkarnation Gottes erklärt hatten. Ein Hauptpropagandist dieser Idee war **Ismail ad-Darazi.** Nach ihm benennen sich heute die **Drusen,** die im Libanon und im Hauran leben. Sie glauben an die Wiederkunft des göttlichen Kalifen Hakim, passen sich aber äußerlich möglichst den herrschenden Religionsformen an. Das ist ein Teil ihres Dogmas, denn die Verheimlichung ihres Glaubens bei Gefahr gehört zu den Eigenheiten der schiitischen Ethik.

Die fatimidische Linie spaltete sich nach dem Tode des Kalifen Mustansir 1094, als die Ägypter sich seinem Sohn Mustail anschlossen und dessen Bruder floh. Er und sein Sohn wurden von Hassan Sabbah in der Felsenburg Alamut in Persien geschützt. Von dort nahm die Bewegung der **Assasinen** ihren Ausgang, jener Männer, die politische Morde vollbrachten und sich dabei geradezu selbstmörderisch aufführten. Der Name stammt vom arabischen *Hashishiyin* („Haschischesser"), da sie so seltsame Dinge taten, dass man ihnen keine geistige Klarheit zutraute. Die Assasinen spielten vor allem während der Kreuzzüge eine wichtige Rolle, sie hatten einen Hauptsitz in Nordsyrien und Misyaf (siehe dort).

Heute leben die wenigen Ismailiten Syriens rund um die Stadt Salamiya, wo letztendlich auch ihr Ursprung liegt. Drusen findet man vor allem im Süden, im Hauran, die meisten Alawiten leben rund um Latakiya.

Christen in Syrien

Die meisten Christen – deren Bevölkerungsanteil in Syrien unbedeutend ist – leben, aufgespalten nach unterschiedlichen orientalischen Konfessionen, **in den Städten.** Ethnisch und sprachlich gehören die meisten zu den Arabern, einige wenige zu den Armeniern.

Von den fünf sogenannten Ostkirchen sind drei in Syrien bis heute lebendig: die antiochische **westsyrische,** die chaldäische **ostsyrische** und die byzantinischen **Orthodoxen.** Im Zusammenhang mit christologischen Streitigkeiten zwischen dem 5. und 7. Jahrhundert kam es zu den ersten dauerhaften Loslösungen von der Gesamtkirche. Theologisch folgen die Ostkirchen dem **byzantinischen Ritus.** Sie berufen sich auf die Beschlüsse der Konzile von Nizäa, Ephesus und Chalkedon (4. und 5. Jahrhundert). Damit distanzieren sie sich von den Monophysiten und den Nestorianern und bezeichnen sich selbst als „orthodox". Auch wenn die orthodoxen Kirchen z.T. voneinander unabhängig sind, so fühlen sie sich doch in Bekenntnis und Liturgie verbunden. Schwerpunkt der Theologie sind die Erlösung von Mensch und Kosmos, der Aufstieg des Menschen zum Lichte Gottes und die Verherrlichung des Werkes Christi. Im 18. Jahrhundert kam es teilweise zu einer Annäherung zwischen den Ostkirchen und Rom, was zu weiteren Spaltungen unter den syrischen Christen geführt hat.

Die größte christliche Konfession in Syrien ist die **Griechisch-Orthodoxe.** Ihre Anhänger gehören zum Patriarchat von Antiocha, dessen Oberhaupt heute in Damaskus sitzt. Der Griechisch-Orthodoxen folgt zahlenmäßig die **griechisch-katholische Konfession** (zusammen 7%).

Die Christen dieser Glaubensrichtungen sind Araber, ebenso die Anhänger der **jakobitischen Konfession,** auch **Syrisch-Orthodoxe Konfession** genannt (ca. 2% der Bevölkerung). Die Jakobiten sind, wie die Kopten Ägyptens, sogenannte **Monophysiten,** d.h. sie lehnen die Fleischwerdung Christi ab. Für sie hatte Jesus zwei Naturen, eine göttliche und eine menschliche. Die jakobitische Religion gilt als eine der „ursprünglich orientalischsten"

Die letzte Gruppe arabischer Christen sind die **Maroniter.** Ihr Ursprung geht auf das syrische **Kloster des Heiligen Maro** zurück. Dort sammelten sich ab 675 Christen, die jedoch durch die Muslime in den Libanon abgedrängt wurden. 1181/82 nahmen sie offizielle Beziehungen mit Rom auf, das Konzil von Florenz bestätigte 1445 die Union. Die meisten syrischen Maroniten leben heute in Aleppo, wo sie ein eigenes Bistum haben. Zentrum der Maroniten ist jedoch der Libanon.

Neben den arabischen gibt es die armenischen Christen. Rund 4% der Syrer sind Armenier, die in zwei Kirchen gespalten sind: in die **armenisch-orthodoxe** Kirche (monophysitisch) und die armenische Kirche, die sich wiederum teilt in die **armenisch-katholische** und die **armenisch-protestantische Kirche.** Diese letzten beiden Gemeinschaften erkennen, wie auch die Maroniten, den Papst als religiöses Oberhaupt an.

Juden in Syrien

Die Zahl der Juden in Syrien ist seit der Gründung Israels äußerst gering. Man schätzt sie auf etwa **400.** Nachdem die syrische Regierung 1992 das Ausreiseverbot für Juden aufgehoben hatte, wanderten die meisten noch in Syrien lebenden Juden aus. Heute sind Juden fast nur noch in Damaskus und Aleppo anzutreffen.

Kunst und Kultur

Architektur

Die Entwicklung der Architektur und Kunst in Syrien

Syriens Geschichte ist die seiner Stadtstaaten. Seine günstige Lage zwischen Mittelmeer und arabischer Wüste machte es zur besten Handelsdrehscheibe, die man sich vorstellen konnte. Dennoch befand sich die Region in einem Machtvakuum, hin und her gerissen zwischen den Großmächten Ägypten und Mesopotamien, die beide seit dem 4. Jahrtausend dem Land auch kunsthistorisch ihren Stempel aufdrückten. Ebla und Mari waren die ersten bedeutenden Städte der Region. Ihre Ausgrabungen lassen einen weitreichenden Blick auf die frühe Architektur zu. Während die ersten wieder ausgegrabenen Städte in ihrer Bauweise weitestgehend einheitlich waren, fand man hier Paläste, Kultstätten, Mauern und Torbauten. Die Anordnung der Städte ließ den Schluss auf eine stratifizierte Gesellschaft zu. Politische Situationen wurden in Dekorformen festgehalten. Der Palast von Mari galt als Weltwunder, ausgeschmückt war er mit herrlichen Malereien und Figuren.

Mit der politischen und ethnischen Neuordnung, die mit der Machtübernahme der Mitanni im 2. Jahrtausend eingeläutet wurde, machte sich ein Stilwandel in der (Bau-)Kunst bemerkbar. Statt einer blockhaften Darstellung stand nun das Körperliche mehr im Vordergrund. Sensationell und wohl eine der wichtigsten Kunstschöpfungen dieser Zeit war das **Goldblech,** das man in **Ugarit** entwickelt hatte. Damit ließen sich zum ersten Mal Edelmetalle zu Schmuckstücken und Schalen formen.

Um 1200 v.Chr. brachen die „Seevölker" in Syrien ein und zerstörten die meisten Städte. Zugleich wanderten semitische Völker von der arabischen Halbinsel nach Syrien ein, Aramäer drangen nach Nordsyrien, sodass es in der Folgezeit zu einem Völkergemisch auf syrischem Boden kam. Viele verschiedene Kunst- und Kulturarten entstanden, die erst unter den Assyrern (856–612 v.Chr.) vereint wurden.

Die **assyrisch-aramäische Bauweise** war eher **grob,** jedoch mit großartigen Verzierungen im Detail. Die Palastanlagen orientierten sich an denen von Ebla. Statt Eingangssäulen wurden nun häufig **Tiergestalten** verwendet (wie z.B. in Tell Halaf, dessen Tierwärter vor dem Museum in Aleppo zu sehen sind). Figürliche Abbildungen nahmen zu.

Kunsthistorisch interessant wird es mit Beginn des 5. Jahrhunderts v.Chr., als **griechische Sarkophage aus Sidon** die nahende Hellenisierung ankündigten. Damit begann die Epoche orientalisch-westlicher Herrschaft und somit auch ein Kunststil, der sich aus beiden Elementen zusammensetzte.

Die Burg Maan in Palmyra

Bis zur Islamisierung, die im Jahre 635 begann, war Syrien nun eng mit Europa verbunden, was eine weitreichende kulturelle (und wirtschaftliche/politische) Entwicklung mit sich brachte. Aus dieser Zeit stammt die stadtplanerische Anlage von Damaskus, Aleppo und Lathaqiya. Bewässerungssysteme wurden angelegt, neue Städte aus dem Boden gestampft. Durch die verschiedenen Strömungen, die in Syrien zusammenflossen, entstand eine eigene Kunstrichtung, die entsprechend als „syrische Kultur" bezeichnet wird.

Allein unter der Herrschaft von **Seleukos I.** (311–281 v.Chr.) kam es zur **Gründung von 16 neuen Städten:** Duro Europos, Apamea, Lathaqiya, Antiocha oder auch Cyrrhus entstanden. Typisch war die Stadtanlage dieser Zeit mit einer Umrundungsmauer, einer vom Stadtareal isolierten Akropolis und einer **gleichmäßigen Aufteilung in Parzellen,** die sich um eine Straßenachse herum anordneten. Seleukidische Architektur verschmolz mit vorderasiatischen Kulten.

Diese Tradition wurde auch unter der römischen Herrschaft fortgesetzt. Einheimische Elemente vermischten sich mit römischen, sodass ein **syro-römischer Stil** entstand. Grundzelle der politischen Organisation war die befestigte Stadt mit einem rechtwinkligen Grundriss, der durch zwei Straßenachsen aufgeteilt wird. In der Römerzeit wurden in Syrien **Säulenstraßen, Thermen, Triumphbögen** und

syr098 Foto: mb

Die „Toten Städte“

Aleppos liebstes Vorzeigeprodukt ist die grüne Olivenseife, die man überall auf den Märkten der Stadt erwerben kann. Spätestens dann, wenn man das Glück hat, auch einmal bei der Herstellung der Seife zuzuschauen (ist im Suq durchaus möglich), möchte man wissen, wo die ganzen Oliven herkommen. Dazu muss man Aleppo verlassen, und siehe da: Olivenhaine bestimmen am nördlichen und südlichen Stadtrand das Landschaftsbild.

Oliven bildeten zwischen dem 4. und 6. Jahrhundert die Grundlage eines großen Wohlstandes, dessen Überbleibsel man noch heute besichtigen kann. Rund 500 der sogenannten „Toten Städte" bzw. „Vergessenen Städte", wie sie auf Arabisch heißen, befinden sich in der Umgebung von Aleppo. **Ruinen von Villen, Thermen, Klöstern und Kirchen** zeugen von der einstigen wirtschaftlichen Blüte dieser Region. Olivenöl galt von früh an als wichtiger Exportartikel, daher begann man in dieser fruchtbaren Landschaft mit dem Anbau von Olivenbäumen. Die reichen Landbesitzer schufen Ebenen und Felder für die Kultivierung, das angenehme Klima der Region brachte sie dazu, sich Häuser in der Nähe ihrer Plantagen zu errichten, wodurch peu à peu ganze Dörfer entstanden, mit eigenen Thermen, Kirchen und Klöstern.

Die Blütezeit der Siedlungen ging schnell vorüber. Eine hohe Besteuerung durch Byzanz, die Kargheit des Bodens sowie letztendlich der Einfall der Sassaniden aus Persien, die eine Mittelmeerblockade verhängten, nahm den Großgrundbesitzern die Lebensgrundlage. Die Städte wurden aufgegeben und erst Anfang des 20. Jahrhunderts neu entdeckt. Einige Orte wirken auf den ersten Blick, als wären sie eben erst verlassen worden, bei anderen ist der Zerfall offenkundig (auch je nach Beschädigung durch einige der Erdbeben in dieser Region). Wer möchte, kann tage-, nein, wochenlang durch die Ruinenstädte marschieren, die sich wie eine Fata Morgana aus der Ebene erheben – ein echtes Erlebnis, ruhig, faszinierend und mit nichts zu vergleichen!

Die schönsten „Toten Städte" und die am leichtesten zu erreichenden finden sich bei Route C 6 sowie im Routenteil Aleppo. Hervorzuheben sind vor allem zwei der Städte: das **Simeonskloster** und **Sirdjilla.** Beide sind, wenn auch nicht ganz leicht, mit öffentlichen Verkehrsmitteln zu erreichen.

syr101 Foto: mb

Theater gebaut, alles Gebäude und Einrichtungen, die man im hellenistischen Syrien nicht kannte. Viele neue Städte entstanden im syro-römischen Baustil, schon vorhandene Städte wie **Palmyra** oder auch **Shahba** und **Bosra** wurden umgestaltet und erlangten in jener Zeit ihr heutiges Aussehen.

Mit der byzantinischen Zeit (395–661) begann die Spätantike in Syrien. Schon im 2. Jahrhundert waren Städte außerhalb der großen Zentren entstanden. Grund war die Ausdehnung landwirtschaftlichen Großgrundbesitzes. Häuser wurden neben Olivenpflanzungen gebaut, die Pflanzungen waren bald so lukrativ, dass sich aus ihnen richtiggehende Plantagen entwickelten, auf denen das soziale und wirtschaftliche Leben organisiert werden musste. Weitere Häuser in ähnlichem Stil wurden nach und nach errichtet, kleine, reiche Städte entstanden, die heute als **„Tote Städte"** bezeichnet werden.

Mit der arabischen Eroberung (ab 635) ging im „Fruchtbaren Halbmond" auch die Islamisierung einher. Die **islamischen Eroberer,** Nomaden aus der Wüste, trafen auf ein hoch entwickeltes Städtewesen, und aus diesem Zusammenprall entstand ein gänzlich neuer Baustil, geprägt von einem religiös begründeten **Bilderverbot** und der Funktionalität der Gebäude. Bereits vorhandene **Bauten** wurden **umgestaltet** und nach den neuen Bedürfnissen ausgerichtet, exemplarisch auch hier, wie so oft, die **Umayyaden-Moschee** in Damaskus, eine ehemalige byzantinische Basilika. Aber auch andere bedeutende Bauten, wie die Hagia Sofia in Istanbul oder der Felsendom in Jerusalem, sind aus Kirchen hervorgegangen.

Den Umayyaden folgten die **Abbasiden.** Die **persischen Sassaniden** hatten dieser neuen Dynastie zum Umsturz verholfen und entsprechend einflussreich waren sie. War die umayyadische Kunst also stark von der byzantinischen beeinflusst, so war es die abbasidische von den Sassaniden. Das Gebiet des heutigen Irak wurde Zentrum der islamischen Welt. Harun ar-Rashid, der kurze Zeit in Raqqa residierte, brachte den **Baustil Mesopotamiens** mit. Feine **Ziegelarchitektur** löste die bisherige grobe Bauweise ab. Die feinen Dekorationen blieben erhalten, wohl aber anders angeordnet.

Unter den **Kreuzfahrern** (1099–1291) entstanden dann die großen **Wehrburgen,** wie man sie auch aus Europa kennt. V.a. die Umfassungsmauern wurden nach europäischem Vorbild errichtet. Da viele der Burgen bald **Ordenssitze** wurden, richtete sich der Innenbereich nach diesen Bedürfnissen aus. Als später die Ayyubiden die Burgen übernahmen, veränderten sie den Innenaufbau und errichteten eine **Moschee innerhalb der Mauern.**

Unter den Ayyubiden begannen starke Auseinandersetzungen mit den Schiiten. Eine „geistige Waffe" sollte die Erweiterung des Wissens sein, und so entstanden die ersten **Koranschulen**, die eine intellektuelle und kulturelle Blütezeit einläuteten. Bauten wie das Bimaristan Nuri oder das Saladin-

Mausoleum in Damaskus zeugen von dieser Zeit.

Mit Beginn der **türkischen Herrschaft 1260** änderte sich noch einmal der Baustil. Märchenhafte **Paläste** und **Wohnhäuser,** aber auch **Moscheen** und **Koranschulen** werden unter einer reichen und kleinen Oberschicht gebaut (man denke an die Azm-Paläste).

Schlussendlich hinterließ auch die **Kolonialmacht Frankreich** ihre Spuren, auch wenn die Franzosen zu kurz in Syrien blieben, um eine wirkliche Wende im Baustil herbeizuführen. Einige Stadthäuser jedoch zeugen von ihrer einstigen Präsenz.

Seit der Unabhängigkeit Syriens geht es bergab mit der Baukunst. Moderne Plattenbauweise ersetzt alte Baukultur, mehr und mehr kommt Beton zum Einsatz. Von einer „Weiterentwicklung" kann keine Rede mehr sein, im Zuge des UNESCO-Programms zur Wahrung des Weltkulturerbes wird jedoch versucht, die einstige Pracht der Altstädte von Damaskus und Aleppo zu erhalten.

Islamisches Architekturbeispiel: Moscheen

Am Anfang war es nicht mehr als ein Quadrat in der Wüste. Die ersten An-

syr099 Foto: mb

syr097 Foto: lh

hänger Muhammads malten es in den Sand, um damit die Stelle für ihr Gebet zu markieren. Das Quadrat musste gen Mekka gerichtet sein, sonst hatte es keine Bedingungen zu erfüllen. Das waren die ersten Moscheen, die „Orte der Niederwerfung" (arab. sg. **Masdjid**). Der Ort musste sauber sein und eben, und viele Gläubige sollten darauf Platz finden, denn die Moschee wurde auch **Djami'** genannt, „Ort der Versammlung". Was von diesen Anfängen übrig blieb, ist die viereckige Form. Ansonsten schmücken heute prächtige Ornamente, Verzierungen und Kalligrafien die Moscheenwände, und prachtvolle Kuppeln dienen der Abschirmung nach oben.

Es gibt im Islam keine festen Regeln dafür, wie eine Moschee aufgebaut sein muss. Doch bot ein **überdeckter Raum** mit einer, parallel zu den Gebetsreihen stehenden, **Frontwand** die besten Bedingungen. Für das Gebet eignete sich ein Boden, der mit **Matten und Teppichen** ausgelegt wurde, auf denen die Betenden sitzen oder knien konnten. Sowohl weite Säulenhallen als auch einfache Schattendächer aus Palmenstämmen können als Gebetsraum dienen. Eine weitere Gemeinsamkeit ist den meisten Moscheen der **Vorhof,** der die Betenden fassen soll, die in der Moschee keinen Platz mehr finden, v.a. beim freitaglichen Gemeinschaftsgebet.

Zweierlei Minarette: einmal sunnitisch (links), einmal schiitisch (rechts)

Im Zentrum des Vorhofes befindet sich in aller Regel ein **Brunnen**, an dem die Muslime ihre **rituelle Waschung** vor dem Gebet vollziehen können. Dieser Brunnen ist häufig so groß wie ein kleiner Teich, um den herum kleine Bänke angeordnet sind, auf denen die Gläubigen sich sitzend waschen.

Die **Umayyaden-Moschee,** eine der ersten großen Moscheen, wurde zum **Vorbild** für folgende Gotteshäuser. Sie wurde auf dem alten römischen Tempelbezirk von Damaskus errichtet, auf dem eine byzantinische Basilika stand. Das Gebäude, das der Prophet in Medina zum Gebet hatte errichten lassen, war von einem Hof getrennt, an dessen Seitenwänden Schattendächer angebracht waren. Nach dieser Idee wurde die Basilika zu einer Moschee mit Innenhof und -raum umgestaltet.

Die einzig notwendigen Einrichtungen einer Moschee sind die **Mihrab,** die Gebetsnische, die in die Gebetsrichtung, die Qibla, weist, sowie die **Minbar,** die Gebetskanzel. Von dieser Kanzel predigt der Imam freitags. Mihrab und Minbar verewigen auf architektonische Art die Erinnerungen und Gesten des Propheten und sind erstmals im umayyadischen Umbau von Muhammads Haus in Medina durch Walid I. (707) entwickelt worden. Die Nische der Mihrab symbolisiert den Standort, an dem der Prophet während des Gebetes stand. Sie wurde das zentrale Ausstattungselement einer Moschee, deren künstlerische Gestaltung besondere Beachtung fand.

Das dritte kennzeichnende Element einer Moschee ist das **Minarett.** Es geht zurück auf die Weisung des Propheten, ein Ausrufer (arab. *al-Mu'azin*) müsse fünfmal täglich die Gebetszeiten verkünden. Anfangs an den christlichen Kirchturm angelehnt, wandelte sich bald die Form des Minaretts, auch wenn sie nie vereinheitlicht wurde.

Islamisches Architekturbeispiel: Koranschulen (Madrasât)

Die **Moschee** war immer auch ein **Ort der Gelehrsamkeit,** wo religiöse Inhalte weitergegeben und diskutiert wurden. Der aufkommende sunnitische Glaube im späten 10. Jahrhundert erreichte seinen Höhepunkt unter den Zengiden und Ayyubiden. In dieser Zeit entstanden von der Moschee losgelöste **Koran- und Religionsschulen,** sogenannte *Madrasât* (sg. **Madrasa**), eingedeutscht: Medrese. Sie wurden häufig unterstützt durch eine öffentliche Stiftung und erhielten die Einnahmen öffentlicher Institutionen, wie die eines Hammams oder einer Karawanserei. Die **früheste Koranschule,** die man **in Syrien** finden kann, ist die, die der **Mabrak-Moschee in Bosra** angegliedert war.

Die Madrasa in ihrer klassischen Form (die sich aus der persischen Architektur des 10. Jahrhunderts ableitet) folgt einem **kreuzförmigen Plan mit vier Iwanen** (überdachten Nischen), die um einen Hof herum angeordnet sind. Dieses Muster wurde zwar nicht immer, aber sehr häufig eingehalten. Aus diesem Grundriss entstanden in Syrien viele verschiede-

Die Halsbandaffäre – oder: Allahs Sinn fürs Pragmatische

Gottes Wege sind unergründlich, aber er liebte seinen Propheten. Das ist gewiss! Und doch war Muhammad auch nur ein Mann, ein Mann, der aufgrund seiner vielen Frauen immer wieder Eheprobleme hatte. Einmal war es besonders schlimm: **Aischa** wurde des Ehebruchs bezichtigt, und hätte Allah nicht in letzter Minute eingegriffen, hätte Muhammad sich von seiner Lieblingsfrau trennen müssen! Dank sei Allah!

Aischa, die fromme Aischa, die man auch „Mutter der Gläubigen" nennt, wurde des Ehebruchs bezichtigt? Wie konnte es dazu nur kommen?

Die Geschichte ist schnell erzählt: Jedes Mal, wenn der Prophet Medina verließ, nahm er eine seiner Frauen mit sich. Dieses Mal (man schrieb das Jahr 630) nahm er Aischa mit, die 16-jährige Aischa – er: ein alter Mann. Der Prophet wollte eine Schlacht schlagen, die Schlacht gegen den aufständischen Stamm der Mustaliq. Aischa, seine Frau, blieb am Rande in ihrer Kamelsänfte und schaute zu. Natürlich siegte der Prophet, und sie machten sich alle gemeinsam auf den Nachhauseweg. Eine Tagesreise vor Medina ließ Muhammad noch einmal ein Nachtlager aufbauen und Aischa verbrachte die Nacht mit ihm. Kurz bevor die Gruppe am nächsten Morgen aufbrach, ging die junge Frau hinter eine Düne, um dort, na ja, Sie wissen schon. Auf jeden Fall verlor sie dabei ihre Halskette. Einfach so fiel ihr die Kette vom Hals, als sie da hockte und ihre Notdurft verrichtete. Da es eine wertvolle Onyx-Kette war, suchte sie sie natürlich, aber als sie sie endlich gefunden hatte, war die Gruppe schon weiter geritten. Offensichtlich hatten die Träger ihrer Sänfte nicht bemerkt, dass sie leer war, so etwas bemerkt man schließlich nicht immer! Zurück blieb Aischa. Und was tat diese? Sie legte sich unter einen Baum und schlief, denn sie war eine Prophetenfrau und wusste: Allah wird dafür sorgen, dass sie gefunden wird. Und so war es denn auch: Medinas schönster Jüngling, kaum älter als die Gattin Muhammads, hatte die Nacht nicht mit den anderen verbracht und war aus diesem Grunde zurückgeblieben, gaaaanz zufällig! Natürlich sprach Aischa kein einziges Wort mit ihm, aber sie ließ sich von ihm auf sein Kamel helfen und beide ritten nach Medina.

Ihre Ankunft dort verursachte einen Aufschrei: ein Mädchen, ganz wunderschön und kokett, ein Mann, jung und kräftig, alleine in der Wüste, ganz klar, was sich da zugetragen hatte. Die Mäuler hielten nicht still, das „arabische Telefon", das einander Zurufen von Neuigkeiten, tat seinen Dienst. Muhammad musste reagieren. Er mied Aischa, die daraufhin erst gewahr wurde, was man über sie in Umlauf brachte. Gänzlich unschuldig, erzählte sie ihm die ganze Wahrheit, nämlich, dass sie ihr Halsband verloren und Safwan ihr das Leben gerettet habe, in dem er sie nach Medina brachte. Kein Wort, keine Berührung, der Prophet solle ihr vertrauen. Dieser war hin und her gerissen. Einerseits wollte er Aischa glauben, er liebte sie. Andererseits, wenn sie in betrogen hatte ... Hinzu kam, dass Muhammad begann, sich vor seinen Brüdern lächerlich zu machen, die forderten, Aischa zu verstoßen. Muhammad meditierte. Und dann kam die Erleuchtung! Allah, wie sehr muss er den Propheten geliebt haben, sandte einen Koranvers, genau zur rechten Zeit (Sure 24, Vers 11-17): Diejenigen, welche eine Lüge gegen Aischa vorgebracht haben, sind nur ein paar (...). Jedem einzelnen von ihnen wird das angerechnet, was er an Sünde getan hat, und der Haupttäter hat eine gewaltige Strafe zu erwarten. Warum habt ihr euch denn, als ihr es gehört habt, nicht gesagt, das ist eine Lüge? Warum habt ihr keine gute Meinung von Aischa gehabt? Und warum habt ihr keine vier Zeugen gebracht? Nachdem sie die erforderlichen vier Zeugen nicht gebracht haben, gelten sie vor Gott als Lügner (...). Gott ermahnt euch, nie wieder so etwas zu tun! Aischa war gerettet! Und mit ihr das Ansehen des Propheten!

Was an jenem Tag in der Wüste geschehen ist, ob Aischa sich des Nachts weggeschlichen hat, um mit dem hübschen Safwan zu poussieren, wer weiß es? Dass diese Affäre aber bis heute ein unerschöpfliches Thema für Theologen ist, zeigt die Fülle an Literatur, die darüber geschrieben worden ist.

22 Jahre nach dieser Geschichte hatte Aischa endlich eine Gelegenheit, sich für die damals erlittene Schmach zu rächen. Sie beschuldigte Ali, den Cousin und Schwiegersohn des Propheten, der damals vor 22 Jahren verlangt hatte, dass sich der Prophet von der Ehebrecherin lossagte, er sei an der Ermordung seines Vorgängers, des dritten Kalifen Uthman, beteiligt gewesen. Mit Hilfe anderer Ali-Gegner schwang sie sich in ihre Kamelsänfte (welch Symbolik!) und führte eine Schlacht gegen den vierten Kalifen. Sie verlor die Schlacht, nicht aber ihr Leben. Die **Kamelschlacht,** sogenannt, weil Aischa sie von ihrem Kamel aus anführte, war die erste offene Auseinandersetzung zwischen Ali-Gegnern (den späteren Sunniten) und den Ali-Befürwortern (aus denen bald die Schiiten werden sollten).

Ein Halsband hat die islamische Welt geteilt – ob das in Allahs Sinne war?

ne Varianten. Die frühen Schulen hatten häufig Zimmer für die Studenten und Lehrer, später dann, vor allem ab der mamlukischen Ära, wurde der Wohnbereich ausgegliedert. Die Koranschule verlor dadurch an Bedeutung. Eine Revitalisierung erfuhren Madrasât in osmanischer Zeit. Schulen wie die Tekkiye Sulaimaniya in Damaskus zeugen davon.

Den meisten Koranschulen ist eine Moschee beigefügt, häufig auch das Mausoleum ihres Stifters. Insbesondere in Damaskus finden sich viele Beispiele dafür. Heute werden die wenigsten Madrasât noch als solche genutzt.

Nähere Informationen zum Thema gibt das gute, übersichtliche Buch „Islam: Kunst und Architektur", erschienen beim Könemannverlag, hrsg. von M. Hattstein und P. Delius.

Islamische Kunst

Im Islam herrscht ein **Bilderverbot.** Dieses Verbot ist **nicht koranisch,** sondern geht auf einem **Ausspruch des Propheten** zurück. Aischa, die Lieblingsfrau des Propheten und eine der wichtigsten Quellen für die Worte des Propheten, soll folgende Begebenheit erzählt haben: „Der Gesandte Gottes kam von einer Reise zurück. Ich hatte auf eines meiner Simse ein Tuch von mir gelegt mit Abbildungen. Als der Gesandte Gottes es erblickte, ergriff er es, zerriss es und sagte: Die schlimmste Strafe beim Jüngsten Gericht werden jene erleiden, die die Schöpfung nachgeahmt haben." Diese Überlieferung hat die Kunstgeschichte in der islamischen Welt geprägt. Kein sakraler künstlerischer Gegenstand wird je mit einer Abbildung versehen sein. Auswirkungen hatte das islamische Bilderverbot vor allem auf die **Kalligrafie,** die nun verstärkt angewandt wurde. Sie ersetzte in der islamischen Welt die Malerei und bildet bis heute die einzige Verzierungsvariante in Moscheen.

Unter den Kalligrafen haben sich besonders die Osmanen hervorgetan. Man sagt: Der Koran wurde im Hidjaz offenbart, in Ägypten rezitiert und in Istanbul aufgeschrieben. Das deutet auf die Bedeutung der Osmanen in dieser Kunstrichtung hin.

Was aber genau ist die Kunst der Kalligrafie? Während die westliche Kunst immer darauf bedacht ist, stets Neues zu kreieren, besteht das **Wesen der Kalligrafie** in der **Wiederholung,** denn in der Wiederholung liegt Gottes Segen. So sagt es der Koran und beweist diese Aussage durch seine immer wiederkehrenden Verse.

Die Kalligrafie gilt als ein wesentlicher Teil des **„Mysteriums",** das den Islam ausmacht. Indem eine ununterbrochene Kette von Meistern sie an die nachfolgenden Generationen weiter gibt, dient diese spezielle Schriftkunst dazu, die Ehrfurcht des Menschen vor dem Wort Gottes, das in arabischer Sprache offenbart wurde, aufzuzeichnen. Hierbei kann die **Heiligkeit der Worte** mit der **Schönheit ihrer Schreibweise** unterstrichen werden. Kalligrafie ist **zeitlos,** und der beste Kalligraf ist derjenige, der es schafft, die ererbten Formen der Schriftkunst zu meistern. (Unter www.arabiangallery.com – der Website eines syrischen Kalligrafen – findet man jede Menge sehenswerter schöner Kalligrafien.)

Ähnliches gilt für die **Ornamentik.** Diese ist allerdings religiös weniger aussagekräftig als die Kalligrafie, da sie keine Worte Gottes schmückt. Man ist sich bis heute nicht einig, ob Ornamente im Orient einen höheren Zweck haben, „als schön zu sein". Lange Zeit brachte man die Entstehung der Ornamente mit der Angst vor der Leere, der lebensbedrohlichen Leere der Wüste, in Verbindung. Denn während mit der Schriftkunst die Heiligkeit des Korans unterstrichen werden soll, beinhalten Ornamente nichts außer **Mustern und Farben.**

Neuere Erkenntnisse lassen jedoch vermuten, dass ornamentale Kunst durchaus einen religiösen Gehalt hat. Der Schweizer Islamwissenschaftler J. Bürgel erklärt den **Sinn der Ornamentik** mit der immer **wiederkehrenden Form.** Denn die ständige Wiederholung eines Musters kann zu einem Vorgang der **Entrückung** führen, wie sie von einigen Mystikern des Islam gefordert wird. Mit Ornamenten, so zumindest sieht Bürgel es, wird eine **sakrale Schönheit** dargestellt. Die verwirrenden und faszinierenden Ornamente des Orients werden unter diesem Gesichtspunkt als ständige Herausforderung zur Verfeinerung der

Land und Leute

syr100 Foto: mb

Kalligrafische Darstellungen im Azem-Palast in Damaskus

Sinne gesehen. Körperliches wird verhüllt, um mittels der Kraft der Fantasie auf einer geistigen Ebene sichtbar zu werden. Die Bedeutung dieses Körpers wird dadurch verstärkt.

Durch das Bilderverbot löst man sich vom Gegenständlichen. Die Aneinanderreihung von sich ständig wiederholenden Mustern schafft eine Ruhe und Ordnung, wie sie auch im Islam erwünscht ist. Denn den Frieden, der vom Islam gepriesen wird, schafft nur Ordnung, genauer: Unter-Ordnung des Menschen unter Gott.

Moderne Kunst und Malerei

Mit **Fateh Muddaress** starb 1999 einer der bekanntesten zeitgenössischen Maler des Landes. Mit ihm ging ein großer Maler, ein Poet, Prosaist und Förderer der Jugend verloren. Seine Rolle in der syrischen Kunstszene war die eines Vorreiters. Muddaress hatte seine eigene künstlerische Sprache entwickelt, die seine Bilder so bemerkenswert macht. Sein Stil vereinigt die Landschaften Syriens mit dem assyrischen und palmyrischen Erbe seines Landes, mystische Symbole sind in seinen Werke ebenso zu finden, wie die Liebe zu dem, was ihn umgibt.

Moderne Kunst ist etwas vollkommen Neues in Syrien, und nur peu à peu etabliert sie sich. Noch immer müssen moderne Maler vor allem von Auftragsarbeiten (wie z.B. Porträtmalerei, Design etc.) leben, doch gibt es inzwischen mehr und mehr das, was man „moderne Kunst" nennt. Neu ist jedoch nicht nur die Kunstform an sich. Neu ist auch, dass der Staat Syrien sie fördert. So gibt es mittlerweile einige Galerien und Ateliers (wie z.B. das *Ateliers des peintures* in Hama), wo moderne Künstler mit staatlichen Mitteln gefördert werden, also Ateliers und Material zur Verfügung gestellt bekommen.

Bezeichnend ist dennoch, dass die größten und wichtigsten syrischen Maler nicht in Syrien leben. International anerkannte Künstler wie Omar Hamdi Marwa oder Abdellatif Samoodi leben außerhalb des Landes.

Wer sich für moderne Kunst interessiert, dem seien Besuche der **Ateliers** empfohlen (siehe bei den einzelnen Städten). Aktuelle Ausstellungen etc. finden sich unter www.whatsonsyria.com unter dem Stichwort „What's on Where".

Musik

So wie es keine „syrische" Malerei gibt, so gibt es auch keine „syrische" Musik. **Syrische Musik ist in allererster Linie arabisch.** So betrachten die Syrer Umm Kulthum, die ägyptische Sängerin, Fairuz, eine Libanesin, oder auch **Abd al-Halim Hafiz,** den ägyptischen Sänger und Schauspieler, als eine(n) der ihren und missachten dabei völlig die Staatsgrenzen. Das, was auf politischer Ebene nicht zu klappen scheint, ist in der Musik möglich: eine über alle Grenzen hinweg funktionierende arabische Einheit.

Westliche Ohren empfinden die arabische Musik oftmals als eher langweilig und monoton. Das gilt in verstärktem Maße für die klassische Musik, die noch nicht durch moderne Instrumente, Rhythmen oder Harmonien für westliche Zuhörer zugänglich gemacht wurde. Dabei ist sie die „Mutter" der neuen Musik, und noch immer bildet sie die Grundlage für die orientalischen Gesänge der Neuzeit.

Musik spielte schon immer eine **wichtige Rolle in der arabischen Gesellschaft.** Bei Feiern, Totenmessen und religiösen Zusammenkünften hatte sie ihre feste Funktion. Derwische ließen sich durch sie in Ekstase versetzen, Sultanen diente sie zur Unterhaltung.

Die **klassischen Instrumente** waren die Flöte (arab. *nay*), der Vorgänger der europäischen Laute (arab. *ud*, mit Artikel *la-ud* = Laute), die Zither (arab. *qanun*) und die Trommeln *Daf, Darbuka* und *Riqq*. Besonderes Gewicht wurde auf Rhythmus und Melodie gelegt; Harmonien spielten nur eine sehr untergeordnete Rolle, weshalb die Musik dem europäischen Zuhörer oft „schräg" vorkommen mag. Die Melodien wurden verschnörkelt, der Rhythmus durch Tonmodulationen auf den Trommeln verstärkt. Hinzu kam die **Entwicklung von Tonräumen** (arab. *maqamat*), die in der europäischen Musik nicht existieren. Dabei wurden den Halbtonschritten Vierteltonschritte eingefügt.

Die klassische arabische Musik setzt sich aus Elementen der persischen, türkischen und indischen Musik zusammen. Ihre erste Blütezeit erlebte sie unter den Abbasiden (750–1258), später wurde sie dann erst wieder in osmanischer Zeit gepflegt und zu neuer Kunstfertigkeit geformt. Durch die Mauren war die arabische Musik auch nach Europa gelangt und beeinflusste dort die Musik jener Zeit. Heute beziehen sich die arabischen Musiker wieder auf diese Traditionen, „adoptieren" die osmanischen Klänge und vermischen sie mit modernen Elementen aus Jazz, Pop und Rock.

Eine Zwischenform arabischer und moderner Musik bilden die Gesänge der **Umm Kulthum.** Sie, der „Stern des Orients", deren „Gesang nicht aus der Kehle kam, sondern aus dem ganzen Körper, der erschauderte", starb 1975, doch ist sie bis heute untrennbar mit der arabischen Musik verbunden. Die Sängerin kam aus einem kleinen Dorf und sang sich, zunächst noch als Junge verkleidet, hinauf in die Kairoer Oberschicht, später dann in die Herzen der Araber.

Nehmen Sie sich einmal Zeit für diese Musik. Löschen Sie das Licht, machen Sie ein paar Kerzen an und hören Sie dann nur der Musik von Umm Kulthum zu, ganz intensiv. Ich bin mir sicher, Sie werden die Magie spüren, die von dieser Musik ausgeht. Sie scheint direkt aus 1001 Nacht entsprungen.

Aber die arabische Musik ist nicht alleine Umm Kulthum. Sänger wie Sayyid Darwish oder **Sabah Fakhri,** zwei der letzten Interpreten der traditionellen Musik, gelten bis heute als Seele der arabischen Sangeskunst. Beide sind auf syrischem Staatsgebiet geboren und gehören zu den bekanntesten Musikern des Mittleren Ostens. Schon

syr096 Foto: mb

Kino-Werbung – immer theatralisch

1940 sang Sabah Fakhri für das nationale Radioorchester und begann seinen rasanten musikalischen Aufstieg. Ähnlich wie Sayyid Darwish und Umm Kulthum singt er vor allem klassische arabische Lieder, wobei auch er – ein Zugeständnis an die Schallplatte – die Lieder stark kürzte. Erstmalig hatte dies die berühmte ägyptische Sängerin gemacht. Alle drei interpretieren in ihren Liedern vor allem arabische Poesie und geben ihr damit die „Seele, die sie verdient“. Besonders beliebt ist Sabah Fakhri in Aleppo, da er dort geboren wurde und die Aleppiner ihn so ganz und gar für sich beanspruchen können – ein Kind ihrer Stadt.

Ein anderer, nicht weniger beliebter Sänger ist **George Wassuf,** auch er syrischer Nationalität. Er hat nun damit begonnen, die Lieder von Umm Kulthum nachzusingen und somit deren Repertoire lebendig zu halten. Ob das wirklich nötig war, sei dahingestellt, aber er macht es gut, wirklich gut, ähnelt seine Stimme doch tatsächlich ein wenig der der alten Diva.

Abd al-Halim Hafiz hingegen, auch er schon seit vielen Jahren tot, verkörpert weniger die traditionelle Musik als vielmehr eine Zwischenform. Als Schauspieler hat er in vielen Filmen mitgewirkt und auch die Musik dafür geschrieben.

Fairuz, die „Botschafterin der Sterne“ فيروز

Fairuz, so sagt man im Nahen Osten, ist eine Perle, eine Nachtigall. Fairuz, so sagt man auch, soll man am Morgen hören. Denn wer Fairuz zum Frühstück hört, dem kann nichts mehr passieren ...

Jeder kennt sie und jeder liebt sie. Taxifahrer, Bauarbeiter, Professoren und Direktoren. Wie ein Wunder kam sie über die arabische Welt. Wer so singt, kann nur eine „Botschafterin der Sterne“ sein, befand der ägyptische Komponist und Starmusiker Muhammad Abd al-Wahab, und brachte damit zum Ausdruck, was viele fühlen.

Ihre Stimme ist unerschütterlich, unverwechselbar. Auch jetzt noch, mit ihren inzwischen über 70 Jahren, klingt sie so, wie ihr Name sie beschreibt, denn „Fairuz“ heißt auf Deutsch türkis: weich, samt und beständig, schillernd, aber nie blendend. Ihre Texte spiegeln das arabische Leben wider, in der sehnsuchtsvollen Traurigkeit vieler Lieder scheint das persönliche, aber auch das gesellschaftliche Leiden durch: der Bürgerkrieg, die palästinensische Tragödie usw. Der palästinensische Schriftsteller Djabra Ibrahim Djabra erklärte einmal, dass Fairuz mit ihrem Gesang das gesamte Gefühlsleben der Araber ausdrücke, und so erklärt sich auch ihr Erfolg.

Aufgewachsen ist Fairuz, die mit bürgerlichem Namen Nuhad Haddad heißt, in Beirut. Seit ihrer Kindheit sang sie auf Schulfesten und während der maronitischen Messe ihrer Gemeinde. Bis sie mit 14 Jahren entdeckt wurde, von Asi Rahbani, ihrem späteren Ehemann. Dieser träumte von einer neuen Stimme, einer Stimme, die **Modernität und Tradition** in sich vereinen würde. Schon 1951 trat Fairuz, unterstützt von Rahbani, mit einer argentinischen Tango-Truppe auf, und aus dieser Zusammenarbeit entstand das arabische Tanzlied – eine typische Fairuz-Spezialität, mit der sie die ländlichen Tänze in den Städten hoffähig machte. Immer mehr vermischten sich westliche Klänge mit denen des Orients, Melodien aus der europäischen Klassik, wie z.B. die 25. Symphonie Mozarts in g-Moll, wurden für ihre Lieder verwendet. Dieses einmalige Gemisch aus Orient und Okzident, diese Melange aus mediterranen Chansons, internationaler Tanzmusik, orientalischer Folklore und Klassik behielt Fairuz auf allen ihren Alben bei, bis heute. Ihre Qualitäten liegen dabei nicht in der Erneuerung. Entscheidend ist die Aura, die diese Musik umgibt, die Melodien, die direkt das Herz berühren – zumindest das der Araber.

In Europa kennt man sie vor allem als Interpretin von Weihnachtsliedern, ihre Stimme ist aus Jean Rocheforts Film „Der Mann der Friseuse“ bekannt. Selten nur tritt sie in Europa auf, und wenn, dann verstehen europäische Konzertgäste anfangs nicht immer, warum der Saal brodelt, warum die meisten arabischen Zuhörer Tränen in den Augen haben. Denn wenn der Vorhang aufgeht und sie steif dasteht, wie eine Ikone, eine ferne schüchterne Göttin, kann man die Frau zunächst nicht mit dieser Stimme in Einklang bringen, die „jubeln kann und lobpreisen, fast in einem kosmischen Sinn“. Aber dann öffnet sie ihren Mund. Und singt. Und aus der wächsernen Maske kommen Klänge, die nahöstliche Zuhörer zum Schluchzen bringen, die sie zwischen den Stuhlreihen tanzen und mitsingen lassen. Spätestens dann verstehen auch die, die Fairuz bisher nicht kannten, warum sich eine Botschafterin der Sterne nicht in Pose werfen, sondern einfach nur singen muss.

Mit **Abd al-Wahab** begann dann der Einzug der Moderne. Er bereitete dem modernen arabischen Schlager den Weg, der durch **Farid al-Atrash,** einen waschechten Syrer aus Suwaida, weiter geführt wurde, indem er westliche Elemente in die arabische Musik einbaute.

Ja, und dann **Fairuz,** die begnadetste Sängerin der Gegenwart (vgl. den entsprechenden Exkurs). In ihrer Tradition konnten viele, vor allem libanesische, Sängerinnen groß werden. Sie, die den einmaligen Stil der Verbindung arabischer und europäischer Stilelemente so meisterlich in Szene gesetzt hat, wurde zum Leitbild moderner Sängerinnen wie **Madjida Rumi** oder **Nadjwa Karam.** Auch **Muhammad Munir,** in Europa vor allem als Held des Kinofilms von Yussuf Shahin, „al-Masir – Das Schicksal", bekannt, passt in diese Schublade.

Wer sich also erst einmal „sanft" in die arabische Musik einhören möchte und dafür bereit ist, auch europäische Stilelemente in Kauf zu nehmen, sollte mit Madjida Rumi beginnen, z.B. mit den Alben „Kalimat" oder „Ibhath anni". Aber auch die eben erwähnte Filmmusik von Muhammad Munir, sogar in Deutschland erhältlich, führt den Hörer behutsam an die arabische Musik heran. Wer diese Musik mag, sollte sich dann unbedingt an Fairuz wagen, denn wer diese Musik nicht zu hören versteht, wird nie tiefer in die arabische Kultur eintauchen können.

Aktuelle Konzerte etc. finden sich unter www.whatsonsyria.com unter dem Stichwort „What's on Where". Viel Interessantes, vor allem Modernes, bietet die sehr schöne Seite www.musicsyria.com.

Literatur

Im Gegensatz zur „Internationalität" der arabischen Musik ist man im Bereich der Literatur besonders stolz auf die Söhne und Töchter der Heimat, die Poetisches und Prosaisches zu Papier brachten.

Unter den syrischen Schriftstellern ist hierzulande vor allem einer bekannt: **Rafik Schami.** Mit seinen wunderbaren Erzählungen aus Syrien verzaubert er Alt und Jung. Er gehört zu den ganz wenigen Schriftstellern, die man tatsächlich als „syrisch" bezeichnen kann (erst mit der Unabhängigkeit 1946 entstand auch wirklich eine syrische Literatur, die sich von palästinensischer oder libanesischer Literatur abheben konnte).

Im Vergleich zu Kairo oder Beirut, die große arabische Dichter hervorbrachten, herrschte in Damaskus nie eine Atmosphäre großer schriftstellerischer Kreativität. Syrien schien für ein ähnlich offenes Klima wie in Ägypten oder dem Libanon noch nicht bereit zu sein. Die großen arabischen Autoren – Nadjib Makhfus, Tayyib Salih, Muhammad Taha – stammen allesamt aus anderen Ländern.

Natürlich hat auch Syrien große Literaten hervorgebracht, wie **Adonis, Zakariya Tamir** oder **Nizar Kabbani.** Doch sie alle leben, wie auch Rafik Schami, außerhalb Syriens. Einer der wenigen syrischen Autoren, der noch im Land lebt und dessen Bücher auch ins Deutsche übersetzt wurden, ist **Abd ar-Rahman Munif.** Er schafft die Gratwanderung zwischen kritischer Prosa und Zensur immer wieder und gehört zu den meistgelesenen syrischen Autoren.

Aufgrund der politischen Änderungen im Land ist davon auszugehen, dass sich neben den immer häufiger auftauchenden Debattierclubs auch wieder **Literatenzirkel** bilden werden. Diese haben unter den arabischen Schriftstellern Tradition und es bleibt zu hoffen, dass in Syrien bald wieder ein so offenes Klima herrschen wird, dass diese Zirkel bestehen können.

Der arabische literarische Stil entspricht nicht unbedingt dem europäischen, und manch ein Leser mag sich über die **blumigen Ausdrucksweisen** wundern. Vor allem die Poesie hat ihre ganz eigenen Ausdrucksformen, und moderne Autoren, zu denen auch der Syrer Adonis gehört, führen diese Poesie zu neuen Horizonten. Es ist dennoch leicht, sich in diesen Stil einzulesen, und wie kann man sich besser auf ein Land vorbereiten, als sich mit seiner Literatur zu beschäftigen.

Im Anhang sind Bücher syrischer und arabischer Autoren aufgelistet, die in deutscher Sprache vorliegen.

Theater

Das Theater ist eine vergleichsweise junge Kunstform in Syrien. Gab es früher nur die sogenannten **Volkstheater,** in denen die Zuschauer während der Vorstellung jubelten, aßen, tranken und rauchten, ist mit der Etablierung des **Internationalen Theaterfestivals** alle zwei Jahre im November in Damaskus das Theater mehr ins Bewusstsein der Syrer gerückt. Auch wenn das Festival schon seit den 1980er Jahren existiert, so ist die Qualität in den letzten Jahren, vor allem aber seit der Öffnung des Landes, deutlich gestiegen. Klassiker wie „Antigone" und „Warten auf Godot", aber auch „Erzählungen aus 1001 Nacht" haben Einzug gehalten, ebenso zeitgenössische Musicals. Eher selten sind nach wie vor kritische moderne Stücke, auch wenn es 2005 einem deutsch-syrischen Theaterteam gelang, das sozialkritische und jahrelang verbotene Stück „Metamorphosen" des syrischen Autors Assadallah Wannus in Damaskus auf die Bühne zu bringen (ein interessanter Artikel dazu findet sich auf der Website von www.qantara.de). Aktuelle Theaterprogramme sind auf der nun schon mehrmals genannten Website www.whatsonsyria.com nachzulesen.

syr132 Foto: mb

Damaskus und Umgebung

syr018 Foto: mb

syr020 Foto: mb

Damaskus, eine lebendige Metropole

Moderne, alte Hauptstadt

Das Hotel Orient Palace: vergangener Glanz

Einige Bemerkungen vorweg

Der Reiseteil beginnt mit Damaskus. Das hat vor allen Dingen den Grund, dass die meisten Reisenden in Damaskus/Airport ankommen. Autoreisende, die von der Türkei anfahren, finden den für sie relevanten „Einstieg" nach Syrien bei Routenteil D. Der **Aufbau** des praktischen Reiseteils ist folgender:

A: Damaskus und Umgebung
B: Der Hauran und das Drusengebirge
C: Das Orontestal und die Mittelmeerküste
D: Aleppo und Umgebung
E: Die Djazira
F: Die Wüste

Jedem Reiseteil wird eine Karte vorausgeschickt, die bei der Orientierung hilft.

Das vorliegende Reisehandbuch versucht, sowohl Autoreisenden als auch Reisenden mit öffentlichen Verkehrsmitteln gerecht zu werden. Bei jedem Ort sind alle Möglichkeiten, öffentliche Verkehrsmittel zu benutzen, angegeben.

Hauptsächlich für Autofahrer sind die vielen Kilometerangaben gedacht. Diese helfen aber nicht nur Selbstfahrern, sondern sind auch für Reisende mit öffentlichen Verkehrsmitteln von Bedeutung, wenn sich auf einer Route Sehenswertes befindet. Sie dienen dann quasi als „Anweisungen" für den Taxifahrer!

Routenübersicht

Damaskus دمشق

↗VI,A3/VIII,B1

Der Prophet Muhammad soll sich beim Anblick von Damaskus standhaft geweigert haben, die Stadt zu betreten, denn: „Der Mensch kann nur ein Paradies haben und meines ist im Himmel". Nicht nur für den Propheten glich diese Stadt dem Paradies. Lange Zeit trug sie den Beinamen **Djannat al-Ard, „das Paradies auf Erden".** Und es ist wohl wahr: Reisende aller Zeiten rühmten die prachtvolle Stadt. Angeschmiegt an den Djabal Qassiun liegt Damaskus am Fluss Barada, der Lebensader der Stadt, und nährt sich von seiner grünen Lunge, der *Ghuta*.

Bis heute ist Damaskus mit Mystik und Orient verbunden. Nur wenige Reisende können sich dem Zauber entziehen, den Damaskus – trotz aller Modernität – noch immer ausstrahlt. Weder sozialistische Plattenbauten noch breite Asphaltschneisen durch die Innenstadt können den Charme der Stadt zerstören, deren Altstadt dank UNESCO-Weltkulturerbestatus langsam und liebevoll renoviert wird. Leider wurde die Bausubstanz der Altstadt zu lange dem Verfall preisgegeben, sodass nicht mehr alles zu retten ist. 2008 wurde Damaskus zur **„Capital of Arab Culture"** gewählt, was mit viel Brimborium und Ausstellungen verbunden war und ganz sicher der Renovierung der Altstadt zugute kam.

Damaskus, auf Arabisch *Dimashq* oder auch *ash-Sham,* ist die Hauptstadt des Landes und mit knapp **2 Millionen Einwohnern** die zweitgrößte Stadt Syriens (nach Aleppo). Hinzu kommen täglich Millionen Pendler aus den umliegenden Dörfern, die zu Stoßzeiten für verstopfte Straßen und Verkehrschaos sorgen. Trotzdem macht Damaskus nicht den Eindruck einer chaotischen Hauptstadt. Obwohl es täglich wächst, gibt es kaum Slumviertel oder Betonburgen. Verglichen mit den anderen Hauptstädten des Nahen Ostens wirkt es noch immer ein wenig verschlafen, ist leicht überschaubar und eher gemütlich als hektisch. Das heißt nicht, dass die Moderne an Damaskus vorbeigegangen wäre. Auch hier, in der ältesten Stadt der Welt, in der ersten Hauptstadt des islamischen Reiches, gibt es moderne Hochhausviertel, mondäne Villenvororte und schicke Einkaufsstraßen.

Geschichte

Damaskus gilt als die älteste durchgehend bewohnte Stadt der Welt. Hier soll Kain den Abel erschlagen haben, hier ist Saulus zu Paulus geworden und durchschritt die Via Recta, die Gerade Straße.

Das Alte Testament liefert uns die erste Quelle über Damaskus, ein genaues Gründungsdatum der Stadt nennt es allerdings nicht. Bei Ausgrabungen hat man ein urbanes Zentrum aus dem 4. Jahrtausend v.Chr. gefunden; eine längere Besiedlung wird vermutet, ist aber nicht nachgewiesen.

Seit dem 1. Jahrtausend v.Chr. war Damaskus **Hauptstadt der Aramäer,** die mehrere Jahrhunderte lang in Damaskus herrschten. Am **Knotenpunkt wichtiger Karawanenstraßen** gelegen, wo sich schon früh ein reger Austausch mit Mesopotamien, Ägypten, dem Hidjaz und den benachbarten Küstenregionen entwickelte, entstand hier unter ihrer Herrschaft um 1000 v.Chr. ein Kultplatz mit einem Heiligtum, das dem Wettergott Hadad geweiht war. Später herrschten Israeliten, Assyrer, Babylonier und Achämeniden über die Stadt.

333 v.Chr. eroberte **Alexander der Große** Damaskus, **64 v.Chr.** wurde aus der griechischen eine **römische Metropole.** Reste des römischen Jupiter-Tempels finden sich bis heute im Areal der Umayyaden-Moschee, auch Teile der Stadtmauer und die im Neuen Testament erwähnte Gerade Straße (heute die Sharia Medhat Pasha mit der Verlängerung Sharia Bab Sharqi) gehen auf die Römer zurück.

Das Stadtbild wurde erst unter islamischer Regie wesentlich verändert. Zwar hatten die **Byzantiner,** die die Stadt zwischenzeitlich beherrschten, einige Kirchen errichten lassen und den ehemaligen Jupiter-Tempel in eine Basilika umgebaut, die Johannes dem Täufer geweiht war – die Stadt hatte ihr Bild jedoch weitgehend behalten.

syr001 Foto: lh

661 wurde Damaskus unter dem Kalifen Mu'awiya Hauptstadt des jungen islamischen Reiches. Mit dem Islam setzte sich innerhalb nur eines halben Jahrhunderts die arabische Sprache durch. Bald hatte Damaskus den Charakter einer „heiligen Stadt". In der Hauptkirche der Stadt ließ der Kalif al-Walid I. ab 705 unter Verwendung eines Teils der antiken Mauern die Große Moschee der Umayyaden umgestalten.

750 verlor Damaskus unter den Abbasiden seinen Rang als Hauptstadt des islamischen Reiches. Dadurch versank es bis zum Ende der Abbasidenherrschaft 1278 in einen Dornröschenschlaf. Nur unter dem Zangiden Nur ad-Din und der nachfolgenden Ayyubiden-Dynastie (Saladin) erlebte die Stadt nochmals eine kulturelle Blütezeit, die jedoch **1260** durch den **Mongolensturm** jäh beendet wurde. Im gleichen Jahr übernahmen die Mamluken, welche den Mongolensturm aufhalten konnten, die Macht, und die Herrschaftsresidenz wurde zeitweise von Kairo nach Damaskus verlegt. Unter einem zweiten Mongolensturm hatte Damaskus schwer zu leiden. Timur Lenk, ein brutaler mongolischer Eroberer, brachte die Stadt 1400 an den Rand des Ruins.

Prachtvolle Ornamentik
am Eingang zur Ruqqaya-Moschee

1517 wurde Syrien Teil des Osmanischen Reiches, das zeitweise große Teile Südsyriens und fast die gesamte arabische Welt umspannte. Damit begann eine neue Blütezeit für die Stadt. Vor allem die Familie al-Azm, die im 18. Jahrhundert hier herrschte, bescherte ihr wahre Prachtbauten.

Ende 1918, mit dem Ende des Osmanischen Reiches, gelang es den Europäern dann – unterstützt durch den Arabischen Aufstand – Damaskus einzunehmen, und die Stadt wurde für kurze Zeit **„Hauptstadt des Arabischen Großreiches".** Das Glück hielt nur kurz an, 1920 wurde Damaskus von den Franzosen besetzt. 1946 wurde Damaskus Hauptstadt des neuen Staates Syrien, nachdem die Franzosen ihre Herrschaft mit einem letzten Bombenabwurf beendet hatten.

Orientierung

Damaskus wird im Nordwesten vom Antilibanon, genauer gesagt vom Djabal (arab. Berg) Qassiun begrenzt, ist aber nach Süden und Osten hin offen zur Wüste. Vom Antilibanon zieht sich der Fluss Barada von Nordwesten durch die Stadt, wo er dann südöstlich weiter die **Ghuta** durchfließt.

Die Stadt breitet sich jedoch mehr und mehr in den **Oasengürtel** aus: Häuser ziehen sich den Berg hinauf, Stadtviertel wie Rukn ad-Din, Shaikh Muhi ad-Din und Barzi bedecken fast zwei Drittel des Berges, und die Zersiedelung geht weiter.

Die für den Touristen interessante Innenstadt wird durch zwei große Stra-

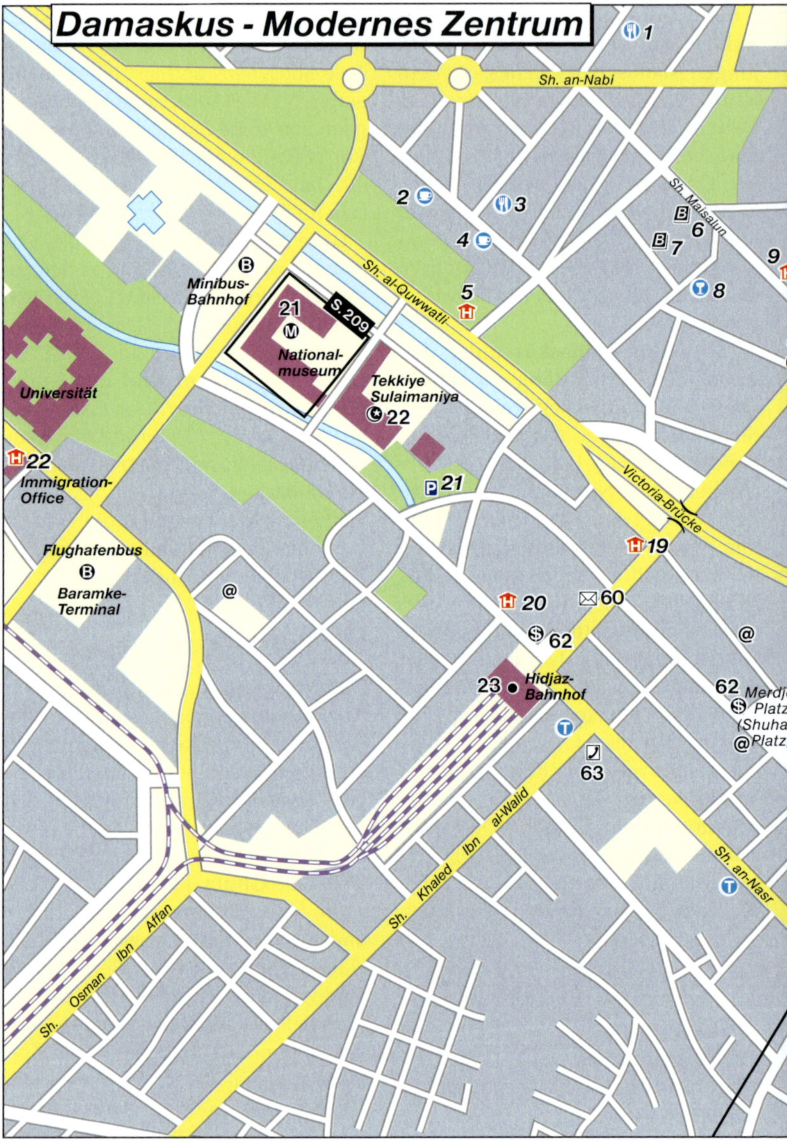
Damaskus - Modernes Zentrum
1
Sh. an-Nabi
2
3
4
Sh. Maisalun
6
7
9
8
5
Sh. al-Quwwatli
Minibus-
Bahnhof
21
S. 209
National-
museum
Tekkiye
Sulaimaniya
22
Universität
22
Immigration-
Office
21
Victoria-Brücke
19
Flughafenbus
Baramke-
Terminal
@
20
60
62
@
23
Hidjaz-
Bahnhof
62
Merdj
Platz
(Shuha
Platz)
63
Sh. Khaled Ibn al-Walid
Sh. an-Nasr
Sh. Osman Ibn Affan

21 Nationalmuseum
22 Handwerker-Suq
23 Hidjaz-Bahnhof
36 Ward-Moschee
37 Ward-Hammam
38 Hist. Museum
39 at-Tauba-Moschee
40 Madrasa Nahassin
41 al-Djauza-Moschee
42 Hammam as-Sultan
43 al-Aqsab-Moschee

60 Post
62 Banken
63 Telecom

1 Restaurant Baituna
2 Café Costa
3 Restaurant Taj Mahal
4 Moka (Eiscafé)
5 Hotel Four Seasons
6 Nobel Buchladen
7 Avicenne Buchladen
8 Jackson's Bar
9 Hotel Cham-Palace
10 Tourist-Information
11 Hotel al-Majed
12 Hotel al-Diwan
13 Französisches Kulturinstitut
14 Starcrossed Lovers Café
15 Café Laroche
16 Hotels al-Haramain und al-Rabie
17 Café Arabisk
18 Hotel Ghazal
19 Hotel Semiramis
20 Hotel Sultan
21 Parkhaus
22 Hotel Amer

@ Internetcafés
traditionelle Teehäuser

0 200 m

ßen aufgeteilt: die **Sharia** (arab. Straße) **al-Quwwatli** und die **Sharia ath-Thaura.** Wichtige Orientierungspunkte sind außerdem der **Umayyadenplatz** im Westen der Stadt (Verkehrsknotenpunkt Richtung Westen), der **Abbasidenplatz** im Norden (Verkehrsknotenpunkt Richtung Norden und Osten) sowie der **Hasan al-Kharat-Platz** am **Bab Kissan** und das **Bab Musalla (Yarmuk-Platz)** südöstlich der Altstadt (Verkehrsknotenpunkte Richtung Süden).

Die **Innenstadt** teilt sich in die **Altstadt (Zentrum),** das Viertel um den **Merdje- bzw. Shuhada-Platz** (nordwestlich davon), die **Neustadt** mit der Nobel-Flaniermeile Abu Rummaniye und das **Botschaftsviertel Mezze** (mit der Uni im äußersten Südwesten).

Ein kleines Problem stellt die **neue Namensgebung von Plätzen und Straßen** dar. Meist kennen Bewohner und Taxifahrer die Plätze und Straßen nur unter ihrem alten Namen, während auf den Stadtplänen meist die neue Bezeichnung verwendet wird. Zur Erleichterung sind bei wichtigen Orientierungspunkten beide Bezeichnungen angegeben.

Orientierungshilfe für Reisende mit öffentlichen Verkehrsmitteln

Grundsätzlich gilt: Im Stadtplan sind, damit man sich leichter orientieren kann, so weit wie möglich alle Ankunftsorte eingezeichnet!

- **Ankunft mit dem Flugzeug:** Zwischen 5 und 24 Uhr verkehrt 20-minütig ein Airportbus (Kosten: 35 Lira, Fahrtzeit ca. 1 Std.), Abfahrt/Ankunft vom Flughafen rechts vor dem Gebäude, Ankunft/Abfahrt in Damaskus am Baramke-Terminal. Taxis vom Flughafen sind direkt in der Flughafenhalle zu organisieren. Kosten für ein einfaches Taxi nachts ca. 1000, tagsüber 600 Lira. Wem die Preisverhandlungen mit den gängigen Taxis zu lästig sind, kann sich auch bei Transtour zum festen Preis ein Taxi zum Flughafen bestellen; Zentrale im Meridien-Hotel. Hier kostet das Taxi den Festpreis von 600 Lira.
- **Ankunft mit dem Zug:** Der **Bahnhof Khaddam** liegt am südwestlichen Ende der Stadt. Direkt gegenüber vom Bahnhofsgebäude stehen bereits die Stadtbusse, die einen ins Zentrum bringen (am besten, man fragt den Fahrer oder andere Mitreisende nach dem Stadtzentrum: arab. *Merkez al-Medina*). Der Bus kommt dann am großen Busbahnhof oder am Hidjaz-Bahnhof an. Taxis vom Bahnhof dürfen nicht mehr als maximal 50 Lira kosten.
- **Ankunft mit dem Bus oder Minibus:** Es gibt in Damaskus vier Minibus- bzw. Busbahnhöfe. Zunächst **Baramke** im Stadtzentrum für den Flughafenbus. Weitaus wichtiger ist der Busbahnhof **Harasta** für die Busse aus dem Norden bzw. nach Norden (an der Ausfahrtsstraße nach Aleppo): Hier fährt auch ein Flughafenbus ab, vor allem aber fahren hier sämtliche Busse (in Syrien Pullmannbusse genannt) nach Norden, Osten und Westen (Aleppo, Palmyra, Dair az-Zur, Homs, Hama, Mittelmeer etc.). Der neue Busbahnhof **Sumariye (St. Marie)** ist für Busse und Sammeltaxis nach Jordanien und in den Libanon. Außerdem kommen hier auch die Minibusse aus Bosra, Bludan und Zabadani an bzw. fahren von hier ab. Der vierte Busbahnhof ist **Garadjat Suwaida** beim Bab Musalla (südlich der Altstadt). Von hier verkehren die Busse und Minibusse nach Deraa, Suwaida, Bosra und Shahba. Da die Pullmann-Busstationen recht weit draußen liegen, lohnt ein Taxi: Kosten (je nach Verhandlungsgeschick) zwischen 100 und 150 Lira. Nach Baramke und Garadjat Suwaida kosten Taxis vom Zentrum rund 50 Lira.
- **Ankunft mit dem Sammeltaxi vom Libanon und Jordanien:** Abfahrt und Ankunft der Sammeltaxis in die benachbarten Länder ist am Busbahnhof Sumariye (s.o.).

Orientierungshilfe für Autoreisende

Autofahrer müssen in Damaskus auf eine geschlossene Umgehungsstraße verzichten. Dennoch gibt es gute und große Ausfahrtsstraßen, die zudem mit recht übersichtlichen Hinweisschildern ausgestattet sind.

- **Durchfahrung von Norden nach Süden:** Wer von Norden kommt, folgt zunächst den Hinweisschildern und gelangt so auf die große Einfallstraße nach Damaskus. Bei der ersten größeren Abfahrt folgt man der Beschilderung zum Abbasidenplatz/Airport (häufig mit Airprot wiedergegeben). Nach wenigen hundert Metern fährt man über einen großen Platz voller Servicebusse. Hier geht es weiter geradeaus in eine vierspurige Straße, deren Mittelstreifen mit Palmen gesäumt ist. Sie führt auf den Abbasidenplatz, erkennbar am großen Stadion linker Hand. Diesen umfährt man fast vollständig und nimmt die Straße, die direkt rechts am Stadion vorbei führt, bis man zu einem etwas komplizierten Abzweigesystem gelangt. Hier muss man sich an die Hinweisschilder (Derâa, Sweida, Airprot) halten. Die Straße führt nun entlang der alten Stadtmauer und stößt direkt auf den Hassan al-Kharrat-Platz beim Bab Kissan. Hier beginnt die Autobahn zum Flughafen und verläuft nach Sayyida Zainab und Suwalda. Wer Richtung Jordanien, Deräa oder Qunaitra möchte, biegt am Bab Kissan nicht links ab, sondern fährt weiter geradeaus über den Platz. Die Straße führt dann direkt zum Bab Musalla, einem weiteren großen Kreisel (auf den Stadtplänen mit „al-Yarmuk" bezeichnet). Auch hier finden sich große Hinweisschilder, die direkt auf die Autobahn nach Derâa/Jordanien und nach Qunaitra leiten.
- **Durchfahrung von Norden nach Westen (auch Anfahrt von Norden ins Zentrum):** Wer direkt in den Libanon weiter möchte, folgt zunächst der Stadtautobahn, bis diese aufhört (die erste große Kreuzung, daran erkennbar, dass rechts die Bäume aufhören). Hier biegt man links ab (Beschilderung in Richtung Center/Zabadani/Beirut). Bei der nächsten größeren Gabelung (nach ca. 300 m) geht es wieder rechts ab. Die Straße führt nun über einen kleinen Kreisel weiter geradeaus bis zum 17. Nissan-Platz mit der großen Zentralbank, dem weißen Gebäude am Kopfe des Platzes. Ins Zentrum geht es nun links in die vierte Straße bei der Umfahrung ab. Nach Beirut fährt man um den Platz und biegt dann in die Straße ein, die die direkte Verlängerung der Straße ist, von der man gekommen ist. Dieser folgt man, bis sie nach einem guten Kilometer auf die große Quwwatli-Straße stößt, die man rechts bis zum Umayyadenplatz weiterfährt. Auch diesen Kreisel umfährt man und biegt bei der dritten Möglichkeit ab, der Beschilderung folgend nach rechts in Richtung Bludan, Zabadani, Beirut. Kurz danach beginnt die Autobahn nach Beirut.
- **Durchfahrung von Süden nach Norden (auch Anfahrt von Süden ins Zentrum):** Im Großen und Ganzen kann man der Beschreibung von Nord nach Süd auch in umgekehrter Richtung folgen. Der wichtigste Orientierungspunkt ist bei dieser Durchfahrung der Platz Bab Musalla (al-Yarmuk), erkennbar an der großen Moschee rechter Hand. Folgt man der Beschilderung Aleppo/Center, führen die Autobahn von Süden und die alte Straße direkt an diesen Platz. Die Straße links der Moschee verläuft nach Norden und auch ins Zentrum geht es hier weiter. Während man aber nach Norden die Straße weiter bis zum Bab Kissan (auf den Stadtplänen als „Hassan al-Kharrat-Platz" bezeichnet) fährt, biegt man ins Zentrum bei der ersten Möglichkeit links ab und folgt der Straße, die direkt am Suq al-Hamidiye herauskommt. Kommt man von Suwaida bzw. der Flughafenstraße, beginnt die Stadtumfahrung erst beim Bab Kissan. Von hier geht es nach Aleppo entlang der alten Stadtmauer, immer der Straßenführung folgend bis zum Abbasidenplatz. Den Platz rechts umfahrend kommt man dann über den zweiten Abzweig rechts zur Stadtautobahn. Die Straße endet an einem weiteren Kreisel (namenlos). Von hier geht die Autobahnauffahrt nach Aleppo ab, die Bergstraße nach Sayyid Naya und Maalula geht weiter geradeaus unter der Stadtautobahn hindurch.

- **Durchfahrung von Westen nach Norden (auch Anfahrt von Westen ins Zentrum):** Wer von Beirut auf der Autobahn kommt, folgt der Beschilderung Aleppo. Die Autobahn endet kurz oberhalb des Umayyadenplatzes, dem wichtigsten Orientierungspunkt für Reisende aus dieser Richtung. Auch die alte Landstraße von Beirut und dem Baradatal endet hier. Vom Umayyadenplatz nimmt man die Straße, die rechts der großen Asad-Bibliothek entlang führt, der Sh. al-Quwwatli. Dieser folgt man bis zum Ende bei der Thaura-Brücke im Stadtzentrum. Hier biegt man links ab (Richtung Süden geht es hier nach rechts zum Bab Musalla) und folgt der Straße, bis man rechter Hand eine große Grünfläche sehen kann (knappe 1,5 km). Die Straße vor dieser Grünfläche ist die Stadtautobahn, die auf die große Autobahn Richtung Aleppo führt.

Sehenswürdigkeiten

Wer von sich selbst behauptet, das Paradies auf Erden zu sein, muss natürlich einiges zu bieten haben, um diesem Ruf gerecht zu werden. Ganz klar, in Damaskus gibt es eine Menge klassischer Sehenswürdigkeiten zu entdecken: Hervorzuheben sind die Umayyaden-Moschee, die Suqs und Khane sowie der Azm-Palast. Damaskus lässt sich aber nur zum Teil durch diese Highligts allein erleben. Wer ein wenig das Damaskus „fühlen" möchte, von dem die Philosophen und Reisenden sprachen, die von der „Perle des Morgenlandes" schwärmten, sollte sich ein paar Tage Zeit für die Stadt selbst nehmen.

Im Folgenden werden **vier Spaziergänge** vorgestellt, die sicherlich einen guten Eindruck von Damaskus und seinen Kulturbauten vermitteln. Dennoch sollte man sich nicht scheuen, auch außerhalb der von mir beschriebenen Wege zu schlendern. Gerade da, wo es eigentlich „nichts" zu sehen gibt, findet man das echte Damaskus, das, was die Stadt ausmacht: die Lebendigkeit des Alltäglichen.

Es hätte wenig Sinn, alles sehen zu wollen, deswegen wurden die absoluten **Höhepunkte der Rundgänge mit einem Sternchen (*) versehen; die Ziffern hinter den Sehenswürdigkeiten** beziehen sich auf den Altstadtplan zu Damaskus (Atlas XII) sowie den Plan „Salihiya-Viertel". Große Teile des ersten Spazierganges sind „Pflicht" für jeden Damaskus-Besucher, denn er beinhaltet fast alle wichtigen Sehenswürdigkeiten der Stadt. Aber auch bei den folgenden wäre es sehr schade, sie nicht gegangen zu sein, da man das meiste der schönen Stadt verpasst hätte – außer den Highlights eben.

Zwei praktische Hinweise vorab

- Da die Stadt sowieso schon mit Autos verstopft ist, **lohnt** sich **Selbstfahren nicht:** Wo auch immer man wohnt, ein Taxi kostet tagsüber nie mehr als 50–100 Lira (weite Strecke), nachts (d.h. nach Mitternacht) nie mehr als 150 Lira (auch weite Strecke)! Die wichtigsten Sehenswürdigkeiten sind alle einfach, z.T. sogar nur zu Fuß, erreichbar.
- Man sollte seine **Besichtigungstour nicht an einem Dienstag** machen, da an diesem Tag fast alle Museen, Gebäude und Schulen geschlossen sind. Einen Einkaufsbummel durch die Suqs sollte man nicht an einem Freitag planen. An diesem Tag wirkt der Bazar wie ausgestorben, und man wird bei der Souvenirsuche sicherlich leer ausgehen.

Spaziergang Nr. 1: Die Altstadt

Ausgangspunkt des Rundwegs ist die **Zitadelle.** Wer zuerst die Zitadelle

syr002 Foto: mb

in Aleppo gesehen hat und nun Ähnliches erwartet, wird enttäuscht sein. Nicht nur, dass die Damaszener Zitadelle seit Jahren restauriert wird und aus diesem Grunde noch immer nicht besichtigt werden kann, sie ist auch lange nicht so spektakulär anzusehen wie ihre Aleppiner Entsprechung. Das liegt zum einen an ihrer Lage, zum anderen aber auch an ihrer Geschichte. Während die Zitadelle in Aleppo auf eine tausende Jahre alte Historie zurückblicken kann, wurde diese Zitadelle erst im Jahr 1078 gegründet. In ihr herrschten Saladin, Nur ad-Din und Baibars, und sie war einer der Hauptstützpunkte der Muslime gegen die Kreuzritter. Das, was heute von der Zitadelle zu sehen ist, entstammt jedoch erst dem 13. Jahrhundert. Von den Mongolen stark beschädigt, wurde sie unter den Osmanen gründlich renoviert und als Militärbasis genutzt. Diese Funktion hielt sie auch unter der französischen Besatzungszeit bei. Bis 1985 war sie ein Gefängnis, seitdem versucht man, ein Museum daraus zu machen. Immer wieder finden kulturelle Veranstaltungen im Inneren der Zitadelle statt.

Rechts neben der Zitadelle befindet sich der Eingang zum **Suq al-Hamidiye***. Hier beginnen die lebendigen Suqs der Stadt. Sie wurden Ende des

Im Gewürzsuq

18. Jahrhunderts von Muhammad Pascha, einem osmanischen Gouverneur, auf den Grundmauern der römischen Säulenstraße, die zum Jupitertempel führte, gegründet und haben seitdem immer wieder zum Teil starke Veränderungen durchgemacht. Die überdachte und lebendige Straße führt immer geradeaus zur Umayyaden-Moschee. Sie gehört ins Pflichtprogramm jedes Reisenden, weshalb sich hier einige Souvenirgeschäfte reihen, deren Besitzer in ihrem Wunsch, etwas zu verkaufen, durchaus penetrant werden können.

Der **Suq*,** d.h. die „Hauptstraße" und die vielen Nebengassen, bilden das **Herz der Altstadt.** Es lohnt sich, mal rechts und mal links in die Seitengassen abzuweichen und sich umzusehen. Ein Verirren ist fast nicht möglich, die Gassen orientieren sich beinahe alle in Richtung der Umayyaden-Moschee. In den Seitengassen der linken Seite findet man Dinge des alltäglichen Bedarfs, Plastikwaren, Küchenutensilien, Spielsachen, Schreibwaren und Kämme; in den Seitenstraßen rechts gibt es eher Textilien, Stoffe und Kleidung. Am Ende der Suqstraße kann man noch die Reste eines riesigen römischen Portals sehen, das einst den Eingang zur Außenanlage des Jupiter-Tempels bildete. Kurz vor den Säulen geht es rechts in den Seidensuq, geradeaus sieht man vor sich die **Umayyaden-Moschee,** das **Wahrzeichen der Stadt.**

Als Tourist geht man links am Gebäude entlang. Am Ende der Umfassungsmauern sind rechts in der ersten Gasse auf der linken Seite der Ticketschalter und Umkleideraum. Hier zahlt man ein geringes Eintrittsgeld und frau erhält ein mantelartiges Gewand mit Kapuze (Eintritt 50 Lira). Man folgt weiter den Moscheemauern und erreicht nach ca. 100 m einen offenen Platz. Das Saladin-Mauloseum befindet sich nun links, zur Moschee geht es noch ein Stück weiter geradeaus. Wir beginnen die Besichtigungstour mit dem **Saladin-Mausoleum (1),** einem Kuppelbau aus dem 12. Jahrhundert, der zwei Sarkophage enthält. In dem linken Sarg liegen die sterblichen

syr004 Foto: mb

Eines der Minarette der Umayyaden-Moschee

Überreste des großen Saladin *(Salah ad-Din)*, der 1193 starb. Über Jahrhunderte lagen die Gebeine Saladins in einem einfachen Sarg, da der große islamische Herrscher ohne privaten Reichtum starb. Der heute reich verzierte Sarg wurde von Kaiser Wilhelm II. gestiftet, der auch die Restaurierung des Grabes 1898 initiierte. Er befand sich auf einer Pilgerreise ins Heilige Land und kam auch nach Damaskus, um dem großen Krieger die Ehre zu erweisen (und natürlich, um gut Wetter beim osmanischen Sultan Abdül Hamid zu machen). Die Silberlampe über dem Grab trägt die Monogramme des Kaisers und Saladins.

Nicht vollständig geklärt ist, wer in dem reich verzierten Holzsarg liegt, der neben dem Saladins steht. Er stammt aus dem 12. Jahrhundert und beherbergt möglicherweise den Sekretär des großen Kriegers. Denkbar ist aber auch, dass dieser Sarg leer ist oder gar Saladin selbst in ihm ruht. Ich fand manchen Hinweis darauf, dass die Osmanen Saladin zwar umbetten wollten, es aber nicht wagten, den Herrscher zu beleidigen, weswegen sie den geschenkten Sarg leer neben den alten stellten. Ob eine spätere Umbettung vollzogen wurde, ist unbekannt.

Eine Geschichte, die syrische Reiseführer mit besonderer Vorliebe erzählen, ist die des französischen Generals Gouraud, der nach dem Sieg in der Schlacht von Maisalun 1918 das Mausoleum direkt aufgesucht und gerufen haben soll: „Saladin, wir sind wieder da!" Und stolz verkünden sie dann, dass auch dieser Sieg den Franzosen nicht viel geholfen habe ...

Die Inschrift in Blau gegenüber dem Eingang stammt aus dem 18. Jahrhundert und wurde von den Osmanen hier angebracht.

Das Mausoleum ist von 9–17 Uhr geöffnet.

Das Grab im Rücken wenden wir uns nun der **Umayyaden-Moschee*** zu. Sie darf von Frauen nur mit Verschleierung betreten werden und ist von 9–17 Uhr geöffnet (außer zu den Gebetszeiten). Die Moschee ist im inneren Hof des einstigen Jupitertem-

syr003 Foto: mb

Umayyaden-Moschee:
Verschnaufpause am Innenhof-Brunnen

Die Umayyaden-Moschee – Zankapfel zwischen Christen und Muslimen

Am 5. Mai 2001 traf Papst Johannes Paul II. in Damaskus ein. Auf den Spuren des Apostels Paul besuchte er die Hauptstadt des Landes und vollzog dabei bisher Unvorstellbares: Zusammen mit Syriens Obermufti betrat Johannes Paul als erster Pontifex der Kirchengeschichte ein muslimisches Gotteshaus, die Umayyaden-Moschee, und betete dort gemeinsam mit seinem „Kollegen". Neben der Annäherung von Muslimen und Christen, die damit bezweckt werden sollte, war dem Papst vor allem der Besuch der Gebeine von Johannes dem Täufer, die inmitten der Moschee liegen, ein Bedürfnis. Dieser gilt in beiden Religionen als Heiliger. Der Besuch des Papstes illustriert die Bedeutung der Umayyaden-Moschee, er zeigt, welche Sonderrolle sie für Christen und Muslime bis heute spielt.

Mit dem Bau der Moschee wurde 705 begonnen. Damit begann die **Geschichte** der Moschee, nicht aber die des Standortes. Diese reicht wesentlich weiter zurück: Schon im 2. Jahrtausend v.Chr. war die Stelle, auf der sich heute die Moschee befindet, ein wichtiger Kultplatz, an dem man dem Wettergott Hadad huldigte. Unter den Römern wurde der Tempel Jupiter geweiht und immer wieder ausgebaut und erneuert. Das eigentliche Tempelareal reichte weit über die heutigen Mauern hinaus (in der Altstadt findet man immer wieder Säulenreste von diesem Tempel) und wurde ein zentraler Kultplatz. Unter den Byzantinern wurde der Tempel zu einer Basilika umgestaltet, die Johannes dem Täufer geweiht war.

Als die Muslime 635 Damaskus einnahmen, änderte das nichts an der Unverletzlichkeit der nicht-muslimischen Kultstätten, also auch am Schutz der im Zentrum von Damaskus gelegenen **Johannes-Kirche.** Grund dafür waren Abmachungen, die der Prophet mit Nichtmuslimen getroffen hatte. Christen und Juden mussten für das Recht der „freien" Religionsausübung eine Kopfsteuer entrichten, die sog. *Djizya*. Zwei Fliegen wurden so mit einer Klappe geschlagen: Zum einen flossen dringend benötigte Steuergelder in die Kassen des expandierenden islamischen Reiches, zum anderen verlieh dieses gemäßigte Vorgehen den neuen Herrschern ein gewisses Ansehen in der Bevölkerung, zumal da gerade Juden und einige christliche Gruppen unter den Verfolgungen der Byzantiner schrecklich gelitten hatten.

Direkt neben der Johannes-Kirche wurde eine muslimische **Freitagsmoschee** errichtet, die allerdings bald schon die Menge der Gläubigen nicht mehr fasste und eine Erweiterung benötigte. Daraufhin sollte die Kirche, die grundsätzlich wegen des unmittelbaren Nebeneinanders der unterschiedlichen Kulte als störend empfunden wurde, weichen (zwischenzeitlich hatten Muslime und Christen gar unter ein und derselben Kuppel gebetet!). Schon unter Mu'awiya (661–680) wurde der erste Vorstoß unternommen: Die Kirche sollte in den Moscheebezirk eingegliedert werden. Doch anhaltende christliche Proteste hinderten ihn an der Ausführung dieses Planes. Ähnlich erging es Abd al-Malik (685–705), der den Christen eine finanzielle Entschädigung anbot, die ausgeschlagen wurde. Schließlich war es nur noch eine Frage der Zeit, bis die Muslime die alten Abmachungen nicht mehr einhalten würden, und tatsächlich, schon der Nachfolger Abd al-Maliks, al-Walid (705–715), löste das Problem auf dem Machtwege. Er bot den Christen noch einmal eine hohe Ablösesumme, die diese wiederum ablehnten. Daraufhin ließ er die Johannes-Kirche kurzerhand einreißen und auf dem Terrain die Moschee errichten. Doch damit war das Problem keinesfalls gelöst. Die Christen von Damaskus klagten bei al-Walids zweitem Nachfolger Umar (717–720) und fanden Gehör. Umar erkannte den **Rechtsbruch** und ordnete die Rückgabe des ehemaligen Kirchengeländes an. Damit aber stieß er auf massiven Widerspruch der Muslime, angeführt von den Rechtsgelehrten: „Sollen denn Teile der Moschee zerstört und wieder zur Kirche gemacht werden, nachdem wir dort zum Gebet gerufen und gebetet haben?"

Letzten Endes einigte man sich. Die Christen erhielten wertvolle Immobilien, die Moschee blieb weiterhin das Gotteshaus für die Muslime. Die Gebeine Johannes des Täufers blieben in der Moschee und wurden fortan von Christen und Muslimen gleichermaßen verehrt.

syr005 Foto: mb

pels errichtet (zur Geschichte der Moschee siehe Exkurs) und bildet ein Rechteck von 100 x 157 m. Betritt man sie durch den Touristeneingang im Norden, steht man im Innenhof direkt gegenüber dem **Brunnen,** an dem der Gläubige vor dem Beten seine rituelle Waschung vollzieht. Hinter ihm erstreckt sich das Seitenschiff mit seinen doppelstöckigen Arkaden – und wunderschönen Mosaiken. Das Besondere an diesen **Mosaiken,** die zum Teil noch ins 8. Jahrhundert zurückgehen, sind die bildlichen Darstellungen. Der Islam verbietet eigentlich solche Darstellungen von Personen. Hier – eine große Ausnahme in der islamischen Welt – kann man sehr figürliche Paradieslandschaften entdecken.

Rechter Hand ist das **Schatzhaus** auf acht Säulen zu sehen. Hier wurde einst der Staatsschatz der Osmanen aufbewahrt. Die auffälligen goldenen Gebilde im Innenhof, die an moderne Kunst erinnern, stammen aus osmanischer Zeit und waren zur Beleuchtung des Hofes da.

Im linken Teil der Moschee wurden Räume hergerichtet, die den **Kopf des Prophetenenkels Husain,** einer der wichtigsten schiitischen Märtyrer, beherbergen sollen. Diese Ehre beansprucht allerdings auch die al-Hussein-Moschee in Kairo für sich. Seit dieser Kopf von der nahe gelegenen schiitischen Ruqqaya-Moschee hierher verlegt wurde, entwickelt sich die Umayyaden-Moschee mehr und mehr auch zu einem schiitisch-iranischen Pilgerziel. Überall hört man Persisch und sieht Frauen von Kopf bis Fuß in

syr006 Foto: mb

Schwarz gehüllt - ein Anblick, der ansonsten für Syrien eher ungewöhnlich ist. Mit der einstigen ruhigen Beschaulichkeit der Moschee ist es somit vorbei - was ihr jedoch eher zuträglich ist. Frisch restauriert, achtet man ständig auf ihre Pflege. Die vielen Pilger verleihen der Moschee eine ganz eigene schöne Lebendigkeit.

Der **Gebetsraum** gegenüber vom Touristeneingang ist ein ruhiger Raum, ausgestattet mit vielen Teppichen und Leuchtern. Richtung Süden befinden sich vier Gebetsnischen, eine für jede Rechtsschule. Links im Gebetsraum liegen angeblich die Gebeine von Johannes dem Täufer (arab. *Yahya ibn Zakariya*), der von den Muslimen hoch, z.T. sogar als Prophet verehrt wird. Die Berührung seines Grabes gibt *Baraka,* Segen, weshalb man hier häufig Menschen findet, die mit ihren Bittgesuchen das Grab berühren. Vielfach sieht man Sufis (islamische Mystiker), die sich ganz nach der Tradition der al-Azhar-Moschee in Kairo an einer Säule niedergelassen haben und laut lehren. Ist das Gesagte interessant, finden sich um sie herum eifrige Anhänger. So erklären sich die Menschentrauben, die man rund um solche Säulen antrifft.

Iranische Pilger
in der Umayyaden-Moschee

So schön die Moschee ist, so viele Touristen manchmal auch darin sein mögen: Vergessen Sie nie, dass Sie sich in einem Gotteshaus befinden, und verhalten Sie sich dementsprechend! Also, **dezentes Auftreten** und Rücksicht beim Fotografieren (keine Menschen ablichten, kein Blitzlicht)!

Man verlässt die Moschee auf demselben Weg, auf dem man in sie hinein gelangt ist: durch das Nordtor. Man geht nun geradeaus bis an das Ende der Gasse. Hier biegt man rechts ab, bis man auf eine T-Kreuzung stößt. Dann steht man kurz darauf links vor der wenige Jahre alten schiitischen **Ruqqaya-Moschee (2).** Die Moschee, die nach dem Vorbild der Moscheen in Isfahan (Iran) gebaut wurde, weicht äußerlich eindeutig von den anderen der Stadt ab. Sie wurde mit Geldern des Iran errichtet und gilt den Schiiten als wichtiges Pilgerziel. Ähnlich wie an der Moschee der Sayyida Zainab (siehe „Umgebung von Damaskus") prunken hier goldene Fayencen und blaugoldene Verzierungen. Die Moschee, die bis vor kurzem angeblich den Kopf des Prophetenenkels Husain beherbergte, kann von Touristen besichtigt werden. Hier wird von Frauen jedoch eine Ganzkörperbedeckung verlangt, die man sich mit etwas Geschick durch lange Tücher – am Eingang erhältlich – selbst verschaffen kann. Eintritt frei und unbedingt sehenswert!

Der Spaziergang führt nun zurück zur Umayyaden-Moschee. Kurz nach der Gasse, die zur Moschee abzweigt, befindet sich linker Hand die **Djakmakiya-Madrasa (3),** eine Schule, errichtet 1420 vom mamlukischen Statthalter und späteren Sultan (1438–1452) in Kairo, Djakmak al-Argusawi. Das wunderschöne Gebäude beherbergt ein kleines epigrafisches Museum, für Liebhaber von Schriften und Schreibgeräten durchaus einen Besuch wert (Di geschl., Eintritt 150 Lira, für Studenten 10 Lira).

Geht man weiter in diese Richtung (Westen) und biegt bei der ersten Gelegenheit rechts ab, erreicht man nach wenigen Metern rechter Hand die **Zahiriya-Madrasa (4),** linker Hand die **Adiliya-Madrasa** (beide Gebäude wurden zur Zeit der Recherche restauriert und konnten nicht besichtigt werden). Die Zahiriya-Madrasa beherbergt das Mausoleum des Mamlukensultans az-Zahir Baibars (1260–1277), bekannt und verehrt für seine Erfolge gegen die Kreuzfahrer, die er endgültig besiegte. Seine Grabkammer ist wunderschön anzusehen und wird auf Wunsch von einem Verwalter geöffnet. Von der ursprünglichen Bausubstanz der Schule ist nur noch wenig übrig. Das eigentliche Glanzstück der Madrasa sind das Portal und der Kuppelbau des Mausoleums. Der Rest wird restauriert. Bis 1986 war in der Madrasa eine beeindruckende Handschriftensammlung untergebracht, sie befindet sich jetzt in der Asad-Bibliothek. Links neben der Madrasa liegt das dazugehörige Hammam, welches renoviert wurde und heute wieder in seiner ursprünglichen Funktion genutzt wird. Wie die meisten Bäder der Stadt ist es ausschließlich männlichen Besuchern vorbehalten.

Die **Adiliya-Madrasa (5),** direkt gegenüber der Grabstätte Baibars, ist ein Musterbeispiel ayyubidischer Ornamentik. Errichtet unter Nur ad-Din und seinen Nachfolgern (zwischen 1172 und 1222), brachte sie viele arabische Gelehrte hervor. Ihren Namen erhielt sie von Sultan al-Adil Saif ad-Din (gest. 1218), dem Bruder Saladins, der hier begraben liegt. Lange Zeit galt sie als eine der wichtigsten Schulen Syriens, 1919 gründete hier der Historiker Muhammad Kurd Ali die **„Arabische Akademie"** nach dem Vorbild der *Académie Française.* Die Aufgabe dieser Akademie war es, „die Hochsprache vor den Einflüssen arabischer Dialekte und fremder Sprachen zu bewahren sowie sie an die Bedürfnisse der Moderne anzupassen". Die Schule prägte das geistige Leben in Syrien Anfang des 20. Jahrhunderts. Wer sich näher dafür interessiert, dem sei das folgende Buch empfohlen: R. Hermann, „Kulturkrise und konservative Erneuerung: Muhammad Kurd Ali und das geistige Leben in Damaskus zu Beginn des 20. Jahrhunderts", Frankfurt 1990.

Wendet man sich nun wieder gen Süden und umläuft die Umayyaden-Moschee, stößt man an deren Südwestspitze zum Goldsuq. Wer eine Pause einlegen will, sollte weiter entlang der Moscheemauern das Gebäude umlaufen. An Souvenirläden und kleinen Schreinereien vorbei gelangt man zum Osttor der Moschee, wo sich das nette **Teehaus Noufara*** und

syr007 Foto: mb

viele andere idyllische Teehäuser befinden. Hier kann man (und frau!) herrlich bei Tee, Kaffee und einer Wasserpfeife entspannen.

Der Spaziergang jedoch geht an der Südwestecke der Moschee, beim Goldsuq, weiter. Wie immer lohnen sich kleine Abstecher nach rechts und links in die belebten Gassen. Bald macht die Straße einen Knick nach links. Läuft man nun noch ein Stück geradeaus, steht man direkt vor dem Eingang zum **Azm-Palast* (6),** einem unbedingt sehenswerten ethnografischen Museum (Eintritt 150 Lira, Studenten 10 Lira, geöffnet 9–16 Uhr, im Sommer bis 18 Uhr, Di geschl.). Der Palast wurde 1749 vom osmanischen Gouverneur von Damaskus, Azm Pascha, errichtet und diente ihm als Wohnstätte. Im 19. Jahrhundert lebte hier der deutsche Konsul. Wer den Palast sieht, beneidet ihn heute noch darum. Der **Qasr al-Azm,** wie er auf Arabisch genannt wird, ist ein Musterbeispiel für den privaten Hausbau dieser Zeit. Er ist in zwei Bereiche aufgeteilt, die sich um je einen Innenhof gruppieren, den Salamlik (den Gästetrakt) und den Haramlik (den Familientrakt). Vom Eingang des Museums gelangt man erst einmal in den offiziellen Trakt. Um den Innenhof gruppieren sich 15 Zimmer, in denen Szenen des osmanischen Palastalltags nachgestellt sind. Man kann einen Blick in das Klassenzimmer der Jungen werfen, darf bei

Nachgestellte Handwerksszene im Ethnografischen Museum im Azm-Palast

den Hochzeitsvorbereitungen zusehen und sich vorstellen, wie der Sultan bei Kaffee und Gebäck Entspannung fand. Über eine Treppe gelangt man durch das Badehaus zum Familientrakt. Hier sind alte Kleidungsstücke ausgestellt, und am Kopf des Hofs befindet sich die Nachbildung eines Brotbäckers. Alles in allem ist dieses Museum höchst kurzweilig und interessant – auch für diejenigen, die eigentlich lieber durch die Suqstraßen bummeln, ohne sich bei Sehenswürdigkeiten aufzuhalten.

Der Rundgang durch die Altstadt führt beim Azm-Palast links weiter, durch den **Suq al-Buzuriya*,** vorbei an Kerzenläden und solchen mit Süßigkeiten sowie seltsam anmutenden Gewürzläden zum bekannten und schönen **Hammam Nur ad-Din* (7).** Der Besuch des Bades ist Männern vorbehalten, Frauen müssen sich mit einem Blick in den Ruheraum begnügen. Das Bad wurde von Nur ad-Din im 12. Jahrhundert errichtet und Ende des 16. Jahrhunderts vollständig restauriert. Direkt dahinter befindet sich, ebenfalls auf der linken Seite, der **Khan des As'ad Pascha Azm* (8),** der auch den Azm-Palast errichten ließ. Der größte und schönste Khan der Stadt wurde über viele Jahre restauriert und ist jetzt endlich fertig. Leider ist er nicht immer für Besucher zugänglich und Fotos dürfen laut Angabe eines Wärters nicht gemacht werden. Vier Säulen teilen den Innenhof in neun Quadrate, in deren Mitte sich ein Brunnen befindet. Das grandiose Gebäude findet als Festsaal für private, musikalische und touristische Veranstaltungen Verwendung.

Direkt hinter dem Khan stößt man auf die Via Recta, die Gerade Straße (Sh. Midhat Pasha). Man kann nun wählen, ob man lieber rechts geht, vorbei an alten Khanen hin zum Maristan an-Nuri, oder sich aber nach links wendet und so peu à peu zum Christenviertel gelangt. Unser Spaziergang führt uns zunächst nach rechts in das alte Khanviertel.

Nach ca. 50 m befindet sich auf der linken Straßenseite der **Khan as-Sulaiman (9),** errichtet in den 30er Jahren des 18. Jahrhunderts. Heute ist er ein Lager für die umliegenden Läden, dennoch lohnt ein Blick hinein, der Duft der umliegenden Kaffeeröstereien betört den Besucher. Weiter rechts stehen drei Khans in Folge: der **Khan des Djakmak,** der **Khan as-Zait** und der **Khan ad-Dikka (10).** Sie werden heute als Lagerräume genutzt, was aber den Interessierten nicht davon abhalten sollte, einen Blick hineinzuwerfen und sich das Leben in früheren Zeiten vorzustellen.

Kurz vor den Khans geht rechts eine Suqstraße zurück in Richtung Norden. Wenn man dieser folgt, ist gleich rechts der **Khan al-Djuhiya** zu sehen. An der nächsten größeren Kreuzung befinden sich gleich drei sehenswerte Bauten: links die **Madrasa Nur ad-Din (11),** eine der bekanntesten Schulen überhaupt. Erbaut wurde sie zwischen 1167 und 1172 von ihrem Namensgeber, der auch hier begraben liegt. Das Grab ist meist verschlossen, vom Ladeninhaber gegenüber kann man es sich aber aufschließen lassen. Rechter Hand ist der **Khan al-Azm (12),** in dem sich im 18. Jahrhundert eine Koranschule befand. Heute beherbergt sie einen Souvenirladen mit überhöhten Preisen, aber schönem Ambiente. Man kann am Eingang einem Weber zusehen und auf der Terrasse eine herrliche Aussicht genießen. Gegenüber diesem Khan befindet sich der Seiden-Khan, der **Khan al-Hariri (13).** Heute enthält er jede Menge Geschäfte und hat so seine ursprüngliche Bedeutung als Handelsplatz nicht verloren. Schräg dahinter liegt der **Khan al-Djumruk,** die Zollkarawanserei von 1609, in der heute Stoffe zum Verkauf kommen.

Der Rundgang kommt nun zu seinem letzten Ziel in diesem Viertel: das **Bimaristan an-Nuri (14),** das man am einfachsten erreicht, wenn man bei der Madrasa Nur ad-Din der Straße gen Westen folgt (Sh. Mu'awiya) und die erste Straße nach rechts nimmt. In diesem ehemaligen Krankenhaus befindet sich heute das sehenswerte Museum für arabische Medizin und Naturwissenschaften, das die verschiedensten Instrumente und Medikamente ausstellt (geöffnet 9–15 Uhr, außer Di, Eintritt 25 Lira, Studenten 5 Lira). Aber nicht nur das Inventar des Museums ist sehenswert – es ist vor allem das Gebäude, das Mitte des 12. Jahrhunderts erbaut und in den 70er Jahren des 19. Jahrhunderts restauriert wurde.

Weiter geradeaus gelangt man wieder in den Suq al-Hamidiye (wo sich nach all den Besichtigungen ein klei-

syr008 Foto: mb

ner Stopp in Damaskus berühmtester Eisdiele lohnt).

Kehren wir zurück zu dem Punkt, wo sich der Spaziergang teilte: zur Kreuzung Suq al-Buzuriya/Gerade Straße. Bevor man links, also ostwärts, in Richtung Christenviertel geht, lohnt sich ein Abstecher geradeaus in ein ehemals sehr wohlhabendes Viertel, das wahre Prachtbauten hinter einfachen Fassaden verbirgt. Drei Stadthäuser stehen zur Besichtigung offen.

Geradeaus erreicht man kurz darauf auf der linken Seite das **Bait Siba'i,** welches aber häufig verschlossen ist. Dieses wurde, wie die nahe gelegenen **Bait Nizam** und **Bait Sawan (15),** jüngst restauriert und ermöglicht eine Vorstellung von der Pracht derartiger Stadthäuser im 18. und 19. Jahrhundert. Großzügige Innenhöfe mit Brunnen, Innenausstattungen aus Marmor, kunstvoll bemalte Holzdecken, dem Mihrab nachempfundene Wandnischen zeugen von glanzvollen Zeiten. Im Bait Nizam ist heute ein Amt untergebracht, weshalb das Haus tagsüber immer offen ist und so problemlos von Besuchern betreten werden kann.

Zurück an der Geraden Straße geht es gen Osten. Nach einigen Metern verlässt man den überdachten Teil, und wer noch nicht genug hat von spätosmanischer Architektur, sollte

Auf dem Weg von der Umayyaden-Moschee zum Bab Tuma

sich keinesfalls das **Dar al-Anbar (16)** entgehen lassen. Man erreicht es in der zweiten Straße links nach der Überdachung des Suqs. Es wurde im 19. Jahrhundert von einer reichen jüdischen Kaufmannsfamilie errichtet, später aber vom osmanischen Sultan enteignet und zu einer Reformschule umfunktioniert. Ironischerweise wurde diese Schule später Zentrum der antitürkischen Propaganda. Heute ist das Haus Sitz der damaszenischen Altertumsverwaltung und dient als würdiger Rahmen bei kulturellen Veranstaltungen.

Zurück auf der Geraden Straße geht es weiter ostwärts. Bei den wieder aufgerichteten Resten der römischen Säulen (Reste des ehemaligen Jupitertempels) besteht rechts die Straße hinunter noch einmal die Möglichkeit, ein altes Stadthaus zu besichtigen, das **Bait Dahdah,** in welchem heute Antiquitätengeschäfte zu finden sind. Links der Straße steht, etwas zurückgesetzt, die griechisch-orthodoxe **Marienkirche (17)** *(Miryamiya).* Sie stammt aus vorislamischer Zeit, ist immer wieder zerstört und neu aufgebaut worden, sodass heute nur noch wenig von der einstigen Bausubstanz erhalten ist.

Folgt man der langen und an dieser Stelle wenig interessanten Geraden Straße weiter, stets aufgeschreckt durch hupende Autos, gelangt man zum Osttor der Stadt, dem **Bab Sharqi.** Es stammt aus dem 2. Jahrhundert und ist das einzige römische Stadttor in Damaskus, das noch erhalten ist. Interessanter ist es jedoch, wenn man von der Geraden Straße noch einen Abstecher zur **Paulus-Kapelle (18)** macht, die im Bab Kissan untergebracht ist und die daran erinnert, dass Paulus an dieser Stelle über die Stadtmauer vor den Juden geflohen ist. Man erreicht sie entweder, wenn man die Altstadt verlässt und entlang der Hauptstraße gen Süden geht, oder aber man kehrt ein Stück auf der Geraden Straße zurück und biegt nach ca. 200 m links zum Bab Kissan ab.

Der nächste Abstecher führt zu der **griechisch-katholischen Kirche (19).** Dazu laufen wir die nächste Straße, die Sh. Zaituni, nach rechts und sehen gleich links die Kirche. Der schöne Bau ist zu besichtigen.

Wenn man, die Altstadt im Rücken, vor dem Bab Sharqi steht, geht es links, nahe der alten Stadtmauer entlang, vorbei an zahlreichen Antiquitäten- und Souvenirläden, zur **Ananias-Kapelle (20).** Sie ist Ananias geweiht, der bei der Bekehrung des Saulus zu Paulus eine wichtige Rolle spielte (vgl. entsprechenden Exkurs). Die unterirdische Kapelle gehört zu den ältesten christlichen Gotteshäusern überhaupt (Öffnungszeiten: 9–13 und 16–19 Uhr, im Winter: 9–13 und 15–18 Uhr).

Die Kapelle hinter uns wenden wir uns nach rechts und stoßen nach ca. 200 m auf die Sh. Bab Tuma, die – wie der Name schon sagt – auf das bekannte Thomastor führt. Hier ist das Herz des Christenviertels. Weingeschäfte und viele kleine Läden liegen hier verstreut. Vorbei an weiteren Kirchen erreicht man das **Bab Tuma,** wichtiger Busbahnhof für Servicebusse und ein netter Platz.

Wie der Saulus zum Paulus wurde und wie Ananias ihm dabei half

Saulus wütete immer noch mit Drohungen und Mord gegen die Jünger des Herrn. Er ging zum Hohepriester und erbat sich von ihm Briefe an die Synagogen in Damaskus, um die Anhänger des Weges, Männer und Frauen, die er dort finde, zu fesseln und nach Jerusalem zu bringen. Unterwegs aber, als er sich bereits Damaskus näherte, geschah es, dass ihn plötzlich ein Licht vom Himmel umstrahlte. Er stürzte zu Boden und hörte, wie eine Stimme zu ihm sagte: „Saul, Saul, warum verfolgst Du mich?" Er antwortete: „Wer bist Du, Herr?" Dieser sagte: „Ich in Jesus, den Du verfolgst. Steh' auf und geh' in die Stadt; dort wird Dir gesagt werden, was Du tun sollst." Seine Begleiter standen sprachlos da; sie hörten zwar die Stimme, sahen aber niemanden. Saulus erhob sich vom Boden. Als er aber die Augen öffnete, sah er nichts. Sie nahmen ihn bei der Hand und führten ihn nach Damaskus. Und er war drei Tage blind, und er aß nicht und trank nicht.

In Damaskus lebte ein Jünger namens Ananias. Zu ihm sagte der Herr in einer Vision: „Ananias! Steh' auf und geh' zur so genannten Geraden Straße und frag' im Haus des Judas nach einem Mann namens Saulus aus Tarsus. Er betet gerade und hat in einer Vision gesehen, wie ein Mann namens Ananias hereinkommt und ihm die Hände auflegt, damit er wieder sieht." Ananias antwortete: „Herr, ich habe von vielen gehört, wie viel Böses dieser Mann Deinen Heiligen in Jerusalem angetan hat. Auch hier hat er Vollmacht von den Hohepriestern, alle zu verhaften, die Deinen Namen anrufen." Der Herr aber sprach zu ihm: „Geh' nur! Denn dieser Mann ist mein auserwähltes Werkzeug: Er soll meinen Namen vor Völker und Könige und die Söhne Israels tragen. Ich werde ihm auch zeigen, wie viel er für meinen Namen leiden muss." Da ging Ananias hin und trat in das Haus ein; er legte Saulus die Hände auf und sagte: „Bruder Saul, der Herr hat mich Dir gesandt; du sollst wieder sehen und mit dem Heiligen Geist erfüllt werden." Sofort fiel es wie Schuppen von seinen Augen und Saulus sah wieder; er stand auf und ließ sich taufen. Und nachdem er etwas gegessen hatte, kam er wieder zu Kräften.

Einige Tage blieb er bei den Jüngern in Damaskus; und sogleich verkündete er Jesus in den Synagogen und sagte: „Er ist der Sohn Gottes." Alle, die es hörten, gerieten in Aufregung und sagten: „Ist das nicht der Mann, der in Jerusalem alle vernichten wollte, die diesen Namen anrufen? Und ist er nicht auch hierher gekommen, um sie zu fesseln und vor die Hohepriester zu führen?" Saulus aber trat um so kraftvoller auf und brachte die Juden in Damaskus in Verwirrung, weil er ihnen bewies, dass Jesus der Messias war.

So verging einige Zeit; da beschlossen die Juden, ihn zu töten. Doch ihr Plan wurde dem Saulus bekannt. Die Juden bewachten sogar Tag und Nacht die Stadttore, um ihn zu beseitigen. Aber die Jünger des Saulus nahmen ihn und ließen ihn bei Nacht in einem Korb die Stadtmauer hinab.

Als Saulus nach Jerusalem kam, versuchte er, sich den Jüngern anzuschließen. Aber alle fürchteten sich vor ihm und konnten nicht glauben, dass er ein Jünger sei. Barnabas jedoch nahm sich seiner an und brachte ihn zu den Aposteln. Er erzählte ihnen, wie Saulus auf dem Weg den Herrn gesehen und dass dieser mit ihm gesprochen habe und wie er in Damaskus mutig und offen im Namen Jesu aufgetreten sei. So ging er bei ihnen in Jerusalem ein und aus, trat unerschrocken im Namen des Herrn auf und führte auch ein Streitgespräch mit den Hellenisten. Diese aber planten, ihn zu töten. Als die Brüder das merkten, brachten sie ihn nach Cäsarea hinab und schickten ihn von dort nach Tarsus (Apostelgeschichte 9, 1–31).

Es gibt nun **diverse Möglichkeiten,** wieder an den Ausgangspunkt, den Suq al-Hamidiye, **zurückzukehren:**

1. Man schlendert quer durch die Gassen immer in Richtung Westen, entdeckt dabei kleine Wege und interessante Geschäfte. Dazu biegt man, kurz bevor die Sh. Bab Tuma zum offenen Platz führt, in die letzte Straße links ein, vorbei an Läden bis zum Hammam al-Bakri. Daran rechts vorbei, schlägt man die nächste Möglichkeit links ein. Dieser Gasse folgt man, bis man auf eine andere stößt. Hier geht man rechts und von nun an immer geradeaus, vorbei an diversen Cafés und Restaurants und später dem Teehaus Noufara bis zur Umayyaden-Moschee.

2. Man nimmt den Weg entlang der Stadtmauer, vorbei an allen alten Stadttoren. Dazu muss man ein Stück außerhalb der alten Stadtmauer den Barada entlanglaufen. Beim Bab as-Salam geht es dann wieder in die Stadt und von dort aus immer entlang der Mauer.

3. Man geht die „Großen Straßen" (Sh. Bab Tuma und Sh. Bab Sharqi, die Gerade Straße) zurück, die man schon kennt. Eine vierte Möglichkeit bietet sich – hat man keine Lust mehr zu gehen – mit dem Taxi.

Ich bevorzuge die erste Variante, vor allem, wenn es schon spät ist; man kann dann in eines der vielen schönen Altstadtrestaurants oder Cafés einkehren und anschließend durch die Suqgassen „nach Hause" schlendern.

syr009 Foto: mb

Stein im Garten des Nationalmuseums

Spaziergang Nr. 2: Das Nationalmuseum, die Tekkiye und der Hidjaz-Bahnhof

Ausgangspunkt dieses Spaziergangs ist das **Nationalmuseum*** **(21;** geöffnet tägl. von 9–16 Uhr, Fr bis 12.30 Uhr und ab 14 Uhr, Di geschl., Eintritt 150/10 Lira). Das hat zunächst den Grund, dass man hierher leicht mit öffentlichen Verkehrsmitteln kommt, ferner sind die Öffnungszeiten des Museums beschränkt, sodass man hier am besten mit dem Tagesprogramm beginnt.

Ich selber gehöre nicht unbedingt zu den Menschen, die Museen übermäßig lieben, aber dieses kann ich uneingeschränkt empfehlen. Gleich am Eingang kann man für 1000 Lira den Museumskatalog erwerben, in dem der Aufbau des Museums erläutert wird – so findet man sich besser zurecht. Nach dem Eingang durchschreitet man erst einmal einen Garten, in dem sich rechter Hand auch ein kleines Café befindet. Wer noch keinen Morgenkaffee hatte, sollte das hier nachholen. Hier treffen sich morgens häufig Studenten (die Uni ist nicht weit) und plaudern. Es herrscht eine angenehme Atmosphäre, besonders für Frauen. Touristen allerdings wird häufig ein völlig überzogener Preis abverlangt! Gegenüber dem Café sind in einem Garten verschiedene schöne Fundstücke ausgestellt. Rechts dane-

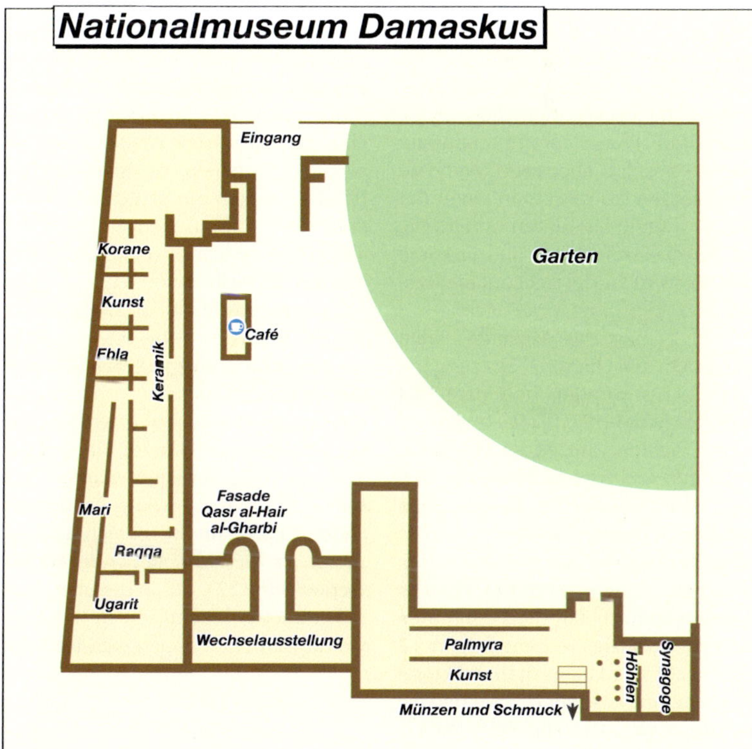

ben befindet sich dann das Eingangstor des Museums, die authentische, reich verzierte und wunderschöne Palastfassade des Wüstenschlosses Qasr al-Gharbi (siehe Ausflüge von Palmyra) aus dem 8. Jahrhundert. Anhand des hier aufgezeichneten Planes kann der Besucher durch die Ruinenstätten Syriens reisen. Eine weitere Beschreibung erübrigt sich, die Räume sind gut ausgeschildert, die Exponate gut beschrieben. Im Eingangsbereich des Museums finden Wechselausstellungen moderner syrischer Maler statt. Im Untergeschoss sieht man ein palmyrisches Familiengrab aus dem 2. Jahrhundert, im Hof hinter dem Gebäude ist die erstaunlich gut erhaltene Synagoge von Duro Europos untergebracht – absolut sehenswert. Wenn sie verschlossen ist, kann man einen der Wärter fragen: Sie öffnen bereitwillig die Türen – wenn auch nur für kurze Zeit, da sonst zu viel Licht auf die Fresken fällt.

Verlässt man das Museum, sollte man sich bei diesem Spaziergang nach rechts wenden und dann die nächste Möglichkeit gleich wieder rechts wählen, am Museumsgarten entlang in Richtung Süden leicht bergauf. Am Ende der Straße sieht man das Direktorat der Universität. Wer je in die Verlegenheit geraten sollte, sich zu immatrikulieren: Hier bekommt er das Antragsformular, dem dann mindestens zwanzig weitere folgen ...! Aber nicht das Universitätsdirektorat ist sehenswert, sondern die **Tekkiye Sulaimaniya***, die zur Zeit der Recherche Ende 2008 jedoch geschlossen war. Sie befindet sich linker Hand an dieser Straße. Die Tekkiye ist ein Gebäudekomplex, bestehend aus einer Moschee und einer Madrasa. Hier sind das Militärmuseum und der Handwerker-Suq untergebracht. Der Innenhof der Tekkiye gehört für mich zu den wohl schönsten und ruhigsten Orten von Damaskus. Wer die Süleymaniye in Istanbul kennt und liebt, wird hier vergleichbare Glücksgefühle erleben: Beide wurden in ähnlichem Stil von Sinan, einem der genialsten Architekten der osmanischen Ära, erbaut. Die Moschee (vollendet 1566) ist das erste osmanische Bauwerk Syriens und einzigartig. Nach dem Janitscharenmassaker im Jahre 1521 war eine starke politische wie religiöse Präsenz der Osmanen wichtiger denn je, denn sie sollten die grausamen Taten ihres Heeres vertuschen.

Die Tekkiye war die erste Moschee, die den Kuppelbau und die schlanken Minarette (beides türkische Baustile) mit der syrischen Schwarz-weiß-Bauweise verband und so einen eigenen architektonischen Stil hervorbrachte.

Rund um den Innenhof gruppieren sich Zimmerchen, die für die Mekka-Reisenden hergerichtet waren. Das Militärmuseum ist wenig spannend, für den Europäer wesentlich interessanter ist der anschließende **Handwerker-Suq (22)**, der in der alten Madrasa untergebracht und trotz Renovierungsarbeiten zugänglich ist. Hier

Kleine Moschee im Handwerker-Suq

syr010 Foto: mb

kann man bei der Herstellung verschiedener Kunstgegenstände zusehen, zum Beispiel in einer Glasbläserei, einer Weberei, in Schreinereien usw. Hier befindet sich auch eine der wenigen öffentlichen Toiletten, die Frauen zugänglich (aber ziemlich verdreckt) ist.

Gutes (!) Verhandlungsgeschick vorausgesetzt, sind die Preise bei den einzelnen Handwerksbetrieben durchaus moderat, obwohl hier hauptsächlich Touristen einkaufen und angeblich Festpreise herrschen.

Man verlässt den Komplex in Richtung Osten (d.h. mit dem Nationalmuseum im Rücken geradeaus). Rechter Hand befindet sich ein öffentlicher Parkplatz, den man bergaufwärts überquert. An der oberen Straße angekommen geht man links und steht nach ca. 100 m an der großen Kreuzung beim **Hidjaz-Bahnhof* (23).** Man überquert die Straße und betritt das schöne Gebäude, das 1903 von Sultan Abdül Hamid als Wartehalle in Auftrag gegeben wurde. Die pompöse Halle mit ihren Deckenmalereien bildet den Beginn der berühmten Hidjaz-Bahn, die Damaskus mit Mekka verbinden sollte. 1908 rollte bereits der erste Zug von Damaskus nach Medina auf Schienen, die unter der Aufsicht des Deutschen Heinrich August Meissner von 1901 bis 1908 verlegt wurden. Bereits im 1. Weltkrieg aber wurden im Rahmen des Arabischen Aufstands große Teile der Bahn zerstört und bis heute nicht repariert.

Der Hidjaz-Bahnhof wurde in den Jahren 2005 und 2006 aufwendig renoviert und das Gebäude erstrahlt in neuem Glanz. Im Inneren des Bahnhofs befinden sich nun eine (arabische) Buchhandlung sowie ein Schalter für Zugtickets, auch wenn die Züge nicht mehr von hier aus fahren. Hinter dem Bahnhof tut sich ein tiefes Loch auf! Hier soll ein großes Einkaufszentrum entstehen (das Modell befindet sich in der hinteren Bahnhofshalle, wo früher die Gleise abgingen) – die Bauarbeiten stocken jedoch seit rund vier Jahren. Mal wieder ist kein Geld da, und so wartet die Grube auf solvente Investoren.

Spaziergang Nr. 3: Das Salihiya-Viertel

Am Fuße des Qasiun liegt der Stadtteil Salihiya. Im Gegensatz zu den meisten syrischen Orten ist Salihiya, das im 12. Jahrhundert eine eigene Stadt war, nicht über antiken Ruinen errichtet worden. Heute befindet sich das Viertel zwischen al-Muhadjerin und Rukn ad-Din in dem **Stadtteil Shaikh Muhi ad-Din.**

Gegründet wurde Salihiya von palästinensischen Flüchtlingen kurz nach der Machtübernahme Nur ad-Dins. Schon Ibn Battuta, der große arabische Reisende des 14. Jahrhunderts, berichtet über die Pracht und Schönheit des Ortes, der sich durch seine Vielfalt an ayyubidischen und mamlukischen Bauten vom Rest der Stadt abhebt. Im 12. und 13. Jahrhundert

Relikt aus alter Zeit:
Dampflok vor dem Hidjaz-Bahnhof

zog der Ort viele Denker und Mystiker, aber auch Herrscher und Adelsfamilien an. Wer es sich leisten konnte, ließ sich hier seine Grabstätte errichten. Man kann sie bis heute, teilweise zumindest, besichtigen. Die meisten sehenswerten Bauten liegen entlang einer Straße, parallel zum Berg und der Sh. Abd al-Ghani an-Nabusi, die mit ihren Geschäften und Märkten angenehm zu durchlaufen ist – auch wenn man sich nicht allzu sehr für die alten Schulen und Moscheen begeistert. Täglich findet hier ein interessanter Markt statt, freitags ist er besonders groß! Dann werden Secondhand-Klamotten verkauft und jede Menge Menschen sind unterwegs.

Ausgangspunkt für diesen Spaziergang ist die **Moschee al-Mardaniya (24)** am Umar al-Abrash-Platz (Sahat Djisr al-Abyad). Sie ist das einzige erhaltene Bauwerk des unteren Viertels und wurde 1226 vollendet. Links der Moschee verläuft die große Sh. Afifi hinauf. Man folgt ihr, bis man nach rechts in die Sh. Djarkasiya, die eigentliche Salihiyastraße, abgehen kann. Nach wenigen Metern ist rechts **eine schöne Gebäudegruppe (25)** zu sehen: das **Mausoleum des al-Farnatiya,** die **Madrasa al-Murshidiya,** die frisch renovierte Moschee und ehemalige Hadith-Schule **Dar al-Hadji al-Ashrafiya** und die **Madrasa Atabakiya.** Diese sehenswerten Bauten sind

syr011 Foto: mb

zwischen 1224 und 1253 entstanden, die Madrasa al-Atabakiya bildete früher den Eingang zum Suq, weswegen man sie bis heute *Bab* (arab. Tor) *as-Suq* nennt. Auf der linken Straßenseite sieht man die **Moschee** mit integriertem Mausoleum **at-Takritiya (26),** die 1299 errichtet wurde. Man kann sie heute nicht mehr betreten.

Von hier kann man einen Abstecher zur **„Bluthöhle des Abel"** machen. Dazu läuft man die Gasse, die nach der Moschee at-Takriya links abbiegt, etwa eine halbe Stunde bergauf. Wem das zu anstrengend ist, kann sich von einem kleinen Suzuki-Bus mitnehmen lassen, der einen bis nach oben bringt (Taxis schaffen den steilen Hang nicht immer). „Ma'arat al-Arba'in" als Fahrtziel ist bekannt. Kurz nach Bebauungsende führen in Stein geschlagene Stufen nach oben in die Höhle, in der angeblich Abel seinen Bruder Kain erschlagen haben soll. Ein freundlicher

Höhlenwärter führt herum und erwartet dafür ein Trinkgeld; leider spricht er kein Englisch.

Folgt man der lebendigen Salihiyastraße ab der Moschee at-Takritiya weiter, liegt linker Hand die **Madrasa al-Djarkasiya (27),** die 1211 von dem Ayyubiden-Emir Fakhr ad-Din gegründet wurde.

Man verlässt nun für einen kleinen Abstecher die Straße und biegt in die der Madrasa gegenüberliegende Gasse rechts ein. Nach etwa 50 m steht auf der rechten Straßenseite die **al-Dajmi' al-Djadid (28),** die „neue" Freitagsmoschee, ein Gebäude, das aus mehreren Einzelbauten besteht. Der älteste Bau ist aus dem Jahre 1181: das Mausoleum der Frau Nur ad-Dins bzw. später Saladins, Ismet Khatuna. „Neue" Moschee wird die Moschee deshalb genannt, weil sie im 14. Jahrhundert eine Erweiterung durch eine kleine Moschee erfuhr. Der Komplex kann zu den Gebetszeiten betreten werden. Etwa 20 m unterhalb der Moschee befindet sich das **Hammam al-Muqaddam (29),** das letzte und einzige Bad des ursprünglichen Viertels. Bis heute ist das inzwischen 700-jährige Hammam in Betrieb. Frauenbadestunden gibt es allerdings nicht! Geöffnet tägl. von 9–17 Uhr.

Zurück auf der eigentlichen Salihiya-Straße geht es rechts weiter. Nach 100 m liegt links das **Mausoleum Qaimariya (30).** Diesem gegenüber befindet sich das **Bimaristan al-Qaimariya (31).** Das Krankenhaus aus dem 13. Jahrhundert hat einen schönen Garten mit einem 600 Jahre alten Schöpfwerk. Bis heute wird es in seiner ursprünglichen Funktion als Heilstätte genutzt. Schlendert man weiter, erreicht man wenig später die Moschee und das Mausoleum des Namensgebers des modernen Viertels: **Shaikh Muhi ad-Din (32).** Hinter diesem Namen versteckt sich ein berühmter Mann: Ibn 'Arabi, der als einer der größten Mystiker der islamischen Welt gilt. Er starb 1240, sein Mausoleum gilt bis heute als Pilgerstätte. Die Moschee ist außergewöhnlich schön mit ihrem hohen Minarett, das zwei Balkone umlaufen. Sie ist offen und kann besichtigt werden.

Die Straße teilt sich kurz danach. Wir gehen links weiter, durch einen gedeckten Markt, entlang schöner alter Häuser. Ein Abstecher in die vierte Gasse links führt zu der erst vor wenigen Jahren renovierten **Hanbaliya-Moschee (33),** der ersten Freitagsmoschee Salihiyas, die 1202 von der Unabhängigkeit der Stadt kündete. Benannt wurde sie nach dem Gründer der hanbalitischen Rechtsschule Ibn Hanbal, dessen Richtung die einstigen Gründer der Stadt vertraten. Weiter die Gasse entlang, direkt an einem Torbogen, erreicht man das **Mausoleum des Hasan ibn Salama (34).** Es wurde 1236 erbaut, eine Besichtigung ist nicht erlaubt.

Man verlässt nun das alte Viertel und die gedeckten Marktstraßen, doch es lohnt sich weiter zu gehen, denn schon bald sieht man rechts die **Madrasa as-Sahiba (35),** 1231 von einer Schwester Saladins gestiftet. Hinter dem schönen Eingangsportal der

Madrasa ist heute eine Schule untergebracht. Eine Besichtigung ist möglich, doch wegen der Schule dahinter eher anstrengend.

Die letzte Station dieses Spaziergangs ist die **Rukniya-Madrasa,** auch sie während der Ayyubidenzeit gegründet. In ihr liegt Rukn ad-Din, Namensgeber des angrenzenden Viertels und Bruder Saladins, begraben.

Spaziergang Nr. 4: Der Suq Sarudja

Nichts Berauschendes gibt es hier, keine großen Sehenswürdigkeiten. Malerische Sträßchen, alte Moscheen und Hammams prägen das Bild des Sarudja-Viertels, das, wie alle alten Viertel außerhalb der Altstadt, vom Abriss bedroht ist.

Ausgangspunkt des Spaziergangs ist die Gasse, in der sich die kleinen Hotels al-Haramain und ar-Rabie befinden, nahe des Merdje. Wir folgen der Gasse nach oben, bis wir auf die Sh. Bahsa stoßen. Hier gehen wir links und stehen gleich vor der **Masdjid al-Ward (36),** der Rosenmoschee. Diese mamlukische Moschee, die 1427 von Barsbay al-Hadjib errichtet wurde, kann besichtigt werden. Sie besitzt einen wunderschönen begrünten Innenhof mit einem kleinen Teich. Kommt man aus der Moschee heraus, biegt sogleich rechts ab und folgt der Straße, gelangt man zum **Hammam al-Ward (37),** einem Bad aus dem 14. Jahrhundert und eines der wenigen Hammams, in denen man auch als Frau ein paar Stunden der nassen Freude frönen kann!

Unser Spaziergang führt uns nun zurück in die Sh. Bahsa (die Straße, in der die Moschee steht). Wir folgen der Straße in Richtung Osten, das Moscheeportal im Rücken, also nach links, bis ans Ende der Straße. Vorsichtig, vorbei an Servicebussen, unterqueren wir die Sh. ath-Thaura, die das Viertel in einen Ost- und einen Westteil trennt, und folgen in der Verlängerung der Sh. Bahsa, die in eine kleine Gasse führt. Sie ist erkennbar an Treppenstufen, die zur Gasse hinaufführen. Nach ungefähr 20 m befindet sich links das **Historische Museum (38),** das in einem alten Stadthaus untergebracht und sehr lohnenswert ist (Besichtigung tägl. außer Di 9–14 Uhr, Eintritt 75 Lira, Studenten 5 Lira). Leider ist das Museum nur auf Arabisch beschriftet. Es fällt durch seine renovierte Außenfassade auf. Daneben das Hammam al-Khandji, ein altes Hammam, wie so häufig nur für Männer (Öffnungszeiten tägl. 6–22 Uhr).

Wir folgen der Straße weiter geradeaus, bis wir rechter Hand die **at-Tauba-Moschee (39)** sehen. Diese Moschee wurde 1234 neben einer Karawanserei errichtet. Das Schönste ist die Fassade, der Rest ist leider schon sehr verfallen.

Nach etwa 150 m geht links eine kleine Gasse ab, der man folgt. Ungefähr nach 100 m ist die **Madrasa Nahassin (40),** errichtet 1457, erreicht. Sie war die Schule für Kupferarbeiter

Unterwegs im Suq Sarudja

und hat ein schönes Eingangsportal. Hinter der Madrasa liegt der Dahdah-Friedhof, dessen Ursprung noch vor die Islamisierung reicht.

Zurück auf der Sh. Suq Sarudja geht es weiter gen Osten. Die zweite mögliche Abbiegung nimmt man nach rechts zur **Moschee al-Djauza (41),** gegründet 1676. In ihrer Mitte befindet sich eine römische Säule.

Wieder zurück auf der Sh. Suq Sarudja geht es rechts zum **Hammam as-Sultan (42).** Der Mamlukensultan Qaid Bey (1468–1496) ließ es errichten. Außer der Fassade ist nichts mehr übrig, die Innenräume sind zerfallen, der Rest dient als Möbelwerkstatt. Der Eingang zum Hammam befindet sich in der Straße, die zum Bab as-Salam führt, rechts hinter dem Gebäude.

Die letzte Sehenswürdigkeit in diesem Viertel ist die **Moschee al-Aqsab (43),** die bereits 1301 gegründet, 1408 aber komplett renoviert wurde (der Mongolensturm hatte sie schwer in Mitleidenschaft gezogen). Ein schönes Mihrab, ein hübsches Minarett und zwei römische Säulen im Inneren der Moschee lohnen die Besichtigung, die jedoch nicht immer und für Frauen nur mit Kopftuch möglich ist.

Praktische Informationen

- **Telefonvorwahl: 011**

Touristeninformation

- Sh. 29. May (gegenüber dem Kino Sufara). Hier gibt es **kostenlose und gute Stadtpläne von ganz Syrien** sowie eher mickrige Info-Broschüren. Tägl. außer Freitag 9–19 Uhr.

syr012 Foto: iv

Da dieses Büro in Syrien am besten ausgestattet ist, lohnt es sich, sich hier schon Stadtpläne von ganz Syrien zu beschaffen. Sie sind vor Ort häufig nicht mehr zu bekommen.

- Eine **Außenstelle des Tourismusministeriums** befindet sich außerdem im Handwerker-Suq.
- Auf der letzten Seite der **„Syrian Times“**, der einzigen englischsprachigen Zeitung Syriens, findet sich ein aktueller Veranstaltungskalender (Ausstellungen, Konzerte, Vorträge etc.). Außerdem gibt die Monatszeitschrift **„What's on Syria“** Auskunft über Veranstaltungen aller Art.
- Die **Ambulanz** ist unter der Nummer **110** zu erreichen, die **Polizei** unter **112,** die **Feuerwehr** unter **113.**

Wichtige Adressen

- **Immigration Office (Maktab al-Hidjra wa-l-Djawazat)**

Sh. al-Filastin, im Viertel Baramke. Hier oder in den Dependancen in Aleppo, Homs und Hama muss sich der Reisende nach 30 Tagen melden (wie das geht, ist unter „Praktische Tipps A–Z, Immigration Office“ zu erfahren).

- **Intelligence Service**

Sh. Ibrahim Hananu, hinter der kuwaitischen Botschaft am Adnan-Malki-Platz, nur vormittags geöffnet. Hier erhält man die Permits für einen Besuch der Golan-Höhen (Qunaitra) und des Hermon.

Internationale Hotels

- **Four Seasons*******/€€€€€

Sh. al-Quwattli, Tel. 339 10 00, www.fourseasons.com/damascus. Ganz eindeutig das beste der großen und guten Hotels in Damaskus! Wunderschönes Hotel mit herrlicher Architektur – eine gelungene Mischung aus westlichem Luxus und orientalischer Pracht. Große Zimmer mit fantastischer Aussicht, alles top! Auch die angegliederte Passage ist ein Highlight mit tollen Cafés, schicken Boutiquen und allem, was dazugehört.

- **Cham Palace*******/€€€€-€€€€€

Sh. Maisaloun, Tel. 222 61 80, Fax 223 23 20, www.chamhotels.com. Gehört zur syrischen Luxuskette der Cham-Hotels. 400 sehr schöne, geschmackvolle Zimmer, drehbares Panoramarestaurant mit ausgezeichneter syrischer und internationaler Küche. Im Hotel befindet sich auch ein chinesisches, ein japanisches und ein italienisches Restaurant, ein Kino mit internationalen Filmen, sowie zwei Cafés und die schöne Bar. Sehr schöne und große Zimmer, ein Pool auf dem Dach mit Blick über die Stadt, Fitnesscenter etc.

- **Semiramis******/€€€€

Sh. Shukri al-Quwwatli, Tel. 223 35 55, Fax 221 67 97, www.semiramis-hotel.com. Gutes, komfortables Hotel mit allem, was notwendig ist. Direkt am Hidjaz-Bahnhof gelegen, ist es das einzige wirklich gute Hotel im Zentrum. Hübsche Lobby, verschiedene Restaurants, u.a. ein chinesisches. Disco, Bar und Videoclub mit internationalen Filmen.

Boutiquehotels

- **Bait Rumman**€€€€-€€€€€

Sh. Bab Tuma, Tel. 545 10 92 bis 94, Fax 545 10 95, www.bietrumman.com. Von allen Boutiquehotels Syriens ist dieses kleine, aber ungemein feine Hotel gewiss das Schönste! Winzig klein mit sechs Zimmern in einem alten Haus mit Wandmalereien untergebracht, herrlicher Innenhof, unglaublich freundlichem Personal und liebevoll-edel mit Antiquitäten, osmanischen Malereien und komfortablen Betten eingerichtet. Top!

- **Al Mamlouka**€€€€-€€€€€

Beim Hammam Bakri, Bab Tuma, Tel. 543 04 45/46, Fax 541 72 48, www.almamlouka.com. Untergebracht in einem alten Stadthaus, hat dieses edle und wunderschöne Schmuckstück nur acht Zimmer, die sich um einen bepflanzten Patio gruppieren. Jedes Zimmer ist individuell und sehr liebevoll mit Antiquitäten eingerichtet. Luxus pur!

- **Shahbandar Palace**€€€€-€€€€€

In der Medina nahe dem Hammam al-Bakri, Tel. 544 13 59, Fax 544 13 60, www.alshahbandar-palace.com. Sehr schönes Boutiquehotel in einem alten Palais. Die Zimmer sind z.T. mit intarsienverzierten Möbeln eingerichtet und gruppieren sich um einen großen Innenhof, der auch als Restaurant genutzt wird.

- **Beit Zaman**€€€€-€€€€€

Sh. Bab Tuma / Ecke Vira Recta, Tel. 543 53 80 bis 88, Fax 541 13 11, www.beit-zaman.

com. Auch dieses Boutiquehotel ist in einem herrschaftlichen alten Haus untergebracht, mit Innenhof und sehr schönen orientalischen Möbeln. Im Innenhof befindet sich ein kleines Restaurant, wo man sehr gut speisen kann.

● **Old Vine Hotel**€€€€€
92, Amara, PO Box 7165, www.oldvinehotel.com. Direkt bei der Ruqqaya-Moschee hat dieses angenehme Boutiquehotel zwar einen wirklich unpassenden Namen, ist deshalb aber nicht hässlich oder schlecht. Sehr angenehmer Innenhof, freundliche Leute, ruhig, hell und anders als die anderen. Weshalb? Weil diese in Häusern mit überwiegend schwarz-weißen Wänden untergebracht sind, das Old Vine Hotel aber in den Farben Weiß, Grün und Blau erstrahlt. Wirklich schön.

● **Dar al-Yasmin**€€€€
Bab Tuma, Tel. 544 33 80, www.daralyasmin.com. Ebenfalls ein sehr schönes Haus, wenn auch – wahrscheinlich da schon älter – ein bisschen weniger gut gepflegt als die anderen. Die Zimmer unterscheiden sich gewaltig in der Qualität (von klein und dunkel bis sehr gut und edel) und sind meist mit schönen Möbeln eingerichtet. Das Haus hat über 30 Zimmer, was ihm einen anderen Charakter verleiht, als den oben genannten kleineren Häusern. Dennoch: Charmant ist es allemal und günstiger noch dazu!

Hotels – die goldene Mitte

● **Al-Amer*****/€€-€€€
Baramke, Tel. 211 66 00, Fax 212 88 89, www.alamerhotel.com. Mein Tipp in dieser Preisklasse! Große, helle Zimmer mit Küchenzeile (!) und herrlichen Bädern, Sat-TV etc.! Außergewöhnlich sauber und sehr freundliches Personal – die 10 Min. Fußmarsch in die Innenstadt sollten auf jeden Fall in Kauf genommen werden! Optimal für allein reisende Frauen.

● **Al Diwan****/€€-€€€
Suq Sarudja, Tel. 231 85 67, Fax 334 34 40, www.aldiwanhotel-damascus.com. Ganz in der Nähe der Travellerunterkünfte ist dieses Hotel besser, sauberer und teurer als jene, dafür nicht ganz so „idyllisch". Angenehme Zimmer, alle mit Sat-TV, AC und Minibar.

● **Al-Majed****/€€-€€€
Sh. 29th May, hinter dem Kino Sufara (Ambassador), Tel. 232 33 00, Fax 232 33 04, www.almajed-group.com. Nettes Hotel in zentraler Lage. Landestypisch eingerichtet mit gutem Restaurant im 5. Stock. Die Zimmer sind geräumig und groß, aber zum Teil etwas dunkel. Häufig ausgebucht. Reservierung empfohlen.

● **Hotel Sultan**€€
Sh. al Barudi, nahe dem Hidjaz-Bahnhof, Tel. 222 57 68, sultan.hotel@mail.sy. Sauberes, nettes und freundliches Hotel, zentral gelegen. Einige Zimmer haben nur Fenster zu einem Lichtschacht. Das macht sie zwar etwas ruhiger, aber die mit Fenster zur Straße sind trotz Lärmpegel angenehmer. Für Frauen alleine kein Problem.

Hotels – einfach, aber schön

● **Al-Haramain**€-€€
Sh. Bahsa, Suq Sarudja, Tel. 231 94 89, Fax 231 42 99, alharamain_hotel@yahoo.com. In einer kleinen Seitengasse sehr ruhig gelegen. Eine alte osmanische Polizeistation wurde zu dem netten Traveller-Hotel umgebaut; Innenhof mit Springbrunnen. Alle (einfachen) Zimmer sind ohne Dusche, aber hübsch eingerichtet. Sehr gut für allein reisende Frauen!

● **Al-Rabie Hotel**€-€€
Suq Saruja, Tel. 231 83 74, alrabiehotel@hotmail.com. Ebenso wie das Haramain-Hotel in einem herrlichen alten Stadthaus untergebracht, aber mit größerem und schönerem Innenhof, dafür nicht ganz so sauber.

● **Al Ghazal**€€
Suq Sarudja, Tel. 231 37 36, 231 93 65, www.ghazalhotel.com. Gar nicht weit vom Haramain ist diese nette Travellerlodge in einem alten Haus untergebracht. Ansprechend eingerichtet, einfach und sehr sauber.

● Rund um den **Merdje-Platz** finden sich viele **einfache Hotels**, die allerdings nicht unbedingt empfehlenswert sind. Sie werden z.T. auch als Stundenhotels genutzt und sind entsprechend „ungemütlich" für Frauen.

Privatzimmer

● Sehr schöne Privatzimmer mit Bad und z.T. auch mit kleiner Küche bietet die **Familie**

Fallouh im Altstadtviertel Bab Tuma, Tel. 0933-356 955, awni.fal@gmail.com. Die (sehr kleinen) Zimmer gruppieren sich um einen wundervollen, sauberen und wild mit Jasmin bewachsenen Innenhof, auf den man ausweichen kann, wenn die Zimmer zu klein werden! Sehr freundliche Gastgeber, schöne Atmosphäre, absolut empfehlenswert!

Klöster

Es ist auch in Damaskus möglich, in Klöstern zu übernachten, z.B. im **Memorial Saint Paul,** einem italienischen Kloster nahe des Bab Sharqi. 1- bis 5-Personen-Zimmer, Bad, WC und Dusche sind vorhanden. Von Bab Sharqi etwa einen halben Kilometer in Richtung Djaramana entfernt (Service fahren ab Bab Tuma).

Camping

- Der saubere Platz **Camping Harasta** befindet sich an der Autobahn von Homs kommend, 4 km vor der Stadt auf der rechten Seite. 450 Lira p.P., Tel. 445 58 70. Ein Minibus fährt ab der Djisr ath-Thaura.

Restaurants

Schick und schön – syrisch und international

- **Naranj**

Gegenüber der Marienkirche, Altstadt, PO Box 33895, Tel. 541 34 44. Das derzeit beste Restaurant der Stadt! In riesigen Hallen, nobel und edel eingerichtet, gibt es fantastische Speisen aus allen Landesteilen Syriens, guten Wein und erlesene Gäste. Auch wenn das Ambiente aufgrund des hallenartigen Zuschnitts des Restaurants in keinster Weise gemütlich ist (man kann in den Vorraum ausweichen, der etwas schöner ist, oder auch auf die Terrasse gehen), sollte das niemanden davon abhalten, das Spitzenessen hier zu genießen. Gehobene Preise!

- **Al-Dar Restaurant**

Bab Tuma, Tel. 542 32 32, www.aldar111.com, gehobene Preisklasse. Gediegenes Restaurant im schönen Ambiente eines alten Stadthauses im Herzen von Damaskus. Wenig Schnickschnack, dafür gutes Essen, syrisch und international. Alkoholausschank.

- **Al-Khawali Restaurant**

Sh. as-Salmi (Via Recta), Tel. 222 58 08, www.alkhawali.com, gehobene Preisklasse. Auch ohne Alkoholausschank sollte man sich die Speisen in diesem Restaurant nicht entgehen lassen. Beste syrische Küche und fantastischer Service in einem alten Stadtpalast. Statt Wein bekommt man hier hervorragende Fruchtsäfte: Probieren Sie *Laimun bi Nana* (Zitronensaft mit Pfefferminze) – schmeckt umwerfend gut!

- **Al Haretna Restaurant and Coffee**

Bab Tuma, Tel. 544 11 48, www.haretna.net, mittlere bis untere Preisklasse. Vor allem junge Leute zieht es in dieses große Restaurant in einer winzigen Gasse beim Bab Tuma. Es gibt sehr gutes syrisches und internationales Essen, Wasserpfeifen und auf Nachfrage (nicht auf der Speisekarte) auch Alkohol. Immer voller Menschen ist der große Innenhof – junge Leute, Kinder, Familien – Syrien, wie es lebt und lärmt!

- **Baituna Restaurant**

Seitenstraße der Sh. Maisalun, Tel. 332 67 47, mittlere Preisklasse. Ganz unerwartet in der Neustadt steht ein altes Haus, das zu einem sehr geschmackvoll eingerichteten Restaurant mit guten italienischen und syrischen Gerichten umgebaut wurde. Über drei Etagen erstreckt sich „unser Haus" (was Baituna bedeutet), Anziehungspunkt für vor allem junge Leute und Junggebliebene.

- **Taj Mahal und Maharaja**

Hinter dem Four Seasons Hotel, Tel. 245 34 34, und in Abu Rummaniye, Tel. 335 55 55, mittlere bis gehobene Preisklasse. Beide sind exquisite, exotische und sehr gute indische Restaurants. Einst gehörten sie zusammen, inzwischen sind sie eigenständige Restaurants. Das Taj Mahal liegt etwas zentraler, ist etwas günstiger und dafür qualitativ nicht ganz so berauschend, das Maharaja ist dezentraler, teurer und besser. Beide haben nette Inneneinrichtungen und werden gerne von Ausländern, die in Damaskus leben, aufgesucht.

- **Pizza A&M**

Maisat-Platz, Tel. 441 01 78, untere Preisklasse. Das nette Familienrestaurant bietet zu besten Preisen gute Pizza, Pasta und Burger auf einer grünen Terrasse und in hellen schönen Innenräumen – eine Oase inmitten der Großstadt.

•Oxygen
Bab Tuma, Tel. 544 43 96. Außergewöhnlich schönes, modern eingerichtetes, sehr edles Restaurant mit stimmungsvoller Bar in einem Haus aus dem 17. Jahrhundert. Internationale Küche, Menü 700–1000 Lira. Hier speist die Oberschicht Damaskus und alle, die es sich leisten können! Reservierung empfohlen!

Snacks, Cafés und Clubs

Mehr und mehr verwischen gerade in Damaskus die Grenzen zwischen Cafés, kleinen Restaurants, Clubs und In-Locations. Viele der Clubs sind tagsüber nette Cafés, in denen man auch Snacks und Kleinigkeiten sowie syrisches Fastfood bekommt, sodass sich eine genaue Kategorisierung fast gar nicht mehr vornehmen lässt. Andere sind kleine Restaurants, in denen man auch nur etwas trinken kann, andere sind Clubrestaurants.

Das absolute **In-Viertel** derzeit ist **Bab Tuma,** wo es viele Kneipen, Cafés und Clubs gibt und neue entstehen – fast alle in alten Stadthäusern untergebracht, die immer ein unvergleichlich schönes Ambiente mit sich bringen. Die „echten" Damaszener halten sich auch gerne im Viertel **Abu Rummaniye** auf, wo vor allem die syrische Gemeni-Group (www.gemeni-grp.com) ihre schicken westlichen Cafés unterhält.

Hier eine Auswahl meiner persönlichen Favoriten:

•S.E.A. (auch Swiss Café genannt)
Bei der Zitadelle, Tel. 446 778 00. S.E.A. steht für Syrian Environment Association – die hat dieses nette Café zusammen mit der Schweizer Regierung gegründet. Es steht gegenüber der Zitadelle auf einer Barada-Insel inmitten eines botanischen Gartens. Die Speisen und Getränke werden – soweit dies in Syrien möglich ist – in Bioqualität angeboten, sie sind lecker, die Shakes außergewöhnlich, der Service gut. Ein absolutes Muss für Pausen während des Suq-Besuchs!

•Bait Jabri
Bei der Umayyaden-Moschee, Tel. 541 62 54, www.jabrihouse.com. Sehr schönes Altstadthaus, in dem sich um einen Innenhof ein nettes, angenehmes Café/Restaurant findet. Die Qualität des Essens ist inzwischen nicht mehr wirklich toll, aber für Kleinigkeiten immer noch ausreichend gut. Außerdem gibt es hier Tee, Kaffee, Fruchtsäfte, Wasserpfeifen, eine sehenswerte Galerie und eine Atmosphäre, in der man Tage verbringen möchte.

•Ninar Art Café
Bab Sharqi, Tel. 542 25 57, www.ninarart.org. Sehr nettes kleines Café, das auch Speisen anbietet. Das Café dient auch als Galerie, jeder Tisch ist individuell gestaltet, alles wirkt angenehm und schön.

•Domino
Direkt am Eingang zur Sh. Bab Tuma. Tagsüber ein sehr nettes, glasumrandetes Café, von dem sich gemütlich das Treiben auf der Straße beobachten lässt, abends ein netter Club.

•Marmar
Gegenüber dem Restaurant Ellisar, Bab Tuma. Unter der Woche und am frühen Abend ist es einfach nur eine nette Kneipe. Donnerstags und freitags ist der Bär los. Dann kostet der Eintritt für Frauen 500 Lira, für Männer 1000 Lira, ein DJ legt Musik auf (Hip-Hop, Pop, Arabisch) oder eine Live-Band spielt. Super Stimmung, viele schicke Leute und auch ein paar Ausländer.

•Sabah wa Masa
Kaimaria, Tel. 541 98 16. Auch dieses Etablissement ist natürlich in einem alten Stadthaus untergebracht. Eingerichtet ein wenig wie eine Ritterburg mit großen hölzernen Balkenlampen, Rundbögendecken, immer rappelvoll mit jungen Menschen, die sich hier zum Wasserpfeiferauchen treffen oder, um eine Kleinigkeit zu essen.

Einfache, günstige und gute Restaurants

•Al Kamal
Sh. 29. May, Tel. 232 35 73. Gutes Restaurant in der Neustadt mit modernem Interieur und sehr gutem Preis-Leistungsverhältnis.

•Abdou
Sh. al-Amin (unterhalb der Via Recta), Tel. 542 38 82. Ungemein sympathisches kleines Restaurant mit Holzmöbeln und syrischem

Fastfood (Burger, Shish Tavuk, Sandwiches) und natürlich frischen Fruchtsäften zu günstigen Preisen.

- **Sahloul**

Zwischen Merje und Zitadelle, Tel. 221 34 45. Einfaches, aber sauberes und angenehmes Restaurant in zentraler Lage und mit gutem Essen.

- **Abu l-Iss**

Direkt im Suq al-Hamidiye, letzte Quergasse links der Hauptstraße kurz vor der Umayyaden-Moschee, Tel. 221 81 74. Sehr gutes Essen, eine Riesenauswahl, ein herrlicher Blick auf die Moschee und gute Live-Musik am Abend. Kein Alkohol, dafür um so beliebter bei Damaszenern.

- Weitere einfache Restaurants befinden sich **zwischen dem Suq al-Hamidiye und dem Merdje.**
- Der beste **Shawarma-Imbiss** befindet sich meines Erachtens beim Bab Tuma, dort, wo die Sh. Kanayet al-Khatib auf die Sh. Bab Tuma stößt.
- Der beste **Falafel-Shop** liegt m.E. in einer Seitengasse der Sh. Port Said in Richtung Sh. Yusuf al-Azme.
- Die besten **gebratenen Hähnchen** (arab. *farush*) gibt es beim Merdje (die mangelnde Sauberkeit der Restaurants hier bringt manchen Reisenden zum Würgen, die Hähnchen sind allerdings einsame Spitzenklasse, man kann sie ja auch mitnehmen ...).

Restaurants außerhalb

Kurz hinter dem Umayyadenplatz beginnt das schöne Baradatal. Hier reiht sich Gartenlokal an Gartenlokal, eines hübscher als das andere. Meist gutes Essen, sehr moderate Preise und absolut beliebt bei der damaszenischen Bevölkerung! Selbiges gilt für die Ausflugslokale an der Straße nach Sayyid Naya, die – auch hier eines hübscher als das andere – sich entlang der kleinen Schlucht nach oben ziehen.

Klassische Teehäuser und Cafés

Leider scheinen sie zu einem aussterbenden Relikt alter arabischer Tage zu gehören, die klassischen Teehäuser in Syrien. Immer mehr verschwinden sie, machen Platz für moderne Cafés, Clubs und Restaurants, in denen sich Frauen und Männer gleichermaßen wohlfühlen. Dennoch: Ein paar habe ich noch gefunden und sie im Stadtplan eingezeichnet.

- **Noufara**

Das wohl in der Zwischenzeit bekannteste Teehaus Damaskus befindet sich hinter der Umayyaden-Moschee. Es ist trotz vieler Touristen sehr ursprünglich und schön. Jeden Freitagabend um 18 Uhr erzählt ein Geschichtenerzähler dem Publikum seine Geschichten. Tee, Kaffee, Wasserpfeifen.

- Ein besonders schönes Teehaus befindet sich **zwischen dem Hidjaz-Bahnhof und der Telecom.** Hier sitzt man auf einer herrlichen Terrasse und kann Tee schlürfen, Wasserpfeife rauchen und dem Treiben zusehen. In Männerbegleitung kann hier auch frau stundenlang sitzen.
- Gar nicht weit davon ist in einem Hinterhof **ein Teehaus mit Springbrunnen.** Wenn man von der Telecom in Richtung Suq al-Hamidiye läuft, auf der rechten Seite.
- Sehr hübsch, und v.a. mit angeschlossener köstlicher Patisserie, ist das Teehaus nahe der Fußgängerzone beim Yusuf-al-Azm-Platz. Von diesem die Sh. Salihiya gen Norden, bis zur großen Kreuzung, an der die Fußgängerzone abgeht. Hier die Straße überqueren, wenige Meter nach rechts. Im Sommer mit Innenhof, im Winter nur innen. Tee, Wasserpfeife und Halwayat.
- **Starcrossed Lovers Café**

Suq Sarudja. Trotz des seltsam anmutenden Namens ist dies der Traveller-Treffpunkt von Damaskus, vor allem zu Frühstückszeiten. Hat man abends Hunger und findet auf der Karte nichts – einfach fragen.

- **Café Albal**

In der Altstadt in einer Gasse ohne Namen, im Stadtteil Qaimaria, nahe dem Café Arabisk (Stadtplan!), Tel. 544 57 94. Das mit Abstand schönste Teehaus, oder besser, Café mit Teehauscharakter in Damaskus! Ein Altstadthaus wurde zu einem Café mit angeschlossener Galerie umgebaut, in dem sich vor allem junge Menschen treffen, um in aller Ruhe Tee oder Kaffee zu trinken. Sehr schöne ruhige Musik (vor allem von Fairuz), Bücher zum Lesen liegen aus, Wechselausstellungen moderner syrischer Künstler, ungezwungene Atmosphäre. Viele Syrerinnen kommen hierher.

Konditoreien, Eis und Pudding

Eine Unzahl köstlichster Konditoreien finden sich rund um den Merdje. Unbedingt probieren sollte man die diversen Köstlichkeiten, die darin angeboten werden.

- **Bakdash**
Im Suq al-Hamidiye, die dritte Eisdiele auf der rechten Seite, wenn man auf die Umayyaden-Moschee zuläuft. Die wohl bekannteste Eisdiele Damaskus! Gutes, selbst gemachtes Eis (nur eine Sorte), leckere Puddings und Milchreis. Spezialität der „Eisgalerie" ist *mahlaye,* ein Pudding aus Milch, Mandeln und Pistazien! Geöffnet von 8–20.30 Uhr.
- Ganz neu sind in Damakus moderne und westliche Eiscafés, die sich alle in Mezze, dem Botschaftsviertel, befinden. Hervorzuheben sind das **French Café** (Mezze Autostrada, Tel. 661 73 33) gegenüber der iranischen Botschaft oder das **Moka,** nicht weit davon entfernt. Das beste aber ist das **Parfait** in Mezze Villat Sharqia nahe dem Sprachinstitut für Ausländer. In allen gibt es neben gigantisch großen und leckeren Eisbechern auch superschön verzierte Torten aller Sorten – die wahrhaft köstlich schmecken!

Abends ...

Es gibt verschiedene Arten, sich den Abend in Damaskus zu vertreiben. Wer es ruhig und nur „auf ein Bier" möchte, sollte dies in einem der Cafés oder Restaurants machen (s.o.). Das **Haretna** z.B. ist ein angenehmer Platz hierfür oder eine der netten Bars nahe dem Bab Sharqi, z.B. die kleine **Piano Bar,** eine nette Bar mit gediegener Atmosphäre. Es gibt ein paar Kleinigkeiten zu essen, ansonsten ist das ein Ort, um sich zu erholen. Aufgesucht wird die Piano-Bar hauptsächlich von Touristen, vor allem seit sie in allen frankophonen Reiseführern vertreten ist.

Die **Bar al-Azariya** (Tel. 544 51 73) zwischen Bab Tuma und Bab Sharqi wird vor allem von syrischen Besuchern frequentiert (weswegen sie für Frauen alleine nicht immer unbedingt angenehm ist). Hier kann man zu höchst moderaten Preisen abends ein Bier oder Wein genießen und dabei ins Gespräch mit Syrern kommen.

Sehr nett ist auch ein Besuch im **Bait Jabri** (s.o.) oder in dem **Café Albal** (s.o.).

Wer abends lieber einem **arabischen Märchenerzähler** *(Hakawati)* lauschen und dabei eine Wasserpfeife rauchen möchte, hat dazu freitags im **Café Noufara** bei der Umayyaden-Moschee Gelegenheit. Hier können sich auch getrost Frauen alleine hinwagen. Abends in aller Ruhe eine Wasserpfeife rauchen kann man in allen Teehäusern.

Damaskus hat auch eine **Fußgängerzone (Sh. Salihiye).** Hier flanieren abends die Sprösslinge der Ober- und oberen Mittelschicht. Vor allem im Ramadan ist die Hölle los: Bis nachts um 3 Uhr bauen fliegende Händler ihre Stände auf und feilschen um jede Lira ...

Schick zum Flanieren ist auch die **Abu Rummaniye** mit Cafés und Boutiquen. Freitagabend trifft man sich zum Bummel beim **Bab Tuma.** Außerhalb der Stadtmauern führt eine Straße gen Norden, die an nur diesem Abend für Autos gesperrt wird. Hier befindet sich neben syrischen Edelboutiquen auch ein Benneton-Laden. Fliegende Händler bieten ihre Maiskolben an, Hefegebäck duftet mit Kaffee um die Wette – schöne Atmosphäre.

Wer Lust auf den Besuch eines Clubs hat, ist in diesem Viertel goldrichtig. Neben den oben genannten Clubs ist das **Le Serail** direkt beim Bab Sharqi ein guter Tipp. Ab 24 Uhr ist es hier brechend voll, die Musik ist ein gelungener Mix aus arabischem und internationalem Pop. Eintritt!

Wer in der Neustadt ist, sollte mal die **Jackson's Bar** im Keller des Fardous Tower Hotel aufsuchen. Klein und schick, Tischreservierung unbedingt notwendig. Hier sind nur wenige Ausländer anzutreffen, dafür die Schickeria von Damaskus, was einen ganz neuen Einblick ins Nachtleben der syrischen Hauptstadt gibt.

Das **Centre Culturell Francais** zeigt immer wieder internationale Filme (gute Auswahl, nette Atmosphäre, Sh. Yusuf Azme, gegenüber dem Hotel Alaa Tower 2, Tel. 231 61 81/82). Auch Konzerte werden veranstaltet (z.T. mit internationalen Größen), Theaterprojekte gestartet, Arabisch-Dialekt-Kurse angeboten. Außerdem gibt es eine große Bibliothek und eine Galerie. Sehr gutes Kulturprogramm! Am besten einfach mal umsehen. Ähnliches gilt für das **Goethe-Institut** (Tel. 333 66 73, Fax 332 08 49) und das **amerikanische Kultur-Zentrum** (hinter der US-Botschaft). Auch hier werden am Abend oft Filme gezeigt und Veranstaltungen abgehalten.

Kinos

- Das beste Kino der Stadt ist das Kino im **Cham Palace Hotel.** Hier werden internationale Filme mit arabischen Untertiteln gezeigt.
- Es gibt außer diesem Kino nur wenige andere, die internationale Filme zeigen. Die meisten Kinos beschränken sich auf Action-Filme oder arabische Liebesschnulzen. Letztere sind unbedingt einmal sehenswert: Auch wenn man nichts versteht, so erfährt man doch viel über die arabische Mentalität ... Adressen: **Cinema Sufara** (Sh. 29 Ayan, ganz zentral), **Cinema Dunya** (Sh. Fardous), **Cinema Fardous** (Sh. Fardous), **Cinema Ugarit** (Sh. al-Jabiri, neben der Hauptpost).

Theater

- Das größte Theater ist das sensationelle **Dar-al-Assad-Theater** am Umayyaden-Platz. Es besteht aus Oper, Dramatheater und Galerie. Hier finden sowohl klassische als auch folkloristische Konzerte sowie Theatervorstellungen arabischer und internationaler Dramatiker statt. Das Ganze ist auch fürs Volk gedacht, denn die teuerste Karte kostet nur 300 Lira! Wirklich toll! Programm und nähere Infos unter www.opera.syria.org.
- Ein kleines, aber sehr lebendiges Volkstheater, das **Hamra-Theater,** liegt in der Sh. Salihiye, hinter dem Cham Palace Hotel nördlich des Yussef-Azme-Platzes. Hier werden sehr volksnah arabische Stücke aufgeführt, bei denen die Zuschauer nicht nur steif sitzend zugucken ...

Vergnügungspark

Für Leute mit Sinn für Vergnügen à la Disneyland sei **Happy Land Oasis** empfohlen. An der Straße zum Flughafen gelegen, ist dieser Vergnügungspark (Eintritt 100 Lira) das Modernste, was Syrien zu bieten hat. Sehr schöne Anlage mit Wasserspielen und Achterbahn. Für Nicht-Motorisierte: Der Flughafenbus hält an der Autobahnausfahrt. Ansonsten ist ein Taxi notwendig!

Hammams

- **Nur ad-Din**
Prachtvolles Hammam, direkt im Suq (siehe Spaziergang Nr. 5). Errichtet im 12. Jahrhundert von den Osmanen. Der Innenraum ist auch von Frauen zu besichtigen, baden dürfen diese jedoch nie hier. Geöffnet 8–24 Uhr, Eintritt 100 Lira.
- **Al-Ward**
Sh. al-Ward, im Stadtviertel Suq Saruja. Hübsches Hammam aus dem 17. Jahrhundert mit Frauenstunden Di und Mi 12- 18 Uhr.
- **Al-Zaher**
Gegenüber der Madrasa Zahiriye, Bab al-Baread. Hübsches Bad aus dem 18. Jahrhundert. Geöffnet 8–24 Uhr, Frauen 9–17 Uhr.
- **Al-Djadid**
Sh. Bab as-Siridja, die Straße gegenüber der Sinan-Pascha-Moschee. Hübsches Bad, nur für Männer.
- **Al-Bakri**
Beim Bab Tuma, gegenüber der Jesuitenkirche. Sehr schönes altes Bad. Geöffnet 8–20 Uhr, für Frauen tägl. 10–17 Uhr.
- **Al-Khandji**
Sh. Suq Sarudja, neben dem hist. Museum. Schönes altes Bad im Sarudja-Viertel, nur für Männer. Geöffnet 6–24 Uhr.

Museen

- **Nationalmuseum**
Sh. Shukri al-Quwwatli, tägl. außer Di 9–18 Uhr, im Winter bis 16 Uhr. Eintritt: 300 Lira, Studenten 15 Lira. Das Museum beherbergt jede Menge Funde aus Syriens früher Geschiche. Sehenswert! Näheres siehe Spaziergang Nr. 2.

Cafés nach westlichem (Einrichtungs-) Muster werden immer beliebter

- **Azm-Palast**

Suq al-Buzuriya, tägl. außer Di 9–18 Uhr, winters nur bis 16 Uhr. Eintritt: 300 Lira, Studenten 15 Lira. Ethnografisches Museum in der Altstadt. Unbedingt sehenswert! Details siehe Spaziergang Nr. 1.

- **Bimaristan an-Nuri**

Sh. Tariq ibn Ziyad, tägl. außer Di und Fr 8–14 Uhr. Eintritt 150 Lira, Studenten 10 Lira. Museum der arabischen Medizin. Schön! Näheres siehe Spaziergang Nr. 1.

- **Historisches Museum**

Hayy as-Sarudja, an der Sh. ath-Thaura, tägl. außer Di, 8–14 Uhr. Traditionelles Stadthaus mit schönen Innenräumen. Sehenswert.

Galerien

- **Galerie du Centre Culturel Francais**

Sh. Yusuf Azme, gegenüber dem Hotel Alaa Tower. Wechselausstellungen.

- **Albal**

In der Altstadt (siehe bei den Cafés und Teehäusern). Wunderschöne Galerie in einem Café. Wechselausstellungen, meist moderner syrischer Künstler.

- **Atelier Kabboush**

Nahe Bab Tuma, Tel. 541 16 40, www.kabboush-art.com. Der kleine Familienbetrieb ist v.a. für Kunstliebhaber von Interesse. Vater, Söhne und Tochter malen und zeigen dem Besucher gerne ihre Werke. Bitte klingeln!

- **Wechselausstellungen** im Foyer des Nationaltheaters.
- In der **Via Recta** finden sich inzwischen zwei kleine Verkaufsgalerien, und auch **Mouna Atassi** (www.atassigallery.com) hat eine nette Galerie – allerdings liegt sie in der Neustadt.

Einkaufen

- Es gibt einen **Handwerkssuq** nahe der Tekkiye Sulaimaniya (siehe Spaziergang Nr. 2), in dem alte Dinge sowie hübscher Schmuck, Bilder etc. verkauft werden. Einigen Läden sind kleine Werkstätten angeschlossen, z.B. eine Weberei, eine Glasbläserei, eine Teppichweberei etc. Auch bei der Herstellung der berühmten Damaszener Intarsienarbeiten kann zugeschaut werden. Horrende Preise, unbedingt handeln!

Routenteil A

syr013 Foto: mb

●**Westliche Waren** findet man in der Neustadt, rund um die Fußgängerzone und entlang der Sh. Maisalun. Ein **Schweinemetzger** arbeitet beim Bab Tuma im Christenviertel, und auch **Alkohol** kauft man dort am besten. Internationale Marken, Whisky u.Ä. findet man in den Läden an der Straße, die vom Bab Sharqi nach Djaramana führt. Einen Alkoholladen in der Innenstadt befindet sich in der Straße von der Hauptpost zur Tekkiye Sulaimaniya.

●Eine wunderbares Geschäft mit herrlichen Leckereien ist das **Semirames, Rose of Damascus** in der Flaniermeile Abu Rummaniye (www.semiramispastries.com).

●**Supermärkte** nach europäischem Vorbild findet man in der Gegend nördlich der Sh. Maisalun sowie ganz neu auch in Mezze, direkt gegenüber der iranischen Botschaft.

●Lebensmittel, Fleisch, Oliven, frisches Obst und Gemüse findet man am besten auf dem **Markt** nahe der Sh. Maisalun (siehe Stadtplan), der täglich bis spät in die Nacht geöffnet ist.

●**Buchläden mit internationaler Literatur** gibt es in Damaskus einige: Am besten sortiert mit englisch-, deutsch- und französischsprachiger Literatur sowie internationalen Zeitschriften und Zeitungen (z.B. dem „Spiegel"!) ist der **Avicenne International Bookshop** (PO Box 2456, Tel. 221 29 11) in der Straße gegenüber dem Faddous Tower Hotel. Hier gibt es auch die aktuellste Auflage (derzeit 1999) einer Straßenkarte Syriens mit Stadtplänen von Damaskus und Aleppo. Kosten: 130 Lira.

●Der netteste Buchladen ist sicherlich der **Nobel Bookshop,** schräg gegenüber des Cham-Palace Hotels. Der nette und höchst kompetente Besitzer Djamil Nazari spricht sehr gut deutsch und hilft gerne weiter. Gut sortiertes Buchangebot.

Sprachkurse

Siehe „Reisebüro" weiter unten.

Sport

Man kann in den internationalen großen Hotels gegen einen saftigen Obolus **schwimmen.** Wer auch in Syrien nicht auf das wochenendliche **Fußballspiel** verzichten möchte, kann das große Stadion am Abbasidenplatz aufsuchen. **Golfen** und **Reiten** kann man im Cham Palace Hotel.

Medizinischer Notfall

Krankenhäuser

Das wohl beste Krankenhaus ist das **Shami Hospital,** Sh. Ibrahim Hananu, Tel. 371 89 70/75. Daneben sind das **Französische Krankenhaus,** Kassa'a, Tel. 444 04 60, zu empfehlen, der **Medical Care Center,** Sh. Adawi, Tel. 332 29 82, und das **Italienische Krankenhaus,** Sh. Salhiya, Tel. 332 60 30/31.

Empfehlenswerte Ärzte

●**Dr. Gemma Adib**

44, Sh. Bagdad, Tel. 441 20 83, Fax 446 52 32. Dr. Adib ist praktischer Arzt und wird von der Deutschen Botschaft, aber auch von Europäern, die in Damaskus leben, empfohlen. Sprechstunden: So bis Do 10–14 und 18–20 Uhr. Dr. Adib spricht deutsch, englisch, arabisch und französisch.

●**Dr. Ali al-Aitouni**

64, Sh. al-Karameh, Tel. 332 29 78, Fax 331 62 50. Dr. Aitouni wurde mir von Europäern, die in Damaskus leben, empfohlen. Keine festen Sprechstunden, bitte anrufen. Dr. Aitoumi spricht englisch, französisch und arabisch.

Apotheken

●Eine **Nachtapotheke** findet man nahe der Zentralbank, am Ende der Sh. 29. Ayar.

●Eine **Apotheke, in der man deutsch spricht,** liegt gegenüber der italienischen Botschaft, Tel. 333 83 24.

Stadtbusse

Das **Stadtbussystem** in Damaskus ist **nicht ganz einfach zu durchschauen,** da die Busse **ausschließlich arabisch beschriftet** sind. Ein großer Service-Bahnhof befindet sich unter der **Djisr ar-Ra'is,** neben dem Nationalmuseum. Hier fahren die Service nach **Muhadjerin, das Botschaftsviertel** ab, ebenso die Service zum **Bab Tuma** und ins **Baradatal.** Service-Busse nach **Mezze** (Univiertel, Staatsbibliothek, Theater, Sheraton-Hotel, Intelligence Service) fahren unter der **Djisr ath-Thaura** ab (auf der Seite des hist.

Museums), Service ins Stadtteil **Djaramana** (Beginn der Ghuta, zum Kloster St. Pauls und den meisten Alkoholläden) und ins Palästinenser-Viertel fahren ab Bab Tuma. Die Service zum großen Busbahnhof (Garadjat) fahren **nahe der Djisr ath-Thaura** ab, auf der Seite des großen Gemüsemarktes. Am besten, man fragt die Umstehenden oder die Fahrer nach dem Ziel. Die wichtigsten Service-Stationen sind im Plan verzeichnet.

Die Service kosten zwischen 3 und 5 Lira, der Preis steht an der Vorderscheibe angeschrieben. Bezahlt wird einem der Mitreisenden, meist dem, der dem Fahrer am nächsten sitzt. Ist man das selbst, kann es sein, dass die syrischen Mitfahrenden einem das Geld in die Hand drücken. Wer sich dem nicht gewachsen fühlt, sollte die Aufgabe seinem Nachbarn abgeben.

Flugzeug

Der **Flughafen** befindet sich ca. 40 km außerhalb der Stadt und ist mit einem öffentlichen Bus (unter halb der Djisr Victoria, vor dem Hotel Kinda bzw. Kairuan, Abfahrt alle 30 Min., 35 Lira) oder dem Taxi (ca. 600 Lira) problemlos zu erreichen (siehe auch Anreise-Kapitel).

Fluggesellschaften

- **Syrian Arab Airlines**
Sahat Hidjaz/Sh. Port Said, gegenüber dem Hidjaz-Bahnhof, Tel. 24 50 98. Neben vielen internationalen Verbindungen ist die Syrian Arab Airlines v.a. für ihre **nationalen Verbindungen** von Interesse. Es werden die Städte Aleppo, Qamishli und Dair az-Zur angeflogen. Kosten zwischen 600 und 800 Lira. Nähere Infos unter www.syriaair.com.
- **Austrian Airlines**
Tel. 222 04 98, Fax 22 65 17.
- **Air France**
Sh. Muhammad Al Bizim, al-Malki, Tel. 379 08 00, www.airfrance.com/sy.
- **British Airways**
Sh. al-Quwwatli.

Bahn

Der **Bahnhof Khaddam** befindet sich etwas außerhalb (Taxi ca. 100 Lira).

Bahnverbindungen

Die Zugfahrpläne wechseln häufig. Mehrmals täglich geht es in alle Städte, zweimal nach Qamishli, wesentlich häufiger nach Aleppo und an die Küstenstädte. Die aktuellen Pläne findet man unter **www.cfssyria.org.** Einmal wöchentlich fahren Züge in die Türkei und in den Iran.

Überlandbusse

- **Nach Derâa, Suwaida, Salkhad und Shahba:** Busse in den Süden fahren stündlich **in der Nähe des Bab Musalla** (Yarmuk-Platz) ab. Eigener Busbahnhof, eine Reservierung ist weder möglich noch notwendig. Alte Rüttelbusse. Ein Taxi hierhin darf nicht mehr als 25 Lira kosten, am besten man sagt, dass man zu den **Garadjat Bab Musalla** möchte!

syr014 Foto: mb

Kleiner Laden in der Via Recta

Zur Orientierung der **Fahrplan einer Busgesellschaft** (ohne jede Gewähr, die Zeiten ändern sich monatlich!):

Homs	حمص	ab 7.30 Uhr stündlich bis 19.30 Uhr (90 Lira)
Palmyra	تدمر	ab 8.30 Uhr stündlich bis 19 Uhr (200 Lira)
Lathaqiya	الاذقية	8 und 13.30 Uhr (200 Lira)
Aleppo	حلب	7.30 und 16 Uhr (200 Lira)
Tartus	طرطوس	14 Uhr (200 Lira)
Dair az-Zur	دير الزور	8.30, 16 und 19 Uhr (350 Lira)
Raqqa	الرقة	11 und 16 Uhr (250 Lira)
Qamishli	قمشلي	11 Uhr (400 Lira)
al-Hassaka	الحسكة	10 und 11 Uhr (350 Lira)

●**Nach Sayyid Naya und Maalula:** Mini- und Rüttelbusse in diese Richtung starten stündlich **vom Großmarkt** (nahe des Bab Tuma). Reservierung weder nötig noch möglich! Taxi von der Innenstadt hierher 50 Lira.

●**In die Städte im Norden und Osten:** Der **Zentrale Busbahnhof,** der **Garadjat Harasta** für alle großen Buslinien Richtung Norden (Aleppo, Palmyra, Küste etc.), befindet sich weit außerhalb an der Ausfallstraße nach Aleppo, noch ein ganzes Stück hinter dem Abbasidenplatz. Taxis (nach Harasta bzw. Garadjat Harasta bzw. Pullman ca. 100 Lira), Service-Busse fahren ab dem Gemüsemarkt bei der ath-Thaura-Brücke ab. Hier starten auch die Busse in die Türkei (Reservierung empfohlen).

Falls man dem rufenden Busticketverkäufer entgehen möchte: Gleich am Eingang ist das Büro der Busgesellschaft Qadmus (die meines Erachtens beste Busgesellschaft).

Da vom Garadjat Harasta ständig Busse in alle Richtungen fahren, ist eine vorherige Reservierung nicht notwendig. Grundsätzlich gilt, dass man, fast gleichgültig zu welchem Ziel, bei Ankunft am Busbahnhof immer einen Bus findet, der innerhalb einer Stunde zum gewünschten Ziel abfährt.

●Die gleichen Modalitäten gelten, wenn man vom zweiten großen Busbahnhof abfährt, dem **Sumariye (St. Marie).** Von hier fahren Minibusse nach **Bosra, Bludan und Zabadani** sowie die Busse und Sammeltaxis (meist japanische Kleinbusse) nach **Jordanien** und in den **Libanon.** Sammeltaxis sind dem Bus in jedem Fall vorzuziehen, da bei fünf Personen pro Fahrzeug die Grenzformalitäten weit schneller erledigt sind als bei einem vollen Bus. Nach Amman kostet es 1000 Lira (5 Std.), nach Baalbek 500 Lira für 2,5 Std, nach Beirut sind es 450 Lira für 4 Std. Sammeltaxis fahren ab, wenn das Auto voll ist. Wollen Sie es schneller und bequemer, können Sie auch einfach zwei Plätze kaufen – kostet halt doppelt so viel!

Rund ums Auto

●**Club Automobile de Syrie (ACS)**
Sh. 29. May, Tel. 231 77 45, Fax 231 77 44, www.syrianautomobileclub.com (nur in arabischer Sprache).

Mietwagen

●**Europcar**
Am Flughafen (Tel. 543 15 36), im Meridien (Tel. 222 92 00), im Semiramis (Tel. 332 26 50), im Sheraton (Tel. 222 93 00) und im Omayyad (Tel. 221 77 06). Gleichgültig, wo man bucht, die Preise unterscheiden sich

nicht. Der günstigste Wagen (Hyundai Verna 1.4) kostet in der Nebensaison rund 250 Euro pro Woche inkl. freier Kilometerzahl, Vollkasko, Diebstahlschutz und Servicepauschale. Das klingt erst einmal gut. Leser berichteten jedoch von alten, durchgerosteten und nur noch bedingt fahrtauglichen Fahrzeugen. Dieselben Preise gelten übrigens auch, wenn man schon von Deutschland aus bucht unter www.europcar.de.

- Günstiger und besser ist es, **über ein Reisebüro** (s.u.) ein Auto auszuleihen (z.B. ein Kleinbus mit Fahrer)!
- Wer nicht über ein Reisebüro buchen möchte, der kann **Khaled Aloush** kontaktieren. Er ist ein sehr zuverlässiger, guter, fließend englisch sprechender Fahrer, der mich auf meiner letzten Reise begleitet und mir dabei ganz wunderbare Dienste geleistet hat. Man erreicht ihn auf seinem Handy unter 0933-56 72 29.

Werkstätten

Viele kleine Werkstätten finden sich rund um den Busbahnhof, sowie an der Ausfallstraße nach Derâa und Jordanien. Der ADAC rät, dass man sich bei seinem Autohändler ein Verzeichnis der Kundendienststellen in Syrien beschafft.

Öffentliche und bewachte Parkplätze

Drei öffentliche Parkplätze sind für den Reisenden interessant:

- **Cham Parking:** gegenüber dem Cham Palace Hotel, 1. Std. 50 Lira, 2. Std. 40 Lira, jede weitere Std. 30 Lira.
- **Hamidiye:** zwischen dem Suq al-Hamidiye und der Telecom. Keine Preise bekannt.
- **Tekkiye:** Hinter dem Handwerkerbasar liegt ein großes Parkhaus, das erste seiner Art in Damaskus. Auch hierfür sind keine Preise bekannt.

Reisebüro

- **NAWAFIR Travel & Tours**

24 Al-Rawda St., PO Box 31109, Tel. 335 01 51, 334 34 41, Fax 334 34 40, www.nawafirtours.com. Neben Studien- und Pilgerreisen organisiert Nawafir auch innovative Themenreisen für Gruppen und individuell reisende Gäste, die von erfahrenen deutschsprachigen Reiseleitern begleitet werden. Seien es arabische Kochkurse, Wüstentouren auf dem Rücken eines Kamels/im Geländewagen oder die **Vermittlung von Arabisch-Sprachkursen:** Service und Eingehen auf jeden Kundenwunsch stehen an erster Stelle. Auch die Vermittlung eines Hotels, einer Jugendherberge oder Familienunterkunft ist möglich. Selbstverständlich kann auch ein Mietwagen organisiert werden.

Hauptpost

- Sh. al-Jabiri, **direkt beim Hidjaz-Bahnhof.** Geöffnet 8–19 Uhr, Guichet für Poste Restante. Öffnungszeiten: So bis Mi 8–20 Uhr, Do 8–19 Uhr, Sa 9–15 Uhr. Der Paketschalter befindet sich um die Ecke an einem Seiteneingang.

Telecom

- Sh. An-Nasr, zwischen dem Hidjaz-Bahnhof und dem Suq al-Hamidiye. Telefonkarten kauft man außerhalb bei Händlern, die vor dem Gebäude stehen. Man sollte auf jeden Fall nur die in Plastik eingepackten Karten kaufen. Karten gibt es für 200 Lira, 500 Lira und 1000 Lira zu kaufen. Die Minute nach Deutschland kostet 97 Lira, ab 22 Uhr fallen nur noch 47 Lira an. Mit den Telefonkarten kann man von jeder Telefonzelle aus nach Europa telefonieren.

Geldwechsel

Es gibt **verschiedene Möglichkeiten,** Geld zu wechseln, sei es bei Money-Changern, in Banken oder an den EC-/Maestro-Karten-Automaten, die inzwischen an den großen Banken aufgestellt wurden, z.B. bei der Commercial Bank of Syria am Yussuf al Azme-Platz oder am Merdje oder der BIMO Saudi Franzi Syria Bank (am Ende der Straße 29. May am 17. Nissan-Platz auf der Seite der Touristeninformation).

Internet-Cafés

Internet-Cafés schießen wie Pilze aus dem Boden, vor allem rund um das Bab Tuma gibt es jede Menge. Preis: ca. 100 Lira/Std.

Feste/Veranstaltungen

- **Messen**

Damaskus ist die große Messestadt Syriens. Im Mai findet die Blumenmesse (Floralies) statt, Ende September die Buchmesse.

- **Festivals**

Oktober: Damascus Film Festival, alle zwei Jahre. Wechselt sich mit dem Damascus Theater Arts Festival ab.

Die Umgebung von Damaskus

Damaskus bietet sich als optimale Ausgangsbasis für **landschaftlich wie archäologisch interessante Ausflüge** an! Da gibt es den Süden zu erforschen, der jedoch eine eigene Reise verdient, weshalb er nicht hier behandelt wird, sondern als eigener Routenteil. Wer die Zeit für eine längere Tour in den Süden nicht hat, sollte zumindest einen Ausflug von Damaskus nach Bosra unternehmen (siehe Routenteil B). Das geht auch problemlos mit öffentlichen Verkehrsmitteln. Weitere Ausflugsziele locken sowohl im Norden (z.B. Maalula, Sayyid Naya, der Cherubim, das Kloster Mar Musa) als auch im Westen bzw. im Südwesten der Stadt, wie z.B. das Baradatal und das nationale Mahnmal Qunaitra in den Golan-Höhen.

Es besteht die Möglichkeit, **Baalbek** im Libanon für einen Tag zu besuchen (man muss sich allerdings auf eine langwierige Prozedur an der Grenze gefasst machen). Mit dem Mietwagen geht das nicht, da die Autos die Grenze nicht passieren dürfen. Mit öffentlichen Verkehrsmitteln ist es jedoch kein Problem (regelmäßige Minibusse von Damaskus ab Baramke nach Baalbek). Andere Ausflüge außer Landes, z.B. nach Beirut oder nach Jerash in Jordanien, benötigen zu viel Zeit und eine aufwendige Organisation.

Das nächste Ausflugsziel von Damaskus ist der **Djabal Qassiun.** Hier oben reihen sich kleine Ausflugslokale (teuer) und Bänke aneinander, von denen man eine herrliche Sicht auf die Stadt hat. V.a. nachts ist der Blick auf die Stadt grandios. Wer gut zu Fuß ist, kann den Berg leicht erklimmen (max. 20 Min.). Dazu nimmt man ab der Djisr ar-Ra'is, neben dem Nationalmuseum, einen Service-Bus nach **Muhadjerin** (Endstation, 3 Lira). Von hier ist es nur noch ein Katzensprung hinauf. Man kann sich aber auch mit dem Taxi hinauffahren lassen; wenn das Taxi oben wartet und einen auch wieder nach unten bringt, sind 500 Lira angemessen (Achtung, es gibt oft überhöhte Preisforderungen!). Der Gipfel kann nicht bestiegen werden, da hier militärisches Sperrgebiet ist. Der Rundweg um den Berg auf einer Straße, die unterhalb des Gipfels liegt, lohnt aber auf jeden Fall.

Sayyida Zainab السيدة زينب

Auch nicht viel weiter als der Berg liegt die unbedingt sehenswerte **Moschee der Sayyida Zainab.** Sie birgt das Grab der Sayyida Zainab, einer Enkelin des Propheten. Die Moschee ist

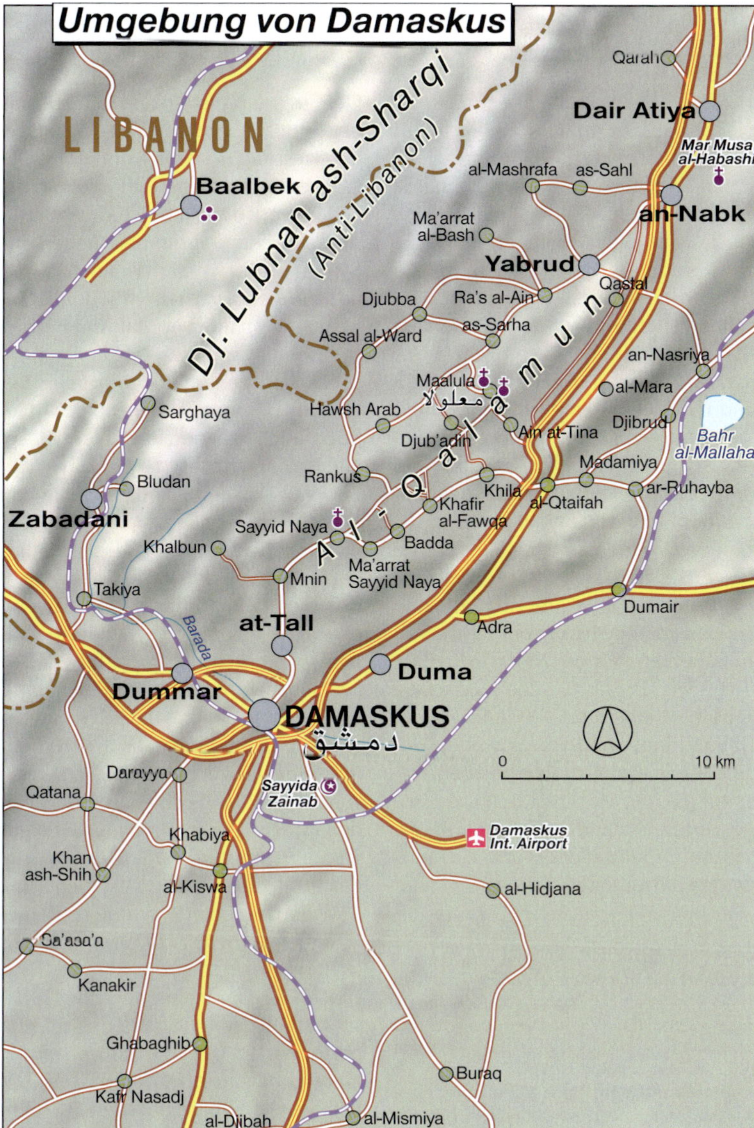
Umgebung von Damaskus
LIBANON
Dj. Lubnan ash-Sharqi
(Anti-Libanon)
Al-Qalamun
Qarah
Dair Atiya
Mar Musa al-Habashi
al-Mashrafa
as-Sahl
an-Nabk
Baalbek
Ma'arrat al-Bash
Yabrud
Djubba
Ra's al-Ain
Qastal
Assal al-Ward
as-Sarha
an-Nasriya
Maalula
معلولا
al-Mara
Hawsh Arab
Djub'adin
Ain at-Tina
Djibrud
Sarghaya
Bahr al-Mallaha
Madamiya
Rankus
Khila
al-Qtaifah
ar-Ruhayba
Bludan
Khafir al-Fawqa
Zabadani
Sayyid Naya
Badda
Khalbun
Ma'arrat Sayyid Naya
Mnin
Takiya
Dumair
Adra
at-Tall
Barada
Duma
Dummar
DAMASKUS
دمشق
0
10 km
Darayya
Qatana
Sayyida Zainab
Damaskus Int. Airport
Khabiya
Khan ash-Shih
al-Kiswa
al-Hidjana
Sa'asa'a
Kanakir
Ghabaghib
Buraq
Kafr Nasadj
al-Djibah
al-Mismiya

großartig und vollkommen anders als alle Moscheen der Stadt (mit Ausnahme der Moschee ar-Ruqqaya). Erbaut 1979, direkt im Anschluss an die islamische Revolution im Iran, gilt sie bis heute als eines der wichtigsten schiitischen Pilgerziele in Syrien, zumal da seit dem Iran-Irak-Krieg schiitische Pilgerstätten im Irak für Iraner unerreichbar wurden.

Die Moschee ist **iranischen Moscheen nachempfunden.** Das hohe Minarett ist bereits von weitem zu sehen und ganz und gar in Blau, Grün und Gold gehalten. Der Gebetsraum (getrennt nach Frauen und Männern) ist fast durchgehend verspiegelt und sehr prächtig. In der Mitte befindet sich das Grab der Zainab bint Djahsh.

Frauen werden am Eingang der Moschee gebeten, sich fest zu verschleiern (Tücher gibt's am Eingang) und nur den Fraueneingang des Betraumes zu benutzen. Vor der Moschee reihen sich – wie es sich für eine Pilgerstätte gehört – Bettler und Verkäufer kleiner Glücksbringer und von Schmuck, der den Segen der Zainab verheißen soll. Innerhalb der Moschee befinden sich Ausstellungsräume, in denen sich islamische Organisationen und Gruppierungen präsentieren dürfen.

Praktische Informationen

- **Anfahrt mit öffentlichen Verkehrsmitteln:** Es fahren Service für 5 Lira ab der Busstation, die zwischen Bab Musalla (Yarmuk-Platz) und dem Bab Kissan liegt (siehe Übersichtsplan zu Damaskus).
- **Anfahrt mit dem Pkw:** Da die Moschee auf der Straße nach Suwaida liegt, bitte im Routenteil B, Route B 1, nachschauen!

Qunaitra und der Hermon قنيطرة جبل الشيخ

↗ VIII,A2

Der Streit um die Golan-Höhen ist bis heute ein Hauptthema der Nahostfriedensgespräche, wen wundert's? Die Golan-Höhen liegen gerade einmal 60 km von der Hauptstadt entfernt, große Wasservorkommen fließen aus Syriens Bergen nach Israel, Wasser, das dringend gebraucht würde. **Qunaitra,** das nationale **Mahnmal für israelische Aggressionen,** kann nur mit speziellem *permit* und offizieller Begleitung besucht werden, beides ist jedoch leicht zu erhalten. Dem Besucher soll demonstriert werden, welche Gewalt Israel dem Lande angetan hat. Selbst Papst Johannes Paul II. war hier, als er auf den Spuren des Apostels Paulus im Mai 2001 wandelte. Angesichts der Zerstörung Qunaitras und den inzwischen überwucherten **Ruinen** sprach sich der Papst für Frieden in Nahost aus (logisch!) und betete für die Opfer. Qunaitra, das direkt an die Golan-Höhen grenzt und von dem man einen herrlichen Blick auf sie hat, wurde 1967 im Sechs-Tage-Krieg von den Israelis besetzt. Binnen weniger Stunden zwang man die Bevölkerung, das Land zu verlassen. Wer nicht ging – so wird berichtet –, wurde niedergeschossen. Noch viele Syrer können sich an diese Tragödie erinnern und vielen fällt es noch immer schwer, davon zu erzählen. Nach dem Yom Kippur-Krieg 1973, dem ersten israelisch-arabischen Krieg, in dem die Araber militärische Erfolge erringen konnten, mussten die Israelis Qunaitra wieder räumen, nicht aber, ohne zuvor das Dorf vollkommen zerstört zu haben. Heute kann man die Ruinen besichtigen, wobei ein syrischer Soldat den Besucher begleitet und so weit wie möglich Erklärungen auf Englisch gibt.

Das **permit für den Besuch** erhält man vollkommen problemlos gegen Vorlage des Reisepasses beim *Intelligence Service,* hinter der kuwaitischen Botschaft in Damaskus. Wer **mit dem eigenen Auto** oder dem Mietwagen hierher fahren möchte, muss Fahrzeugnummer und Kfz-Typ bei der Beantragung des *permits* angeben. Die syrische Begleitung durchs Areal wird vom UN-Posten 16 km hinter Damaskus arrangiert. Wer mit **öffentlichen Verkehrsmitteln** unterwegs ist, muss nur auf den Kontrollposten warten, wo entsprechende Beamte zusteigen. Abfahrt mit dem Minibus ab Baramke, eventuell nur bis Neu-Qunaitra (Qunaitra al-djadid), hier umsteigen, Taxi nehmen oder laufen. Der letzte Bus von Neu-Qunaitra nach Damaskus geht am späten Nachmittag. Autofahrer fahren ab Umayyadenplatz durch das Stadtviertel Mezze in Richtung Qunaitra/Qatana (beschildert). Nach 16 km folgt der Abzweig nach Qatana, hier fragt man beim Polizeiposten nach einem Führer.

Auch das **Hermon-Gebirge** (arab. Djabal ash-Shaikh) befindet sich im militärischen Sperrgebiet, sodass eine Sondererlaubnis erforderlich ist, um dorthin zu gelangen (auch im *Intelligence Service* erhältlich). Bergtouren im Hermon (2814 m) sollen sehr schön sein, wie ich gehört habe, sie sind aber ohne einheimischen Führer nicht zu machen! Lohnenswert ist ein Besuch der römischen **Ruinen eines ehemaligen Tempels** aus dem 1. Jahrhundert **in Burqush,** direkt an der Grenze zum Libanon, gelegen auf 2000 m Höhe in herrlichster Landschaft. Wer allerdings kein Geländefahrzeug hat, muss auf den Besuch der Ruinen verzichten.

Vorsicht: Im gesamten Gebiet ist Fotografieren verboten!

Bludan, بلودان
Zabadani, زبداني
Abels Grab und die النبي هابيل
Quelle des Barada عين برادة

Zum bevorzugten Ausflugsziel der Damaszener geht es das Baradatal hinauf nach Bludan und Zabadani. Entsprechend der Beliebtheit dieses Ausflugs ist es freitags und feiertags fast unmöglich, irgendwo auch nur ein ansatzweise ruhiges Plätzchen zu finden.

Die ersten Ausflugsziele grenzen fast an die Stadt: Die wunderschönen **Gartenlokale** liegen zwischen Damaskus und der Quelle entlang des Flusses, die ersten nur wenige Kilometer vom Umayyadenplatz entfernt. Hierhin gelangt man problemlos mit dem Taxi, bis nach Dumar auch mit dem Service (Abfahrt unter der Djisr ar-Ra'is).

Nicht nur die wunderschöne Landschaft am Fluss, der sich langsam den Berg hinauf zieht, ist eine Augenweide, auch das **Grab des Abel** und die **Quelle des Barada** sind einen Abstecher wert (nur mit dem eigenen Pkw oder Taxi zu erreichen).

Bludan und **Zabadani** sind knapp 50 km von Damaskus entfernt und liegen auf 1500 m Höhe inmitten des **Antilibanon.** In den Sommermonaten ist hier die Hölle los: Reiche Golfstaatler vertreiben sich die Zeit in schicken Restaurants (natürlich mit Alkoholausschank) und Nachtbars. Es sind schöne, wenn auch nicht unbedingt malerische Orte und gerade im Sommer oft sehr angenehm, wenn man den heißen Temperaturen der Stadt entfliehen will. Neue Häuser, meist noble Villen, ziehen sich, so scheint es, kilometerlang die Berge hinauf, Zentren gibt es nur wenige. Die Orte sind ausschließlich auf syrischen Wochenend- und Sommertourismus eingestellt, entsprechend ausgerichtet ist die Infrastruktur. Dennoch sind Bludan und Zabadani, die fast ineinander übergehen, einen Ausflug wert und sei es auch nur, um die wunderschöne Fahrt nach oben oder die herrliche Aussicht und das gute Essen in Bludan zu genießen.

Praktische Informationen

- **Unterkunft** findet man hier in mehreren, meist gepflegten Hotels (z.B. dem Venizia, dem Grand Hotel oder dem Regent Park Hotel), deren Preise gewaltig, je nach Saison, schwanken. Gespeist wird im **Baidar Abu Zad,** einem herrlichen Gartenrestaurant mit Blick auf den Djabal Hermon und köstlichem Essen (Hauptgericht unter 5 Euro) oder dem **Wadi Abu Zad,** einem schönen und leckerem Familienrestaurant mit Alkoholausschank (ähnliche Preisklasse). Auch die Kette der **Alaa Tower-Hotels** hat hier eine Branche aufgemacht, und zwar in der Hauptstraße Bludans, Tel. 712 89 97. Alle Hotels haben im Winter geschlossen!
- **Anfahrt mit öffentlichen Verkehrsmitteln:** Ab dem Busbahnhof in Baramke fahren Minibusse nach Bludan ab. Unregelmäßige Abfahrtszeiten. 20 Lira bis Bludan.

Wer **mit dem Pkw** unterwegs ist, hat zwei Möglichkeiten, nach Bludan und Zabadani zu kommen: entweder auf der **alten Straße nach Beirut** oder über die neue Autobahn. Nachfolgend wird die gemütlichere Anfahrt über die alte (sehr gute!) Straße beschrieben.

syr015 Foto: lv

Laimun bi nana – Zitronensaft mit Minze: einfach nur köstlich!

Ausgangspunkt ist der Umayyadenplatz in Damaskus. Man folgt der Beschilderung nach Muhadjerin/Dumar, umfährt den folgenden Kreisel und folgt der Straße Richtung Qasiun.

Km 2 – Gabelung: Rechts geht es zum Qasiun, geradeaus nach Dumar. Wir fahren geradeaus; kurz danach folgt ein Kriegerdenkmal auf der rechten Seite.

Weiter geht es über eine Bergkuppe nach Dumar. Bei der folgenden Gabelung geht es links ins Tal.

Km 4,8 – T-Kreuzung: Hier rechts ab. Die Fahrt geht durch ein schmales Tal und führt durch eine herrliche Umgebung entlang des Barada.

Km 8 – Überquerung des **Barada.** Es geht bergauf, vorbei an einem SOS-Kinderdorf, an Militärkasernen und kleinen Siedlungen; rechts im Hintergrund sieht man die wunderschöne Berglandschaft des Hermon.

Km 18 – Linker Hand die Autobahn, die parallel zur Landstraße verläuft. Kurz danach unterquert man sie und fährt dann weiter bergauf durch ein schönes Wäldchen.

Km 26 – Die Straße stößt auf die **Autobahn.** Nach Beirut geht es links auf die Autobahn (Wegweiser), nach Zabadani und Bludan geradeaus über eine Brücke. Kurz danach Abstecher rechts zum (angeblichen) **Grab des Abel,** einem wichtigen drusischen und christlichen Pilgerziel.

Zum Grab des Abel (Nabi Habil) النبي هابيل

Das Grab an sich ist nicht besonders aufregend, ein **sieben Meter langer Steinsarg,** der mit einem grünen Tuch bedeckt ist. Der Legende nach hat Kain den Abel nicht an dieser Stelle erschlagen, aber er hat ihn hierher getragen, um ihn zu verstecken. Kain aber war müde und ängstlich und vergaß in aller Aufregung, seinen Wanderstab mitzunehmen, den er ausgerechnet auf einen Blutstropfen Abels in die Erde gesteckt hatte. Aus diesem Stab erwuchs der Baum, der heute neben dem Grab steht.

An der Stelle, an der Kain den Abel erschlagen haben soll (auf dem Qasiun), findet sich eine Höhle, in der vierzig Heilige begraben liegen, für die je eine Gebetsnische eingerichtet ist.

Das eigentlich Schöne am Grab ist die **Landschaft,** in der es steht. Die muss man sich allerdings ohne Fotoapparat ins Gehirn einbrennen, da bei der Anfahrt zum Grab sowohl die Papiere als auch der Fotoapparat an einer Militärstation abgeben werden müssen. Da auf diesem Gelände häufig militärische Übungen stattfinden, kann einem die Anfahrt dorthin verwehrt werden. Ich hatte auf der letzten Reise das Pech, nicht zum Grab gelassen zu werden, sodass diese Beschreibung der Erinnerung folgt.

Anfahrt: Bei **Km 26,5** liegt rechter Hand eine kleine Polizeistation. Direkt dahinter geht die Straße ab, nach etwa 1,5 km kommt besagte Militärstation, an der man sein Ziel deklarieren und seine Pässe etc. abgeben muss. Das Grabmal folgt kurz danach.

Zurück auf der Hauptstraße geht die Fahrt weiter nach Bludan erst einmal bergab durch wunderschöne Landschaft und mit herrlichem Blick links zum Barada.

Ab **Km 34** kann man vermehrt Ausflugslokale sehen, die sich ab hier bis nach Bludan aneinander reihen.

Km 36 – Links geht es unmittelbar hinter einer Tankstelle zur **Quelle des Barada,** die inmitten hoher Bäume zur Erholung einlädt. Auch hier lohnt ein kleiner Abstecher für denjenigen, der

„echte“ syrische Ausflugsfreuden erleben möchte. Auf einem kleinen (leider sehr verschmutzten und im Winter arg jämmerlich aussehenden) See fahren bunte Boote herum, Imbissbuden am Rand offerieren das Übliche (Abstecher von der Straße ca. 3,5 km pro Weg, bei der einzigen Kreuzung zur Quelle links).

Km 40 – Vor uns liegt nun **Zabadani.** Bei der Gabelung geht es rechts nach Bludan, es folgen die ersten Hotels. Geradeaus geht es nach Zabadani. Beide Orte zeichnen sich durch eine Vielzahl neuer Häuser aus, die sich die Hänge hinauf ziehen. Die Straße nach Bludan führt stets bergauf, vorbei an Hotels und Ferienwohnungen, bis bei **Km 43** das Ortsschild von **Bludan** erreicht ist. Zum Zentrum weiter geradeaus.

Km 46 – Das Ortszentrum von Bludan ist erreicht, zu erkennen an der Kirche links. Hübscher Platz mit Hotels, Restaurants, Billardhalle und vielen kleinen Cafés. Für den Rückweg bietet sich die schnelle Abfahrt über die Autobahn an.

Die Klöster im Norden

Der längste, aber sicherlich auch der schönste Ausflug führt von Damaskus aus zum Kloster **Mar Musa** bei Nabak, von dort nach **Maalula,** dem kleinen aramäischen Dorf, zum Kloster **Sayyid Naya** und auf den Berg **Cherubim.** Der Ausflug ist für Motorisierte an einem Tag zu schaffen, auch wenn jedes Ausflugsziel so schön ist, dass es einen längeren Aufenthalt lohnt. Für Nicht-Motorisierte ist der Ausflug nicht an einem Tag zu schaffen, zumal man sich für das Kloster Mar Musa sowie den Cherubim ein Auto anheuern muss. Übernachtungsmöglichkeiten gibt es im Kloster Mar Musa, auf dem Cherubim oder in dem Hotel in Maalula.

Wem die Route zu lang ist und wer unterwegs nicht übernachten möchte, dem seien zwei Ausflüge empfohlen, wobei Maalula, Sayyid Naya und Cherubim an einem Tag problemlos zu machen sind. Für Mar Musa ist unbedingt ein Ganztagesausflug anzusetzen. Ich jedoch empfehle die große Runde auf zwei, drei Tage verteilt, weil sie die schönsten und wichtigsten Klöster in der Umgebung von Damaskus miteinander verbindet, einen weit weg bringt von der Großstadthektik und die Gelegenheit bietet, in die Tiefen des frühen Christentums in Syrien einzutauchen.

Praktische Informationen

- **Anfahrt mit öffentlichen Verkehrsmitteln:** Bis nach Nabak gelangt man mit öffentlichen Verkehrsmitteln, man nimmt einen Bus von Damaskus nach Homs und lässt sich in Nabak absetzen (von der Hauptstraße ins Zentrum 2 km). Wer direkt ins Zentrum möchte, sollte ab dem Busbahnhof, an welchem auch die Busse nach Maalula abfahren, einen Minibus nach Nabak nehmen (35 Lira, etwa 1 Std.). Ab Nabak ist man darauf angewiesen, ein Taxi zu finden, das die restlichen Kilometer zum Kloster fährt. Mit guten Verhandlungskünsten findet man eines für 300 Lira hin und zurück.
- **Anfahrt mit dem Pkw:** Man verlässt Damaskus in Richtung Aleppo und fährt auf der Autobahn bis nach Nabak. Hier folgt man der Beschilderung ins Zentrum, zu erkennen an dem gelben Dach der Moschee und einem etwas seltsamen Kreisel. Hier ist Km 0.

Die Moschee im Rücken, den Kreisel vor der Nase, geht es etwa 100 m geradeaus, dann biegt rechts eine Straße in Richtung Osten ab, der man folgt. Auf der rechten Straßenseite sind erst ein Friedhof und anschließend eine Schule zu sehen.

Km 1,4 – Kreisel. Man folgt der Straße nach links. Kurz danach weiterer Kreisel. Hier geradeaus. Die nächste Straße links abbiegen (Beschilderung). Die Straße verläuft nun gen Osten, hinein in die Wüste.

Km 7 – Gabelung. Es geht rechts ab. Nun geht es kurz bergauf, vorbei an einer Freiluft-Kehrrichtverbrennungsanlage. Die Straße windet sich danach steil bergab.

Km 14 – Links im rechten Winkel ab. Beschilderung.

Km 18 – Parkplatz. Man kann das Kloster oben sehen. Von hier sind es noch 15 Minuten Aufstieg.

Dair Mar Musa دير مرموسة

Das Kloster, das dem Heiligen Moses al-Habashi, einem äthiopischen Heiligen, geweiht ist, wird seit 1993 restauriert und wartet auf die Vollendung. Es liegt am Eingang einer engen, steilen Schlucht am Rande der Wüste und bietet einen herrlichen Ausblick auf diese.

Das Kloster wurde vor mehr als 1400 Jahren erbaut, die wertvollen und wunderschönen Fresken darin stammen jedoch größtenteils aus dem 12. Jahrhundert, wobei bis heute Unsicherheit darüber besteht, ob die frühesten Fresken nicht doch aus dem 7. Jahrhundert stammen. Im 17. Jahrhundert wurde das Kloster aufgegeben und erst in jüngster Zeit wieder in Betrieb genommen, v.a. um das Kloster und mit ihm die Fresken nicht gänzlich verfallen zu lassen. Der sehr nette Jesuitenpater Paulo, ein Italiener, oder einer der anderen Patres erklärt auf Englisch oder Arabisch gerne die Bilder! Das Kloster liegt sehr einsam, weswegen es wunderbar ruhig ist, und wenn dann langsam die Sonne hinter dem Canyon verschwindet und Tausende von Sternen das Firmament schmücken ...

Wer möchte, kann **im Kloster übernachten** (einfach)! Es gibt keine festen Übernachtungspreise, vielmehr wird eine Spende erwartet, sei es in Form von Geld oder Arbeitskraft – dann kann es vorkommen, dass man für das ganze Kloster Bettwäsche (von Hand) waschen muss – so durften es ein paar Reisende erleben, die zwar mit „Arbeit", aber nicht mit „Schuften" gerechnet hatten ... Einfaches Essen, unvergleichliche Atmosphäre. Infos unter www.deirmarmusa.org.

Zur Weiterfahrt geht es nun zurück nach Nabak, vorbei an der Zentrumsmoschee wieder in Richtung Damaskus. Nur fährt man nun nicht auf die Autobahn, sondern überquert diese und folgt der Beschilderung nach Yabrud. **Reisende mit öffentlichen Verkehrsmitteln** sind auf Minibusse zwischen Nabak und Yabrud abgewiesen. Von Yabrud verkehren dann Minibusse nach Maalula.

Für Autofahrer beginnt die Kilometerzählung bei der Autobahnbrücke, die von Nabak nach Yabrud führt (= **Km 0**).

Anfangs führt die Strecke noch durch recht unschöne Siedlungen.

Km 5 – Ortseingang von **Yabrud,** dem Heimatort Carlos Menems, einst Staatspräsident Argentiniens. Wie immer ist der Ort zunächst gekennzeichnet durch eine vierspurige Eingangsstraße. Der eigentliche Ort liegt auf der rechten Seite malerisch am Hang und verfügt über eine Tankstelle mit bleifreiem Benzin. Bei der ersten größeren Kreuzung geht es schräg rechts, vorbei an einer schönen Moschee. Man durchfährt die Ortschaft. An der einzigen T-Kreuzung im Ort geht es links und gleich daraufhin wieder rechts. Dann fährt man immer geradeaus durch eine Schlucht, immer der Beschilderung „Maalula" nach.

Km 10 – Links überhängende Felsen, einen Kilometer weiter gabelt sich die Straße, wir fahren links. Das Tal weitet sich.

Km 23 – Abzweigung nach Maalula links.

Km 24 – **Maalula** liegt nun vor uns und berauscht geradezu durch seinen herrlichen Anblick. Links vorne das weniger schöne Safir-Hotel und das Kloster des Heiligen Sergius, in dem man übernachten kann. Zum Dorf geht es rechts an beiden vorbei, die Schlucht nach unten ins Zentrum.

Ansicht von Maalula

Maalula ↗VI,A3 معلولة

Maalula, ungefähr 50 km nördlich von Damaskus, **gehört** sicher **zu den malerischsten Dörfern des Landes** (wenn auch hier, wie überall, neue Betonbauten Einzug halten). Das Dorf liegt 1700 m hoch inmitten der Berge, die Häuser schmiegen sich an die Berghänge. Und es ist ein altes und christliches Dorf, das verfolgten Christen Schutz gewährte und religiös immer eine wichtige Rolle spielte.

Das Einzigartige an Maalula ist die Sprache, die man dort spricht: **Aramäisch,** ein Idiom, das seit knapp 1200 Jahren ausgestorben ist und das – außer hier und in ein paar Nachbardörfern – sonst nur noch in der Türkei, nahe der Stadt Mardin, gesprochen wird. Das Aramäische verdrängte ungefähr 1000 v.Chr. die älteren Sprachen dieser Region und wurde Verwaltungssprache in Persien. Die aramäische Schrift wurde von Kleinasien bis nach Indien verwendet. Auch Jesus und seine Jünger haben diese Sprache gesprochen, doch mit Einbruch des Islam in Nahost und Syrien dominierte mehr und mehr das Arabische. In Maalula ist Aramäisch noch nicht endgültig verdrängt, aber wer weiß, wie lange sich die Sprache noch halten kann – wie überall auf der Welt sterben Traditionen mit dem Einbruch der Moderne.

Das Schöne an Maalula sind seine Lage und seine zwei Klöster, wovon das größere der Heiligen Thekla, der Dorfheiligen (siehe entsprechenden Exkurs), geweiht ist, die hier begraben sein soll.

syr016 Foto: mb

Maalula ist aufgrund seiner Nähe zu Damaskus ein **beliebtes Ausflugsziel** nicht nur für Touristen. Schön ist ein Spaziergang durchs Dorf, ein absolutes Muss ist die **Besichtigung** der Klöster, d.h. des neueren **Klosters der Hl. Thekla,** das am Eingang der Schlucht rechter Hand in den Felsen gehauen wurde, und des **Klosters des Hl. Sergius** oberhalb des Dorfes (ein Pater führt durchs Kloster, dessen Grundmauern aus dem 4. Jahrhundert stammen und das zu den ältesten noch genutzten Kirchenbauten des gesamten Christentums zählt). Auch die Durchquerung der berühmten Thekla-Schlucht ist ein reizvolles Unterfangen.

Da Maalula ein christliches Dorf ist, gehört der **Weinanbau** und der anschließende Genuss desselben zum Dorfcharakter. Im kleinen Souvenirladen, der dem Kloster des Hl. Sergius angegliedert ist, oder in den Läden rund um den Parkplatz am Thekla-Kloster kann man den von Restaurantbesitzern und Weinbauern gekelterten Wein erstehen. Der Weißwein – gut gekühlt – ist ganz passabel. Wenn man irgendwo in Syrien Wein trinken will, dann am ehesten wohl hier. Vom Rotwein ist jedoch abzuraten – der ähnelt eher Essig!

Wunderschön ist auch ein **Spaziergang rund um Maalula** (max. 1 Std.). Ausgangspunkt ist der Eingang der

Die Legende der Heiligen Thekla

Thekla war eine Königstochter. Ihre Eltern beteten Götzen an. Es war nur wenige Jahre nach dem Tode Jesu, die Christen wurden verfolgt, aber Thekla wurde gläubig und schloss sich einer Gruppe von ihnen an. Den Eltern war dies ein Dorn im Auge, aber noch hielten sie es für eine jugendliche Spinnerei, die schnell aufhören würde, sobald Thekla ihre Pflichten als Ehefrau zu erfüllen hätte. Also beschloss ihr Vater, sie zu verheiraten. Aber Thekla dachte nicht daran, den von ihrem Vater auserwählten Prinzen zum Gemahl zu nehmen.

Der Tag der Hochzeit nahte. Immer wieder versuche Thekla, Vater und Bräutigam von ihrem Unwillen zu überzeugen, aber beide gaben nicht nach. So floh sie.

Ihre Zofe, eine liebenswerte Frau, gab ihr den Rat, nach Maalula zu gehen. Dort würde sie aufgenommen werden. Als Thekla fragte, warum ausgerechnet dieses Dorf, erzählte ihr die Zofe die **Geschichte von Maalula.** Maalula, sagte sie, ist der Name einer Fee, einer Fee, die die bedrängten Aramäer aus der Gefangenschaft befreite. Die Aramäer, früher ein großes und starkes Volk, waren – wie alle anderen Völker auch – eines Tages an das Ende ihrer Macht gekommen, und die letzten Aramäer mussten fliehen. Die feindlichen Heere waren hinter ihnen her, als sie in einer Schlucht eingeschlossen wurden: vor ihnen der Berg, hinter ihnen die Soldaten. Die Leute waren verzweifelt. Da erschien ihnen eine Fee. Sie fragte sie, warum sie, die stolzen Aramäer, in einer so ungünstigen Lage seien. Da erzählten sie ihr, was passiert war. Die Fee, die sich in einen der Männer verliebt hatte, versprach ihnen, sie aus der Schlucht zu führen, ohne dass die Soldaten es mitbekommen würden, und sie an einen Platz zu bringen, wo niemand sie finden könnte. Als Gegenleistung mussten sie versprechen, jeden aufzunehmen, der in Not geraten war. So taten die Aramäer, und Maalula führte sie zu einem Berg. Hier sollten sie ihr Dorf errichten. Die Menschen waren überglücklich und nannten das Dorf nach ihrer Heldin: Maalula.

Als die junge Thekla diese Geschichte gehört hatte, wusste sie: Dies ist der Ort, an dem sie die Menschen aufnehmen werden, dorthin wird sie reisen.

Aber der Weg war weit, und Thekla, die zu Fuß unterwegs war, fürchtete die Reiter, die ihr Vater ihr nachgeschickt hatte. Erschöpft hielt sie an, um bei einem Bauern, der dabei war, Weizen zu säen, Rast zu machen. Als sie weiterziehen wollte, sagte sie dem Mann, er solle den Reitern, die da kommen würden, sagen, sie sei da gewesen, als er den Weizen ausgesät habe. Der Mann wunderte sich, versprach aber, ihren Anweisungen zu folgen. Viele Stunden später kamen die Reiter und fragten den Mann nach Thekla. Dieser tat, wie ihm geheißen. Da schauten die Reiter auf das Feld, und was sahen sie? Die Saat war bereits aufgegangen: Mitten im Winter lag da ein Feld voll grüner Halme. Da bekamen sie Angst und flohen vor der Hexe.

Ihr Vater war wütend. So schnell hätten seine Reiter nicht aufgeben dürfen. Er ließ die Zofe kommen und folterte sie so lange, bis sie zugab, wohin Thekla lief. Thekla wusste nichts davon und wähnte sich in Sicherheit. Der König aber machte sich auf, Thekla zu holen.

Monate später kam er in Maalula an und rief: „Bewohner von Maalula, gebt mir meine Tochter wieder.“ Da trat ein alter Mann auf ihn zu und sagte: „Ich verstehe, verehrter König, dass Du Deine Tochter wieder haben möchtest, auch ich würde das wollen, wenn meine Tochter geflohen wäre, aber sieh, sie hat bei uns Schutz gesucht, und den wollen wir ihr nicht verwehren. So haben wir es versprochen." Und er erzählte dem König die Geschichte von der Fee, die dem Dorf seinen Namen gegeben hatte. Der König wurde nachdenklich, sein Sohn, der Kronprinz, aber schrie den alten Mann aus Maalula an und befahl ihm, auf die Knie zu fallen. Der alte Mann weigerte sich und erzählte die Geschichte seiner Schafe. Diese hatten sich im Stall darüber unterhalten, wie glücklich doch die Menschen seien, da sie auf zwei Beinen gehen könnten und so die Arme frei hätten, um damit nach den Sternen zu greifen. Deshalb wolle er sich nicht niederknien. Das erzürnte den Kronprinzen, und er erschlug den alten Mann. Ein erbitterter Kampf begann. Die Frauen und Kinder und mit ihnen Thekla versteckten sich in den Höhlen. Nach drei Tagen waren die Männer tot, und Thekla beschloss, sich zu stellen, um wenigstens die Kinder retten zu können. Aber diese wollten das nicht und begannen zu schreien. Das hörten die Soldaten und entdeckten Thekla. „Komm runter", riefen sie, denn die Höhlen befanden sich über der Erde und konnten nur über eine Leiter erreicht werden. Aber Thekla weigerte sich. Die Soldaten bauten daraufhin eine Leiter und stiegen nach oben. Da begann Thekla zu schreien, lauter, als je ein Mensch geschrien hatte, und siehe da, die Felsen spalteten sich. Die Soldaten fielen herunter und wurden von den Steinbrocken erschlagen, nur der König blieb am Leben. Er schwor Rache, denn sein Sohn war unter den Toten. Er schwor, dass Maalula zerstört werden würde, eines Tages. Thekla kannte ihren Vater. Sie wusste, würde er nicht wiederkommen, dann einer seiner Nachfahren, denn der Hass auf seine Tochter sollte sich in den kommenden Generationen vererben.

Thekla zog die Kinder des Dorfes groß, blieb wachsam und ließ Kanäle bauen, die einige ihrer Verstecke mit Wasser versorgten. Und sie ließ Wachen errichten. Es kamen immer wieder Könige, die versuchten, Maalula zu zerstören. Aber keinem gelang es.

syr017 Foto: nb

Routenteil A

Schlucht, dort, wo auch die Busse halten. Schon bald verengt sich die Schlucht und es geht bergauf. Hat man das Ende der Schlucht erreicht, wendet man sich links in Richtung Hotel und Sergius-Kloster. Daran vorbei geht es weiter entlang der alten Straße wieder hinunter ins Dorf.

Praktische Informationen

- Wer gerne ein wenig länger in Maalula bleiben möchte: **Übernachtung** ist im schicken **Hotel Maalula****** (37 Zimmer, sehr komfortabel, Tennis, Pool, Sauna, Restaurant etc. - unbedingt reservieren! Tel. 011-777 02 50, Fax 777 02 55) möglich oder im **Thekla-Kloster€** beim großen Parkplatz (hübsche Zimmer mit Balkon, sehr schöne und freundliche Atmosphäre). Hier gilt Ähnliches wie für Mar Musa: Bisweilen wird kein Preis genannt, sondern um eine Spende gebeten, die 10 Euro nicht unterschreiten sollte. Um das leibliche Wohl kümmern sich sowohl das **Hotelrestaurant** als auch das einfache, aber sehr zu empfehlende Familien-Restaurant von **Adnan & Faris** unterhalb des Thekla-Klosters. Hier wird einfache, aber leckere syrische Kost angeboten, die man in schöner Atmosphäre und bei einem Glas Wein genießen kann.
- **Besonders reizvoll** ist ein **Besuch** Maalulas **während der religiösen Feste** am 14. September (Fest des Kreuzes), am 22. September (Fest der Hl. Thekla) und am 7. Oktober (Fest des Hl. Sergius).

Weiter geht es nun nach Sayyid Naya, das nur mit einem Taxi von Maalula aus zu erreichen ist. Dazu verlässt man Maalula in Richtung Süden. Direkt nach dem Ortsausgang geht es rechts nach Sayyid Naya ab; wer lieber direkt von hier nach Damaskus möchte, fährt links und stößt nach wenigen Kilometern auf die Autobahn.

Km 32 - Gabelung. Wir fahren rechts. Das Tal verengt sich, wir folgen dem Straßenverlauf, der uns schon bald in ein kleines, schmales Tal führt. Kurz danach ist der Ort **Djabadin** erreicht, der einen kurzen Stopp und Spaziergang lohnt. Wieder zurück, verlässt man das Dorf durch die enge Schlucht, folgt der Straße dann aber rechts.

Km 36 - Bei der **T-Kreuzung** geht es rechts. Die Route führt nun durch herrliche Berglandschaft, über kleine Straßen und durch winzige Dörfer.

Km 52 - Rechts ist nun Sayyid Naya zu sehen, davor der große **Berg Cherubim.**

Km 55 - Der Ortseingang von **Sayyid Naya** ist erreicht, kurz danach kommt eine Kreuzung. Wer einen weiteren Abstecher zum Cherubim machen möchte, muss kurz vor dieser Kreuzung rechts fast eine Kehrtwende machen. Nun geht es 8 km bergauf auf einer kleinen, engen Straße. Auf 1900 m Höhe ist der Gipfel des Cherubim erreicht.

Zum Kloster Sayyid Naya geht es bei der eigentlichen Kreuzung im 90°-Winkel rechts.

Sayyid Naya und der Cherubim

سيد نايا
شيروبيم

VI,A3

Festungsgleich thront das Kloster über dem griechisch-orthodoxen Dorf, das als **Wallfahrtsort** in Syrien bekannt ist. Der Legende nach soll das **Kloster** auf Justinian zurückgehen, dem auf einer Jagd Maria in Gestalt einer Gazelle erschienen sein soll. Sie floh vor dem byzantinischen Kaiser und verwandelte sich auf einem Felshügel zu einer Ikone. Sie befahl Justinian, an genau dieser Stelle ein Kloster zu bauen, was dieser sofort tat. Bis heute kann man die Marienikone im Kloster besichtigen, auch wenn man davon ausgehen muss, dass das Kloster jüngeren Datums als aus der Regierungszeit Justinians (527–565) ist.

Am 8. September findet in Sayyid Naya ein großes **Fest zu Ehren der Jungfrau Maria** statt, das am Abend des 7. September mit einer Prozession eingeläutet wird. Dann kommen Tausende von Pilgern in das Kloster, die Stimmung ist großartig! Übernachtungsmöglichkeiten gibt es in Sayyid Naya nicht, wohl aber auf dem Berg Cherubim im gleichnamigen Kloster. Allerdings mit einem kleinen Wermutstropfen für Reisende mit öffentlichen Verkehrsmitteln verbunden, denn auch für den Besuch dieses Klosters benötigt man ein Taxi.

Der Berg Cherubim, der nach einem Engel benannt wurde, war früher eine bekannte Kultstätte, weswegen man auch viele Überreste sakraler Bauten findet. Heute lohnt der Besuch vor allem wegen der herrlichen Aussicht und der reizvollen Kirche, die sich auf dem Gipfel befindet und die man zusammen mit einer Nonne besichtigen kann. Im Kloster ist ein Kinderheim untergebracht; ein Neubau beherbergt Zimmer, in denen übernachtet werden kann. Wie bei fast allen Klöstern gelten keine Festpreise, der geforderte Obolus geht an das Kinderheim, das dieses Geld dringend benötigt.

Zur **Rückfahrt nach Damaskus** kehrt man an oben beschriebene Kreuzung zurück. Hier geht es rechts. Minibusse fahren nun regelmäßig und häufig.

Es reihen sich Restaurants auf beiden Straßenseiten. Die Strecke führt (vierspurig!) immer geradeaus.

Km 61 – Rechts hinten liegt am Berg der malerische Ort **Talfita.**

Km 65 – Von nun an geht es stets bergab bis nach Damaskus. Die Straße verengt sich und durchläuft mehrere Ortschaften. Im Ort **Muin** fahren wir bei der Kreuzung nach links in Richtung Damaskus (Beschilderung).

Km 70 – Gabelung: Hier rechts den Wegweisern nach.

Km 80 – Große Kreuzung. Geradeaus geht es ins Zentrum von Damaskus, rechts nach Rukn ad-Din. Wir fahren weiter geradeaus, unterqueren die Ausfallstraße in Richtung Autobahn und kommen dann beim Abbasidenkreisel heraus.

syr133 Foto: ur

Der Hauran und das Drusengebirge

syr134 Foto: ur

syr135 Foto: ur

Das Theater in Bosra ist die wichtigste Sehenswürdigkeit des Hauran

Basalt, das vorherrschende Gestein in der Region

Unterwegs im Hauran

Einleitung

Die weiten Ebenen, die sich östlich der Golan-Höhen entlang der jordanischen Grenze bis hin zum **Djabal al-Arab** (früher Djabal al-Druz genannt) ziehen, werden als Hauran bezeichnet. Dank seines vulkanischen Bodens ist das Gebiet sehr fruchtbar, weswegen hier auch das **größte Weinanbaugebiet Syriens** ist. In dieser Region befindet sich auch die syrische Wein- und Schnapsfabrik „ar-Rayan", die den besten Araq in ganz Syrien herstellt.

Im Frühjahr, wenn reichlich Niederschläge und Schmelzwasser aus dem Antilibanon in die Ebenen des Hauran fließen, bedecken Blümchen den zartgrünen Boden und man wähnt sich weit weg von der grauschwarzen Basaltwüste, die das Gebiet sonst ist. Schwarze Steine bedecken dann den eigentlich roten Boden und erwecken den Eindruck einer toten Landschaft. Im Winter liegt hier häufig Schnee, der die Fortbewegung erschwert, selten aber unmöglich macht.

Westlich des Djabal al-Arab befinden sich **viele Ruinen aus nabatäischer und römischer Zeit.** Diese alle besichtigen zu wollen, braucht viele Tage, häufig einen Geländewagen und auf jeden Fall ortskundige Führer. Neben dem absolut sehenswerten **Bosra** sind die Ruinen bei **Shahba** und **Qanawat** touristisch interessant. Auch **Salkhad** mit seiner majestätischen Festung und **Suwaida** mit seinem schönen Museum sind lohnenswerte Ziele im Süden.

Östlich des Gebirges beginnt die **syrische östliche Wüste,** eine touristisch unberührte, landschaftlich einmalig schöne Wüstenregion mit Tafelbergen, Dünenfeldern und Salzseen. Da es hier keine Straßen oder Orte gibt, ist die Region auch so gut wie nicht erschlossen – und doch gibt es etwas zu entdecken: Reste umayyadischer Wüstenschlösser, unberührte Basaltwüste, das Siedlungsgebiet einiger weniger Beduinen.

Der **Süden des Landes** ist – ähnlich wie die Djazira – **touristisch kaum erschlossen.** Das bedeutet einerseits „unverdorbenes" syrisches Leben, andererseits jedoch auch wenig touristische Infrastruktur. Hotels (und nicht die allerbesten – mit Ausnahme des Cham-Palace-Hotels in Bosra) finden sich nur in Suwaida und Derâa. Die Gegend ist jedoch verkehrsmäßig so gut erschlossen, dass man mit öffentlichen Bussen überall einfach hinkommen kann.

Der Hauran und das anschließende Drusengebirge sind – nomen est omen – **Wohngebiet der Drusen** in Syrien. Sie stellen sowohl ethnisch als auch religiös eine nicht übermäßig beliebte Minderheit im Land dar (siehe Kapitel „Religion"). Man sagt ihnen nicht nur Revolutionsgeist, sondern auch einen alles überstehenden Zusammenhalt nach. Auch ihre etwas eigenwillige Art, den Islam zu interpretieren, das aufgehobene Alkoholverbot sowie die große Freiheit, die sie ihren Frauen gewähren, lassen die Drusen in den Augen vieler Sunniten und orthodoxer Muslime als Häretiker

Der Hauran
Routenteil B
B1 Damaskus - Salkhad
B2 Salkhad - Bosra - Derâa
B3 Derâa - Damaskus
at-Tall
Duma
DAMASKUS
دمشق
Hermon
(Dj. ash-Shaikh)
2814
Qatana
Kafr Hawar
Sayyida
Zainab
Damaskus
Int. Airport
al-Kiswa
al-Hidjana
Sa'asa'a
Kanakir
0
10 km
Ghabaghib
Buraq
al-Djibah
al-Mismiya
Qunaitra
قنيترا
as-Sanamain
al-Harra
Khabab
Qasim
H a u r a n
Shaqqa
شقة
Nawa
ash-Shaikh
Sa'd
Shahba
شهبا
Ezrâa
Shaikh Miskin
Salim
Maf'ala
Da'il
داعل
as-Sidjn
Tafas
Maliha
Qanawat
Mzairib
Suwaida
السويدا
Tell Shihab
Ghariyat
ash-Sharqiya
1800
Salah
al-Musaifira
al-Kafr
Derâa
درعا
ar-Ramta
Irbid
al-Qurayya
Djabal al-cArab
Bosra
بصرى الشام
Salkhad
صلخد
Milh
Dibbin
Tisiya
Imtan
JORDANIEN
al-Mafraq
Khirbat Awwad

erscheinen. Ich selber aber habe die Drusen als die freundlichsten und offensten Menschen des Nahen Ostens kennen gelernt und allen Warnungen zum Trotz enge Freundschaften mit einigen von ihnen geschlossen!

Routenteil B

Route B 1:

Damaskus – Shahba – Suwaida – Salkhad

- **Routenlänge:** insgesamt 139 km

Die Route führt von Damaskus über die schiitische Moschee der Sayyida Zainab ins römische *Philippopolis* und von dort weiter nach Suwaida. Endpunkt ist Salkhad mit seiner großen und schönen Burg.

Öffentliche Verkehrsmittel

Es gibt regelmäßige **Busverbindungen** über Shahba nach Suwaida von der Busstation beim Bab Musalla (Yarmuk-Platz). Die Busse sind privat und fahren jede Stunde. Eine Reservierung ist nicht möglich. Nach Salkhad fahren einige Busse auch direkt, wenn auch nicht so häufig. Es besteht die Möglichkeit, in Suwaida den Bus zu wechseln. Mittelmäßige Anbindung! Preise je nach Bus ab 35 Lira.

Mit dem Pkw beginnt die Tour am Bab Kissan (Hasan al-Kharat-Platz). Wir folgen der Autobahn Richtung Flughafen.

Km 3 – Autobahnausfahrt nach „Sitt Zainab" und Suwaida; wir verlassen die Autobahn.

Km 4 – T-Kreuzung: hier links in eine vierspurige Straße. Man durchfährt den Ort, lässt aber die wunderschöne **Moschee der Sayyida Zainab,** die bei **Km 8** erreicht ist (siehe „Umgebung von Damaskus"), links liegen. Weiter geht es geradeaus auf einer zweispurigen Straße.

Km 12 – Links geht es zum Ebla-Cham-Palace Hotel ab. Die Straße führt dann, gut ausgebaut, schnurstracks geradeaus durch recht karges, mit Basaltsteinen durchsetztes Land.

Km 41 – Rechts liegt der Ort **Braq,** kurz danach beginnt das **Muhafazat Suwaida.**

Km 52 – Straßengabelung: hier links.

Km 55 – Vor uns liegt nun ein großes Gebirge, der **Djabal Hauran.** Je mehr man sich diesem nähert, desto hügeliger wird die Landschaft, schwarzer Basaltstein beherrscht das Landschaftsbild.

Km 80 – Rechts ein längst erloschener Vulkan, auf dessen Gipfel der Heilige Shihan begraben liegt. Man kann den Berg hinauf fahren und das Grab besichtigen.

Die dunklen Basaltsäulen von Bosra

Km 82 – Links geht im 90°-Winkel die Straße nach Shaqqa ab, kurz danach teilt sich die Straße. Rechts beginnt die Umfahrung Shahbas, wir aber fahren ins Zentrum, d.h. bei der Gabelung links.

Abstecher nach Shaqqa

Der Umfang der Gebäude lässt Rückschlüsse auf die ehemalige Bedeutung Shaqqas zu: In römischer Zeit galt Shaqqa als einer der wichtigsten Getreidemärkte des Landes, und auch unter der anschließenden christlichen Herrschaft war der Ort doch immerhin noch so bedeutend, dass er Bischofssitz wurde. Heute ist Shaqqa vor allem als **Treffpunkt drusischer Shaikhs** von Bedeutung, die hier einen Versammlungsort haben.

In Shaqqa sind die Reste eines römischen Palasts zu sehen, die Fassade einer vorchristlichen Basilika sowie die Reste eines Klosters aus dem 5. Jahrhundert. In schöner Landschaft gelegen lohnt der kleine Abstecher für Römerfans oder Freunde abgelegener Ruinenstätten. Anfahrt ab der Kreuzung, 9 km entlang der Straße, keine öffentlichen Verkehrsmittel.

Wir folgen der Straße ins Zentrum, überqueren den ersten Kreisel. Beim zweiten Kreisel sind rechts die ersten Ruinen zu sehen.

Shahba ⇗IX,C2 شهبا

Shahba ist auf einen Bürger der Stadt besonders stolz: **Phillippus Arabus,** ein syrisch-römischer Kaiser, der 244 bis 249 christlicher Zeitrechnung regierte. Zu seiner Ehre nannte man den Ort **Philippopolis.** Die Heimatliebe des Kaisers veranlasste ihn dazu, die

syr021 Foto: mb

Stadt ganz im römischen Stil zu erneuern, und er schuf Paläste, Kultstätten, Triumphbögen, Bäder und ein Theater. Auch nach dem Tod des berühmten Stadtsohnes blieb Shahba noch lange eine **wichtige römische Provinzstadt.**

Von der einstigen Pracht sind heute noch **zahlreiche Ruinen** zu sehen, so drei Stadttore und Teile der römischen Straßenpflasterung sowie im östlichen Teil der Stadt Reste eines Tetrapylons und Thermen. Hier findet sich auch kleines **Museum,** untergebracht in einer römischen Villa, in der man hübsche Mosaiken bewundern kann (tägl. außer Di von 8–14 Uhr). Die meisten Exponate des römischen Shahba befinden sich allerdings im neuen Museum in Suwaida.

Eine Stadtmauer umschloss die Stadt (1000 x 1200 m), die von zwei Hauptstraßen durchzogen war. Dort, wo beide Straßen sich kreuzten, entstand das Tetrapylon. Im Zentrum der Stadt, d.h. also im Westteil der antiken Stadt, finden wir das Theater, das zwar klein, aber sehr gut erhalten ist. Daneben steht das Mausoleum des Vaters des berühmtesten Sohnes der Stadt.

Shahba ist auch heute noch ein **hübsches kleines Städtchen,** das einen Aufenthalt nicht nur wegen der z.T. sehr gut erhaltenen Ruinen lohnt. Auch die kleine Altstadt mit ihren lebendigen Straßen und der einzigartigen Architektur (neue Häuser werden in die römischen Ruinen integriert) verdient es, besichtigt zu werden. Leider gibt es kein Hotel im Ort, wohl aber alle Versorgungsmöglichkeiten.

Richtung Suwaida durchfährt man den Ort geradeaus. Hinter dem Ort macht die Straße eine Rechtskurve, weiter folgt man dem Straßenverlauf. Herrliche Blicke nach rechts in die Ebene.

Km 92 – Hier stößt die Umgehungsstraße von Shahba auf unsere Route.

Km 93 – Der kleine Ort **Salim** ist erreicht. Auch hier finden sich Reste eines römischen Tempels. Außerdem gibt es südlich davon ein altes Hammam, das heute jedoch bewohnt ist.

Km 95 – Abzweig links nach **Qanawat** (Beschilderung!). Eine kleine, reizvolle Straße führt nun in herrlicher Landschaft durch das bergige Land, vorbei an Gärten und Feldern – lauter schöne Picknickplätze!

Km 99 – Durchfahrt eines Ortes. Rechts bieten sich immer wieder weite Blicke ins Land.

Km 100 – Kreuzung. Hier geht es links zu den Ruinen von **Qanawat,** rechts geht es nach Suwaida. Wir fahren links.

Km 101 – Der **Kreisel mit einem Löwen** in seiner Mitte weist den Weg zu den Ruinen. Wir biegen nach rechts ab. Nach etwa einem Kilometer ist der große Serail erreicht. Das Areal ist verschlossen, aber im Café gegenüber kann man nach einem Verantwortlichen mit Schlüssel fragen.

Qanawat ⇗IX,C2 قنوات

Der Ort liegt 1200 m hoch und ist v.a. wegen des sog. Serails sehenswert. Das **Wadi al-Djahr,** auf dessen beiden Seiten sich die Ruinenreste befinden und durch welches sich v.a. im Winter

syr022 Foto: mb

Der Serail in Qanawat

nach der Schneeschmelze reißende Fluten stürzen (im Sommer ist der Fluss ausgetrocknet!), gab der Stadt schon früh ihren Namen: Qanawat, „Kanäle".

Über die Anfänge der Stadt ist nichts Näheres bekannt. Unter der Herrschaft der Seleukiden und Nabatäer scheint der Ort keine Bedeutung gehabt zu haben. Nach der Gründung der Provinz Syrien durch Pompejus 64 v.Chr. wurde Qanawat dieser Provinz einverleibt und erhielt den Status einer Stadt. Im 4. und 5. Jahrhundert war Qanawat Bischofssitz. Die heute zu sehenden Reste stammen aus dem 2. bis 5. Jahrhundert, wobei die größten und wichtigsten Ruinen jene sind, die heute **„Serail"**, also „Palast", heißen.

Dieser Gebäudekomplex **besteht aus drei sakralen Bauten:** einem römischen Tempel aus dem 2. Jahrhundert, der im 4. Jahrhundert zu einer Kirche transformiert wurde, einer Basilika aus dem 4. Jahrhundert mit einem Atrium und einer Vorhalle. Das Westgebäude, das den Eingang zum Serail bildet (das Gebäude, auf das man zwangsläufig stößt, kommt man vom „Löwenkreisel"), beherbergt die frühe Basilika, die ursprünglich nordsüdlich ausgerichtet war. Besonders sehenswert ist die Fassade des Gebäudes: Reich verziert und mit filigranen Arbeiten versehen, konnte sie über eineinhalb Jahrtausende hinweg bestehen. Hinter der Basilika schließt sich das Atrium an, rechts daneben dann der ehemalige römische Tempel mit seinen langen Säulenreihen.

Seit 1997 ist die Erforschung Qanawats ein syrisch-deutsches Kooperationsprojekt, das sich vor allem der **Siedlungsgeschichte** des alten *Kanatha* (römischer Name von Qanawat) widmet. Man vergleicht die Funde übergreifend mit anderen städtischen Zentren aus römischer Zeit in der Mittelmeerwelt, um so festzustellen, ob das Siedlungsmuster von Kanatha gängigen Modellen folgt oder ob es eine individuelle Bedeutung hat. Wer Glück hat, kann den Grabenden bei ihrer Arbeit zusehen.

Neben dem Serail gibt es in Qanawat weitere Tempel, römische Steinsärge, Basiliken und ein Theater zu sehen, die sich alle mehr oder weniger in der Umgebung des Serails befinden.

Wer weitere Ruinen sehen möchte, dem sei ein kleiner Abstecher nach **Sia** empfohlen (die Straße, die zum Serail führt, weiter geradeaus, d.h. links am Serail vorbei, bis nach etwa 3 km das kleine Örtchen Sia erreicht ist). Hier finden sich **nabatäische Stadtruinen,** von denen jedoch zumindest teilweise nur noch die Grundmauern zu sehen sind. Der Ort ist wieder besiedelt und z.T. auf den alten Grundmauern neu errichtet worden. J.-M. Dentzer, ein französischer Archäologe, arbeitet nun daran, die alten Tempelruinen wieder auszugraben, einige Häuser wurden schon freigelegt, und man erhofft sich durch weitere Grabungsarbeiten detailliertere Informationen zur Geschichte der Stadt.

Auch in **Mushannaf** sind Ruinen zu besichtigen. Dazu folgt man der Straße am Löwenkreisel (Km 101) ca. 17 km weiter geradeaus. In Mushannaf, dessen antiker Name nicht bekannt ist, steht ein Heiligtum, das zu den am besten erhaltenen Sakralbauten aus römischer Zeit in Syrien zählt. Es wurde um die Zeitenwende zu Ehren des Zeus Patroos errichtet; zahlreiche Inschriften, Grabbauten und plastische Bildwerke aus Basalt zeugen von einer regen Siedlungstätigkeit in römischer und frühchristlicher Zeit. Auch bei der Restaurierung von Mushannaf handelte es sich um ein syrisch-deutsches Kooperationsprojekt. Es ist nun so weit abgeschlossen und kann von Touristen besucht werden.

Praktische Informationen

- **Öffentliche Verkehrsverbindung:** Von Suwaida (nördliche Minibusstation) fahren regelmäßig Busse nach Qanawat (15 Min., 15 Lira).

Zurück am Löwenkreisel geht es jetzt links ab nach Suwaida.

Km 110 – Ortseingang von **Suwaida,** gleich danach folgt links das Museum, ein modernes Gebäude aus schwarzem Basalt.

Am nächsten Kreisel geht es geradeaus weiter, kurz danach biegen wir links ab und dann gleich wieder rechts bis zum nächsten Kreisel. Hier geht es rechts ins Zentrum von Suwaida, die Route führt jedoch hier weiter nach Salkhad, also nach links!

Suwaida

VIII,B2

السويدا

Suwaida (30.000 Einw.), die Hauptstadt des *Muhafazat* (Provinz) Suwaida, hat ihren Namen dem schwarzen **Basaltstein** dieser Region zu verdanken. „Sauda", „der kleine schwarze Fleck", wurde sie schon zu Zeiten der Nabatäer genannt, da die Stadt aus dem schwarzen vulkanischen Basaltstein gebaut war. Suwaida ist nicht nur das Zentrum der gleichnamigen Provinz, es ist auch die **„Hauptstadt" der Drusen** des Landes, was sich eindeutig im Stadtbild widerspiegelt: Hier findet man weit weniger verschleierte Frauen als sonst in Syrien, der Umgang unter den Geschlechtern ist wesentlich offener.

Suwaida selbst spielte in der Geschichte nie eine große Rolle. Unter den Römern im 3. Jahrhundert v.Chr. soll es als „Dionysios" für sein Brot bekannt gewesen sein – heute schmeckt es wie überall!

Für den Tourismus ist Suwaida v.a. wegen seines großen und modernen **Museums** von Bedeutung. Hier werden in einem glasüberdachten Lichthof **nabatäische und römische Mosaike** ausgestellt. Außerdem gibt es prächtige Statuen und Säulen zu sehen. Die Exponate werden ausführlich und gut erläutert. Besichtigung tägl. außer Di 9–18 Uhr, im Winter nur bis 16 Uhr.

Sehenswert ist außerdem der **Palast der drusischen Fürstenfamilie al-Atrash,** die bis zum heutigen Tag im Libanon eine wichtige Rolle spielt. Der Palast – obwohl von der Familie al-Atrash bewohnt – ist zu besichtigen. Interessant anzuschauen ist also nicht nur die schöne Basaltarchitektur mit Reliefs aus römischen Tempeln und großen Diwanen im Inneren des Palastes, sondern auch das „echte Leben" einer Fürstenfamilie im heutigen Syrien. Der Palast befindet sich im Süden von Suwaida, Richtung Salkhad.

Außerdem bietet sich Suwaida als angenehmer Ausgangsort für Erkundungen in die Umgebung an.

Praktische Informationen

- **Telefonvorwahl: 016**

Touristeninformation

Es gibt eine kleine Touristeninformation **nahe der Busstation**, etwas außerhalb der Stadt. Sie scheint mehr geschlossen als geöffnet zu sein, und das Personal kann dann, wenn es doch mal offen sein sollte, **selten weiterhelfen.**

Unterkunft

Es gibt keine wirklich gute Unterkunft in Suwaida. Wer nicht unbedingt muss, sollte nach Damaskus oder Bosra ins Cham Palace Hotel ausweichen.

- **Siahi Hotel**€-€€

Sahat Sultan Atrash, Tel. 23 37 47. Bestes Hotel vor Ort, was nicht viel heißt. Einigermaßen sauber.

Essen und Trinken

Rund um den Platz Sahat al-Atrash gibt es ein paar kleine Restaurants (z.T. mit Bierausschank).

Busverbindungen

Der Busbahnhof findet sich im Norden der Stadt. Von hier Verbindungen in alle Orte des Südens und nach Damaskus.

syr023 Foto: mb

Ausflüge

Wer Suwaida als Ausgangsort für Ausflüge gewählt hat, sollte sich weder Qanawat, noch Shahba, noch Salkhad oder gar Bosra entgehen lassen.

Ein Ausflug bietet sich zu den umayyadischen Wüstenschlössern **Qasr Abyad** und **Jebel Sais** und zu den **Salzseen** der östlichen Wüste an. Hierfür braucht es aber unbedingt einen ortskundigen Führer und einen Geländewagen sowie eine polizeiliche Genehmigung. Touren werden von NAWAFIR Travel (www.nawafir-tours.com) angeboten, die diese jedoch von Damaskus aus unternehmen. Es ist auch möglich, zuverlässige Führer vor Ort zu organisieren. Man erkundige sich bei der Touristeninformation in Suwaida – sollte diese offen haben ... Bei Qasr Abyad handelt es sich um eine der ersten islamischen Profanbauten, so wie auch das deutlich bekanntere und besser erhaltene Qasr al-Hair ash-Sharqi bei Palmyra. Der quadratische Grundriss des Schlosses ist noch gut zu erkennen, ebenso die vier vorspringenden runden Ecktürme aus dem 7. Jahrhundert. Noch immer gut sichtbar und für islamische Bauten eher unüblich sind die Steinreliefs an Türen und Fenstern: Vögel und Gazellen, Weinreben und andere Pflanzenmotive. Jebel Sais, etwa 20 km vom Qasr (was auf Deutsch übrigens „Schloss“ bedeutet) entfernt, besteht neben den Palastruinen auch aus den Resten einiger Häuser, eines Hammams sowie einer Moschee. Auch dieses Schloss stammt vom Anfang des 8. Jahrhunderts und wurde unter dem Kalifen Walid (705–715) errichtet. Von diesen beiden Schlössern abgesehen, lohnt der Ausflug vor allem wegen der herrlichen Wüstenlandschaft und den freundlichen Menschen, denen man hier begegnet.

Auf der Zuschauertribüne des Theaters in Bosra

Man kehrt zurück an den Kreisel, der links nach Salkhad führt (s.o.). Bei der nächsten Gabelung rechts, danach führt die Straße immer geradeaus.

Km 122 – Ortsdurchfahrt von **Kafr.** In diesem modernen Ort gibt es keine antiken Bauten mehr, dennoch weisen Mauerfragmente, gut behauene Bausteine, Verzierungen und griechische Inschriften darauf hin, dass der Ort einmal eine bedeutende Siedlung gewesen sein muss.

Die Strecke führt nun durch eine wunderschöne Landschaft, gesäumt von Reben und Feigenbäumen. Wieder bietet sich ein schöner Picknickplatz nach dem anderen an. Bei **Km 139** ist der Eingangskreisel von Salkhad erreicht. Rechts geht es weiter nach Bosra, links ins Ortszentrum.

Salkhad ⌂IX,C3 صلخد

Der Ort, bereits im Alten Testament erwähnt, ist klein, **sympathisch,** mit einer auffallend freundlichen Bevölkerung. Die erst Mitte des 19. Jahrhunderts aus dem Libanon eingewanderten Drusen, die hier leben, bauten ihre Häuser auf den antiken Bauresten. Man sieht noch häufig Gebäude aus schwarzem Basalt, deren Grundmauer antik, deren Aufbauten aber noch modern sind – Satellitenantennen durchsetzen altes Mauerwerk, Ytongplatten schließen alte Steinmauern ab.

Das Dorf windet sich um eine **Festung,** deren Reste ayyubidischen Ursprungs sind. Die Burg selbst stammt wohl aus nabatäischer Zeit, Reste aus jener Zeit gibt es jedoch keine. In Kreuzrittertagen war die Burg, die geschickterweise in einen Vulkankrater gebaut wurde, ein wichtiger Stützpunkt. Es scheint auf den ersten Blick verwunderlich, dass hier, am Rande Syriens, eine so große Burg steht, doch war Salkhad lange Zeit der letzte Ort auf dem Weg in den Irak und somit wichtiger Karawanenstützpunkt.

Weiter sehenswert ist in Salkhad ein ayyubidisches dreifarbiges (Basalt, rötlicher Kalktuff, Kalkstein) **Minarett** mit sechseckiger Grundform. Es ist hohl und kann bestiegen werden – wenn man jemanden findet, der die Tür aufschließt. Das Minarett steht heute auf einem Platz, der das Zentrum des Ortes ausmacht. Rund um den Platz befinden sich Sitzbänke. Früher war der Platz Versammlungsort, heute dient er bevorzugt als Dorfplatz, an dem das öffentliche Gebet für die Toten gesprochen wird.

Praktische Informationen

In Salkhad gibt es so ziemlich alles zu kaufen, was man braucht, aber **keine Hotels!** Busverbindungen gibt es mehrmals täglich direkt nach Damaskus und weit häufiger nach Suwaida.

Route B 2:

Salkhad – Bosra – Derâa – (jord. Grenze)

- **Routenlänge:** insgesamt 66 km

Die Route führt durch schöne Landschaft über Bosra zum größten frei stehenden Amphitheater der Welt nach

Derâa und von dort weiter zur syrisch-jordanischen Grenze.

Öffentliche Verkehrsmittel

Von Salkhad aus fahren regelmäßig **Busse** nach Bosra und von dort weiter nach Derâa. Von Derâa gibt es Minibusse nach Mzairib, wo man sich, will man zu den Wasserfällen, ein Taxi nehmen muss, sowie nach Jordanien.

Mit dem Pkw ist der Ausgangspunkt der Fahrt der Eingangskreisel nach Salkhad, Endpunkt der letzten Route.

Die nicht immer gute Straße führt anfangs schnurgerade gen Westen, vorbei an schönen Feldern und Gärten, die niedrige Steinmauern trennen.

Km 11 – Große **Kreuzung.** Hier stößt von rechts die Straße von Suwaida auf unsere Route. Die Straße wird nun besser, verliert aber auch an Charme und Schönheit.

Km 15 – Man durchfährt den Ort **Burd,** eine alte nabatäische Siedlung; außer Grundmauern gibt es nichts zu sehen.

Km 19 – Ortsschild von **Bosra.** Man durchfährt den Ort bis zu einer T-Kreuzung, hier rechts ab zum Theater und den Ruinen. Das Schild, das links nach Derâa weist, wird ignoriert.

Nur wenige Meter nach der Kreuzung ist der Theaterparkplatz erreicht.

syr024 Foto: mb

Das römische Theater von Bosra

Bosra

VIII,B3

بصرى الشام

Das Besondere an Bosra sind ganz ohne Zweifel die Ruinen. Kein römisches Theater ist so gut erhalten wie das **Theater von Bosra,** in dem alle zwei Jahre das in der gesamten arabischen Welt bekannte **Bosra-Festival** stattfindet. Aber auch die anderen Ruinen, die sich hinter dem Theater befinden, lohnen einen längeren Aufenthalt.

Geschichte

Bosra war 200 Jahre lang ein **wichtiges Handelszentrum** unter der Kontrolle **der Nabatäer.** Von 70–106 nach christlicher Zeitrechnung war die Stadt sogar Hauptstadt des Reiches, als Nachfolger des berühmten *Petra* in Jordanien. **106 n.Chr.** wurde Bosra dann **Hauptstadt der** neu gegründeten römischen Provinz **Provincia Arabia.** V.a. drei Faktoren waren von großer Bedeutung für den Aufstieg der Stadt: 1. das Vorhandensein von natürlichen Wasserquellen, 2. die Lage inmitten fruchtbarer Ebenen, 3. die wichtige Lage an einem Verkehrsknotenpunkt alter Karawanenstrecken. Mit dem Aufstieg zur römischen Provinzhauptstadt begann eine rege Bautätigkeit. Die erste Blütezeit Bosras setzte mit der Herrschaft Hadrians um 130 ein, die zweite war unter Kaiser Philippus Arabus. Während dieser Zeit wurde Bosra zur Metropolis und zählte um die 80.000 Einwohner. Angriffe der Sassaniden im Jahre 259 sowie die Truppen von Zenobia zerstörten den Zeustempel, woraufhin die Stadt an Bedeutung verlor. Im **5. Jahrhundert** wurde die Stadt **byzantinisch** und aufgrund der Bedeutung, die sie für Christen hatte – als Paulus aus Damaskus floh, war Bosra sein Ziel –, Bischofssitz. Hier lebten bereits ab dem 1. Jahrhundert christliche Gemeinden. Im 6. Jahrhundert begann Bischof Titus die nomadisierenden Araber zu christianisieren. Bosra, noch immer wichtiger Verkehrsknotenpunkt und Marktfleck für weite Wüstengebiete, hatte die besten Voraussetzungen dafür. Auch der Prophet Muhammad soll hier als Knabe von einem Mönch in die Lehre des Christentums eingeweiht worden sein.

539 ließ Justinian zahlreiche Bauten errichten, Bosra wurde zum Zentrum **innerchristlicher Kämpfe** zwischen Griechisch-Orthodoxen und Monophysiten.

634 fiel Bosra als erste byzantinische Stadt in die Hände der **arabischen Muslime** und verlor ganz langsam an Macht, obschon es zu Kreuzritterzeiten noch einmal eine wichtige Rolle spielte. Im 17. Jahrhundert kam es unter osmanische Herrschaft und büßte mehr und mehr seine Bedeutung ein. Es blieb allerdings bis ins 20. Jahrhundert eine wichtige Pilgerstation auf dem Wege von Damaskus nach Mekka. Der Bau der Hidjaz-Bahn verlagerte diesen Weg dann nach Westen und zurück blieben die Ruinen.

Besichtigung

Die meisten Bauwerke in Bosra stammen aus dem 3. Jahrhundert n.Chr., als Kaiser Servus Alexander herrschte. Die hier beschriebene Besichtigung beginnt auf dem Parkplatz östlich des Theaters. Es bleibt jedem Einzelnen überlassen, ob er sich den Höhepunkt der Besichtigung bis zum Schluss aufhebt oder gleich damit beginnt. Ich jedenfalls, als ungeduldiger Mensch, beginne gleich mit dem Schönsten: dem wohl besterhaltenen **Theater** seiner Art (geöffnet tgl. 8–18 Uhr, im Winter nur bis 16 Uhr, Eintritt 150 Lira). 15.000 Zuschauer passen auf die steilen Ränge und das Bemerkenswerteste: Von jedem Platz aus kann man etwas sehen! Die beste Akustik hat man von den oberen Plätzen, die an eine Säulenhalle anschließen. Von hier hat man auch einen fantastischen Blick über das gesamte Areal. Das Theater war anfänglich so groß geplant, dass die steilen Wände keiner Statik ge-

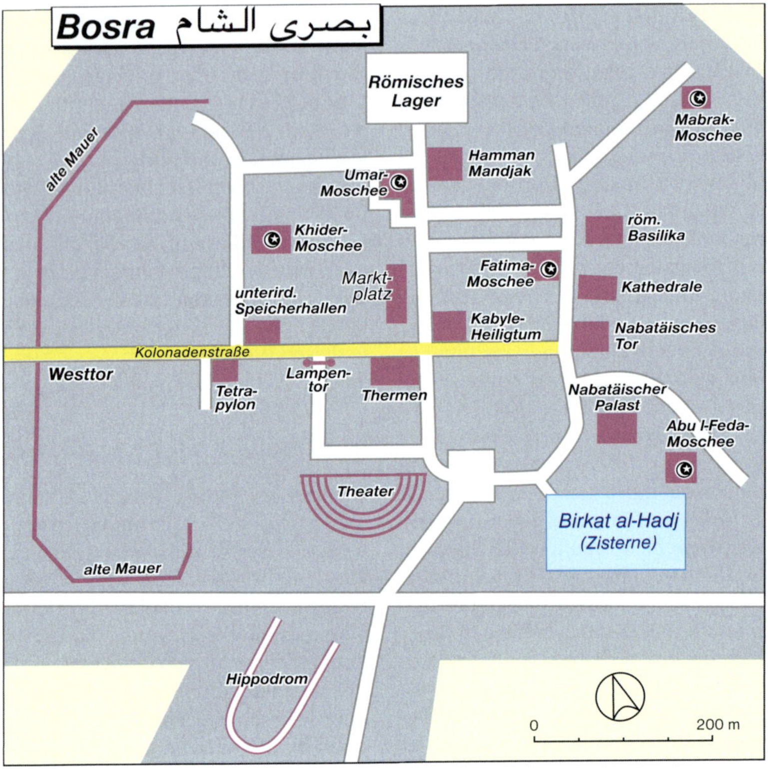

horcht hätten. Aus diesem Grund wurden die unteren Ränge und die Orchestra in den Boden hinein gebaut, weswegen das Theater von außen weit kleiner wirkt als von innen.

Bereits unter den Osmanen wurde der ehemalige Ort des Vergnügens zu einer Festung umgebaut und der Zuschauerraum fast vollständig zugeschüttet, alle Zugänge zur Orchestra mit Ausnahme des Haupteingangs wurden zugemauert. Die Fatimiden verstärkten im 11. Jahrhundert die Nordostecke des Theaters durch Türme, die dann in die Baumaßnamen der Ayyubiden integriert wurden. Mehreren Angriffen konnte die Festung standhalten, aber dann waren es die Mongolen, die sie stark beschädigten. Der Mamlukensultan Baibars ließ das Theater aus diesem Grund im 13. Jahrhundert restaurieren. Dieser Tatsache verdankt Bosra heute das hervorragend erhaltene Bauwerk. Bis heute ist der einzige Zugang zur Zitadelle und somit auch zum Theater das Osttor mit seiner fünfbogigen Steinbrücke. Der Eingang ist zweifach abgewinkelt, so dass ein Durchkommen erschwert wurde.

Das Theater verfügt über innen begehbare Wehrgänge, die zu den Türmen führen und einmal das Theater umschließen. Über das Theater kommt man auf die Dächer der angrenzenden Bauten, wo man ein großes Mosaik und viele Plastiken sehen kann. Hier befindet sich auch eine kleine **Cafeteria,** die Tee, Kaffee und ein paar Kleinigkeiten zum Essen im Angebot hat.

Zurück am Theatereingang wendet man sich zum weiteren Rundgang nach links, geht durch einen Häuserdurchbruch geradeaus und sieht vor sich links die **Thermen.** Der T-förmige Komplex ist von der Säulenstraße aus zugänglich. Durch eine offene Säulenhalle betritt man einen überwölbten Kuppelraum mit breiten Ecknischen.

Hinter den Thermen ist die **Säulenstraße,** die Hauptverkehrsachse der antiken Stadt, deren Pflaster noch aus römischer Zeit stammt. Schräg gegenüber der Thermen sieht man das **Kabyle-Heiligtum,** dessen frühere Bestimmung ungeklärt ist. Wendet man sich nun erst einmal nach rechts, stößt man auf das **Osttor** der Stadt, das einzige Tor, das sich aus nabatäischer Zeit erhalten hat. Der gewölbte tiefe Durchgang ruht auf zwei Pfeilerbauten. An der Westseite des Tores begann das römische Viertel, daher zeigt diese Torseite auch römische Stilelemente, während die Ostseite aus nabatäischer Zeit stammt und entsprechende Stilelemente aufweist.

Wendet man sich hier nach Norden, kommt man – vorbei an der ziemlich zerfallenen **Kathedrale** (6. Jahrhundert), die zu Ehren der Heiligen Sergius, Leontius und Bacchus errichtet wurde – zur **Basilika,** von den Arabern **Dair Bahira** genannt, nach dem Mönch, der das Prophetentum Muhammads schon zu dessen Kindertagen prophezeit hatte. Etwa 200 m nordöstlich davon ist die **Mabrak an-Naba-Moschee.** Sie wurde 1136 im Zentrum eines islamischen Friedhofs errichtet und nach dem Kamel, das das erste Koranexemplar nach Syrien getragen haben soll, benannt. Südlich der Basilika ist die **Fatima-Moschee** aus dem 13. Jahrhundert zu sehen.

Zurück am Osttor der Stadt, kann man nun im Süden die Reste eines Palastes sehen, dessen Grundmauern wohl aus nabatäischer Zeit stammen. Das, was man heute noch erkennt, ist jedoch jüngeren Datums, aller Wahrscheinlichkeit nach fand es Verwendung als byzantinischer Bischoffssitz. Am Ende des Weges befindet sich die **Zisterne,** die im 12. Jahrhundert angelegt wurde. An deren nordöstlichem Ecke findet man die **Yaqut-Moschee** und die dazu gehörige Madrasa aus dem 13. Jahrhundert. Diese Koranschule steht mit ihrem kreuzförmigen Grundriss in der Tradition zentralasiatischer/iranischer Architektur.

Von hier gelangt man nun leicht wieder zurück zum Theater. Es ist als Orientierungspunkt sehr hilfreich. Wenn man nun hinter dem Theater den Weg entlang läuft, eine kleine Treppe hinunter und dann wieder nach oben und sich dann nach rechts wendet, gelangt man durch das Lampentor, den **Bab al-Kandil,** zur Säulenstraße. Hier weiter nach Westen stößt man schon bald auf die unterirdischen **Speicherräume.** Die tonnengewölbten Hallen können von Norden her betreten werden. Sie dienten als Lagerraum für lokale Produkte, die für den Export bestimmt waren. Hinter diesen Hallen kann man die spärlichen **Reste des Tetrapylons** sehen, das auf einem kreisrunden Platz stand. Folgt man der Straße weiter nach Westen steht man vor dem **Westtor,** einer Konstruktion aus zwei quadratischen Turmbauten, die durch einen eintorigen Triumphbogen miteinander verbunden sind.

Hinter den Speicherräumen rechts geht es vorbei am alten Marktplatz zur **Umari-Moschee,** der größten Moschee Bosras. Ihre Grundmauern gehen auf die frühe Umayyadenzeit zurück, im 12. Jahrhundert wurde sie neu errichtet und etwa 100 Jahre später nach Norden hin erweitert. Im süd-

Über das Niesen

Abu Huraira berichtet, der Prophet habe gesagt: **Gott liebt das Niesen, und er verabscheut das Gähnen.** Wenn jemand niest und anschließend „Gepriesen sei Gott" sagt, so soll jeder Muslim, der ihn hört, „Gott erbarme sich deiner!" erwidern. Das Gähnen aber ist vom Teufel. Unterdrückt es, so gut es geht. Und wenn jemand beim Gähnen „Haa" macht, lacht der Teufel über ihn.

So steht es bei Sahih al-Bukhari (gest. 870) geschrieben, der eine der besten Sammlungen der überlieferten Taten und Aussprüche des Propheten Muhammad zusammen getragen hat. Ich habe mich lange gefragt, weshalb sich der Prophet wohl über das Niesen und das Gähnen geäußert hat, und bin dieser Frage nachgegangen. Nach vielen Fragen und keiner Antwort fand ich schließlich eine alte Frau, die bereit war, mir zu erklären, warum das Niesen etwas Positives, das Gähnen aber etwas Negatives ist: „Wisse", sagte sie, „in jedem Körper leben Djinn, kleine Geister, Geister, die eigentlich niemand haben möchte, aber sie sind da. Die Geister sind sehr lebendig und eigentlich ganz glücklich, im Körper des Menschen zu leben, aber manchmal fühlen sie sich dort eingeschlossen. Dann kitzeln sie die Nasenwände. Der Mensch muss niesen, und die Geister können draußen tanzen. Allah ist froh darüber, denn es ist besser, wenn keine Djinn im Körper sind. Wollen die Geister aber wieder in den Körper hinein, nehmen sie dem Menschen Sauerstoff – diese müssen dann gähnen. Mit dem Einsaugen der Luft gelangen die Djinn wieder in den Körper hinein. Deswegen soll man versuchen, nicht zu gähnen, denn je weniger man gähnt, desto weniger Djinn können in den Körper hineinrutschen!"

Seit ich nun weiß, weswegen Niesen so gut und Gähnen so schlecht ist, kann ich die kleinen Geister fast spüren, die sich da in meinem Körper ausgebreitet haben. Aber sie stören mich nicht, ganz im Gegenteil: Ich mag es, wenn sie tanzen, und deshalb gähne ich auch immer, damit sie ja wieder zu mir zurückkommen, denn so ganz ohne Geister zu leben, das kann doch nicht gut sein ...!

lichen Gebetssaal sind die Qiblawand und Teile des Mihrab gut erhalten. Gegenüber ist das **Mandjak-Hammam** aus dem 14. Jahrhundert, das jüngste Bauwerk hier und erst vor wenigen Jahren wunderschön restauriert. Daneben steht das städtische Museum.

Kehrt man nun zurück zur Säulenstraße, stehen links die Säulen des ehemaligen **Kabyle-Heiligtums.** Die Bestimmung des Heiligtums ist nicht mehr bekannt. Gegenüber der Säulen befinden sich die alten **Thermen.**

Praktische Informationen

- **Telefonvorwahl: 015**

Unterkunft

- **Bosra Cham Palace Hotel**€€€-€€€€
Bei den Ruinen, Tel. 79 04 88, www.chamhotels.com. Wie leider inzwischen alle Cham-Hotels ist auch dieses in die Jahre gekommen. Die einstige Pracht wirkt verblasst. Dennoch: Sauber und ordentlich – und vor allem das einzige Hotel, das es vor Ort gibt …
- Nach Auskunft einiger Reisender ist es möglich, sich **im Café innerhalb des Theaters** ein paar Decken auszuleihen und auf Matratzen auf der Terrasse des antiken Theaters zu schlafen – gespenstische Vorstellung, nachts alleine durch die Wehrgänge zu stromern …
- Wem das nicht zusagt, wer sich das Cham Palace Hotel nicht leisten kann und in Bosra länger als ein paar Stunden bleiben möchte, dem sei notfalls auch ein **Quartier in Suwaida oder Derâa** empfohlen.

Essen und Trinken

Nette Restaurants finden sich **am Eingang der Ruinen** am Parkplatz.

Verkehrsverbindungen

- **Von Damaskus** aus fahren regelmäßig **Busse** direkt nach Bosra (siehe Damaskus).
- Häufigere Verbindungen hat man, wenn man **über Derâa** fährt und dort in einen der Minibusse wechselt, die regelmäßig nach Bosra fahren (siehe bei Derâa).

Festivals

Alle zwei Jahre findet in Bosra das **berühmte Folklore-Festival** innerhalb der alten Mauern des Amphitheaters statt. Arabische Größen wie Fairuz oder George Wassuf treten hier auf. In diesen Tagen ist das Theater für Besucher geschlossen und man kann nur mit einer Festival-Eintrittskarte auf das Gelände gehen. Ähnliches gilt auch für die Jugendherberge. Karten fürs Festival, das immer **im September** stattfindet, gibt es in allen Cham-Palace Hotels sowie im Azem-Palast in Damaskus zu kaufen.

Vom Parkplatz aus, das Theater auf der rechten Seite, geht es rechts weiter. Bei der ersten Möglichkeit biegt man links ab bis zu einem Kreisel, von dort gelangt man gleich wieder rechts auf eine vierspurige Straße. Dieser folgt man.

Km 45 – Man durchfährt den unschönen Ort **Taibe.**

Km 52 – Rechts geht die Autobahnauffahrt nach Damaskus ab, man folgt der Straße geradeaus.

Km 59 – Das Ortsschild von **Derâa** heißt uns „willkommen“; kurz dahinter der Eingangskreisel. Hier hält man sich geradeaus, links am Denkmal vorbei. Man folgt der Straße geradeaus, bis sie auf eine T-Kreuzung stößt, auf der hektisches Markttreiben zu erleben ist. Hier links und dann gleich wieder rechts. Dies ist die Sh. Ibrahim Hanano und somit die **Innenstadt von Derâa**, die bei **Km 61** erreicht ist. Auf der rechten Straßenseite finden sich die Hotels al-Ahram und ash-Sharq.

Derâa ↗VIII,B3 درعا

Die **Provinzhauptstadt** mit ca. 60.000 Einwohnern liegt 100 km südlich von Damaskus und ist der letzte Ort vor der jordanischen Grenze. Man spürt deutlich die Nähe zur Grenze: Die lebendige Atmosphäre, der Grenzhandel und emsiges Treiben machen die Stadt fast schon zu einer kleinen Metropole.

Der Name der Stadt stammt vom kanaaischen *Atara'a* ab, in der Antike war die Stadt unter dem Namen *Adraha* bekannt. 1918 wurde hier **Lawrence von Arabien** von der türkischen Armee gefangen genommen. Derâa und Umgebung waren für Lawrence und seine Kämpfer von großer Bedeutung. So schrieb er in seinen „Sieben Säulen der Weisheit": „For my eyes, the center of attraction (es geht hier um die Widerstandskämpfe gegen die

Osmanen und den Versuch, ihnen Damaskus zu entreißen; d.A.) was Derâa, the junction of the Jerusalem-Haifa-Damascus-Medina-Railways, the navel of the Turkish Armies in Syria, the common point of all their fronts; and, by chance, an area in which lay great untouched reserves of Arab fighting men, educated and armed by Faisal from Akaba".

Heute ist Derâa eine **stark expandierende Stadt,** die seit der Antike eine wichtige Stellung als Handelsplatz inne hat. Derâa bietet alle Versorgungsmöglichkeiten, gute Verkehrsverbindungen in alle Richtungen, aber keine wirklichen Sehenswürdigkeiten. Allein die **Umari-Moschee,** benannt nach dem zweiten Kalifen Umar, lohnt den Besuch. Das Errichtungsdatum der Moschee ist ungeklärt, wahrscheinlich geht sie auf die frühislamische Zeit zurück, auch wenn der Innenhof erst im 13. Jahrhundert gebaut wurde.

Derâa bietet sich als Ausgangspunkt, vor allem aber als Not-Übernachtungsmöglichkeit für Bosra-Besucher oder Jordanienreisende an.

Praktische Informationen

- **Telefonvorwahl: 015**

Touristeninformation

- Sh. Dimashq, nur vormittags geöffnet. Wie so oft: eine **wenig effektive** Informationsstelle ...

Wichtige Adresse

- **Immigration Office (Maktab al-Hidjra wa-l-Djawazat)**
Sh. al-Djumhuriya, nur vormittags geöffnet.

Hotel

- **Ash-Sharq (Orient)**€€-€€€
Sh. Ibrahim Hanano, Tel. 23 83 04. Das saubere, einzig empfehlenswerte Hotel hat keine Doppelzimmer, sondern nur Suiten, die nett und großzügig eingerichtet sind.

Essen und Trinken

Einfache Lokale finden sich zwischen der Sh. ash-Shuhada und der Sh. Ibrahim Hanano. Wer gut speisen möchte, sollte sich besser nach Mzairib begeben (mit Minibussen ab Busstation leicht zu erreichen) und dort in einem der hübschen Lokale am Ufer des Sees speisen.

syr136 Foto: mb

Einsamkeit im jordanischen Grenzgebiet

Museum

Derâa hat ein kleines Museum im Aufbau, das demnächst fertig sein dürfte (Sh. Bosra). Es ist, wenn man von Bosra kommt, auf der linken Straßenseite, kurz bevor der grüne Mittelstreifen beginnt, zu finden.

Verkehrsverbindungen

Derâa ist mit der Hauptstadt durch regen **Busverkehr** verbunden. Der große Busbahnhof für Busse in den Norden und nach Suwaida befindet sich etwas außerhalb an der Straße nach Bosra. **Busse nach Damaskus** kosten 40 Lira, und brauchen etwa 2 Std.). Auch die **Minibusse nach Bosra** (30 Lira, 1 Std.) fahren hier ab. Sammeltaxis und Busse nach Jordanien fahren am Ende der Sh. Ibrahim Hanano ab (regelmäßige Verbindungen). Auch die Minibusse in die Umgebung (z.B. nach Mzairib) starten hier.

Hauptpost

- Die Hauptpost findet sich in der Sh. Dimashq, Öffnungszeiten: täglich 8–18 Uhr, außer freitags.

Geldwechsel

Die **Commercial Bank of Syria** befindet sich in der Sh. Ibrahim Hanano. Nur vormittags geöffnet.

Weiterfahrt zur jordanischen Grenze

Von Derâa sind es nur noch 5 km nach Jordanien. Wer von Bosra direkt an die Grenze möchte, ohne sich in Derâa aufzuhalten, nimmt die erste Möglichkeit in der Sh. Ibrahim Hanano nach links und folgt der Straßenführung nach Süden. Wer in Derâa einen Stopp plant oder von Mzairib oder von Damaskus kommt (ohne dabei die Autobahn zu benutzen), dem sei die Sh. Rifaat al-Hadj Sirri empfohlen, am Westende der Sh. Ibrahim Hanano. Man fährt hinter dem Taxibahnhof nach links, bis man auf die Ausfallstraße nach Jordanien stößt (fast nicht zu verfehlen). Am Ortsausgang finden sich noch ein paar Geschäfte für den Souvenir- und Lebensmittelkauf (die sind in Jordanien teurer!). Die Ausfallstraße führt direkt zur **Grenze**, die **bei Km 66 der Gesamtroute** erreicht ist. Nach Amman sind es dann noch ungefähr 80 km.

Wer von Damaskus auf direktem Wege nach Jordanien möchte, kommt über die **Autobahngrenzstation Derâa – Jaber** am schnellsten dorthin. Von Derâa sollte man dazu ein kleines Stück Richtung Mzairib (siehe folgende Route) und dann auf die Autobahn auffahren. Die letzte Tankstelle für Autoreisende ist beim „Ghazali Tourist-Center". Direkt an der Grenze steht ein Hotel. Außerdem finden sich hier, wie an jedem Grenzübergang, ein Restaurant und kleine Läden.

Denken Sie bei der Ausreise unbedingt an die **Ausreisesteuer** von 800 Lira p.P.! Es gibt keinen Wechselschalter auf der syrischen Seite der Grenze – und mit Devisen kann nicht bezahlt werden!

Route B 3:

Derâa – Mzairib – Ezrâa – Damaskus

- **Routenlänge:** insgesamt 117 km

Die Route führt auf etwas verschlungenem Wege in das schöne Naherholungsgebiet von Mzairib und von dort auf der alten Landstraße nach Damaskus, vorbei an kleinen Dörfern und abwechslungsreicher Landschaft. Diese Strecke verläuft anfangs nahe der jordanischen Grenze, weswegen man verstärkt mit Militär- und/oder Polizeipräsenz rechnen muss.

Öffentliche Verkehrsmittel

Mit Bussen kann man von Derâa direkt bis nach Shaikh al-Miskin, Ezrâa, as-Sanamain und Damaskus fahren (Abfahrt ab dem Busbahnhof nahe der Sh. Ibrahim Hanano). Zu den Wasserfällen kommt man per Minibus ab Derâa nach Mzairib und ab dort mit dem Taxi oder trampend. Unregelmäßige Ab-

syr025 Foto: mb

fahrtszeiten. Minibusse fahren, wenn genügend Gäste da sind; nachmittags ist es recht schwer, von hier weg zu kommen.

Es verkehren wöchentlich zwei **Züge zwischen Derâa und Damaskus.**

Bei der **Anfahrt mit dem Pkw** ist der Ortssausgangskreisel von Derâa am Ende der Sh. Ibrahim Hanano Ausgangspunkt der Route.

Die Sh. Ibrahim Hanano im Rücken, biegt man rechts ab und gleich anschließend wieder nach links, noch vor der Asad-Statue. Mzairib ist beschildert. Beim nächsten Kreisel geht es geradeaus, man folgt der Straße, die in eine vierspurige Ausfallstraße übergeht.

Km 9 – Links Abzweig nach **Tell Shihab;** hier kann man den absolut lohnenswerten Abstecher zu den Wasserfällen in Angriff nehmen.

Zu den Wasserfällen von Tell Shihab

Die schönen Wasserfälle von Tell Shihab liegen fast schon an der jordanischen Grenze. Sie stürzen sich – zumindest im Winter und Frühjahr – mit gewaltiger Wucht in das **Wadi Khaled,** das von hier seinen Weg ins Mittelmeer nimmt. Die Straße endet an einer Aussichtsplattform, von der man nach rechts und links in tiefe Schluchten sehen kann. Rechts sind die Wasserfälle, an der Nase der Plattform sieht man in das weite Tal des Khaled, das sich fast schon gespenstisch schön in den Süden windet, wild bewachsen und mit einigen Wegen durchzogen. Am Fuße des

Blick von Mzairib nach Süden

Routenteil B

Berges kann man noch die alten Eisenbahnschienen sehen, die Derâa einst mit Haifa verbanden. Auch das Viadukt, über dem die Schienen verliefen, ist von oben zu sehen. Freitags und im Sommer ist hier die Hölle los, ein Picknickplatz mit schöner Sicht ist dann nur schwer zu ergattern! Unter der Woche jedoch kann ein solcher Platz gar nicht schöner gelegen sein.

Anfahrtsbeschreibung: Man folgt der Straße nach Tell Shihab (Beschilderung). Nach 3 km geht links eine kleine Straße ab, die zu den Wasserfällen führt. Keine Beschilderung, aber man kann sie an den Reben erkennen, die davor wachsen. Direkt nach dem Straßenabzweig steht ein Haus. Wenn man auf der Straße nach Tell Shihab auf der rechten Straßenseite ein blaues Schild mit weißer arabischer Schrift und Pfeil darauf sieht, ist man aber bereits ca. 100 m zu weit.

Die kleine Straße führt entlang eines hübschen Wadis, vorbei an Kakteen, Olivenbäumen und Palmen. Man folgt dem Straßenverlauf bis zu einer T-Kreuzung. Hier hält man sich rechts. Man überquert das Wadi, danach geht es gleich wieder rechts. Die Straße führt nun auf der anderen Seite des Wadis wieder zurück und endet auf der großen Aussichtsplattform (der ganze Abstecher hin und zurück: ca. 20 km). Ohne eigenes (Miet-)Auto ist dieser Platz nur mit dem Taxi ab Mzairib oder Derâa zu erreichen.

Km 11 – Ortseingang von **Mzairib.** Der See und mit ihm die hübschen Restaurants befinden sich links (Abzweig von der Hauptstraße in Ortsmitte). Der kleine Ort gehört zu den beliebtesten Naherholungsgebieten in Südsyrien. Nette Atmosphäre v.a. im Sommer.

Km 12 – Rechts **Abzweig,** arabische Beschilderung **nach Da'il** (**داعل**). Die vierspurige Ausfallstraße führt durch schöne Landschaft, vorbei an Feldern und Olivenplantagen. In der Ferne kann man links die Golanhöhen sehen.

Wer Lust auf einen weiteren Abstecher hat, dieses Mal zum Stausee und in das anschließende **Wadi ad-Dahab** (Goldtal), sollte bei Km 12 nicht rechts abbiegen, sondern dem Straßenverlauf folgen, der kurz danach eine Rechtskurve macht. Nach 5,5 km hat man das Wadi ad-Dahab erreicht. Rechts geht es auf einem Feldweg zum Stausee, links kann man entweder auf Pisten zum Wadi fahren oder aber eine kleine Wanderung starten. Grundsätzlich kann man von hier auch weiter geradeaus auf Nebenstraßen, durch schöne grüne Landschaft, immer wieder vorbei an weiteren Stauseen nach Damaskus gelangen. Da die Strecke aber recht nahe an den Golanhöhen verläuft, muss mit Militär gerechnet werden und bisweilen können Abschnitte gesperrt sein, weshalb der „reguläre" Reiseverlauf auch über die Hauptstraße weitergeht.

Km 22 – **Da'il** ist erreicht. Man durchfährt den Ort geradeaus. Die Beschilderung, die im Ort nach links in Richtung Damaskus weist, führt auf die Autobahn, also sollte man sie ignorieren, es sei denn, man möchte auf schnellstem Wege zurück in die Hauptstadt.

Km 23 – Abzweig nach links, der Beschilderung nach Damaskus folgen.

Km 33 – **Shaikh Miskin** (30.000 Einw.) ist erreicht. Die kleine Stadt, die bis vor wenigen Jahren noch einen ursprünglichen Charakter hatte, büßte ihren Charme durch viele Betonbauten ein. Von den römischen Ruinen, auf denen die Stadt errichtet wurde, ist heute leider nichts mehr zu sehen.

Am großen Kreisel geht es rechts nach Ezrâa, geradeaus in die Hauptstadt.

Abstecher nach Ezrâa ازرع

Die kleine Stadt ist v.a. aufgrund der **griechisch-orthodoxen St. Georgs-Kirche** aus dem 6. Jahrhundert einen kleinen Abstecher wert. Das Gotteshaus, das 515 gebaut wurde, steht auf den Trümmern eines römischen Tempels und gilt als eine der ältesten Kirchen Syriens. Sie wird noch immer als solche genutzt und ist ganz und gar aus Basalt errichtet. Ihre Inschrift am Mittelportal besagt: „Wo einst die Wohnstätte der Dämonen war, ist nun ein Gotteshaus. Wo einst Götzen geopfert wurde, singen nun die Engelschöre. Wo einst Gott in Zorn ausbrach, ist heute ein Ort, an dem ER seine Sanftheit zeigt".

Ihre Besonderheit zeigt sich im Inneren, wo acht Säulen eine riesige Kuppel tragen. Sie wurde jedoch erst Anfang des 19. Jahrhunderts an der Stelle der eingestürzten alten Kuppel errichtet. Im Chor sollen sich Reliquien des Hl. Georg befinden.

200 m links neben der Georgskirche steht eine zweite Kirche aus dem 6. Jahrhundert, die **griechisch-katholische St. Elias-Kirche.** Sie wurde 542 errichtet. Ihre ehemals quadratische Grundfläche erhielt erst durch Anbauten den heutigen kreuzartigen Grundriss. Die ehemalige Holzdecke ist heute durch eine moderne Steindecke überbaut.

Anfahrt mit öffentlichen Verkehrsmitteln: Ab Derâa und Damaskus (Bab Musalla) regelmäßige Busverbindungen mit Minibussen. Falls es schon zu spät ist, oder sich nicht genügend Mitfahrer finden, gibt es die Möglichkeit, bis Shaikh Miskin zu fahren und ab dort einen der häufiger fahrenden Minibusse zu nehmen.

Anfahrt mit dem Pkw: Ab Shaikh Miskin am großen Kreisel rechts ab und der Straße ca. 6 km folgen.

Beim großen Kreisel in Shaikh Miskin geht es nun geradeaus (wenn man von Ezrâa kommt, geht es rechts) in Richtung Norden.

Auf der linken Seite sieht man die Provinz Qunaitra und die besetzten Gebiete. Die Straße ist gesäumt von hohen Bäumen, rechts und links verkaufen Landwirte einen Teil ihrer Ernte. Im November waren das Tomaten.

Km 60 – as-Sanamain. In der kleinen Stadt mit 15.000 Einwohnern stehen wie in so vielen Orten dieser Gegend römische Ruinen. Hier: die Reste eines römischen Basalt-Tempels (zu sehen im alten Stadtzentrum hinter einer kleinen Moschee). Nach dem Ortsschild gibt es in as-Sanamain auch eine römische Kirche zu besichtigen.

Km 79 – Die Gegend wird hügeliger, vor uns rechts erheben sich die Berge des Hermon.

Km 90 – Der Ort **Khan Danun** wird durchfahren. Die Landschaft weitet sich, bald darauf geht es durch den hübschen Ort **Keswe,** der malerisch in einem kleinen Wadi liegt. Überall an den Straßenrändern werden massenweise Schilfdecken und Knoblauch verkauft. Hinter dem Ort beginnt die Ausfallstraße nach Damaskus.

Km 98 – Rechts Abzweigung nach Beirut. Nach Damaskus geht es geradeaus einen Hügel hinauf.

Km 99 – Der Sattel des Hügels ist erreicht, vor uns liegen der Djabal Qasiun und **Damaskus.** Nun geht es immer geradeaus ins Zentrum, vorbei an vielen Werkstätten.

Km 109 – Rechts ist der **Bahnhof Khaddam.** Man folgt der Straße immer weiter geradeaus, bis man bei **Km 117** auf die Sh. Hamidiya links des Hidjaz-Bahnhofs gelangt ist.

syr028 Foto: mb

Orontestal und Mittelmeerküste

syr049 Foto: mb

syr050 Foto: mb

Krak des Chevaliers (Kreuzritterburg)

Tartus am Mittelmeer

Mutprobe im Wasserrad (Hama)

Einleitung

Dieses relativ kleine Gebiet hat die **größte Bevölkerungsdichte Syriens.** Der **Sahil,** ein Küstenstreifen mit dem 1500 m hohen Gebirgszug des Djabal Sahiliya im Hintergrund, und das Orontestal bilden die „grüne Lunge" des Landes. Das Gebiet wird landwirtschaftlich intensiv genutzt, Industrie- und Hafenstädte ergänzen die Wirtschaft der Region.

Das Mittelmeer schmiegt sich über eine Länge von 180 km an die syrische Küste. **Drei Hafenstädte** – Lathaqiya, Banyas und Tartus – sind die Zentren des Sahil. Syrien ist – bei aller Liebe – definitiv kein Land für Badeferien! Wenn überhaupt, dann sind die Küstenabschnitte nördlich von Lathaqiya bis zur Grenze mit der Türkei geeignet, um ein bisschen Meeresluft zu schnuppern. Sieht man von dem Privatstrand des Cham Palace Hotel Côte d'Azur nördlich von Lathaqiya ab, sind fast alle Strände dreckig und unappetitlich. Da hilft es auch nichts, wenn die Buchten bezaubernd sind und das Meerwasser kristallklar.

Grandios zieht sich der **Djabal as-Sahiliya** als nördliche Verlängerung des Libanongebirges hinter der Küste in die Höhe. Hier stehen zahlreiche **Burgen und Festungen,** die vor allem in der Kreuzzritterzeit entstanden sind. Die schönste unter ihnen ist der gut erhaltene Krak des Chevaliers. Inmitten herrlicher Landschaft reihen sich Dörfer und Täler aneinander und laden zum Verweilen ein.

Hinter dem Höhenzug beginnt die **Orontessenke.** *Al-Asi,* den Rebellen, nennen sie den Fluss. Kein Wunder! Als einziger Fluss Syriens fließt der Orontes vom Süden in den Norden. Seit vorgeschichtlicher Zeit war das Tal Zankapfel der großen Herrscherdynastien, einschließlich der Städte Hama und Homs. Der Orontes schafft mit seinen vielen Nebenflüssen in diesem Gebiet **fruchtbare Ebenen** und bildet einen natürlichen Übergang zwischen Mittelmeer und Wüste. Aus diesem Grund waren angrenzende Städte stets Handelszentren und Umschlagplätze für Waren. Heute finden sich hier noch immer lebendige kleine Dörfer, eine sanfte, schöne Landschaft mit viel Sehenswertem, was den Reisenden dazu veranlassen könnte, sich länger in diesem Teil Syriens aufzuhalten.

Routenteil C

Kurzer **Hinweis zu den Routen:** Gerade in diesem Routenteil habe ich einige Hauptverbindungsstraßen nicht in

Die Küstenregion und Orontes-Tal
Reyhanli
Dar at-Tazi
Hretan
Dab al-Hauwa
Aleppo
حلب
ad-Dana
Harim
Urma as-Sughra
Salqin
Harbiye
Kafr Takharim
Killi
Samandagh
Ma'arrat Massirin
Taftanaz
Darkush
Idlib
ادلب
Yayladaghi
Qunaya
Hammam ash-Shaikh Isa
راس البسيط
Ra's al-Basit
Kasab
كسب
Djisr ash-Shughur
جسر الشغور
Saraqib
Tell Mardikh
Ariha
Ebla
تل مرديخ
Rabi'a
Knadda
Abu ad-Duhur
ash-Shabatliya
al-Bara
Ma'arrat an-Nu'man
معرة النعمان
Salma
al-Bahluliya
Kafr Nabil
راس شمرة
Ugarit
al-Haffah
1562
Slunfah
Kafr Ruma
Sindjar
Qala'at Salah ad-Din
قلعة صلاح الدين
Apamea
قلعة المضيق
Lathaqiya
اللاذقية
al-Fahura
Djaubat Birghal
Qala'at al-Mudiq
Khan Shaykhun
Qirdaha
al-Ghab
0
10 km
Djablah
جبلة
Kafr Zaita
Murak
Suqaylabiya
1436
Ain ash-Sharqiyya
Dj. al-Lataqiya
Qala'at Shaizar
قلعة شيزار
Shaizar
Suran
al-Hamra
Mhardah
Abu Qubays
Banyas
بنياس
Djaddu'a
Hama
حماه
Qadmus
Qala'at Marqab
قلعة مرقب
Misyaf
مصياف
Ain al-Baida
Salamiya
Tartus
طرطوس
as-Sauda
Shaikh Badr
Draikish
Kafrun
ARWAD
Amrit
Krak des Chevaliers (Qala'at al-Husn)
قلعة الحصن
Safita
Orontes
Homs
حمص
Shin
al-Hamidaya
Tell Kalakh
Hdaida
Buhayrat Qattina
Qlaiat
Shinshar
Routenteil C
C1 Homs - Tartus - Lathaqiya
C2 Homs - Kasab - Lathaqiya
C3 Lathaqiya - Hama
C4 Hama - Banyas
C5 Aleppo - Hama

die Routen eingebaut, wie z.B. die Strecke Homs – Hama oder Lathaqiya – Aleppo. Das hat den Grund, dass es sich hierbei um hervorragend ausgebaute Strecken handelt, die zudem bestens beschildert sind und deswegen eine detaillierte Beschreibung nicht nötig haben.

Die hier aufgeführten Routen sind z.T. sehr lang und kreuzen immer wieder solche Hauptverbindungsstrecken (wie z.B. auch die Küstenautobahn Tartus – Lathaqiya, die wegen der möglichen Abstecher in C 1 mit aufgenommen wurde) oder andere Routen. Um die Strecken auch individuell fahren zu können und aus verschiedenen Routen eigene leichter kreieren zu können, wurde an solchen „Kreuzungspunkten" mit einer neuen Kilometerzählung begonnen. Das erleichtert ein „Baukasten-System" erheblich! Wer z.B. von Aleppo nach Kasab möchte, kann bis Djisr ash-Shughur die große Straße fahren und dann bei Route C 2 einsteigen, ohne immer kompliziert die Kilometer umrechnen zu müssen. Wenn Teile von Routen nahe beieinander liegen und eine Querverbindung problemlos möglich ist (z.B. von Ma'arrat an-Nu'man (C 5) nach Apamea (C 2 und 3), wurden Hinweise auf diese Verbindungen gegeben.

Homs V,C3 حمص

Homs mit seinen knapp **1 Million Einwohnern** gehört zu den Städten, die für den Touristen eigentlich nichts zu bieten haben. Es gibt zwei Museen, eine Moschee und zwei Kirchen zu „besichtigen", also wirklich nicht viel. Dafür aber bietet Homs etwas für denjenigen, der syrische Lebendigkeit liebt, der eintauchen möchte in das **unverfälschte Alltagsleben.** Der Suq hier ist ganz anders als in Damaskus, offener, sauberer, immer wieder von alten Häusern und Bäumen durchzogen und mit allem versehen, was das syrische Herz begehrt. Außerdem macht es Spaß, in den Teehäusern zu sitzen oder im Park vor der Khaled-Moschee. Hier tobt vor allem freitags das Leben, wenn ganze Großfamilien auftauchen, um am freien Tag im Grünen zu picknicken. Davon abgesehen ist Homs ein wichtiger **Verkehrsknotenpunkt,** eine Industriestadt mit Ölraffinerien. Doch davon bekommt man im Zentrum wenig mit. Die Homsianer sind nicht unbedingt die Beliebtesten in Syrien (vgl. Exkurs „Die Homsianer"). Ich mag die Homsianer gerne, vor allem macht es mir Spaß, hier in den Konditoreien die herrlichen **Halawi al-Djabn, Süßigkeiten** aus Quark, viel Honig und Pistazien, zu essen, die im ganzen Land bekannt sind. Außerdem bietet sich Homs als optimaler Ausgangspunkt für Ausflüge in die Umgebung an (s.u.).

Geschichte

Die **frühesten Zeugnisse** der Stadt gehen bis **in vorrömische Zeit** zurück – wie weit, ist nicht definitiv geklärt. Später lebten hier Griechen und Römer, im **ersten vorchristlichen Jahrhundert** begann die **arabische Zuwanderung.** Homs, das römische *Ermessa,* war nie ein Zentrum des römischen Imperiums, aber es brachte den ersten syrischen Kaiser des Römischen Reiches hervor und darauf ist die Stadt heute noch stolz, auch wenn es keine Zeugnisse aus dieser Zeit mehr gibt.

Homs, zentral gelegen und schon früh **wichtiger Warenumschlagplatz,** war im Verlauf seiner gesamten Geschichte immer Streitobjekt der Mächtigen, das änderte sich auch nicht mit der Islamisierung. **637** eroberte **Khaled ibn Walid** die Stadt kampflos. Die umayyadische Herrschaft war mit Sicherheit am vorteilhaftesten für die Stadt. Danach lösten sich Abbasiden, Tuluniden, Hamdaniden, Fatimiden, Seldjuken, Ayyubiden, Mongolen und Mamluken als Stadtherren ab. Keiner der islamischen Dynastien war eine lange Kontrolle über die Stadt beschert. Erst die Osmanen schafften es, ein wenig Stabilität in die Region zu bringen. Homs wurde mehr und mehr zur Handelsstadt und zum Zentrum der Landwirtschaft, exportierte Seide und Getreide. Bekannt ist bis heute auch der **Wein,** der seit frühesten Zeiten in der Region angebaut wird.

Die wechselhafte Geschichte hat in Homs ihre Spuren hinterlassen: Die schönsten Bauwerke fielen den Kriegen zum Opfer, Sehenswürdigkeiten gibt es deshalb nur noch wenige. Heute ist Homs **Provinzhauptstadt** und drittwichtigstes Industriezentrum des Landes.

syr026 Foto: lh

Im Stadtzentrum von Homs

Sehenswürdigkeiten

Viel gibt es nicht zu sehen. Einen Besuch wert sind die lebendigen und hübschen **Suqs** sowie die angrenzende **Altstadt.** Reste einer Stadtmauer sind noch zu sehen, ebenso Überbleibsel von der Zitadelle im Südwesten der Stadt (im Stadtplan nicht ein-

Die Homsianer

Die Homsianer sind berühmt! Die Frauen hier gelten als die **schönsten Frauen ganz Syriens.** Man sagt: „Suche zehn x-beliebige Frauen aus Homs aus, und Du wirst maximal eine darunter finden, die nicht wunderschön ist! Die neun anderen werden Dich mit ihrer Schönheit bezaubern!"

Nun, der Schönheit der Frauen entspricht die **Dummheit der Männer** in Homs. Denn, was uns die Ostfriesen, das sind den Syrern die Homsianer. Es ist nur ein kurzer Aufenthalt in Syrien nötig, um das zu begreifen. Überall werden Witze über die Homsianer gerissen, und geht etwas in die Hose – die Homsianer sind schuld daran! Schon im 13. Jahrhundert erzählten sich arabische Reisende von der Beschränktheit der Bewohner der Stadt Homs, wobei man die schlechte Luft als Ursache dafür ansah. Es gibt jede Menge Legenden und Geschichten um die Homsianer und ihre mangelnde Intelligenz. Die schönste **Geschichte** kennt **Rafik Schami,** der syrische Autor, der mir mit seinen Erzählungen so manche Stunde in Syrien versüsst hat.

Einst galten die Einwohner von Homs als die klügsten Bewohner Syriens! Die Stadt war einer der wichtigsten Verkehrsknotenpunkte früherer Karawanenstraßen. Von Europa nach Indien hatte man etwa die Hälfte der Strecke hinter sich, vom Mittelmeer in die Wüste war Homs der letzte grüne Fleck vor dem einheitlichen Braun. Viele Reisende aus aller Herren Länder machten hier Halt, bevor sie weiterzogen: Kaufleute, die Tee und Seide erstehen wollten, Prediger, die ihre Lebensweisheiten an den Mann bringen wollten, Weltenbummler und Abenteurer. Und von jedem von ihnen ließen sich die Homsianer eine Geschichte erzählen, ein Märchen aus der jeweiligen Heimat. All das Erzählte schrieben sie auf, um es in einer großen Bibliothek zu sammeln.

Im Laufe der Zeit wurden die Homsianer berühmt – „Brauchst Du einen Rat: Geh nach Homs! Ob Du Probleme mit Deiner Frau hast, ob Du krank bist oder das Geschäft nicht läuft, geh nach Homs, dort wird Dir geholfen!" Die Homsianer profitierten von diesem Ruf, sie lebten davon, dass ihnen die Ratsuchenden für die geleistete Hilfe Gold gaben. Mit dem Geld bauten sie Gärten und Spielplätze. Die Stadt blühte auf.

Das rief den Neid der Nachbarreiche hervor, die sich am Wissen der Homsianer bereichern wollten. Man fragte sich, weshalb die Homsianer so klug waren, und kam darauf, dass es am Zauberwasser des Orontes liegen müsse, da dieser ja als einziger Fluss Syriens von Süd nach Nord floss. Die Sage, das Wasser in Homs mache klug, machte die Runde. Bald schon kam eine Armee nach der anderen nach Homs, um das Wasser des Flusses auszutrinken. Das brachte Unruhe in die Stadt. Die Kinder konnten nicht mehr spielen, die Mütter nicht mehr schlafen. Immer mehr Armeen bevölkerten die Stadt. Der Bürgermeister wurde um Rat gefragt. Der rief seinen Rat zusammen. Aber die Vorschläge waren schlecht: Eine Jungfrau zu opfern, schlug der Priester vor, eine Mauer zu bauen, der Bauunternehmer ... Nein, vom Rat konnte sich der Bürgermeister keine Hilfe erhoffen. Er war auf seinen eigenen Kopf angewiesen.

Nacht für Nacht lief er in seinem Zimmer auf und ab und überlegte, wie er seiner Stadt helfen könnte. Und endlich! Es fiel ihm eine Lösung ein, als er beobachtete, wie ein Verrückter versuchte, Wasser aus dem Fluss nach Süden zu lenken – die Homsianer mussten verrückt werden, das war die einzige Möglichkeit, sich die Armeen vom Leibe zu halten! Er alarmierte die Stadträte, unterrichtete sie von seinem Vorhaben, und nach anfänglichem Zögern stimmten sie ein, und am nächsten Morgen kamen alle Homsianer zum Fluss. Was für ein Bild: Bemalte Gesichter, Lumpen statt Kleider, und bewaffnet mit einem Löffel standen die Einwohner von Homs im Orontes und löffelten das Wasser nach Süden. Ein König, der gerade versuchte, vom Zauberwasser des Flusses zu profitieren, sah es und fragte die Leute, was sie da machten: „Wir leiten das Wasser nach Süden um!" „Mit Löffeln?" „Aber ja, wir Orientalen sind geduldige Menschen!" Da reiste der König ab, voller Zuversicht, dass die Homsianer spinnen!

Die Kunde verbreitete sich schnell, und es kehrte für mehrere Monate Ruhe ein in der Stadt. Aber es gab einen König, der wollte den Gerüchten keinen Glauben schenken. Also ritt er nach Homs. Es war ein Dienstag, als der Bürgermeister die Armee des Königs erblickte. Er wusste: Morgen würden sie in Homs sein. Er traf Vorbereitungen: Diesmal sollte kein Zweifel mehr bestehen bleiben, dass sie Spinner waren! So versammelten sich die Homsianer schon im Morgengrauen vor den Toren der Stadt, sangen und tanzten und tranken köstlichen Wein! Die Armee rückte an, der König rief: „Halt! Es ist Krieg, Ihr könnt doch nicht einfach so tanzen und feiern!" Da sagte ein alter Mann: „Aber es ist doch Sonntag, da machen wir keinen Krieg." Der König fragte seinen Hofmathematiker nach dem Wochentag. Dieser ließ verlauten, dass es Mittwoch sei. „Ja, ja!", sagte der alte Mann, „bei Euch mag es Mittwoch sein. Hier in Homs ist der Mittwoch der Sonntag." Der König war verwundert. „Jeder Tag ist ein Sonntag? Dann machen wir auch Sonntag Krieg!" „Aber nein, der Montag ist bei uns der Freitag, so fängt die Woche an. Dann kommt der Mittwoch, das ist der zweite Tag. Und dann kommt der Sonntag. Dann kommt ein leerer Tag, das ist schön für die Schüler und die Lehrer, die bleiben am leeren Tag zuhause. Dann kommt der Dienstag, denn nach so viel Ruhe müssen wir ein bisschen arbeiten! Dann kommt der Samstag. Eigentlich wollten wir ihn anders nennen, aber er blieb hartnäckig, da konnten wir nichts tun! Und der Sonntag, also der Sonntag bleibt. So haben wir zwei Sonntage!" Der König war verwirrt. Freitag, Mittwoch, Sonntag, leerer Tag, Dienstag, Samstag, Sonntag, das war zuviel. Seine Soldaten aber freuten sich: eine Stadt, in der es zwei Sonntage gab? Hier wollten sie bleiben. Flugs hatten sie alle ihre Bürgerschaft, und alleine übrig blieb der König. Seine Armee war weg, und er musste zurückkehren.

Seit diesem Tag aber wollte endgültig kein Mensch mehr nach Homs, um von der Klugheit der Leute dort zu profitieren. Und bis heute ist es so, dass sich die Homsianer allen Fremden gegenüber verrückt benehmen, damit sie sie nicht stören! Nur wer sehr vertraut ist mit ihnen, der wird über die wahren Hintergründe aufgeklärt und darf von ihrer Klugheit profitieren!

(Erzählt nach einem Hörspiel von Rafik Schami)

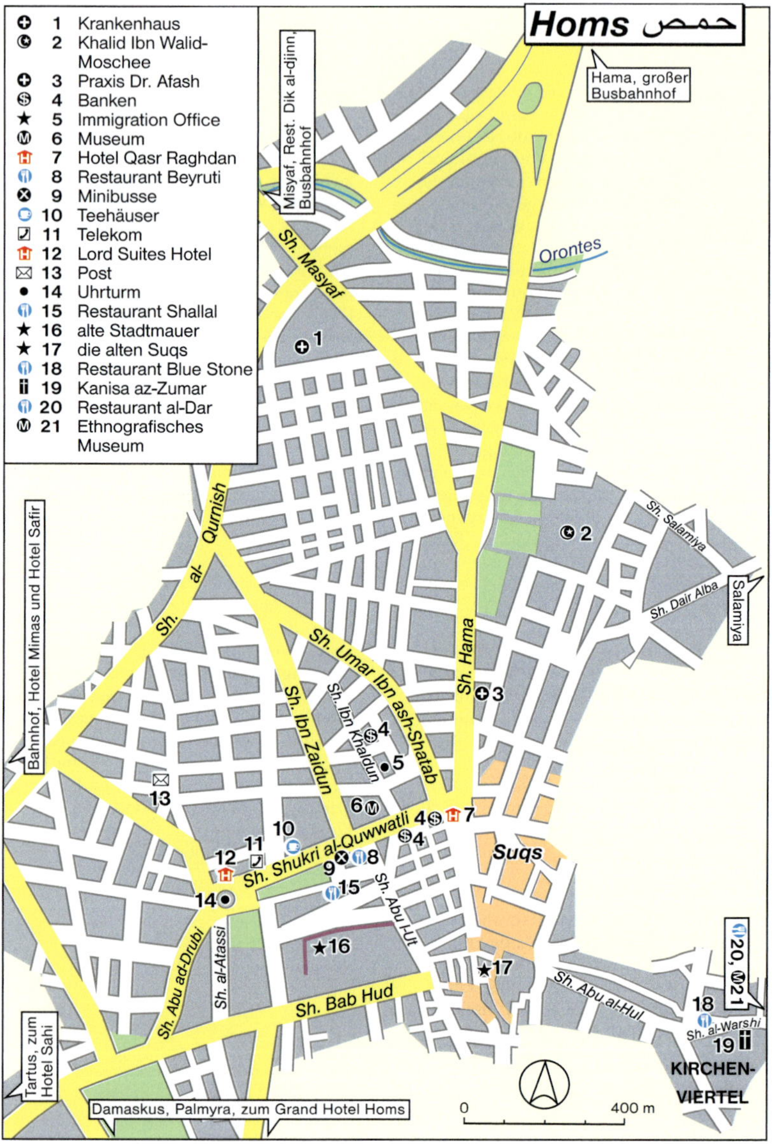
Homs حمص
1 Krankenhaus
2 Khalid Ibn Walid-Moschee
3 Praxis Dr. Afash
4 Banken
5 Immigration Office
6 Museum
7 Hotel Qasr Raghdan
8 Restaurant Beyruti
9 Minibusse
10 Teehäuser
11 Telekom
12 Lord Suites Hotel
13 Post
14 Uhrturm
15 Restaurant Shallal
16 alte Stadtmauer
17 die alten Suqs
18 Restaurant Blue Stone
19 Kanisa az-Zumar
20 Restaurant al-Dar
21 Ethnografisches Museum
Hama, großer Busbahnhof
Misyaf, Rest. Dik al-djinn, Busbahnhof
Orontes
Sh. Masyaf
Sh. al-Qurnish
Sh. Salamiya
Sh. Dair Alba
Salamiya
Sh. Umar Ibn ash-Shatab
Sh. Ibn Khaldun
Sh. Ibn Zaidun
Sh. Hama
Bahnhof, Hotel Mimas und Hotel Safir
Sh. Shukri al-Quwwatli
Suqs
Sh. Abu l-Ut
Sh. Abu ad-Drubi
Sh. al-Atassi
Sh. Bab Hud
Sh. Abu al-Hul
Sh. al-Warshi
20, 21
KIRCHEN-VIERTEL
Tartus, zum Hotel Sahi
Damaskus, Palmyra, zum Grand Hotel Homs
0
400 m

gezeichnet, da zu weit vom Zentrum entfernt, außerdem nicht sehenswert).

Nicht wirklich lohnend ist der Besuch des großen **Museums** in der Sh. al-Quwwatli (geöffnet tägl. außer Di 9–18 Uhr). Das Museum ist nicht gut sortiert, die Beschriftung, wenn überhaupt vorhanden, eher lachhaft („Very important statue of a man, sitting on a chair. Probably ruler. Marble").

Das einzige erwähnenswerte islamische Bauwerk der Stadt ist die **Khaled ibn al-Walid Moschee** nördlich der alten Stadtmauern auf dem Weg zum Busbahnhof. Die Moschee wurde zwischen 1908 und 1913 erbaut und trägt den Namen des Feldherren, der Homs einst den Islam brachte und dessen Mausoleum sich wahrscheinlich im Inneren der Moschee befindet. Schon unter den Ayyubiden war neben der Grabstätte eine Moschee erbaut, die dann Anfang dieses Jahrhunderts von den osmanischen Herrschern abgerissen wurde. Rund um das Mausoleum Khaleds befindet sich nun die neue Moschee, ein Meisterwerk spätosmanischer syrischer Baukunst und beliebtes Pilgerziel (zum Mausoleum des Namensgebers). Silbern die Kuppeln, gertenschlank die Minarette, steht sie inmitten eines Parks, der ein beliebtes Ausflugsziel darstellt.

Da Homs zu den Städten mit hohem christlichem Bevölkerungsanteil gehört, finden sich in der Stadt zahlreiche Kirchen, darunter die älteste auf syrischem Boden: der **Kanisa az-Zunnar,** eine Kirche, deren Ursprung man im 3. oder 4. Jahrhundert vermutet. In ihr befindet sich eine Reliquie, die von allen syrischen Christen hochgeehrt ist und die der Kirche ihren Namen gab: „Kirche des Gürtels". Besagter Gürtel soll einst der Jungfrau Maria gehört haben, weshalb die Kirche bisweilen auch Kanisa Umm az-Zunnar (Mutter des Gürtels) genannt wird.

Nicht weit von der Kanisa entfernt befindet sich das 2008 eröffnete kleine **ethnografische Museum,** das in einem Altstadthaus untergebracht ist und dem Azm-Palast in Damaskus nachempfunden sein soll. Im Innenhof befindet sich ein nettes Café (geöffnet tägl. außer Di 9–14 Uhr).

Routenteil C

syr027 Foto: lh

Restaurierungsarbeiten

Folgt man der Sh. al Warshi noch ein Stück, erreicht man wenige hundert Meter weiter auf der linken Seite die griechisch-orthodoxe **Kirche des Heiligen Elian,** die aller Wahrscheinlichkeit nach unter Kaiser Theodosius II. errichtet und dem Heiligen Elian gewidmet wurde. Elian ist ein Stadtheiliger, der im 3. Jahrhundert lebte. Früh zum Christentum bekehrt, musste er sich Zeit seines Lebens gegen die Heiden wehren. Keine Folterung und Drohung konnte ihn von seinem Glauben abbringen und dank seiner wundersamen Heilkräfte galt er als großartiger Arzt. Auch sein Vater wollte ihm die christliche Überzeugung austreiben, was ihm aber nicht gelang. Aus Zorn ließ er seinen Sohn töten. Elf Nägel wurden ihm in den Kopf geschlagen, Hände und Füße abgehackt. So starb der arme Elian als Märtyrer, was ihm zumindest in seiner Heimat Homs bis heute große Verehrung einbringt. In der ihm geweihten Kirche finden sich seine Reliquien, das Grab ist bis heute unentdeckt.

Im Viertel gibt es weitere Kirchen, die besichtigt werden können.

Praktische Informationen

- **Telefonvorwahl: 031**

Touristeninformation

- Sh. Hama, Tel. 47 38 98. Unregelmäßige Öffnungszeiten, **ohne nennenswerte Informationen.**

Hotels

- **Safir******/€€€€

Ca. 3 km an der Straße nach Tartus, Tel. 41 24 00, Fax 43 34 20, www.safirhotels.com. Tolles Hotel mit Pool, Tennis, Ballsaal, Disco, Night Club, Restaurants und Bars. Das freundliche Personal rundet den Service ab!

- **Lord Suites Hotel**€€

Am Uhrturm, Tel. 47 40 08, Fax 48 40 31, www.lordsuiteshotel.com, der Preis ist verhandelbar. Dieses neue, sehr schöne Hotel ist jede Lira wert. Hübsche Zimmer (z.T. mit schmiedeeisernen Möbeln), meist mit Blick über die Stadt (die Zimmer liegen alle im oberen Stockwerk), und aufmerksames, nettes Personal.

- **Qasr Raghdan (Raghdan Palace Hotel)**€-€€

Sh. Quwattli, Tel. 222 42 11, Fax 248 66 69, www.raghdanhotel.com. Untergebracht in einem herrlichen Haus aus den 1930er Jahren, ist dieses Hotel in den allen Personen zugänglichen Räumen (Aufenthaltsraum, Restaurant, Rezeption) sehr schön eingerichtet, die Zimmer sind eher klein und dunkel, dafür aber sauber, mit Telefon, TV und Ventilator. Schön.

- **Hotel al Mimas**€-€€

Malab al Baladi, Tel. 222 02 24, haj885@hotmail.com. Große saubere Zimmer mit Bad und Balkon in einem neuen Gebäude. Sehr gutes Preis-Leistungsverhältnis.

Restaurants

- **Al-Dar**

Bustan al-Diwan, Tel. 223 80 22, obere Preisklasse. Dieses nicht gerade zentral im Kirchenviertel liegende Restaurant ist in einem alten Stadthaus untergebracht. Wie in den Altstadtrestaurants von Damaskus gruppieren sich Tische um einen Brunnen in einem Innenhof. Sehr gutes Essen, vor allem die Desserts sind spitze, sehr schöne Atmosphäre. Lohnenswert vor allem am Abend.

- **Dik al-Djinn**

Direkt am Orontes, an der Straße nach Misyaf, Tel. 51 76 46. Sehr schönes Restaurant der gehobenen Preisklasse, herrlich mit Glasfront am Orontes gelegen.

- **Beyruti**

Sh. al-Quwattli, Tel. 45 11 61, untere Preisklasse. Sehr nettes Restaurant mit gutem Essen. Die Speisekarte ist weit größer als das Angebot, aber gut! Es gibt neben den üblichen syrischen Gerichten auch Sandwiches und Pizza.

- **Blue Stone Restaurant & Café**
Aissa-Asad-Platz, zwischen Kirchenviertel und Suq, Tel. 45 88 88, untere Preisklasse. Sehr modernes, schickes Restaurant/Café mit netter Bar und vielen Besuchern! Man (auch Frauen) trinkt Bier und Arraq, raucht Wasserpfeife und isst dazu typisch syrisches Essen. Nett.
- Jede Menge **einfacher Restaurants,** Shawarma-Stände und Falafel-Shops sind zwischen dem Kino und dem Restaurant Shallal anzutreffen.

Cafés und Teehäuser

- Wie in allen Provinzstädten ist es nicht ganz leicht, als Frau in einem Teehaus zu sitzen und sich einen Tee oder eine Wasserpfeife munden zu lassen. Nahe der Telecom-Gebäude befinden sich zwei Teehäuser, die voller Männer und auch nur für Männer sind. Frauen alleine fühlen sich im Beyruti oder Blue Stone sicher wohler (s.o.)!

Konditoreien, Eis und Pudding

Homs hat die absolute Superleckerei als Stadtspezialität: die **Halawi al-Djabn,** eine **Teigrolle** aus Quark, Honig und Pistazien. Man erhält sie in gnadenloser Süße in all den Konditoreien entlang der Sh. al-Quwwatli – muss man probiert haben!

Abends ...

... gibt es zumindest donnerstags eine Disco im Restaurant Dik al-Djinn.

Museen

- Homs hat ein kleines **Volkskunde-Museum** (Öffnungszeiten tägl. außer Di 9–14 Uhr, Eintritt 150 Lira, ermäßigt 10 Lira). Man findet es, wenn man vor der Kanisa az-Zunnar links in die Straße abbiegt und dann die erste größere Straße wieder rechts nach 50 m auf der rechten Straßenseite nimmt.
- Zu zwei weiteren Museen siehe „Sehenswürdigkeiten".

Sport

Wem der Sinn nach **Tennis** oder **Schwimmen** steht: Im Hotel Safir besteht dazu die Gelegenheit.

Medizinischer Notfall

Ein **deutschsprachiger Arzt** ist **Dr. Afash** in der Sh. Hama, Borj Building. Tel. 22 79 46 (Privatnummer), ansonsten ist er im Asi Hospital anzutreffen.

Bahn

Der Bahnhof ist 2 km außerhalb der Stadt. Täglich fahren mehrere **Züge nach Damaskus und Aleppo.** Abfahrtszeiten nachts, Tickets sollten im Voraus gekauft werden. Fahrplan und Infos unter www.cfssyria.org.

Busse/Sammeltaxis

Homs verfügt über einen neuen, modernen und großen **Busbahnhof im Norden der Stadt** – kein Wunder, die Stadt ist ein Verkehrsknotenpunkt. Von hier fahren mehrmals täglich Busse (Kadmous und Ahlia) in alle Richtungen. Taxis hierher kosten 50 Lira (evtl. mehr nach Dieselsteuer-Erhöhung), Minibusse zum Bahnhof fahren ab der Sh. al-Quwwatli. Minibusse in die Umgebung verkehren ab einem eigenen Bahnhof direkt neben dem großen Busbahnhof (auch nach Krak). Sammeltaxis in den Libanon fahren ab einer Sammeltaxi-Haltestelle, die zwischen dem großen Busbahnhof und dem Orontes liegt (siehe Stadtplan). Kosten je nach Strecke zwischen 400 und 800 Lira (die Preise können gestiegen sein).

Hauptpost und Telecom

- Die **Hauptpost** befindet sich etwas versteckt in der nördlichen Verlängerung der Sh. al-Atassi. Geöffnet Sa bis Do 8–18 Uhr.
- Die **Telecom** hat ihr Büro in der Sh. al-Quwwatli. Geöffnet Sa bis Do 7–20.30 Uhr.

Geldwechsel

- Die **Commercial Bank of Syria** befindet sich in der Sh. Hisham ibn Abd al-Malik, einer kleinen Straße hinter der Sh. al-Quwwatli. Öffnungszeiten: 8–20 Uhr außer Fr.

Ausflüge

Es bieten sich von Homs diverse Ausflugsmöglichkeiten an, wobei sich die meisten auf den Routen befinden, die näher beschrieben werden. Diese sind Krak des Chevaliers (Route C 1), Misyaf (Route C 2) und Viehmarkt in Salamiyah (Route F 4).

Ein Ausflug ganz anderer Art ist der zu dem in Syrien wohl einzigartigen **Projekt „al-Ard" – Die Erde,** finanziert und initiiert von Jesuiten. Es handelt sich hierbei um eine interessante Mischung aus interkulturellem und -religiösem Begegnungszentrum sowie landwirtschaftlichem und handwerklichem Projekt, das nicht nur Arbeitsplätze in der Region schaffen, sondern auch neue Perspektiven aufzeigen möchte. Es geht dabei um Frauenförderung, Verhinderung von Abwanderung etc. Hinzu kommen Yogastunden, eine Töpferwerkstatt, Weinherstellung und Gemüseanbau. Jedes Wochenende (Do abend bis Sa morgen bzw. Fr abend) treffen sich hier Jugendliche aus ganz Syrien, vereinzelt auch mal westliche oder andere Reisende. Für 100 Lira und Mithilfe im Projekt (von Feldarbeit bis Putzen) hat man die wirklich schöne Möglichkeit, Kontakt zu den Menschen aus der Region zu bekommen. Es finden Diskussionen, Tanz und Musik statt, und einfache Übernachtungsmöglichkeiten gibt es auch. Fast einmalig in Syrien sind auch Wandertouren, die von al-Ard mehrmals im Jahr organisiert werden (Masir), die bis zu zwei Wochen dauern können. Mehr Infos unter www.alard-center.org.

Route C 1:

Homs – Qala'at al-Husn (Krak des Chevaliers) – Safita – Tartus – Banyas – Lathaqiya

- **Routenlänge:** insgesamt 178 km

Schöne Route erst durchs Gebirge zur schönsten Kreuzritterburg Syriens, dem Krak des Chevaliers, dann weiter über Safita nach Tartus. Entlang der Küste führt die Route vorbei an Banyas, mit einem Abstecher zur traumhaften Burg Marqab, dann nach Lathaqiya. Jede Menge lohnenswerter Stopps und Abstecher bieten sich dem Reisenden an. Unnötig zu sagen, dass man sich in dieser Gegend etwas länger aufhalten sollte – wenn ausreichend Zeit vorhanden ist. Übernachtungsmöglichkeiten gibt es jede Menge unterwegs.

Öffentliche Verkehrsmittel

Alle auf der Strecke beschriebenen Ziele können **problemlos** mit öffentlichen Verkehrsmitteln (Bahn, Bus, Minibus, Sammeltaxi, kleines Taxi) angefahren werden! Näheres bei den einzelnen Orten.

Routenteil 1: Homs – Tartus

Der schönste Teil der Strecke! Sie führt nach einer kurzen Autobahnanfahrt durch eine reizvolle Landschaft mit Unterkunftsmöglichkeiten in Husn, Marmarita oder Safita.

Beim Uhrturm in Homs zweigt die Straße nach Tartus ab, der man folgt (Beschilderung!). Die Kilometerbeschreibung beginnt am Autobahnkreuz, bei den Abfahrten nach Damaskus und Hama. Man folgt der Beschilderung nach Lathaqiya.

Km 20 – Bergsattel, rechts vorne kann man den Krak bereits erkennen.

Km 28 – Autobahnausfahrt nach Husn. Ein großes Hinweisschild führt den Reisenden zur Burg.

Km 29 – Linker Hand kann man den Neubau der privaten **Deutsch-Syrischen Universität al-Wadi** sehen.

Km 35 – Beginn des Ortes **al-Huwadj.** Kurz danach geht schräg links ein Abzweig steil den Berg hinauf; Hinweisschild: „Hosn Castle". Diese Straße führt direkt nach oben und ist sehr, sehr steil. Für Busse und Wohnmobile ist sie deshalb nicht geeignet. Wer mit solchen Gefährten unterwegs ist, biegt hier nicht links ab, sondern fährt geradeaus die Straße weiter.

Die steile Straße windet sich nun bergauf und lässt spektakuläre Blicke auf die Burg und die Landschaft bis hinüber in den Libanon zu.

Km 38 – Die ersten Häuser von **Husn.** Man folgt der Straße, noch immer steil bergauf, bis zur Burg.

Km 40 – Parkplatz. Hier ist das **Restaurant Les Chevaliers.** Zum **Hotel La Table Ronde** geht es weiter geradeaus. Vom Parkplatz aus nach rechts geht es um die Burg herum zu weiteren Restaurants und kleinen Hotels. Wir jedoch stoppen hier, denn am Parkplatz ist auch der Eingang zur Burg.

Qala'at al-Husn (Krak des Chevaliers)

IV,B3

قلعة الحصن

Die **schönste und am besten erhaltene Burg Syriens,** seit 2006 auch ein UNESCO-Welterbe, thront über dem Dorf und zieht Touristen und Einheimische gleichermaßen an.

Geschichte

Arabischen Quellen zufolge wurden die **ersten Mauern der Burg 1031** durch den Emir von Homs errichtet. Die anfangs nur zur Überwachung der Straße nach Tripoli errichtete Burg wurde **1102 durch Tankred von Antiocha erobert,** ging zehn Jahre später an den Grafen von Tripoli und wurde **1144 unter der Herrschaft Richard II.,** Graf von Tripoli, zu einem **Johanniterorden** umfunktioniert, der ein Etappenziel auf dem Weg nach Jerusalem darstellen sollte. Die Burg war wahrhaftig ein Bollwerk gegen die muslimische Umgebung, sie stand in Blickkontakt zu Safita und somit zur Küste. Bis zur **Eroberung 1271** war jeder Angriff von Seiten der **Muslime** erfolglos. Weder Saladin noch Nur ad-Din konnten sich der Burg bemächtigen. Der große Baibars war es schließlich, dem die Erstürmung der Burg gelang.

Die **wichtigste Bauphase** der Burg war zur Zeit der Kreuzfahrer **zwischen 1150 und 1250.** Weitere Ergänzungen waren nach dem Beschuss durch Baibars notwendig, sodass nach 1270 noch einmal eine rege Bautätigkeit begann. Die Burg wurde seither nie wieder bewohnt.

Rundgang

Wer keinen Kunstreiseführer bei sich hat, sollte in Erwägung ziehen, einen **Guide** anzuheuern. Der einzige diplomierte hier ist Abdu Rahman Mosliman, Tel. 0933-734807. Ich persönlich kam in den Genuss einer nicht diplomierten, aber sehr gelungenen Führung durch Hatem vom Restaurant Kelaa (s.u.), die ich nur empfehlen kann.

Für den Rundgang auf dem 3 ha großen Gelände sollte man drei bis vier Stunden einplanen und am besten eine Taschenlampe mitnehmen!

Heutzutage betritt man die Burg durch das **Osttor,** hinter dem sich auch der Ticketschalter befindet. Das Portal mit seinen Spitzbogen wurde 1271 unter Sultan Baibars errichtet. Wer hindurch geht, wird automatisch über den überdachten Torweg nach oben geleitet. Beim ersten Überdachungsdurchbruch geht es links zum kleinen Pferdestall und zu den alten christlichen Bädern. Folgt man von hier dem Torweg weiter, gelangt man zum großen **Löwentor** – so genannt, weil der Turm von Richard Löwenherz errichtet wurde und Löwenköpfe am oberen äußeren Rand zu sehen sind. Es ist der Zugang zur **Unterburg,** die u.a. durch einen Wassergraben von der **Oberburg** getrennt ist. Über eine kleine Treppe auf der linken Seite gelangt man zu den – im Boden versenkten – **arabischen Bädern,** bereits ausgetüftelte Badeanlagen mit Wasserbecken, Wasserleitungen und mehreren Räumen – ein deutliches Zeichen dafür, dass die mittelalterlichen arabischen Edelleute weit mehr Wert auf Reinlichkeit legten als ihre europäischen Kollegen, die nur Plumpsklos nahe der Pferdeställe hatten. Direkt in der Außenmauer befinden sich die **Pferdeställe** mit Magazin. Die Größe dieser Räume zeugt von der enormen Streitkraft der Burg, die zu Hochzeiten über 2000 Ritter beherbergte. Dem Stall schließt sich ein **Turm** an, der unter Baibars errichtet wurde und der vor allem durch seine achteckige Säule mit schöner arabischer Inschrift auffällt. Nicht weit von hier steht der **Turm des Sultans,** den Malik al-Mansur (1279–1290) errichten ließ. Von hier gelangt man auf die **Burgmauer** – wer schwindelfrei ist, sollte ihr nach Norden folgen. Es öffnen sich Aussichten auf das schöne Umland, bei gutem Wetter sogar bis zum Meer. Über die Mauer kommt man über mehrere Tore zum sogenannten **Nordtor,** zu dem man über eine kleine und klapprige Treppe gelangt. Das Nordtor war der frühere Haupteingang zur Burg und ist entsprechend groß und prächtig. Von hier geht es wieder ins Burginnere. Man folgt dem Gang und gelangt über eine Spitzkehre beim Fünfeckturm zur Oberburg. Wer den **Innenhof** der Burg betritt, steht zunächst gegenüber dem **Rittersaal** mit seinem herrlichen Säulenvorbau. Kreuzrippengewölbe überspannen den Saal. Dahinter verbirgt sich der lange Saal, ein Versammlungsort. Auf dem Dach des Saales wurde unter arabischer Herrschaft ein Wohnpalast errichtet, der auch einen

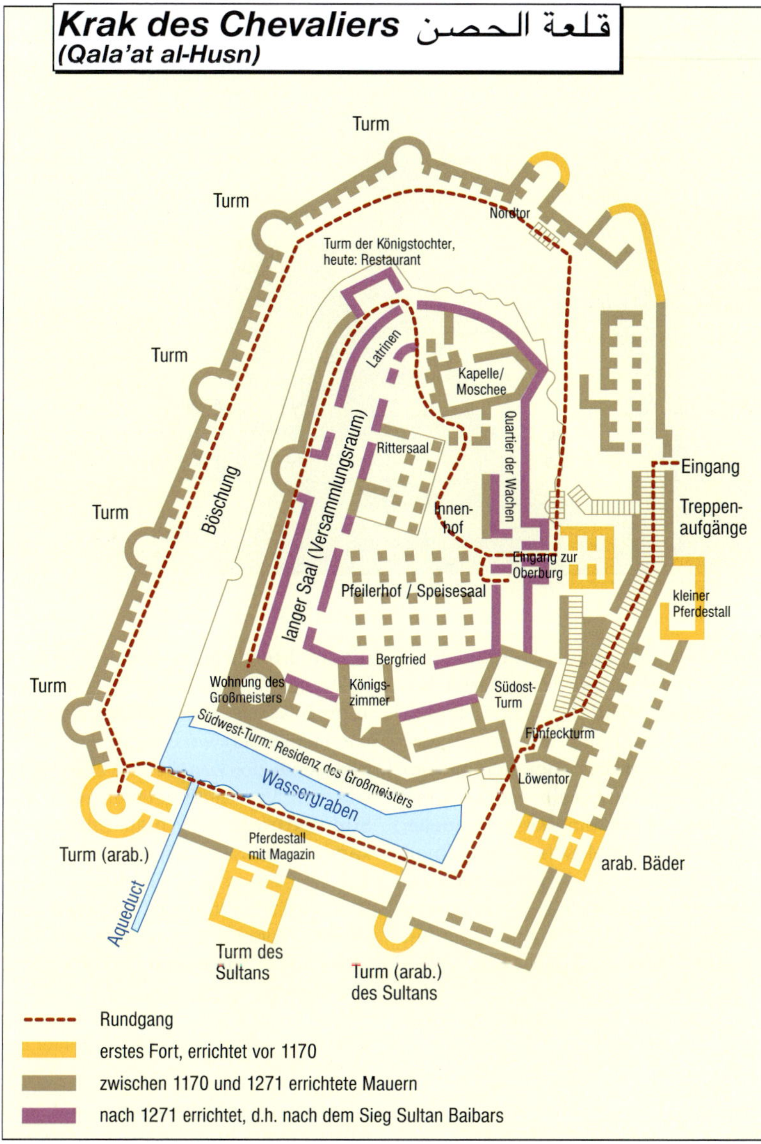
Krak des Chevaliers قلعة الحصن
(Qala'at al-Husn)
Turm
Turm
Turm
Turm
Turm
Nordtor
Turm der Königstochter, heute: Restaurant
Latrinen
Kapelle/ Moschee
Quartier der Wachen
langer Saal (Versammlungsraum)
Rittersaal
Innen-hof
Böschung
Eingang
Treppen-aufgänge
Eingang zur Oberburg
Pfeilerhof / Speisesaal
kleiner Pferdestall
Bergfried
Wohnung des Großmeisters
Königs-zimmer
Südost-Turm
Fünfeckturm
Südwest-Turm: Residenz des Großmeisters
Wassergraben
Löwentor
Turm (arab.)
Pferdestall mit Magazin
arab. Bäder
Aqueduct
Turm des Sultans
Turm (arab.) des Sultans
Rundgang
erstes Fort, errichtet vor 1170
zwischen 1170 und 1271 errichtete Mauern
nach 1271 errichtet, d.h. nach dem Sieg Sultan Baibars

syr029 Foto: mb

kleinen Brunnen hatte. Doch bleiben wir noch ein wenig im unteren Bereich. Linker Hand dehnt sich ein den Innenhof beengender Riesensaal aus, der **Speisesaal** der Ritter. Rechts vom Tor zur Oberburg, halb vor der Treppe, befindet sich eine kleine Kapelle, die später zur Moschee umgebaut wurde. Hier findet sich eine **Mihrab,** eine Gebetsnische. Wer in sie hineinspricht, singt oder rezitiert, ist im ganzen inneren Burgbereich zu hören – die Akustik ist bewundernswert. Über die Treppe gelangt man zum **Königstochterturm,** in dem ein kleines Restaurant untergebracht ist. Der Turm an sich ist aber auch sehenswert, vor allem innen, wo u.a. noch Freskenfragmente der Kapelle zu sehen sind. Über die Westseite gelangt man zum **Südwestturm,** den man erklimmen kann – und von dem man nun auch aus der Oberburg einen herrlichen Blick in alle Richtungen hat. Hier ist ein kleiner Wohnraum untergebracht, der unter den Johannitern wohl dem Großmeister zugedacht war.

Teilansicht des Krak des Chevaliers

- **Geöffnet** täglich von 9–18, im Winter bis 16 Uhr. **Eintritt** 150 Lira, Studenten 10 Lira. Freitags ist die Hölle los, da auch die Syrer den herrlichen Blick von hier oben schätzen, um ein Picknick zu machen!

Die Kreuzritter in Syrien

Die Etablierung der christlichen Herrschaft an der Levanteküste ist in Europa Gegenstand regelmäßiger wissenschaftlicher Erörterungen. Nicht so in der arabischen Geschichtsforschung. Hier, so scheint es, haben die blutigen Gräueltaten von einst wenig Eindruck hinterlassen. Überhaupt scheinen die europäischen Versuche, das Land ash-Sham zu erobern, von arabischer Seite nie wirklich ernst genommen worden zu sein. Sicher, die Sunniten beschuldigten die Fatimiden, nichts gegen die Invasoren getan zu haben, doch konnten sich auch die syrischen Fürsten nie gemeinsam zu einer Gegenwehr aufraffen, weshalb die Kreuzritter auch nie auf geschlossenen Widerstand stießen. Vielmehr scheint es, dass die Araber zu dieser Zeit untereinander selbst so zerstritten waren, dass die Kreuzzüge länger andauern konnten, als dies im Falle einer einheitlichen arabischen Antwort möglich gewesen wäre.

Auch wenn es in der arabischen Geschichtsschreibung nicht viele Zeugnisse über die **„Franken"**, wie sie gemeinhin genannt wurden, gibt, so gingen die Ereignisse dennoch nicht spurlos an den Arabern vorüber.

Als 1097 die ersten Kreuzfahrer in der Ebene von Antiocha auftauchten, nahmen die Araber an, es handele sich um einen Teil der byzantinischen Armee, die noch immer als Bedrohung galt. Doch wurden die Araber schnell eines Besseren belehrt, denn obwohl die Byzantiner ihre Feinde waren, so behandelten sie sich doch gegenseitig mit einem gewissen Respekt. Die Kreuzfahrer hingegen gingen von Anfang an mit rücksichtsloser Gewalt vor. Sie waren **fanatisch, unnachgiebig und grausam.** Sie töteten ihre muslimischen Gefangenen und untermauerten ihren Hass auf den Islam, in dem sie alles zerstörten, was ihnen in den Weg kam. Sogar Kannibalismus wurde ihnen von arabischer Seite nachgesagt. Die christlichen Kämpfer waren in Europa losgezogen in der Überzeugung, dass ein erfolgreicher Kreuzzug den Südenerlass und die Rettung vor dem Fegefeuer mit sich bringen würde. Mit der „Befreiung" Jerusalems im Jahr 1099 schien das Ziel auch erreicht.

Einige der Kreuzritter ähnelten in **Auftreten und Benehmen** den arabischen Feudalherren, sodass es auch zu guten Kontakten zwischen Kreuzrittern und arabischen Burgherren kam – schließlich gehörte man zur Elite, ob arabisch oder europäisch, wo lag da der Unterschied? Ausgetragen wurde der „heilige" Krieg vom Fußvolk auf beiden Seiten, von denjenigen, denen das exklusive Ritter- bzw. Feudalleben verwehrt blieb.

Nach der **Eroberung der Küste** versuchten die Franken, den gewonnenen Streifen zu sichern. Als wichtigste Stützpunkte waren hierfür die Hafenstädte vorgesehen, die man ausbaute. Sie galten als Ausgangslager für die Feldzüge ins Landesinnere. Die Sicherung der Küste aber war nur eine Aufgabe. Viel bedeutender war der Wunsch, sich auch ins Landesinnere auszudehnen. Für dieses Vorhaben bauten die Kreuzfahrer sogenannte Offensivburgen, die sich im Feindesland behaupten mussten. Diese Festungen umgab man mit Forts, befestigten Weganlagen und Brückenköpfen, bis schließlich ein Netzwerk an fränkischen Wehrbauten entstanden war. Jede Burg, strategisch günstig gelegen, stand in Sichtweite zur nächsten. Doch es nützte nichts. Saladin eroberte in einem groß angelegten Eroberungsfeldzug in der Schlacht bei Hattin (1187) die Burgen und ließ den Franken lediglich den Küstenstreifen. Den Todesstoß versetzte den Kreuzfahrern Baibars, der im Jahr 1291 die letze Bastion nahm und so die Herrschaft der Franken im Orient beendete.

Praktische Informationen

Unterkunft und Verpflegung

Wer die wunderschöne Burg in später Abendsonne oder zu frühen Morgenstunden erleben möchte, alleine und ohne andere Touristen, sollte hier übernachten. Mehrere Hotels bieten sich dazu an:

● **Francis Hotel*****/€€€
Jeweils 4 km vom Krak des Chevaliers und dem Georgskloster entfernt in Amar, Wadi Nassarah, Tel. 773 09 49, Fax 773 09 50, www.francishotel.net. Sehr schönes Apparte-ment-Hotel mit großzügigen Zimmern und Pool. Wunderbare Lage, herrlicher Blick. Empfehlenswert.

● **Amar Hotel**€€
Amar al-Nasiriye, Tel. 773 05 12, www.amar-hotel.com. Neu, groß, sauber, riesiger Pool, Internet-Café. Die Zimmer sind groß, schön eingerichtet, das Preis-Leistungsverhältnis ist sehr gut. Das Problem: Kein Mensch scheint hier englisch zu sprechen – was der Freundlichkeit der Leute jedoch keinen Abbruch tut!

● **Al-Wadi*****(*)/€€€
6 km von der Burg in Richtung des Klosters St. George (s.u.), Tel. 031/73 04 56-58, Fax 73 03 99, www.alwadihotel.com. Rabatt für Gruppen und angeblich auch für Besitzer dieses Buches. Schickes Hotel mit traumhafter Sicht auf die Burg, Swimmingpool, Tennis, herrliche Terrasse, gute Küche und schöne Zimmer.

● **Al-Fahd Hotel**€€
Beim Georgskloster, Tel. 773 08 22. Nettes, familiäres Hotel mit kleinem Pool und großem Olivengarten, von dem man einen schönen Blick auf die Burg und die Umgebung hat. Leider ist die Bettwäsche nicht unbedingt frisch, aber man kann ja nach frischer Wäsche fragen – und wen in der Nacht auch das Koyotengeheule aus dem Tal nicht stört, der ist hier gut aufgehoben.

● **Bebars**€€-€€€
Hinter der Burg, entlang der Straße, die um die Burg herum führt und dann ins Tal abbiegt. Tel. 031-74 12 01. DZ mit großartigem Blick auf die Burg und Bad/WC. Das kleine Hotel könnte einen schöneren Blick auf die Burg nicht haben. Die Zimmer sind ordentlich und sauber, aber überteuert.

● **La Table Ronde**
An der Burg vorbei über den Parkplatz etwa 200 m steil den Berg hinauf, Tel. 031/74 02 80. Bei diesem Restaurant können Camper ihre Zelte auf einem schönen Rasenstück aufstellen (p.P. 250 Lira); herrlichster Blick auf die Ebene vor dem Libanongebirge. Nette Leute.

● **El Kalaa Rest**
Hinter dem Krak in Richtung Bebars-Hotel, Tel. 031/734 04 93. Großartiges Restaurant mit sehr freundlichen Besitzern. Im Frühjahr 2001 hat sogar Sean Connery dort „chicken and chips" gegessen und war laut Gästebuch vom Essen entzückt. Es gibt die definitiv besten Vorspeisen Syriens mit so ziemlich dem besten Service zu sehr günstigen Preisen (p.P. bei 10 Vorspeisen und einem Hauptgericht 300 Lira).

Einer der beiden Besitzer des Restaurants ist der freundliche **Hatem,** der auf Wunsch durch die Burg führt. Da sein Großvater als erster in der Burg eine Cafeteria eröffnete, verbrachte Hatem schon als Kind seine Freizeit vor allem dort, erforschte Geheimgänge und Höhlen, Bäder und Türme. All dies kann er zeigen, stundenlang (auf Englisch) die Geschichte der Burg, aber auch die einzelnen Bauepochen erklären. Absolut toll! Für drei Stunden Führung sollte mit rund 1000 Lira gerechnet werden. Tel. 0933-562236, hatem.alkalaa@gmail.com.

● **Private Unterkunft** bietet **Abu Daniel** in Marmarita (siehe weitere Route). Herrliche, blitzblanke Zimmer (oder eine ganze Ferienwohnung) mit Terrasse und Blick auf den Krak, ausgezeichnete Küche und sehr freundliche Leute. Ein liebenswerter Familienbetrieb. Für Frauen alleine unbedingt zu empfehlen.

● Ein nettes Café befindet sich **im Inneren des Krak.** In herrlicher Umgebung kann man Tee, Kaffee oder eine Kleinigkeit zu essen genießen.

In der Oberburg des Krak

Verkehrsverbindungen

Am leichtesten erreicht man die Burg **von Homs oder Tartus mit einem Minibus**. Wenn es von Tartus keinen direkten (Mini-) Bus mehr geben sollte, nimmt man am besten den Bus nach Homs und sagt dem Fahrer, er solle einen bei der Autobahnausfahrt nach Husn herauslassen. Ab hier kommt man mit den Minibussen weiter, die von Homs nach Husn fahren: Einfach an der Straße, die zum Dorf führt (es gibt nur eine!) den Bus anhalten! Bisweilen längere Wartezeiten.

Wenn es geht, dann sollte man versuchen, **direkt nach Husn** zu fahren (am leichtesten von Homs aus, 30 Lira, 45 Min.). Von dort sind es noch ca. 10 Min. zu gehen. Im Sommer gibt es häufig Verbindungen direkt bis zur Burg. Wichtig: Den Namen Krak des Chevaliers kennt man in Homs und Tartus nicht unbedingt, man sollte als gewünschtes Ziel Husn oder Qala'at al-Husn angeben! Letzter Minibus am späten Nachmittag! Wer ab Husn keinen mehr bekommt, kann versuchen, in einem Privat-Pkw mitgenommen zu werden (Preis Verhandlungssache, 100–200 Lira waren 2008 normal), der einen an die Autobahn bringt. Von dort ist es ein Leichtes, einen der Überlandbusse von Tartus nach Homs zu stoppen. Von Husn aus verkehren Minibusse und Taxis nach Marmarita. Eine direkte Verbindung von hier nach Safita ist nicht möglich.

Vom Parkplatz geht es wieder ein Stück bergab. Man umfährt den Ort links in Richtung Norden, bis zur T-Kreuzung. Hier links.

syr030 Foto: mb

Km 45 – Die Straße gabelt sich. Geradeaus geht es zum **Georgs-Kloster** und zum **Hotel Wadi,** wir fahren rechts nach oben in **Richtung Marmarita.** Ein kleiner Abstecher zum Kloster (ca. 1 km) lohnt jedoch. Das freundliche Gebäude stammt ursprünglich aus dem 6. Jahrhundert und wurde durchgehend von Mönchen bewohnt. Die heutige Anlage ist jedoch lange nicht so alt: 1857 wurde das Kloster rundum erneuert, bestehen blieben nur die Grundmauern. Sehenswert sind v.a die unterirdische Kapelle und die Schätze des Klosters. Das Georgskloster, das seinen Namen auf den Heiligen Georg zurückführt, feiert am 6. Mai und am 14. Sept. den Namenstag seines Schutzpatrones.

Km 49 – Der Ortseingang von **Marmarita** ist erreicht. Marmarita ist ein christlicher Ort. Die vielen Kirchen fallen auf.

Km 50 – Ortskern von Marmarita. Auffallend sind hier die Prachtbauten, die in ihrer Form an kleine Schlösser erinnern. V.a. reiche Golfstaatler haben sich hier ihre Häuser für die Sommerfrische bauen lassen.

Km 53 – Man durchfährt das nette Bergdörfchen **Habnimra.** Die Straße führt weiter durch herrliche hügelige Landschaft, vorbei an Olivenhainen und Feldern.

Km 56 – Kreuzung. Hier geht es rechts eine kleine Straße hinab. Ein arabisches blaues Straßenschild weist den Weg. Die kleine Straße windet sich nun bergab, die Straße wird schlechter, die Landschaft dafür um so schöner. Man folgt der Straße durch waldartiges Gebiet in nordwestlicher Richtung. In der Ferne kann man immer wieder einmal links Safita erkennen.

Km 60 – Bastran. Kreuzung, hier geradeaus, kurz danach ist der Ort **Barqiya** erreicht. Im Ort geht es links.

Km 62 – T-Kreuzung. Der Wegweiser zeigt links nach Safita. Die Straße wird nun breiter.

Km 64 – Man durchfährt den Ort **al-Basati.** Weit unten erkennt man ausgedehnte Olivenfelder, große Bäume und terrassierte Landschaft.

Km 65 – Große **Kreuzung.** Rechts geht es nach Misyaf (Route C 2) und zum **Kloster Don Bosco,** wo man übernachten kann (siehe Safita). Wir fahren links weiter in Richtung Safita.

Km 68 – Ain Affa. Man durchfährt den Ort, kurz danach gabelt sich die Straße, es geht rechts hinab.

Km 70 – Die Talsohle ist erreicht.

Km 73 – Kreuzung. Hier geht es links. Wieder einmal bieten sich großartige Blicke auf die Landschaft.

Km 75 – Rechts kann man Safita sehen, kurz danach folgt wieder eine Kreuzung. Rechts geht es nach **Draikish,** links nach Safita, dessen Zentrum kurz danach erreicht ist.

Safita

↗IV,B3

صافيتا

Safita gehört für mich zu den schönsten Orten Syriens! Malerisch liegt die kleine Stadt auf einem Hügel, in Sichtweite des Krak. Inmitten von Olivenhainen verspürt man hier ein Mittel-

syr031 Foto: mb

Routenteil C

meerflair, das man sonst in Syrien vergeblich sucht. Hier lohnt ein längerer Aufenthalt, vor allem dann, wenn man Safita als Ausgangspunkt für kleinere Ausflüge in die schöne Umgebung nutzt (was auch dank der Sammeltaxis gut mit öffentlichen Verkehrsmitteln geht).

Vom höchsten Punkt Safitas, dem **Castel Blanc,** kann man bis zum Mittelmeer sehen, im Süden erheben sich die hohen Berge des Libanons.

Im Jahre 1112 fiel Safita in den Herrschaftsbereich des Grafen von Tripoli. Die ersten Grundmauern der Burg, die den Ort überragt und sein Wahrzeichen bildet, stammen wohl aus dieser Zeit. 1167 und 1171 gelang es Nur ad-Din, den Kreuzrittern Tartus zu entreißen, und er zerstörte große Teile der Burg in Safita. **1188** kam die Region unter **Herrschaft der Johanniter,** die das Kastell wieder aufbauten. **1202** wurde es durch ein **Erdbeben** wieder zerstört und **erst unter muslimischer Herrschaft 1271 wieder aufgebaut.** So wie es heute da steht, stammt es aus der Zeit Baibars.

Safita mit dem Castel Blanc

Praktische Informationen

Hotel

- **Safita Cham Palace******/€€€€
PO Box 25, Tel. 043/52 59 80, Fax 53 11 30, zentrale Zimmerreservierung über Damaskus, Tel. 011-223 23 00, Fax 222 61 80, www.chamhotels.com. Sehr schöne Zimmer mit herrlichem Blick, aber leider etwas abgewohnt, großer Pool.

Privatzimmer

- Das **Kloster Don Bosco,** 15 km von Safita entfernt, ist von dort problemlos mit öffentlichen Verkehrsmitteln zu erreichen. Es liegt an der Straße nach Draikish, die stark von Minibussen frequentiert ist. Das schöne, moderne Kloster liegt in herrlicher Landschaft, die zu Spaziergängen einlädt. Anfahrt: Man folgt der Route rückwärts bis km 65. Hier folgt man der Straße nach Misyaf. Nach weiteren 5 km geht es links, an einem kleinen Sattel, ab; dem Schild „Peres Saliens" folgen.

Essen und Trinken

Entlang der sogenannten Corniche finden sich mehrere kleine Lokale, in denen man es sich gut gehen lassen kann, z.B. das **Magic Orient „Sahar Sharq",** Tel. 52 44 36: Sehr gute Vorspeisen, gute Pizza, schöne Atmosphäre und super Preis-Leistungsverhältnis.

Verkehrsverbindungen

Safita ist mit einem **Minibus ab Tartus** (20 Lira) **oder Homs** (50 Lira) leicht zu erreichen. Achtung: Die Minibusse fahren nur bis zum späten Nachmittag! Abfahrt von Safita-Stadtzentrum; hier fahren auch **Sammeltaxis** in die Umgebung, d.h. Draikish, Husn Sulaiman (s.u.), Misya etc. ab.

Rund ums Auto

Werkstätten und Tankstellen finden sich an den Ortsein- und -ausgängen.

Ausflüge

Von den vielen Ausflugsmöglichkeiten sollen hier nur die erwähnt werden, die nicht durch Beschreibungen auf den Routen oder bei den Ausflügen von Hama oder Tartus aufgenommen wurden.

- **Husn Sulaiman**
Die heilige Stätte stammt wahrscheinlich aus phönizischer Zeit und stand in engem Zusammenhang mit Amrit (siehe Tartus). Aus der großen Inschrift am Nordtor, durch das der Besucher auch den Tempel betritt, geht hervor, dass die **sakrale Anlage** und deren Ländereien ursprünglich im Besitz der seleukidischen Könige waren. Im 1. Jahrhundert v.Chr. übertrug König Antiochos das Heiligtum mit den Territorien dem Gott von Baitokaike. Die Kultstätte diente bis in die Spätantike als Wallfahrtsort und fungierte zudem als religiöses und merkantiles Zentrum. In der frühchristlichen Zeit wurde im kleineren Bezirk eine dreischiffige Basilika errichtet und die kultische Nutzung des traditionsreichen Heiligtums unter neuem Glauben fortgesetzt. Derzeit führt das Deutsche Archäologische Institut in Damaskus Vermessungen durch, denkmalpflegerische Maßnahmen sind vorgesehen. Vor allem die drei Tore lohnen eine nähere Betrachtung, zumal sie interessante Reliefs zieren.

Öffentliche Verkehrsverbindung: Ab Safita fahren Minibusse zum Dorf Sulaiman.

Anfahrt mit dem Pkw: Von Safita aus nimmt man die Straße nach Draikish. Sie verzweigt sich nach etwa 1,5 km, hier rechts weiter (Beschilderung!). Nun immer geradeaus halten, nach 19 km auf nicht allzu guter Straße erreicht man das Dorf Sulaiman, die Burg liegt dahinter. Wer weiter möchte: Ab hier ist es ein Leichtes, gen Norden zu fahren, um dann in Misyaf auf Route C 2 zu stoßen.

- Fans von **Kreuzritterburgen** können von Safita aus noch zwei weitere Burgen besichtigen, von denen aber nur wenig übrig geblieben ist: Die **Qala'at al-Arima,** südwestlich von Safita in Richtung Autobahn, und die **Qala'at Yahmur,** westlich und direkt bei der Autobahn. Nur mit dem Taxi zu erreichen!

Hinter Safita geht es weiter Richtung Tartus. Man fährt durch den Ort, dann geht die Straße bergab zur Küste.

Km 90 – Man kann das Meer und die Insel Arwad vor sich sehen.

Km 92 – Man überquert die Autobahn. Es geht geradeaus.

Km 95 – Großer Kreisel. Rechts geht es in die Innenstadt, links nach Amrit.

Tartus طرطوس

↗IV,A3

Tartus (100.000 Einwohner) ist die **Hauptstadt der gleichnamigen Provinz.** In der überschaubaren Stadt sind nur wenige bis gar keine Touristen zu sehen. Tartus macht einen sehr lebendigen und sehr syrischen Eindruck und ist dennoch im Vergleich zu anderen Städten Syriens eher ruhig. In der angenehmen Stadt auf kreuzritterlichem Boden laden Gassen und Geschäfte zum Bummeln ein, ein kleiner Suq verströmt ein immer noch authentisches Flair, und im Ort gibt es überall leckeren Fisch!

Geschichte

Tartus wurde **von den Kreuzrittern gegründet** wurde. Sie landeten hier bereits 1102, alle historischen Gebäude stammen aus christlicher Zeit. Der Hafen, Bollwerk und wichtiger Ausgangspunkt für weitere Eroberungsfeldzüge, prägte die Stadt. Am Meer wurde eine Zitadelle mit Außenmauern errichtet.

Trotz eines kurzen muslimischen Zwischenspiels von 1152–1157 war Tartus immer ein wichtiger Hafen für die Kreuzritter und entsprechend bauten sie ihn aus. 1291 gaben sie die Stadt als letzten Posten in Syrien auf, zogen sich aber auf die gegenüberliegende **Insel Arwad** zurück und konnten sich dort bis 1302 halten. Danach gingen Insel und Stadt in den Besitz der Muslime über.

Sehenswürdigkeiten

Tartus bietet nicht viele Sehenswürdigkeiten, dennoch ist es ein reizvoller Ort, um sich ein wenig zu entspannen oder um von hier aus Ausflüge in die Umgebung zu unternehmen.

Das schönste Bauwerk der Stadt ist die **Kathedrale Notre Dame de Tortosa** im Stadtzentrum. Sie gilt als der schönste Kirchenbau, den die Kreuzfahrer in Syrien hinterlassen haben. Die Kreuzritter begannen mit dem Kirchenbau im 12. Jahrhundert und errichteten die Kathedrale anstelle einer kleinen Kapelle, die hier gestanden haben soll. Der gotische Bau wurde Mitte des 19. Jahrhunderts in eine Moschee umgewandelt, im 1. Weltkrieg diente sie den Osmanen als Kaserne, in den 1920er Jahren wurde sie unter französischer Kolonialherrschaft restauriert. Heute ist ein **kleines Museum** (Eintritt 150 Lira, Studenten 10 Lira) in ihr untergebracht, in dem Exponate aus Amrit und aus römischer Zeit ausgestellt werden.

Die zweite Sehenswürdigkeit der Stadt, die **Zitadelle,** ist heute stark verändert: Man hat sie zugebaut. Heute erkennt man, wenn man einmal um den Graben herum läuft, nur noch Mauerreste. Wunderschöne **maleri-**

sche Häuser ziehen sich entlang des Grabens und geben eine letzten Eindruck der einstigen Zitadelle. Seit ein paar Jahren hat man begonnen, die **Altstadt,** die sich einst in dieser Zitadelle befand, zu renovieren, was erfolgreich zu werden verspricht. Ein Spaziergang lohnt also auf jeden Fall!

Praktische Informationen

- **Telefonvorwahl: 043**

Touristeninformation

- Sh. Khaled ibn al-Walid, Tel. 36 24 48. Geöffnet 8–14 Uhr, Fr geschlossen. Das Büro ist etwas hilfreicher als viele andere Touristenstellen.

Hotels

Schick

- **Shahine Tower Hotel******/€€€

Sh. Tarek ibn Ziad, PO Box 35, Tel. 31 50 01, Fax 22 17 03, www.shahinhotels.com. Schönes, modernes Hotel mit allem Drum und Dran. Jedes der schönen Zimmer hat Meerblick. Sehr gutes Preis-Leistungsverhältnis. Nicht zu toppen!

Die goldene Mitte

- **Blue Beach Hotel**€€

Corniche, direkt neben der Windmühle, Tel. 22 06 50. Neues, bislang noch sehr schönes Hotel mit hellen Zimmern und Balkonen zum Meer hin, Zimmer mit Bad, TV und AC. Gutes Preis-Leistungsverhältnis.

Einfach und gut

- **Menchié** (ehemals Raffoul)€

Gegenüber der Kathedrale, Tel. 22 06 16. Nette, familiäre Pension, ruhig, sympathische Besitzer, sauber und freundlich. Es gibt eine Küche, die man benutzen darf, und einen Wasch-Service. Zimmer z.T. mit Blick auf die Kathedrale. Frische Bettwäsche. Frauen alleine können sich hier schlicht und einfach wohlfühlen. Wer Glück hat und das Zimmer ist frei, sollte um den Raum Nr. 7 bitten. Er hat einen Riesenbalkon. Alle Zimmer verfügen über einen Ventilator.

- **Daniel Hotel**€

Sh. Abd al-Aziz, PO Box 1503, Tel. 222 05 81, 21 95 81, Fax 31 65 55, danial-hotel@shuf.com, DZ 800 Lira. Angenehmes Travellerhotel, meist sauber, aber manchmal etwas schimmelige Wände. Der Zimmerpreis ist verhandelbar. Gute Infos, die an einem Schwarzen Brett aushängen.

- Weitere einfache Hotels finden sich in der Sh. al-Waha (nur für den Notfall).

Camping

- Es ist möglich, **nördlich von Tartus „wild"** zu campen. Der Strand ist jedoch dreckig, und ein ruhiges Plätzchen ist kaum zu finden! Manche Ausflugslokale bieten den Service, vor bzw. hinter oder neben ihren Häusern zu campen (und die sanitären Anlagen gegen einen geringen Obolus zu benutzen).

Restaurants

Schick und schön

- **Castle Restaurant**

Corniche, Tel. 32 76 24, gehobene Preisklasse. Das schicke Restaurant in einem alten Gemäuer ist nur abends geöffnet, elegant eingerichtet und gemütlich. Gute Fischgerichte und Alkoholausschank.

- **Casa del Mar**

Corniche, Tel. 22 99 02, untere bis mittlere Preisklasse. Schönes Restaurant mit kleineren und größeren syrischen Gerichten und Café – bunt, modern, jung.

- **Sahara**

Corniche, Tel. 21 02 01, untere bis mittlere Preisklasse. Sehr schönes Restaurant! Hell, breite und bequeme Ledersessel, große Fenster und kitschige Tische (mit Muscheldesign). Sehr gutes Essen, Alkoholausschank.

- **al Mushwar**

Corniche, Tel. 22 09 24, untere bis mittlere Preisklasse. Gediegen, sehr schön, ruhig und gutes Essen!

Einfach, aber köstlich

- **Viamido's**

Corniche, Tel. 32 32 82, www.viamidocafe.com, untere Preisklasse. Ein riesiges Restau-

rant auf zwei Etagen, ab etwa 18 Uhr der absolute Treffpunkt der syrischen Jugend! Während man in der unteren Etage eher isst (syrische Speisekarte), befindet sich im oberen Bereich vor allem die Bar – mit Shisha und Flachbildschirmen. Sauber, lustig, aber nichts für diejenigen, die in Ruhe essen wollen. Dafür gibt es Bier (auch libanesisches) und Araq zu trinken.

- Dem Viamido's schließen sich vier weitere Restarants an: **Sea Wave, Arados, Massaya** und **Sea Whisperers.** Sie alle sind ebenfalls hip, modern eingerichtet, gut besucht, aber nicht ganz so groß wie das Viamido's.
- Die zwei kleinen einfachen, hellen und sauberen Fischrestaurants der unteren Preisklasse **City Fish** und **Nabil Restaurant** liegen hinter der Windmühle. Der Fisch kostet – wie übrigens in fast allen einfacheren Restaurants – 1000 Lira pro Kilo und wird vorher ausgesucht. Im Restaurant Nabil gibt es Bier.
- **Nadi A'ili**

Gutes einheimisches Restaurant an der Corniche unterhalb des Hotels Ambassador (nur arabische Beschriftung). Alkoholausschank und sehr faire Preise.

- Weiter gibt es einige **kleine Fischstände** am Hafen, die fangfrischen Fisch direkt an-

Orontestal und Mittelmeerküste

syr032 Foto: mb

syr033 Foto: mb

bieten. Man sollte unbedingt vorher den Preis aushandeln!

- Rund um den Uhrturm gibt es ansonsten die üblichen **einfachen Restaurants,** in der Avenue ath-Thawra südlich der Sh. al-Waha kann man gute **Grillhähnchen** kaufen.

Cafés und Teehäuser

- Das schönste Teehaus von Tartus ist das **Menshieb.** Es liegt hinter dem Museum, ist von traumhaft blühenden Büschen umgeben, mit vielen Bäumen. Wunderbar! Wasserpfeife, Tee, Cocktails, Kaffee und Cappuccino, zudem syrische Kleinigkeiten und Spaghetti zum Essen – sehr günstig!
- Wasserpfeife und Tee, Backgammon und viele Männer entdeckt man im **Teehaus Shati' al-Azraq** im Zentrum beim Hafen, etwas ordentlicher und ruhiger, dafür weniger „original" ist das Café **Moulin à Vent** nahebei. Ein paar schöne Teehäuser v.a. für Männer gibt es nahe des Restaurants The Cave.

Abends ...

Wer möchte, geht auf ein Bier (oder einen anderen Drink) die Corniche entlang – Restaurants und Cafés, in denen es Alkohol gibt, finden sich hier mehrere (s.o.).

Medizinischer Notfall

- **Dr. Yahya Ibrahim,** französisch sprechender Arzt neben dem Hotel Raffoul.

Bahn

Der Bahnhof liegt wie immer etwas außerhalb. Mehrere Züge fahren nach Aleppo (via Lathaqiya) und Damaskus (Schnellzüge zwischen 130 und 195 Lira, Bummelzüge 50–90 Lira). Tickets mindestens einen Tag vorher kaufen! Infos unter www.cfssyria.org.

Busse

Minibusse in die nähere Umgebung (Banyas, Drayqish, Misyaf, Lathaqiya etc.)

starten ständig von der Minibushaltestelle an der großen Hauptstraße (siehe Plan); je nach Strecke zwischen 20 und 50 Lira. Ein neuer **Busbahnhof** südlich der Stadt wurde gerade fertiggestellt, alle **Busse** fahren hier ab: Damaskus stündlich, 4 Std., 170 Lira; Lathaqiya, halbstündlich, 1 Std., 35 Lira; Homs, halbstündlich, 1,5 Std., 75 Lira; Aleppo, mehrmals täglich, 5 Std., 200 Lira.

Rund ums Auto

- **Werkstätten** befinden sich nahe der Busstation.

Telecom und Hauptpost

- Die Hauptpost befindet sich in der Sh. ath-Thawra, gegenüber der Karnak-Station. Von 8–20 Uhr geöffnet. Hier werden auch internationale Telefonkarten verkauft.

Geldwechsel

- Die **Commercial Bank of Syria** in der Sh. al-Urubba hat tägl. außer Fr von 8.30–12 Uhr geöffnet. Hier befindet sich auch ein Automat zum Geldabheben.

Ausflüge

Ein Ausflug zur **Insel Arwad** gehört für denjenigen, der sich für die Geschichte der Stadt interessiert, dazu: Von hier aus wurde die Küste besiedelt. Doch ist von den alten Gemäuern nur noch wenig zu sehen: ein paar Reste mittelalterlicher Türme und der ehemaligen Umfassungsmauer, ansonsten bietet Arwad nur Inselleben. Kleine Gassen (auffallend dreckig!) und lebendiges Treiben stehen hierbei im Vordergrund. Die Insel ist recht klein (800 x 500 m), und somit leicht in 1 Stunde zu umlaufen (soweit das möglich ist). Am Hafen gibt es ein paar Restaurants, in denen man guten Fisch essen kann.

Bei Sturm fahren keine Boote zur Insel, ansonsten unregelmäßige Abfahrtszeiten.

Frischer Fisch in Tartus

Amrit ⇗IV,A3 عمريت

Wenige Kilometer südlich von Tartus liegt das phönizische Amrit, das im 2. Jahrhundert v.Chr. aufgegeben wurde. Große Teile des **Ruinengeländes** sind militärisches Sperrgebiet, daher stößt man hier auf Soldaten. Touristen dürfen aber in den Ruinen herumspazieren, auch wenn man beim Fotografieren darauf achten sollte, wirklich nur Objekte abzulichten und keine Landschaftsaufnahmen zu machen. Wer möchte, kann sich gerne von den Soldaten durch das Ruinengelände führen lassen. Interessant ist vor allem der **Wassertempel** (arab. **Ma'bad**) anzusehen. Er ist als Innenhof aus dem Felsen gehauen und bis heute mit Wasser gefüllt, das von der Ostseite her durch eine Quelle hineinfließt. In der Mitte des Bassins steht eine Art Thron für den Fruchtbarkeits- und Wassergott. Rund um den Teich reihten sich Säulengänge, deren Reste man heute noch erkennen kann.

Etwa 1,5 km südlich des Tempels sieht man Grabtürme, wahrscheinlich aus dem 5. Jahrhundert v.Chr.

Praktische Informationen

- **Öffentliche Verkehrsverbindungen:** Vom privaten Busabfahrtsplatz in Tartus fahren **Minibusse** nach Amrit (5 Lira), außerdem kann man einen großen Bus nach Hamadiya nehmen und in Amrit aussteigen.
- **Anfahrt mit dem Pkw:** Von Tartus einfach der alten Landstraße in Richtung Hamadiya folgen (d.h. von der Corniche aus kommend bis ans Ende der Straße fahren, dann links abbiegen und am Kreisel rechts. Nach 2 km geht es rechts ab, danach geht es immer geradeaus, bis die Ruinen erreicht sind.

Routenteil C

Weitere Ausflugsziele liegen auf beschriebenen Routen, wie das Qala'at Marqab (siehe weitere Route), Safita, Husn as-Sulaiman, Qala'at al-Urayma, das Krak des Chevaliers (alle siehe vorherige Route) oder Misyaf (Route C 2). Wer nicht in Hama oder Homs seinen „Stützpunkt" einrichten möchte, sondern hier am Meer, kann natürlich auch von hier aus alle Ausflüge unternehmen.

Routenteil 2: Tartus – Lathaqiya

Dieser Teil der Route führt immer die Küste entlang, z.T. auf der Autobahn, die etwas höher liegt und schöne Ausblicke gestattet. Nur der Abstecher zur Burg Marqab führt in die Berge.

Ausgangspunkt ist der nördliche Verkehrskreisel von Tartus = **Km 0.**

Wir folgen der Straße nach Banyas und lassen die Autobahn links liegen.

Km 2 – Bahnunterführung. Die Strecke führt nun oberhalb der Autobahn weiter und bietet eine schöne Sicht auf das Meer. Kurz danach wird die Autobahn unterquert und die Straße führt direkt an der Küste weiter. Sie geht vorbei an Treibhäusern unmittelbar ans Meer. Ab und zu erkennt man Bananenplantagen. Leider versperren die Treibhäuser häufig die Sicht auf das Meer. Die gesamte Strecke ist bebaut und lädt nicht unbedingt zum Bleiben ein. Nach ca. 25 km sieht man rechts vor sich die Burg Marqab.

Km 30 – Hier geht rechts die Straße nach Marqab ab. Sie überquert die Autobahn und führt nun direkt zur Burg, geradeaus geht es nach Banyas. Wer in großer Eile ist oder keine Lust auf noch mehr Kreuzritterruinen hat, folgt der Straße bis Banyas, das nach insgesamt 32 km erreicht ist.

Unsere Route führt uns ins Gebirge. Stets bergauf schlängelt sich die Straße nach oben.

Km 32 – Es geht nach links (die neuere Straße von beiden). Kurz danach kommt eine **Kreuzung.** Hier geht es steil bergauf nach rechts. Beschilderung: „Marqab Castle". Nach ca. 100 m geht es wieder links (Beschilderung) eine steile Straße nach oben, immer mit Blick auf die Burg, die in ihrer vollen Pracht näher kommt und einen atemberaubenden Anblick bietet. Oben angekommen, geht es geradeaus zur Burg, rechts nach Banyas.

Kreuzritterburg Qala'at al-Marqab قلعة مرقب

↗IV,A2

500 m über Banyas thront die schöne Schwarze auf einem ehemaligen Vulkan. Sie ist nach dem Krak sicherlich die besterhaltene Burg Syriens und unbedingt sehenswert (Eintritt 150 Lira, Studenten 10 Lira)!

Bereits **1062** wurde sie **von den Arabern errichtet,** die auf die Überreste einer älteren Wehrburg zurückgriffen. Anfang des **12. Jahrhunderts** fiel sie durch dubiose Tauschgeschäfte in **Kreuzritterhände.** Es folgten kurze Intermezzi der Muslime und Johanniter, **1192** wurde die Burg sogar zum **Bischofssitz** von Banyas erklärt. **1285** wechselte die Burg zum letzten Mal die Seite, als es dem **Mamlukensultan Kalawun** gelang, die Burg endgültig wieder für den Islam zu gewinnen.

Die Burg ist mit zwei Mauerringen und einem Graben umgeben und bildet ein Dreieck, dessen Spitze nach Süden weist. An der Westseite befindet sich der Eingang zur Burg. Im Inneren ist noch viel zu sehen, v.a. die **Kapelle,** die **1186 von den Johannitern errichtet** wurde, ist noch gut erhalten. Imposant sind die Hallen und die Wehrtürme, die insgesamt 21 m hoch sind und 5 m dick! Die Bauten im Norden und Osten der Burg dienten als Wohnräume. Herrlich ist auch der Blick nach unten, am besten von einem der Cafés am Parkplatz.

Praktische Informationen

- **Öffentliche Verkehrsmittel:** Von Tartus muss man nach Banyas fahren (Abfahrt der Busse ständig ab Minibusbahnhöfen oder ab dem privaten Busbahnhof nahe Bahnhof). Hier muss man den Minibus nach Zaoube nehmen. Man sollte versuchen, dem Fahrer klar zu machen, dass er einen am Schloss hinaus lässt, sonst ist eine lange Strecke vom Dorf Marqab zur Burg zu gehen.

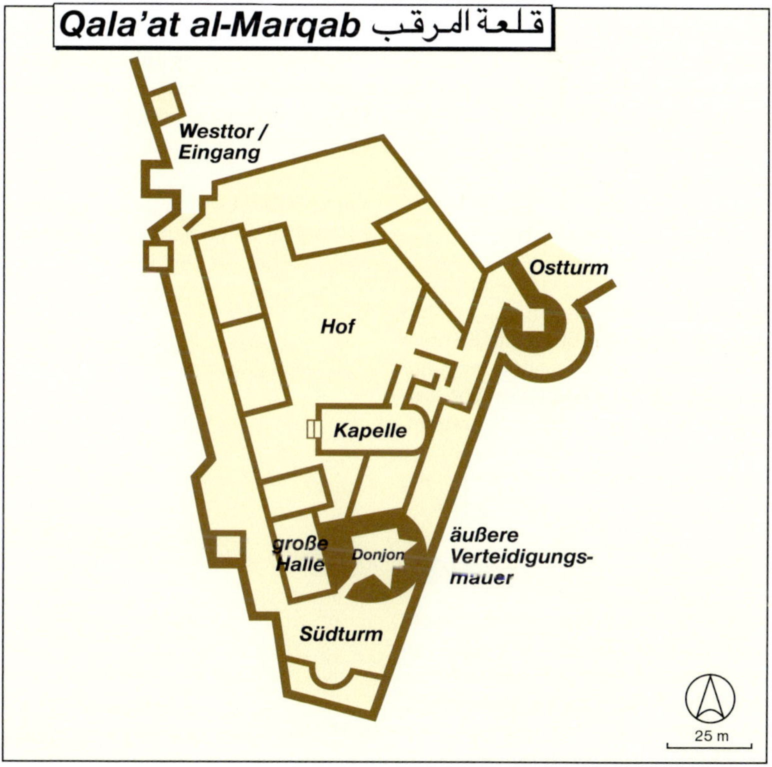

Vom Parkplatz aus geht es ein kleines Stück wieder zurück, bei der Gabelung dann links. Dieser Straße folgt man bis nach Banyas ins Stadtzentrum. Sie ist die „Hauptstrecke" von Banyas nach Marqab, also auch die Strecke, die von öffentlichen Verkehrsmitteln gefahren wird. Sie führt direkt ins **Zentrum von Banyas,** das bei **km 43** erreicht ist.

Banyas ⇗IV,A2 بانياس

Die Stadt, bereits von den Phöniziern gegründet, spielte unter den Griechen eine wichtige Rolle. Heute ist aus diesen Zeiten nichts mehr übrig. Banyas ist eine etwas farblose Industriestadt mit lebhaftem Markttreiben.

Praktische Informationen

- **Café Olabi**
Im Zentrum, nett und angenehm.
- **Minibusse ab Lathaqiya:** 15 Lira, 30 Min.

Wir verlassen Banyas in Richtung Norden und folgen der Küstenstraße noch etwa 10 km, dann beginnt der Autobahnteil der Strecke. Wer vor Lathaqiya noch einen Stopp braucht, dem sei Djabla empfohlen.

Km 68 – Autobahnausfahrt nach Djabla.

Djabla ⇗IV,A2 جبلة

Vom einstigen Ruhm ist heute nicht mehr viel übrig. Das antike Gabala hat eine wechselvolle Geschichte hinter sich: **Gegründet von den Phöniziern,** wurde es im 5. vorchristlichen Jahrhundert zu einer griechischen Kolonie und behielt auch später unter den Römern als Hafenstadt eine wichtige Bedeutung. **638** wurde die Stadt **von den Muslimen gewaltsam erobert** und Mu'awiya, der erste umayyadische Kalif, ließ sie neu befestigen. Später war sie in Händen der Byzantiner, der Kreuzfahrer und Mamluken. **Seit 1285** ist sie **endgültig arabisch.**

Heute ist Djabla ein freundliches kleines Städtchen am Meer mit hübschen Suqs und vielen Restaurants für Wochenendausflügler (am Freitag!). Zu sehen gibt es die Überreste eines **römischen Theaters** (Eintritt 300 Lira, Di geschlossen), das früher von imposanter Größe gewesen sein muss (7000 Zuschauer konnten auf den Rängen Platz nehmen).

Km 83 – Der Ortseingangskreisel von **Lathaqiya** ist erreicht. Es geht nach links, vorbei an der Universität, ins Stadtzentrum.

Mit etwas Glück kann man in Lathaqiya auch mal das Meer sehen ...

Lathaqiya (Lattakia) ⇗IV,A1 اللاذقية

Lathaqiya ist die **größte Hafenstadt des Landes (500.000 Einwohner)** und wichtiges Handels- und Industriezentrum. Die moderne und lebendige Stadt kann auf eine lange Geschichte zurückblicken, die baulichen Überreste sind aber kaum nennenswert. Als Küstenstadt hat Lathaqiya **mit der Vergrößerung des Hafens an Charme verloren,** vorbei sind die Zeiten, da man entlang der Corniche spazieren gehen konnte mit Blick auf das offene, weite Meer. Wer heute auf der Strandpromenade schlendert, hat einen „herrlichen" Blick auf Container und Betonflächen. Dennoch hat sich in Lathaqiya Mittelmeerflair erhalten. In kaum einer anderen Stadt lässt es sich so schön in den Cafés sitzen und Straßenszenen und Menschen beobachten. Fast hat man den Eindruck, die kurze französische Herrschaft habe hier mehr Spuren des „savoir vivre" hinterlassen als im Rest des Landes. Die Stadt versprüht ein wenig **Internationalität,** wie sie sonst kaum in Syrien zu finden ist!

Sehenswertes gibt es kaum in Lathaqiya. Da ist das **Museum, das in einer alten Karawanserei untergebracht ist,** ansonsten gibt es nichts, außer

syr034 Foto: mb

syr035 Foto: mb

syr036 Foto: mb

vielleicht die Stadt selbst. Sie ist lebendig und seit Eröffnung der Universität voll mit jungen Leuten. Wer sich dafür interessiert, wie eine moderne syrische Stadt funktioniert, wer gerne in Cafés sitzt und abends flaniert, ist hier bestens aufgehoben. Eine Palette an Hotels bietet dem Reisenden außerdem den optimalen Ausgangspunkt für lohnenswerte Ausflüge in die Umgebung, z.B. nach Ugarit, zur Saladinburg oder in die herrlichen Berge nördlich der Stadt.

Geschichte

Die Nähe zu Ugarit lässt Vermutungen zu, dass die Stadt auf eine lange Geschichte zurückblicken kann, und tatsächlich: Im 2. Jahrtausend v.Chr. war das heutige Lathaqiya unter dem Namen *Ramatha* ein von Ugarit abhängiger Ort, der aber bis zu den Seleukiden im 4. Jahrhundert v.Chr. ohne große Bedeutung blieb. **Seleukos I.** ließ an dieser Stelle eine Stadt errichten, die er nach seiner Mutter benannte: **Laodika.** 64 v.Chr. wurde die Stadt von den Römern eingenommen. Gut 700 Jahre später übernahmen die Muslime die Herrschaft über Lathaqiya, der Ort wurde zum Zankapfel zwischen Christen und Muslimen und kam erst mit der endgültigen **Vertreibung der Kreuzritter** im Jahre **1287** zur Ruhe. Ab dem 15. Jahrhundert verlor die Stadt an Bedeutung, 1914 hatte sie nur noch 7000 Einwohner.

Der Aufschwung kam mit dem modernen Staat. Nachdem die Franzosen 1939 im Zuge ihrer Mandatsherrschaft die Region Alexandrette an die Türkei abgegeben hatten, verlor die Region ihren wichtigsten Hafen. Mit der Gründung des Staates Israel 1948 und der Auflösung der Zollunion 1950 mit dem Libanon besaß Syrien keinen Hafen mehr, über den der internationale Handel abgewickelt werden konnte. Aus diesem Grund baute man in den **1950er Jahren** den **Hafen Lathaqiya** aus, um so wieder voll am internationalen Seehandel teilzuhaben. Innerhalb der letzten 50 Jahre hat sich die Einwohnerzahl von Lathaqiya versiebenfacht.

Orientierung

Von Süden und Osten hat man die gleiche Einfahrt nach Lathaqiya. Kurz nach dem Ortseingangskreisel, wo die Autobahn von Tartus und die Hauptstraße von Aleppo nach Lathaqiya einmünden, geht es nach Westen. Eine schnurgerade Straße führt vorbei an der Universität, immer geradeaus. Von der Uni sind es noch 2,3 km bis ins Zentrum.

Von Norden kommend folgt man der Beschreibung von Route C 2.

In der Innenstadt von Lathaqiya

Praktische Informationen

- **Telefonvorwahl: 041**

Touristeninformation

- Sh. 16. Tishrin, gegenüber dem Hotel Riviera, Tel. 21 92 11. Geöffnet von 9–14 Uhr, außer Fr. Wie in fast jedem Touristenbüro ist die Freundlichkeit groß, der **Nutzen** jedoch **gering.** Immerhin: Es gibt meistens Stadtpläne gratis!

Wichtige Adresse

- **Immigration Office (Maktab al-Hidjra wa-l-Djawazat)**
Beim Hotel Harun. Hier sind Verlängerungen des Visums möglich. Netteres Personal als in Damaskus!

Hotels

Schick

- **Casino*****/€€-€€€
Sh. Kurnish al-bahr, Tel. 46 11 40. Interessantes Hotel! Über 120 Jahre altes, sehr schönes Haus an der Corniche. Trotz Renovierung im Jahr 2007 sind die Zimmer eher einfach. Da es sich bei diesem Hotel um ein staatliches handelt, entspricht der Charme im Inneren auch eher dem einer Bahnhofshalle. Dennoch: Die Zimmer sind ordentlich, sauber, groß und mit TV und AC ausgestattet.
- **Zanobia Hotel**€-€€
Bei der Universität, Tel. 42 57 03. Sehr dezentral für alle, die in die Stadt wollen, aber nur 5 Minuten per Taxi vom Bahnhof entfernt, vor allem aber ganz nah an der Universität in einem sehr angenehmen und ruhigen Wohnviertel mit netten (Internet-)Cafés. Viele junge Leute sind anzutreffen, alle Zimmer haben Kochgelegenheit, sind sauber und recht günstig.

Die goldene Mitte

- **An-Nur****/€€
Sh. 16. Tishrin, Tel. 24 39 80. Sehr schönes Hotel, sauber, blitzeblanke Leintücher und ein Bad in jedem Zimmer. Englisch- und französischsprachiges Personal. Auch für Frauen alleine geeignet.

Einfach und gut

● **Hotel Lattakia€**

Shaikh Daher, Nebengasse bei der Asad-Statue, Tel. 47 95 27, 45 86 78. Das nette Hotel, eine beliebte Traveller-Unterkunft, hat anständige Zimmer, mäßig saubere Bäder und freundliche Leute. Die meisten Zimmer haben einen Balkon. Wenn man darum bittet, bekommt man auch frische Handtücher und Bettwäsche.

● **Atlal Hotel€**

Sh. Yusuf al-Azm, Ecke „American", Tel. 47 61 21. Sehr schönes und sauberes Hotel, in dieser Preisklasse eindeutig besser als das Hotel Lattakia. Freundliche Besitzer, sehr gutes Preis-Leistungsverhältnis.

- 1 Tourist-Information
- 2 Hotel Casino
- 3 Hotel Nur
- 4 Hotel Lattakia
- 6 Snack: Express
- 7 Teehäuser
- 8 Hotel Atlal
- 9 Restaurant al-Dar
- 10 Restaurant Spiro
- 11 Café-Restaurant La Veranda
- 12 Rest. Serail (al-Seray)
- 13 Teehäuser
- 14 Restaurant Al-Asafiri
- 15 Sandwich-Laden
- 16 Bar Havanna
- 17 Boustan Café
- 18 Coffee Corner
- 19 Restaurant al-Mandalun
- 20 Museum
- 21 Restaurant Strand
- 22 Großer Markt
- 23 Bahnhof
- 24 Busbahnhof für alle Busse
- 25 Busbahnhof für Luxusbusse
- 26 Hotel Zanobia
- 27 Minibusse nach Homs u. Kassab
- 28 Minibusse nach Haffa
- 29 Minibusse nach Djabla
- 30 Minibusse nach Ugarit u. zum Meer
- 31 Post und Telcom
- 32 Bank
- 33 Arabisches Kulturzentrum

•Wer lieber in den Bergen außerhalb von Lathaqiya wohnen möchte, kann dies ganz nahe der Saladinsburg mit wundervollem Blick auf selbige (siehe Route C 3) in dem netten **Hotel Sala Din Castle.**

Hotel am Strand

•Cham Palace Shati' al-Azraq (Côte d'Azur)*****/€€€-€€€€

10 km vom Zentrum am Strand, PO Box 1097, Tel. 42 87 00/24, Fax 42 82 85, www.chamhotels.com. Mäßig sauberes Luxushotel am Strand mit vielen Wassersportangeboten. Das Hotel ist aufgeteilt in einen Appartementkomplex und das Hotel. Der gepflegte Strand kann nicht über die mittelmäßige Wasserqualität hinwegtäuschen!

Privatunterkünfte

Es gibt jede Menge Privatunterkünfte nahe des Luxushotels. Man fragt am besten bei den Läden und Buden nach. Eine Wohnung mit zwei bis drei Zimmern, Bad und Küche darf nicht mehr als 1500 Lira kosten. Die Preise sind immer verhandelbar! Wohnungen unbedingt vorher anschauen!

Camping

Zwischen Lathaqiya und Ugarit reihen sich Campingplätze, die als solche jedoch kaum zu erkennen sind und deren sanitäre Anlagen weit mehr als nur mäßig sind ... (zu erreichen mit dem Minibus, s.u.). Große Hotels bieten oft den Service, den Campingbus neben dem Hotel abstellen zu dürfen, ansonsten kann man diesen auch einfach nördlich von Lathaqiya an einem der wunderschönen Strände parken.

Restaurants

Die meisten Restaurants befinden sich an oder in der Nähe der sogenannten **„American"**, einer Straße, die die Stadt von Nord nach Süd durchzieht und so etwas wie eine Lebensader Lathaqiyas ist. Hier tobt vor allem abends und nachts der Bär – Cafés und Bars in Hülle und Fülle finden sich hier (s.u.).

•Al-Mawal

American, Tel. 47 65 82, mittlere Preisklasse. Großes, schickes Restaurant mit einer riesigen Auswahl an syrischen Vorspeisen und Hauptgerichten. Da die Speisekarte auf Arabisch abgefasst ist, sollte man sich entweder jemanden zum Übersetzen holen oder auf gut Glück alle seine syrischen Lieblingsspeisen aufzählen – mit Sicherheit können die in bester Qualität serviert werden!

•Al-Mandalun

American, Tel. 45 44 00, mittlere Preisklasse. Ganz ähnlich wie das Al-Mawal: Groß, schick und schön mit umfassender Auswahl an guten syrischen Speisen.

•La Veranda

American (in einer Nebenstraße), Tel. 46 96 17, mittlere Preisklasse. Etwas versteckt und dunkel, aber nettes Café/Restaurant mit einer guten Auswahl an internationalen Speisen (Pizza, Pasta, Seafood), aber auch Wasserpfeifen, Eis und Kuchen. Nett, vor allem sehr bequeme Ledersessel!

•Café Strand

American, Ecke Sh. al-Quds, mittlere Preisklasse. Nettes, großes und schickes Restaurant, das abends voll ist mit gestylten Syrern, die eine Kleinigkeit essen und Wasserpfeife rauchen.

•Express

Sh. al-Mutanabi, Tel. 45 62 00. Kühle Einrichtung, ganz im Stil des American Diner, meinem Lektor hat's gefallen! Es gibt ein entsprechendes Angebot auf der Speisekarte: Burger, Pizzas, Sandwiches.

•Spiro

Sh. al-Kurnish, Tel. 47 82 38. Es gilt als das beste Fischrestaurant der Stadt! Einfache Einrichtung, Alkoholausschank, aber durchaus bezahlbar. Unbedingt zu empfehlen.

•Le Serail (al-Saray)

Corniche, Tel. 45 95 98, mittlere Preisklasse. Kein modernes Restaurant wie die an der American, eher im Stile des Spiro, in dessen Nähe es auch liegt. Es ist klassisch in Einrichtung und Speiseangebot, sehr gemütlich und mit gutem Seafood. Lecker!

•Al-Asafir

Corniche, Tel. 21 03 57, untere Preisklasse. Das einfache, aber sehr nette und familienfreundliche Restaurant liegt direkt in einem Park mit großer Terrasse mit Blick aufs Meer. Freundliche Leute, „normales" syrisches Essen – also gut!

Cafés und Teehäuser

Rund um den Sahat Shaikh Dahir finden sich viele Teehäuser, in denen Männer unter schattigen Bäumen und in angenehmer Atmosphäre Wasserpfeife rauchen können.

Wer es schick mag, ist in der **American** mit ihren vielen bunten Cafés gut aufgehoben. Hierher können auch Frauen ohne jedes Problem alleine gehen.

Ein sehr schönes Café im alten Stil ist das **Café Boustan** mit vielen alten Männern, die den Freitag damit verbringen, hier ihre Zeitung zu lesen. Es befindet sich in der westlichen Parallelstraße zur American. Fast direkt daneben glänzt – im krassen Kontrast – die **Coffee Corner,** mit noblen und „stahlmodischem" Design.

Abends ...

... flaniert es sich am besten auf der **American.** Vor allem donnerstags, dem „syrischen Samstagabend", ist hier die Hölle los. Hierher geht, wer sehen, vor allem aber gesehen werden will. Ein Café reiht sich ans andere, eines moderner und schicker als das andere. Wer hier alleine bleibt und Langeweile hat, ist selber schuld!

- Wem abends der Sinn nach einem Bierchen steht und wer dabei nicht unbedingt speisen und auch nicht auf die „American" möchte, ist im **Havanna** richtig. Oberhalb des Suqs im ersten Stock genießt man einen schönen Blick auf das umtriebige Leben unten.

Museum

- Im **Khan ad-Dukhan,** einer Karawanserei aus dem 18. Jahrhundert an der Corniche, können Funde aus Ugarit, Ra's ibn Hani und zeitgenössische Kunst besichtigt werden. Geöffnet tägl. außer Di 9–14 Uhr.

Einkaufen

- So modern der Ort ja sein mag, er hat dennoch einen **Viehmarkt;** am Donnerstag an der Straße nach Aleppo, ca. 5 km von Lathaqiya entfernt.
- Einen guten **Gemüse- und Obstmarkt** findet man nördlich der großen Schule.
- **Alkohol** kann man in der Sh. Ibrahim Hanano gegenüber dem Hotel Nahas kaufen.

Sport

Der **Strand** bietet natürlich alles, was mit Wasser zu tun hat! Das Cham Palace am Strand erlaubt Nicht-Hotelgästen gegen die Zahlung von 300 Lira die Benutzung all seiner **Wassersportgeräte.**

Medizinischer Notfall

- Das zentralste **Krankenhaus** ist in der Sh. Ibn Sina, Ecke Sh. Bagdad.

Flugzeug

- **Fluggesellschaften** und Reisebüros haben ihre Niederlassungen in der Sh. 8. Azar, Ecke Sh. al-Quds.

Bahn

Täglich fahren mehrere **Züge nach Damaskus und Aleppo.** Auch wer sonst lieber mit dem Bus reist: Die Strecke von Lathaqiya nach Aleppo ist wunderschön, die Fahrt mit dem Zug macht richtig Spaß! Nähere Infos unter www.cfssyria.org.

Der **Bahnhof** liegt etwas außerhalb. Ein Taxi dorthin ist notwendig (ca. 30 Lira).

Busse

Vom (neuen) **Busbahnhof** 200 m östlich des Bahnhofs fahren alle großen Buslinien ständig in alle Richtungen ab.

- **Damaskus:** mehrmals tägl., Fahrtzeit 5 Std., 170 Lira.
- **Aleppo:** mehrmals tägl., Fahrtzeit 3,5 Std., 120 Lira.
- **Tripoli und Beirut:** 1x tägl., Fahrtzeit 4 bzw. 5,5 Std., 350 Lira.
- Der **neue Busbahnhof** ist nicht zu verwechseln mit dem Rüttelbusbahnhof direkt neben dem Bahnhof! Auch hier fahren Busse in alle Richtungen ab, billiger sogar, aber die Busse sind alt und sehr langsam!

Minibusse: Die meisten Minibusse (nach Tartus, zur Saladinburg, nach Kasab und Ras al-Basit etc.) fahren nahe des Stadions ab (siehe Stadtplan). Ausnahme: Die Minibusse nach Ugarit und an den Strand fahren hinter der großen weißen Schule ab.

Sammeltaxis nach Beirut und Tripoli: Abfahrt bei vollem Auto vor dem Hotel Kakub ash-Sharq, Kosten: 30 US-$ bis Beirut.

Telecom und Hauptpost

- Sh. al-Mutanabi, Ecke Sh. Saif ad-Daula. Geöffnet von 8–18 Uhr, Verkauf von internationalen Telefonkarten am Schalter ganz links und Postlagerschalter. Telefonzellen im Inneren der Post.

Geldwechsel

- **Commercial Bank of Syria**
Sh. 8. Azar, an der Kreuzung zur Sh. Adnan al-Malki. Geöffnet 8.30–12.30 und 14.30–19 Uhr, wie immer täglich außer Fr.

Ausflüge

Wie bei Homs, Hama und Tartus liegen auch die meisten Ausflugsziele von Lathaqiya auf weiteren Routen. Unbedingt lohnenswert sind die Ziele Ugarit, die nördliche Küste bis Ra's al-Basit (beide bei Route C 2) und die Saladinburg mit dem östlichen Gebirge (Route C 3). Hier finden sich weitere Ruinen von Kreuzritterburgen, saftig grüne Täler und eine wunderschöne Landschaft! Für Leute mit mehr Zeit bietet sich außerdem ein Ausflug nach Djabla (Route C 1) an.

Route C 2:

Homs – Misyaf – Apamea – Djisr ash-Shughur – Kasab – Ra's al-Basit – Lathaqiya

- **Routenlänge:** insgesamt 282 km

Eine der schönsten Routen im gesamten Buch und sicherlich auch eine der interessantesten! Da sie zwei andere Routenbeschreibungen (C 4 und C 3) sowie die Autobahn Aleppo – Lathaqiya schneidet, wurde sie in **vier Teilabschnitte** geteilt.

Öffentliche Verkehrsmittel

Nur bis Misyaf bzw. von Aleppo oder Idlib aus auch bis Djisr ash-Shughur und von dort aus mit Minibussen weiter (siehe dort).

Routenteil 1: Homs – Misyaf (52 km)

Teil 1 der Route führt erst einmal durch etwas öde Landschaft nach Misyaf, einem Städtchen mit einer großen Ismailitenburg, in der einst die grausamen Assasinen herrschten. Dahinter geht es mehr oder weniger geradeaus durch die **Ghab-Ebene,** eine faszinierende Landschaft zwischen zwei Bergketten, über Apamea, das griechische Afamia, nach Djisr ash-Shughur, wo man auf die Hauptstrecke von Aleppo nach Lathaqiya stößt.

Man verlässt das Stadtzentrum von Homs über die Sh. Misyaf in Richtung Nordwesten (siehe Stadtplan Homs). Bald geht die zweispurige Straße in eine vierspurige über. Nach 3,5 km hält man sich an der Gabelung rechts. Wir folgen der Straße weiter und überqueren bei nach weiteren 6 km die Bahnlinie Aleppo – Damaskus. Von nun an muss man immer der Straße folgen. Die Strecke führt durch karge Landschaft, in der **Pferdezucht** betrieben wird. Pferderennen sind in Syrien ein sehr beliebter und geförderter Sport, u.a. weil der älteste, verstorbene Sohn des langjährigen Staatspräsidenten Hafiz al-Asad begeisterter Pferderennsportler war. Manchmal hat man das Glück, hier die schönen Hengste und Stuten auf den Weiden entlang der Straße zu sehen.

Km 13 – Links ist ein kleiner See zu sehen.

Km 15 – **Kreisel.** Hier geht es links.

Km 28 – **Kreuzung.** Geradeaus geht es nach Hama, links nach Misyaf.

Km 40 – Der Ort **Bidaya.** Die Landschaft wird nun schöner: sanfte Hügel, Terrassenfeldbau.

Km 47 – **Kreuzung.** Hier geht es rechts ab. Geradeaus kommt man nach Draikish, Safita und zum Krak des Chevaliers.

Km 52 – Links geht es nach **Misyaf,** die Route führt weiter nach rechts. Man sollte sich das kleine Städtchen mit seiner prächtigen Burg auf keinen Fall entgehen lassen (Ortsbeschreibung bei Route C 4). Es sind nur wenige Kilometer Umweg. **Wer möchte, kann von hier auf die Route C 4 wechseln,** über die man ans Mittelmeer gelangt.

Routenteil 2:
Misyaf – Apamea (43 km)

Km 4 – **Gabelung** der Straße. Rechts geht es nach Hama, wir fahren links.

Hinter Misyaf beginnt die **Ghab-Ebene.** Anfangs noch sanft hügeliges Gebiet, rechts und links Schafherden. Immer wieder sind Beduinen zu sehen. Die Ghab-Ebene, so sagt man, diente dem Pharaonen Tutmosese III. als Lieblingsgebiet für die Elefantenjagd. Die Ebene muss eine der fruchtbarsten Gegenden Syriens gewesen sein, nicht umsonst findet man hier strategisch so bedeutende Orte wie Apamea.

Km 20 – Rechts geht wieder eine Straße nach Hama ab, die Route führt weiter geradeaus.

Km 23 – Links ist eine Zuckerfabrik.

Km 31 – Der Ort **Asqaibaliya** ist erreicht (auf Landkarten häufig mit Sugaibaliya wiedergegeben). Man durchfährt ihn bis zum Kreisel. Rechts geht es nach Shaizar, dorthin kann man auf Route C 3 wechseln. Links geht es weiter nach Apamea.

Km 39 – Der Ortsbeginn von **Qala'at al-Mudiq,** besser bekannt als **Apamea,** ist erreicht. Man kann die Ruinen der Zitadelle sehen.

Km 41 – Rechts geht es zum Museum ab. Man durchfährt den Ort jedoch noch weiter, um dann bei **Km 43** rechts abzubiegen. Dieser Straße folgt man. Hinter der Zitadelle geht es links, und nach insgesamt 2 km hat man den Parkplatz von Apamea erreicht.

Apamea (Qala'at al-Mudiq)

⇗IV,B2

قلعة المضيق

Apamea gehört neben Bosra und Palmyra zu den großen antiken Stadtanlagen des Landes. Obschon **seit paläolithischer Zeit besiedelt,** stammt ihr Name aus griechischer Zeit, als Seleukos der Stadt den Namen seiner persischen Frau Apamea gab. Aber schon zuvor war es eine blühende Stadt, bekannt unter dem Namen *Pella,* so genannt von Alexander dem Großen.

Die **Ruinen,** die man heute sehen kann, sind zum größten Teil **aus der römischen Epoche,** die 64 v.Chr. mit der Zerstörung der griechischen Stadt begann. Im **4. Jahrhundert** wurde Apamea **Bischofssitz,** im **6. Jahrhundert eroberten** die **Perser** die Stadt, dann folgten die Araber. Auch Erdbeben zerstörten die Stadt, die mehrmals wieder aufgebaut wurde. Mit der muslimischen Eroberung verlor Apamea immer mehr an Bedeutung. **Anfang des 12. Jahrhunderts** war Apamea **Sitz der Kreuzfahrer,** die ehemalige Zitadelle Seleukos diente ihnen als Festung. Trotz der Rückeroberung durch Nur ad-Din errang die Stadt nie mehr ihre frühere Bedeutung. Das große **Erdbeben von 1157** zerstörte die Stadt vollends.

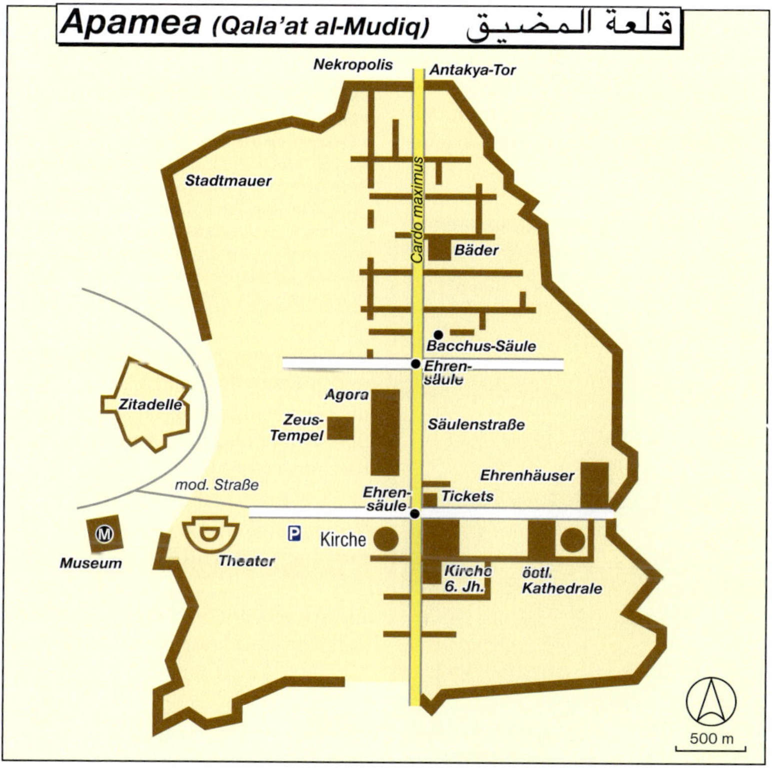

Die für den Touristen interessanten Bauten der Stadt entstammen fast alle der römischen Zeit. Unter ihrer Herrschaft muss Apamea eine blühende Handelsstadt gewesen sein, die Palmyra in Glanz und Größe in nichts nachstand. Eine fast 2 km lange **Säulenstraße** (die längste ihrer Art und mit knapp 40 m auch die breiteste) zeugt von der einstigen Ausdehnung der Stadt, die früher einmal vollständig von einer Stadtmauer umgeben war. Besonders sehenswert sind die gedrechselten Säulen entlang der Hauptstraße sowie am Ostende der Stadt die ehemalige Palastanlage. Aber auch ein Spaziergang durch das Ruinenfeld, vorbei an ehemaligen **Thermen, Villen** und **Tempelanlagen,** lohnt in jeder Hinsicht. Der Zitadellenhügel ist heute vollständig bewohnt, weswegen man die alten Gemäuer nur noch schwer rekonstruieren kann. Ein **Museum** der besonders schönen Art, in einer der größten osmanischen Karawansereien des Landes, ist hier zu finden. Exponate aus Apamea sind zu sehen, die in den letzten Jahren ausgegraben wurden (Öffnungszeiten tägl. außer Di, 9–14 Uhr, Eintritt 300 Lira, Studenten 15 Lira). Leider ist das Museum nur zum Teil renoviert worden und so ist nur dieser neue Teil gut ausgeschildert.

syr037 Foto: mb

Die Säulenstraße von Apamea (Cardo maximus)

Praktische Informationen

- **Eintritt ins Ruinengelände:** 150 Lira.
- **Öffentlich zu erreichen** ist Apamea von Misyaf oder Hama aus **mit Minibussen.** In Asqaibaliya (Suqaibaliya) muss man umsteigen. Wer erwähnt, dass er zum Museum möchte, wird dort rausgelassen. Dann sind es noch rund 20 Min. Fußmarsch zum Ruinengelände. Fahrtkosten: Hama – Asqaibaliya 30 Lira, Asqaibaliya – Museum 10 Lira.

Wer will, kann in Apamea auf die Route C 3 (dort: Teil 2, Km 57) wechseln und sie in entgegengesetzter Richtung über Slunfa und die Saladinburg nach Lathaqiya fahren.

Routenteil 3: Apamea – Djisr ash-Shughur (48 km)

Zurück auf der Straße geht es weiter gen Norden. Hinter dem Ort steht auf

syr137 Foto: lv

der rechten Seite ein großes Getreidesilo, die Straße führt nun an einem Bergrücken entlang.

Km 17 – Die Straße entfernt sich nun von den Bergen rechts und nähert sich den Bergen links, d.h. man nähert sich der Mitte der Ebene.

Km 38 – Gabelung: Hier geht es links. Man überquert den Orontes und fährt auf das Gebirge zu.

Km 39 – T-Kreuzung. Hier geht es rechts ab. Die Straße führt direkt entlang des Bergfußes durch eine wunderschöne Landschaft.

Km 47 – Bahnüberquerung.

Km 48 – Bergkuppe, man kann nun vor sich **Djisr ash-Shughur** sehen. Kurz danach gabelt sich die Straße. Rechts geht es nach Aleppo und ins Zentrum des Städtchens. Wer von hier **auf** den zweiten Teil der **Route D 2 wechseln** will, fährt nach rechts und etwa 1 km später links ab nach Qunaiya, Hammam Shaikh Hamid und Darkush.

An der Gabelung links geht es weiter nach Lathaqiya. Wir fahren links.

Djisr ash-Shughur ↗ II,B3

جسر الشغور

Eine kurze Besichtigung lohnt für denjenigen, der sich **unverfälschtes syrisches Leben** mit engen Gässchen, ei-

Blick auf die Gharb-Ebene nahe Djisr ash-Shughur

ner Festung, schöner Moschee und einer osmanischen Karawanserei ansehen möchte. Mitten durch die Kleinstadt fließt der Orontes, der von einer Brücke mit römischem Fundament überspannt wird.

Praktische Informationen

Es gibt mehrere (einfache) Restaurants, gute Einkaufsmöglichkeiten für Selbstversorger und eine Tankstelle mit bleifreiem Benzin.

Routenteil 4: Djisr ash-Shughur – Lathaqiya (139 km)

Der letzte und längste Teil der Route führt durch eine mediterrane, wunderschöne Gebirgslandschaft zum Djabal Kasab, einem der höchsten Berge des Nordens, und dann hinab ans Meer.

Km 0 – Der Routenanfang ist die Kreuzung, von der man eben herausgekommen ist. Kommt man von Aleppo, ist es die Kreuzung am Ortsausgang von Djisr ash-Shughur.

Man verlässt Djisr ash-Shughur in Richtung Westen. Die Straße windet sich bergauf und führt durch grüne Wälder. Es geht bergauf, bergab.

Km 12 – Unterquerung eines schönen Viadukts.

Km 23 – Die Provinz Idlib verabschiedet uns, die Provinz Lathaqiya heißt uns willkommen.

Km 31 – **Cafés** rechts und links der Straße laden zum Tee, Kaffee und vor allem zu leckerem Essen ein.

Das Tal verengt sich, wird schöner.

Km 35 – Rechts geht es nun nach Kasab ab. Wir folgen dem Abzweig. Die Straße ist wesentlich schmäler und führt durch saftig grüne Landschaft über Brücken und Hügel. Man folgt immer der Straße.

Km 37 – **T-Kreuzung:** Hier geht es rechts ab.

Km 40 – Man durchfährt den hübschen Ort **Rihan** (auf Deutsch: Basilikum), rechts oben am Hang gelegen, mit hübscher Moschee.

Km 44 – Links lockt ein **Aussichtspunkt** mit Kiosken und kleinen Cafés – ein Stopp lohnt sich!

Km 46 – Man durchfährt den Ort **Rabi'a.** Vor einem erheben sich nun die türkisch-syrischen Grenzberge. Der Berg, der als höchster Gipfel steil nach oben ragt, ist der **Djabal Kasab.**

Km 48 – Die Straße führt bergab. Die Wälder, durch die man kommt, lassen einen an den Schwarzwald denken, wären die Pinien nur schwarze Tannen (und bei der Autorin wallen Heimatgefühle auf!).

Man durchfährt immer wieder kleine Dörfer, die in herrlicher Landschaft liegen.

Km 57 – Brücke.

Km 60 – **T-Kreuzung,** rechts geht es nach Kasab, links nach Lathaqiya. Wir fahren nach Kasab. Die Straße ist nun breiter, es geht bergab.

Km 66 – Die Talsohle ist erreicht. Im Hintergrund kann man die türkische Grenze sehen. Hier geht es links ab.

Vor sich kann man nun die Villen von Kasab gut erkennen: chaletartige Häuser und viele Hotels.

Km 69 – Ab nach links, man folgt einer neuen Straße. Es geht steil bergauf, vorbei an vielen Ferienhäusern.

Km 71 – Man ist nach einer steilen Anfahrt im Zentrum des Ortes angekommen. Sehenswert ist die Moschee.

Kasab ⇗II,A3 كسب

Das alte Casabella ist **eines der beliebtesten syrischen Ferienziele,** da es hier oben im Sommer angenehm frisch ist. Der Ort ist vor allem von katholischen Armeniern bewohnt, von denen man im Sommer kaum etwas bemerkt. Die Gegend bietet sich als optimaler Ausgangspunkt für schöne Wanderungen im Gebirge an, doch Vorsicht: Es ist **türkisches Grenzgebiet!** Auffallend ist hier die häufige Verwendung von Marmor. Das liegt daran, dass dieser Stein hier abgebaut wird und deshalb in großen Mengen zur Verfügung steht.

Praktische Informationen

- **Unterkunft** bieten ein paar Hotels sowie Privatzimmer und Chalets, die jedoch alle nur während der zwei Sommermonate geöffnet und ausschließlich auf syrisches und türkisches Publikum zugeschnitten sind – d.h. die Vorstellungen, was sauber und schön ist, entsprechen nur selten europäischen Ideen. Am besten fragt man nach Unterkünften direkt vor Ort, da sich die Adressen und Modalitäten jede Saison ändern.
- **Öffentliche Verkehrsmittel:** Man kann ab Aleppo (Busstation gegenüber dem Bab Antakya) einen direkten Bus nach Kasab nehmen (4 Std., 150 Lira), oder aber von Lathaqiya mit dem Minibus kommen (1 Std., 30 Lira, siehe dort).

Km 71 – Kasab-Ortszentrum. Hier geht es links nach Ra's al-Basit.

Km 72 – Ortsausgang. Die Straße bietet sensationelle Blicke hinunter ans Meer. Sie führt nun gen Südwesten direkt auf den Strand zu, steil bergab.

Km 79 – Haarnadelkurve nach rechts. Wieder gibt es spektakuläre Ausblicke, danach Haarnadelkurve nach links.

Km 80 – Eine kleine Häuseransammlung. Weiter geht die Fahrt durch Orangenplantagen nach unten.

Km 87 – Man ist unten angelangt. **Kreuzung.** Rechts geht es nach Ra's al-Basit, links nach Lathaqiya.

Ra's al-Basit ⇗II,A3
رأس البسيط

Die Stadt war zu Zeiten der Griechen und Römer ein wichtiger Hafen, davon ist heute allerdings nicht mehr allzu viel zu sehen. Heute ist Ra's al-Basit ein sehr **beliebter Ferienort** mit vielen Chalets, Restaurants und Läden und leider jeder Menge Müll am Strand. Der Ort zieht sich entlang einer kleinen Straße, die mehrere Kilometer parallel zum Strand verläuft. An dieser Straße reiht sich ein Haus ans andere. Dort werden Ferienwohnungen vermietet oder es sind kleine Geschäfte untergebracht. Landschaftlich gesehen ist dieser **Küstenabschnitt** so ziemlich **das Allerschönste, was Syrien an Meer zu bieten hat:** traumhafte Blicke hinüber in die Türkei, glasklares Wasser, feinster schwarzer Kieselstrand!

Lohnenswert ist der Besuch der kleinen **Bucht hinter Ra's al-Basit.** 3 km ab dem Ortseingang bei der Gabelung rechts. Danach die erste Piste rechts. Herrlich türkisblaues klares Wasser, relativ einsam und nur mäßig verdreckt.

Praktische Informationen

- **Privatunterkünfte** gibt es Hunderte. Man muss einfach in den Läden nachfragen.
- **Öffentlich zu erreichen** ist Ra's al-Basit ab Lathaqiya **mit dem Minibus** (1 Std., 30 Lira).

Die Route führt nun weiter nach Lathaqiya. Man erinnert sich: Bei **Km 87** war eine Kreuzung. Kommt man nun von Ra's al-Basit, geht es hier geradeaus. Kommt man von Kasab, geht es links ab. Es soll auch eine Straße geben, die direkt am Meer entlang nach Umm Tuyur (siehe Km 105) führt, die jedoch nach Angaben von Syrern nur sehr schlecht befahrbar ist.

Km 88 – Die Straße ist schon wieder im Landesinneren. Weiter geht die Fahrt durch schöne Wälder und Gärten. Rechts führen immer wieder Stichstraßen ans Meer ab.

Km 97 – Links geht eine Straße nach Kasab, diese ignorieren wir.

Km 98 – Große Kreuzung. Wir fahren rechts.

Km 100 – Links ist ein kleiner **See** mit Namen **Balura.** Baden ist möglich, ein Picknick hier traumhaft!

Km 105 – Rechts geht die Straße nach **Umm Tuyur,** einem kleinen Ort am Meer.

syr038 Foto: mb

Abstecher nach Umm Tuyur ام طيور

Umm Tuyur ist ein hübscher kleiner Ort direkt an einem traumhaften, leider nicht immer sauberen **Strand** (je nach Jahreszeit). Wem Ra's al-Basit zu umtriebig ist und wer auf Versorgungsmöglichkeiten und Hotelschnickschnack verzichten kann, ist hier bestens aufgehoben. Im Ort gibt es wenige private Zimmer zu mieten, im Sommer bieten kleine Cafés das Allernötigste. Wer will, kann hier auch seinen Camper abstellen.

Umm Tuyur ist ein traumhafter Ort. Der Strand ist meist sauber, türkisgrün das Wasser, und steile Felsen umrahmen den Strand!

Öffentlich kann man den Ort von Lathaqiya aus **per Minibus erreichen.**

Anfahrt mit dem Pkw: Man biegt bei **Km 105** rechts ab und überquert ein Wadi. Danach geht es rechts den Berg hinauf durch Pinienwälder. Nach 3 km kann man rechts das Meer sehen. Die Straße führt nun dem Meer entgegen, vorbei an Häusern, durch herrliche Landschaft. 2 km weiter ist das Ortsschild von Umm Tuyur zu sehen, die Straße führt direkt durch den Ort ans Meer. Nach 2 km geht es links ab, von geradeaus kommt die Straße von Ra's al-Basit.

Km 116 – Die Landschaft öffnet sich, wird weit und man kommt aus dem Gebirge heraus. Vor uns ist das Meer zu sehen, in der Ferne liegt Lathaqiya. Man sieht statt Wälder nun Ebenen, größere Dörfer und wenig schöne Plantagen.

Km 126 – Rechts geht es nach Ugarit ab; Beschilderung: „Ra's Shamra". Hier biegt man ab. Auf einem unscheinbaren Sträßchen geht es durch Orangenplantagen und Schilf.

Der öffentliche Strand von Lathaqiya

Km 128 – **T-Kreuzung.** Es geht links auf eine größere Straße, 500 m weiter wieder rechts, Haarnadelkurve.

Km 129 – Rechts geht es zum Parkplatz von **Ugarit.**

Ugarit (Ra's Shamra) راس شمرة

↗IV,A1

In Ugarit, das nur 15 km von Lathaqiya entfernt liegt, wurde im **14. Jahrhundert v.Chr.** für die Entwicklung der Menschheit Wesentliches hervorgebracht: das **Alphabet!** Das Tontäfelchen, auf dem die revolutionären Zeichen eingeritzt sind, findet sich heute im Museum in Damaskus. Ugarit war ein hoch entwickeltes Gemeinwesen mit Palastanlagen, Bibliotheken und vielen Gelehrten. Zusammen mit Mari und Ebla gehört es zu den wichtigsten altorientalischen Fundorten Syriens.

Ugarit, das heute den Namen Ra's Shamra trägt, wurde sehr früh gegründet (wann genau, ist ungewiss), erlebte seine Blütezeit aber vor allem in der zweiten Hälfte des 2. Jahrtausends v.Chr. Funde von **Keramik, Waffen, Schmuck** etc. zeigen, dass die Stadt regen Handel mit anderen Mittelmeerländern und Mesopotamien betrieb. Die Stadt war kulturell eigenständig, politisch aber trotz der wichtigen Stellung als Handelsstützpunkt nur von lokaler Bedeutung.

Die ehemalige Hafenstadt war planmäßig angelegt und in Berufsgruppenquartiere aufgeteilt. Es herrschte das **orientalische Sackgassensystem** vor, bei dem von einer breiten Hauptstraße kleine Stichwege abgehen. Ein mächtiger Wall umgab die Stadt. Die Wohnhäuser und die Palastanlagen waren um einen Hof herum gruppiert. Häufig waren Familiengrüfte in diese eingelassen.

Hervorzuheben ist die Ausfallpforte, deren wichtigstes Tor auf das Meer gerichtet und befestigt war. Der Königspalast umfasste einen großen Thronsaal, fürstliche Residenzen, Wohnquartiere, Tempel und Grabanlagen, die kostbaren Beigaben enthielten.

Den Untergang Ugarits im 13. Jahrhundert v.Chr. brachte die Invasion der sogenannten Seevölker.

Man betritt das **alte Ugarit** im Westen durch ein spitz zulaufendes Tor, das alleine schon die Anfahrt lohnt. Das Ausfalltor des Palastes besteht aus einem abknickenden Treppenaufgang, der zum Palast hinauf führt. Nördlich davon befindet sich der Regierungspalast. Der Königspalast, dessen Hauptraum eine rechteckige Halle mit Säulen war, beanspruchte im 13./14. Jahrhundert v.Chr. eine Grundfläche von 6500 Quadratmetern. Weiter östlich gelangt man durch das Residenzviertel zur ehemaligen Akropolis, von der man einen guten Überblick über das Gebiet hat. Von hier kommt man leicht in das Tempelviertel, das sich östlich der Burg erstreckt, von dem aber nur noch wenig übrig ist. Das ehemals stark befestigte Areal wird von den beiden Haupttempeln, dem Baal-Tempel und dem Dagan-Tempel, beherrscht. Beide sind quadratisch und waren durch die Priesterwohnungen baulich miteinander verbunden. Hier hat man auch die Schrifttontafeln gefunden.

Praktische Informationen

- Es gibt zwei Möglichkeiten, Ugarit mit **öffentlichen Verkehrsmitteln** zu erreichen: Man nimmt a) den Stadtbus oder b) den Minibus ab Lathaqiya bis zum Ort Ra's Shamra und läuft die letzten 3 km, oder man nimmt sich ein Taxi (max. 150 Lira). Übernachtungsmöglichkeiten gibt es hier direkt nicht, wohl aber weiter in Richtung Süden.

Vom Parkplatz aus folgen wir nun rechts der Straße. Kurz danach stößt man ans Meer. Die Straße führt hinter den Häusern vorbei, die am Strand von Lathaqiya stehen (siehe dort).

syr039 Foto: mb

An der „Côte d'Azur Syriens“

Km 133 – Kreisel. Rechts geht es zum Cham Palace Hotel, zum Ort und den Ferienwohnungen, den Läden und zum Strand, geradeaus zum Meridien, links nach Lathaqiya. Man folgt der Straße nach Lathaqiya links am Stadion vorbei.

Km 137 – Gabelung, links halten. Man erreicht den Eingangskreisel von Lathaqiya, ins Zentrum geradeaus.

Km 139 – Kreisel. Ins Zentrum fährt man schräg rechts ab. 1 km weiter folgt wieder ein Kreisel. Man fährt schräg links. Rechts geht es direkt zum Hafen. 1 km weiter wieder eine Kreuzung: Hier geht es links zur Sh. 16. Tishrin und man ist im Zentrum.

Route C 3:

Lathaqiya – Saladinburg – Slunfa – Shaizar – Hama

- **Routenlänge:** insgesamt 208 km

Diese an Schönheit und Abwechslung kaum zu überbietende Tour führt von der Küste ins Landesinnere zur legendären Saladinburg. Von hier zu Syriens höchster Ortschaft, dann hinunter in die Ghab-Ebene, vorbei an Apamea nach Shaizar, wo wieder eine Burg auf uns wartet. Beendet wird die Route in einer der schönsten Städte Syriens: in Hama!

Öffentliche Verkehrsmittel

Keine durchgehenden öffentlichen Verkehrsverbindungen, aber die meisten Ziele können problemlos angefahren werden. Hinweise siehe bei den einzelnen Orten.

Routenteil 1: Lathaqiya – Pass des Djabal Slunfa (96 km)

Ausgangspunkt dieser Tour ist der Ausgangskreisel von Lathaqiya, östlich der Universität, dort wo die Straßen nach Tartus und Aleppo abgehen. Man richtet sich nach der Beschilderung „Tartus" und kommt auf die Autobahn, der man zunächst folgt.

Km 2 – Rechts Autobahnausfahrt, Beschilderung „al-Haffeh". Bei der Kreuzung geht es links ab. Man folgt weiter der Beschilderung. Die Straße macht eine große Linkskurve.

Km 5 – Kreuzung: Hier rechts ab. Beschilderung nach 100 m. Die Straße führt nun ins Landesinnere.

Km 23 – Ortsschild von **Haffa.** Es geht bergauf.

Km 25 – Ortsmitte, links die Moschee. Am ovalen Kreisel rechts ab.

Km 26 – Rechts geht die Straße zur Burg ab. Wir folgen der kleinen Strecke steil bergauf. Hinter einer Kuppel geht es wieder bergab.

Km 28 – Gabelung. Ein Schild auf Englisch, der Pfeil ist verwischt. Es geht hier links weg! Nach ca. 500 m folgt wieder eine Gabelung. Hier rechts ab. Links ist ein nettes Restaurant, dahinter ein kleines Hotel. Wer unterwegs übernachten möchte (oder keine Lust auf Lathaqiya hat), kann dies hier tun, in dem wirklich schönen **Hotel Saladin Castle**€€ (Tel. 041-73 09 54, www.saladincastlehotel.com). Das moderne Hotel hat einen freundlichen Besitzer, nettes Personal, saubere Zimmer und Aussicht auf die Burg.

Die Straße führt nun rechts den Berg hinunter und zwar ziemlich steil! Eine Haarnadelkurve folgt der anderen. Sehr eng und steil, aber fantastisch schön.

Km 30 – Eine Brücke führt uns über das Tal, danach geht es steil bergauf, wieder in Haarnadelkurven.

Km 31 – Der **Eingang zur Saladinburg** ist erreicht, gleich zu Beginn die Felsnadel, die einst die Hängebrücke gehalten hat. Man durchfährt den Burggraben bis zum Eingang.

Saladinburg (Qala'at Salah ad-Din) قلعة صلاح الدين

⇗ IV,A/B1

Obschon der Name auf den großen Saladin verweist, war er doch nicht der Erbauer dieser imposanten Anlage, die wie der Krak des Chevaliers seit 2006 zum UNESCO-Weltkulturerbe gehört. Er entriss die strategisch günstig gelegene Burg jedoch den Kreuzfahrern, weswegen man sie ihm zu Ehren so nannte. **Erbaut** wurde sie **im 10. Jahrhundert von Byzantinern,** die sie bis zur Übernahme durch die **Kreuzfahrer** halten konnten. Zusammen mit der Qala'at Marqab und dem Krak des Chevaliers gehört die Saladinburg zu den eindrucksvollsten Bauten der Kreuzritterzeit. Allein ihre **Lage ist atemberaubend:** Auf einem steilen Bergrücken liegt sie, als wäre der Berg eigens für sie geschaffen. Und in der Tat, so war es auch: Um der Burg einen natürlichen Verteidigungsschutz zu geben, hatte man mühsam einen Graben um den Teil der Burg ausgehoben, der nicht durch steile Felswände geschützt war. Nur eine Felsnadel hatte man stehen gelassen, um an ihr die Zugbrücke befestigen zu können, die den Einlass zur Burg gewährte. Die Burg weist eine uneinheitliche Bebau-

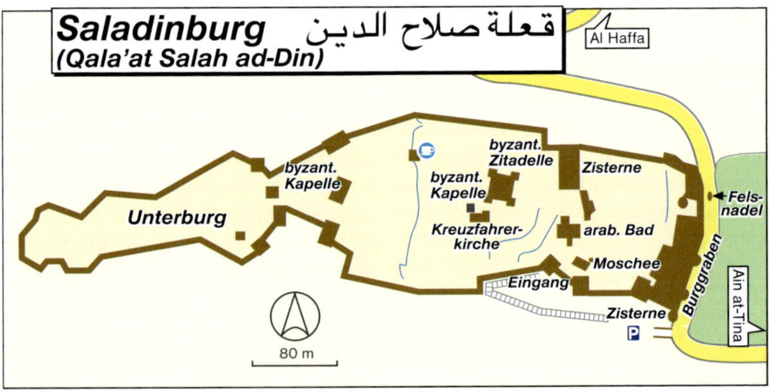

syr040 Foto: mb

Herrlich gelegen: die Saladinburg

ung auf. Zwar stammt das Meiste aus Kreuzritterzeiten, doch die ersten Bauten wurden schon unter byzantinischer Herrschaft geschaffen. **Saladin konnte die Burg 1188 erobern** und ließ dort ein prächtiges **Hammam** und eine **Moschee** errichten. Wehrbauten gibt es aus dieser Zeit keine mehr.

Die besterhaltenen Reste der Burg befinden sich gleich hinter dem Eingang. Geradeaus folgt das Hammam, dahinter die Zisterne. Rechter Hand kommen die Wohnräume und die Wehrtürme aus fränkischer Zeit. Noch auf der Südseite der Burg (noch immer rechterhand, also im Osten) erhebt sich ein Turm, von dem eine Geheimtreppe zur Ausfallpforte unterhalb der Burg führt. Nordöstlich dieser Treppe liegt der gewaltige Pfeifersaal, der als Pferdestall genutzt wurde.

Wendet man sich vom Eingang nach links, kommt man zur Unterburg, von der nicht mehr allzu viel zu sehen ist, wo sich aber heute das nette Café befindet, das zur Rast einlädt.

Praktische Informationen

- **Geöffnet** tägl. außer Di von 9–18 Uhr, im Winter bis 16 Uhr, **Eintritt:** 150 Lira, Studenten 10 Lira.
- **Anfahrt mit öffentlichen Verkehrsmitteln:** Von Lathaqiya aus führt ein Minibus bis zum Dorf **al-Haffa** (10 Lira, halbe Stunde). Ab dort sind gutes Schuhwerk (auf einem Wald-

weg – zeigen lassen! –, 5 km, entlang der Straße wie beschrieben, 8 km) oder Verhandlungskünste für ein Taxi gefragt (das kostete 2008 500 Lira für Hin- und Rückfahrt und zweistündigem Warten zwischendurch)!

Durchfährt man den Burggraben, macht die Straße an deren Ende eine Linkskurve. Hier geht es nun zur größeren Rückstrecke.

Km 31 – Gabelung. Es geht nach rechts. Bei der nächsten Gabelung weiter nach rechts über die Brücke. Man folgt der Straße leicht bergauf. Rechts und links kommen immer wieder Felder und Häuser, es ist eine schöne Landschaft. Die Vegetation ist hier karger als auf dem Hochweg, es gibt keine Wäldchen mehr. Man folgt immer der Straße.

Km 34 – Abzweig links. Beschilderung nach Slunfa. Hier geht es weiter.

Man durchfährt nun kleinere Ortschaften, die Straße geht immer weiter bergauf, durch weite Landschaften, hügelig und traumhaft schön!

Km 38 – Kreuzung, rechts weiter. Man durchquert eine Hochebene mit toller Aussicht nach rechts und links!

Km 40 – Gabelung. Hier geht es rechts runter. Die Fahrt führt nun durch herrliche Landschaft, vorbei an Steinterrassen und engen Schluchten.

Km 45 – T-Kreuzung. Es geht links.

Km 61 – Kreuzung. Hier geht es rechts zur Ghab-Ebene, links nach Lathaqiya und ins Zentrum von **Slunfa.**

Slunfa ⇗IV,B1 صلنفة

Slunfa, so beschaulich und nett es einmal war, wird von einem **Bauboom** heimgesucht: Neubauten und Hochhäuser schießen aus dem Boden, aber auch Villen und Bauruinen sind zu sehen. In den Ort zieht sich zurück, wer im Sommer der Hitze in Aleppo oder Damaskus entfliehen will – aber auch reiche Araber vom Golf lassen sich hier in den Sommermonaten nieder und genießen die syrische Freiheit und Unbekümmertheit. Immerhin: Im Ortskern finden sich nach wie vor nette Häuser, jede Menge kleiner, sehr syrischer Restaurants, Cafés, kleine Läden – und viel, viel Leben, vor allem in den Sommermonaten, denn im Winter ist es in Slunfa wie ausgestorben.

Praktische Informationen

- Wer denkt, der angesprochene Bauboom habe auch dazu geführt, dass Hotels entstanden sind, der irrt. Denn arabische Touristen mieten sich hier Wohnungen – Hotels gibt es keine erwähnenswerten. Falls jemand unbedingt im Ort übernachten will, muss er sich in den Läden und Restaurants nach Mietwohnungen oder privaten Zimmern erkundigen.
- Keine Bank oder Post, aber eine Apotheke!
- **Öffentlich erreichbar** ist Slunfa ab Hama, Lathaqiya und Djisr ash-Shughur **mit Minibussen.**

Km 61 – An der Kreuzung nach rechts abbiegen. An den Straßenrändern bieten Frauen immer wieder frisch gebackenes Brot mit Paprikapaste an – einfach köstlich!

Die Landschaft ist nun sehr alpin und nähert sich dem Pass und damit Teil 2 dieser Route.

Km 66 – Der **Slunfa-Pass.** Von hier bieten sich spektakuläre Blicke in die Ghab-Ebene, die schönsten von ganz Syrien.

Routenteil 2: Slunfa-Pass – Hama (112 km)

Km 2 – Links geht es zum Gipfel des Berges, rechts geht es bergab ins Tal.

Rechts kann man immer wieder einen Blick auf diese grandiose Landschaft erhaschen: Steil fällt das Salihiya-Gebirge hier in die Ebene, die wie ein Geschenk vor einem liegt. Die Straße führt in vielen Windungen schwindelerregend steil bergab.

Km 20 – Man hat den Ort **Djurin** erreicht, der schon fast in der Ebene liegt. Man durchfährt ihn. Bei der T-Kreuzung geht es rechts nach Apamea, links nach Djisr ash-Shughur. Eine topfebene Strecke führt uns nun durch eine öde Gegend nach Süden, dazu eine kleine Straße, die auf den Landkarten als große eingezeichnet ist. Rechts und links wehen Plastiktüten im Gestrüpp. Dennoch: Die Strecke ist schön!

Km 30 – Es geht leicht bergauf, schöne Blicke bieten sich nach links. Man fährt nun direkt **am Fuße des Salihiya-Gebirges** durch sehr ländliche Gegenden. Wegweiser, die links nach Apamea weisen, ignoriert man, denn dann würde man zu lange auf Route C 2 zurückfahren!

Km 41 – Es geht links nach Apamea, hier biegen wir ab. Man durchquert die **Ghab-Ebene** und kann am Horizont Apamea erkennen.

Km 44 – Überquerung des Orontes.

Km 54 – Rechts abbiegen. Gleich daraufhin sieht man das gute Fischrestaurant, das im Rahmen der Route C 2 beschrieben wurde.

Km 57 – Links geht es zum Ruinenfeld von Apamea ab (Beschreibung siehe Route C 2).

Km 64 – **Asqaibaliya.** Beim zweiten Kreisel geht es rechts nach Misyaf, geradeaus nach Shaizar. Man folgt der Beschilderung nach Hama.

Km 70 – Es geht bergab, vor uns liegt die Ebene. Ca. 10 km später kann man bereits Shaizar sehen.

Km 85 – Links kommt eine Straße. Wir fahren rechts weiter. Linker Hand ist die **Burg Shaizar** zu sehen.

Shaizar ⇗IV,B2 شيزار

Shaizar ist eng mit dem Namen **Usama ibn Munqid** verbunden, der hier bzw. in der Burg Shaizar als **Stammesfürst** während des 11. und 12. Jahrhunderts herrschte. Ibn Munqid ist bis heute weniger als Burgherr denn für seine Schreibkunst bekannt. **Seine Memoiren, 1175 geschrieben** und unter dem Titel „Buch der Belehrung durch Beispiele“ erschienen, haben die Zeiten überdauert und gelten heute als einer der **wichtigsten zeitgenössischen** und sehr lebendigen **Berichte über die Kreuzrittertage** in Syrien (deutsch in der Übersetzung von Gernot Rotter: „Ein Leben im Kampf gegen Kreuzritterheere“, Tübingen 1978; eine kurzweilige Lektüre für Syrienreisende und Liebhaber witziger Anekdoten!).

Die herrlich gelegene **Burg,** Hauptattraktion des Dorfes, wird derzeit (Anfang 2009) komplett renoviert. Die Außenmauern werden neu befestigt, das Innere des Areals zum Teil ausge-

syr041 Foto: mb

graben und instand gesetzt. So lange die Renovierungsarbeiten anhalten, ist eine Besichtigung nicht möglich, danach erwartet den Besucher wahrscheinlich eine herrliche Burganlage mit Stadtstrukturen im Inneren und großen Wachtürmen.

Die Burg wurde erst zur Zeit der Kreuzfahrer gegründet, aber nie von diesen eingenommen. Was den Kriegern nicht gelang, vermochte ein **Erdbeben 1157:** Die Burg wurde zerstört, und trotz des Wiederaufbaus durch Nur ad-Din erhielt sie nie wieder die einstige Pracht, und nach einem Angriff der Mongolen war sie so weit zerstört, dass auch Neubefestigungen durch die Mamluken ihren Zerfall nicht aufhalten konnten.

Das Besondere der Burg ist die **einzigartige Lage.** Auf einem schmalen Felsgrat liegt sie uneinnehmbar und lässt einen gigantischen Blick entlang des Orontes zu! Am besten erhalten sind der Wehrturm, den man auch besteigen kann, sowie der Nordturm, durch den man die Anlage betritt.

Blick auf Shaizar und seine Burganlage vor der Renovierung

Praktische Informationen

- Versorgungsmöglichkeiten im Dorf, Minibusse ab Hama.

Man durchfährt den Ort, am Kreisel geht es rechts.

Km 94 – Rechts liegt das Dorf **Marsaf** auf einem kleinen Hügel. Die

Landschaft wird hügeliger, die Straße durchfährt immer häufiger Häuseransammlungen.

Km 96 – Rechts eine alte Steinbrücke. Beginn der vierspurigen Ausfallstraße nach Hama.

Km 108 – Ausgangskreisel von Hama (siehe auch Route C 4). Wir fahren links, am Ende der Straße nach rechts. Beim nächsten Kreisel geradeaus.

Km 112 – **Kreisel.** Hier links, nach 200 m Gabelung; wieder links. Ins **Zentrum von Hama** geht es bergab.

Hama ⇗V,C2 حماة

Geschichte

Die heute **230.000 Einwohner** zählende Stadt spielte in der Bronze- und Eisenzeit, während der seleukidischen und römischen, der byzantinischen und islamischen Herrschaft eine wichtige Rolle. Die Grundmauern der **Zitadelle,** nordwestlich des Zentrums gelegen, gehen zurück auf das 11. Jahrhundert v.Chr., als Hama Zentrum eines kleinen syro-hethitischen und aramäischen Königreichs war. Unter König Salomon war Hama tributpflichtig, erreichte aber im 9. Jahrhundert v.Chr. wieder seine Unabhängigkeit, als es sich mit Damaskus zu einer Föderation einließ.

720 v.Chr. zerstörten die Assyrer die Stadt, und wie der Rest Syriens gelangte Hama unter assyrische Herrschaft. Im **2. Jahrhundert** etablierten sich hier die **Seleukiden** und nannten die Stadt Epiphanias. Danach wurde sie erst römisch, dann byzantinisch. **636/637** ging die Stadt in **muslimische Herrschaft** über. Zwischen Aleppo und Damaskus gelegen, geriet Hama häufig zwischen die Fronten, vor allem im 11. und 12. Jahrhundert. Unter ayyubidischer Herrschaft entstanden die Orontes-Wasserräder, die von Mamluken und Osmanen ausgebaut wurden. Im 16. Jahrhundert begann die Stadt an Bedeutung zu verlieren, im **18. Jahrhundert** geriet sie unter die **Kontrolle von Damaskus.** Mit der Unabhängigkeit Syriens wurde Hama **Provinzhauptstadt.**

Hama gilt als **konservativste Stadt des Landes,** d.h. ihre Bewohner sind sehr religiös. So ist es auch nicht weiter verwunderlich, dass Hama bis in die 1980er Jahre hinein Zentrum der **Muslimbrüder** war, einer Vereinigung, die sich für ein islamisches Rechts- und Staatswesen einsetzt. Diese zum Teil radikale Gruppe kämpfte im Zuge des Libanonkrieges gegen Syrien und erklärte die Stadt Hama 1982 für „befreit". Doch die syrische Luftwaffe schlug mit aller Heftigkeit zurück und bombardierte Hamas Innenstadt. Von diesem Trauma erholt sich die Stadt nur langsam. Nicht nur die hohe Zahl der Opfer ist bis zum heutige Tage in schmerzhafter Erinnerung, auch wichtige historische Bauten, wie die Umayyaden-Moschee, wurden zerstört.

Heute merkt man (als Tourist) nichts mehr von den einstigen Kämpfen. Hama ist äußerst **pittoresk,** die Bewohner sind überaus freundlich. Für mich

syr042 Foto: mb

ist Hama eine der angenehmsten Städte Syriens. Die Suqs sind in keinster Weise auf den Tourismus eingestellt und somit unverfälscht schön!

Bekannt ist Hama heute vor allem aufgrund seiner grandiosen Wasserräder, die man über die Stadt verteilt finden kann.

Sehenswürdigkeiten

Sämtliche Sehenswürdigkeiten liegen am Orontes, begrenzt von den vier Wasserrädern im Osten und dem großen Wasserrad im Süden. Wer sich erst einmal einen Überblick verschaffen möchte, dem sei eine **„Stadtrundfahrt"** mit dem öffentlichen Stadtbus für 10 Lira empfohlen! Einstieg ist bei den zwei Wasserrädern im Zentrum. Von hier aus geht es um die Zitadelle herum, dann in Serpentinen den Hügel hoch durch Hamas Wohngebiete. Oben hat man bei schönem Wetter eine herrliche Sicht auf die Stadt und die Zitadelle. Vorbei am Bahnhof geht es zum Busbahnhof und durch die Sh. el Jalaa zurück ins Zentrum.

Insgesamt befinden sich auf Hamas Stadtgebiet **15 Naura** (*Noria* = **Wasserrad**), die meisten davon sind über 20 m hoch. Die Naura verhalfen Hama zu seinem hervorgehobenen Status. Seit vorislamischer Zeit nämlich versorgen sie die Stadt und die Region durch ihr Schöpfwerk mit Wasser. Die Räder drehen sich je nach Wasserstand unterschiedlich schnell, der Zuhörende hat dabei das Gefühl, einer Melodie zu lauschen.

Schön ist auch ein Spaziergang auf der **Zitadelle.** Zwar kann man von historischen Ruinen hier nicht mehr allzu viel sehen, doch ist die Aussicht von oben toll und das geschäftige Picknicktreiben der Syrer am Freitag wirklich sehenswert!

Der hier vorgestellte **Spaziergang** lässt die Zitadelle außer Acht und führt **durch die Altstadt.** Er beginnt an der Touristeninformation am Nordufer des Orontes und verläuft gegen die Flussrichtung. Man durchquert zunächst

Im Zentrum der Stadt

Wasserrad (Noria) am Orontes

den netten Stadtpark nach Norden, entlang des Orontes. Von hier hat man einen schönen Blick auf die Kulisse der Altstadt, wo sich der Azm-Palast erhebt und Wasserräder den Fluss säumen. Überquert man die erste Flussbrücke, stößt man linker Hand auf die **an-Nuri-Moschee.** Sie wurde 1162 von Nur ad-Din errichtet und ist v.a. aufgrund ihres großen Wasserbassins im Inneren sehenswert. Sehr schön ist auch das quadratische Minarett. Gegenüber der Moschee befindet sich, auf der anderen Flussseite gelegen, die **Abu al-Fida-Moschee,** die Abu al-Fida, ein ayyubidischer Statthalter der Stadt, errichten ließ. Er liegt im Mausoleum nebenan (den Schlüssel hat der Wärter, ein kleines Trinkgeld fürs Aufschließen ist immer angebracht).

Folgt man nun der Gasse, die unterhalb der Nuri-Moschee durch einen Torbogen ins Stadtinnere führt, ist gleich auf der rechten Seite das nette **Café Sultan** erreicht. In den Kellerräumen der Moschee, in denen das Café untergebracht ist, lohnt unbedingt ein Teestopp!

Die Gasse führt nun mehr oder minder geradeaus durch eine enge, von hohen Natursteinwänden begrenzte Gasse, immer wieder mit Abbiegemöglichkeiten zum Orontes und seinen Wasserrädern, bis zu dem beeindruckenden und absolut sehenswerten **Azm-Palast.** Dieser wurde 1740 von Asad Basha al-Azm errichtet, der auch in Damaskus den gleichnamigen Palast erbauen ließ. Der ursprüngliche Palast wurde 1769 um einen Trakt er-

syr043 Foto: lh

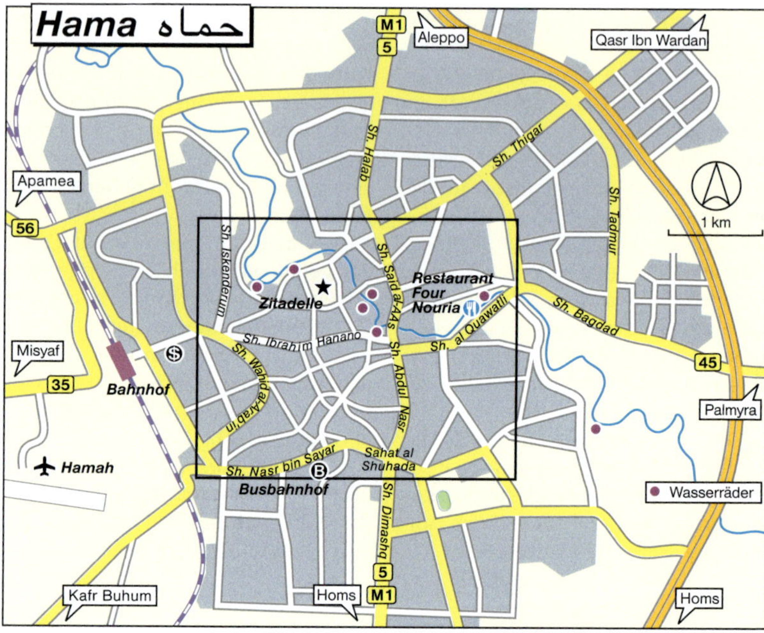

- 1 Parkcaféteria
- ★ 2 Zitadelle
- 3 Restaurants Dream House und Family Club
- 4 Römisch-orthodoxe Kirche
- 5 Cham Palace Hotel
- 6 Nuri Moschee
- Café Sultan
- ★ 7 Azm-Palast
- ★ 8 Hammam al Uthmaniya und Galerie
- 9 Café Rauda
- 10 Touristeninformation
- 11 Minibusse und Stadtbusse (auch zum Busbahnhof)
- 12 Hotel Noria
- 13 Hotel Cairo und Riyad
- ★ 14 Uhrturm
- 15 Restaurant Four Noria
- 16 Busbahnhof
- 17 Hotel Orient House

weitert, sodass der „eigentliche" Azm-Palast nur noch der *Haramlik,* der Familienbereich, ist. Der *Salamlik,* der öffentliche Bereich, ist der „neue" Trakt an der Nordwand des Haramlik. Heute ist im Palast ein **Museum** untergebracht, in welchem Mosaike, Glas- und Porzellanwaren ausgestellt werden. In den oberen Zimmern des Palastes findet sich die ethnografische Abteilung des Museums (Eintritt 150 Lira, Studenten 10 Lira).

Folgt man der Gasse weiter, steht man kurz danach rechts vor dem **Hammam Uthmaniya,** einer osmanischen Badeanstalt, die bis heute in Betrieb ist.

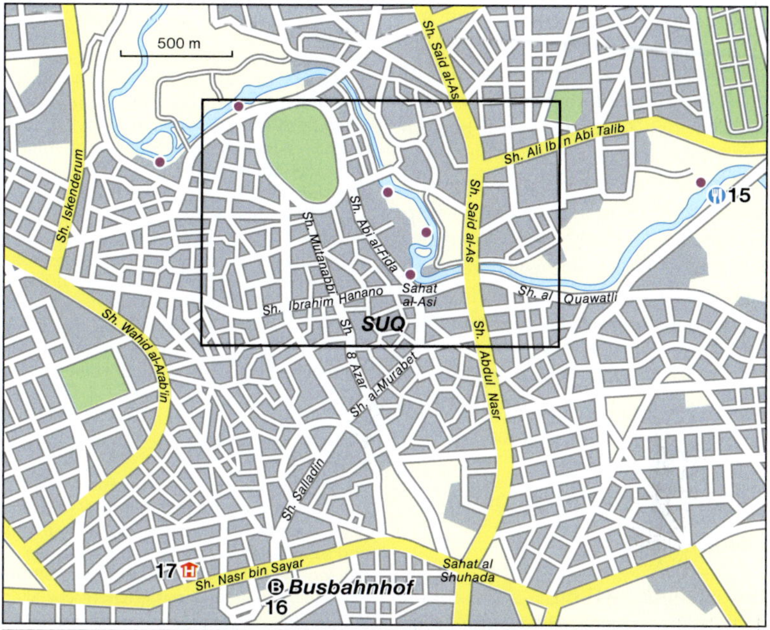
500 m
Sh. Iskenderum
Sh. Said al-As
Sh. Ali Ib n Abi Talib
15
Sh. Mutanabbi
Sh. Abi al-Fida
Sahat al-Asi
Sh. al Quawatli
Sh. Ibrahim Hanano
SUQ
Sh. Wahid al-Arab'in
Sh. 8 Azar
Sh. al-Murabet
Sh. Abdul Nasr
Sh. Salladin
17
Sh. Nasr bin Sayar
Busbahnhof
16
Sahat al Shuhada

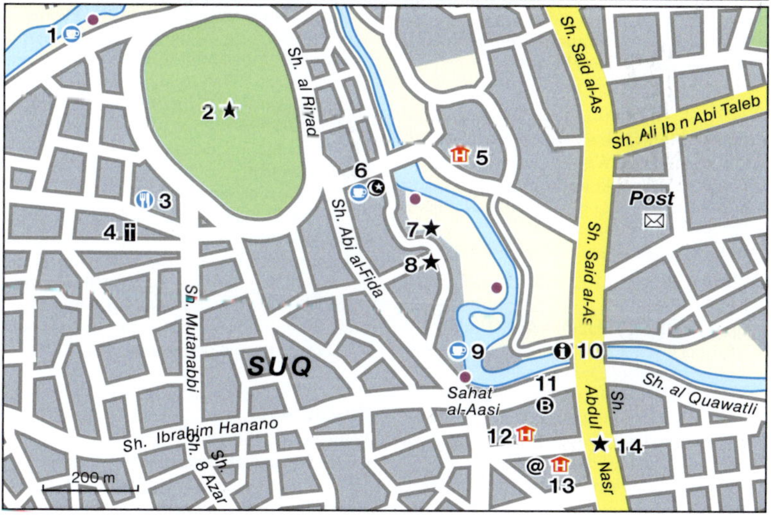
1
2
Sh. al Riyad
Sh. Said al-As
Sh. Ali Ib n Abi Taleb
5
6
3
4
Post
Sh. Abi al-Fida
7
8
Sh. Mutanabbi
SUQ
9
10
Sahat al-Aasi
11
Sh. al Quawatli
Sh. Abdul Nasr
12
14
Sh. Ibrahim Hanano
Sh. 8 Azar
200 m
13

Wer nun weiter geradeaus läuft, gelangt zurück ins Stadtzentrum, wo unser Spaziergang endet. Sehenswert ist auch die **römisch-orthodoxe Kirche** westlich der Zitadelle, deren Besuch vor allem aufgrund der zahlreichen Malereien lohnenswert ist. Zahlreiche Ikonen können in ihr bewundert werden. Wenn die Kirche verschlossen ist, kann man bei den Patres klingeln, die einen gerne durch die Kirche führen.

Durchaus sehenswert sind die schönen **Suqs** in Hama. Kaum ein Tourist verirrt sich hierher. Eine Vielzahl hübscher Marktgassen durchzieht die Stadt mit ihren vielen Khanen.

Praktische Informationen

- **Telefonvorwahl: 033**

Touristeninformation

- Im Stadtpark Umm al-Hasan. Wie immer **wenig hilfreich,** aber nette Leute.
- Wirklich gute und **brauchbare Informationen** erhält man **im Hotel Cairo!**

Wichtige Adresse

- **Immigration Office (Maktab al-Hidjra wa-l-Djawazat)**

Sh. al-Murabit, direkt im Zentrum. Hier sind Visumsverlängerungen möglich. Das Personal ist netter als in Damaskus!

Hotels

Schick

- **Apamea Cham Palace**€€€-€€€€

PO Box 111, www.chamhotels.com, zentrale Reservierung über Damaskus, Tel. 011-223 23 00. Schickes Hotel am Fluss, schön eingerichtet, z.T. mit Fundstücken aus Apamea. Die Zimmer haben einen herrlichen Blick auf den Azm-Palast und die Wasserräder. Es gibt zwei Restaurants, einen Pool, Tennisanlagen und eine Bar.

Die goldene Mitte

- **Orient House**€€

Etwas dezentral in einer kleinen Nebengasse der Sh. al-Jalaa, Tel. 22 55 99, Fax 247 06 40, www.orienthouse-sy.com. Das Hotel ist ein Schmuckstück: in einem alten Haus untergebracht, mit Innenhof und Brunnen, charmant und voller Atmosphäre!

- **Noria*****/€-€€

Sh. al-Quwwatli, Nähe Uhrturm, Tel. 51 24 14, Fax 51 17 15, www.noria-hotel.com. Sauberes, nettes und zentrales Hotel mit sehr angenehmem Personal. Empfehlenswert! Jedes Zimmer hat Sat-TV, einen Kühlschrank und natürlich ein Bad. Den freundlichen Besitzern gehören auch das Hotel Cairo sowie das Orient House. Unbedingt auch für Frauen allein nutzbar.

Einfach, aber schön

- **Cairo**€

Sh. al-Quwwatli, Tel. 22 22 80, Fax 23 72 06, cairohot@scs-net.org. Nettes Hotel mit sehr herzlichen Besitzern, schöner Atmosphäre und super sauber. Zimmer mit Bad. Es bietet ein sensationelles Preis-Leistungsverhältnis. Eine kleine Bibliothek mit Büchern aus aller Welt bringt Abwechslung in den Reise-Lesealltag! Häufig ausgebucht in der Hochsaison, Reservierung ist in dieser Zeit dringend anzuraten! Vom Hotel aus werden Touren (z.B. zum Qasr ibn Wardan) organisiert. Herrliche Terrasse! Am Rande bemerkt: Hilfreich sind die Visitenkarten des Hotels, auf denen ein kleiner Stadtplan eingetragen ist.

- **Riad (Riyad)**€

Sh. al-Quwwatli, direkt neben dem Cairo, Tel. 23 55 44, Fax 51 77 76, riadhotel@scs-net.org. Direkt neben dem Cairo, die Atmosphäre ist gut und international, ansonsten würde ich sagen: Die Hotels ähneln sich zum Verwechseln. Herrliche Terrasse, auch Tourangebote, Zimmer mit allem Komfort und sauber! Von Lesern kamen begeisterte Zuschriften.

Restaurants

Schick und schön

- **Four Noria (arba' nawa'ir)**

Sh. Four Noria, Tel. 52 24 00 und 52 23 00, untere bis mittlere Preisklasse. Hier, bei den vier Wasserrädern, kann man in diversen Restaurants und Cafés gut speisen, in manchen auch Alkohol trinken. Dieses Restaurant gefiel uns besonders gut. Schöne Aussicht, gutes Essen zu günstigen Preisen! Es fahren keine Minibusse vom Stadtzentrum aus, sind rund 30 Min. Fußmarsch (immer den Orontes entlang) oder mit dem Taxi 10 Min. (rund 40 Lira).

- **Family Club**

In der Altstadt, ca. 700 m vom Uhrturm, bei der Kirche St. Georg. Gutes, elegant eingerichtetes Restaurant in der Altstadt. Alkohol wird ausgeschenkt, man speist hervorragend.

- **Dream House**

In der Altstadt, nahe der orthodoxen Kirche, Tel. 41 16 87. Sehr hübsches Restaurant mit offenem Kamin (im Winter), europäisch eingerichtet. Gutes Essen, auch europäisch angehaucht, moderate Preise.

Einfach köstlich

- **Express**

Neben dem Hotel Noria, Tel. 51 87 61. Einfaches, aber sehr leckeres Restaurant mit frischen Hähnchen, *Futair, Shawarma, Kebab* u.v.m. Beliebtes Familienrestaurant.

- **Einfache Restaurants** finden sich bei den Busgesellschaften im Stadtzentrum und entlnag der Sh. al-Quwwatli.

Cafés und Teehäuser

- **Hama ist in ganz Syrien für seine köstlichen Süßigkeiten bekannt.** Besonders beliebt und lecker sind die *Halawadjiba*. Die sollte man unbedingt probieren, z.B. in der Cafeteria Farah (neben dem Hotel Noria). In der Sh. al-Quwwatli gibt es viele Konditoreien, die diese Köstlichkeiten anbieten.
- Schräg gegenüber auf der anderen Orontesseite ist das **an-Nadi,** auch unter Bäumen und ebenfalls mit schönem Blick!
- Ein nettes Café/Teehaus, auch für Frauen, ist das **Café Sultan** bei der Nuri-Moschee. Man sitzt direkt an den Wasserrädern und lauscht deren Klang.
- Unterhalb des Zitadellenhügels, nahe der Bab an-Nahr-Wasserräder, ist ein weiterer Teegarten. Diese **„Parkcafeteria"** ist schön und ruhig gelegen und vor allem während des Hamafestivals einen Besuch wert, wenn rund um den Zitadellenhügel ziemlich was los ist.
- Das **Café Rauda** direkt am Orontes liegt nett, der Gestank des Flusses bei Niedrigwasser mag einem jedoch manchmal den Appetit verderben. Bei Hochwasser allerdings sitzt man hier sehr schön.
- Viele nette Cafés gibt es **bei den vier Wasserrädern** (siehe „Restaurants").

Abends ...

- Eine **Wasserpfeife rauchen** oder nur einen **Tee trinken** – wo kann man das schöner als direkt am Ufer eines Flusses, der einen so verheißungsvollen Namen trägt wie der Orontes?

syr044 Foto: mb

Spaziergang durch die Altstadt

Hammams

- **Hammam al-Uthmaniya**
Neben dem Azm-Palast, Tel. 23 17 74, etwa 100 Lira. Schönes altes Bad, vormittags Männer, nachmittags Frauen, nach Sonnenuntergang wieder Männer. Laut Leserzuschrift ist die Massage in diesem Hammam weniger empfehlenswert.
- **Hammam al-As'adiya**
Im Suq at-Tawil. Leider nur für Männer, ein schönes Hammam mitten im Suq. Bis spät in die Nacht geöffnet.

Galerie

- Einmalig in Syrien ist das **„Atelier des Peintures"**, eine Gemeinschaftsgalerie von 14 Künstlern neben dem Hammam Uthmaniya in der Altstadt. Hier zeigen einheimische Maler in sieben Räumen eines 350-jährigen Hauses ihre Werke, die sie dem interessierten Besucher auch gerne bei einem Glas Kaffee erklären (und verkaufen). Lohnt unbedingt einen Besuch!

Internet

Surfen kann man ganz unproblematisch in den **Hotels Cairo** und **Riad** oder in einem der vielen **Internet-Cafés** überall in der Stadt.

Sport

- **Tennisplätze** und einen **Swimmingpool** bietet gegen teures Geld **das Apamea Cham Place Hotel** auch Nicht-Hotelgästen.

Bahn

Hamas Bahnhof liegt im Westen der Stadt, etwas außerhalb, aber mit einem Stadtbus ab der Sh. al-Quwwatli zu erreichen. Zu den Verbindungen und Fahrplänen siehe unter www.cfssyria.org.

Busse

Der zentrale **Pullmann-Busbahnhof** liegt in der Sh. Nasser bin Sayar. Von hier fahren Stadtbusse ins Zentrum (Stopp bei der Post bzw. den zwei Wasserrädern, s.o. bei der Stadtrundfahrt). Ein Taxi kostet rund 50 Lira. Alle Busgesellschaften fahren vom Busbahnhof **in alle Städte Syriens** ab, nach Homs, Aleppo, Damaskus, Lathaqiya und Tartus stündlich oder noch häufiger. Kosten je nach Strecke zwischen 20 Lira (Homs), 60 Lira (Tartus) und 350 Lira (Malikiya), Damaskus rund 120 Lira, Aleppo rund 80 Lira.

Der **Minibusbahnhof** befindet sich direkt neben dem Pullmann-Busbahnhof, bzw. die Minibusse nach Shaizar, Misyaf und Homs fahren von der gegenüberliegenden Straßenseite ab.

Telecom und Hauptpost

- Die Hauptpost ist in der Sh. al-Quwwatli, gegenüber dem Hotel Basman. Hier können auch internationale Telefonkarten gekauft werden. Öffnungszeiten: 8–18 Uhr.

Geldwechsel

- Die **Commercial Bank of Syria** befindet sich nahe der Post. Geöffnet tägl. außer Fr, 8–12.30 Uhr und 14–18 Uhr.

Festivals

- Das **Frühlingsfestival** findet in den letzen zwei Aprilwochen statt. Dieses große Festival ist ein kultureller Höhepunkt: Reiterspiele, Kunstausstellungen, traditionelle Folkloretänze und natürlich ein riesengroßer Markt im Freien!

Ausflüge

Folgende Ausflugsziele werden über Routenbeschreibungen abgedeckt: die Burg Shammamis und Salamiya (Route F 3), Misyaf (Route C 2, mit Anfahrtsbeschreibung über Route C 4), Qala'at Shaizar (Route C 3) und Apamea (Route C 2).

- Das einzige Ausflugsziel, das hier einzeln aufgeführt werden soll, ist das **Qasr Ibn Wardan,** ca. 50 km östlich von Hama. Nicht nur dieses sehr schöne Wüstenschloss lohnt unbedingt einen Ausflug, auch die Dörfer, z.T. mit Bienenwabenhäusern, auf dem Weg dorthin sind einen Blick wert. Das Qasr wurde im Jahre 564 erbaut, also unter dem Kaiser Justinian und wurde in den 80er Jahren des letzten Jahrhunderts renoviert. Es besteht aus drei Komplexen: dem eigentlichen Palast, der Kirche und den Stallungen. Das Besondere an dieser Burg ist die gestreifte Außenfassade: Basaltsteine, Kalksteine und gebrannte Lehmziegel wechseln einander ab. Die Festung hatte in islamischer Zeit keine Bedeutung und ist in keiner historischen Quelle erwähnt. Eintritt: 75 Lira.

Öffentliche Verkehrsmittel: etwas problematisch! Zwar fährt ein Minibus von Hama nach Ibn Wardan (etwa um die Mittagszeit, siehe Stadtplan Hama), er fährt aber nur früh morgens von Ibn Wardan nach Hama zurück. Es gibt jedoch die Möglichkeit, von Hama aus nach al-Hamra zu fahren. Ab dort sind es noch 20 km, die man leicht trampen kann. Im Ort kann man eventuell nach Übernachtungsmöglichkeiten fragen. Da es manche Leute aber als Pflicht ansehen würden, diese kostenlos zu gewähren, bitte unbedingt ein paar Geschenke dabei haben!

Mit dem Pkw verlässt man Hama vom Noria-Park aus in Richtung Norden (Aleppo) bis zum Kreisel der Umgehungsstraße. Dort biegt man rechts ab, 2 km weiter links. Weitere Anfahrt siehe Route F 4 rückwärts!

• **Organisierte Touren in die Umgebung** bieten die Hotels Cairo und Riad an. Moderate Preise, gute Angebote!

Route C 4:

Hama – Misyaf – Draikish – Tartus

• **Routenlänge:** insgesamt 110 km, gute Teerstraße

Öffentliche Verkehrsmittel

Busse ab Hama bis Misyaf, ab dort **Minibusse** nach Draikish und weiter nach Tartus.

Diese Route ist eine landschaftlich sehr schöne Strecke **von Zentralsyrien ans Mittelmeer.** Terrassenfeldbau, die Ismailitenburg in Misyaf und wechselnde Vegetation machen die kurze gebirgige Fahrt zu einer herrlichen Tour. Ein lohnender Stopp ist Misyaf, von wo man problemlos auf Route C 1 zum Krak oder nach Safita oder auf Route C 2 Richtung Apamea stoßen kann.

Ausgangspunkt der Route ist der Stadtkreisel in Hama, südlich des Uhrturms = **Km 0.** Hier geht es nach rechts in Richtung Westen. Nach 200 m gabelt sich die Straße, hier links. Bald danach erreicht man einen weiteren Kreisel, hier geradeaus. Beim dritten Kreisel finden sich die ersten Hinweisschilder nach Misyaf. Es geht nach rechts Richtung Lathaqiya. Bei der nächsten Gabelung schräg links.

Km 2 – Kreisel. Schräg links, Hinweisschild nach Lathaqiya/Misyaf. Und wieder ein Kreisel. Hier links.

Km 4 – Man verlässt nun Hama. Ausgangskreisel. Hier links. Vor uns liegen nun die Berge des Anti-Libanon. Man fährt durch landwirtschaftlich intensiv genutztes Gebiet.

Km 5 – Kreisel. Hier links, parallel zur Bahn. Beschilderung nach Misyaf. Fotografieren ist hier verboten – Sperrgebiet!

Km 13 – Man durchfährt den Ort **Tizin.** Die Landschaft wird abwechslungsreicher, ab und zu sind Nomadenzelte und Schafsherden zu sehen.

Km 23 – Es geht sanft bergan.

Km 31 – Bergsattel. Es geht bergab in eine wunderschönes grünes Tal, das sich weitet; bald schon ist links ein Wald zu sehen, rechts schlängelt sich ein kleiner Fluss.

Km 40 – Kreuzung: Rechts geht es nach Apamea; hier besteht die **Möglichkeit, auf Route C 2 zu wechseln.** Unsere jetzige Route jedoch führt nach links, nach Misyaf.

Km 44 – Links ist der Abzweig nach Homs (Route C 1).

Km 46 – Stadtkreisel von **Misyaf.** Vor uns thront die herrliche Burg.

Misyaf ⇗ IV,B2 مسياف

An der Kreuzung der Ost-Westverbindung zwischen Hama und der Küste und der Nord-Südverbindung durch das Orontestal gelegen, war Misyaf strategisch bedeutsam, wovon die hoch auf einem Felsen thronende Burg noch heute zeugt. Während der **Kreuzzüge** war sie kurze Zeit in europäischer Hand, fiel aber schon **1140** wieder den Muslimen zu. Die ursprünglich wohl byzantinische Festung wurde im 12./13. Jahrhundert ausgiebig von den **Ismailiten** restauriert, die auch einige Umbauten vornahmen.

Die Ismailiten herrschten in dieser Region während eineinhalb Jahrhunderten. Aufgrund von Nachfolgestreitigkeiten hatte sich eine Gruppe der Ismailiten von denen Kairos getrennt und versucht, hier und in Persien ihr eigenes Reich zu gründen. Einmal standen sie auf der Seite der Kreuzfahrer, um sich an den Sunniten und den „untreuen" Ismailiten zu rächen, dann kämpften sie auf der muslimischen Seite gegen die „Heiden". Ihr Opportunismus sowie die Brutalität, mit der sie – fast immer unter Einsatz ihres Lebens – gegen ihre Feinde vorgingen, trugen ihnen den Namen **„Haschischfresser"** ein (arab. *Hashishiyin* – Assasinin – Assasinen, franz. Attentäter). Ob und wie viel Haschisch die **Assasinen,** wie man sie von nun an nannte, konsumiert haben, ist ungewiss, sicher ist, dass sie diesen Namen erhielten, weil sie „nicht ganz klar im Kopf" waren, als sie auf die genannte Weise vorgingen. Die Burg in Misyaf war während der ismailitischen Herrschaft Regierungssitz der Assasinen. Bis heute leben noch einige Ismailiten in Misyaf, das Zentrum dieser Glaubensgemeinschaft hat sich allerdings nach Salamiya (Route F 4) verlagert.

Die Burg befand sich Anfang 2009 kurz vor Beendigung ihrer Renovierung. Wenn diese abgeschlossen ist, erwartet den Besucher eine wirklich großartige Burganlage – der Besuch lohnt unbedingt! Eintritt: 75 Lira.

Praktische Informationen

- Es gibt leider **kein Hotel,** aber einen schönen Suq mit allen Versorgungsmöglichkeiten.
- Misyaf ist einfach von Homs oder Hama aus mit einem **Minibus** zu erreichen. Von hier kann man per Minibus weiter nach Apamea und Djisr, ans Mittelmeer nach Banyas oder aber nach Safita reisen. Abfahrt der Minibusse an der Straße, die den Ort (von Homs kommend) rechts umfährt, nicht weit vom Ortszentrum.

Am Stadtkreisel von Misyaf fahren wir links, Richtung Burg. Es geht bergab, immer am Ortsrand entlang. Etwa nach 500 m geht es rechts weiter. Weitere 500 m danach geht es links ab. Nun folgt man der Straße.

Km 49 – T-Kreuzung. Hier geht es links ab. Nach etwa 200 m ist auf der rechten Seite die Abfahrt nach Tartus, Draikish und Wadi Ayun zu sehen; hier abbiegen (beschildert). Kurz danach folgt wiederum rechts der Abzweig zum Hotel Misyaf.

Die Fahrt geht nun hinein ins Gebirge und führt teilweise durch grüne Auen und Wald. Herrliche Ausblicke!

Km 56 – Ortsdurchfahrt von **ar-Rusafa.**

Km 58 – **Kreuzung.** Wir biegen links nach Wadi Ayun ab.

Km 62 – **Kreuzung,** rechts ab. Die Fahrt verläuft auf kurvenreicher Straße durch hügelige Landschaft.

Km 64 – Man durchfährt den Ort **as-Sindiyana.** Es geht bergab ins Tal.

Km 69 – **Gabelung.** Hier geht es links, kurz danach folgt **Wadi Ayun,** einer der am schönsten gelegenen Orte Syriens. Wadi Ayun bedeutet so viel wie „Mutter der Quellen" und wahrlich: Hier sprudeln sie so üppig wie sonst selten.

Km 71 – Links geht es nun ab nach Draikish, geradeaus direkt nach Tartus. Wir folgen der Straße nach Draikish. Bei der direkt folgenden Gabelung geht es links weiter. Es folgt nun eine enge Durchfahrt durch ein Tal, danach führt die Straße gewunden nach oben, es geht weiter talauf talab, vorbei an kleinen Dörfern, mit wunderschönen Ausblicken und entlang einer herrlichen Strecke!

Km 76 – **Kreuzung.** Rechts geht es nach Draikish. Wir überqueren eine Bergkuppe, danach bieten sich spektakuläre Blicke nach rechts und links.

Km 82 – **Kreuzung.** Hier geht es geradeaus. Etwa 1 km später teilt sich die Straße: Rechts geht es direkt nach Tartus, wir aber nehmen die kleinere Straße geradeaus. Es bietet sich in der Folge ein Picknickplatz nach dem anderen an. Nach etwa 1 km gabelt sich die Straße wieder. Hier geht es links nach unten.

Km 85 – Abzweig steil nach links. Die Fahrt geht bergab durch sanftes Hügelland, durch schöne Landschaften und Obstplantagen und vorbei an kleinen Weilern.

Km 91 – **T-Kreuzung.** Hier geht es links ab. Kurz danach führt eine Brücke über einen kleinen Fluss. Nettes Open-air-Restaurant! Die Straße ist nun wieder breiter.

Km 93 – **T-Kreuzung.** Wir haben **Draikish** erreicht, einen Ort, der nicht besonders schön, aber wegen seines Mineralwassers bekannt ist. Hier geht es rechts auf sehr guter Straße weiter.

Km 107 – **Gabelung.** Hier geht es rechts bergab.

Km 117 – Große Hinweisschilder. Rechts geht es nach Lathaqiya, geradeaus nach Tartus. Kurz danach ist die Autobahnbrücke erreicht. Richtung Innenstadt geht es links ab.

Km 118 – **Tartus.** Rechts geht es ins Zentrum ab, bei der folgenden T-Kreuzung wieder rechts. Ab hier kann man problemlos den Wegweisern folgen.

Route C 5:

Aleppo – Ebla – Ma'arrat an-Nu'man – Hama

• **Routenlänge:** insgesamt 137 km

Durchgehend Autobahn, relativ uninteressante Strecke, wären da nicht die zwei Abstecher nach Ebla und zu den Toten Städten sowie der Stopp in Ma'arrat an-Nu'man.

Öffentliche Verkehrsmittel

Stündlich **Busse** von Aleppo nach Hama. Stopp in Ebla, Ma'arrat an-Nu'man und Khan Shaikhur ebenfalls problemlos mit den großen Bussen möglich (Tickets einfach nur bis dahin lösen, alle drei Ziele liegen auf der Strecke). Nach Khan Shaikhur kann man ab Hama auch mit dem **Minibus** fahren. Wer über diese Route nach Apamea möchte, muss von Hama aus nach Khan Shaikhur und von dort einen Minibus nach Apamea nehmen (besser ist es, über Shaizar/Asqaibaliya zu reisen!).

Anfahrt mit dem Pkw: Km 0 ist der Adlerkreisel in Aleppo (vgl. „Aleppo, Orientierung"). Man folgt der Autobahn Richtung Damaskus, anfangs durch wenig ansprechende Industrieviertel und recht öde Landschaft.

Km 25 – Rechts die **ICARDA,** das „International Center of Agriculture Research for the Dry Areas". Hier forschen Wissenschaftler aus aller Welt an der Verbesserung landwirtschaftlicher Produktionsbedingungen vor allem im Nahen und Mittleren Osten sowie in Nordafrika. Im Mittelpunkt stehen dabei die Züchtung angepasster Pflanzensorten sowie ein vernünftiger und effizienter Umgang mit Wasser, aber auch die Verbesserung der sozioökonomischen Rahmenbedingungen in ländlichen Gemeinden (wozu auch die Stärkung der Rolle der Frauen gehört, was auf dem Land häufig höchst notwendig ist).

Je mehr man sich von Aleppo entfernt, desto weniger Industrie und abwechslungsreicher die Landschaft.

Km 44 – Autobahndreieck. Rechts erfolgt die Abfahrt nach Lathaqiya und Bab al-Hawa. Wir fahren geradeaus, vorbei an kleinen Dörfern und Beduinenzelten.

Km 53 – Links die Abfahrt nach **Ebla (Tell Mardikh).** Wie so häufig in Syrien, gibt es auch an dieser Stelle keine Autobahnbrücke oder -unterführung. Daher bleibt einem nichts anderes übrig, als die Gegenfahrbahn zu überqueren. Da jedoch auf den Autobahnen weit weniger Verkehr herrscht als bei uns, ist das nicht allzu schwer, zumal der Mittelstreifen als Abbiegespur dient.

Ebla (Tell Mardikh)

⇗ III,C3

تل مرديخ

Man geht davon aus, dass Ebla schon **im 4. Jahrtausend v.Chr. besiedelt** war, auch wenn es seine eigentliche Blüte wohl erst Mitte des 2. Jahrtausends hatte. Ebla gehört zu den **wichtigsten Städten des Bronzezeitalters.** Lange war unklar, welches Volk in dieser Stadt lebte, bis man 1974 einen aufsehenerregenden Fund machte: In einem kleinen Raum fand man **17.000 Keilschrifttafeln,** die Aufschluss über die Geschichte der Stadt

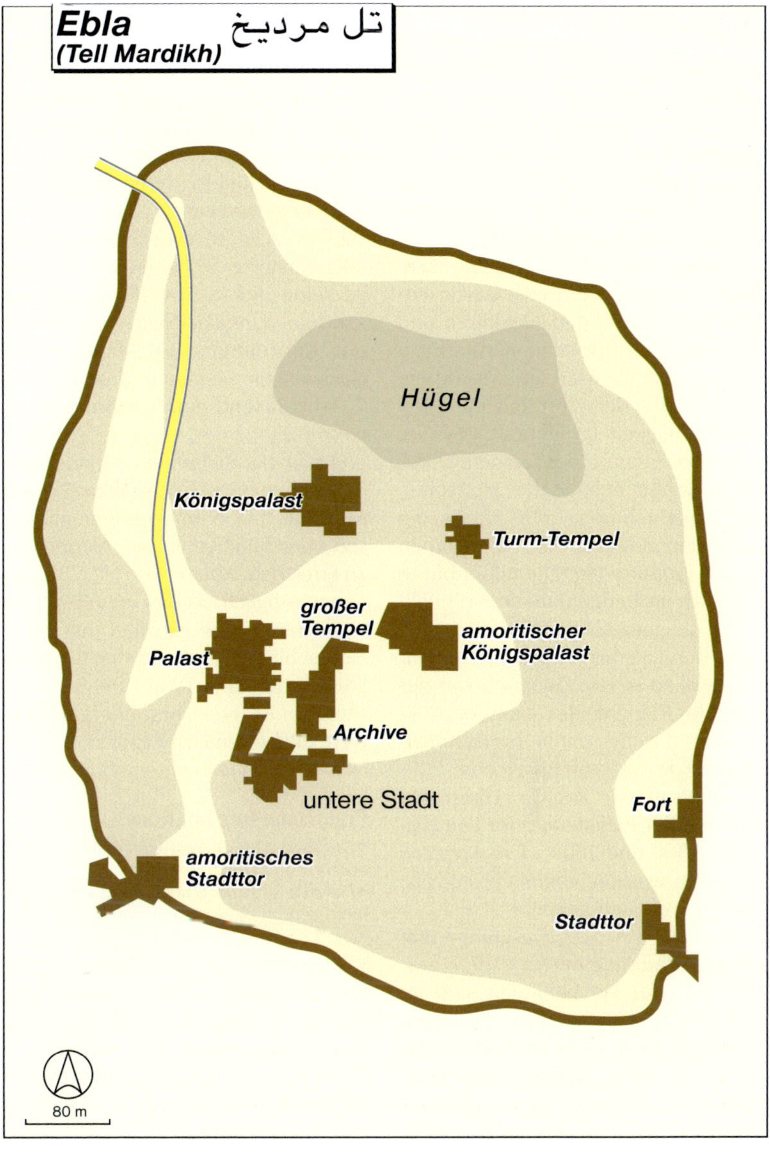
Ebla
(Tell Mardikh)
تل مرديخ
Hügel
Königspalast
Turm-Tempel
großer
Tempel
amoritischer
Königspalast
Palast
Archive
untere Stadt
Fort
amoritisches
Stadttor
Stadttor
80 m

geben. Auch wenn man bis heute nicht alle Tontafeln studiert hat, so steht doch eindeutig fest, dass hier ein semitisches Volk lebte, dessen Sprache ein Gemisch aus Kanaatisch, Phönizisch, Hebräisch und Arabisch war. Gegründet wurde diese Stadt aller Wahrscheinlichkeit nach von Akkadisch sprechenden Händlern.

Ebla war eines der wichtigsten **Handelszentren** Nordsyriens, das in engem Kontakt mit den Akkadiern und Sumerern Mesopotamiens stand. Ein Handelsnetz mit Mari und Mesopotamien brachte der Stadt Reichtum und Unabhängigkeit. Im Jahre 2250 v.Chr. gelang es Saragon oder seinem Enkel, beide große akkadische Herrscher, Ebla einzunehmen. 2000 wurde die Stadt Aleppo unterstellt, 1600 nahmen sie die Hethiter ein. Daraufhin büßte die Stadt an Bedeutung ein, und bald wurde sie ganz aufgegeben.

Für den Laien ist in Ebla nicht mehr allzu viel zu sehen. Dennoch war der Fund des Ruinenfeldes sensationell: Er erhellte das bis dahin herrschende Dunkel des 3. vorchristlichen Jahrtausends in der Region. **Überreste prachtvoller Paläste** aus der Zeit zwischen 1800 und 1600 v.Chr. konnten gefunden werden, ebenso prunkvolle Tempel und Grabbauten.

Ein ovaler Verteidigungsgraben umgab die Stadt, die mit vier Toren ausgerüstet war. Sie befanden sich im Südwesten, Nordwesten, Südosten und Nordosten der Stadt. In der Mitte der Ausgrabungsstätte liegt die Akropolis, die aus Lehmziegeln erbaut wurde und zu der eine dreistöckige Treppe führt. Ihr sind Säle und Hallen vorgebaut. Nördlich dieses Akropolis-Areals befindet sich ein erst jüngst entdeckter Palast aus der Mittelbronzezeit. Die meisten Tempel und Paläste aber befanden sich im Westen des Akropolis-Hügels, deren Reste man noch erkennen kann.

Es ist bis heute nicht klar, was genau Ebla darstellte. Sicher ist jedoch, dass es keine dichte Besiedlung aufwies, sondern wahrscheinlich Verwaltungs- und Kultzentrum war. Man kann jedoch davon ausgehen, dass **Ebla im 2. Jahrtausend eine Großmacht** gewesen war.

Das antike Ruinenfeld befindet sich hinter dem hübschen kleinen Ort **Tell Mardikh** (mit normalen Regionalbussen oder Minibussen von Aleppo aus zu erreichen, Abfahrt von allen Busstationen möglich, da dies die Hauptroute in den Süden ist; man muss den Fahrer bitten, einen an der richtigen Stelle rauszulassen), in dem auch das Museum ist (nicht besonders sehenswert, die besten Ebla-Exponate sind im Museum von Idlib untergebracht!).

Praktische Informationen

- **Anfahrt:** Ab der Autobahnabfahrt sind es noch ca. 3 km bis zu den Ruinen.
- **Eintritt:** 300 Lira, Studenten 15 Lira, Di geschlossen.

Weiter geht es auf der Autobahn Richtung Süden, vorbei an manchem Dorf, wo der fündige Reisende auch mal Bienenwabenhäuser sehen kann.

Km 73 – Abfahrt rechts nach **Ma'arrat an-Nu'man.** Hier geht es auch zu den Toten Städten.

Nach Ma'arrat an-Nu'man und zu den Toten Städten

Das südlichste Gebiet der Toten Städte findet sich hier, westlich von Ma'arrat, wo man mehrere der Ruinenstädte besichtigen kann. Der Besuch lohnt unbedingt, auch der von Ma'arrat, einem kleinen, sympathischen Städtchen mit herrlichem Museum.

Da dieser Abstecher eine eigene kleine Rundtour ist, wird er im Folgenden wie eine Routenbeschreibung gehandhabt, ohne dass sie in die Gesamtkilometerzählung eingeht.

Km 73 – Abfahrt rechts. Man folgt der Straße und biegt im Ort rechts ab. Rechter Hand ist gleich das Museum zu sehen.

Ma'arrat an-Nu'man معرة النعمان

Die hübsche Kleinstadt mit ihrem ländlichen Suq und seinem schönen Museum lohnt in jedem Fall einen kurzen Stopp! Ma'arrat hat von jeher aufgrund seiner fruchtbaren Umgebung Herrscher angezogen. Wie so viele Städte Syriens, durchlief es alle Stationen der Geschichte des Landes: Griechen, Römer, Byzantiner, Araber, Kreuzfahrer, wieder Araber.

Besonders stolz ist die Stadt auf das **Grab des Abu al-Ala' al-Ma'arri,** eines bedeutenden arabischen Poeten und Philosophen (gest. 1058), der in dieser Stadt lebte und schrieb. Traurig stimmt der Ort wegen des schrecklichen **Massakers**, das die **Kreuzritter** hier im 12. Jahrhundert verübten. 20.000 Muslime mussten ihr Leben lassen, dem Massenmord folgten Hungersnöte.

Besonders sehenswert ist das kleine **Museum**, das in einer osmanischen Karawanserei, dem Khan Murad Basha am Sahat Abu al-Ala, untergebracht ist und die **größte Mosaikensammlung Syriens** beherbergt. Aber nicht nur die Mosaike sind sehenswert, auch der Khan, in dem das Museum untergebracht ist, der größte in ganz Syrien! Er wurde Anfang des 16. Jahrhunderts unter Murad Pascha errichtet. 7000 m² stehen dem Museum für seine Mosaike zur Verfügung, und die braucht es auch (Öffnungszeiten: tägl. außer Di 9–14 Uhr, Eintritt 150 Lira, Studenten 10 Lira). Des Weiteren lohnt ein Blick auf das Minarett der Freitagsmoschee, die Mitte des 12. Jahrhunderts von Hasan as-Sarman, dem Bauherrn der großen Moschee in Aleppo, errichtet wurde. Er ließ auch die Madrasa südlich der Moschee erbauen.

- Es gibt **im Ort alle Versorgungsmöglichkeiten** sowie eine Tankstelle mit bleifreiem Benzin.

Das Museum im Rücken fährt man nun rechts durch die lebendige Marktstraße, bis man auf eine **T-Kreuzung** stößt (= **Km 0**). Hier rechts. Man folgt der Straße, die erst ein Stück nach Norden führt und dann nach Westen abknickt. Die Landschaft ist hügelig und offen, und schon wähnt man sich fern der Autobahn. Bereits hier befindet man sich auf römischem Boden, von Ruinen ist jedoch noch nichts zu sehen. Steinfelder säumen die Straße.

syr045 Foto: mb

Km 7 – 7 km, nachdem man die Stadt verlassen hat, geht es links nach **Benin,** wohin wir fahren.

Km 8 – Kreuzung. Hier geht es wieder links (geradeaus weist ein Schild mit der Aufschrift „Firkaya").

Die Strecke wird nun schöner und hügeliger und führt vorbei an vielen Olivenhainen, die der Region einst zu ihrem Reichtum verhalfen.

Km 12 – Man erreicht den Ort **Dair Sunbul.** Einzelne römische Säulen werden geschickt in neue Häuser integriert. Andere stehen herum, als gehörten sie zur Moderne. Man durchfährt den Ort, dahinter Kirschplantagen, Feigenbäume und andere Obstgärten.

Die Toten Städte: links al-Bara (Pyramidengrab), rechts Mushabbak (nördlich von Aleppo, siehe Route D 1)

Km 18 – Das Dorf **Ahsan.** Im Ort biegt man bei der T-Kreuzung rechts in eine kleine Straße ab und stößt nach etwa 50 m wieder auf eine Straße, der man links folgt. Am Ende der Hauptstraße geht es nach links.

Km 22 – Die ersten Ruinen von **al-Bara** sind zu sehen!

Al-Bara البارا

Al-Bara liegt inmitten großer Olivenhaine, die den früheren Reichtum der Stadt ausmachten und bis zum heutigen Tage die wirtschaftliche Grundlage des Dorfes bilden. Zu sehen gibt es

syr047 Foto: mb

jede Menge alter **Wohnhäuser, Grabmäler** und die Reste einer großen **Basilika** im Norden.

Die große Bedeutung al-Baras verdankte sich der günstigen Lage zwischen zwei großen Gebieten des Djabal Zawiya. Die Besiedlung al-Baras begann im 4. Jahrhundert n.Chr., die Stadt erlebte jedoch ihre Blütezeit erst später, im 5. und 6. Jahrhundert. Die Bedeutung der Siedlung wuchs mit steigenden Erträgen aus Olivenöl und Wein. Die Olivenindustrie muss in al-Bara weit fortgeschritten gewesen sein, denn man fand hoch entwickelte Olivenölpressen. Einen Beweis des Reichtums der Bewohner liefern auch die großartigen Grabesbauten, die in al-Bara immer wieder verstreut sind. V.a. zwei **Pyramidengräber** aus dem 6. Jahrhundert sind bis heute sehr gut erhalten. Die muslimische Eroberung hat wenig Einfluss auf die Region nehmen können, und so fanden auch die **Kreuzfahrer,** die hier **1098** auftauchten, noch immer einen Bischof vor. Der Graf von Tripoli, Raymond de St. Gilles, setzte ihn ab und rief einen lateinischen Bischof aus. Von hier aus startete er das große Massaker in Ma'arrat an-Nu'man an den Muslimem. Bis Mitte des 12. Jahrhunderts blieb der Ort unter der Kontrolle der Christen, dann fiel er in muslimische Hände. Die Festung am Rande des Ortes stammt aus Kreuzfahrertagen.

Es wäre zu kompliziert, eine wirkliche Besuchsanleitung zu geben, denn al-Baras **Ruinen** liegen weit verstreut. Am besten nimmt man sich einen ganzen Tag Zeit und durchstreift das Areal. Die Ruinen finden sich mitten im Olivenhain. Am Ende der Straße steht ein Parkplatz vor der großen Basilika zur Verfügung.

Da die Straße auf dem Parkplatz endet, müssen wir zurück und den modernen Ort in Richtung Süden durchfahren. An seinem Ende findet sich ein Hinweisschild zu Sirdjilla. Man folgt dem Schild nach links und ist bei **Km 24** bei den **Ruinen von Sirdjilla** angelangt. Tickets gibt es am großen Parkplatz (150 Lira, Studenten 10 Lira), wo ein Wärter bereitsteht.

syr048 Foto: mb

Reste eines Hauses aus byzantinischer Zeit

Sirdjilla سرجلة

Sirdjilla ist **die wohl am besten erhaltene Tote Stadt.** Sie scheint eben erst verlassen, die meisten der Häuser stehen noch immer, ein wenig bewachsen, z.T. leicht eingefallen, aber das ist **eine authentische Stadt aus dem 5. Jahrhundert!** Zu sehen sind ein Badehaus, das benachbarte Männerhaus, eine Zisterne, riesige Villen und wunderschöne Wohnhäuser sowie eine fast vollständige Kapelle. Die Geschichte Sirdjillas ähnelt der von al-Bara, nur mit dem Unterschied, dass al-Bara bis heute bewohnt ist, Sirdjilla hingegen ganz und gar tot!

Besonders gut erhalten ist das **Hammam,** das von 473 stammt. Es ist wohl eines der am besten erhaltenen Bäder Syriens aus dieser Zeit. Die Kapelle stammt ursprünglich aus dem Jahr 372, sie wurde im 6. Jahrhundert jedoch renoviert.

Vom Parkplatz fährt man zurück auf die Straße. Hier geht es links. Der breiten Straße folgend, ist bei **Km 30** links der Abzweig nach **Khirbet Hass** erreicht. Die ehemalige Stadt gehörte sicherlich nicht zu den bedeutsamen Orten, war aber eindeutig einer der wohlhabenderen. Heute sind noch einige, z.T. sehr prächtige Landhäuser übrig, eine schöne Zisterne und Reste einer kleinen Kirche. Kurz: Ein schöner, ruhiger Ort, genau richtig zur Einstimmung, wenn man die Tour andersherum fährt.

Km 31 – Hier beginnt der Ort **Kafr Nabil,** wohin Minibusverbindungen von Ma'arrat bestehen. An der Moschee biegt man links ab, rechts geht es nach Apamea, man kann also von hier problemlos **auf Route C 2 oder 3 überwechseln** – eine schöne Alternative für diejenigen, die keine Lust auf die Autobahn nach Hama haben und lieber auf Umwegen ans Ziel (Hama) kommen wollen!

Man durchfährt den Ort und biegt am Kreisel links ab und folgt dem Straßenverlauf. Geradeaus geht es durch die Orte **Has** und **Kafr Ruma,** letzterer ist, wie der Name bereits andeutet, römischen Ursprungs. Die Reste aus dieser Zeit sind jedoch überbaut, ein Aufenthalt lohnt nicht.

Km 55 – Man ist wieder in **Ma'arrat an-Nu'man,** wo es zurück auf die Autobahn geht.

Praktische Informationen

- Will man die Toten Städte am Djabal Riha mit **öffentlichen Verkehrsmitteln** erkunden, muss man sich unbedingt auf eine Nacht in Idlib oder Ariha einrichten (siehe Route D 2). Von Ma'arrat aus (das von Aleppo, ebenso wie Ebla, mit fast allen Bussen, die Richtung Süden fahren, erreicht werden kann) ist es nur sehr früh morgens möglich, mit einem Minibus nach Kafr Nabil oder gar bis al-Bara zu kommen. Von Kafr Nabil aus ist dann eh ein Taxi nötig! Wer sein Lager jedoch in Ariha oder Idlib aufgeschlagen hat, kann problemlos von dort (mit Ariha als Ausgangspunkt) mit dem Minibus nach al-Bara gelangen. Jeder weitere Ort muss dann erwandert werden (z.B. Sirdjilla von al-Bara 2 km).

Wem das alles mit öffentlichen Verkehrsmitteln zu stressig ist, kann die Runde auch in einem Reisebüro buchen.

- **Wer die Toten Städte ohne große Rundtour besuchen möchte,** fährt von Ma'arrat an-Nu'man direkt nach Kafr Nabil und biegt dort, hinter dem Ort, bei der Moschee rechts ab. Kurz danach geht es rechts nach Khirbet Hass ab, wenige Kilometer weiter nach Sirdjilla bis nach al-Bara.

Km 100 – Ausfahrt nach **Khan Shaikhun.** Ein hübscher kleiner Ort mit einem **riesigen Markt** am Freitag, auf dem nicht nur Lebensmittel und Dinge des alltäglichen Bedarfs verkauft werden, sondern auch Ziegen, Hühner und Schafe. Hier kommen die Bauern der gesamten Umgebung zusammen, ein wunderschönes Bild! Auch von Khan Shaikhun besteht die Möglichkeit, auf einer neuen Teerstraße **nach Apamea** zu reisen.

Kurz nach dem Ort kann man rechts den Tell von Zaita erkennen. Man folgt nun der Autobahn, aufgelockert wird die Landschaft durch Pistazienfelder rechterhand.

Km 137 – Der Nordkreisel von **Hama** ist erreicht, man folgt der Beschilderung ins Zentrum.

syr060 Foto: mb

Aleppo und Umgebung

In der Umayyaden-Moschee von Aleppo

syr061 Foto: lv

Aussicht von der Zitadelle

syr062 Foto: mb

Nahaufnahme in der Stadt

Aleppo (Halab)

⇗III,C2

حلب

„Mich zog ein Verlangen bergauf,
talab nach Halab,
und ich war damals munter
und aufgeräumt,
wohlgesattelt und aufgezäumt,
rasch wie ein Vogel aus seinem Gefieder,
so ließ ich mich in den Lustgärten nieder.
In der Mitte von Wonnen und Freuden,
Bronnen und Gebäuden,
und begann die Tage zu vergeuden,
um meinen Wunsch zu letzen und
meinen Durst zu netzen."

(aus: Hariri, 1024–1122,
„Die Verwandlungen des Abu Said
von Serug", übersetzt von F. Rückert)

Aleppo, dessen Altstadt ebenso wie die von Damaskus von der UNESCO zum Weltkulturerbe erhoben wurde, ist die **größte Stadt des Landes,** und viele halten sie für die schönste. Mit Sicherheit ist Aleppo quirliger, lebendiger und „orientalischer" als Damaskus, früher galt die Stadt auch als fortschrittlicher und moderner, was sich heute umgekehrt hat. Aber ob sie wirklich schöner ist? Ich weiß es nicht; ich bin parteiisch, denn ich habe in Damaskus gelebt. Die Aleppiner jedenfalls können sich keine schönere Stadt vorstellen als Aleppo.

Halab oder auch **ash-Shahba** („die Graue"), wie sie genannt wird, wetteifert auch hinsichtlich des Alters mit Damaskus. Und auch hier ist es durchaus möglich, dass Aleppo vorn liegt. Für eine frühzeitige Besiedlung sprechen reichere Niederschläge als in der Oasenstadt Damaskus, die schon sehr früh Regenfeldbau mit guten Erträgen ermöglichten. Im Norden und Westen konnten ebenfalls schon in frühester Zeit Sommerfrüchte und Baumkulturen ohne zusätzliche Bewässerung angebaut werden.

Gelebt hat die Stadt schon immer von ihrer prädestinierten Lage als **Karawanenhandelspunkt** der Europa-Indien-Route sowie als **Umschlagplatz auf der Seidenstraße,** die von China bis ans Mittelmeer führte, und als Kreuzungspunkt der Strecken Istanbul – Kairo und Istanbul – Mekka. Aleppo, das spürt der Reisende noch heute, verdankt seiner vorteilhaften Lage viel, es lebt von seinen Händlern, der Suq ist das Herz der Stadt. Vom 16. Jahrhundert an übernahm Aleppo den Fernhandel mit europäischen Städten und war damit schon früh in die Weltwirtschaft integriert. Auch wenn die Stadt mit der Suez-Kanal-Öffnung 1869 etwas an den Rand gedrängt wurde, so gehört sie doch neben Kairo und Istanbul noch immer zu den wichtigsten Handelsmetropolen des Nahen Ostens.

Rund **30% der Aleppiner sind Christen,** der Prozentsatz ist damit dreimal so hoch wie in Damaskus. Schon in den vergangenen Jahrhunderten gab es hier eine reiche christliche Oberschicht, die vor allem durch Fernhandel zu Reichtum kam, was sich

Aleppo ist berühmt für seine Suqs

syr051 Foto: mb

auch an den großen Bürgerhäusern im Christenviertel erkennen lässt. Um 1920 strömten viele Armenier (ca. 40.000) nach Aleppo; sie flohen aus Anatolien, als die türkische Nationalbewegung das französische Militär vertrieb. Aus Angst vor einem erneuten Genozid wie im 1. Weltkrieg, als die Türken über eine Million Armenier massakrierten, kamen sie mit den Franzosen nach Beirut und Aleppo, wo sich schon seit längerem eine Armeniergemeinde befand. Durch den Zustrom von Flüchtlingen wuchs die Gemeinde bald auf 20% der Gesamtbevölkerung an. Armeniern gehörte z.B. das Hotel Baron, und noch heute sind die Werkstätten in der Umgebung meist in armenischer Hand.

Heute macht Aleppo den Eindruck einer Stadt, die von der Moderne nur am Rande berührt wurde, und das macht sie zu etwas ganz Besonderem.

Geschichte

Die früheste Geschichte Aleppos ist unbekannt, die ersten historischen Hinweise stammen aus dem 2. Jahrtausend v.Chr. Der hethitische König Mursil eroberte die Stadt im 16. Jahrhundert v.Chr. Im 1. Jahrtausend wurde Aleppo dann vergrößert bzw. neu gegründet und erhielt von Seleukos Nikator (301–281) den Namen Beroia, den es auch unter den Römern behielt. 540 n.Chr. wurde Aleppo von den Sassaniden erobert, geplündert und niedergebrannt, unter Justinian (527–565) wieder aufgebaut und mit neuer Mauer umgeben.

637 erfolgte die **Übergabe der Stadt an die Muslime.** Ihre Bedeutung schien gering gewesen zu sein, Damaskus überstrahlte alles! Unter dem Kalifen al-Walid I. (705–715) oder seinem Bruder wurde die Große Moschee errichtet. **944 machte Saif ad-Daula Aleppo zur Hauptstadt** seines Staates und zu einem der geistigen Zentren seiner Zeit. Saif ad-Daula („Schwert des Staates") gehörte dem arabischen Stamm der Hamdaniden an, einem Stamm, dessen Herkunft sich bis auf die arabische Halbinsel zurückverfolgen lässt. Bis heute sind die Allepiner stolz auf die – wenn auch kurze – Regierungszeit Saif ad-Daulas, da er in zahlreichen Schlachten gegen die Byzantiner bestand und an seinem Hof **zahlreiche Gelehrte und Künstler** versammelte, die er förderte. Der **Dichter Mutanabbi** gilt bis heute als einer der wichtigsten arabischen Poeten, ähnlichen Ruhm in der ganzen arabischen Welt genießen auch **Abu Firas al-Hamdani,** dessen Gedichte mit Vorliebe von der großen arabischen Sängerin Umm Kulthum gesungen werden, und der **Philosoph Farabi.** Sie alle wurden am Hofe Saif ad-Daulas groß und bekannt.

962 eroberten die Byzantiner die Stadt, richteten große Zerstörungen an und plünderten sie. Es folgten verschiedene islamische Dynastien**. 1086** wurde die Stadt dem **seldjukischen Reich** eingegliedert. Der kleine Seldjukenstaat von Aleppo war den Kreuzfahrern wehrlos ausgesetzt, die die Umgebung verwüsteten, die Handelswege unterbrachen und die Stadt so an den Rand des Ruins brachten. Ab **1129** kam es unter den **Zangiden,** die sich gegen die Kreuzfahrer zur Wehr setzten, zu einem **wirtschaftlichen Aufschwung.** Nur ad-Din scheute keine Mittel, die Stadt auszubauen und zu verschönern (Erneuerung der Stadtmauer, der Zitadelle, der Großen Moschee, Neubau der Suqs, Gründung von Madrasas und eines Krankenhauses). Spätestens in dieser „Goldenen" Zeit wurde die Gestalt der Innenstadt in ihren bis heute überkommenen Grundzügen geprägt. Die Blütezeit dauerte an, bis **1260** die Katastrophe in Form des **Mongoleneinfalls** eintrat (Zerstörung und Plünderung). Die **Mamluken** hielten die Mongolen auf und waren bis zur **Eroberung der Osmanen (1517)** die Herrscher in Aleppo. Die Stadt lag am Rande des Mamlukenreiches und war noch lange Zeit Mongoleneinfällen ausgesetzt. 1400 wurde die Stadt erneut von ihnen (unter Timur Lenk) eingenommen und drei Tage lang geplündert.

Zu Beginn des 15. Jahrhunderts änderte sich die politisch-wirtschaftliche Lage zugunsten Aleppos. Die **Handelswege von Iran nach Europa** waren aufgrund des Kampfes zwischen Timuriden und Osmanen unterbrochen, sodass Aleppo den **profitablen Seidenhandel** (zwischen Nordiran und den italienischen Städten) an sich ziehen konnte. Dieses Wachstum setzte sich auch im 16. Jahrhundert fort, und mit der osmanischen Eroberung konnte sich die Stadt neue Märkte in Kleinasien erschließen und ihren Handel mit Europa aktivieren. Aleppo war zum wichtigsten Handelsplatz im östlichen Mittelmeer geworden (schon im 15. Jahrhundert gab es hier ein französisches und ein englisches Konsulat). Vor allem die großen italienischen Handelshäuser hatten ihre Niederlassungen in Aleppo, und so ist es auch nicht weiter verwunderlich, dass es die Italiener waren, die der Stadt ihren europäischen Namen Aleppo gaben.

Obwohl Aleppo seine hervorgehobene Handelsstellung im 18. Jahrhundert an Smyrna (das heutige Izmir in der Türkei) verlor, florierte die Wirtschaft weiter. Not und Elend brachte ein schweres **Erdbeben 1822.** Die **Eröffnung des Suez-Kanals 1869** drängte Aleppo endgültig an den Rand der internationalen Handelsströme im östlichen Mittelmeerraum.

Orientierung

Aleppo wurde an einem Handels- und Verkehrsknotenpunkt alter Karawanenstraßen gegründet: Es liegt etwa auf halbem Weg zwischen der Levanteküste und der Stelle, wo der Euphrat der Küste am nächsten kommt. Die schützende Talmulde, mit einem Berg in der Mitte (dem Zitadellenberg), schien den Gründungsvätern geeignet, hier eine Stadt zu errichten.

Das Altstadtzentrum Aleppos findet sich rund um die Zitadelle und wurde früher von einer Stadtmauer umgeben. Anhand der fünf noch bestehenden Stadttore (Bab Antakia, Bab Kissarin, Bab al-Maqam, Bab al-Hadid und Bab an-Nasr) kann man heute den Verlauf der nur noch teilweise erhaltenen Stadtmauer rekonstruieren. In diesem Viertel sind der Suq und die meisten Sehenswürdigkeiten Aleppos zu finden. Rund um die Altstadt erstrecken sich die neueren Wohnviertel. Zwischen Uhrturm und Bahnhof findet sich das modernste Viertel Aleppos mit Fußgängerzone und vielen teuren Geschäften. Hier sind auch die Hauptpost und viele Hotels zu finden.

Orientierungshilfe für Reisende mit öffentlichen Verkehrsmitteln

Grundsätzlich gilt: Im Stadtplan sind, soweit möglich, alle möglichen Ankunftsorte eingezeichnet, damit man sich leichter orientieren kann!

- **Ankunft mit dem Flugzeug:** Da es keinen Flughafenbus gibt, ist man auf ein Taxi angewiesen. Der Preis sollte um 500 Lira liegen.
- **Ankunft mit dem Zug:** Der Bahnhof befindet sich im Nordwesten der Altstadt, am Nordrand des Stadtparks. Wer in die Quartiere rund um die Sh. Barun möchte, sollte sich von hier ein Taxi nehmen, zu Fuß sind es gut 20 Minuten zu laufen.
- **Ankunft mit dem Bus, dem Minibus oder dem Sammeltaxi:** Es gibt in Aleppo zwei Busbahnhöfe, den großen Busbahnhof für alle Überlandbusse – Ramusa – sowie den kleinen Minibusbahnhof für alle Minibusse aus der Umgebung.

1. **Ramusa** liegt weit draußen nahe der Autobahn nach Damaskus. Hier kommen alle Busse an, und ab hier fahren sie auch **in alle Richtungen.** Es gibt Minibusse und Stadtbusse vom Bahnhof in die Stadt, diese sind jedoch nur arabisch beschriftet, meist voll und zudem auch mit (für Touristen) unklaren Zielen versehen, sodass ein Taxi, das max. 120 Lira kosten sollte, notwendig ist, um in die Stadt zu kommen. Alle Fahrtziele im Land

Aleppo حلب
Bahnhof
1, Aziziya
Stadtpark
Sh. Khair ad-Din al As'adi
Sh. Kamal al-Ghazi
Sh. Sa'ad al-Djabiri
Sh. Qistaki Himsi
S. 361
Sh. 17. Nissan
Sh. Iskenderun
Sh. al-Quwwatli
Sh. Khandaq
Sh. Baron
Sh. Kamal al-Qudsi
Sh. Mari
Sh. Bab al-Faradj
Sh. Ibrahim Hanano
Sh. Mutanabi
Sh. Abd al-Djala
Sh. Abdul - Aziz
Atlas XI
Umayyaden-Moschee
Suq al-
Sh. Bab Antakya
Sh. Djisr al-Hadi
Chaba Cha Palace Hotel, Immigration Office und Busbahnhof Ramusa
0 100 200 m
1 Parkhotel
2 Restaurant Monnalisa
3 Restaurant Challal
4 Restaurant Wanes
5 Tourist-Information
6 Nationalmuseum
7 Banken
8 Hauptpost und Telekom
9 Hotel Dar Halabia
10 al-Muhawad-Station, Minibusse in die Umgebung
11 Bab Antakya
12 Hotel Baron
13 Hotel Zahraa
14 Hotel Somar
15 Restaurant Abu Nawas
16 Hotel Zahrat ar-Rabi'
17 Hotel Tourist
18 Internetcafé Concorde
19 Restaurant al-Kouma
20 Uhrturm
21 Dar Ward und Africa Café
22 Restaurant Beroea
23 Hotel Bait Salihiye
24 Mandaloun-Hotel
25 Sissi House
26 Restaurant Mashrabiya
27 Hotel Sheraton
28 Restaurant Ahlildar
29 Hammam Yalbugha
Bewachte Parkplätze

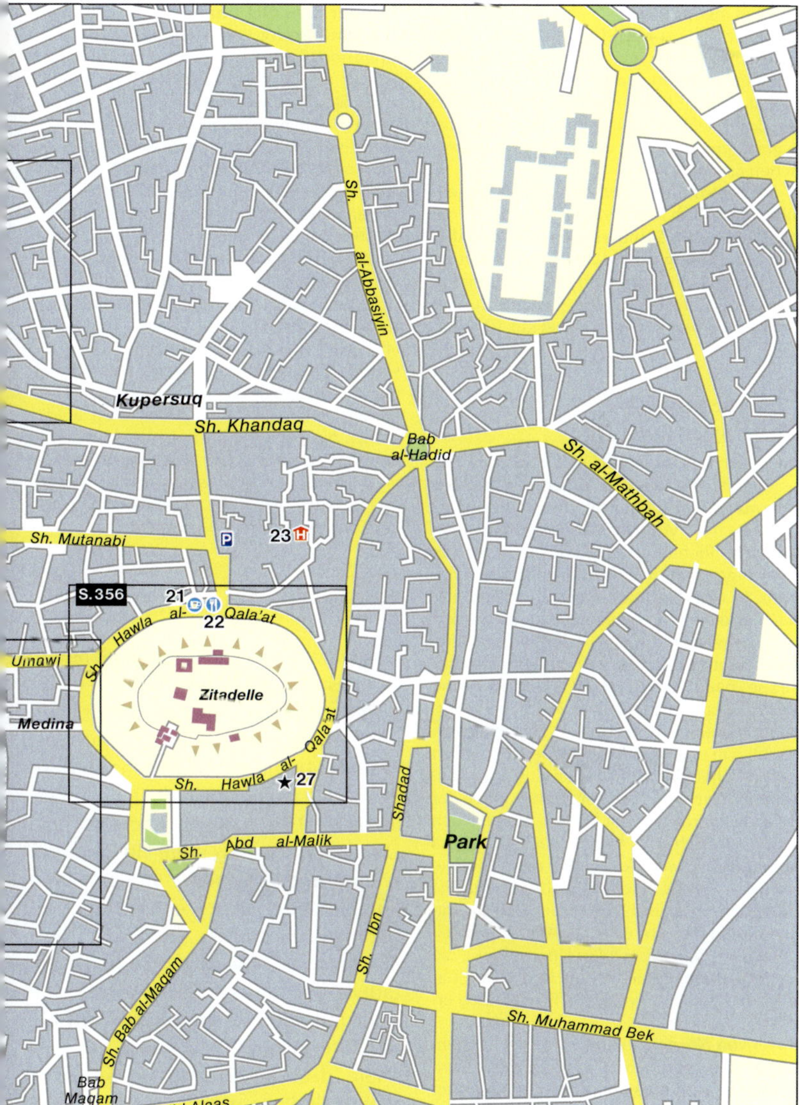
Sh. al-Abbasiyin
Kupersuq
Sh. Khandaq
Bab al-Hadid
Sh. al-Mathbah
Sh. Mutanabi
23
S.356
21
22
Sh. Hawla al-Qala'at
Umawi
Zitadelle
Medina
Sh. Hawla al-Qala'at
27
Shadad
Sh. Abd al-Malik
Park
Sh. Ibn
Sh. Bab al-Maqam
Sh. Muhammad Bek
Bab Maqam
Sh. Sa'id Alaas

werden mehrmals täglich angefahren. Wer in die Djazira oder nach Osten möchte, sollte möglichst schon am Vormittag zum Busbahnhof kommen, um sicher noch am selben Tag starten zu können. Reservierungen sind bei der Fülle an Bussen nicht notwendig, Ausnahme: an den Tagen vor den großen islamischen Festen.

2. Die **Minibus- und Busstation gegenüber dem Bab Antakya:** Hier kommen die **Minibusse und Sammeltaxen aus der näheren Umgebung sowie aus dem Osten** an (und fahren natürlich auch ab). Der Bahnhof liegt direkt am Rande der Altstadt. Zu Fuß sind es von hier ins Hotelviertel gut 10 Min.

Orientierungshilfe für Autoreisende

- Aleppo hat eine westliche Umfahrung, die es dem Autofahrer, **von Süden und Westen kommend,** einfach macht, das Stadtzentrum zu erreichen. Von der Autobahn fährt man immer in Richtung Stadtzentrum. 6 km vor dem eigentlichen Zentrum geht die Autobahn in eine Stadtautobahn über. Bald danach erreicht man einen riesengroßen, ganz neuen Kreisel mit einem Adler in der Mitte. Hier beginnt (bzw. endet) die Umgehungsstraße nach (bzw. von) Osten (Richtung Raqqa) und Norden (Azaz/Afrin), ins Stadtzentrum geht es geradeaus. Wenig später erreicht man einen weiteren Kreisel, diesmal an einer Weltkugel zu erkennen. Ins Stadtzentrum fährt man weiter geradeaus, unter der Bahnlinie durch, es geht bergab. Kurz danach muss man sich links halten (aber nicht links abbiegen!). Etwa 1 km hinter der Bahnlinie macht die Straße einen Rechtsbogen, man ist in der Sh. Ibrahim Hanano angelangt. Von hier nimmt man die erste (größere!) Abzweigung nach links (vor einem kleinen Park), die nächste dann wieder rechts und schon hat man den Parkplatz vor dem Touristoffice erreicht.
- Wer **von Norden** kommt, muss der Umgehungsstraße nach Süden folgen, bis zum Adlerkreisel. Hier muss man links in Richtung Osten abbiegen und der Beschreibung oben folgen.
- **Hinter dem Ort Jibrin beginnt die östliche Umfahrung von Aleppo,** der man anfangs noch folgt. Es geht vorbei am Flughafen (immer der Beschilderung nach!). Man folgt nun der Beschilderung nach Damaskus, wenn man in den Süden oder Westen möchte. Falls man ins Zentrum möchte, geht es 5 km hinter dem Abzweig nach al-Bab rechts nach Aleppo ins Zentrum ab. Die Straße endet an einem großen, dem östlichen Innenstadtkreisel. Hier geht es nach links in die Südumfahrung der Innenstadt. Beim nächsten Kreisel geht es geradeaus, dann gabelt sich die Straße. Hier rechts in die Sh. Qadi Askar bis zur nächsten großen (!) Kreuzung. Hier wieder rechts. Bald danach ist der Kreisel des Bab al-Hadid erreicht. Den Kreisel überquert man in die Sh. Bab an-Nasr. Nun immer geradeaus entlang der alten Stadtmauer. Nach knapp 1,5 km erreicht man eine große Kreuzung, hier links und die nächste größere Straße (insgesamt die vierte) rechts. Nach 200 m ist rechts der Parkplatz der Touristeninformation erreicht.

Sehenswürdigkeiten

Das Herz dieser großartigen Händlerstadt ist natürlich der Suq in seiner ganzen Vielfalt. Aleppo gehört für mich zu den schönsten Städten des Orients überhaupt! Nicht ganz so würdevoll wie die Hauptstadt, übertrifft es in seiner Lebendigkeit und Buntheit Damaskus bei weitem! In Aleppo könnte man Wochen zubringen und immer wieder Neues entdecken. Unbedingt sehenswert sind die unverfälschten und lebendigen Suqs, die Zitadelle und das Djudaide-Viertel. Im Text sind absolute **Highlights mit einem Sternchen (*) versehen.**

Die **drei** beschriebenen **Spaziergänge** sind alle wunderbar vom Tourist Office aus per pedes zu machen;

für jeden ist mindestens ein Tag angebracht!

Spaziergang Nr. 1: Die Suqs

Die Suqs* von Aleppo **gehören zu den berühmtesten der Welt.** Angeblich insgesamt 12 km lang, gelten sie als die größten des Orients. Authentisch und nicht für Touristen hergerichtet erstrecken sie sich in Ost-West-Richtung vom Bab Antakya bis zur Zitadelle, nördlich und südlich davon gehen viele Gassen ab, die zur Erkundung einladen. Der Suq ist eng, voller Menschen, Esel und Gerüche. Meist nach den verschiedenen Handwerksbereichen getrennt, kann man sich durch ein Gewirr von Angeboten und Farben treiben lassen, immer dem Strom der Menschen nach. Auf Seifenläden folgen Pistazienhändler, eifrige Bazaristen versuchen Tücher zu verkaufen, und der Kaffeeröster will potentielle Kunden durch den feinen Geruch seiner Produkte zum Kauf bewegen. Blumenöle duften mit dem Kaffee um die Wette, während der Eselstreiber versucht, den Brothändler, der seine Waren mitten in den Gassen aufgereiht hat, aus dem Weg zu hupen.

Auch wenn im Folgenden die sehenswertesten Gebäude innerhalb des Suqs beschrieben werden, so kann man dadurch kaum einen Eindruck von den Märkten (denn Suq heißt übersetzt nicht viel mehr als das) gewinnen. Die Suqs bestechen nämlich nicht alleine durch die Pracht ihrer Gebäude, vielmehr ist es vor allem ihre Atmosphäre, die sich seit Jahrhunderten kaum verändert zu haben scheint. Und diese kann man am besten außerhalb der „Hauptsuqstraße", der Straße, die sich vom Bab Antakya bis zur Zitadelle zieht und an der fast alle sehenswerten Gebäude liegen, erfahren.

Ausgangspunkt des Spazierganges ist das Antiochia-Tor, das **Bab Antakya*.** Dieses Tor, durch das einst die Araber im Jahre 637 geritten kamen, um die Stadt zu erobern, hat seine

syr052 Foto: mb

Im Suq von Aleppo

Routenteil D

syr053 Foto: mb

heutige Form aus dem 13. Jahrhundert und wurde unter Nasr Yusuf (1242–1260), dem ayyubidischen Gouverneur von Aleppo, errichtet. Es ist ein prächtiger Beginn für unseren Suqbummel, ein Spaziergang durch fremde Welten.

Kaum hat man das mächtige Tor durchschritten, taucht man ein in das bunte Durcheinander. Schlagartig verstummt der Autolärm und die brodelnde Atmosphäre orientalischer Geschäftigkeit nimmt einen gefangen. Statt sich nun sofort mit den Menschen geradeaus, entlang vieler verschiedener Läden, treiben zu lassen, beginnt man den Spaziergang gleich mit einem Abstecher zur **Qaiqan-Moschee,** zur Rabenmoschee. Diese kleine Moschee mit ihrem hübsch anzusehenden Minarett vermittelt dem Betrachter eine Ruhe, die er immer wieder finden wird, sobald er die quirligen Gassen hinter sich lässt. Dazu folgt man der Gasse, die kurz nach dem Betreten der Altstadt nach Norden weist, links bergauf. Nach etwa 100 m findet sich rechts die kleine hübsche Qaiqan-Moschee, deren Eingang zwei Basaltsäulen zieren. So wie sie heute dasteht, stammt sie aus dem 14. Jahrhundert, man kann jedoch auf der rechten Moscheemauer frühe hethitische Inschriften erkennen, die darauf hinweisen, dass dieser ehemalige Tempel dem Gott Tischub geweiht war. Die runden Steine, die aus der Vorderfront herausstehen, sind die letzten Reste dieses Tempels.

Zurück auf der Hauptsuqstraße geht links der Spaziergang weiter. Nach ungefähr 20 m kann man links die **Tuta-Moschee** (auch Shu'aibiya-Moschee genannt), die Maulbeer-Moschee, sehen, die als die älteste Moschee Aleppos gilt. Als erste Moschee dieser Stadt festigte sie die Herrschaft der Araber. Auf römischen Ruinen errichtet, stammt sie, so wie man sie heute sehen kann, aus ayyubidischer Zeit. Sie wurde von Nur ad-Din 1150 restauriert.

Unterwegs im Suq

Vorbei geht es an kleinen Geschäften, bunt gemischt, bis man bei der vierten Gasse links wieder einen kleinen Abstecher macht: diesmal nach rechts zur **Madrasa Muqaddimiya,** der ältesten Koranschule Aleppos. Man hat sie nach etwa 50 m auf der linken Gassenseite erreicht. Die ehemalige Kirche wurde 1168, d.h. nach dem Sieg über die Kreuzritter, zu einer Koranschule umgebaut und kann besichtigt werden.

Zurück auf der Suqhauptstraße, dem Suq as-Sataqiya, wendet man sich nach rechts und stößt bald rechter Hand auf die **Bahramiya-Moschee,** einen osmanischen Bau, errichtet 1583 unter Ibrahim Pascha. Das hohe Minarett, das durch ein Erdbeben zerstört wurde, ließ man 1698 wieder errichten. Besonders schön ist in dieser Moschee der *Mihrab,* die Gebetsnische, die Mekka anzeigt. Mit ihren dekorativen Arabesken konkurriert sie mit der Mihrab der Faradis-Madrasa. Leider ist die Moschee häufig geschlossen. Dann sollte man bis kurz nach der Gebetszeit warten: Wenn die Gläubigen aus den Innenräumen strömen, kann man zumindest einen kurzen Blick ins Innere werfen.

Bei der nächsten Gasse hinter der Moschee zweigt unser Spaziergang nach rechts ab. Gleich links ist die **Ahmadiya-Madrasa** zu sehen, mit einem Friedhof, der fein gearbeitete und wunderschöne Grabsteine zeigt. Kurz danach folgt auf der rechten Seite das **Bimaristan Nuri,** errichtet 1150 unter Nur ad-Din. Das Krankenhaus – denn das bedeutet das Wort „Bimasristan" – wird zurzeit im Rahmen des GTZ-Projektes zur Renovierung der Aleppiner Altstadt restauriert. Von außen lohnt der Blick auf die Steine über dem Eingang, die schön verziert sind.

Wir folgen der Gasse weiter geradeaus, bis sie nach ca. 300 m eine Rechtskurve macht. An der Kreuzung rechts befindet sich das **Bab Qinnasrin.** Dieses Tor, einst das Haupttor der Stadt, ist bis zum heutigen Tage wunderbar erhalten und lohnt unbedingt einen Blick. Römischen Ursprungs wurde es 1256 wieder aufgebaut und 1501 im Auftrag des Mamlukensultans Qanasaw al-Ghawi erneut restauriert.

Wer möchte, kann vorher einen Stopp in einer **Seifenfabrik** einlegen. Kurz bevor die Gasse zum Bab abzweigt, kann man eine schwarze Eisentüre sehen. Hier befindet sich der Eingang zur Seifenfabrik von Ahmad Shauqi Sabuni, dessen Name (Sabuni) bereits auf seinen Beruf hindeutet: „Sabuni" heißt Seifenmacher! Am Eingang muss man klingeln. In der Fabrik, die in einem Khan aus dem 16. Jahrhundert untergebracht ist, werden täglich 10 Tonnen Seife auf traditionelle Art und Weise hergestellt. Einer der netten Angestellten führt Sie gerne durch den Khan und erklärt Ihnen, wenn auch nicht immer im besten Englisch, die Herstellung. Hier kann man auch direkt Seifen höchster Qualität kaufen (die Seifenfabrik ist jedoch nur in den kalten Monaten, von Oktober bis April, geöffnet)!

Das Bab nun im Rücken geht es gen Norden weiter Richtung Hauptsuq. Ein absolut sehenswertes Gebäude befindet sich nach etwa 150 m auf der rechten Seite: das **Maristan Arghun al-Kamili*.** Es stammt aus dem 14. Jahrhundert und ist sehr gut erhalten. Durch das schöne Eingangstor gelangt man in einen großen, prächtigen Hof, in dessen Mitte sich ein herrlicher Brunnen befindet. Von Pflanzen umrankt strahlt dieser Hof eine wunderbare Ruhe aus. Vom Haupthof abgehend kann man drei kleinere Höfe besichtigen, um die sich Einzelzellen gruppieren; dies waren die Krankenzimmer.

Direkt gegenüber dem Maristan befindet sich eine weitere Seifenfabrik, die besichtigt werden kann.

Man folgt der Gasse nun weiter geradeaus und kann bei der nächsten Kreuzung einen kurzen Abstecher zur kleinen **Saffahiya-Moschee** machen. 1425 gegründet, fällt sie vor allem durch ihr Minarett auf.

Auf dem Weg Richtung Hauptsuq passiert man noch die **Adaliya-Moschee*** aus dem 16. Jahrhundert, die zu den ersten türkischen Bauwerken der Stadt gehört. Die Moschee ist vor allem wegen ihrer Fayence-Arbeiten eine der schönsten der Stadt.

Kurz danach links der **Khan al-Nahasin** aus dem 16. Jahrhundert. Im 19. Jahrhundert beherbergte er das venezianische Konsulat, in den Jahren von 1930 bis 1980 dann das belgische. Seitdem hat er wieder seine ursprüngliche Funktion inne und ist Standort vieler Läden.

Der Karawanserei gegenüber befindet sich das **Hammam al-Nahasin** aus dem 12. oder 13. Jahrhundert, das bis heute (wenn auch nur für Männer) als solches genutzt wird (siehe „Praktische Informationen, Hammams").

Nach wenigen Schritten ist man wieder zum Hauptsuq zurückgekehrt. Wer möchte, sollte nun einen Abstecher nach links zum **Khan al-Djumruk** machen, dem großen Zollkhan. Seinen Eingang erkennt man gut an der großen Dachkuppel, die mit rotem Stein gemauert ist. Dieser Khan mit seinen ehemals 344 Geschäften ist der größte der Stadt. In den ersten Jahren nach seiner Errichtung 1574 waren hier das englische, französische und holländische Konsulat sowie die einzige Bank der Stadt untergebracht. Im Zentrum des Khans, der bis heute kleinen Läden beherbergt, steht eine kleine Moschee. Beim Verlassen des Khans sollte man einen Blick auf die beiden Fenster an der Rückseite des Khans werfen, die besonders gut erhalten und sehr schön sind.

Ohne Abstecher geht der Spaziergang am Hauptsuq weiter nach rechts. Gleich bei der ersten Möglichkeit zweigt man links ab. Rechts finden sich die Gold- und Teppichläden, die – meiner Erfahrung nach – einzigen wirklich anstrengenden Bazargassen der Aleppiner Suqs. Links läuft man an den Außenmauern der **Umayyaden-Moschee*** entlang, bis man auf einen freien Platz kommt. Dieser ist der Vorplatz zur Moschee, die man einmal umlaufen muss, vorbei am nördlichen Haupteingang zum Westtor, das der offizielle Eingang für Touristen ist (Eintritt: 25 Lira). Wer allerdings eine ähnlich prächtige Moschee wie in Damaskus erwartet hat, wird enttäuscht sein.

Zwar ist die Moschee wirklich schön und wurde auch mehrere Jahre lang (bis 2005) renoviert, ihrer Namensvetterin in der Hauptstadt kann sie aber nicht das Wasser reichen. Walid I. (705–715), der sechste Umayyadenkalif, ließ an dieser Stelle eine Moschee errichten, die zwei Jahre nach seinem Tod unter dem siebten umayyadischen Kalifen Sulaiman (715–717) vollendet wurde. Auch die der Moschee gegenüberliegende Madrasa Halawiya, die ehemalige Kathedrale St. Helena aus dem 6. Jahrhundert, wurde in den Bau integriert. Der Umstand, dass umayyadische Kalifen sie errichten ließen, gab der Moschee ihren Namen. Rückschlüsse, die heute hier stehende Moschee gehe deswegen auf das 8. Jahrhundert zurück, sind jedoch falsch. Denn von der einstigen Moschee ist nichts mehr zu sehen. Die heutige Moschee ist ein „Neubau" von 1169, entstanden in der Regierungszeit Nur ad-Dins. Allein das Minarett ist älter und stammt aus seldjukischer Zeit. Auffallend ist der große Hof. Im Innenraum befindet sich ein Sarg, angeblich mit den Gebeinen des Zakariya, Vater des berühmten und heiligen Johannes, dessen Gebeine wiederum in der Moschee in Damaskus liegen sollen. Ob das ein weiteres Zeichen für den ewigen Hahnenkampf zwischen Damaskus und Aleppo ist, vermag ich nicht zu sagen, es ist aber davon auszugehen.

Für mich eines der schönsten Bauwerke der Innenstadt, und das trotz seiner Schlichtheit, ist die der Moschee gegenüberliegende **Madrasa Halawiya***, die auf den Grundmauern der ehemaligen Kathedrale St. Helena errichtet wurde. Heute wird sie als Moschee genutzt und besitzt eines der hübschesten Eingangsportale Aleppos. Ein großer, schmuckloser Brunnen bildet das Zentrum des Hofes, die kleinen Zimmer um den Hof, die ehemaligen Studierzimmer, zeugen von der früheren Funktion der Gebäude. Auch die Innenräume der Moschee sind eher schlicht, ein freundlicher Wärter verkauft am Eingang Broschüren und Bücher.

St. Helena, Namensgeberin der Kathedrale, war die Mutter Konstantins des Eroberers. Bis zur Herrschaft Nur ad-Dins war die Kathedrale in Benutzung und wurde – auch als die Umayyaden-Moschee im Garten der Kirche errichtet wurde – weiterhin als christliches Gotteshaus verwendet. 1245 verlor sie diese Funktion und ist seither nur noch für die muslimischen Gläubigen von Bedeutung.

Unser Spaziergang führt wieder zurück zur Umayyaden-Moschee. Wendet man sich, die Madrasa im Rücken, geradeaus und läuft ein wenig der Straße entlang, stößt man etwa 100 m hinter dem Suqausgang, aus dem wir gekommen sind, auf einen kleineren Platz. Hier stehen zwei Khane und eine Moschee.

Der Eingang zum **Khan al-Wazir*** befindet sich direkt geradeaus. Das Gebäude stammt aus dem 17. Jahrhundert und gehört zu den schönsten Karawansereien der Stadt. Wie die meisten monumentalen Bauten hat es ein schwarzweiß gestreiftes Eingangstor. Die beiden Fenster rückseitig des Eingangstores sind mit wunderschönen Ornamenten verziert. Heute befinden sich im Khan, in dessen Mitte eine kleine Moschee ist, kleine Läden, darunter auch einige, die Souvenirs verkaufen.

Nördlich des Platzes, also aus dem Khan kommend rechts von der Straße, befindet sich die so genannte „persische Küche", die **Matbakh al-Adjami.** Der schöne zengidische Palast aus dem 12. Jahrhundert wird seit Jahren restauriert. Früher beherbergte er das traditionelle Museum, das heute im Stadtviertel Djudaide untergebracht ist. Was nach Abschluss der Renovierung mit dem Gebäude passieren soll, ist noch ungewiss. Aller Wahrscheinlichkeit dauert die Renovierung noch einige Jahre an. Den Namen „persische Küche" erhielt das Gebäude im 19. Jahrhundert, als es als Lebensmittellager und Küche für die ägyptischen Soldaten, die unter dem Oberbefehl Muhammad Alis in Aleppo stationiert waren, diente.

Gegenüber der persischen Küche befindet sich die **Fizdiq-Moschee,** die Pistazienmoschee. Westlich davon, also gegenüber dem Khan al-Wazir, führt nun eine Gasse wieder hinein in den Suq. Folgt man dieser, steht man nach etwa 40 m rechts vor dem **Khan as-Sabun,** dem Seifensuq. Um ihn zu betreten, muss man sich schräg nach hinten wenden und der kleinen Gasse folgen. Dieses großartige Bauwerk mamlukischer Architektur wurde im späten 15. Jahrhundert errichtet. Besonders schön ist die Fassade mit ihren reichen Verzierungen. Seife sucht man hier heute allerdings vergeblich!

Der Spaziergang führt uns nun wieder zurück zur Hauptsuqstraße. Man biegt links ein und folgt ihr bis ans Ende. Alsbald ist die Zitadelle erreicht.

Die Zitadelle*

Mitten in Aleppo erhebt sich ein Hügel und auf diesem thront die schönste Burg, die ich je gesehen habe. Allein der Anblick dieser Burg ist eine Reise nach Syrien wert, ebenso das erhabene Gefühl, auf deren Außenmauern zu stehen und auf die Stadt hinunter zu blicken.

Im 16. Jahrhundert v.Chr. eroberten die Hethiter den Berg und errichteten im 10. Jahrhundert auf ihm einen Tempel, den zwei steinerne Löwen aus Basalt bewachten. Die erste Schutzburg wurde im 4. Jahrhundert v.Chr. von den Seleukiden errichtet. Unklar ist, ob die Römer sich weiter dieser Burg und ihrer Schutzfunktion bedienten. Sicher ist nur, dass Julian (361–363) auf diesem Berg zu seinen Göttern betete.

Die **Geschichte** der Zitadelle bleibt bis ins 10. Jahrhundert n.Chr. unklar. Ab dann lässt sich die Historie ununterbrochen nachvollziehen: Der Hamdanide Saif ad-Daula, unter dessen Herrschaft Aleppo eine Blüte erlebte, nutzte die günstige Lage der Zitadelle und ließ sie ausbauen. Sie wurde der Hauptstützpunkt der Muslime im Norden Syriens im Kampf gegen die Byzantiner. Ende des 12. Jahrhunderts, nach dem Erfolg Saladins gegen die Kreuzritter, wurde der Berg Mittelpunkt eines neuen Stadtzentrums, das

syr054 Foto: mb

unter der Herrschaft von Saladins Sohn Malik az-Zahir Ghazi errichtet wurde. Auch hier, wie überall in Syrien, wüteten dann die Mongolen, doch Aleppo wurde nach jedem Sturm neu aufgebaut.

Die Zitadelle, wie man sie heute sieht, stammt **größtenteils aus dem 12. Jahrhundert.** Die darin befindlichen Gebäude wurden meist zur Zeit al-Ghazis errichtet, nur die Baracken im nördlichen Teil der Zitadelle sind aus mamlukischer Zeit. Heute werden mehr und mehr Restaurierungsarbeiten vorgenommen, auf dem ehemaligen Theaterplatz wurde ein neuer gebaut, wo heute moderne Theateraufführungen und Konzerte veranstaltet werden.

Der sicherlich **eindrucksvollste Teil** der Zitadelle ist das **Eingangsportal,** das oberhalb einer langen Steinbrücke steht. Fünfmal muss man innerhalb der Toranlage abbiegen, bis man ins Innere der Zitadelle treten kann. Drei Tore versperrten den Feinden den Weg ins Innere. Direkt vor dem Ausgang ins Freie wird man einen Sarg sehen, der mit einem grünen Tuch bedeckt ist. In diesem liegen angeblich die Gebeine des Heiligen Georg, der von den Muslimen als Prophet „Khadir" verehrt wird. Folgt man nun dem Weg, der sich auf den Gipfel der Burg hinauf

Die Zitadelle: Mittelpunkt Aleppos

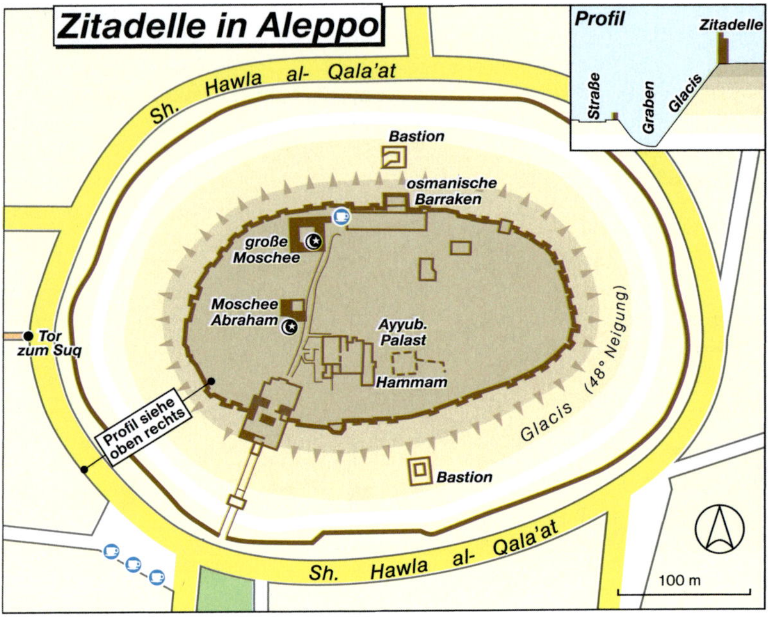

zieht, gelangt man in die **Cafeteria** – hier beginnt die Zitadellenbesichtigung. Zwar kostet ein Getränk in dem Lokal weit mehr als anderswo, der Ausblick ist jedoch atemberaubend, und guckt man gen Süden, liegen die Reste der Zitadelle direkt vor einem.

Gleich rechts, die Cafeteria im Rücken, liegt die **Große Moschee.** Sie wurde 1214 von Ghazi wieder aufgebaut und hat einen wunderschönen Innenhof, in dessen Mitte drei große Kiefern wachsen.

Das Gebäude links, in welchem auch die Cafeteria untergebracht ist, ist recht jungen Datums. Es stammt aus dem 19. Jahrhundert und wurde unter den Osmanen errichtet, als Stützpunkt gegen Muhammad Ali, dessen Truppen sich von Kairo näherten. Vor diesem Gebäude breitet sich eine große Terrasse aus, unterhalb derer sich das neue Theater befindet. Zwischen diesem und der Hauptgasse wurde in den Jahren von 1996 bis 2007 unter Prof. Kohlmeyer von der Universität Berlin gegraben: Beeindruckende **Basaltreliefs** mit der Darstellung von geflügelten Dämomen, die

Das Eingangsportal der Zitadelle

Kontakt mit Menschen haben, kamen zum Vorschein. Inzwischen sind sie im Aleppiner Nationalmuseum untergebracht. Die Grabungen sind weitestgehend abgeschlossen und sollen unter einem Schutzbau erhalten bleiben. Der Zutritt soll Touristen gestattet sein, doch bis es so weit ist, kann es noch eine Weile dauern.

Geht man den Weg hinab, den man hinaufgekommen ist, sieht man rechts die **Ibrahim-Moschee,** die laut Inschrift aus dem Jahr 1167 stammt. Die Moschee soll an der Stelle errichtet worden sein, an der Abraham, der große Religionsstifter, zu sitzen pflegte. Es heißt, die Moschee (früher eine Kirche) habe lange Zeit den Kopf Johannes des Täufers beherbergt, bevor er nach Damaskus verbracht wurde.

Weiter unten, linker Hand, ist ein **ayyubidischer Palast** zu sehen, errichtet unter al-Aziz (1230). Geblieben von dem Bauwerk ist nicht mehr allzu viel. Das meiste wurde unter den Mongolen zerstört. Zu sehen sind Reste eines Iwans und eines großen Hammams sowie das prachtvolle Eingangstor, in Schwarz-weiß gehalten. Derzeit werden intensive Restaurierungsarbeiten an dem Palast vorgenommen.

Nun verlässt man den vorgefertigten Weg. Man kann herumstreunen und den Blick von den Außenmauern genießen, denn außer dem prächtigen Eingangstor gibt es keine wirkliche Se-

syr055 Foto: mb

henswürdigkeit mehr. Den Thronsaal hebt man sich bis zum Schluss auf, denn durch ihn verlässt man die Burg wieder. Durch enge Gassen und Wege kommt man dann hinauf in diesen Saal oberhalb des Eingangstors. Der großartig restaurierte Raum mit seinen Deckenmalereien stammt aus mamlukischer Zeit. Über eine kleine Treppe rechts kann man die Zitadelle durch die Gänge und Gewölbe des Torturmes wieder verlassen.

Öffnungszeiten: Tägl. von 9–18 Uhr, im Winter nur bis 16 Uhr, Eintritt 150 Lira, für Studenten 10 Lira. Zurzeit (Anfang 2009) wird die gesamte Ringstraße rund um die Zitadelle zur **Fußgängerzone** umgebaut. Es entstehen neue Cafés und Restaurants, vor allem aber die Möglichkeit, die Zitadelle einmal komplett zu umrunden, ohne Angst haben zu müssen, von einem Auto angefahren zu werden.

Spaziergang Nr. 2: Die südliche Altstadt

Wer bei diesem Spaziergang eine ähnlich schöne Atmosphäre erwartet wie im Falle des Spaziergangs durch die Suqs, wird enttäuscht sein. Es geht hier immer an Straßen entlang, die stark von Autos frequentiert werden. Wer aber interessiert ist an wunderschönen Moscheen, sollte sich den Weg nicht vermiesen lassen. Zumindest aber sei der Besuch der wunderschönen Madrasa Faradis empfohlen, ganz am Südrand der Stadt. Dorthin kann man auch mit dem Taxi fahren.

Mit dem Monumentalbau der Zitadelle im Rücken beginnt der nächste Spaziergang. Schräg links über der Straße sieht man die **Sultaniya-Moschee,** errichtet 1223–1225 unter al-Aziz, dem Sohn des Ghazi. Links neben der Moschee liegt ein Ehrenmal der Familie.

Bevor man sich nun endgültig nach Süden wendet, ist ein kleiner Abstecher nach Osten angebracht, zum **Hammam an-Nasiri,** erkennbar an der gelben Kuppel. Es stammt aus dem 14. Jahrhundert, ist derzeit aber geschlossen und kann nicht besucht werden. Sollten sich Investoren finden, die das herrliche Bad restaurieren, dürfte es das schönste Hammam des Landes werden.

Wir laufen die Straße in der Verlängerung der Zitadellenbrücke weiter. Gleich rechts, gegenüber der Sultaniya-Moschee, liegt der schön restaurierte **Khan ash-Shuma,** in dem sich heute ein kleiner Handwerkerbazar befindet. Dahinter steht die prachtvolle **Khusrufiya-Moschee*,** ein großer Kuppelbau aus dem 16. Jahrhundert. Khusruf, der osmanische Gouverneur Aleppos, ließ sie von Sinan, einem der berühmtesten osmanischen Architekten, errichten. Ihr Stil ähnelt dem der Tekkiye Sulaimaniya in Damaskus, die denselben Bauherrn hatte. Wie diese ist sie ein Kleinod frühosmanischer Baukunst, als deren früheste Vertreterin sie in Aleppo gilt.

Die osmanische Moschee hinter uns laufen wir geradeaus ostwärts und stehen direkt vor der **Utrush-Moschee.** Sie wurde 1403 errichtet und beherbergt das Mausoleum des al-Bugha al-Utrush. Meist ist sie verschlossen, so-

Freunde der Altstadt von Aleppo

Die Altstadt Aleppos wird von der UNESCO als **Weltkulturerbe** anerkannt, und dennoch fließen die Mittel dieser Organisation spärlich bis gar nicht, um irgendetwas für die Erhaltung dieses Erbes zu tun. Aus diesem Grund hat sich 1990 im Linden-Museum in Stuttgart der Verein „Freunde der Altstadt von Aleppo" gegründet. Mitglieder sind Syrer, insbesondere Aleppiner, und Deutsche. Unterstützt werden Direktmaßnahmen zur Erhaltung von Wohnhäusern in der Altstadt von Aleppo.

Die **historischen Wohnviertel** der Altstadt von Aleppo gehören zu den größten erhaltenen traditionellen Wohnvierteln der islamischen Welt. In ihnen leben ca. 350.000 Menschen. In den letzten Jahrzehnten war Aleppo großen Veränderungen unterworfen. Städtebauliche Maßnahmen wurden mit zum Teil verhängnisvollen Konsequenzen für die Altstadt in die Praxis umgesetzt.

Doch das Bewusstsein und die Verhältnisse in Aleppo haben sich verändert. Ein Kontrollorgan, das „Altstadtkomitee", wurde gegründet und dient als Planungsstelle der Stadtverwaltung. Alte Vorhaben wurden annulliert und neue Vorschriften erarbeitet, die angemessene Reparaturen und Restaurationen innerhalb der Altstadt sicherstellen sollen. Doch der Geldmangel der privaten und öffentlichen Haushalte lässt neue Bedrohungen für die Altstadt entstehen. Auch fehlt den meist der unteren Mittelschicht zugehörigen Bewohner der Altstadt der nötige politische Einfluss.

Daher war es das Anliegen des Vereins, zunächst die Aufmerksamkeit der Kulturabteilung des Auswärtigen Amtes, des Bundesministeriums für wirtschaftliche Zusammenarbeit (BMZ) und des Arabischen Fonds für wirtschaftliche Zusammenarbeit auf die Probleme der Altstadt von Aleppo zu lenken. Mit Erfolg: Mit Mitteln des Auswärtigen Amtes wurde ein großer Wohnkomplex in der Altstadt restauriert, von dem aus nun die von der Stadtverwaltung von Aleppo und der Gesellschaft für Technische Zusammenarbeit (GTZ) getragenen Aktivitäten zum Erhalt der Altstadt gelenkt werden.

Die erste flächendeckende **Untersuchung der Altstadt** wurde 1993 abgeschlossen. Sie zeigte, dass viele der Häuser in einem desolaten Bauzustand sind. Zur schnellen und gezielten Hilfe wurde der Emergency-Fund eingerichtet. Bewohner von gefährdeten Häusern wenden sich an den Fund, dessen Architekten die Häuser untersuchen und nötige Maßnahmen in Absprache mit den Bewohnern festlegen. Einer Prioritätenliste folgend vergibt der Fund dann zinslose Darlehen zur Finanzierung. Die Arbeiten stehen unter Aufsicht der Architekten und werden zu großen Teilen von den Hausbewohnern unter fachmännischer Anleitung durchgeführt. Finanziert wird der Fund zu gleichen Teilen von der Stadt Aleppo, der GTZ und aus den Mitgliedsbeiträgen sowie Spenden des Vereins „Freunde der Altstadt von Aleppo".

Der Verein ist ein erfolgreiches Beispiel für deutsch syrische Zusammenarbeit, durch direkte Kontakte mit der betroffenen Bevölkerung ein Bindeglied zwischen oben und unten und damit auch ein Mittel, Bürgerbeteiligung zu fördern und der Bevölkerung mehr Mitsprache zu verschaffen.

● Interessenten wenden sich an Prof. Johannes Kalter, zu erreichen über das **Linden-Museum** (Hegelplatz 1, 70174 Stuttgart); Spenden an: Freunde der Altstadt von Aleppo, Stadtkasse Stuttgart, Buchungszeichen 4.3000.110424.6; Landesgirokasse Stuttgart, BLZ 600 501 01, Konto Nr. 200 24 08).

dass dem Reisenden der Blick ins Innere verwehrt bleibt.

Rechts der Moschee geht es weiter. Man folgt der Straße ein ganzes Stück bis zu den Resten des **Bab Maqam,** das der Zeit Ghazis entstammt. Wieder aufgebaut wurde es unter Qaid Bey 1493.

Man überquert nun die Straße und folgt der Straße, die in südwestlicher Richtung rechts abgeht. Kurz danach ist das **Mausoleum des Khair Bey** erreicht. Wie die Moschee des al-Utrush ist es meist verschlossen. Der Erbauer des Gebäudes liegt nicht hier begraben, obschon er es als seine Todesstätte errichten ließ. Zwei Jahre nach Vollendung des Grabes (1514) verließ er die Stadt. Er starb in Kairo. Ob er da ein ähnlich schönes Grab hat?

Als Abraham die Ziegen molk

Bis heute ist man sich nicht ganz sicher, weshalb Aleppo so heißt, wie es heißt, nämlich *Halab,* was „melken" bedeutet.

In Aleppo erzählt man sich jedenfalls, der Name komme daher, dass die Stadt früher der Platz gewesen sei, an dem Abraham seine Ziegen molk. Und weil Abraham ein so gütiger Mensch war, verteilte er seine Milch an alle, die davon haben wollten. Wenn die Leute morgens zu ihm kamen, fragten sie ihn: „Halab au ma halab?" (Ist schon gemolken oder noch nicht?). Und da der Ort, an dem Abraham seine Ziegen gemolken hatte, hier war, in Aleppo, inmitten der Zitadelle, an der Stelle, an der heute die Ibrahim-Moschee steht, beschloss man, die ganze Stadt Halab zu nennen.

Im weiteren Verlauf der Straße wird schließlich eine Gabelung erreicht. Geht man links, folgt nach etwa 50 m die **Madrasa Zahiriya.** Sie hat einen schönen Innenhof mit Brunnen und stammt aus dem 13. Jahrhundert. Sie wurde al-Ghazi geweiht, der jedoch nicht hier begraben wurde, wie ursprünglich wohl vorgesehen.

Zurück bei der Gabelung geht man geradeaus. Und wieder ist ein ganzes Stück zu laufen. Aber kurz bevor die Straße auf einen Friedhof stößt, ist die **Madrasa Faradis*,** die Paradiesschule, erreicht. Nomen est omen, und so ist diese Koranschule wohl die schönste der Stadt. Die Madrasa entstand in der Zeit von 1334 bis 1337 auf Geheiß der Witwe Ghazis, Daifa Khatun. Der Innenhof ist ein Meisterwerk an Schlichtheit, der Mihrab mit all seinen Verzierungen unbeschreiblich schön – man muss ihn gesehen haben!

Für den Rückweg empfiehlt sich das Taxi, oder aber man versucht, sich quer durch die Altstadt ins Hotel zu schlagen und entdeckt dabei lauter neue Wege und Gassen. Lohnenswert ist das auf jeden Fall, vor allem nördlich des Bab Maqam.

Spaziergang Nr. 3: Das Djudaide-Viertel

Es ist ein kurzer Spaziergang, der uns durch das Djudaide-Viertel, das „Neue Viertelchen", führt, aber er vermittelt einen guten Eindruck davon, wie früher reiche christliche Familien lebten. Zahlreiche alte Stadthäuser laden zur Besichtigung ein. Das Djudaide-Viertel ist eines der schönsten Viertel der Stadt und war das erste Stadtviertel **außerhalb der Stadtmauern.** Kopfsteinpflaster, überwölbte Gassen und herrliche Architektur verleihen dem Viertel einen ganz besonderen Charakter.

Djudaide entstand unter spätmamlukischer Herrschaft (deswegen wohl auch der Name „Neues Viertelchen") und wurde für die armenischen und maronitischen Christen errichtet, die durch den Venedighandel angelockt wurden und in Aleppo als Mittelsmänner zwischen den italienischen Handelshäusern und den Arabern fungierten. Lange Zeit blieb das Viertel unbeachtet, aber **seit Mitte der 1990er Jahre** erlebt es einen grandiosen **Aufschwung;** Häuser werden restauriert und teilweise zu kleinen, „verwunschenen" Hotels oder Restaurants umgebaut. So können sie in all ihrer Pracht erhalten werden. Für Touristen ist es inzwischen möglich, auch ohne Guide einen Blick in diese Häuser zu werfen!

Die **Stadthäuser Djudaides** sind ein lebendiges Beispiel bürgerlichen Hausbaus in vergangenen Jahrhunderten. Sie sind meist um einen Innenhof herum gebaut, in dessen Mitte ein Brunnen steht. Bäume oder Weinreben sorgen in den Höfen und somit in den umliegenden Zimmer für eine an-

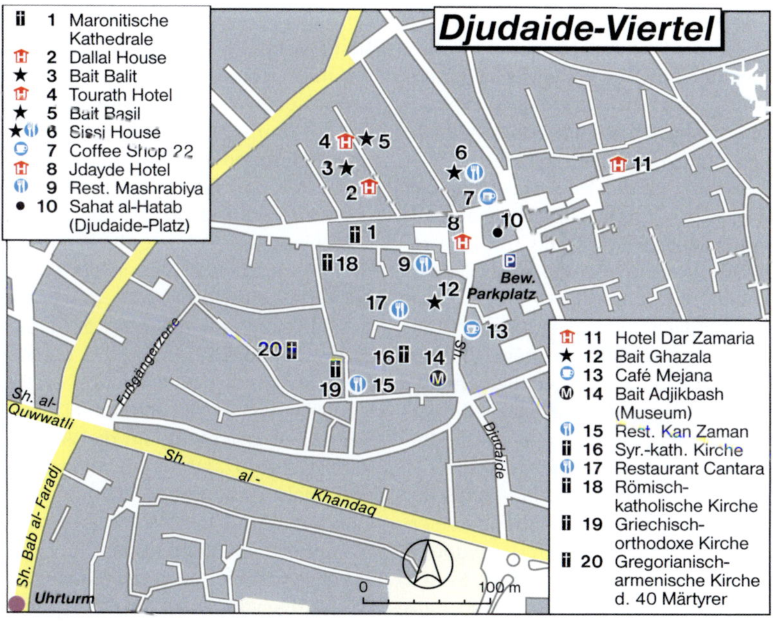

genehme Kühle. Jeder Hof hat einen Iwan, d.h. eine überdachte Nische, die mit Kissen ausgelegt war.

Unser Spaziergang beginnt an der Kreuzung der Sh. Bab al-Faradj und der Sh. al-Quwwatli, direkt bei der Commercial Bank. Den Uhrturm im Rücken geht von hier, nachdem die Straße überquert ist, schräg links die Fußgängerzone ab. Dieser folgen wir bis ans Ende, vorbei an jeder Menge schicker Läden. Danach geht es rechts ab und schon bald darauf steht man vor der **maronitischen Kathedrale,** einem großen, hellen und schönen Gebäude. Die Kirche ist neueren Datums (1873–1923). Daneben findet sich die **griechisch-katholische Jungfrau-Maria-Kirche** (1849).

Links an der Kathedrale vorbei geht es nun weiter durch eine kleine Straße, von der auf der linken Seite immer wieder Gassen abzweigen, die z.T. überdacht sind. Hinter hohen Mauern verbergen sich Häuser, wie das Bait Balit oder das Bait Basil. Das **Bait Basil** wurde im 17. Jahrhundert erbaut; ein netter Wärter öffnet die Türe. Zu sehen sind vor allem sehr feine Steinarbeiten, die Holzdecke des Iwan ist die ursprüngliche! Das gleich gegenüberliegende **Bait Balit** aus dem 18. Jahrhundert kann auch besichtigt werden. Doch ist hier ein armenisches Kinderheim untergebracht, was einen Besuch nicht immer einfach macht.

Bei der dritten Gasse links, nach der Kathedrale, hat man die Sissi-Gasse erreicht. Hier befindet sich das wunderschön restaurierte Haus **Bait Sissi*.** Darin ist ein hervorragendes Restaurant untergebracht. Das Haus kann problemlos besichtigt werden, und wer Glück hat, kann sogar ohne Reservierung einen Tisch im Restaurant ergattern. Im Haus lohnt auch die Besichtigung der Bar im Kellergeschoss. Hier sind die Reste eines unterirdischen Ganges zu sehen, der das Haus früher mit der Zitadelle verbunden haben soll. Viele Häuser des Viertels hatten so einen Geheimgang, der den Bewohnern im Kriegsfall Schutz bzw. einen Fluchtweg bot.

Folgt man der Gasse, die an der Kathedrale vorbeiführt, weiter, stößt man kurz nach der Sh. Sissi auf den **Sahat al-Hatab,** den sogenannten **Djudaide Square.** Dieser Platz ist das Herz des Viertels, viele schöne Altstadthäuser säumen ihn. Geradeaus geht es zum **Bait Martini,** dem Hotel Dar Zamaria, das man sich problemlos auch von innen ansehen kann. Einen Kaffee oder Tee in dem schönen Innenhof sollte man sich schon gönnen. Um die Ecke gleich das **Bait Ghazala** (17. Jahrhundert). Die Stadt Aleppo erwägt, in diesem Haus ein Kulturzentrum einzurichten, noch aber warten die Pläne auf eine Umsetzung. Falls das Haus geschlossen sein sollte, zögern Sie nicht, zu klopfen. Es ist das größte Haus im Djudaide-Viertel und bietet insofern mehr als die anderen Häuser. Seit seiner Errichtung um die Wende vom 16. zum 17. Jahrhundert wurde es mehrmals restauriert, so stammen die Holzpanele an den Wänden in der Haupthalle aus dem 18. Jahrhundert. Zu sehen ist hier auch ein Hammam, das einzige vollständig erhaltene priva-

syr056 Foto: mb

te Bad in Aleppo aus jener Zeit! Ein kleines Trinkgeld für den Wärter, der Ihnen die Türe aufgesperrt und Sie eventuell auch durch das Gebäude begleitet hat, ist angebracht.

Eine Sehenswürdigkeit ganz anderer Art ist der **Trödelladen** links – gigantische Preise, aber ein unvergleichlicher Raum lädt zum Stöbern ein. Nehmen Sie sich Zeit, den Platz und seine Umgebung zu erforschen, es lohnt sich!

Der Spaziergang führt nun vorbei am Bait Ghazala (Gazellenhaus). Direkt danach geht rechts eine kleine Gasse ab, die uns zum **Bait Jasmin** führt, in dem heute ein Restaurant untergebracht ist. Wir folgen der zweiten Gasse nach dem Gazellenhaus und stehen schon kurz darauf vor dem **Bait Adjikbash*,** in dem sich heute das ethnografische Museum befindet (Öffnungszeiten: tägl. außer Di 8–14 Uhr, Eintritt: 150, ermäßigt 10 Lira). Das Haus wurde 1757 von einer reichen Aleppiner Kaufmannsfamilie desselben Namens gegründet und in den 1980er Jahren restauriert. Zwölf Zimmer umschließen den Innenhof. Darin sind allerlei Gegenstände ausgestellt, deren Besichtigung weniger lohnt als das Gebäude selbst.

Sahat al-Hatab,
das Herz des Djudaide-Viertels

Zum Fortgang des Rundweges folgt man nun der Gasse, vorbei an vielen Wollgeschäften, Schmuckläden, der **syrisch-katholischen Kirche** (meist verschlossen) und der **griechisch-orthodoxen Kirche,** die aus dem Jahr 1861 stammt. Wer eine kurze Pause einlegen möchte, sei es zum Teetrinken oder auch nur, um die Atmosphäre eines weiteren Altstadthauses zu genießen, sollte kurz vor der griechisch-orthodoxen Kirche rechts ein Stück die Gasse hinaufgehen, wo das Restaurant Kan Zaman, ein herrlicher Bau mit fantastischem Kellergewölbe, zur Einkehr einlädt - unbedingt sehenswert!

syr057 Foto: mb

Am Eingang zum Nationalmuseum

Nachdem sich die Suqgasse verengt hat, ist rechts die **Kirche der 40 heiligen Märtyrer** erreicht. Diese armenische Kirche stammt aus dem 15. Jahrhundert, Ikonen und armenische Schriftzüge schmücken das Innere.

Von hier geht es schräg rechts in die überdeckten Suqgassen. Ein bunter Laden folgt auf den nächsten, bis man bei der nächsten Möglichkeit links abbiegt. Geradeaus geht es nicht weiter. Der Suq endet unweigerlich in einer Sackgasse. Links aber kommt man nach wenigen Metern wieder am Ausgangspunkt des Spaziergangs raus.

Das Nationalmuseum*

- Sh. Ibrahim Hanano, gegenüber der Sh. Barun, Di geschl., ansonsten geöffnet von 9–18, im Winter nur bis 16 Uhr. Eintritt 150 Lira, für Studenten 10 Lira.

Das Museum in Aleppo **gehört zu den wichtigsten syrischen Museen,** auch wenn der Neubau einiger anderer Museen, z.B. in Dair az-Zur, die Bedeutung des Aleppiner Museums ein wenig geschmälert hat.

Das Museum ist **schlecht beschildert** (kein Vergleich zu dem in Damaskus), auch wenn die Wärter sich redlich um Verbesserung bemühen und das Museum frisch renoviert wurde (was es nicht wirklich besser gemacht hat ...). Es lohnt sich in jedem Fall, einen fachkundigen Führer zu engagieren.

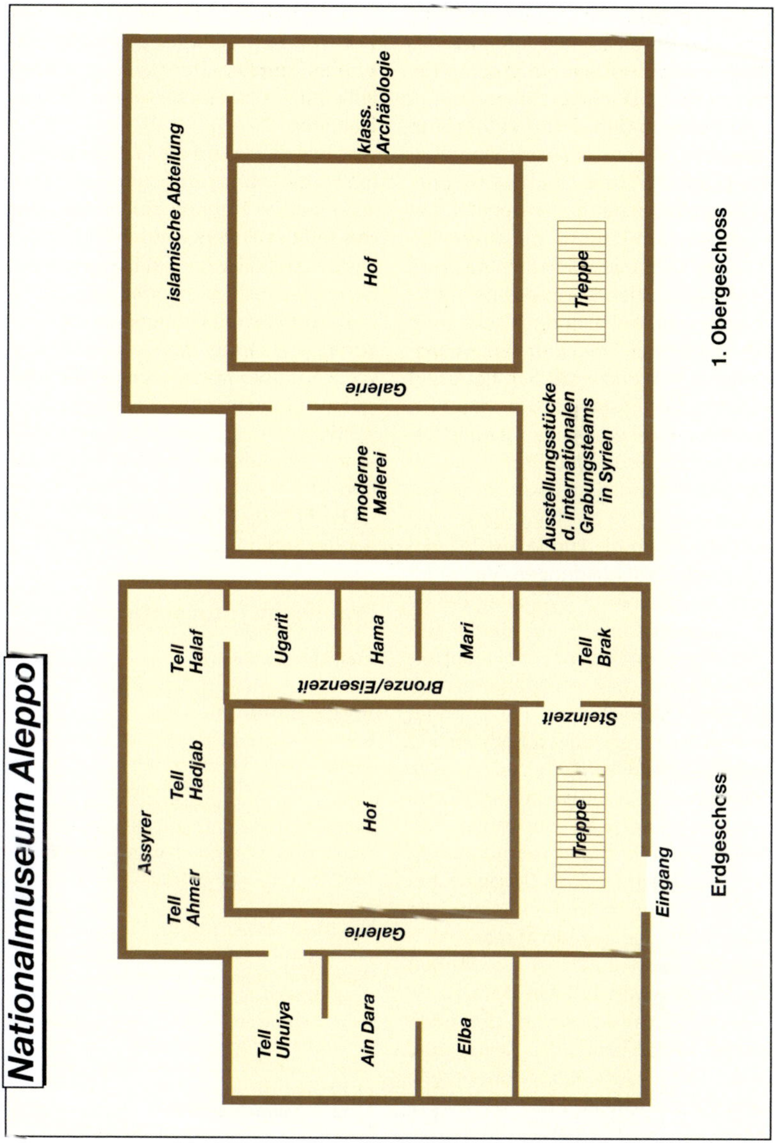
Nationalmuseum Aleppo
Erdgeschoss
Tell Ahmar
Assyrer
Tell Hadjab
Tell Halaf
Ugarit
Hama
Mari
Tell Brak
Bronze/Eisenzeit
Steinzeit
Hof
Treppe
Eingang
Galerie
Tell Uhuiya
Ain Dara
Elba
1. Obergeschoss
islamische Abteilung
klass. Archäologie
Hof
Treppe
Galerie
moderne Malerei
Ausstellungsstücke d. internationalen Grabungsteams in Syrien

Am Eingang des Museums stehen fünf Fabelwesen aus Tell Halaf, die das Museum beschützen. An ihnen muss man vorbei, will man ins Innere.

Im **Foyer** finden sich dann die frühesten Funde aus Syrien, allen voran Funde aus Ain Dara. Der Rundweg beginnt rechts. In der ersten Sektion gibt es Ausgrabungen aus der Eisenzeit, die anschließende Sektion enthält Funde aus Mari. Neben einigen geradezu genialen Statuen finden sich jede Menge kleiner Stücke in den Schaukästen, wie Werkzeuge, Schmuck und kultische Gegenstände. Dann folgt ein Raum mit Fresken, Skulpturen und Reliefs aus der Eisen- und Bronzezeit, allem voran Fundstücke aus der assyrischen Zeit. Nicht alle Fundstücke sind echt, vor allem die Funde aus Tell Halaf sind nur Nachbildungen. Viele Originale wurden im 2. Weltkrieg bei einem Bombenangriff auf Berlin zerstört: Max von Oppenheim, Hauptverantwortlicher der Ausgrabungen in Tell Halaf Anfang des 19. Jahrhunderts, hatte nämlich die schönsten und besten Fundstücke nach Berlin in sein Privatmuseum schaffen lassen, wo sie den 2. Weltkrieg nicht überlebten. Die Funde aus den anderen Regionen in dieser Halle sind jedoch Originale, besonders hervorzuheben sind die Wandmalereien aus Tell Ahmar.

Im nächsten Raum ist ein **Modell des Tempels von Tell Ain Dara** zu sehen, und zwar so, wie er gefunden wurde. Weiter sind hier Reliefs und Opfersteine sowie Keilschriftentafeln aus Ebla ausgestellt. Im Innenhof befinden sich eine originale Grabkammer (woher sie stammt, konnte mir kein Mensch im Museum sagen ...), Bodenmosaike, Grabstelen und Säulenkapitelle in einem wilden Durcheinander.

Man verlässt nun die Hallen der ersten Etage, kehrt zurück zum Foyer und schreitet die Treppen hinauf. **Im oberen Teil des Foyers** werden die Schaukästen ausländischer Grabungen in Syrien vorgestellt. Es handelt sich dabei insbesondere um Grabungen, die man vor der Stauung des Asad-Stausees vorgenommen hat. Die erste Halle der oberen Etage beinhaltet Funde aus byzantinischer, griechischer und römischer Zeit: Keramik, Büsten und Steintafeln.

Der Rest des Museums war zur Zeit der Recherche geschlossen.

Praktische Informationen

- **Telefonvorwahl: 021**

Touristeninformation

- An der Kreuzung der Sh. al-Mari und Sh. Barun. Von 9–14 Uhr geöffnet, nur wenig Material steht zur Verfügung. Wenn, dann lohnt vor allem ein kostenloser Stadtplan von Aleppo, der aber oft ausgegangen ist. Am besten, man versorgt sich damit schon in Damaskus!

Wichtige Adressen

- **Immigration Office (Maktab al-Hidjra wa-l-Djawazat)**
Nahe dem Shahba Cham Palace Hotel. Hier können Visum und Aufenthaltsgenehmigung verlängert werden. Auf jeden Fall freundlicher als in Damaskus! Geöffnet von 8–13.30 Uhr.
- **Englischsprachiger Rechtsanwalt**
Ihsan Kayali, PO Box 16377, Tel. 266 49 91.

Hotels

Luxus

● **Al Mansouriya**€€€€€
Bab Qinnasrin, Tel. 00 33 (0) 1 44 18 01 80, Fax 1 44 18 02 37, www.mansouriya.com. Außergewöhnlich schöner Palast aus dem 16. Jahrhundert in der Altstadt von Aleppo. Das Haus hat neun Suiten, jede davon individuell und sehr edel eingerichtet. Das Hotel verfügt über ein Hammam und ein Jacuzzi sowie über eine Bibliothek und diverse Aufenthaltsräume. Und dennoch: Die Hotelbetreiber sind nicht besonders freundlich, die Zimmer komplett überteuert und das Essen ist höchstens mäßig. Schade, denn die Architektur ist eine Pracht!

● **Sheraton Aleppo*******/€€€€€
Sh. al-Khandaq, Tel. 212 11 11, www.starwoodshotels.com. Zentraler kann ein Hotel nicht liegen: Mitten in der Stadt zwischen Djudaide-Viertel, Zitadelle und Suq! Großzügige und schöne Anlage, die Zimmer sind riesengroß, super ausgestattet, das Hotel hat mehrere Restaurants, darunter auch ein asiatisches, einen riesigen Innenhof mit Pool und alles, was es sonst so braucht – wenn man es braucht.

Schick, modern und sehr gut

● **Riga Palace******/€€€-€€€€
Bustan Kul Ab, hinter der Sh. Baron, Tel. 211 92 94, Fax 211 26 46, www.rigapalace.com. Nomen est omen kann man hier nur sagen: ein Palast wie aus 1001 Nacht! Das moderne Hotel ist in einem stilvollen und schönen Hochhaus untergebracht. Sehr schöne Zimmer, tolles Restaurant auf dem Dach, von wo man schon beim Frühstück auf ganz Aleppo schauen kann. Und das Beste: absolut nicht zu teuer. Und noch was: Riga ist ein Aleppiner Familienname – das Hotel nennt sich nicht nach der Stadt Riga.

● **Park Hotel*****/€€€
Am nördlichen Rand des Stadtparks, Aziziye, Tel. 223 32 82, www.parkhotelsyria.com. Ein wirklich angenehmes, schickes, schönes Hotel mit freundlichen Leuten, einer herrlichen Lage zwar etwas abseits, dafür aber an der grünen Lunge der Stadt im lebendigen und schönen Armenierviertel Aziziye. Die großen Zimmer sind edel und zweckmäßig, alle haben einen herrlichen Blick auf den Park. Toller Service, eine superschöne Bar im obersten Stockwerk mit Blick auf ganz Aleppo.

Boutiquehotels

● **Jdayde-Hotel**€€€-€€€€
Sahat Hatab, Djudaide-Viertel, Tel. 323 22 97/98, Fax 211 03 33, www.jdaydehotel.com. Erst im Sommer 2008 eröffnet, ist dieses außergewöhnlich schöne Hotel in einem alten Stadthaus untergebracht und hat große, angenehme Zimmer, z.B. mit Natursteinen. Alles blitzt vor Sauberkeit und Modernität! Die zentrale Lage ist prima, die Dachterrasse mit dem Restaurant ist wunderbar, am besten aber ist das Preis-Leistungsverhältnis. Super!

● **Dar Zamaria**€€€-€€€€
Al-Djudaida, Tel. 363 61 00, Fax 363 23 33, www.darzamaria.com. Ein prächtiges Herrenhaus aus dem 17. Jahrhundert wurde restauriert und mit modernem Interieur versehen. Schönes Hotel mit intimem Charme.

● **Bait Salihiye**€€€
Hinter dem Immigration Office, Tel. 331 22 22, Fax 332 26 88. Sehr schönes Hotel in einem sonnendurchfluteten alten Palais. Moderne Zimmer in einem historischen Haus, sehr schönes Ambiente, Suiten und der Hit: Felsenzimmer (Nr. 130, 139, 140)! Freundliche Leute, moderate Preise, sehr gutes Essen und ein großes Frühstücksbuffet. Was will man mehr?

● **Bait Tourath**€€€
Djudaide, Tel. 211 88 38, Fax 211 88 68, www.tourathhouse.com. Schönes Altstadthaus mit angenehmen Zimmern, die sich um einen Innenhof gruppieren. Freundliche Leute, gutes Preis-Leistungsverhältnis, kurz: gute Adresse.

● **Dallal House**€€€
Djudaide, Tel. 212 11 55, Fax 211 94 33, www.dallalhouse.com. Schönes Boutiquehotel, wenn auch nicht ganz so charmant wie die oben genannten, dafür ist es günstiger. Stimmungsvoll, vor allem aufgrund des schönen Innenhofs mit Zitronenbäumen. Freundliche Leute!

● **Mandaloun**€€€
Sh. At-Tilal Hazazeh, Tel. 228 30 08, Fax 228 30 07, www.mandalounhotel.com. Sehr schö-

nes Hotel in einem alten Palais. Das Hotel liegt zwar etwas dezentral nördlich des Djudaide-Viertels, aber der Weg lohnt sich!

•**Dar Halabia**€€-€€€
Nahe dem Bab Antakya im Suq, Tel. 332 33 44, Fax 221 96 57, www.halabia-tours.com. Das schöne Hotel besteht eigentlich aus mehreren Häusern. Sehr saubere und wunderschöne DZ mit Bad gruppieren sich um Innenhöfe. Der Besitzer und seine Angestellten kümmern sich liebevoll um die Gäste. Eine Reservierung ist vor allem in der Saison angebracht.

Ein Hotel mit Geschichte

•**Hotel Baron*****/€€€
Sh. Barun, PO Box 130, Tel. 221 08 80, Fax 221 81 64, www.the-hotel-baron.com. Ehemals das schickste Hotel Aleppos (erbaut 1909), heute sicherlich das interessanteste. Das Hotel ist Stein gewordene Geschichte. Nicht nur Zaza Gabor und Agatha Christie, nein, wichtige Staatsmänner wie Kemal Atatürk, Lawrence of Arabia (Zimmer 202), König Faisal und Charles de Gaulle haben hier gewohnt. Jahrzehntelang wurde das Hotel nicht restauriert, jetzt ist es so weit! Aber das bekommt dem Hotel nicht unbedingt gut, denn das ursprüngliche Interieur wird in vielen, wenn auch nicht in allen Zimmern durch weit weniger schönes, da neues Mobiliar ersetzt. Alleine unten, im Foyer und in der legendären Bar, erliegt der Besucher einem unbezwingbaren Charme. Wer den Hauch der Vergangenheit einatmen möchte, ohne dabei im Staub der Gegenwart zu ersticken, kann dies auch in der Bar des Hotels, dem Glanzstück des Hauses: authentisch eingerichtet mit alten (und dementsprechend ramponierten) Ledersesseln und Originaltheke!

Einfach, aber schön

•**Siyaha (Tourist)**€-€€
Bustan Kul Ab, gegenüber dem Hotel Zahrat ar-Rabi', Tel. 221 65 83. Dieses nette, sehr saubere und zentral gelegene kleine Hotel ist relativ komfortabel. Empfehlenswert für allein reisende Frauen! Sehr gutes Frühstück!

•**Somar**€-€€
Rue Yarmuk, Tel. 211 31 98. Unter den ganz einfachen Hotels in diesem Viertel ist es das beste nach dem Tourist. Relativ sauber, vor allem die Zimmer mit Bad (die nur 3 US$ mehr kosten), freundliche Leute und netter Innenhof.

•**Zahraa**€-€€
Bustan Kul Ab, Tel. 212 01 84. Das Drittbeste! Im dritten Stockwerk untergebracht, freundliche Zimmer, beinahe sauber – evtl. nach frischer Bettwäsche verlangen!

•**Syria**€
Bustan Kul Ab, Tel. 211 97 60. Falls sonst nichts mehr zu haben ist, geht auch dieses noch. Versuchen Sie aber, ein Zimmer ganz oben im 4. Stock zu bekommen, das sind die besten. Viele irakische Kunden, mäßig sauber, für Frauen alleine ganz sicher nicht wirklich angenehm.

•**Zahrat ar-Rabi'**€
Bustan Kul Ab, Tel. 212 27 90, Fax 211 58 98, www.springflowerhostel.com. Das bekannteste Backpacker-Hotel. Internationale Bibliothek, große Dachterrasse, Dormitory-Betten. Viele mögen das Haus, da es internationales Backpackerflair hat, andere stört jedoch die Hellhörigkeit und die mäßige Sauberkeit, und einige Frauen wissen von Anmache zu berichten. Nette Touren in die Umgebung werden günstig angeboten.

•**Weitere einfache und mittlere Hotels** gibt es zwischen der Sh. Barun und der Sh. Mari. Die meisten machen einen etwas „unseriösen" Eindruck, sind oft nicht allzu sauber und häufig voll mit Gästen aus der ehemaligen Sowjetunion. Für allein reisende Frauen würde ich sie nicht empfehlen.

Camping

•In Aleppo selbst gibt es keinen Campingplatz, weshalb man auf einen der beiden Plätze in **Kafr Ame** (rund 25 km von Aleppo entfernt) ausweichen muss. Der eine Platz,

Camping Kaddour, gehört dem Besitzer des Hotels Halabia in Aleppo (Kontakt dort) und erhält im Internet und von Lesern eher schlechte Kritiken. Ich selbst fand den Platz nett und wurde herzlich aufgenommen, kann aber letzten Endes nichts Weiteres darüber sagen. Der andere Platz, fast in direkter Nachbarschaft zum Camping Kaddour, ist der **Camping Salaam Abu Jabr** (belgisches Management, Tel. 021-642 05 54, syriatravel@gmail.com). Er wurde mir von Lesern und Freunden wärmstens empfohlen, macht einen guten Eindruck, im Internet findet sich aber auch zu ihm Kritik. Deshalb: Hinfahren, beide anschauen, vergleichen, vor Ort entscheiden. Die Kosten sind bei beiden gleich: 200 Lira pro Person, 150 Lira pro Fahrzeug. Auf Wunsch wird Essen gekocht. Wem Aleppo zu hektisch ist, der ist hier gut aufgehoben. **Regelmäßiger Minibusverkehr** (Abfahrt gegenüber dem Bab Antakya) zwischen Kafr Ame und Aleppo.

Anfahrtsbeschreibung: Man folgt der Straße nach Bab al-Hawa (siehe Route D 2). Nach ziemlich genau 25 km (ab dem Adlerkreisel) geht es rechts ab (Beschilderung!). Nach 2 km geht es wieder rechts ab. Man folgt der Straße, die bald eine Rechtskurve macht. Die Campingplätze liegen auf der linken Seite.

Restaurants

Restaurants in alten Stadthäusern

- **Sissi**

Sh. Al-Djudaida, Samira, Sahat al-Hatab, Tel. 221 94 11, 221 67 98, Fax 221 57 00. Wunderschönes Ambiente in einem renovierten Altstadthaus aus dem 17. Jahrhundert mit herrlichem Garten, in welchem Jasminblüten verzaubern. Syrische Küche vom Allerfeinsten und nette Kellerbar. Jeden Tag wechselnde Gerichte, keine feste Speisekarte, es gibt Aleppiner Spezialitäten. Toll für allein reisende Frauen! Meist voll, also unbedingt vorher reservieren!

- **Kan Zaman**

Djudaide, Tel. 331 12 99, mittlere Preisklasse. Wunderbares Restaurant über vier Ebenen, alle in einem alten Stadtpalast untergebracht, stilvoll und schön und derzeit das beste Essen in Aleppo! Alkoholausschank ist selbstverständlich hier im Christenviertel – und natürlich fehlt auch die Kellerbar in diesem Hause nicht!

- **Beroea Restaurant**

Hinter der Zitadelle, Tel. 331 24 88, www.beroearest.com, gehobene Preisklasse. Hier speist die Upper Class mit fantastischem Blick auf die Zitadelle von einem alten Palais. Es gibt hervorragendes syrisches Essen und auch Alkoholausschank.

- **Mashrabiya**

Farhat-Platz, Djudaide, Tel. 224 02 49. Nettes, kleines Restaurant in einem alten Stadthaus. Alkoholausschank und viele Mezzegerichte.

- **Cantara**

Sh. al-Djudaide, Haret al-Kilisa, nahe dem Dar al-Yasmin, Tel. 225 33 55. Sehr schönes Stadthaus, gute italienische Küche.

- Es schießen mehr und mehr **Restaurants im Viertel Djudaide** aus dem Boden; man scheint erkannt zu haben, dass sich mit Restaurants in alten Stadthäusern Geld machen lassen kann. Alle, die ich sah, waren stilvoll eingerichtet. Über die Qualität der Speisen sagt das im Allgemeinen jedoch noch nichts aus.

Schick und gut

Rund um den Aziziye-Platz, am nordöstlichen Rand des Stadtparks, finden sich viele armenische Restaurants mit Alkoholausschank und gutem Speiseangebot. Hier gibt es neben syrischen auch armenische Gerichte, und Frauen fühlen sich hier auch alleine sehr wohl. Am besten hat mir das **Challal** gefallen (Tel. 212 26 53, untere Preisklasse), ein großes, helles und bei den Aleppinern sehr beliebtes Restaurant. Es gibt armenische und syrische Spezialitäten in hervorragender Qualität und zu sehr moderaten Preisen. In unmittelbarer Nähe sind auch das **Monnalisa** und das **Wanes** zu finden. Das Monnalisa ist etwas vornehmer eingerichtet als die anderen, unterscheidet sich sonst jedoch nicht großartig.

Einfach, aber köstlich

- **Abu Nawas**

Bustan Kul Ab, Tel. 211 51 00, 211 52 00, untere Preisklasse. Wer einmal etwas anderes als die üblichen syrischen Restaurantgerichte essen möchte und auf Alkohol verzichten kann, der ist hier richtig. Es gibt gute Aleppiner Küche, viele Gerichte, die man sonst auf Speisekarten nicht findet, z.B. Mehlsuppe, Okraschoten-Ragout, Blumenkohlgemüse oder scharfe Zucchini, hinzu kommen gute und frische Fleischgerichte. Die Küche ist blitzeblank (davon konnte ich mich überzeugen) und ausländische Gäste werden schon einmal in die Küche gebeten, um sich aus den Schmortöpfen das Passende auszusuchen. Top in Qualität, Vielfalt und Preis!

- **Ahl al-Dar (Ahlildar)**

Neben der Umayyaden-Moschee, Tel. 331 13 20, www.ahlildar.com, untere bis mittlere Preisklasse. Das Besondere an diesem Restaurant ist eindeutig die Lage. Natürlich ist auch das alte Haus, in dem es untergebracht ist, sehenswert und auch die Terrasse ist toll, von der man einen schönen Blick auf Moschee und Zitadelle hat, und auch das Essen ist vollkommen in Ordnung. Aber das Beste ist wirklich, dass das Restaurant quasi im Suq liegt und eine perfekte Adresse zum Verschnaufen ist – auch für Frauen alleine! Zum Teetrinken und Mittagessen, für Snacks und gute Säfte!

- **Al-Kouma**

Nähe Bab Faradj, in einer Seitenstraße, 1. Etage, Tel. 224 68 62. Pompös aufgemachtes traditionelles Restaurant mit Live-Musik am Abend. Gutes Essen, kein Alkohol.

- **Al-Andalib**

Sh. Barun, nahe dem Hotel Baron. Im Sommer hübsche Terrasse, im Winter nur die Innenräume. Ein Restaurant fast nur für Männer, da auch Alkohol ausgeschenkt wird. Für allein reisende Frauen deswegen nicht empfehlenswert, in Begleitung mit einem Mann aber kein Problem. Gutes Essen, frisch gebackenes Brot.

- **Al-Chabab**

Zwischen Sh. al-Quwwatli und Sh. Barun, gegenüber dem Cinema Opera in einer kleinen Seitengasse. Nettes, einfaches syrisches Restaurant mit Garten und ausgezeichneter Hausmannskost.

- **Kebab-Buden und einfache Hähnchenrestaurants** finden sich im Stadtviertel Bustan Kul Ab.

- Leser empfehlen das **Frühstücksbuffet des Hotel Ramses** (gegenüber vom Hotel Baron), das man auch als Nicht-Hotel-Gast für 350 Lira genießen kann.

Cafés und Teehäuser

Selbstverständlich gibt es in Aleppos Altstadt – wie überall in der arabischen Welt – Teehäuser, die von Männern aufgesucht werden und in denen sich vor allem auch Männer wohlfühlen. Seit wenigen Jahren haben endlich auch Frauen die Möglichkeit, sich während eines Besuchs der Altstadt gemütlich auszuruhen. Das **Restaurant Ahlildar** bei der Umayyaden-Moschee (siehe „Restaurants") hat eine herrliche Terrasse, auf der man auch nur ein Getränk zu sich nehmen kann. Auch die **Teehäuser gegenüber des Zitadellenaufgangs** laden – bei herrlichem Blick auf diesen – zur Rast ein. Das **Café Africa** – hinter der Zitadelle und derzeit noch an der Umfahrungsstraße (die aber im Verlauf der nächsten Jahre zu einer Fußgängerzone umgebaut werden soll) – ist nett, angenehm, voller syrischer Besucher und absolut schick. Hier trifft man auch Frauen alleine, die bei einer Schischa oder einem Saft den Blick auf die Zitadelle genießen. Es ist davon auszugehen, dass sich in dieser Ecke in naher Zukunft viel tun wird und weitere Cafés eröffnen werden. Eine weitere Café-Oase findet sich im Djudaide-Viertel: Zu erwähnen sind der **Coffee Shop 22,** das **Sissi-Café** (beide am Hatat-Platz) und gar nicht weit davon entfernt in der Straße, die nach Süden führt, auch das **Café Mejana.** Wer es vornehm und stylisch mag, der geht an den Aziziye Square am nordöstlichen Rand des Stadtparks, wo einige Cafés zu finden sind, darunter das **Bond,** das modern, westlich und irgendwie „anders" ist als die sonstigen Cafés.

Abends ...

Aleppo verfügt über eine **große Anzahl netter Bars,** die zumindest bisweilen auch gut von Frauen alleine besucht werden können. Grundsätzlich gilt natürlich die Devise, dass sich allein reisende Frauen besser nicht an Orten aufhalten, in denen ausschließlich Männer verkehren. Da die Aleppiner jedoch ein sehr offenes Stadtvölkchen sind, finden sich in einigen Bars (der gehobenen Preisklasse) auch Frauen ein!

- **Bar des Hotel Baron**
Die Bar schlechthin. Französischer Kolonialstil bestimmt das Interieur, vergangene Zeiten die Atmosphäre. Unvergleichlich und unbedingt auch für Frauen!
- **Bar des Restaurant Sissi**
Eine Kellerbar mit viel Atmosphäre, wunderbaren Cocktails und angenehmem Publikum. Da überwiegend europäisches Publikum da ist, auch für Frauen alleine geeignet.
- Diverse (wenig anspruchsvolle) **Kinos** finden sich an der Sh. Barun und der Sh. al-Quwwatli.
- Hin und wieder finden **im Khan al-Wazir** abends **Touristenspektakel mit Bauchtanz** etc. statt. Eintritt 400 Lira. Wann das stattfindet, lässt sich beim Touristenoffice oder bei den lokalen Reiseagenturen herausfinden.
- **Discos und Nachtclubs** gibt es in den großen Hotels.
- Das **arabische Kulturzentrum** in der Sh. al-Djibra (Verlängerung der Sh. Barun) bietet unregelmäßig Abendveranstaltungen an, ebenso das Kulturzentrum hinter dem Uhrturm und das französische Zentrum, nordwestlich des Stadtparks.

Hammam

- Das Hammam **Al-Nahassin** liegt mitten im Suq. Es stammt aus dem 12. oder 13. Jahrhundert und wurde aufwendig renoviert, fast zu sehr. Hier haben alleine Männer Zutritt, Frauen können höchstens einen Blick ins Innere erhaschen. Ca. 150 Lira.

Galerien

- Ausstellungsräume, in denen regelmäßig interessante Ausstellungen veranstaltet werden, findet man in der **öffentlichen Bibliothek**, direkt hinter dem Uhrturm.
- Unregelmäßig finden Ausstellungen auch im **arabischen Kulturzentrum,** in der Sh. al-Djibra, statt.

Museen

- **Nationalmuseum**
Siehe nach Spaziergang Nr. 3.
- **Bait Adjikbash**
Im Viertel Djudaide, in einer kleinen Gasse, nahe dem Djudaide-Platz. Geöffnet tägl. außer Di 9–14 Uhr. Eintritt 150 Lira, für Studenten 10 Lira. Ethnographisches Museum, in einem wunderschönen Haus untergebracht. Funde aus islamischer Zeit, v.a. Alltagsgegenstände. Siehe Spaziergang Djudaide!

Einkaufen

- Die **Suqs von Aleppo** laden zum Großeinkauf ein: Hier gibt es neben den typischen Syriensouvenirs auch Dinge, die man nicht unbedingt als typische Souvenirs bezeichnen würde. Wie wäre es beispielsweise mit echtem **Damast** (400 Lira pro Meter) aus der hübschen Handwerker-Karawanserei (siehe Plan) oder einem Schaffell? Oder mit arabischen Gewändern oder einem Kilo **Pistazien,** für die Aleppo so berühmt ist?
- Bekannt ist Aleppo auch für seine feine **Olivenseife,** die man im Suq in allen Formen erstehen kann. Wer bei der Herstellung zusehen möchte, kann dies in einer Seifenfabrik tun (siehe Spaziergang Nr. 1). Achten Sie beim Kauf auf die Qualität: Je älter eine Seife ist, desto besser. Jahresringe im Inneren der Seife zeigen deren Alter an.
- Nördlich der Zitadelle zwischen dem Viertel Djudaide und dem Immigration Office befindet sich der **Kupfersuq,** wo man bei der Herstellung auch zusehen (und zuhören!) kann. Hier werden keine Touristenpreise verlangt, denn die Gegenstände, die hier hergestellt werden, sind für den alltäglichen Gebrauch gedacht, nicht für die Touristenmeile! Das bedeutet natürlich nicht, dass Handeln unangebracht wäre ...
- Ein **Antiquitätenkauf** der besonderen Art (wobei hier auch die Preise besonders hoch sind) kann man im Bait Abu Arif am Sahat al-Hatab, dem Djudaide-Platz erleben. Der Trödelladen ist voll mit Kuriositäten und Überraschungen! Ein Besuch, (wenn auch nicht unbedingt ein Kauf) lohnt auf jeden Fall.
- **Alkohol** kann man in der Sh. Yarmuk kaufen, kurz bevor sie auf die Sh. Bab Faradj stößt. Hier, zwischen den ganzen Obstständen, befindet sich ein Alkoholladen, ebenso in der Verlängerung der Sh. Barun in Richtung Norden.

•Wem der Sinn nach einem Stadtbummel mit Läden à la Benneton und Lacoste steht, kann dies rund um den Platz al-Aziziya, nordöstlich des Stadtparks, tun. Zwischen diesem Platz und dem Bab Faradj finden sich neben einfachen Geschäften auch die **Edelboutiquen** der Stadt!

Baden

•Die **großen Hotels** haben natürlich alle einen Pool, der auch von Nichtgästen benutzt werden kann.

•Wem der Sinn nach syrischem Badevergnügen steht, dem stehen in Aleppo (mindestens) zwei **öffentliche Schwimmbäder** zur Verfügung. Das **Masbah Halab** (Aleppo-Schwimmbad) und das **Masbah Waha** (Waha-Schwimmbad) sind beide in der Nähe des Bahnhofes und nicht so billig im Eintritt, wie man vermuten könnte (mind. 50 Lira).

•Das **Basel-al-Assad Pool** nahe des Hotels Pullman al-Shahba bietet Frauen montags und donnerstags von 10–14 Uhr Badestunden. Männer sind mittwoches und freitags unter sich zu denselben Zeiten, Sonntag und Dienstag sind Familientage. Dann ist auch nachmittags offen. Eintritt 50 Lira.

syr058 Foto: mb

Halwayat – syrische Köstlichkeit aus Zucker

Medizinischer Notfall

•**Zahnarzt: Tony A. Satel,** Sh. Azmeh (gegenüber der Commercial Bank), Tel. 212 26 79, dr.satel@hotmail.com. Freundlicher, sehr gut englisch sprechender Zahnarzt mit gut ausgestatteter Praxis.

In Aleppo arbeiten jede Menge **Krankenhäuser.** Keines wurde mir besonders ans Herz gelegt, und auch die Botschaft in Damaskus konnte mir keine Adressen in Aleppo nennen. Im Notfall wende man sich an eins der folgenden Krankenhäuser:

•**Universitätskrankenhaus:** Im Univiertel, nahe dem Hotel Pullmann al-Shahba, Sh. Ibn al-Wakash.

•**Krankenhaus St. Louis:** In einer Seitenstraße der Sh. al-Bahturi, nicht allzu weit von der Post entfernt.

•**Hanano-Krankenhaus:** Am Ende der Sh. Bab Antakya.

Stadtbusse

Es ist in Aleppo fast nicht nötig, auf die Stadtbusse umzusteigen. Taxis sind sehr billig, die Beschriftungen der Busse ausschließlich auf Arabisch, und die Busse haben auch keine Nummern, sodass nicht arabisch sprechenden Touristen das Busfahren nicht gerade einfach gemacht wird.

Der **zentrale Busbahnhof** für die Stadtbusse befindet sich hinter dem Hotel Amir: Von hier fahren Busse zur Zitadelle und zum Bahnhof ab. Welche Busse das sind, muss bei den Fahrern erfragt werden. Ähnliches gilt für die Servicebusse innerhalb der Stadt.

Flug

Es gibt nur **wenige internationale Flüge,** darunter **einer wöchentlich nach München!** Nationale Flüge gehen ausschließlich nach

Damaskus, dafür jedoch mehrmals täglich. Aufgrund des günstigen Preises (ab 1200 Lira) kann man es sich überlegen, die Fahrt dauert aber ja auch nicht allzu lange.

Der **Flughafen** liegt an der Straße nach Dair az-Zur. Ein Taxi zum Airport kostet etwa 500 Lira.

Alle internationalen **Fluggesellschaften** (Air France, KLM, British Airways, Alitalia etc.) haben ihre Büros in der Sh. Barun.

Bahn

Der **Bahnhof** befindet sich nördlich des Stadtgartens. Der Zug fährt nach Damaskus wesentlich länger als der Bus (10 Std.), in der 1. Klasse ist der Komfort allerdings auch größer (Kosten: 80 Lira). Im Sommer gibt es dreimal pro Woche einen Zug nach Istanbul, im Winter nur einmal. Weitere Infos unter www.cfssyria.org.

Fernbusse

Der große **Busbahnhof Ramusa** liegt weit außerhalb der Stadt am Stadtausgangskreisel bei der Autobahnauffahrt Richtung Damaskus. Es fahren zwar auch Minibusse dorthin (ab Sh. al-Quwatli), doch die rund 120 Lira fürs Taxi lohnen sich auf jeden Fall, zumal die Busse nur arabisch beschriftet sind. Vom Busbahnhof bestehen Verbindungen in alle Regionen und Städte des Landes.

Rund ums Auto

- **Automobile et Touring Club de Syrie (ATCS)**
Sh. Zubair ibn Abi Salama, Tel. 224 72 72, Fax 223 40 40, www.touringnet.sy. Der Partnerclub des ADAC hilft im Notfall weiter!

Mietwagen

- **Europcar**
Bagdad Station, Tel. 222 48 54, Fax 223 23 02. Weitere Infos bei den praktischen Informationen zu Damaskus.

Werkstätten

Eine Werkstatt für VW und Audi findet sich hinter dem großen Friedhof Richtung Bab al-Hawa. Weitere Werkstätten liegen entlang der Ausfallstraßen.

Öffentliche Parkplätze

Zwei öffentliche Parkplätze sind für den Reisenden interessant:

- Ein bewachter Parkplatz liegt bei der Touristeninformation.
- Einen bewachten öffentlichen Parkplatz findet man hinter dem Museum. Häufig belegt!

Reisebüros

- **Zahrat ar-Rabi'**
Das Traveller-Hotel (Adresse und Telefonnummer siehe bei den Hotels) hat sich auf ein junges Publikum eingestellt und organisiert **Exkursionen und Stadtführungen.** Das ist v.a. für Reisende interessant, die ohne Auto unterwegs sind, sich aber Reiseziele, die mit öffentlichen Verkehrsmitteln nur schwer oder gar nicht zu erreichen sind, nicht entgehen lassen wollen. Die Preise sind günstig, da man nicht individuell, sondern in einer kleinen Gruppe und einem privaten Pkw reist. Eine Exkursion, die in die Toten Städte nördlich von Aleppo führt, kostet so bei mind. 3 Teilnehmern 400 Lira (für einen halben Tag), nach Ebla, Ain Dara und Idlib bei 3 Teilnehmern 900 Lira (ganzer Tag) oder in die Toten Städte südlich von Aleppo, auch bei 3 Teilnehmern, 900 Lira (7 Std.). Nette Leute.
- Ein deutsch sprechender und frei arbeitender, hoch zuverlässiger und sehr netter diplomierter **Reiseleiter und Stadtführer** ist **Ahmad al-Fahl** (PO Box 13048, Tel. 478 32 17, el-fahel48@mail.sy). Er ist unglaublich hilfsbereit und geht ganz und gar auf die Wünsche der Touristen ein, ohne dabei die übliche „Tour des souvenirs" zu starten. Sie können seine Dienste tageweise oder für eine ganze Tour mieten.
- Von einer Leserin empfohlen wurde mir der diplomierte und deutsch sprechende **Reiseleiter und Stadtführer Mahmoud Lababidi** (mobil 09-527 63 60, Mahmoud73@swissmail.net), der wohl sehr gute Touren (auch mit öffentlichen Verkehrsmitteln) organisiert und sehr interessante und unterhaltsame Stadtführungen anbietet.

Hauptpost und Telecom

- Sh. al-Quwwatli, am großen Platz. Geöffnet von 8–20 Uhr, hier gibt es auch internationale Telefonzellen (die Karten dazu kauft man in einem kleinen Laden schräg gegenüber) sowie ein Postlagernd-Schalter.

Geldwechsel

An der Bank in der Sh. Mutanabi gibt es **Geldautomaten.** Weitere Automaten sind im Stadtplan eingezeichnet.

Internet-Café

Wie überall schießen auch in Aleppo Internet-Cafés wie Pilze aus dem Boden. Besonders hervorzuheben ist folgendes:

- **Concorde Internet Coffee**
Sh. al-Quwwatli, im OG eines guten Cafés, Tel. 222 95 99. Sehr schnelle Server, sehr nette Leute, sehr leckerer Kuchen!

Festivals

- Zwei Mal jährlich findet in der Zitadelle zu Aleppo das **Festival der syrischen Musik** statt.
- Außerdem gibt es in unregelmäßigen Abständen ein **Baumwollfestival.**

Die Umgebung von Aleppo

D 1: Aleppo – Simeonskloster (Qala'at Samaan) – Tell Ain Dara – Afrin – Azaz – Cyrrhus: S. 376
D 2: Aleppo – Idlib – Djisr ash-Shughur – Qalb Lauza – Aleppo: S. 383

Aleppo ist ein idealer Ausgangspunkt für diverse Exkursionen. Es locken Ebla, die sogenannten Bienenwabendörfer, der Asadsee mit seinen beiden Burgen, der neue Stausee des Afrin, in herrlicher Landschaft gelegen, und natürlich die Toten Städte, byzantinische Städte, die im 6. Jahrhundert verlassen wurden und deren Reste bis heute stehen. Viele der Ausflugsziele liegen auf Routen. So werden Ebla, Ma'arat Nu'man und die Toten Städte im Süden im Rahmen der Route C 5 beschrieben, der nördliche Rand des Asadsees mit dem Qala'at Nadjm findet sich bei Route E 1 und das Qala'at Djabr am südlichen Rand des Sees im Verlauf der Route E 4.

Bleiben **zwei Routen,** für die man jeweils einen ganzen Tag braucht. Mit öffentlichen Verkehrsmitteln sind sie kaum zu schaffen (an einem einzigen Tag schon gar nicht), da bleibt nur, unterwegs zu übernachten (nur in Ariha möglich) oder die Ziele unterwegs einzeln anzufahren, wobei viele, vor allem sehr schöne Orte, nicht mit öffentlichen Verkehrsmitteln zu erreichen sind (Infos bei den einzelnen Orten). Ansonsten empfehle ich **unbedingt ein Auto** für diese Touren, denn sie sind so schön, dass es ein Jammer wäre, sie nicht zu absolvieren! So wie sie hier beschrieben sind, wird man sie nicht angeboten bekommen, aber ich bin mir sicher, sie lassen sich problemlos über Reisebüros arrangieren. Man sollte dabei, wenn möglich, auf einen Fahrer zurückgreifen, der die Gegend kennt. Das ist wesentlich einfacher, als sich im Gewirr der arabischen Straßenschilder auf kleinen Straßen zurechtzufinden. Der Preis für ein Auto mit Fahrer darf pro Tag nicht höher als maximal 65 Euro liegen!

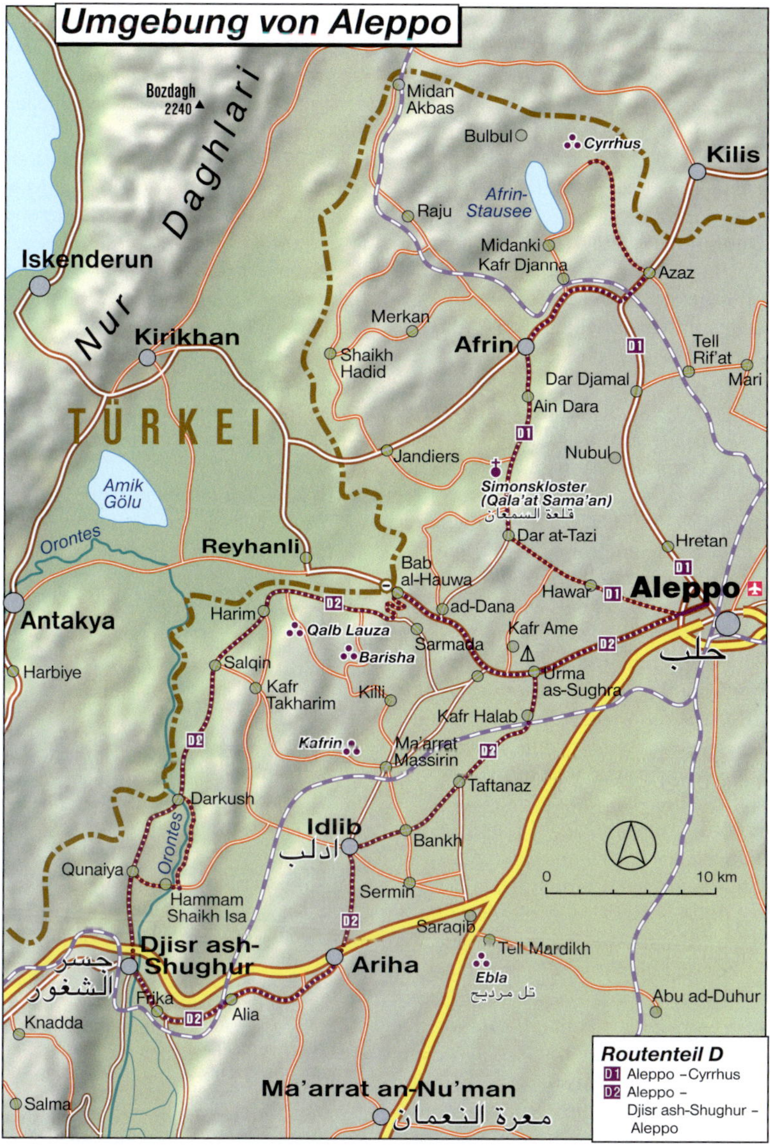
Umgebung von Aleppo
Bozdagh
2240
Nur Daghlari
Iskenderun
Kirikhan
TÜRKEI
Amik Gölu
Orontes
Reyhanli
Antakya
Harbiye
Midan Akbas
Bulbul
Cyrrhus
Kilis
Afrin-Stausee
Raju
Midanki
Kafr Djanna
Azaz
Merkan
Shaikh Hadid
Afrin
Tell Rif'at
Mari
Dar Djamal
Ain Dara
Jandiers
Nubul
Simonskloster
(Qala'at Sama'an)
قلعة السمعان
Dar at-Tazi
Hretan
Bab al-Hauwa
Hawar
Aleppo
حلب
ad-Dana
Harim
Qalb Lauza
Sarmada
Kafr Ame
Barisha
Salqin
Urma as-Sughra
Kafr Takharim
Killi
Kafr Halab
Kafrin
Ma'arrat Massirin
Taftanaz
Darkush
Idlib
ادلب
Bankh
Qunaiya
Hammam Shaikh Isa
Sermin
0
10 km
Saraqib
Djisr ash-Shughur
جسر الشغور
Ariha
Tell Mardikh
Ebla
تل مرديخ
Frika
Alia
Abu ad-Duhur
Knadda
Salma
Ma'arrat an-Nu'man
معرة النعمان
D1
D2
Routenteil D
D1 Aleppo – Cyrrhus
D2 Aleppo – Djisr ash-Shughur – Aleppo

Route D 1:

Aleppo – Simeonskloster (Qala'at Samaan) – Tell Ain Dara – Afrin – Azaz – Cyrrhus

- **Routenlänge:** insgesamt 114 km

Diese Route verbindet gleich mehrere Ausflugsziele miteinander, wobei die meisten davon mit öffentlichen Verkehrsmitteln erreichbar sind (siehe bei den einzelnen Stationen!).

Beginn der Route ist der Adlerkreisel in Aleppo = **Km 0.** Man verlässt den Kreisel, von der Stadt kommend rechts Richtung Westen (und nicht geradeaus in Richtung Damaskus!). Beim folgenden großen Kreisel (in der Mitte ist eine Reiterstatue) geht es links ab, wir folgen der Straße. Beim nächsten (kleineren) Kreisel geht es geradeaus. Bald ist Aleppo hinter uns, die Straße führt nun durch Dörfer. Nach ungefähr 20 km lassen wir die Dörfer hinter uns, die gute Straße führt durch hügeliges, steiniges und schönes Gelände.

Km 22 – Man sieht vor sich die Ruinen von Mushabbak auf einem Hügel.

Km 23 – Links geht ein Abzweig nach Kafr Ame (Campingplatz) ab.

Km 24 – Links Abzweig einer Piste nach **Mushabbak.** Oben, von der Straße aus gut zu sehen, steht eine byzantinische Kirche aus dem 5. Jahrhundert. Genauso gut erhalten wie die viel besser bekannte Basilika Qalb Lauza, gehört Mushabbak zu den wichtigsten und besterhaltenen Kirchen aus byzantinischer Zeit. Das dreischiffige Gebäude war zu seiner Zeit ein Wallfahrtsort. Wunderschöne Säulen zieren das Innere, sie sind mit insgesamt acht verschiedenen Kapitellen verziert. Eintritt frei!

Km 27 – Der Ort **Dar at-Tazi** ist erreicht. Hier ist eine T-Kreuzung. Man nimmt die Straße vor der T-Kreuzung links, durch den Ort hindurch bis zur nächsten T-Kreuzung. Hier geht es nach rechts, auch wenn das Hinweisschild nach links zeigt!

Bei der nächsten Gabelung geht es links (beschildert).

Km 30 – Die Bergkuppe ist erreicht, rechts vor uns ist das Simeonskloster zu sehen.

Km 31 – Wir fahren geradeaus. Wer will, kann links einen Abstecher nach **Qatura** machen.

Abstecher nach Qatura und Refada

Refada (und **Sitt Rumi,** eine byzantinische Kathedrale, die zu Refada gehört) ist eine **Tote Stadt** aus dem 5. Jahrhundert. Malerisch liegt sie auf einem Hügel und bietet traumhafte Picknickplätze mit Blick auf das Simeonskloster. Die Stadt – oder besser gesagt, die Ansammlung schöner Villen – lädt zu Spaziergängen durch das Gelände ein. Alte Bausubstanz wurde weiterbenutzt, um neue Häuser zu errichten (wobei es nur zwei bewohnte Häuser in Refada gibt). Besonders beeindruckend der Turm am höchsten Punkt von Refada.

Etwas oberhalb von Refada liegt **Qatura, Felsengräber** aus dem 2. Jahrhundert. Schon auf dem Weg nach Qatura kann man die Höhlen sehen, die in den Felsen gehauen wurden. Heute benutzt man sie als praktische Vorratskammern. Das prächtigste Grab ist das von Aemilius Reginus aus dem Jahre 195, das von zwei Säulen umrahmt ist und einen Adlerkopf zeigt.

Anfahrtsbeschreibung: Mit öffentlichen Verkehrsmitteln ist es nicht möglich, hierher zu kommen. Am besten mietet man sich ab Dar Ta'azi ein Taxi. Mit dem Pkw biegt man bei Km 31 links ab, anstatt zum Kloster direkt zu fahren. Nach etwa 500 m geht rechts eine Piste nach Refada (Sitt Rumi) ab. Ein Hinweisschild, wenn auch nur auf Arabisch (weiß mit blauer Schrift), weist den Weg. Um nach Qatura zu gelangen, biegt man nicht auf die Piste ab, sondern fährt geradeaus; wenige hundert Meter weiter sind auf der linken Seite die Gräber zu sehen.

Km 34 – Abzweig rechts zum Simeonskloster. Hier fahren wir bergauf, bei der Gabelung links, bis man einen großen Parkplatz erreicht. Wer hier irgendwo „wild" übernachten möchte, sollte den Wärter fragen, ob/wo es möglich ist!

Simeonskloster

⇗ III,C2

قلعة سمعان

Unter den Toten Städten ist das Simeonskloster **(Qala'at Samaan),** zusammen mit der Ruinenstätte Sirdjilla, das wohl bedeutendste Bauwerk.

Das Simeonskloster verdankt seine Existenz dem **Heiligen Simeon** (geb. wohl 390), der an dieser Stelle gelebt haben soll. „Gelebt" ist vielleicht nicht ganz der richtige Ausdruck: In der Mitte des Oktagons befindet sich der Rest einer ehemals 19 m hohen Säule mit 4 m² Fläche, auf denen Simeon die letzten 30 (!) Jahre seines Lebens verbracht haben soll. Die Legende erzählt, dass Simeon schon als kleiner Junge unter großer Askese und Selbstgeißelungen gelebt habe, weswegen ihm alsbald Wundertaten zugesprochen wurden. Es dauerte nicht lange, da kamen Heerscharen von Pilgern, die von Simeon Segen erhalten wollten. Pilgerstätten und Herbergen entstanden und die Ruhe des Klosters, in dem Simeon lebte, war dahin. Seinen Mitbrüdern war das nicht recht, für sie war er nur ein Spinner, der Unruhe ins Kloster brachte. Deshalb beschloss er, in eine Höhle zu ziehen. Als er auch da keine Ruhe vor den Pilgern fand, entschied er, auf eine Säule zu ziehen, winters wie sommers. Einmal die Woche erhielt er Lebensmittel und Wasser, und fortan lebte er auf dieser Säule, die er mitten auf dem Berg errichtet hatte. Rund um den Berg entstanden Pilgerherbergen und Kirchen, deren Reste man bis heute sehen kann. Simeon wurde auf dieser Weise der erste Säulenheilige der christlichen Geschichte und sicherlich auch der bekannteste. Nach seinem Tod (er wurde in Antiocha in der Kirche Konstantin des Großen begraben) errichtete man rund um die Säule eine gewaltige Kirchenanlage. Der Säulenrest, der heute noch zu sehen ist, stand dabei im Mittelpunkt eines Oktogons, eines riesigen Kuppelbaus, von welchem sich in jede Himmelsrichtung je eine Basilika erstreckte. Der Haupteintritt erfolgt über ein Tor und einen weiten Hof von der Südseite, in deren Verlängerung auch das Pilgerdorf **Dair Samaan** liegt, das antike Telanissos, das zu einem weiteren Spaziergang einlädt. Auch hier sind zahlreiche Ruinen zu besichtigen. Zwischen Ost- und Südbasilika liegen die Reste einer

syr138 Foto: mb

Das Simeonskloster, bedeutendstes Bauwerk unter den Toten Städten

kleinen Klosterkirche und der dazugehörigen Klosteranlagen.

Im 10. Jahrhundert baute man das Kloster zu einer Festungsanlage aus, was ihm den Namen „Burg" = „Qala'at" einbrachte. Zu dieser Zeit wurden wichtige Renovierungsarbeiten von den Byzantinern vorgenommen, die die Kirche zurückerobert hatten und in deren Besitz sie bis 1017 blieb.

An der Außenmauer befindet sich ein wunderschön gelegenes **Café.** Von der Terrasse aus hat man einen herrlichen Blick, den man allerdings auch durch etwas überhöhte Preise bezahlen muss. Was soll's? Mit einer so schönen Aussicht sitzt man selten!

Wunderschön sind auch kleine Wanderungen von hier aus. Vor allem östlich des Geländes befinden sich Reste weiterer Toter Städte, die man sich in aller Ruhe erwandern kann (mit dem Auto z.T. auch möglich, dazu an der Gabelung dem unteren Teersträßchen folgen).

Praktische Informationen

- Die Anlage ist tägl. von 9–18 Uhr geöffnet, Eintritt: 150 Lira, Studenten 10 Lira.
- **Öffentliche Verkehrsmittel:** Bus oder Minibus nach Dar Ta'azi (am besten vormittags, ab dem Platz südlich des Amir-Hotels, 10 Lira) und von dort weiter mit einem Taxi (schwierig an Feiertagen) oder per Anhalter (10 km). Zurück unbedingt früh starten, nachmittags fahren oft keine Busse mehr

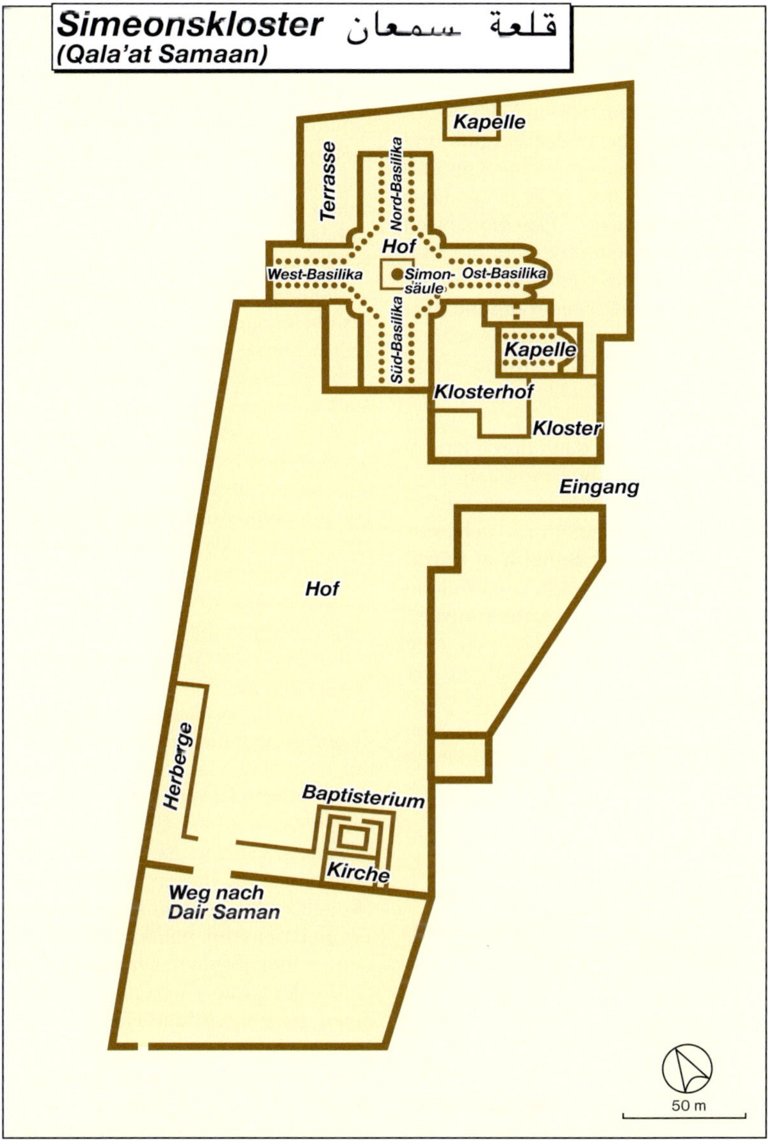
Simeonskloster قلعة سمعان
(Qala'at Samaan)
Kapelle
Terrasse
Nord-Basilika
Hof
West-Basilika
Simon-
säule
Ost-Basilika
Süd-Basilika
Kapelle
Klosterhof
Kloster
Eingang
Hof
Herberge
Baptisterium
Kirche
Weg nach
Dair Saman
50 m

nach Aleppo! Wem das zu umständlich ist, kann das Simeonskloster auch als Tour buchen, alleine oder zu mehreren.

Zur Weiterfahrt nach Ain Dara begibt man sich wieder an den Bergfuß und folgt der Straße nach rechts (Gesamtkilometer 40). Rechts liegt das Dorf **Dair Simeon,** das tote Pilgerdorf. Nach wenigen Kilometern beginnt die Straße dem Flusslauf des Afrin zu folgen und bietet immer wieder schöne Ausblicke auf die Flusslandschaft – schöne hügelige Landschaft mit Mandel- und Olivenbäumen. Rechts ragen steile Berge auf.

Die Straße führt dann durch Pinienwälder und herrliche Landschaft.

Km 54 – Links der malerische Ort **Basuta** mit dem netten und sehr sauberen **Restaurant Buhaira al Bordj.** Von dessen Terrasse hat man einen schönen Blick auf den **Afrin-Stausee.**

Hinter Basuta erstreckt sich eine weitere Tote Stadt, **Barraat,** in der einst der zweite (byzantinische) Papst begraben gewesen sein soll. Außer einer sehr schönen Fassade und einem Steinsarkophag ist nicht mehr viel zu sehen.

Km 58 – Links Abzweig nach **Tell Ain Dara.** Eine kleine Straße führt direkt zum Grabungshaus mit Garten und Kiosk am Fuße des Tells (ca. 2 km).

Tell Ain Dara

⇗ III,C2

عين دارا

1954 brachte der Zufallsfund eines Hirten eine kleine Sensation zutage: Der bisher unbeachtete Tell barg eine **Tempelanlage,** die bis ins 10. Jahrhundert v.Chr. zurückdatiert werden konnte. Die Entdeckung vieler Löwen- und Sphinx-Skulpturen sowie die Stele der Göttin Ishtar lassen Rückschluss auf die Gottheit zu, zu deren Ehren sie errichtet wurde: nämlich die Kriegs- und Liebesgöttin Mesopotamiens. Spätere Schichten zeugen von weiteren Besiedlungen des Tells, wobei er allem Anschein nach von Anfang unserer Zeitrechnung bis ins 6. Jahrhundert nicht besiedelt war. Funde weisen auch auf eine Besiedlung in der Umayyaden- und später in der Osmanenzeit hin. Seit dem 16. Jahrhundert verwaist, werden seit 1956 Grabungen durchgeführt, deren Auswertungen eines Tages hoffentlich mehr Informationen bringen werden (z.B. den Name der Tempelanlage u.Ä.). Folgt man den Berg hinauf, durchläuft man die Hauptattraktion von Ain Dara: die Tempelanlage mit reich verzierten Steinen und Plastiken. Über eine Freitreppe gelangt man in den Portalraum, der eindeutig das Allerheiligste war: Zwei **Fußspuren** von überdimensionaler Größe (1 m) am Eingang des Portals zeugen davon. Es gibt drei Interpretationen zu diesen Fußspuren: 1. Sie gehören zu einem Gott, der den Tempel betreten haben soll; 2. die Größe der Fußspuren verweist auf die Größe des Gottes; 3. da die Füße nach innen zeigen, wird die Heiligkeit des Tempelinneren hervorgehoben.

Besonders schön sind die Basaltquader rund um das Tempelareal, in die Sphingen und Löwen eingehauen sind. Auch sehr beeindruckend der Löwe, der den Besucher des Areals gleich am Anfang willkommen heißt.

Praktische Informationen

- Zu erreichen ist Ain Dara mit **öffentlichen Verkehrsmitteln** über Afrin (13 Lira), wohin man leicht mit Minibussen kommen kann (vom Busbahnhof gegenüber dem Bab Antakia). Von dort gibt es unregelmäßig Minibusse oder zumindest Sammeltaxis (max. noch mal 10 Lira). Die Fahrer lassen einen an der Straße raus, dann sind es noch ca. 2 km zu Fuß. Wenn man kein Sammeltaxi ab Afrin bekommen kann, ist ein Taxi nötig! Eintritt 75 Lira, Studenten 10 Lira.

Zurück auf der Straße folgen wir dem Weg nach **Afrin.**

Km 64 – T-Kreuzung. Links geht es ins Ortszentrum von **Afrin,** rechts geht es weiter. Ein kleiner Abstecher lohnt, denn Afrin ist ein kleines ursprüngliches Städtchen mit nettem Ortskern, einfachen Restaurants und Busverbindungen nach Aleppo.

Man folgt der vierspurigen Ausfallstraße bis nach **Kafr Djanna,** das bei **Km 75** erreicht ist.

Abstecher zum Staudamm des Afrin عفرين

Im April 2001 begann man damit, den Afrin zu stauen. So kann man noch sehr genau die Folgen der Stauung sehen: Bäume, die halb im Wasser stehen, Wege, die abrupt im Wasser enden. Als Ausflugsziel der Aleppiner erfreut sich der See bereits großer Beliebtheit. Badehütten stehen am Rand, die Straße zum See säumen viele Gartenrestaurants und Ausflugslokale. Der See befindet sich in großartiger Landschaft, die allerdings ohne See noch viel schöner war ...

Anfahrt: Mit Minibussen kommt man von Aleppo oder Afrin nach **Kafr Djanna.** Ab da muss man zur Staumauer trampen (10 km). Mit dem Pkw biegt man in Kafr Djanna an der großen Kreuzung links ab.

Zurück vom Afrin-See folgt man der Hauptstraße geradeaus.

Km 84 – Kreuzung, links ab in Richtung türkische Grenze und Azaz. Man folgt der vierspurigen Straße nach Azaz.

Km 88 – Azaz. Im Ort links ab. Man folgt der Straße durch schöne Landschaft, z.T. Olivenhaine. Bald schon stößt man auf zwei alte **Römerbrücken.** Die erste, 90 m lang, führt in drei Bogen über den **Afrin,** die zweite, 120 m lang und fünfbogig, überspannt den **Sabun.** Beide Brücken sind noch original aus römischer Zeit gepflastert und Meisterleistungen römischer Baukunst. Hinter den Brücken geht es dann bergauf.

Km 114 – Vor uns das **Grab des Nabi Huri,** rechts führt ein Feldweg nach **Cyrrhus.**

Cyrrhus und Nabi Huri النبي حوري

↗III,C1

Bevor man sich den Ruinen von Cyrrhus nähert, sollte man das sechseckige **Mausoleum** des angeblich muslimischen Propheten Huri aus dem 2. oder 3. Jahrhundert bewundern! Steigt man das Mausoleum hinauf, bietet sich ein herrlicher Blick auf das benachbarte Cyrrhus. Das Grab wird bis zum heutigen Tag von den hier lebenden Kurden und Arabern aufgesucht. Auf weißen Stofffetzen oder Toilettenpapier schreiben sie ihre Wünsche nieder, in der Hoffnung, dass sie vom

Propheten erfüllt werden. Diese „Schriftstücke" hängen sie an die Äste der Bäume, die in der Nähe des Grabs wachsen.

Das Ruinenfeld erreicht man, wenn man kurz vor dem Grab rechts auf eine kleine Piste abbiegt. Nach wenigen hundert Metern steht man davor.

Cyrrhus wurde **unter Seleukos II. gegründet,** etwa 300 v.Chr., und nach dem Cyrrhus in Mazedonien benannt. Die Lage jedoch war ungünstig, da viel zu nah an armenischem Gebiet; so wurde Cyrrhus auch im frühen 1. Jahrhundert v.Chr. ins armenische Reich integriert. 64 v.Chr., nach der Eroberung Pompejis, verleibten es sich die Römer ein. Auf der wichtigen Handelsroute von Antiocha zum Euphrat gelegen, noch dazu in einer sehr fruchtbaren Landschaft, wurde Cyrrhus im ersten nachchristlichen Jahrhundert militärisch und kommerziell zum wichtigen Stützpunkt der Römer. Aus dieser Zeit stammen auch das sehenswerte Theater und v.a. die zwei Steinbrücken, über die man auf der Straße nach Azaz fährt (siehe weiter unten).

Den Römern folgten die Perser und diesen die Byzantiner, die die **Zitadelle** errichten ließen, von der man eine herrliche Sicht genießt. Später wurde Cyrrhus Bischofssitz, 637 nahmen es dann die Araber ein. Es folgten wohl ein paar ruhige Jahrhunderte bis zu den Kreuzzügen, als die Stadt wieder im Interessenfeld beider Parteien stand. 1150 konnte Nur ad-Din die Stadt wiedergewinnen, aber sie hatte ihre strategisch günstige Lage verloren, die Handelsrouten hatten sich geändert. So wurde sie schließlich aufgegeben.

Die **Besichtigung** der Stadt lohnt vor allem wegen des Theaters und der herrlichen Landschaft in der Umgebung. Schöne Picknickplätze laden zum Ausruhen ein. Leider ist Cyrrhus heute zu stark zerstört, um einen wirklichen Eindruck der ehemals prächtigen Stadt zu erhalten.

Praktische Informationen

- Mit **öffentlichen Verkehrsmitteln** erreicht man das Gebiet über Azaz. Ab hier nur noch mit Taxi.

Zurück nach Aleppo folgt man wieder der Straße nach Azaz und biegt bei der Dorfkreuzung rechts ab auf die vierspurige Straße, der man bis zur T-Kreuzung folgt; hier links. 40 km weiter erreicht man den ersten Kreisel von Aleppo. Man folgt der Straße immer geradeaus, bis man, etwa 6 km später, den nordwestlichen Rand des Stadtparks erreicht hat.

Wer **über Azaz aus der Türkei einreist,** dem sei folgende Hilfe gegeben: Nach der Grenze der Beschilderung nach Azaz folgen; den wenig schönen Ort verlässt man nach Westen hin. An der Dorfkreuzung geradeaus. Man stößt auf die eben erwähnte vierspurige Straße.

Route D 2:

Aleppo – Idlib – Djisr ash-Shughur – Qalb Lauza – Aleppo

- **Routenlänge:** insgesamt 279 km

Die Route führt durch reizvolle Landschaft nach Idlib, wo man sich das Museum ansehen kann (gut!), und geht dann über verschlungene Straßen durch eine irrsinnig schöne Bergwelt entlang der türkischen Grenze über Qalb Lauza zurück nach Aleppo. Im Jahr 2010 soll die neue Autobahn zwischen Aleppo und Lathaqiya eröffnet werden.

Öffentliche Verkehrsmittel

Von Aleppo bis Idlib und von dort nach Ariha **mit Minibussen.** Von Ariha aus geht es auch mit Minibussen weiter bis Djisr ash-Shughur (Ariha oder Djisr ash-Shughur sind auch direkt von Aleppo aus anfahrbar). Ab hier wird es schwierig bis unmöglich, mit öffentlichen Verkehrsmitteln weiter zu kommen. Es gibt Minibusse bis Darkush, jedoch nur selten und vormittags, und ab dort Minibusse nach Harim. Ab hier ist ein Weiterkommen meines Wissens nicht mehr möglich. Abstecher nach Qalb Lauza sind öffentlich gar nicht zu machen, Stopps bei den anderen Toten Städten auch nicht. Besser ist es, die einzelnen Ziele von Idlib aus anzufahren.

Km 0 – Adlerkreisel. Vom Ausgangspunkt unserer Tour folgt man der Autobahnausfahrt Richtung Damaskus.

Km 4 – Rechts geht es nach Idlib/Bab al-Hawa ab. Wir folgen der Ausfahrt.

Km 6 – Man durchfährt den Ort **Khan al-Asam.**

Km 21 – Rechts zweigt eine Straße nach Bab al-Hawa (und zum Campingplatz) ab, wir folgen links der Straße nach Idlib.

Km 30 – Der hübsche Ort **Kafr Halab** liegt links an einem Berghang, rechts öffnen sich spektakuläre Blicke auf die Ebene.

Man durchfährt mehrere Ortschaften, es geht immer geradeaus, bis man bei **Km 55 Idlib** erreicht hat. Man fährt auf großer vierspuriger Straße hinein in den Ort, hält sich am Kreisel (hier ist das Museum!) weiter geradeaus und folgt dem Straßenverlauf ins Zentrum.

Idlib II,B3/III,C3 إدلب

Von den antiken Resten Idlibs ist fast nichts mehr übrig. Die Stadt wurde gegen Ende des 16. Jahrhunderts wiederentdeckt und seitdem besiedelt. Für die Nationalgeschichte Syriens ist Idlib von großer Bedeutung, denn es war einst das **Zentrum der Hanano-Revolten** gegen die Franzosen (der aufmerksame Leser hat bereits festgestellt, dass in Syrien viele Straßen nach Ibrahim Hanano benannt sind). Heute hat der 70.000 Einwohner zählende Ort keine besonderen Reize aufzuweisen, auch wenn die Lage der Stadt schön ist. Markttag ist mittwochs.

Sehenswert ist in Idlib lediglich das **Museum** (wie alle Museen tagl. außer Di 9–18 Uhr), in dem die Funde aus Ebla ausgestellt sind.

Praktische Informationen

Wer Idlib als Ausgangspunkt für Touren in die Umgebung nutzen möchte (besser ist es allerdings, seine Basis in Ariha oder Aleppo zu wählen), hat zur Übernachtung nur eine Wahl:

• **Carlton Hotel**€€, Tel. 023-22 55 00, Fax 023-22 55 04. Modernes, recht neues, riesengroßes 4-Sterne-Hotel mit Pool, ungemütlichem Restaurant und ganz guten, wenn auch nicht unbedingt sauberen Zimmern.

• **Öffentliche Verkehrsverbindungen:** Von Aleppo aus ist es gar kein Problem, Idlib per Minibus oder Regionalbus zu erreichen (siehe dort). Von Idlib aus Minibusse nach Ariha, Salqin, Harim, Djisr ash-Shughur und zu weiteren Zielen in der näheren Umgebung.

Die Post im Rücken geht es aus Idlib wieder hinaus, immer geradeaus durch hügelige Landschaft und hübsche Olivenhaine, bis man bei **Km 72** Ariha vor sich liegen sieht. Am Kreisel geht es geradeaus über die Brücke ins Zentrum.

Ariha ⇗ II,B3/III,C3 أريحة

Die Zeiten, in denen Ariha ein charmantes Städtchen war, sind vorbei! Extrem viele Neubauten, die nur zum Teil fertiggestellt sind, prägen heute das Stadtbild. Hierher fährt die Aleppiner Mittelschicht, um im Sommer der Hitze der Großstadt zu entkommen. Wer den Dreck hier nicht scheut und eine andere Ausgangsbasis als Aleppo für Besuche der Toten Städte sucht, kann sich hier in einfachen Ferienwohnungen einmieten. Einfach in den kleinen Geschäften der Stadt nachfragen!

Auf der folgenden Strecke, die über die **alte Landstraße nach Djisr ash-Shughur** führt, trifft man momentan immer wieder auf Baustellenabschnitte der neuen Autobahn, die von Aleppo nach Lathaqiya führen wird. Sie soll 2010 fertiggestellt sein – und wird dann immer wieder die nachfolgend beschriebene Strecke kreuzen.

Unsere Route führt uns durch Ariha geradeaus, bis wir auf den Wegweiser (nicht der Autobahnwegweiser!) nach Lathaqiya stoßen. Hier biegt man nach links ab. Die herrliche Fahrt geht nun vorbei an Olivenhainen und Feldern.

Km 84/85 – Bergkuppe. Von hier aus bieten sich spektakuläre Blicke in die Ghab-Ebene.

Km 90 – Die Talsohle ist erreicht, man durchfährt sie. Die Fahrt geht weiter durch hügelige Landschaft.

Km 105 – Vor uns liegt der schöne Ort **Djisr ash-Shughur** (siehe Route C 2), ein Kilometer weiter ist der Ortseingang erreicht. Links ist eine alte Steinbrücke über den Orontes zu sehen. Man durchfährt den Ort bis **Km 107.** Hier geht es **links nach Qunaiya** ab. Die Straße führt bergauf, hinein in die schönste Landschaft Syriens!

Km 111 – Überquerung des Orontes. Die Straße windet sich bergauf durch Olivenhaine auf nicht allzu guter Straße. 9 km weiter ist der Ort **Qunaiya** erreicht. Außer zwei kleinen Kirchen ist nicht viel zu sehen. Wer Lust auf ein **Schwefelbad** verspüren sollte, kann von hier einen Abstecher zum **Hammam ash-Shaikh Isa** machen (lohnt in jedem Fall auch ohne Bad!). Wer auf Abenteuer aus ist und ein Auto mit hohem Reifenstand hat, kann den noch schöneren Weg durch Hammam ash-Shaikh Isa nach Darkush wählen: Wer sich eine Orontesdurchfahrung (je nach Wasserstand auch gar nicht möglich) nicht zumuten möchte, sollte in Qunaiya geradeaus weiter nach Darkush fahren. Ich habe als Anfahrtsstrecke den schwierigeren Weg nach Darkush gewählt. Dazu geht es in Qunaiya rechts ab (Beschilderung „Hamama"). Die Straße führt bergab.

Km 124 – T-Kreuzung. Hier geht es rechts. Kurz danach stößt man an das Wadi Orontes, das sich hier canyonartig durch das Gebirge zieht. Traumhafte Blicke. Eine steile kurvige Straße führt nach unten, bis man bei **Km 127** die kleine, hübsche Ansiedlung **Hammam Shaikh Isa** erreicht hat. Schwefelgeruch kommt einem entgegen. Rechts sind einige Badekabinen abgetrennt. Ein, zwei Ausflugslokale laden, unter Bäumen inmitten des Canyon, zur Rast am Ufer des Flusses ein. Man durchquert nun den Orontes, was je nach Wasserstand nur mit Hilfe eines Einheimischen möglich ist. Diese lotsen Autofahrer durch die flachste Stelle. Am anderen Flussufer geht es steil bergauf (man braucht dafür jedoch keinen Geländewagen!). Ein kleines Sträßchen windet sich nun nach oben und bietet nach links immer wieder hübsche Blicke ins Tal. Bei der nächsten T-Kreuzung geht es links weiter. Die Fahrt geht durch kleine Dörfer und Olivenhaine gen Norden.

Km 135 – Links geht es nach Darkush ab.

Km 136 – Rechts abbiegen, bergab geht die Fahrt weiter vorbei an vielen Feldern.

Km 139 – Hier geradeaus.

Km 142 – Man ist endlich unten angekommen und fährt eben weiter. Eine prächtige Fauna empfängt den Reisenden: Oliven, Palmen, Bananenstauden, Rebstöcke, Feigen, Orangen und Nüsse auf der linken Seite, rechts ragen steile Felswände auf.

Einen Kilometer weiter sieht man die ersten Häuser von **Darkush.**

Km 145 – Der Ort ist erreicht. Rechts erblickt man Höhlen, es geht geradeaus durchs Zentrum (wer von Qunaiya direkt gekommen ist, fährt über die Orontesbrücke und dann links). Die Strecke führt nun weiter, an Granatapfel- und Aprikosenplantagen entlang, nach **Salqin,** das bei **Km 166** erreicht ist. Der Ort liegt malerisch an einem Hang und hat eine hübsche Moschee im Zentrum.

Man durchfährt Salqin geradeaus. Auch am Ortsausgangskreisel weiter geradeaus.

Km 177 – **Harim,** ein kleines Städtchen mit hellblau angestrichenen Häusern und Resten einer Zitadelle, die 1199 errichtet wurde. Markttag ist der Dienstag.

Km 183 – Links kann man in die türkische Ebene nach Reyhanlı hinunter sehen. Die Straße führt von nun an immer entlang der **türkischen Grenze.** Die Landschaft verändert sich. Aus dem üppigen Grün wird eine steinerne Mondlandschaft. Nicht weniger reizvoll, aber anders.

Km 190 – Rechts geht es nach **Qalb Lauza.**

Abstecher nach Qalb Lauza

Qalb Lauza gehört mit Mushabbak zu den **besterhaltenen Kirchenbauten der frühchristlichen Geschichte.** Die Wallfahrtskapelle wurde im 5. Jahrhundert auf dem Gipfel des Djabal Barisha errichtet. Sowohl ihr Erhaltungszustand als auch die Architektur dieser dreischiffigen Basilika sind bemerkenswert! Man geht davon aus, dass die Architektur dieser Kirche die des Simeonskloster beeinflusst hat, in jedem Fall ähneln sich beide Gebäude in vielerlei Hinsicht. So findet man bei beiden Bauwerken zwei übereinander stehende Säulenreihen und eine reiche Ornamentik.

Die Kirche liegt inmitten eines Dorfes, sodass ein Blick auf die gesamte Anlage bisweilen etwas schwierig ist. Eintritt 75 Lira, lohnt nicht, da man auch von außen in die Kirche sehen kann. Studenten zahlen 10 Lira. Leser berichteten von aufdringlichen Kindern rund um die Kirche, die eine Besichtigung fast unmöglich machten. Am besten man schnappt sich eines und heuert es als Führer an; dieses Kind hat dann die anderen am Hals, und man selbst hat ein wenig mehr Ruhe. Keinesfalls mehr als 5 Lira geben!

Am Hügel des Djabal Barisha finden sich einige weitere Ruinenfelder, u.a. Qirbizi, ein Villenkomplex aus dem 3. Jahrhundert, der zu einer Kirche umgewandelt wurde. Wer Freude am **Wandern** hat, wird hier in dieser Gegend reichlich Gelegenheiten dazu haben und dabei immer wieder auf Ruinenfelder stoßen.

Anfahrt: Bei Km 190 geht es rechts ab. Beschilderung. Auf einer kleinen, schlechten Straße geht es durch grandiose Landschaft. Nach 2 km erreicht man eine T-Kreuzung. Hier geht es links (rechts nach Harim). Nach weiteren 4 km ist man bei einem kleinen Dorf angelangt, das den Namen Hattan hat. Wir durchfahren es. Nach insgesamt 9 km geht es (hinter dem Ort!) rechts ab (ohne Wegweiser), die Straße führt nun steil den

syr059 Foto: mb

Berg nach oben. Nach einem weiteren Kilometer sind rechts die Ruinen von Qirbishi zu sehen. Hier geht es links zum Ort Qalb Lauza. Diesen durchfahren wir, bis wir im Zentrum auf die Kirche stoßen.

Wer mit **öffentlichen Verkehrsmitteln** nach Qalb Lauza reisen möchte, nimmt am besten ein Sammeltaxi von Aleppo nach Sarmada oder Harim (Abfahrt gegenüber Bab Antakya) und muss von dort mit dem Taxi weiter!

Zurück auf der Straße geht es nun weiter geradeaus.

Km 203 – Rechts oben kann man weitere Ruinen sehen.

Km 205 – Man erreicht den Ort **Husn,** wo es gleich rechts zu den Ruinen von **Barisha** geht. Dieser kleine Abstecher von 4 km pro Weg lohnt für diejenigen, die weitere Ruinen inmitten wilder Landschaft sehen wollen. Dazu rechts abbiegen. Nach 3 km geht es wieder rechts ab (kleines verrostetes Schild). Nach einem Kilometer stehen links die Ruinen einer alten Villa. Mehr Ruinen in der Umgebung. Tolle Picknickplätze, tolle Spaziermöglichkeiten!

Km 206 – Wer genug hat von Ruinen, der kann nun weiter geradeaus fahren und stößt dann bald auf die Straße Bab al-Hawa – Aleppo. Diese Route führt uns nun zu den letzten und landschaftlich meines Erachtens am schönsten gelegenen Ruinen der Toten Städte: **Barqira.** Dazu biegt man hier links auf eine kleine Straße ab. Ein verrostetes Schild weist den Weg. Kurz danach sieht man rechts bereits die ersten Ruinen einer alten Kirche. Durch steinige Felder geht es bergab, vorbei an Ruinenresten. Nach weiteren 2 km gabelt sich die Straße, hier geht es rechts. Die Straße wird nun kurz sehr schlecht, fast schon pistenartig. Und doch lohnt es, denn immer wieder locken die Ruinen zu kurzen Stopps.

Km 210 – In einem Dorf an einer T-Kreuzung geht es links. Kurz danach kann man links die **Tote Stadt Ba'uda** sehen.

Km 212 – In die Türkei geht es nach links (300 m), nach Aleppo rechts.

Kurz danach gabelt sich die Straße. Rechts geht es zur Mädchenburg, einer letzten Abstechermöglichkeit (nach 4 km auf der rechten Straßenseite), nach Aleppo geht es links.

Km 242 – Man fährt an einem letzten Stück der alten **römischen Straße,** die früher Antakia (heute Türkei) und Qinnasrin miteinander verband, vorbei. Die Tatsache, dass diese römische Straße höher liegt, als die Erde um sie herum, zeugt von der Absenkung des Bodens. Die Straße wurde nie auf einer Trasse gebaut!

Km 255 – Abzweig links zum **Camping.**

Km 259 – Gabelung. Hier geht es links, rechts führt die Straße nach Idlib, womit wir wieder am Anfang unserer Tour wären. 19 km später ist der Adlerkreisel in Aleppo erreicht.

Qalb Lauza: Frühchristlicher Kirchenbau aus dem 5. Jahrhundert

syr140 Foto: lh

Die Djazira

الجزيرة

syr06_395 Foto: mb

syr139 Foto: mb

Auf dem Sportplatz von al-Hassaka

In Dair az-Zur findet sich ein lebhafter Suq

Bienenwabenhäuser

Einleitung

Lag nicht an diesen Ufern das erste Paradies des Menschen? War es nicht hier, im Land des Euphrat, wo Milch und Honig flossen?

Der **Euphrat,** der die Wüste von der Djazira (= Insel) trennt, ist gleichzeitig Lebensader und westlicher Rand des Zweistromlandes. **Mesopotamien** (= Zweistromland) wird noch immer mit dem Irak gleichgesetzt, Syrien wird dabei unterschlagen. Dabei ist gerade der nordwestliche Teil des Zweistromlandes uraltes Kulturland und vor allem im Frühling wunderschön zu bereisen.

Die **Djazira,** das „fruchtbare Land", war jahrtausendelang **Siedlungsraum für Hochkulturen.** Tausende von Hügeln, sogenannte **Tells,** erheben sich aus der Landschaft, und unter jedem dieser Tells kann man Ruinen vermuten. Heute sind in der Djazira nur noch wenige Städte zu finden, heute ziehen hier Nomaden umher, doch vor 5000 Jahren herrschte reges Leben in diesem Gebiet. Hier entstanden die ersten Städte und Reiche, wie Mari, Tell Halaf, Tell Brak und Duro Europos, hier entwickelte sich menschliche Kultur und das, was wir „Zivilisation" nennen. Jede Scherbe, die man aufhebt – und glauben Sie mir, man findet Unmengen an Scherben –, kann viele tausend Jahre alt sein und eine lange Geschichte erzählen.

Die Djazira ist ein **Eldorado für Archäologen.** Man vermutet in dieser Region nämlich weitere wichtige historische Zentren, die Aufschluss über den Lauf der Geschichte geben könnten. Für den Laien sind die Grabungen oftmals eher uninteressant, denn es gibt schlicht zu wenig zu sehen. Grund dafür ist der Umstand, dass die uralten Lehmbauten, sind sie einmal ausgegraben, schnell zerfallen. Hinzu kommt, dass alle wichtigen und wertvollen Fundstücke einer Grabung in die Museen wandern und nicht am Grabungsort zu sehen sind. So liegen die meisten Grabungsfelder verwaist da und sind oftmals als solche auch gar nicht mehr zu erkennen. Die Fundstücke aus der Djazira befinden sich im **Museum in Dair az-Zur,** das 1998 unter deutscher Beteiligung eröffnet wurde und sicherlich das am besten aufgemachte Museum Syriens und somit unbedingt sehenswert ist.

Die Djazira der Moderne ist vor allem wirtschaftlich von großer Bedeutung: Die hier kultivierten **Baumwollfelder** sowie die Erschließung einiger **Ölquellen** sind eine wesentliche Stütze der syrischen Wirtschaft. Daher sind auch die **Straßen bestens ausgebaut.** Öffentliche Verkehrsmittel verkehren zwischen allen größeren Städten. Dennoch ist das Gebiet eher **dünn besiedelt.** Noch immer leben hier **viele Beduinen,** die von Weideplatz zu Weideplatz wandern. Sie tragen bei zu dem Charme, den die Djazira ausmacht.

Für den Reisenden ist vor allem der **südliche Teil der Djazira** mit seinen großen Ausgrabungsstätten Mari und Duro Europos sowie der hübschen Stadt Dair az-Zur von Bedeutung, ferner die Strecke entlang des Euphrats bis nach Aleppo mit dem herrlichen **Asad-Stausee** auf dem Weg. Inmitten der Wüste sticht das Blau des Wassers besonders ins Auge. Herrlich klares Wasser, von Touristen kaum berührte Landschaften, freundlichste Leute und unkonventionelle Bootstouren laden den Reisenden zur Fahrt „ins Blaue" ein. Aufenthalte rings um den See gehören zu den absoluten Syrien-Highlights. Hier reizen Erkundungstouren, Picknickplätze und Badestrände den-

jenigen, der über Entdeckerfreude – und über einen Pkw verfügt.

Die „fernere" Djazira, **Qamishli, al-Hassaka und Malikiya,** ist touristisch weniger interessant, dafür um so „syrischer" bzw. „kurdischer". Da die Städte in schöner Landschaft liegen und insbesondere das syrisch-türkische Grenzgebiet wunderschön ist, mag die Region zumindest diejenigen reizen, die längere Zeit in Syrien verweilen. Besonders schön ist die Fahrt entlang des Khabur, eines kleinen Flüsschens, dass im türkischen Taurusgebirge entspringt und in den Euphrat mündet (Route E 2).

Routenteil E

Familienfoto in einem sogenannten Bienenwabendorf

Route E 1:

Aleppo – al-Bab – Qala'at Nadjm – Tell Tamr (Ra's al-Ain) – Qamishli

- **Routenlänge:** insgesamt 420 km

Die Route verläuft durchgehend auf guter, recht neuer Teerstraße. Sie führt in der ersten Hälfte durch wunderschöne Landschaft, vorbei an vielen Bienenwabendörfern. Gerade dieser Teil bietet sich hervorragend auch als **Alternativstrecke nach Raqqa** an, zumal da die Strecke um einiges schöner ist als die Hauptroute und nur knappe 60 km länger! Hinzu kommt ein über alle Maße lohnenswerter Abstecher zum Qala'at Nadjm, am nördlichen Rand des Asad-Staudammes gelegen. Der zweite Teil der Route führt durch mehr oder minder ebenes Land, das je nach Jahreszeit bunt und voller Blumen oder aber graubraun ist. Ab Manbidj verläuft mehr oder weniger parallel zur Route 40 km nördlich eine kleinere Straße, immer an der türkischen Grenze entlang. Es scheint, als würde diese Straße nur deswegen aufrechterhalten werden, um die Grenze besser sichern zu können. Der Verkehr läuft auf der südlicheren Straße. Militär ist nahe der Grenze ständig präsent, z.T. sind Zwischenstücke gesperrt. Ich habe mich aus diesem Grund dazu entschlossen, nur die südlichere Strecke zu beschreiben.

Öffentliche Verkehrsmittel

Mit öffentlichen Verkehrsmitteln können alle größeren Orte angefahren werden: ab

Aleppo Regionalbusse (siehe dort), mit Minibussen immer die Ziele in der näheren Umgebung von Aleppo und Qamishli (Näheres bei den einzelnen Orten).

Für die **Anfahrt mit dem Pkw** ist der Flughafenkreisel im Osten Aleppos (= **Km 0**) der Ausgangspunkt dieser Route. Man folgt zunächst der Straße nach Raqqa.

Km 5 – Abzweig nach links Richtung al-Bab, Qamishli (Beschilderung). Dem Straßenverlauf folgen. Die Straße führt nach Norden durch schöne hügelige Landschaft, vorbei an Olivenhainen. Hin und wieder Häuser.

Km 36 – Hinten links kann man am Hang al-Bab sehen, das sich malerisch an den Berg schmiegt.

Km 37 – Der Eingangskreisel von **al-Bab** ist erreicht. Wer sich das nette Städtchen ansehen will, biegt hier links ab – unsere Route führt weiter geradeaus. Im Ort gibt es einen **sehr schönen ländlichen Suq,** keine Hotels, aber gute Versorgungsmöglichkeiten. Reisende mit öffentlichen Verkehrsmitteln erreichen das Städtchen sowohl mit den Überlandbussen (dem Fahrer sagen, dass man aussteigen will) als auch mit Minibussen ab Aleppo.

Die Fahrt geht weiter durch herrliche Landschaft, man passiert Weizenfelder und Olivenhaine.

Km 47 – Links das **erste „Bienenwabendorf“** (der Name bezieht sich auf die Form der Häuser).

syr063 Foto: mb

Routenteil E

Km 58 – Die Straße teilt den Ort **al-Araimah,** der auf einem Hügel liegt. Hübsch! Es folgen immer wieder Bienenwabenhäuser, manchmal ganze Dörfer, die Erde hier ist rot und steht, je nach Sonnenstand, in herrlichem Kontrast zum Blau des Himmels.

Km 81 – Die Ortszufahrt von **Manbidj** ist erreicht. Am Kreisel geht es links ins Zentrum ab. Rechts geht es nach Raqqa. Wer möchte, kann hier nach Raqqa auf eine hübsche kleine Straße abbiegen (z.B. als Tagesausflug von Aleppo), die von hier nach Maskanah führt, wo man wiederum das Minarett von Balis besichtigen kann (siehe Route E 4). Reizvolle Route vorbei an ein paar hübschen traditionellen Dörfern, nahe dem Asad-See, also mit entsprechenden Abstechermöglichkeiten.

syr064 Foto: mb

Manbidj

Auch dieser Ort lädt zum ländlichen Bummel ein, vor allem ist er Ausgangspunkt für Reisende mit öffentlichen Verkehrsmitteln, die zur Qala'at an-Nadjm wollen. Manbidj war in der Antike die Stadt Hierapolis, von der nur noch die Stadtmauer zu sehen ist. Sehenswert ist die Moschee des Ortes, die ins 11. Jahrhundert zurückgeht. Ein Hotel sucht man vergeblich im Ort!

Der Routenverlauf lässt diesen Ort im wahrsten Sinne des Wortes links liegen und führt weiter geradeaus. Die Gegend um Manbidj ist recht industriell geprägt, das ändert sich aber bald wieder. Und dann wird die Landschaft wieder hügeliger und voller Felder.

Km 99 – Abzweig rechts zur **Burg Nadjm.**

Abstecher zur Qala'at an-Nadjm قلعة نجم

Qala'at Nadjm, **eine der am schönsten gelegenen Burgen Syriens,** befindet sich an einer strategisch wichtigen Stelle. Der Euphrat ist hier mit vielen Sandbänken gesegnet, sodass ein Übersetzen an dieser Stelle leicht möglich war.

Das Gebäude **aus dem 12. Jahrhundert** wurde liebevoll von der Altertumsverwaltung in Damaskus restauriert, wobei man sich fast ausschließlich an alte Materialien und Baumethoden gehalten hat. So gibt das Qala'at einen sehr guten Eindruck von arabischen Wehrburgen des Mittelalters! Die Burg wur-

Nadjm: Blick auf das Dorf und die Burg

Qala'at an-Nadjm: Burgtreppe

syr065 Foto: mb

de zu Regierungszeiten Nur ad-Dins auf älteren Fundamenten errichtet, deren Ursprung unbekannt ist. Auch diese Burg konnte dem **Mongolensturm** nicht standhalten, der im **13. und 14. Jahrhundert** über sie fegte. Dennoch wurde sie immer wieder aufgebaut und blieb lange Zankapfel der verschiedenen Mächte. Kreuzritter besetzten sie jedoch anscheinend nicht.

Die Burg profitiert von ihrer **tollen Lage hoch über dem See,** geschützt durch den Felsen, auf dem sie thront. Erhalten sind viele unterirdische Räume und Geheimflure (die jedoch nicht immer geöffnet sind) sowie die Reste einer Palastanlage im Inneren.

Der Ausblick über den Fluss ist herrlich! Ein freundlicher Wärter führt den Besucher herum (wie überall kostet das Eintrittsticket auch hier 150/10 Lira).

Anfahrt mit öffentlichen Verkehrsmitteln: Bis nach Manbidj kommt man problemlos mit Bussen ab Aleppo. Ab da muss man jedoch ein Auto organisieren oder aber versuchen, einen Minibus nach Haya Kabir zu erreichen. Ab dort ist ein Auto unerlässlich (was nicht so einfach zu organisieren ist ...). Man kann auch versuchen zu trampen (was auch schwer ist, vor allem für die Rückfahrt – beste Chancen hat man früh morgens).

Anfahrt mit dem Pkw: Bei Km 99 geht es rechts ab. Ein kleines, grünes, leicht zu übersehendes Schild weist den Weg. Man durchfährt schöne Landschaft, vorbei an vielen traditionellen Lehmdörfern und Frauen in bunten Trachten. Nach 5 km ist links der Ort **Djub al-Qadr** zu sehen. Die Strecke führt weiter geradeaus, 3 km weiter ist man auf einer Bergkuppe und kann rechts hinten den Euphrat sehen. Weiter geht es, vorbei an einzeln stehenden Höfen und wunderschöner Landschaft, nach **Djalal,** das einen Kilometer weiter erreicht ist. Und immer noch folgt man der Straße. 14 km nach der Abzweigung ist man im schönen Lehmdorf **Nadjm** angekommen, das Ende der Straße ist der Hof zur Burg.

Zurück auf der Hauptstraße geht es nun weiter in Richtung Osten. Die Straße führt kurz durch canyonartige Landschaft, dann geht es bergab zum Fluss.

Km 111 – Euphrat-Brücke: Mit der Überquerung der Brücke ist man nun endlich in der Djazira angelangt. Fotografieren ist auf der Brücke verboten! Polizeikontrollen!

Auf der linken Seite ist kurz danach **Tell Ahmar** zu sehen, dessen Funde in Aleppo im Museum zu bewundern sind. Auf dem Ruinenfeld ist nichts mehr zu erkennen.

Km 117 – Links geht es nach **Djarabulus** und **Ain al-Arab.** Die Landschaft wird immer wüstenhafter, öder, aber nicht langweilig. Immer wieder Baumwollfelder und einzelne Häuser.

Km 148 – Nun folgt **ein Bienenwabendorf nach dem anderen,** eines schöner als das andere! Links macht ein Dorf auf einem Hügel den Anfang. Herrliche Landschaft, immer wieder ziehen Schäfer mit ihren Herden durch die Lande, vereinzelt kann man sogar Beduinenzelte sehen.

Km 156 – Das Muhafazat von Raqqa heißt den Reisenden willkommen!

Km 161 – Nachdem man nun so viele Bienenwabenhäuser gesehen hat, bietet sich endlich die Möglichkeit, eines zu besichtigen, ohne dabei von einer Familie eingeladen zu sein: Auf der rechten Straßenseite liegt ein Dorf, das erst vor kurzem verlassen wurde. Die Häuser sind zum Großteil noch intakt und können betreten werden. Auf der anderen Straßenseite liegt das neue Dorf, hier leben wohl die einstigen Besitzer dieser Häuser. Wenn das kein schöner Picknickplatz ist ...

Km 188 – Links befindet sich ein großes Getreidesilo, daneben eine Baumwollsammelstelle, an der viele Lkws stehen, von denen sackweise die mühsam gepflückten weißen Früchte der Baumwollpflanze (Erntezeit ist November) abgeladen werden.

Hier ist die **große Kreuzung** nach Raqqa (rechts) und zur türkischen Grenze nach **Tell Abyad** (links). Auch in Tell Abyad wurde lange Zeit gegraben, aber, wie fast an jedem Tell der Djazira, ist nichts mehr davon zu sehen. Die Fundstücke sind in Aleppo ausgestellt. Wer diese Strecke als **Alternativstrecke nach Raqqa** gewählt hat, sollte hier nun nach rechts abbiegen. Der landschaftlich schönste Teil der Route endet hier und eine gute, 52 km lange Straße führt direkt nach Raqqa.

Die Landschaft wird nun etwas öder, ab und zu sieht man noch Bienenwabenhäuser, ansonsten wird es flacher und auch etwas langweiliger.

Km 192 – Rechts geht eine kleine Straße nach Raqqa ab.

Km 199 – Man durchfährt den Ort **al-Baida,** was so viel heißt wie „das Weiße“. Und tatsächlich, die Häuser hier sind alle weiß, was eine Seltenheit ist! Sonst sind sie lehmfarben.

Km 202 – Rechts Möglichkeit, nach Raqqa abzubiegen.

Km 300 – Links geht die erste Straße nach **Ra's al-Ain** ab. Es wird nun wieder etwas hügeliger, mehrere Tells folgen aufeinander, so z.B. bei **Km 308** der **Tell Laban,** der „Joghurthügel“.

Km 312 – Links geht die zweite Straße nach Ra's al-Ain ab. Die Gegend wird wieder etwas abwechslungsreicher, Siedlungen folgen aufeinander.

Km 323 – Tell Tamr, wichtiger Verkehrsknotenpunkt, ansonsten ein kleiner, nichtssagender Ort mit einem **großen Markt am Sonntag!**

Km 324 – Überquerung des Khabur.

Km 326 – Großer Kreisel. Hier stößt die Route auf die Verbindungsstraße zwischen Ra's al-Ain und al-Hassaka (siehe Route E 2) auf die Hauptstrecke zwischen Aleppo und Qamishli. Rechts geht es nach al-Hassaka, links nach Ra's al-Ain, geradeaus nach Qamishli.

Km 375 – Kreuzung: Rechts führt die Straße nach al-Hassaka, links nach Malikiya und Tell Adjm.

Km 412 – Kreisel. Nach al-Hassaka geht es rechts ab, nach Qamishli geradeaus. Man nähert sich eindeutig einer Stadt – erste Industrieanlagen, viele Reklameschilder.

Km 416 – Unterquerung der Eisenbahnlinie. Die große vierspurige Eingangsstraße von Qamishli beginnt.

Km 420 – Das Ortsschild von **Qamishli** heißt den Reisenden willkommen. Es geht weiter geradeaus bis zum nächsten Kreisel. Hier folgt man der Beschilderung „Center City". Weiter geradeaus, so lange bis man den rot-weißen Telegrafenturm der Post rechts vor sich sieht. Die Verlängerung der Straße ist das Zentrum des Ortes.

Qamishli قمشلي

Der **Grenzort** ist nicht unbedingt eines jeden Syrers Traum! Die Stadt ist mehr von **Türken und Kurden** bewohnt als von Arabern, so zumindest scheint es. Sie ist mit 100.000 Einwohnern größer als die Provinzhauptstadt al-Hassaka und hat durch ihren Bevölkerungsmischmasch fast schon kosmopolitischen Charakter. Das macht sie für europäische Touristen, die nicht auf Sehenswürdigkeiten oder pittoreske Altstädte aus sind (die Stadt wurde erst 1927 gegründet und hat nichts als einfache und nicht allzu schöne Häuser zu bieten), sondern einfach nur alltägliches orientalisches Leben kennen lernen wollen, vielleicht besonders reizvoll. Touristen sind hier noch sehr selten und entsprechend herzlich wird man aufgenommen. Qamishli ist quietschlebendig, wuselig und voller Menschen. Es gibt viele Kirchen, die einen Besuch lohnen, nette Cafés und auffallend viele unverschleierte Frauen. Schön ist ein Bummel durch die Suqs oder einfach nur durch die Stadt. Vor allem in den Morgenstunden sieht man hier viele Frauen in bunten Trachten, die aus dem Umland kommen.

Praktische Informationen

- **Telefonvorwahl: 052**

Unterkunft

Dass es vor einigen Jahren noch schwer war, ein sauberes Hotelzimmer zu bekommen, ist heute in Anbetracht der vielen Hotels vor allem entlang der beiden Hauptstra-

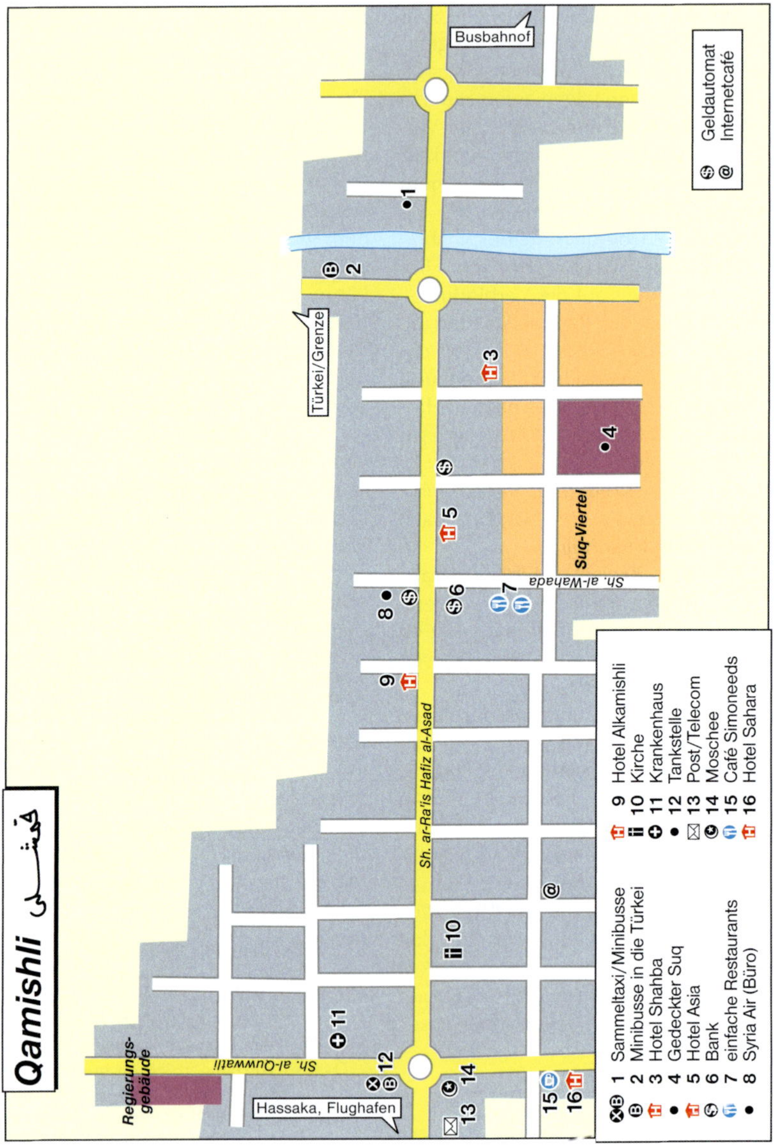

Qamishli قامشلي
Busbahnof
Türkei/Grenze
Hassaka, Flughafen
Regierungsgebäude
Sh. al-Quwwatli
Sh. ar-Ra'is Hafiz al-Asad
Sh. al-Wahada
Suq-Viertel
1 Sammeltaxi/Minibusse
2 Minibusse in die Türkei
3 Hotel Shahba
4 Gedeckter Suq
5 Hotel Asia
6 Bank
7 einfache Restaurants
8 Syria Air (Büro)
9 Hotel Alkamishli
10 Kirche
11 Krankenhaus
12 Tankstelle
13 Post/Telecom
14 Moschee
15 Café Simoneeds
16 Hotel Sahara
$ Geldautomat
@ Internetcafé

ßen kaum vorstellbar. Trotz der großen Auswahl gibt es hier kein im europäischen Sinne schickes Hotel, aber einige ordentliche und saubere Unterkünfte. In den wenigsten wird Englisch gesprochen und oftmals klappt eine Verständigung nur mit Händen und Füßen.

- **Hotel Asia€**
Sh. ar-Ra'is Hafiz al-Asad, Tel. 44 70 14, Fax 42 82 44. Modernes, sehr angenehmes sauberes Hotel mit Bad und Toilette in allen Zimmern. Empfehlenswert.
- **Hotel Sahara€-€€**
Sh. al-Quwwatli, Tel. 43 46 21/2. Schickstes Hotel der Stadt mit Restaurant und Pool. Laut Hotelpersonal steigen hier in erster Linie Leute ab, die im Ölgeschäft arbeiten. Sauber und ordentlich.
- **Hotel Alkamishli€**
Sh. ar-Ra'is Hafiz al-Asad, Tel. 44 33 55, kamishli_hotel@hotmail.com. Ordentliches und sauberes Hotel (nur die Badezimmer lassen etwas zu wünschen übrig) mit großen Zimmern (Sat-TV, Kühlschrank). Auch empfehlenswert.
- **Hotel Al Shhbaa (Shahba)€**
Seitenstraße der Sh. ar-Ra'is, nahe dem Fluss, Tel. 42 08 74. Sicherlich das günstigste der Hotels, dennoch ordentlich und einigermaßen sauber.

Essen und Trinken

- **Café Restaurant Slmonceds**
Sh. al-Quwwatli, untere Preisklasse. In einem kleinen Garten gelegen, ist dies sicher das netteste und angenehmste Restaurant der Stadt. Trotz zentraler Lage sitzt man hier im Grünen, es gibt sehr gutes, günstiges Essen, wunderbare Sandwiches. Vor allem am Nachmittag sind hier viele junge Leute und Familien anzutreffen. Nette Atmosphäre, einladend, super!
- Weitere, zum Teil sehr schöne, schicke **Restaurants,** aber auch einfachere Lokale findet man entlang der Sh. ar-Ra'is Hafiz al-Asad sowie in der Querstraße Sh. al-Wahda, der Straße, die zum Suq führt.

Medizinischer Notfall

- **Krankenhaus ar-Razi** schräg gegenüber der Post am Eingangskreisel.

Flugzeug

2 km südlich der Stadt befindet sich der nationale **Flugplatz.** Viermal wöchentlich fliegt hier die Syrian Arab Airlines nach Damaskus. Flugzeiten sowie Tarife unter www.syriaair.com.

Man kann die Tickets auch in Qamishli selbst kaufen, das Office befindet sich in der Hauptstraße. Zum Flughafen mit einem Taxi oder Minibus Richtung al-Hassaka.

Bahn

Wie immer befindet sich der **Bahnhof** weit abseits der Stadt (Taxi). Aber es gibt ein Büro im Zentrum, gegenüber dem Shahba Hotel. Zwei Züge fahren von Qamishli nach Damaskus via Aleppo (19 Std.). Eine Reservierung ist nötig! Abfahrt nachts. Weitere Infos unter www.cfssyria.org.

Busse, Minibusse, Sammeltaxis

Der **Busbahnhof** liegt etwas außerhalb, hier fahren alle privaten Linien ab. Große Überlandbusse nach Damaskus und Aleppo starten mehrmals täglich von hier. Taxis dorthin – sowie eigentlich überall innerhalb der Stadt – kosten 50–70 Lira. Minibusse und Sammeltaxis (z.B. nach Ra's al-Ain, al-Hassaka und Malikiya) starten ab der Hauptstraße von einem Sammelplatz in einem Hinterhof, kurz vor dem Fluss links, wenn man von der Post kommt.

Hauptpost und Telecom

- Die Hauptpost findet sich am Eingangskreisel von Qamishli. Geöffnet tägl. außer Fr von 8–15 Uhr und von 16–19 Uhr. Internationale Telefonhäuschen gibt es noch keine in Qamishli! Verbindungen nur direkt im Postamt möglich.

Geldwechsel

- Die **Commercial Bank of Syria** liegt in der Sh. ar-Ra'is, an der sechsten Querstraße von der Post aus gezählt. Geöffnet meist vormittags außer Fr.

Ausflüge

„Wirkliche" Ausflugsziele gibt es hier keine. Man spürt die beiden Grenzen zum Irak und der Türkei. Sie engen die Region stark ein. Die Gegend aber ist fruchtbar und schön, was sie den Flüssen Khabur und Tigris mit ihren vielen Seitenarmen zu verdanken hat. Wer nicht weiter möchte, dem sei ein Ausflug nach **al-Hassaka** (Route E 2) empfohlen oder nach Malikiya und Ain Diwar, dem letzten Stückchen Syrien im äußersten Nordosten des Landes (s.u.) oder einfach nur ein Ausflug „ins Blaue", der allerhöchstens von der massiven Polizeipräsenz getrübt werden könnte.

In **Malikiya** gibt es keine Übernachtungsmöglichkeiten, von hier kann man jedoch den kleinen Ort **Ain Diwar,** ein Dorf oberhalb des Tigris, erreichen. Der Ausflug dorthin lohnt sich. In Ain Diwar hat man einen herrlichen Blick über das Tigristal und die (im Winter) schneebedeckten Berge der Südtürkei und den Djabal Zakhu im Irak – wann kann man schon mal einen Blick auf den Irak werfen? Nahebei ist eine mittelalterliche Brücke zu sehen, die im 12. Jahrhundert erbaut wurde, die man aber nur mit polizeilicher Begleitung besuchen darf. Soldaten warnen davor, dass an der Grenze geschossen würde. Wenn man Pech hat, verbieten syrische Soldaten den Besuch der Brücke. Man sollte nicht versuchen, sich darüber hinwegzusetzen. Wer mit öffentlichen Verkehrsmitteln unterwegs ist, sollte den Ausflug am frühen Morgen planen, da ab 15 Uhr häufig keine Busverbindungen mehr möglich sind. Leichtes Hinkommen aufgrund guter Sammeltaxi- und Minibusanbindung!

Lohnend für Archäologiefans könnte des Weiteren auch ein Ausflug nach **Tell Brak** sein, **einst Hauptstadt des Mitanni-Reiches,** das zwischen **1550–1300 v.Chr.** seine **Blütezeit** hatte. In Tell Brak legte der britische Archäologe Max Mallowan, der hier in den 1930er Jahren zusammen mit seiner Frau Agatha Christie Ausgrabungen durchführte, einen Palast und einen Tempel frei, die bis zum Ende der Bronzezeit bewohnt waren. Die öffentlichen Gebäude wurden im 13. Jahrhundert von den Assyrern zerstört; es wurden noch Reste des Palastes gefunden. Auch wenn die Ausgrabungen tiefe Einblicke in die Geschichte der Stadt ergaben, so ist doch heute hier nichts mehr zu sehen. Der Zahn der Zeit hat zu viele der ungebrannten Lehmbauten zerstört.

Anfahrt: 40 km von Qamishli entfernt liegt Tell Brak auf direktem Weg nach al-Hassaka und ist deswegen auch gut für Nicht-Motorisierte zu erreichen (Bus nach al-Hassaka nehmen und sich in Tell Brak absetzen lassen, oder mit dem Auto zurück zu Km 412, dort dann die Straße nach al-Hassaka nehmen, und nach etwa 35 km geht es rechts zum Tell Brak).

Route E 2:

(Qamishli –) Ra's al-Ain – al-Hassaka – al-Busaira – Dair az-Zur (Khabur-Route)

- **Routenlänge:** insgesamt 323 km (ab Qamishli 435 km)

Die Strecke führt durch die **fruchtbarste Region des Landes, immer entlang des Khabur,** der in Ra's al-Ain entspringt, bis zu dessen Mündung im Euphrat bei Busaira. Vor allem der zweite Teil der Strecke ist ein wahres Eldorado für Hobbyarchäologen. Ein Tell reiht sich neben den anderen, alles altorientalische Stätten. Der Laie jedoch erkennt wenig, zumal die besten Fundstücke sich in Museen befinden. Dennoch lässt die Anzahl der Tells einen Eindruck der einstmaligen Bedeutung dieser Region zu, und wenn man seine Fantasie ein wenig spielen lässt, dann spürt man vielleicht den geschichtsträchtigen Boden, auf dem man wandelt. Bei Tell Shaikh Hamid, nahe dem Ort Suwar (siehe den Abstecher ab dort), wird nun seit 20 Jahren gegraben. Hier kann man zwischen August und Oktober Prof. Kühne von der Universität Berlin antreffen. Am Tell sind Grundmauern zu sehen, viel mehr jedoch nicht; dennoch ist es vielleicht ganz interessant, eine Fundstätte zu sehen, die gerade bearbeitet wird.

Routenteil 1: Qamishli – al-Hassaka (195 km)

Die Route beginnt eigentlich in Ra's al-Ain, da man ja aber irgendwie dorthin kommen muss (öffentlich mit Minibus ab Qamishli), sei die Anfahrt von Qamishli nach Ra's al-Ain beschrieben.

Km 0 – Postkreisel in Qamishli. Die Hauptstraße im Rücken geht es geradeaus, auch beim ersten Kreisel. Auf dieser Straße verlässt man die Stadt, anfangs vorbei an Plastiktütenlandschaften, später folgen dann Baumwollfelder. Rechts im Hintergrund kann man das türkische Taurusgebirge sehen.

Die Strecke führt direkt entlang der türkischen Grenze, hin und wieder sind die Gleise der berühmten Bagdad-Bahn zu sehen. Neu geteerte Straße, viele Tells und viele Wegweiser nach links (rechts ist ja die Türkei!).

Km 27 – Der lebendige **Grenzort Amuda** (mit Tankstelle). Der kleine Ort wird geradeaus durchfahren. Momentan kein Grenzübergang möglich.

Km 39/40 – Die Straße verläuft direkt an der Grenze, die durch NATO-Draht gesichert ist.

Km 51 – Links ist der **Tell Aidun** zu sehen. Vor uns **Darbasiya,** das man durchfährt. Am Kreisel geht es rechts in die Türkei, nach Ra's al-Ain weiter geradeaus.

Km 86 – Links zweigt die Straße nach **Tell Tamr** ab.

Km 113 – Vor uns liegt **Ra's al-Ain.** Es geht im Ort immer geradeaus bis zum Telegrafenmast.

Ra's al-Ain راس العين

Das Städtchen (20.000 Einwohner) ist ein hübscher, **vorwiegend kurdisch bevölkerter Erholungsort** ohne nennenswerte Attraktion. In der freundlichen Stadt herrscht reger Grenzverkehr, es gibt alle Versorgungsmöglichkeiten und ein kleines **Hotel** namens **al-Anwar,** vor dem die Bevölkerung allerdings eindringlich warnt (es ist anzunehmen, dass es sich hierbei um ein Stundenhotel handelt) sowie ein **witziges Restaurant,** dessen Tische und Stühle im Sommer in kleinen Kanälen stehen, in denen man die Füße kühlt, während man vorzüglich speist (zu finden im Stadtpark an der Straße nach al-Hassaka).

Die Gegend ist bekannt für die **heißen Schwefelquellen,** die man überall finden kann, wenn man sich auch bisweilen durchfragen muss (eine liegt ca. 1 km südlich von Tell Halaf). Außerdem kann man von hier aus Tell Halaf besichtigen, was aber nicht unbedingt lohnt, zumal da sich die schönsten Funde, nämlich die Basaltstatuen, im Museum von Aleppo befinden.

Praktische Informationen

Mit öffentlichen Verkehrsmitteln erreicht man Ra's al-Ain am leichtesten von Tell Tamr oder al-Hassaka aus (Minibusse), seltener auch von Qamishli. Nachmittags geht nach 16 Uhr nichts mehr!

Vom Telegrafenmast geht es nun links und bei der nächsten Kreuzung wieder links, bei der folgenden Kreuzung dann rechts. Man verlässt den Ort, kurz danach geht es rechts zum Tell Halaf ab, die Route führt geradeaus.

Abstecher nach Tell Halaf

Die ersten Funde von hier stammen aus dem **4. Jahrtausend v.Chr.,** danach wurde der Tell wieder aufgegeben, bis er als Guanza in assyrischen Archiven im ersten Jahrtausend wieder auftaucht. Einst war die Stadt **Hauptstadt** des **aramäischen Staates Bit Bahiani,** der Anfang des ersten vorchristlichen Jahrtausends über Syrien herrschte.

Die großartigen **Basaltstatuen,** die man hier fand und die man heute in Aleppo im Museum besichtigen kann, stammen aus einem Palast aus dem **9. und 8. Jahrhundert v.Chr.** Die ehemalige Palastfassade wurde als Museumsfassade in Aleppo nachgebaut! In Tell Halaf ist so gut wie nichts mehr zu sehen.

Nur per Taxi zu erreichen, ca. 2 km von der Abzweigung.

Die Strecke führt nun durch die fruchtbare Landschaft des Khabur, entlang von Maisfeldern, Weizenfeldern usw. In weiter Ferne liegt vor uns der Djabal Abd al-Aziz.

Km 132 – Überquerung des Khabur.

Km 152 – Links der Straße beginnen Reben. Sie sehen aus wie kleine, hüfthohe Bäume und sind nur auf den zweiten Blick als Reben zu erkennen.

Km 158 – Tell Tamr, der Verkehrsknotenpunkt (siehe Route E 1).

Am Kreisel geht es geradeaus weiter nach al-Hassaka. Die Strecke führt vorbei an vielen Feldern und nähert sich stets dem großen Gebirge.

Km 174 – Links erstreckt sich ein kleiner christlicher Friedhof.

Km 178 – Links verläuft die große **Staumauer des Khabur.** Auf ihr steht geschrieben: „Die Baath ist unser Weg und Asad ist unser Anführer". Bei der Gabelung geht es rechts.

Km 195 – Der große Eingangskreisel von **al-Hassaka,** vor uns die Stadt. Eine vierspurige Straße führt hinein. An der nächsten großen Kreuzung geht es rechts, beim nächsten Kreisel dann links ins Zentrum.

Al-Hassaka الحسكة

In der **modernen Provinzhauptstadt** (90.000 Einwohner) herrscht eine quirlige Atmosphäre. Im Zentrum befinden sich zwei alte Flussbrücken, Reste einer Zitadelle und ein paar Kirchen. Eigentlich gibt es in al-Hassaka nichts Besonderes, auch wenn nette Hotels zum Bleiben einladen. Ach ja: Schönen Goldschmuck kann man hier erwerben!

Praktische Informationen

- **Telefonvorwahl: 052**

Touristeninformation

- Die Touristeninformation befindet sich in einer kleinen Seitenstraße über einem Geschäft (siehe Plan). Nette Leute und sogar einigermaßen ordentliche Auskunft.

Al-Hassaka الحسكة
Qamishli, Raqqa
Sh. Djul Djamal
Park
Sh. Lubnan
Sh. Tahrir
Sh. al-Khury
Museum
Sahat Ra'is Hafiz al-Asad
Sh. Tell Chura
Sh. Abd an Nasr
Sh. al-Quwwatli
Khabur
Dair az-Zur, Busbahnhof für Busse nach Süden und Minibusse
0
400 m
1 Hotel Sanabel
2 Restaurant Ash-Sharq al-djadid
3 Hotel Ugarit
4 Uhrturm
5 Regierungspalast
6 Viele Restaurants
7 Krankenhaus
8 Hotel Lawyers
9 Hotel al-Boustan
10 Post
11 Telecom
12 Bank
13 Touristeninformation
14 Busbahnhof für Busse nach Norden und Westen
Geldautomat
Internetcafé

Hotels

- **Hotel al-Muhamiyin (Hotel Lawyers)*****/€-€€
Sh. Markaz ath-Thaqafi, Tel. 22 58 64, Fax 22 58 65. Sehr ruhig östlich des Sportparks gelegen, sauber, ordentlich und angenehm. Alle Zimmer mit Bad, TV und Kühlschrank.
- **Hotel al-Boustan*****/€-€€
Am Sportpark, Tel. 22 17 21/2. Angenehmes, schönes Hotel direkt am Sportpark. Die Zimmer sind sehr sauber und mit allem Drum und Dran ausgestattet. Empfehlenswert. Im Hotel unten befindet sich ein Restaurant mit Alkoholausschank und großer Terrasse mit Blick auf den Sportpark.
- **Hotel Sanabel****/€-€€
Sh. al-Quwwatli, Tel. 22 42 83. Sehr sauberes Hotel mit hübschen, großen und freundlichen Zimmern, in denen es Kühlschränke und Sat-TV gibt! Sollten Sie keine Laken vorfinden, bitten Sie darum! Im obersten Stockwerk befindet sich ein nettes Restaurant, an dem Samstagabend Live-Musik gespielt wird; dann kann es recht laut werden. Alkoholausschank.
- **Ugarit**€
Parallelstraße zur Sh. an-Nasr, Tel. 22 70 00. Das Hotel hat mittelsaubere Zimmer und freundliche Leute, die auch einigermaßen englisch sprechen. Alle Zimmer haben einen Kühlschrank!
- Ein 4-Sterne-Hotel am Sportpark soll im Laufe des Jahres 2009 eröffnet werden. Zur Zeit der Recherche war es im Bau.

Essen und Trinken

Neben den beiden guten Restaurants in den Hotels Boustan und Sanabel gibt es jede Menge einfacher und kleiner Lokalitäten im Suqviertel. Empfehlenswert ist das **Restaurant Ash-Sharq al-djadid** mitten im Suqviertel nordöstlich der Sh. al-Quwwatli. Es ist ein einfaches, aber sauberes und helles Restaurant in der 1. Etage eines Eckhauses, wo man stundenlang sitzen und dem Suqtreiben zuschauen kann. Sehr gutes, günstiges Essen, freundliche Leute. Nett ist es auch, im kleinen Park nahe dem Platz Ra'is Hafiz al-Asad zu sitzen, Schischa zu rauchen und etwas zu trinken.

Museum

Al-Hassaka hat auch ein Museum, ganz im Westen der Stadt, das allerdings den Besuch nicht lohnt.

Medizinischer Notfall

- Ein **Krankenhaus** findet sich an der Sh. Faris al-Khuri, nahe dem Istiqlal-Platz.

Bahn

Der **Bahnhof** liegt im Westen der Stadt. Züge fahren in der Nacht nach Damaskus und nach Qamishli.

Busse, Minibusse und Sammeltaxis

Es gibt keinen zentralen Busbahnhof in al-Hassaka. **Qadmus** hat ein Büro neben dem Hotel Sanabel in der Sh. al-Quwwatli und fährt mehrmals täglich die Strecke Dair az-Zur, Damaskus. Abfahrt ist südlich der Stadt am Khabur. Busse nach Qamishli und Aleppo fahren nördlich der Stadt ab, an der Straße nach Qamishli. Der größte Busbahnhof für Regionalbusse befindet sich in der Sh. Faris al-Khuri, hier fahren Busse in alle Richtungen, ebenso Minibusse und Sammeltaxis. Ein Taxi aus der Stadt dorthin kostet 50 Lira.

Hauptpost und Telecom

- Die **Hauptpost** befindet sich weit außerhalb des Stadtzentrums am Thaura-Park und ist außer Fr den ganzen Tag geöffnet.
- Die **Telecom** mit internationalen Telefonzellen und Kartenverkauf liegt dagegen ganz zentral in der Sh. Abd an-Nasr.

Geldwechsel

- Die Hauptfiliale der **Commercial Bank of Syria** ist zwischen Uhrturm und Istiqlalplatz.

Routenteil 2: Al-Hassaka – Dair az-Zur (235 km)

Man verlässt al-Hassaka gen Süden über die Khaburbrücke. **Km 0** ist der Uhrturm im Zentrum der Stadt.

Km 0,5 – Beim Südkreisel geht es geradeaus (hier Abbiegemöglichkeit nach Aleppo und Ra's al-Ain rechts).

Km 4 – Abbiegemöglichkeit rechts nach Tell Abyad.

Km 12 – Rechts der Straße befindet sich ein großes Sammelzentrum für Baumwolle.

Km 20 – Links ist der große **See al-Hul** zu sehen, ein natürlicher See, der allerdings nicht immer Wasser führt.

Km 31 – Orientierungspunkt für Kilometerschwankungen: Ein Straßenschild weist darauf hin, dass es noch 150 km nach Dair az-Zur sind.

Die Route führt vorbei an Feldern, etwas öder Landschaft und einigen Ortschaften, immer parallel zum Khabur, den man nicht immer sieht.

Km 59 – Links liegt der Ort **Shadadi.** Die Straße passiert nun mehrere Tells, die meist ausgegraben sind.

Km 97 – Man durchfährt den hübschen Ort **Margadeh,** der sich einen Hügel entlangzieht. Am Ortsausgang rechts ist eine kleine Kirche am Hang zu sehen. Man umfährt den Berg und hat links immer wieder schöne Ausblicke. Die Gegend wird lebendiger. Man sieht Frauen in bunten Trachten, Lehmdörfer reihen sich aneinander, Schilf wächst entlang der Straße.

Km 132 – **As-Suwar** ist erreicht. Der Ort ist noch nicht allzu lange besiedelt, doch finden sich römische Reste am Tell. „Hier gibt es nichts, kein Dorf, keine Behausung irgendwelcher Art, nicht einmal ein Beduinenzelt. Doch über uns steht der Mond und zu unseren Füßen schlängelt sich der Khabur wie ein riesiges S. Und süß duftet die Nachtluft nach der Hitze des Tages. Ich sage: „Was für ein wunderschöner Hügel! Könnten wir nicht hier graben?" Betrübt spricht Max das vernichtende Wort: „Römisch". Wie schade! Es ist ein so zauberhafter Fleck Erde." (Agatha Christie in „Erinnerungen an glückliche Tage"). Sie sehen, ein Stopp lohnt sich!

Wer nun auf direktem Wege auf guter Straße nach Dair az-Zur möchte, sollte geradeaus fahren. Die Route jedoch folgt weiter dem Khabur, weshalb man die große Straße verlässt. Im Ort geht links eine Straße ab, mit einer Beschilderung, die zu den **„Ruins of Tell Shaikh Hamid"** weist. Hier geht es links ab! Man durchfährt den Ort und überquert den Fluss. Bei **Km 135** gabelt sich die Straße. Die Route geht hier nach rechts. Links ist ein Abstecher zum Tell Shaikh Hamid möglich.

Abstecher zum Tell Shaikh Hamid تل شيخ حميد

Das antike Dur-Katlimmu, wo seit 1978 gegraben wird, liegt am unteren Khabur. Wer Interesse daran hat, auch einmal einen Tell zu sehen, dessen Mauerreste noch nicht vollkommen zerfallen sind, sollte sich hierher begeben.

Ein zu Beginn der Grabung gefundenes Archiv ermöglichte die Identifizierung des Ortes als Dur-Katlimmu, das im **13. Jahrhundert v.Chr.** von dem assyrischen König **Salmanassar** gegründet wurde. Die Stadt bestand aus einer Zitadelle und einer Unterstadt und war im 8. vorchristlichen Jahrhundert wohl die größte Stadt am unteren Khabur. Man vermutet, dass die Stadt in neuassyrischer Zeit die Residenz eines Stadthalters war, dann aber, eventuell durch einen Angriff der Sassaniden, zerstört und verlassen wurde.

Obwohl hier aktiv gegraben wird, ist für den Laien nicht viel zu sehen.

Die Funde aus Tell Shaikh Hamid finden sich im neuen Museum in Dair az-Zur, Grabungen werden hier von August bis Oktober ausgeführt.

Anfahrt mit öffentlichen Verkehrsmitteln: von al-Hassaka oder Dair az-Zur mit dem Bus bis as-Suwar. Von hier fahren unregelmäßig Busse nach Tell Shaikh Hamid!

Anfahrt mit dem Pkw: Bei der Gabelung geht es links ab. Man folgt der nicht immer guten Straße 15 km, dann geht es links ab (Beschilderung auf Englisch!). Nach etwa einem Kilometer sind die Ruinen erreicht. Vorne links ist der Tell, weiter hinten rechts sind die Grundmauern der Stadt zu sehen.

Die freundliche Bevölkerung weist den Weg!

Zurück an der Kreuzung geht es nun geradeaus bzw. nach links (je nachdem, wie man schaut). Die Straße führt nun immer östlich des Khabur, der sich wunderschön durch die Landschaft schlängelt, gen Süden, vorbei an Feldern, kleinen Dörfer, und links ist die Hamada zu erkennen. Südlich der Stadt as-Suwar verläuft ein neuer Kanal, der Wasser aus dem Euphrat in die Region leitet, um so der Abschöpfung des Grundwassers (vor allem auf türkischer Seite) entgegenzuwirken. Der Khabur war nahe am Austrocknen, was für viele tausend Menschen eine existenzielle Katastrophe bedeutet hätte. Neben einer direkten Verwendung des Kanalwassers als Trinkwasser füllt der Kanal auch über eine Reihe von Querverbindungen das Flussbett des Khabur wieder auf.

Km 154 – Rechts am Horizont sind Ölraffinerien zu sehen.

Km 162 – Der Eingangskreisel von **Tayyib Ghal** heißt den Reisenden willkommen. Die Straße führt weiter, nahe des Khabur, südwärts. Je mehr sie sich dem Euphrat nähert, desto satter wird das Grün, desto mehr Palmen säumen den Weg.

Km 185 – T-Kreuzung. Hier rechts.

Km 188 – Mündung des Khabur in den Euphrat, nahebei das Dorf **Busaira,** wo sich die **Reste des alten Karkisiya** finden. Karkisiya war von der Römerzeit bis ins Mittelalter eine wichtige Wirtschaftsmetropole und Verkehrsknotenpunkt. Heute hat diese Aufgabe Dair az-Zur übernommen.

Man überquert den Fluss. Gleich darauf geht es rechts. Wer zu den Ruinen von Karkisiya möchte (uninteressant, da zugebaut), nimmt die nächste Möglichkeit gleich wieder links.

Wir bleiben aber auf der Straße. Die Fahrt geht nun am nördlichen Euphrat-Ufer nach Westen. Es ist überwältigend grün, schöne Picknickplätze laden zur Verschnaufpause ein, man hat eine herrliche Aussicht auf den Fluss.

Km 196 – Nachdem die Straße den Euphrat fast berührt hat, entfernt sie sich nun von diesem. Links der Straße tauchen immer mehr Ölraffinerien auf.

Km 231 – T-Kreuzung: Hier kommt von rechts die Hauptverbindung von al-Hassaka nach Dair az-Zur, wir biegen links ab!

Km 235 – Eingangskreisel von **Dair az-Zur.** Rechts geht die alte Straße entlang dem Euphrat nach Raqqa ab, ins Zentrum geht es geradeaus.

Wir überqueren den Euphrat, danach geht es rechts in die Innenstadt; bei der schönen Hängebrücke zweigen wir links ab ins Zentrum, das kurz darauf erreicht ist!

Dair az-Zur

دير الزور

„Perle des Euphrats", „Verlobte der Wüste" - etwas hoch gegriffene Umschreibungen für Dair az-Zur. Weder besticht die Stadt durch Schönheit noch durch historische Bedeutung, allein ihre **ruhige und angenehme Atmosphäre** überzeugt. Die sympathische Stadt mit immerhin fast **200.000 Einwohnern** wurde 1860 von den Türken dort gegründet, wo die Strecken Aleppo - Bagdad und Damaskus - Mosul sich kreuzen. Traurige Bekanntheit erlangte die Stadt, als die Türken hier im Jahr 1915 eine Art **Konzentrationslager für Armenier** errichteten. Heute ist dieser Genozid fast vergessen, zumindest bei Nicht-Armeniern. Im Januar 2001 wurde der Völkermord an den Armeniern jedoch zum ersten Mal offiziell anerkannt, nach 86 Jahren Schweigen, und zwar von der französischen Nationalversammlung. Seitdem sind die Beziehungen Frankreichs zur Türkei gestört.

Die Konzentrationslager der Türken hatten für Adolf Hitler Vorbildcharakter. Er bezeichnete sie einmal als „Prototyp" und billigte und lobte die „erfolgreichen" türkischen Vernichtungsmaßnahmen. Bis heute wird von der türkischen Seite versucht, den Genozid zu leugnen, bis heute lebt das Trauma im armenischen Volk weiter und wird von Generation zu Generation weitergegeben. Die Menschen Dair az-Zurs erinnern sich kaum mehr an das, was geschah. Auch für sie waren die Türken Fremdherrscher, auch sie litten unter deren Regime.

So jung die Geschichte der Stadt ist, so wenig hat sie auch an Sehenswürdigkeiten zu bieten. Der sehr lebendige und schöne Suq zieht die Beduinen und Bauern der gesamten Umgebung an. Vor allem am frühen Morgen ist viel los. Sehenswert sind auch die von den Franzosen errichtete und 2008 vollständig renovierte **Hängebrücke,** die Djisr al-Mu'allaq, und das große **Museum,** das Grabungsfunde aus Mari und Duro Europos und vieles andere beherbergt.

syr066 Foto: mb

Hängebrücke in Dair az-Zur

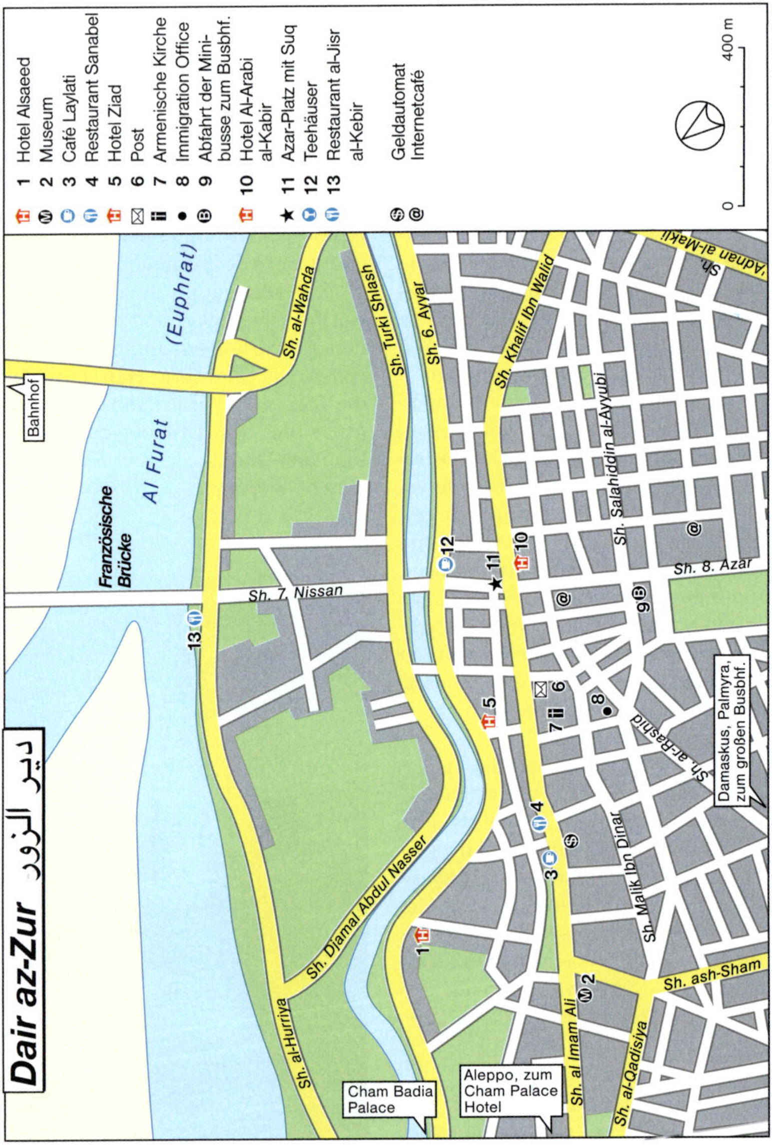

Dair az-Zur دير الزور
1 Hotel Alsaeed
2 Museum
3 Café Laylati
4 Restaurant Sanabel
5 Hotel Ziad
6 Post
7 Armenische Kirche
8 Immigration Office
9 Abfahrt der Minibusse zum Busbhf.
10 Hotel Al-Arabi al-Kabir
11 Azar-Platz mit Suq
12 Teehäuser
13 Restaurant al-Jisr al-Kebir
Geldautomat
Internetcafé
0
400 m
Bahnhof
Französische Brücke
Al Furat
(Euphrat)
Sh. al-Wahda
Sh. Turki Shlash
Sh. 6. Ayyar
Sh. Khalif Ibn Walid
Sh. Adnan al-Makli
Sh. Salahiddin al-Ayyubi
Sh. 8. Azar
Sh. 7. Nissan
Sh. ar-Rashid
Damaskus, Palmyra, zum großen Busbhf.
Sh. Djamal Abdul Nasser
Sh. Malik Ibn Dinar
Sh. ash-Sham
Sh. al-Hurriya
Sh. al Imam Ali
Sh. al-Qadisiya
Cham Badia Palace
Aleppo, zum Cham Palace Hotel

Dair az-Zur ist die wohl **heißeste Stadt Syriens!** Aber sie ist ein optimaler Ausgangspunkt für Touren in die Umgebung. Abends laden nette Restaurants entlang des Flusses zu einem Bierchen oder Araq ein, freundliche Hotels sind mit dem nötigen Komfort ausgestattet, der anderswo in dieser Gegend nur schwer zu finden ist, außerdem bietet die Provinzhauptstadt alle Versorgungsmöglichkeiten und ist ein wichtiger Verkehrsknotenpunkt.

Praktische Informationen

- **Telefonvorwahl: 051**

Touristeninformation

- **Direkt am Busbahnhof** befindet sich eine kleine Touristeninformation. Hier gibt es nicht nur Stadtpläne, sondern auch ein paar Infos zur Stadt. Nett.

Wichtige Adresse

- **Immigration Office (Maktab al-Hidjra wa-l-Djawazat)**

Auch in Dair az-Zur kann man seinen Stempel zur Aufenthaltsverlängerung in den Pass bekommen. Wegbeschreibung: Ca. 15 Minuten Fußweg entlang der Sh. Khaled ibn al-Walid, bis zum Rondell, dort links und gleich wieder links. Gleich an der Ecke befindet sich das Office.

Hotels

Luxus

- **Furat Cham Palace*****/€€€€-€€€€€

Tariq Halab, direkt am Fluss in Richtung Aleppo gelegen. PO Box 219, Reservierung über Damaskus: Tel. 011-223 23 00, www.chamhotels.com. Schön gelegenes Hotel mit großen und schönen Zimmern. Großer Pool, Tennis, Fitness-Räume, Restaurants und Bar.

- **Badia Cham Palace******/€€€€

Am Fluss in Richtung Aleppo, www.chamhotels.com, zentrale Reservierung über Damaskus, Tel. 011-223 23 00. Dieses Hotel steht seiner großen Schwester in puncto Eleganz in nichts nach. Es liegt verkehrsgünstiger, also näher zur Stadt, ist schick und neu. Im Vergleich zum Furat Cham bietet es jedoch weniger Freizeitangebote (kein Pool, kein Tennis, kein Wellnessbereich).

Die goldene Mitte

- **Alsaeed*****/€-€€

An der Corniche, Tel. 22 19 65, 22 43 67, Fax 21 43 67. Sehr schönes Hotel (ohne Schild), hervorragende Zimmer in hellen Farben, nett eingerichtet und wunderbar für allein reisende Frauen. Das Preis-Leistungsverhältnis ist ausgezeichnet!

- **Ziad****/€-€€

Sh. al-Ma'mun, Tel. 21 45 96, Fax 21 19 23. Sehr schönes neues Hotel. Der nette Besitzer Hazem Gassim spricht nicht nur sehr gut deutsch, sondern hilft auch gerne mit vielen Infos zur Umgebung weiter! 33 Zimmer, alle mit Heizung, Bad, AC, Telefon, Kühlschrank und TV, sehr sauber, sehr groß und von allen Seiten hoch gelobt!

Einfach, aber okay

- **Al-Arabi al-Kabir**

Sh. Khalid Walid, Tel. 36 20 70, DZ 600 Lira. Einfaches, aber sehr nettes und sauberes Hotel. Die Zimmer im oberen Stockwerk sind renoviert und hübscher als die unteren. Der Eingang des Hotels befindet sich in einer Gasse rechts neben dem Hotel.

Restaurants

Schön und mit Alkoholausschank

- **Al-Jisr al-kebir (Big Bridge Restaurant)**

Sh. al-Hurriya, direkt neben der französischen Brücke. Das einfache Restaurant hat eine wunderschöne Terrasse und sehr gutes Essen, das schön angerichtet wird. Tolle Aussicht!

Einfach, aber lecker

- **Restaurant Sanabel**

Sh. al-Imam Ali, Tel. 21 89 75, untere Preisklasse. Einfaches, aber sehr sauberes kleines Restaurant über zwei Etagen. Freundliche Leute und günstiges, leckeres Essen. Empfehlenswert.

syr067 Foto: mb

- Einfache Restaurants befinden sich entlang der **Sh. Khalid ibn Walid,** v.a. im hinteren Drittel. Einfache landestypische Küche.
- Billigrestaurants, Hähnchenbratereien und Shawarma-Stände finden sich **in der Altstadt.**

Teehäuser

- Zwei sehr nette Teehäuser finden sich entlang der Sh. 6. Azar, **am Ufer des Euphrat,** eines direkt unterhalb des Hotel Damas, eines etwas weiter stromabwärts.
- Sehr ansprechend (modern) ist das **Café Laylati** an der Hauptstraße. Bunte Tische, übliches Angebot.

Abends ...

Es bietet sich (für Männer) an, eine Wasserpfeife oder ein Glas Bier im **al-Jisr al-kebir** genießen zu gehen. Ansonsten: Wie wäre es mit einem banalen Abendspaziergang am Fluss oder einem Besuch im Schwimmbad des Hotels Cham Palace?

Museum

- Das **Museum** in Dair az-Zur stellt Funde aus der Djazira aus. Es ist in fünf Bereiche gegliedert: Ur- und Frühgeschichte, Altes Syrien, Klassische Zeit, Arabo-Islamische Kultur, und die fünfte Sektion nennt sich „popular tradition“. Das Museum arbeitet mit sehr anschaulichem Material, z.T. mit nachgestellten Szenen. Unbedingt zu empfehlen! Öffnungszeiten: im Sommer 8–18 Uhr, im Winter 8–16 Uhr, Di geschlossen.
- **In der armenischen Kirche** (nahe dem Ziad-Hotel) ist eine permanente **Fotoausstellung über den Genozid an den Armeniern** zu sehen. Der Besuch (anklopfen!) wird vom Padre persönlich auf Englisch oder Französisch begleitet.

Gedränge am Suq von Dair az-Zur

Medizinischer Notfall

- Das **Krankenhaus** von Dair az-Zur befindet sich direkt am Euphrat, neben dem Hotel Raghdan.
- Es gibt außerdem einen **deutschsprachigen Arzt:** Dr. Touema, 3 Häuser neben dem Hotel Damas.

Flug

Dair az-Zur hat auch einen **Flughafen,** der an der Straße nach Abu Kamal liegt. Öffentliche Verkehrsverbindungen gibt es dorthin nicht, man ist also auf ein Taxi angewiesen. Das Office der Syrian Arab Airways befindet sich in der Sh. al-Imam Ali, zwischen Post und Museum. Infos zum Flugverkehr unter www.syriaair.com.

Bahn

Der **Bahnhof** liegt jenseits des Euphrats. Fahrplan und nähere Informationen unter www.cfssyria.org.

Busse

Private Gesellschaften fahren ab dem **großen Busbahnhof,** der an der Straße nach Abu Kamal, nahe dem Eingangskreisel von Palmyra, liegt. Häufig Busse nach Damaskus und Aleppo. Alle großen Busgesellschaften haben auch Büros beim Minibusbahnhof, sodass man hier bereits die Bustickets kaufen kann. Für die Taxifahrt zum Busbahnhof zahlt man rund 70 Lira.

- **Damaskus** (7 Std., 200 Lira), über Palmyra (3 Std., 100 Lira).
- **Aleppo** (5 Std., 170 Lira), über Raqqa (2 Std., 70 Lira).
- Seltener fahren Busse nach **al-Hassaka** (2 Std., 75 Lira) und nach **Qamishli** (3 Std. 110 Lira).

- Abfahrt der **Minibusse** zum Busbahnhof und in die Umgebung etwa in der Mitte zwischen Innenstadt und Busbahnhof. Minibusse verkehren u.a. nach **Raqqa** (2 Std., 60 Lira), **al-Hassaka** (3 Std., 75 Lira) und **Abu Kamal** (30 Lira, 1 Std.).

Rund ums Auto

Werkstätten

Am Ortsausgang von Dair az-Zur in Richtung Raqqa und Aleppo befinden sich viele kleine Werkstätten.

Hauptpost und Telecom

- Die Hauptpost befindet sich in der Sh. al-Imam Ali, Öffnungszeiten tägl. außer Fr 8–20 Uhr. Die Telefonkarten zu den internationalen Telefonhäuschen, die sich hinter dem Gebäude befinden, gibt es in der Bank an Schalter 3.

Geldwechsel

- Die Zentrale der **Commercial Bank of Syria** befindet sich in der Sh. al-Imam Ali. Öffnungszeiten: 8.30–12 Uhr. Geldautomaten finden sich mehrere in der Stadt.

Ausflüge

Dair az-Zur ist ein idealer Ausgangsort für Ausflüge in die Umgebung, z.B. nach Duro Europos und Mari (dazu siehe Route E 3), nach Tell Shaikh Hamid ins Khaburtal (s.o.) oder aber nach Halabiya oder Zalabiya (siehe Route E 4).

Route E 3:

Dair az-Zur – Duro Europos – Mari – Abu Kamal

- **Routenlänge:** insgesamt 129 km, gute Teerstraße

Diese Route führt durch bäuerliche Umgebung und an zwei wichtigen **Grabungsstätten, Duro Europos** und **Mari,** vorbei. Vor allem für Freunde der Archäologie ist diese Tour unbedingt empfehlenswert! Auch ein Abstecher zur **Burg Rahbat** lohnt sich.

Öffentliche Verkehrsmittel

Öffentliche **Busse** verkehren regelmäßig auf der gesamten Strecke, sind aber häufig so voll, dass ein Zusteigen unterwegs schwierig werden kann. Ein Grenzübergang in den Irak ist nicht möglich, der Einlass nach Abu Kamal wird manchmal verwehrt! **Minibusse** ab dem Minibusbahnhof in Dair az-Zur fahren nach Duro Europos und Mari (in die jeweiligen Dörfer dazu).

Anfahrt mit dem Pkw: Ausgangspunkt der Route ist der Ortsausgang von Dair az-Zur in Richtung Süden. Der Eingangskreisel nach Abu Kamal und Palmyra entspricht **Km 0.** Rechts klebt ein Friedhof am Berg. Anfangs führt die Strecke noch durch die Industrieviertel der Stadt, vorbei an Ölraffinerien.

Km 7 – Abzweigung zum Flughafen. Die Strecke führt weiter, vorbei an kleinen Dörfern, die meist jüngeren Datums sind, durch grüne, fruchtbare Landschaft. Links hinten ist der Euphrat. Rechts im Hintergrund Tafelberge und ausgedehnte Felder.

Km 45 – Großer Kreisel. Hier geht es geradeaus. Rechts vorne sieht man die Ruinen der Burg Qala'at Rahbat.

Km 46 – Rechts Abzweig zur **Burg Qala'at Rahbat.**

Abstecher zur Qala'at Rahbat قلعة رحبة

Die Burg, nur 3,5 km von der Straße entfernt, wurde **im 12. Jahrhundert errichtet.** Majestätisch thront sie auf einem Hügel und ist sehr schön anzusehen. Stabil war sie wohl nie, und obwohl sie zeitgleich mit den großen Kreuzritterburgen errichtet wurde, fehlen ihr die Verteidigungswälle. Das Besondere an der Burg ist eindeutig ihre Form: fünf Seiten statt nur vier, 137 m die längste. Auf einer Felsnase gelegen, war sie lange Zankapfel zwischen Ayyubiden und Seldjuken und wurde dann von den Mongolen zerstört.

Die aus Basaltsteinen errichtete Festung lohnt v.a. wegen des Rundblickes, den man von hier aus genießt.

Anfahrt: Mit **öffentlichen Verkehrsmitteln** muss man sich bei **Km 46** absetzen lassen und den Rest (ca. 3 km) laufen. **Mit dem Pkw** biegt man hier ab, nach etwa 1 km biegt man links, hinter einem schulähnlichen Gebäude, ab. Von hier aus ist die Burg schon zu sehen. Die Straße führt direkt auf sie zu.

Zurück auf der Hauptstraße geht es weiter geradeaus, vorbei an Feldern und Tafelbergen in weiter Ferne, und links öffnen sich immer wieder Blicke auf den Euphrat.

Km 62 – Man fährt durch den großen Ort **al-Ashar,** wo **dienstags** ein **großer Markt** stattfindet. Weiter geht es durch viele Dörfer, links immer vorbei an Feldern, die der Euphrat bewässert.

Km 75 – Die Straße macht eine große Rechtskurve und führt nun bergauf nach **Tishrin.**

Km 88 – Hinten links, in weiter Ferne, erkennt man **Duro Europos.**

Km 93 – Abzweig nach links, eine kleine Straße ohne Wegweiser führt zu dieser gewaltigen Ruinenstätte, die nach etwa 1 km erreicht ist.

Duro Europos (as-Salihiya) الصالحية

Für den Laien ist vom „Pompeji der syrischen Wüste" nicht mehr allzu viel zu erkennen. Dennoch gehört Duro Europos zu den bedeutenden historischen Stätten des Euphrats, denn hier fand man **eine der frühesten christlichen Kirchen** (aus dem 3. Jahrhundert) sowie eine **Synagoge** aus derselben Zeit. Auch wenn die wichtigsten Funde des Ortes in Museen (Paris, Yale und Damaskus) sind und die Synagoge sogar ganz neu wieder errichtet wurde (in Damaskus!), so lohnt sich die Besichtigung des riesigen Areals trotzdem, um einen Eindruck von der einstigen Bedeutung des Ortes zu erhalten. Vor dem Rundgang empfiehlt sich ein Besuch des Museums in Dair az-Zur, das einige Funde von hier beherbergt und eine Besichtigung anschaulicher macht. Wer nach dem Besuch von Duro Europos noch einmal nach Damaskus kommt, sollte vielleicht nochmals das Nationalmuseum mit der wieder hergerichteten Synagoge aus Duro Europos besichtigen – man wird sie dann mit anderen Augen betrachten.

Geschichte

Seleukos I., auf dessen Spuren man in Syrien immer wieder trifft, ließ diese Stadt im 3. Jahrhundert v.Chr. errichten, als **Überwachungsfort** der Flussroute ins untere Mesopotamien. Den Namen (*Duro* = Festung) Europos (benannt nach der Heimatstadt von Seleukos) behielt die Stadt auch nach der **Machtübernahme der Parther 113 v.Chr.** bei. Die griechische Bevölkerung musste immer mehr der semitischen weichen und im 1. Jahrhundert v.Chr. war Duro Europos eine vorwiegend orientalische Stadt. Anfangs stand die Stadt nicht im Interessenfeld der römischen Herrscher, es wurde sogar ein „live-and-let-live"-Abkommen zwischen den Parthern und den Römern getroffen, die ihren Stützpunkt in Circesium (Busaira, siehe Route E 2) errichtet hatten. **115 n.Chr.** jedoch durchbrach **Trayan** dieses Abkommen und **okkupierte die Stadt. 161** wurde die Stadt fast vollständig von einem **Erdbeben** zerstört, kurz danach aber wieder unter römischer Herrschaft aufgebaut und dem Römischen Reich einverleibt. Duro Europos erlebte daraufhin wie Palmyra eine Blütezeit. Kirchen und Synagogen entstanden, die Stadt wurde ein kosmopolitisches Handelszentrum. Mit dem **Einfall der persischen Sassaniden im Jahr 256** kam das Ende.

Besichtigung

Das Areal ist riesengroß. Allein innerhalb der gut erhaltenen Stadtmauern sind 80 ha Fläche zu besichtigen. Zu erkennen ist heute noch der geometrische Grundriss der Stadt, die – typisch hellenistisch – mit einem rechtwinkligen Straßennetz angelegt war.

Man betritt die Stadt durch das Westtor, das sogenannte **Palmyra-Tor**, hier endet nämlich die Straße. Das Tor

syr068 Foto: mb

Duro Europos: Eingangstor

ist sehr gut erhalten, und noch immer blättern die gläsern aussehenden Steine von den Wänden, die einst wohl das ganze Tor schmückten. Vermutlich stammt das Tor von 16/17 v.Chr., gewiss ist dies jedoch nicht. Direkt an das Tor schließt sich die ehemalige Kolonnadenstraße an, doppelt so breit wie alle anderen Straßen. Auf ihr zogen einmal Karawanen durch die Stadt bis zum Hafen.

Wendet man sich vom Haupttor aus gleich links, sieht man den Platz der alten Synagoge, von der nur noch wenig zu erkennen ist.

Am besten, man lässt sich im Areal treiben und versucht mit Hilfe des Planes ausfindig zu machen, wo was zu finden ist. Die meisten Gebäude, deren Zuschnitt heute nur noch zu erahnen ist, stammen aus der Zeit kurz vor der Zeitenwende.

Anfahrt mit dem Bus

Man nimmt den Bus **nach Abu Kamal** und steigt bei Salihiya (Duro Europos) aus (Fahrer Bescheid geben) oder fährt direkt mit dem Minibus nach Salihiya. Der letzte Kilometer muss gelaufen werden!

Hinter Duro Europos geht es noch ein kleines Stück auf der Hochebene weiter, dann führt die Straße hinab ins Euphrattal. Von unten kann man die grandiose Lage Duro Europos erkennen!

Km 99 – Überquerung eines Euphrat-Zuflusses.

Km 118 – Links ist der **Hügel von Mari** zu sehen.

Km 120 – Ein großes **Schild „Mari"** weist dem Reisenden den Weg zu den Ruinen. Hier links abbiegen, kurz danach ist das Schild „No Entry first buy Tiget Mari" zu sehen. Hier befinden sich links der Verkaufsschalter und Parkplatz. Zum Ruinengelände geht es geradeaus.

Mari (Tell Hariri)
تل حريري

Mari gehört zu den **ältesten Städten der Welt.** Auch wenn hier lange nicht so viel zu sehen ist wie in Palmyra, so gehört Mari für Freunde der Archäologie und frühen Geschichte doch zum absoluten Muss einer Syrienreise.

Geschichte

Der **Stadtstaat** existierte **vom 4. Jahrtausend v.Chr. bis 1759 v.Chr** und war ein immens wichtiger Warenumschlagplatz. In der Stadt, einer der reichsten jener Zeit, stand eine riesige Palastanlage mit einer Fläche von 3,5 Hektar, 300 Räumen und einer Bibliothek mit 25.000 Keilschriftentafeln.

Ende des 3. Jahrtausends gehörte Mari zum **Reich der amoritischen Könige,** um 1800 v.Chr. unterwarf aber König Shamshi Adad die Amoriten und gliederte Mari seinem Reich ein, das er von Assur am Tigris aus regierte. Der Bruder des letzten Amoritenkönigs, mit Namen Zimri Lim, aber schwor Rache und verbündete sich mit dem König von Aleppo und Hammurabi, dem Herrscher Babyloniens, um die Stadt wiederzugewinnen. Es gelang ihnen, und Zimri Lim regierte von 1782–1759. Er führte die Stadt zu einer nie da gewesenen Blüte. Mari lebte nach wie vor vom regen Handel,

syr141 Foto: mb

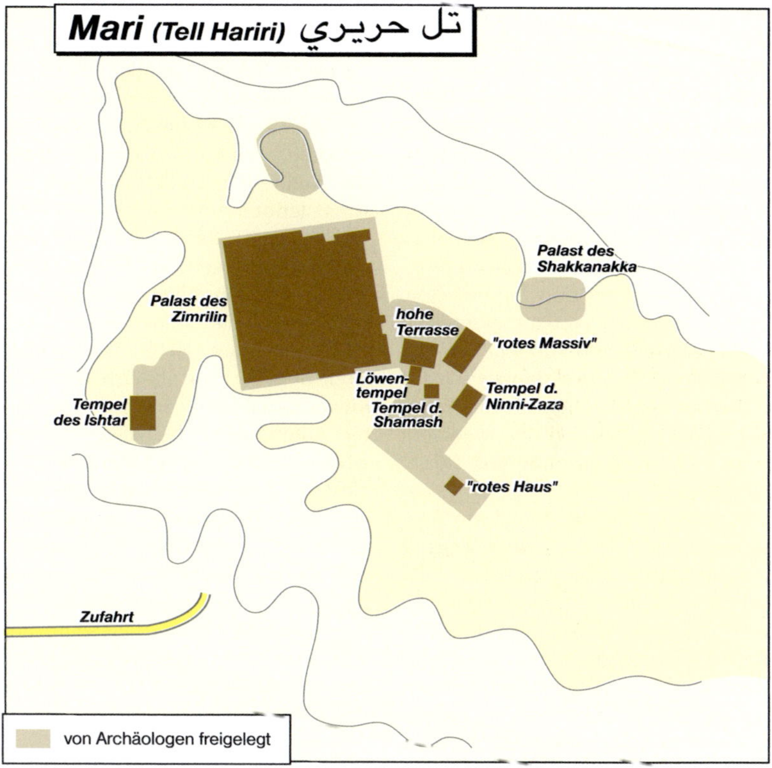

was nun den Neid seiner ehemaligen Streitgenossen hervorrief. Hammurabi attackierte die Stadt und zerstörte sie, woraufhin sie jegliche Bedeutung verlor. In ihrer Blütezeit jedoch war Mari eine immens reiche und große Stadt.

Hinweisschild am Eingang zur Ausgrabungsstätte von Mari

Allein die gefundenen Kunstwerke sowie die Reste der Palastanlage lassen diesen Rückschluss zu.

Besichtigung

In der Stadt Mari haben Archäologen das älteste öffentliche Gebäude als **Palast** identifizieren können, den Sitz der staatlichen Macht also. Dazu gehören ein **Thronsaal mit Säulen,** die in zwei Dreierreihen angeordnet sind, und eine als „Heiligtum" bezeichnete Anlage. Die Gottheit, deren Identität man nicht kennt, befand sich im Saal südlich des Zentralraums, wo ein **Altar** steht. Das bedeutet, dass weltliche und religiöse Macht nicht in den Händen ein und derselben Person waren.

Eine andere Besonderheit des Palastes von Mari bestand darin, dass einer seiner großen Höfe die Werkstatt eines Perlmuttschneiders beherbergte. Zahlreiche seiner Werke sind erhalten und – mit anderen Funden – in Damaskus und Aleppo zu bewundern.

Der wesentliche Bereich des Palastes wurde überdacht (daran erkennt man auch den Palast und den Thronsaal).

Man betritt das Palastareal von Westen her (einst war der einzige Zugang zur Stadt im Norden) und steht bald schon unter dem großen Plastikdach zum Schutz der Ruinen. Darunter befinden sich der große Hof, die Bibliothek, in der man bei Ausgrabungen die 25.000 Tontäfelchen fand, die detailliert Aufschluss über das Leben in Mari geben, und die Thronsäle. Im Nordwesten der Anlage befanden sich die Privatgemächer, im Südosten fand man die Verwaltungsräume und Werkstätten, die Speicher waren im Südwesten. Eine Führung lohnt nur für Arabischkundige, aussagekräftige Informationen auf Englisch sind nicht zu erwarten.

Praktische Informationen

Eintrittskarten (150 Lira, Studenten 10 Lira) gibt es am Wächterhaus bei Abu Ali. Hier besteht auch die Möglichkeit zu campen (mit Duschen).

Von Mari sind es noch 9 km bis nach **Abu Kamal,** dem letzten Posten auf syrischem Boden. Nachdem die Grenze zum Irak aufgrund der angespannten Beziehungen beider Länder geschlossen wurde, verliert die Stadt mehr und mehr an Lebendigkeit, gewinnt jedoch an Polizeipräsenz! Mir wurde der Eintritt in die Stadt verwehrt, wegen irgendwelcher Spannungen. Deswegen gibt es kaum praktische Infos zu dieser Stadt. Sorry!

Der Reichtum der Stadt ist auffallend, viele der Einwohner scheinen in Kuwait oder Saudi-Arabien zu arbeiten. Aufgrund der ehemaligen Grenze gibt es alle Versorgungsmöglichkeiten, einschließlich einiger eher mieser Hotels, ansonsten ist hier nichts los.

Wer nicht denselben Weg zurück nehmen möchte, sollte in Abu Kamal den Euphrat überqueren und auf der Straße auf der linken Uferseite, die zwar weniger gut ausgebaut ist, dafür aber durch um so schönere Landschaft führt, zurückfahren.

Route E 4:

Dair az-Zur – Halabiya/ Zalabiya – Raqqa – Aleppo

- **Routenlänge:** insgesamt 317 km, lauter gute Straßen.

Die Route führt **im ersten Teil (bis Raqqa)** durch traumhaft schöne Landschaft. Bis Raqqa bestehen zwei Varianten: eine nördlich, eine südlich des Euphrat. Beide Straßen verlaufen quasi in Sichtweite voneinander. Die südliche Straße ist die bessere von beiden, dafür durchfährt man auf der nördlichen Strecke mehrere kleine nette Ortschaften. Nach etwa 46 km (egal auf welcher Strecke) sind die **Ruinen der Schwesterburgen Halabiya und Zalabiya** zu besichtigen. Es gibt direkt bei den Ruinen eine Schwimmbrücke, sodass man sich nicht für eine der beiden Strecken entscheiden muss, um beide Stätten besichtigen zu können. Zalabiya, die Ruinen der nördlichen Strecke, sind weniger interessant anzusehen, lohnen aber wegen des schönen Blickes auf Halabiya. Auch von Halabiya ist so viel nicht mehr übrig, dennoch sind beide Burgen, gerade auch weil sie so nah beieinander, direkt an den Ufern des Euphrat, stehen, etwas ganz Besonderes.

Sehr schön ist die Route zu früher Morgenstunde (dann sollte man sich als Autofahrer unbedingt für die nördliche Route entscheiden, da man dann beim Blick auf den Fluss und die dahinterliegenden Berge die Sonne im Rücken hat) oder kurz vor Sonnenuntergang (dann sollte man als Autofahrer aus denselben Gründen unbedingt die südliche Route nehmen). Reisende mit öffentlichen Verkehrsmitteln sind auf die südliche Route angewiesen und kommen dann noch nicht einmal bis zu den Ruinen – es sei denn, sie mieten sich bereits ein Taxi ab Dair az-Zur (das für einen Tagesausflug nicht mehr als 50 Euro kosten darf).

Hinter Raqqa ändert sich die Landschaft. Es wird langweiliger und Industrieanlagen häufen sich. Dennoch lohnen auf dieser Strecke zwei Abstecher: nach **ar-Rusafa** (für diejenigen, die sich nicht für die Wüstendurchquerung entschieden haben, und vor allem für Reisende mit öffentlichen Verkehrsmitteln, die hier endlich mal ein tolles Ausflugsziel finden, das auch sie problemlos erreichen können; vgl. Route F 5) und das **Qala'at Djabr,** eine Burg oberhalb des Asad-Stausees, die wieder nur mit dem Pkw zu erreichen, aber unbedingt lohnenswert ist!

Öffentliche Verkehrsmittel

- Ab Dair az-Zur fahren täglich mehrere **Busse** nach Raqqa (über die südliche Euphratstraße) und weiter bis Aleppo.
- Mit dem **Zug** kann man von Dair az-Zur über die nördliche Strecke über Raqqa bis Aleppo fahren (siehe Verkehrsverbindungen Dair az-Zur).

Anfahrt mit dem Auto (beschrieben wird hier die südliche Strecke): Ausgangspunkt ist der Nordkreisel kurz vor dem Cham-Palace Hotel (= **Km 0**). Dair az-Zur im Rücken geht es hier geradeaus. Die Straße führt vierspurig aus dem Ort heraus, vorbei am Hotel.

Km 5 – Kreisel. Hier geradeaus.

Km 6 – Rechts kann man eine alte Steinbrücke sehen, dahinter fließt sanft der Euphrat in seiner ganzen Schönheit dahin. Die weitere Fahrt durch das hügelige Land bietet immer wieder wunderschöne Ausblicke auf die Felder und Ebenen des Flusses.

Km 12 – Man überquert ein großes Wadi mit einer Steinbrücke links. Die Straße führt an einem Bergmassiv entlang.

Km 46 – Rechts Abzweig nach **Halabiya.**

Abstecher nach Halabiya und Zalabiya حلبية

Die Burg von Halabiya, dem alten *Zenobia,* wurde **im 3. Jahrhundert** von der **Königin Zenobia** als Verteidigungsanlage errichtet. Schon kurze Zeit nach ihrer Erbauung wurde sie von den Römern besetzt.

540 von den Sassaniden zerstört, wurde sie kurz danach von den Byzantinern wieder errichtet, konnte sich aber nur kurz behaupten. 610 wurde sie endgültig von den Sassaniden zerstört und nie wieder aufgebaut.

Das Besondere an Halabiya und der Schwesterburg Zalabiya ist eindeutig die Lage vis-à-vis **an den Ufern des Euphrat.** Halabiya gehört zu den schönsten Orten im Osten Syriens. Zu sehen sind vor allem die Befestigungsanlage, die Grabtürme im Norden (aus römischer Zeit) sowie die Reste einer Basilika.

Anfahrt: Freitags, wenn syrische Familien diesen Ort zum Picknick aufsuchen, wird man eventuell beim Trampen mitgenommen, ansonsten hilft nur gutes Schuhwerk und Ausdauer (insg. 16 km), um die Ruinen ohne eigenes Auto erreichen zu können. Mit dem Auto biegt man bei **Km 46** rechts auf eine kleine Teerstraße, der man 8 km folgt. Halabiya liegt dann direkt vor einem.

Die Hauptstraße entfernt sich nun vom Fluss und führt durch sanftes Hügelland.

Km 66 – Von der Hochebene geht die Straße wieder bergab ins Tal des Euphrat. Abwechslungsreiche Landschaft.

Km 69 – Durchfahrt von **Suwaida,** einem kleinen Ort.

Km 115 – Links nähert sich das Gebirge, bis die Straße direkt am Gebirgsfuß entlangführt. Immer wieder durchfährt man kleine Dörfer.

Km 130 – Eine Allee beginnt, der Wegweiser zeigt noch 10 km bis nach Raqqa.

Km 133 – Rechts geht es nun nach **Raqqa** ab, eine vierspurige Eingangsstraße führt ins Stadtzentrum. 3 km nach der Abzweigung gabelt sich die Straße. Hier geht es rechts. 7 km nach dem Abzweig geht es am Kreisel links ins Zentrum.

Raqqa الرقة

Raqqa weist weder eine Innenstadt noch einen Suq auf, die sehenswert wären, und das Wenige, das anzuschauen sich lohnt, rechtfertigt kaum einen Aufenthalt. Da hilft auch keine glorreiche Geschichte, die die Stadt zweifelsohne hinter sich hat.

Schon zu hellenistischer Zeit gab es in diesem Gebiet Siedlungen, am angrenzenden **Tell Bi'a** war sogar eine babylonische Stadt. Interessant wird Raqqas Geschichte jedoch erst unter den Muslimen, die die Stadt im Jahre 640 einnahmen. Schon Anfang des 8. Jahrhunderts unter den Umayyaden wurde Raqqa Hauptstadt der Djazira, seine Blütezeit erlebte es jedoch unter dem großen, uns allen aus 1001 Nacht bekannten Harun ar-Rashid, der Ende des 8. Jahrhunderts hier lebte. Auf ihn gehen die alte Stadtmauer, nicht weit vom Zentrum entfernt, und das **Bagdad-Tor** zurück. Das total kaputtrenovierte Mädchenschloss, das **Qasr al-Banat,** stammt aus dem 12. Jahrhundert. Lohnenswert ist einzig das **Museum**, das Exponate aus der Region vorstellt. Für Besucher von al-Rusafa kann Raqqa außerdem als Ausgangspunkt dienen. Das gilt im besonderen Maße für Reisende mit öffentlichen Verkehrsmitteln.

Das Zentrum des Ortes bilden der Uhrturm sowie die Straßen rund um den Rashid-Park. Hier finden sich Hotels und Restaurants, die Post und die Commercial Bank of Syria.

Praktische Informationen

- **Telefonvorwahl: 022**

Hotels

- **Hotel Lawazard**€-€€
Beim Park, Tel. 21 61 20, Fax 21 61 23. Ein typisch syrisches, recht gesichtsloses, aber ordentliches und sauberes Hotel.
- **Hotel Karnak**€€
Beim Park, Tel. 28 11 06, Fax 28 11 07, alkarnak1@hotmail.com. Das staatliche Hotel wurde renoviert und ist seitdem besser als sein Ruf. Immer noch wirkt es zwar ein wenig abgewohnt, aber die Außenanlagen sind schön, die Zimmer sauber und ordentlich.
- Von den kleinen **Hotels beim Uhrturm** möchte ich vor allem Frauen dringend abra-

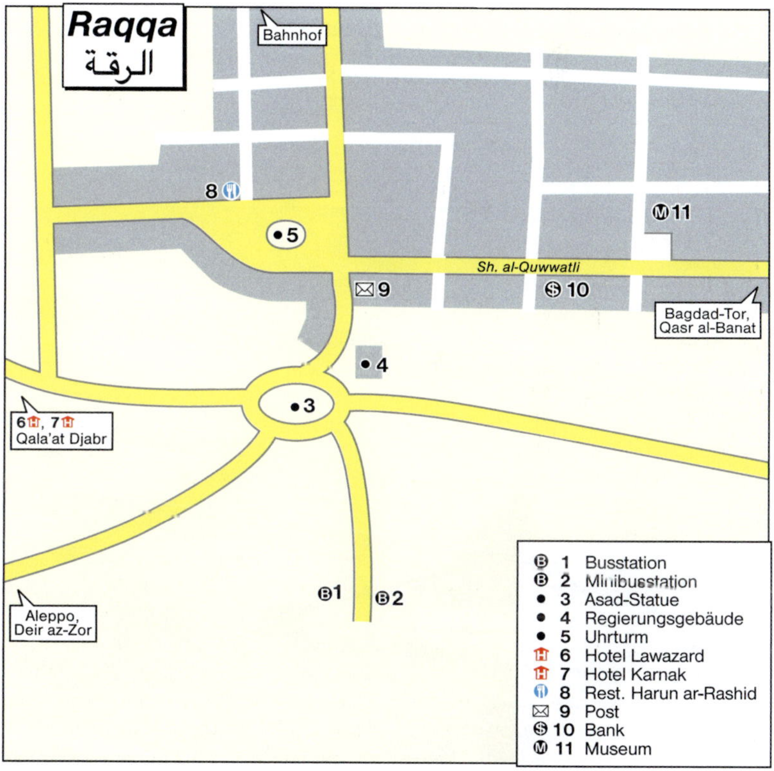

ten – die meisten sind Stundenhotels und wirklich schrecklich dreckig.

Essen und Trinken

- Ein einfaches, aber sehr gutes, sauberes und günstiges Restaurant mit leckerem Essen ist das **Restaurant Harun ar-Rashid** beim Uhrturm. Über zwei Etagen gibt es wunderbare Kebab-Gerichte und man hat eine schöne Aussicht auf den Kreisverkehr.
- **Weitere Restaurants** finden sich an der Straße, die vom Uhrturm in nördlicher Richtung verläuft.

Museum

Ein kleines Museum, das Exponate aus der Umgebung vorstellt, ist in der Sh. al-Quwwatli. Die Öffnungszeiten sind nicht fest – das Museum hat offen, wenn der Museumswärter es möchte. Eintritt: 150 Lira, Studenten zahlen 10 Lira.

Bahn

Es fahren zwei Züge nachts nach **Aleppo/Damaskus** und zwei nach **Dair az-Zur** und **Qamishli.** Reservierung notwendig. Infos unter www.cfssyria.org.

(Mini-)Busse

- Vom **Busbahnhof** nahe beim Ortseingangskreisel, südlich des Uhrturms, fahren zu fast jeder Zeit Busse **in alle Richtungen** (Damaskus 7 Std., 250 Lira, Dair az-Zur 2 Std., 100 Lira). Busse nach Palmyra fahren über Dair az-Zur.
- **Minibusse** (Abfahrt nahe des Busbahnhofs) **nach ar-Rusafa** (al-Mansura) fahren nur vormittags.

Rund ums Auto

- Einige kleinere **Werkstätten** finden sich an der Sh. al-Quwwatli, in der Nähe des Museums.

syr142 Foto: mb

Post und Telecom

Beide befinden sich in der Sh. al-Quwwatli.

Geldwechsel

- Die **Commercial Bank of Syria** beim Park verfügt über einen Wechselschalter. Öffnungszeiten wie häufig üblich tägl. außer Fr von 8–15 Uhr.

Ausflüge

- Wer nicht weiter nach Aleppo fährt oder aber schnell dorthin möchte, ohne einen Schlenker über den Asad-Stausee zu machen, sollte zumindest einen Ausflug von Raqqa zum **Qala'at Djabr,** einer romantisch gelegenen Burg, unternehmen (siehe weitere Route).
- **Samstags** bietet sich ein Ausflug nach **al-Mansura** an, denn dann wird dort ein **großer Markt** abgehalten. Die Bauern kommen in buntesten Trachten aus der ganzen Umgebung, um hier um alles zu feilschen. Farbenprächtig!
- Ein absolut sehenswertes Ausflugsziel ist **ar-Rusafa** (Ortsbeschreibung siehe Route F 5).

Öffentliche Verkehrsverbindung dorthin: Von Raqqa fahren regelmäßig Minibusse nach al-Mansur, oder man nimmt einen Bus nach Aleppo oder ath-Thaura und lässt sich in Mansur absetzen (ca. 15 Lira). Ab dort geht es mit einem Minibus weiter nach ar-Rusafa (ca. 50 Lira). Letzterer fährt nur sehr unregelmäßig, also Geduld mitbringen und vorher erkundigen, wann die letzte Rückfahrt ist! Wem das zu lange dauert, kann sich auch ein Taxi nehmen.

Anfahrtsbeschreibung mit dem Pkw: Bis al-Mansura folgt man der weiteren Routenbeschreibung, dann geht es links ab. Ab hier folgt man der Routenbeschreibung F 4. Bis ar-Rusafa sind es von al-Mansura noch 25 km.

Fischer am Asad-Stausee
in der Nähe von Raqqa

Man verlässt Raqqa, wie man hineingefahren ist. Nach 7 km ist man wieder auf der Hauptstraße zwischen Dair az-Zur und Aleppo. Dieser folgt man nach rechts. Die weitere Kilometerzählung missachtet den „Abstecher" nach Raqqa. Nachdem man jetzt wieder auf der Hauptstraße ist, weitet sich das Tal.

Km 141 – Es geht bergauf. Nach rechts hat man eine schöne Aussicht. Kurz danach entfernt sich die Straße wieder vom Fluss, den man ab und zu noch sehen kann.

Km 155 – Rechts kann man jetzt die **Euphrat-Staumauer** erkennen. Die Landschaft ist nun ganz und gar weit.

Bei **Km 158** ist der Ortsanfang von **al-Mansura** erreicht. Nach 1 km folgt links die Abfahrt (mit Hinweisschild) nach ar-Rusafa. Schnell lässt man den Ort hinter sich und folgt der Straße durch eine recht öde Landschaft, vorbei an Dörfern mit modernen Betonbauten.

Km 178 – Links zweigt die neue Straße nach Hama ab. Kurz danach geht es rechts nach **ath-Thaura** bzw. zur Burg Qala'at Djabr – ein Abstecher, den man sich nicht entgehen lassen sollte.

Abstecher zur Qala'at Djabr und zum Asad-Stausee قلعة جعبر

Der See, das **größte stehende Gewässer Syriens,** ist wirklich eine wahre Augenweide!

In **Djarabulus,** dem antiken Hittite, betritt der Euphrat Syrien. Etwa 170 km weiter südlich wird er durch eine Staumauer gestaut. Nahe diesem Damm, mit dessen Bau 1963 begonnen wurde, befindet sich die Burg Djabr. Seit 1973 staut sich nun der Fluss und

syr069 Foto: mb

gab Syrien damit die Kontrolle über seine Stromerzeugung. Heute gehören der See und die Stromerzeugung zu den Vorzeigeprojekten des Landes. Nachdem die Türkei allerdings ihrerseits begann, mit einem eigenen Damm den Euphrat zu stauen, fließt das Wasser nur noch unregelmäßig, und Syrien befürchtet eine zu starke Kontrolle von Seiten der Türkei.

Nur zwei kleine Orte liegen direkt am See: ath-Thaura (die Revolution) und Muraibit. Der südlichere, ath-Thaura, ist mit Minibussen von Raqqa aus zu erreichen. Die kleine Stadt wurde zur Zeit der Errichtung des Staudamms als Arbeiterlager und erste Ausweichmöglichkeit für die Menschen, deren Dörfer im See verschwanden, gebaut. Von hier gelangt man zum **Qala'at Djabr,** dem Ausflugsziel Nr. 1 von Raqqa.

Die **Burg** (Eintritt 150 Lira, Studenten 10 Lira, Di geschl.), deren Erbauer und Erbauungsdatum man nicht kennt (wohl vorislamisch), liegt auf einer Halbinsel im Asad-Stausee. Ihre **traumhafte Lage** hoch über dem See und die Bademöglichkeiten locken an den Wochenenden jede Menge syrische Ausflügler an, daher sollte man, wenn man Ruhe sucht, den Ort lieber unter der Woche aufsuchen.

Ihre strategisch günstige Position oberhalb des Euphrat machte die Burg **über Jahrhunderte** zu einem **umkämpften Ort,** nicht zuletzt waren auch Kreuzritter im 12. Jahrhundert die Burgherren. Im 13. Jahrhundert wurde sie zum letzten Mal restauriert und spätestens mit dem Einfall der Mongolen zerstört. Am besten erhalten sind die Umfassungsmauern und die Türme.

Aber es sind nicht diese Ruinenreste, die den Besuch lohnen, sondern die wunderschöne Sicht, die herrliche Ruhe und die einmalige Lage! Ein nettes **Restaurant** befindet sich hier, Camper können an der Burg nächtigen oder sich in der näheren Umgebung ein Plätzchen suchen – die Gegend bietet sich bestens zum Campen an (bei der Burg anfragen bzw. Bescheid geben).

Wer von der Hauptstraße zur Burg möchte, muss die Staumauer überqueren. **Öffentliche Verkehrsverbindungen fehlen.** Man kann aber bis nach ath-Thaura einen Minibus von Raqqa nehmen und dort versuchen, in einem Auto mitgenommen zu werden.

Wer in der beneidenswerten Lage ist, über ein Auto zu verfügen, dem seien des Weiteren kleine Ausflüge nördlich der Burg empfohlen. Immer wieder stoßen Straßen an den See und versinken dann in den Fluten.

Anfahrtsbeschreibung: Man biegt kurz nach der Abzweigung nach Hama rechts ab. Nach 700 m überquert man die Bahnschienen, nach 5 km hat man den Ortseinfahrtsbogen von ath-Thaura erreicht. Es geht nun immer geradeaus bis zur Polizeisperre, die den Beginn der Staumauer kennzeichnet. Hier muss man eventuell den Pass abgeben. Danach beginnt die Brücke. Hier darf weder angehalten noch fotografiert werden.

3 km hinter der Brücke biegt man links ab, nun geht es immer geradeaus. Nach 8 km macht die Straße eine weite Linkskurve, man kann See und Burg vor sich sehen. Bei der nächsten Gabelung geht es links weiter. Rechts gelangt man zu kleinen Stränden. 3 km danach ist die Burg erreicht.

Qala'at Djabr: Burg im Asad-Stausee

Km 192 – Überquerung eines Wadis. Die Landschaft ist öde und langweilig.

Km 195 – Links das Dorf **Abu Asi.**

Km 227 – Abzweig rechts zum **Minarett von Maskanah (Balis).** Wer will, kann hier 1 km weit ins Land zum Minarett fahren, das man vor dem Stausee gerettet hat – wunderschön gelegen und gut von der Straße aus sichtbar!

Weiter führt die Straße durch eine sehr ländliche Gegend, ab und zu erhascht man einen Blick auf Bienenwabenhäuser. Nach etwa 90 km geht die Straße in die Stadtautobahn von Aleppo über, der wir folgen, vorbei am Flughafen ins Zentrum. Wer weiter möchte, folgt der Umfahrung (Beschilderung).

syr122 Foto: mb

Die Wüste

syr117 Foto: lv

syr127 Foto: lv

Palmyra: Blick hinauf
zur mächtigen Burg Maan

Wüstenrallye in Palmyra

Ansicht von Tadmur

Einleitung

„Die Araber sprechen nicht von einer Wüste oder Wildnis wie wir. Warum auch? Ihnen ist es eben keine Wüste, keine Wildnis, vielmehr ein Land, das sie bis ins Kleinste kennen, ein Mutterland, dessen geringe Produkte ihnen von Nutzen sind. Sie verstehen es, an den unendlichen Flächen Freude zu haben, sie ehren das Rauschen des Sturmes. Sie besangen in mancher Strophe die Lieblichkeit der bewässerten Stellen, sagen von der Fliege, die dort brummt, wie von einem Mann, der in Weinlaune Lieder summt, seinem eigenen Ohr zum Genuß, von den Regentümpeln, die gleich Silber glitzern oder, wenn der Wind sie träufelt, wie der Panzer eines Kriegers schimmert. Wenn sie die trockenen Wasserläufe kreuzen, treffen sie auf die geheimnisvollen Wunder der Nacht, wo die Sterne an das Himmelsgewölbe geschmiedet scheinen, als wollte die Dämmerung für immer säumen."

aus: Gabriele Bell:
„Am Ende des Lavastromes",
Leipzig 1905

Die Wüste. Eigentlich eher eine **Wüstensteppe.** Sie trennt das Zweistromland vom Djabal Sahiliya, dem Mittelmeergebirge. Nur wenige Straßen durchlaufen sie, die meisten folgen **Pipelines,** die Öl aus dem Zweistromland an die Küste transportieren. Das Land ist **sehr dünn besiedelt,** die einzige Stadt, die diese Bezeichnung verdient, ist Palmyra oder Tadmur, wie sie in Syrien genannt wird. Die meisten Bewohner der Region sind **Beduinen,** die ein recht autarkes Leben führen. Ist man auf den wenigen Straßen unterwegs, wird man immer wieder auf die aus Ziegenhaar gewobenen Beduinenzelte stoßen, immer wieder auf Kamel- oder Ziegenherden treffen. An den wenigen Wasserstellen, die es gibt, tränken die Beduinen ihre Tiere und füllen ihre Wasservorräte auf. Fahrende Schulen unterrichten ihre Kinder, altersschwache Lkws lösen immer häufiger die alten Reittiere ab, und dennoch scheint in den Zelten der Nomaden die Zeit ein wenig stehen geblieben zu sein. Gastfreundschaft, in der Wüste überlebenswichtig, wird hier ganz groß geschrieben. Dennoch wäre es fatal zu glauben, ein Zelt stünde jedem Besucher immer offen. Ganz im Gegenteil: Als Tourist sollte man niemals ein Zelt ohne ausdrückliche Einladung betreten!

Die Wüste. Hier gibt es keine Grenzen, der Horizont scheint sich ins Unendliche zu weiten. Und die Wüste bietet noch viel mehr als das Erlebnis großer Freiheit und Unbeschränktheit: umayyadische Wüstenschlösser, altorientalische Ausgrabungsstätten und eine einmalige Landschaft.

Routenteil F

Route F 1:

Damaskus – ad-Dumair – al-Busairi – Palmyra

- **Routenlänge:** insgesamt 239 km (Variante A) bzw. als Variante B 286 km; durchgehend gute Straßen, häufige und gute Verkehrsverbindungen!

Variante A dieser Route stellt den Beginn der schnellsten Verbindung zwischen Damaskus und Bagdad dar, daher heißt sie auch **„Bagdad-Strecke“.** Die Route führt durch reizvolle Wüstenlandschaft, wobei die schönere Strecke auch die längere, nämlich Variante B ist, die man wiederum nicht öffentlich bereisen kann (bzw. nur bis Nasiriya). Zahlreiche Abstecher bieten sich auf der Route an, leider nur ein einziger darunter, der auch mit öffentlichen Verkehrsmitteln machbar ist. Lohnenswerte Stopps sind ad-Dumair (öffentlich gut erreichbar mit großen Bussen Richtung Palmyra oder Minibussen ab der Station, an der auch die Busse nach Maalula abfahren) und, fährt man Variante B, Huwwarin (öffentlich nur schwer zu erreichen, per Minibus ab Homs).

Öffentliche Verkehrsmittel

- **Variante A:** Ab Damaskus-Busbahnhof fahren zahlreiche Busse direkt nach Palmyra. Zu empfehlen ist die Firma Kadmus, die die Strecke fast stündlich fährt (zweites Büro auf der linken Seite). Aufpassen, nicht alle Busse halten überall! Wer nur eine Teilstrecke fahren möchte, sollte sich vorher genauestens erkundigen!
- **Variante B:** Keine öffentliche Verbindung!

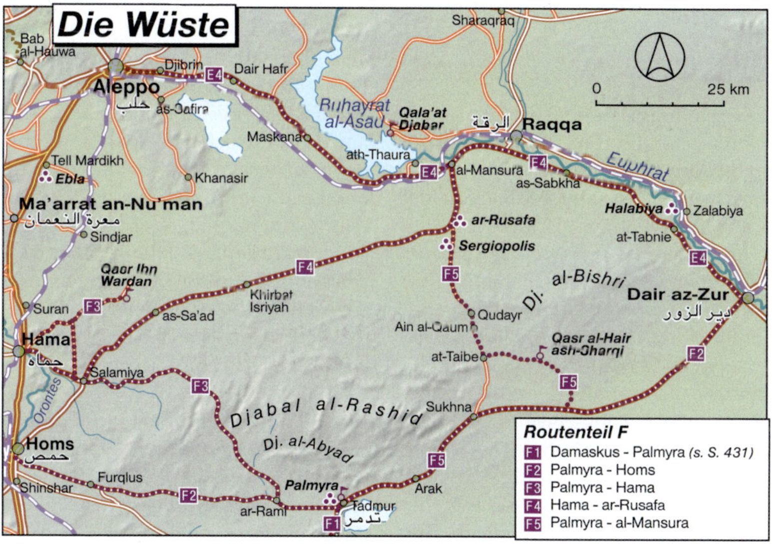

Für die **Anfahrt mit dem Auto** ist der Ausgangspunkt der Abbassidenkreisel in Damaskus = **Km 0.** Man verlässt die Stadt in Richtung Aleppo. Die ersten 19 km sind Autobahn.

Km 19 – Autobahnabfahrt Palmyra/Dair az-Zur/Bagdad. Hier biegt man rechts ab und fährt weiter Richtung Bagdad. Kurz nach der Abfahrt Gabelung der Straße. Hier geht es links nach ad-Dumair/Palmyra (beschildert).

Km 22 – Kreuzung, rechts Richtung ad-Dumair (Dmeir) und Palmyra.

Km 28 – Bei der **Gabelung** muss man rechts fahren. Die Straße ist inzwischen vierspurig ausgebaut.

Km 39 – Ortseinfahrt ad-Dumair (Dmeir), beim Kreisel geht es links weiter nach Palmyra, geradeaus ins Ortszentrum. Wer will, kann hier einen kleinen Abstecher in den Ort machen.

Ad-Dumair ↗VI,A3 الضمير

Die wichtigste Sehenswürdigkeit ad-Dumairs ist der römische Tempel, der in den letzten Jahren sorgfältig restauriert wurde. Seit der Antike war der Ort eine wichtige Etappe vor der Durchquerung der syrischen Wüste. Hier konnte man noch einmal Wasser auftanken und ausruhen, bevor der lange Marsch begann. Der **Tempel** (eines der besterhaltenen Bauwerke der Antike!) stammt **aus dem 3. Jahrhundert** und war **Zeus geweiht.** Er wurde auf den nabatäischen Ruinen eines Baal Shamin-Altars errichtet und ist nur in Begleitung eines Wärters (der nahebei wohnt, fragen Sie nach ihm) zu besichtigen. Das Gebäude hat einen rechteckigen Grundriss, in den inneren Ecken befinden sich vier Türme. In islamischer Zeit wurden die beiden Portale an den Schmalseiten zugemauert, um den Tempel als Festung zu benutzen.

So beeindruckend die historischen Zeugnisse sind, so wichtig ist der Ort heute übrigens in industrieller Hinsicht: Hier steht das größte Zementwerk des Landes und auch ein großer Teil der Autoindustrie (Saba) ist vor Ort beheimatet.

In ad-Dumair muss man sich für eine Streckenführung entscheiden: Der schnellere Weg nach Palmyra führt über die Bagdad-Strecke. Sie ist schön, wenn auch weniger abwechslungsreich (auch wenn man hin und wieder an Beduinenzelten und hohen Bergen vorbeifährt) als die zweite Variante, dafür aber gut ausgebaut. Außerdem gibt die Strecke Gelegenheit für einen Abstecher zu einem Khan. Variante B ist die schönere und abwechslungsreichere Strecke (auch durchgehend asphaltiert), dafür aber auch einige Kilometer länger und nicht ganz so gut ausgebaut. Hier gibt es verschiedene lohnenswerte Stopps und Abstecher. Ausgangspunkt ist bei beiden Varianten Km 41, der Abzweig links nach Djibrud.

Km 39 – Ortseinfahrt ad-Dumair, links Abzweig zur Dorfumfahrung.

Km 41 – Links geht es nun zur Variante B ab, wir fahren geradeaus direkt nach Palmyra.

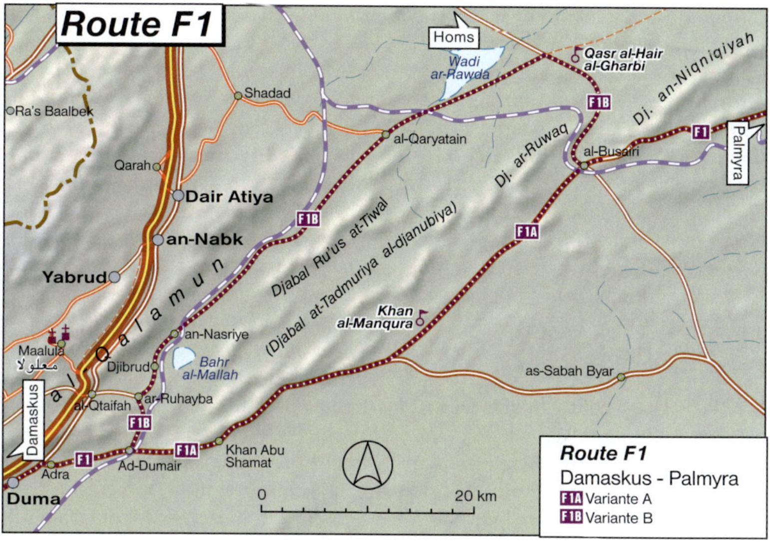

Routenvariante A

Km 44 – Kreuzung. Hier stößt die Ortsdurchfahrung auf die Umgehungsstraße. Links der Straße beginnt das Haimur-Gebirge, rechts weite Ebenen, in denen man Reste einer **römischen Militärstation** sehen kann, deren Ruinen z.T. noch recht gut erhalten sind.

Km 59 – Auf der rechten Straßenseite ist ein Steinbruch zu sehen. Kurz danach gabelt sich die Straße. Hier geht es links ab. Rechts geht es zum **Khan Abu Shamat,** in dem heute eine Kontrollstation untergebracht ist, manchmal findet hier eine Passkontrolle statt.

Km 82 – Links liegt eine kleine Siedlung mit einer neuen, fast schon iranisch anmutenden Moschee.

Km 100 – Kreuzung mit Polizeistation. Nach Bagdad, Homs und Palmyra fährt man geradeaus. An der Kreuzung liegt eine der wenigen Tankstellen auf dieser Strecke. Die Straße führt nun auf das Gebirge zu, schon bald aber liegen die schönen Berge des **Djabal at-tadmuriya al-djanubiya,** des südlichen Tadmur-Gebirges, wieder neben uns.

Km 111 – Abzweig links zum **Khan al-Manqura,** ein kurzer Abstecher ist möglich. Die brauchbare Piste führt gute 2 km nach Norden, wo man auf die Reste der alten umayyadischen Karawanenstation stößt.

Km 133 – Rechts das **Bagdad Café,** ein liebevoll eingerichtetes Café mit Übernachtungsmöglichkeit im Beduinenzelt (nachfragen und verhandeln!), sauberen Sanitäranlagen, freundlichen Leuten und einem kleinen ethnografischen Museum. Toller Stopp!

Km 156 – Überquerung der Eisenbahnlinie (kein Personenverkehr). Kurz danach ist der Ort **al-Busairi** (kaum Häuser, klein!) erreicht. Kreuzung. Hier stößt von links die Straße von Homs und somit die Variante B auf die Route, rechts geht es nach Bagdad. Durchfahrt durch den Ort geradeaus.

Routenvariante B

Km 41 – Links geht es nach **Djibrud** ab (Beschilderung). Wir verlassen also die Bagdad-Strecke und fahren stattdessen in das schöne Wadi, das sich zwischen dem südlichen Tadmur-Gebirge und dem Atiyah-Gebirge hinzieht.

Anfangs führt die Strecke durch herrliche Landschaft, über weiße Berge mit schönem Gestein.

Km 50 – Ortseinfahrt von **ar-Ruhaibe,** einem Ort, den wir durchfahren.

Km 52 – Die Straße macht eine Linkskurve. Danach geht es noch im Ort rechts ab. Beschilderung nur auf Arabisch (grün mit weißer Schrift, drei Pfeile nach rechts).

Km 60 – Die ersten Häuser von **Djibrud** sind zu sehen. Kurz danach ist ein Kreisel erreicht. Hier weist ein Wegweiser nach Damaskus (links). Rechts geht es nach Nasiriya (nur auf Arabisch beschriftet). Wir folgen dem Schild nach Nasiriya. Bei der bald folgenden T-Kreuzung geht es links. Man folgt dem Straßenverlauf.

Km 66 – Rechts kann man in der Ferne das **Bahr al-Mallah** (das Salzmeer) sehen. Die Einheimischen nennen den Salzsee **„Stadt der Dämonen"**, arab. Madjnuna. Auch wenn es sich hierbei nicht um eine Stadt handelt, sondern um eine Ansammlung verschiedener, bizarr geformter Felsen am Rande des Salzsees, so ist der Name keinesfalls aus der Luft gegriffen: Von Ferne glaubt man eine gewaltige Ruinenstadt vor sich zu haben, die von Geistern bewohnt ist (über Piste zu erreichen).

Km 75 – **Nasiriye** ist erreicht. Hier befindet sich für eine längere Strecke die letzte Tankstelle.

syr118 Foto: mb

Palmyra: Ziel der Route F 1

Km 80 – Unterquerung der Eisenbahnlinie. Die Straße führt entlang der Phosphatbahnlinie. Die Fahrt verläuft durch beeindruckende Wüstenlandschaft. Links im Hintergrund die Berge des Atiy; man fährt durch die Ebene, die man vom Kloster Dair Mar Musa aus sehen kann. Wäre das Kloster größer, müsste man es von hier aus sehen können.

Km 101 – Die Straße entfernt sich wieder von den Bahngleisen und nähert sich rechts dem Gebirge.

Km 133 – Der Ort **al-Qaryatain** ist erreicht, eine kleine Oase mit hübschen Moscheen. Hier am Verkehrskreisel geht es links nach Huwwarin, unsere Route führt jedoch weiter geradeaus.

Zu den Ruinen der Huwwarin هوارين

Vom zweiten umayyadischen Kalifen Yazid ist bekannt, dass er die Jagd liebte, die Frauen und den Wein. Das brachte ihm in der islamischen Welt wenig Bewunderung ein, aber dennoch war er der Kalif eines (wenn auch sehr angeschlagenen) islamischen Reiches. Sein bevorzugtes Jagdgebiet war das Gebiet um Huwwarin, eine byzantinische Siedlung. Hier starb Yazid und hier wurde er auch begraben, so zumindest behaupten es zeitgenössische Poeten. Huwwarin war eine Zeit lang Residenzstadt der Umayyaden, und bis heute ist ein Gebäude erhalten, welches den Namen **„Yazids Schloss", Qasr Yazid,** trägt. Die Ruinen des Ortes (gut erhalten ist vor allem eine dreischiffige Basilika im Norden der Siedlung) stammen jedoch aus byzantinischer Zeit, sind aber auf Resten älterer Bauwerke entstanden.

Anfahrt: Am ersten Kreisel der Umgehungsstraße von al-Qaryatain links ab in Richtung Shadad/Homs. Nach 15 km liegen rechter Hand die Ruinen.

Km 137 – Bahnübergang.

Km 161 – **T-Kreuzung.** Links führt die **Schnellstraße nach Homs.** Unsere Route führt nach rechts Richtung al-Busairi. Rechts und links der Straße kann man Wasserlöcher sehen, an denen, genügend Wasser vorausgesetzt, Beduinen ihre Tiere tränken. Wenn es warm genug ist, baden hier auch häufig Kinder – schönes Bild!

Km 175 – Linker Hand finden sich die Ruinen des **Qasr al-Hair al-Gharbi** (siehe Ausflüge bei Palmyra) neben einer Brunnenstation. Eine Piste führt direkt zu den Ruinen. Beschilderung auf Englisch!

Vor uns sehen wir nun das grandiose Bergrelief des **Djabal Tadmur.**

Km 191 – Die Straße führt in das Gebirge, rechts verläuft wieder eine Eisenbahnlinie.

Km 202 – Talverengung. Hier kann man rechts auf einer einfachen Piste 2 km zur alten **Staumauer des Stausees Harbaqa** fahren. Es ist nicht mehr viel zu sehen.

Km 204 – Der Ort **al-Busairi. Variante A und Variante B der Route kommen hier zusammen.** Abzweigung im Ort links Richtung Palmyra, geradeaus geht es nach Bagdad.

Km 176 (Km 224) – **Khnifis,** ein kleiner Ort mit großem Steinbruch.

Km 199 (Km 247) – **Gabelung.** Hier links der Beschilderung folgen. Zwei weiterer Abstecher zum **Khan al-Hallabat** und zum **Qasr as-Sukkari** sind möglich (Beschreibung bei den Ausflügen von Palmyra aus).

Nach weiteren **38 km** kommt man an eine große Kreuzung. Nach Homs und Dair az-Zur geht es hier nun geradeaus. Nach Palmyra biegt man rechts ab. Nach 2 km ist links das neue 5-Sterne-Hotel Semiramis zu sehen, kurz danach auf der rechten Seite das Hotel Palmyra. Noch eine Kurve und das Ruinenfeld liegt vor Ihnen! Geradeaus der Straße folgen, die bei den Ruinen in Kopfsteinpflaster übergeht; nach einem weiteren Kilometer erreicht man das Ortszentrum von Palmyra.

Palmyra (Tadmur) تدمر

↗ VII,D1

Palmyra ist das schönste Ruinenfeld Syriens und ein touristischer Höhepunkt für jeden Syrien-Reisenden! Die römische Säulenstraße, der Baal-Tempel, das Tal der Gräber und nicht zuletzt die Zitadelle, die hoch oben auf dem Berg thront, zeigen einen Querschnitt durch die Geschichte des Landes. Niemand kann sich der Faszination Palmyras entziehen, niemand kann die Augen verschließen vor der Pracht, die sich hier auftut. Auf halbem Wege zwischen dem Orontes und dem Euphrat gelegen, war die Oase von **Tadmur,** wie die Stadt in Syrien heißt, bedeutender Haltepunkt für vorbeiziehende Karawanen und wichtiger Warenumschlagplatz. Heute macht Palmyra einen geradezu ausgestorbenen Eindruck. Menschen und Tiere haben das Land um Palmyra verlassen, um weniger karge Gebiete aufzusuchen.

Der Ort lebt zunehmend vom **Tourismus,** aber dennoch hat die Oasenwirtschaft ihre Bedeutung nicht ganz verloren. Neben dem Ruinenfeld liegt die eigentliche Stadt. Sie ist recht neuen Datums und weist, wie die meisten syrischen Kleinstädte (30.000 Einwohner), keine Besonderheiten auf.

Geschichte

Palmyra kann auf eine lange Geschichte zurückblicken. Man geht davon aus, dass bereits im Paläolithikum eine Siedlung bestanden haben muss. Unklar ist, wie groß diese war. Im 2. Jahrtausend v.Chr. wurde Tadmur, wie es schon bei den Assyrern hieß (nach den Datteln, die da wuchsen), zu einer Stadt. Im Dunkeln liegt der weitere Verlauf der Geschichte. Man weiß, dass die Stadt zu hellenistischer Zeit so gut wie unabhängig war. Als die Römer sich ihr näherten, das wird aus den Quellen deutlich, war Tadmur eine **blühende, reiche Handelsstadt.** Ihre Grenzsituation war dabei einzigartig. Die Stadt profitierte vom Handel mit Rom, Indien und China. Tadmur lag auf der direkten Handelsroute vom östlichen Mittelmeer nach Indien und war dank seiner Oase eine **wichtige Karawanenstation.** Kulturell war die Stadt ein Bindeglied zum Reich der Parther im heutigen Iran, hatte aber ansonsten eine eigenständige Kunst und Kultur. Das Volk von Tadmur sprach **Aramäisch,** der größte Bevölkerungsteil war arabisch, und das änderte sich auch nicht, als das Reich zumindest nominell im 1. Jahrhundert v.Chr. römisch wurde. Anfang des 3. Jahrhunderts n.Chr. wurde die Stadt

syr119 Foto: mb

zur römischen Kolonie ernannt und Palmyra (benannt nach den Palmen dort) getauft, nachdem sie kurze Zeit **Hadriana** geheißen hatte, zu Ehren Hadrians, der 126 n.Chr. dort gewesen war und sie zu einer freien Stadt erklärte hatte. Das Hadrianstor, am Anfang der Kolonnadenstraße, erinnert noch daran.

Palmyras wirtschaftliche Bedeutung wuchs. Herrscher in Palmyra war de facto **Odainat (252–267)**, der sich in die Dienste Roms gestellt hatte, um so besser gegen die Angriffe der persischen Sassaniden gewappnet zu sein, die das Reich noch immer bedrohten. Nach seinem Tod (man vermutet, dass er durch Verehrer seiner Frau **Zenobia** umgebracht wurde oder gar von ihr selbst) und dem von seiner Witwe nicht gewünschten Übergang der Macht auf ihren gemeinsamen Sohn, ging die Frau in die Offensive und initiierte den wohl bestorganisierten Aufstand, den die Stadt je erlebte. Sie erkämpfte **Palmyras Unabhängigkeit von Rom,** unter ihr dehnte sich das Reich **bis nach Anatolien** aus. Zenobia schuf ein blühendes Königreich, das seinesgleichen suchte. Um die Königin ranken sich zahlreiche Legenden, denn sie gehört zu den wenigen Frauen der Geschichte, die es schafften, solch ein großes Reich zu beherr-

Säulenpracht in Palmyras altem Zentrum

schen. Es gibt Vermutungen, dass sie eine Nachfahrin der legendären Königin von Saba gewesen sei – und Behauptungen, sie sei die schönste Königin gewesen, die Arabien je hatte.

Sie hielt sich nicht lange an der Macht. Aurelian schaffte es 273, die Schöne zu besiegen. Sie floh nach Osten, wohl um Schutz bei den Sassaniden zu finden, aber Aurelian spürte sie auf und brachte sie nach Rom (es gab Gerüchte, Zenobia sei im Euphrat ertrunken, sie wurde dort aber wohl eher gefangen genommen). Mit diesem Sieg war die Blütezeit der Stadt vorbei. Palmyra war zwar noch ein wichtiges strategisches Zentrum, seine Bedeutung als Handelsmetropole verblasste jedoch.

Im **4. Jahrhundert** wurde Palmyra **Bischofssitz,** der Baal-Tempel wurde zur Kirche umfunktioniert. Die Perser hörten nicht auf, die Stadt anzugreifen, um sie zu erobern. 634 erreichten die Muslime die Stadt, aber auch das brachte keine Wende. Die Umayyaden hatten ihre eigenen Schlösser gebaut (das Qasr al-Hair ash-Sharqi und al-Gharbi) und waren auf die Stadt nicht angewiesen. Den endgültigen Todesstoß versetzte Palmyra ein verheerendes **Erdbeben im 10. Jahrhundert.** Die Ruinen wurden verlassen und dienten nur noch Beduinen als Unterschlupf.

syr120 Foto: mb

Sehenswürdigkeiten

Das Areal ist so groß, dass man zwei bis **drei Tage einplanen** sollte, um der ehemaligen Stadt wenigstens ansatzweise gerecht zu werden. Ein guter Führer ist in jedem Fall zu empfehlen, denn einerseits weiß er viel zu berichten, andererseits kann er gerade im Tal der Gräber das eine oder andere verschlossene Grab öffnen. Am besten, man erklimmt zunächst die Burg, die selbst zwar wenig Spektakuläres zu bieten hat, von der sich aber ein herrlicher Blick über das Ruinenfeld und hinaus in die Landschaft bietet; auf diese Weise gewinnt man einen Überblick über Palmyra und kann so

Touristen am Tetrapylon

auch die Ausmaße der früheren Stadt einschätzen.

Qala'at Ibn Ma'n, wie die Burg in Syrien genannt wird, wurde wahrscheinlich **unter den Mamluken errichtet,** konnte sich aber nicht lange halten. Sie ist – sieht man vom modernen Ort Tadmur ab – das jüngste Bauwerk der Stadt. **Im 17. Jahrhundert** wurde sie **unter dem Osmanen Fakhr ad-Din al-Ma'n wieder hergerichtet,** dem sie auch ihren Namen verdankt. Die Burg bietet nichts Besonderes, auch wenn der Zugang zu dem alten Gemäuer wirklich schön ist (Eintritt 75/10 Lira). Man kommt leicht zu Fuß zur Burg hoch (es sieht viel schwerer aus, als es ist). Neuerdings führt sogar eine Teerstraße nach oben, wem also ein Auto zur Verfügung steht ... Den Rückweg können Kletterfreudige direkt über den Berg ins Tal der Gräber wagen, ansonsten läuft man die Straße wieder zurück und kommt nördlich des Ruinenfeldes an.

Aufgrund der gigantischen Ausmaße von Palmyra können an dieser Stelle nur die wichtigsten Bauwerke beschrieben werden. Der Leser möge mir das verzeihen! Anhand des Planes im Kartenatlas am Ende des Buches lassen sich auch die hier nicht näher beschriebenen Gebäude und Ruinen aufsuchen.

Beginnen wir die Besichtigung am Baal-Tempel, dem wohl wichtigsten Bauwerk Palmyras.

Der Baal-Tempel

Der Tempel (vgl. auch Plan auf der nächsten Seite; geöffnet 12–13 und 16–18 Uhr, Eintritt 150/10 Lira), der sich am Ostende der Kolonnadenstraße befindet, **gehört zu den wichtigsten religiösen Gebäuden des ersten nachchristlichen Jahrhunderts im Nahen Osten.** Er wurde in verschiedenen Epochen immer wieder erweitert und umgebaut. Der älteste Teil stammt aus hellenistischer Zeit, aber nur noch Steine in den Außenwänden im Nordwesten und Südosten der Tempelanlage zeugen davon. Die zweite Bauperiode fiel ins Jahr 32 n.Chr. In dieser Zeit entstand der Schrein, das eigent-

syr126 Foto: lv

Morgenstimmung mit Blick auf das Tal der Gräber

Routenteil F

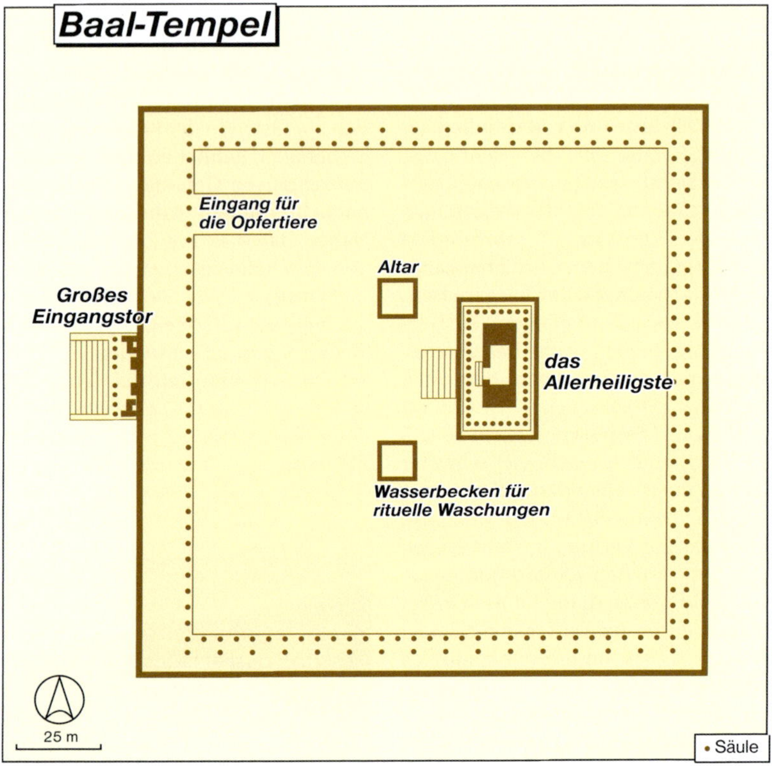

liche Heiligtum. Zwischen 80 und 120 n.Chr. wurde der Außenraum des Heiligtums gebaut. Wände und Säulenreihen, an der nördlichen Seite des Tempels sogar Doppelreihen, fassen ihn ein. Im späten 2. Jahrhundert entstanden die großen Eingangsportale, hervorzuheben ist darunter das grandiose Westportal. Unter Römern und Christen wurde der Tempel umgebaut, seit dem 8. Jahrhundert diente er gar als Moschee. Ein letztes Mal wurde er im 13. Jahrhundert von den Ayyubiden baulich verändert – zu einer Festung.

Man betritt den Tempel durch ein **Ticketzimmer** im Westen des Gebäudes. Hier sind 300 Lira Eintritt zu bezahlen. Man gelangt durch dieses Zimmer in den großen Hof, den Säulenreihen umschließen. Gleich links ist der Eingang, in der Nordwestecke des Tempels sind noch die Reste des Ganges zu sehen, durch den die Opfertiere ins Innere gebracht wurden.

In der Mitte des Tempels befindet sich das Heiligtum, das sogenannte **Allerheiligste.** Davor findet man zwei Opferaltäre, rechts des Schreins ist ein Wasserbecken für die rituelle Waschung zu sehen.

Noch bevor man den Tempel betritt, sollte man einen Blick auf die Unterseite des Steinquaders rechts werfen. Dazu muss man sich zwar auf den Boden legen, doch der Anblick entschädigt für die unbequeme Lage: Traumhafte Reliefs und nachgestellte Szenen wurden in die Unterseite des Quaders, der früher der obere Stützbalken eines Tors war, eingraviert.

Der Tempel war einer palmyrenischen **Dreiergottheit** gewidmet: **Baal, Aglibol** und **Yarhibol,** deren Statuen einst in den Kultnischen des Allerheiligsten standen. Die drei Gottheiten verkörperten Sonne (Yarhibol), Mond (Aglibol) und Jupiter (Baal). Baal war ein semitischer Gott mit mehreren Erscheinungen. Baal bedeutet nicht viel mehr als „Herr", auch in Ugarit wurde Baal als Gottheit verehrt und zwar als Sohn von Al, dem Gottvater. Eine andere Erscheinung von Baal ist der Gott Baal-Shamin, ein kanaanischer Gott, der häufig mit Zeus aus seleukidisch/römischer Zeit oder Hadad, dem assyrischen Wettergott, gleichgesetzt wurde. Er gilt als Herrscher des Himmels.

Das Allerheiligste ist mit einem auffallenden Rankenschmuck verziert. Auch im Inneren der Kultnischen finden sich reichlich Verzierungen. Die Kultnische im Süden des Heiligtums barg wahrscheinlich eine tragbare Statue von Baal, die man an Festtagen herausholte. Der innere Tempel war vollständig überdacht, und nur die Priester hatten Zugang.

Auch die Reliefs, die sich in einigen der Steine rund um den Tempel und im Inneren des Hofes finden, sind sehr interessant. Wer Zeit und Muße hat, sollte sich unbedingt länger in diesem Areal aufhalten. Weitere Informationen kann man dem Ausstellungskatalog „Land des Baal, Syrien – Forum der Völker und Kulturen" (Mainz 1982) entnehmen sowie der Literatur, die es im Ticketraum zu kaufen gibt.

Die Kolonnadenstraße und die anschließenden Ruinen

Direkt gegenüber dem Tempel sieht man das **Hadrianstor,** mit dem die Kolonnadenstraße beginnt. Es ist eines der beliebtesten Fotomotive. Hier stehen Beduinen mit ihren Kamelen, um den Touristen durch das Ruinengelände zu begleiten. Das Tor stammt aus dem 3. Jahrhundert und besteht aus drei Torbögen. Aus derselben Zeit stammt auch die **Kolonnadenstraße,** die dahinter beginnt und heute noch bis zum Tetrapylon hervorragend erhalten ist. Bevor man aber die Kolonnadenstraße abläuft, sollte man sich das Tor etwas genauer ansehen. Die Innenbögen sind bis ins Detail verziert und zeugen noch heute von der einstigen Pracht. Gleich links neben dem Tor liegen die Reste des **Nebo-Tempels.** Er ist nicht größer als 9 x 20 m und wurde auch von Säulen umfasst. Zu sehen ist nicht mehr allzu viel: die Reste des Schreins und die Stümpfe der Säulen, die ihn umgaben.

Man geht nun auf der 11 m breiten Säulenstraße. Die Säulen wurden von reichen Bürgern der Stadt gestiftet und hatten Konsolen, auf denen Statuen der wichtigsten Bewohner der Stadt standen. Sie wurden entlang der Straße aufgestellt, die Palmyra von Ost nach West durchlief. Bald schon rechts sind die Reste einer **Bäderanlage** zu sehen, die vom Ende des 3. Jahrhunderts stammt. Gut zu erkennen ist vor allem das tiefe Wasserbecken.

Etwas weiter links sieht man dann das relativ gut restaurierte **Theater.** Bis in die 50er Jahre des 20. Jahrhunderts waren die meisten Reste des Theaters unter Sand vergraben. Dann begann man im Rahmen von Grabungsarbeiten mit einem Wiederaufbau. Am besten hat man die Bühne restaurieren können. Einst soll das Theater dreißig Sitzreihen gehabt haben, heute sind noch neun erhalten. Es wird spekuliert, dass die früheren Sitzreihen zumindest teilweise aus Holz waren. Man vermutet, dass die ältesten Mauern des Theaters aus der ersten Hälfte des 2. Jahrhunderts stammen, eindeutig jüngeren Datums ist jedoch die Bühne, die wie die Kolonnadenstraße aus dem 3. Jahrhundert ist.

Hinter dem Theater befindet sich der einstige **Senat.** Dahinter liegt die **Agora,** der Versammlungsplatz, auf dem auch Märkte abgehalten wurden. Der Platz war vollständig eingemauert

syr125 Foto: lv

und durch elf Tore zu betreten. Am besten erhalten ist die Mauer im Osten der Agora.

Folgt man der Kolonnadenstraße, stößt man unweigerlich auf das **Tetrapylon,** den Kreuzungspunkt der beiden Hauptstraßen. Nur noch eine der 16 großen Säulen ist echt, die anderen sind Nachbildungen.

Rechts geht es nun zum **Baal-Shamin-Tempel.** Dieser winzige Tempel ist noch sehr gut erhalten und gehört mit seinem großem Bruder, dem Baal-Tempel, zu den frühesten palmyrenischen Heiligtümern. In seiner heutigen Form wurde er unter Hadrian errichtet, zuvor war er wohl nur eine Opferstelle. Im 4. Jahrhundert wurde der Tempel zu einer Kirche umgebaut.

Zurück beim Tetrapylon wendet man sich nach Nordwesten, in Richtung des Tals der Gräber. Ein ganzes Stück weiter, am Ende der ehemaligen Kolonnadenstraße, stößt man auf das **Diokletianslager,** einen Ruinenkomplex, der aus der Zeit Ende des 3. Jahrhunderts stammt. Benannt wurde das Lager nach dem römischen Kaiser, der 284–305 regierte. Es handelte sich wahrscheinlich um ein Militärlager. An seiner Südecke kann man noch die Reste des **Damaskus-Tores** erkennen. Das Lager wurde auf den ältesten Bauten der Stadt errichtet. Erhalten aus dieser Zeit sind noch die Ruinen des **al-Lat-Tempels** aus dem 1. nachchristlichen Jahrhundert. Al-Lat war eine arabische Göttin, sie wird häufig mit der mesopotamischen Göttin Ishtar und der griechischen Athena in Verbindung gebracht. Eine Götterstatue von Athena soll in diesem Areal gefunden worden sein.

Von hier aus ist es nur noch ein Katzensprung ins Tal der Gräber, wohin wir uns nun wenden.

Das Jupitertor –
Eingang zur Via Maximus

Das Tal der Gräber

Für dieses weitläufige Areal braucht man, um es wirklich erkunden zu können, einen ganzen Tag. Das liegt an den großen Distanzen, die innerhalb des Tales zurückzulegen sind, und an der Entfernung der Gräber vom eigentlichen Ort Tadmur. Wer schon den ganzen Tag die Ruinen besichtigt hat, wird außerdem müde sein und nicht auch noch solch weite Strecke laufen wollen. Wer möchte, kann sich ein Auto für den Tag mieten, vernünftig vor allem im Sommer, wenn die Hitze das Marschieren erschwert.

Das Tal der Gräber erstreckt sich westlich des Djabal Husainiya und zieht sich über einen Kilometer hinweg. Am schönsten ist es zu erkunden, wenn die gerade aufgegangene Sonne in das Tal hinein scheint.

Die **Grabtürme** waren ursprünglich eine **palmyrenische Besonderheit.** Wahrscheinlich stammen sie schon aus hellenistischer Zeit, aber noch im 3. Jahrhundert wurden verstorbene Mitglieder reicher Familien darin aufgebahrt. Die Grabtürme konnten **bis zu vier Stockwerke** haben. Diese waren untereinander **durch einen gro-**

ßen Korridor und Treppen verbunden. Die Särge wurden durch Schächte in den jeweiligen Stockwerken in den Turm befördert. Verschlossen wurden die Gräber mit Reliefplatten, auf denen das Gesicht des Verstorbenen eingeritzt war. Neben den Grabtürmen gab es Gräber unterhalb der Erde. Häufig wurden Türme und unterirdische Gräber miteinander verbunden. Es kam auch immer wieder vor, dass Leichname erst unter der Erde und später dann in einem oberen Stockwerk bestattet wurden.

Von außen betrachtet sind die Grabtürme meist schlicht, innen aber großartig verziert. Besonders drei Grabtürme sollte man sich ansehen:

1. Das **Grab des Kithoth** befindet sich beim Diokletianslager. **40 n.Chr.** errichtet, hat es eine Höhe von 10 m. An der östlichen Fassade kann man ein Relief des Verstorbenen sehen. Es ist das **älteste Grab** in Palmyra und zeigt Einflüsse der parthischen Kunst.

2. Das **Grab des Yamliku** liegt etwa 300 m vom ersten Grab entfernt und stammt von **83 n.Chr.** In dem sehr schönen Familiengrab rechts der Turmgruppe hat man Seide aus China gefunden, ein Indiz für die weiten Handelsbeziehungen jener Zeit.

3. Das **Grab des Elahel** stammt von **103 n.Chr.** und liegt weiter hinten im Tal, etwa 600 m von dem des Yamlikus entfernt. Es ist das **größte und bekannteste unter den Gräbern** und gut erhalten. Hier konnten 3000 Tote beigesetzt werden. Zweimal am Tag wird es geöffnet, und zwar dann, wenn Reisegruppen da sind, die die Aufgänge zu den Türmen verstopfen. Wer allein sein möchte, muss die Öffnung beim Museum beantragen. Dort gibt es auch die Eintritts-Tickets. Also: unbedingt vorher planen (Eintritt 75/10 Lira, das Ticket gilt auch für die unterirdischen Gräber der drei Brüder, s.u.).

Zurück auf der Straße, die in den Ort führt, kann man noch einen kleinen Abstecher zu den **unterirdischen Gräbern der drei Brüder** machen, schräg gegenüber des Hotels Cham Palace, deren Besichtigung unbedingt lohnt (Eintrittstickets am Museum im Ort Tadmur! Also unbedingt vorher besorgen!). Herrliche Fresken zieren das Innere der Gräber, die erst vor kurzem fertig restauriert wurden. Geht man in den Gräbern geradeaus, sieht man vor sich die Darstellung des griechischen Achilles; sie soll das Sterben und Auferstehen des Menschen symbolisieren. Zurzeit beschäftigen sich japanische Grabungsteams mit der Umgebung dieser fantastischen Grabanlage. Erst im August 2001 haben sie das Grab einer sehr wohlhabenden Familie entdeckt. Armbänder und Diamantschmuck kamen zutage, doch noch sind die Sarkophage nicht freigelegt, und so weist noch keine Inschrift auf die Identität der Familie hin. Weitere Grabungen sind derzeit im Gang.

Wer einen guten **Führer durch Palmyra** braucht, sollte sich in das ansonsten weniger empfehlenswerte Hotel Palmyra (ehemals Cham Palace) beim Grab der drei Brüder begeben und dort an der Rezeption nach **Jamal Fathalla** erkundigen (er arbeitet dort)

Die Legende um das Hotel Zenobia

„Der Ursprung dieses Hotels ist eines der wundersamsten Märchen, und ich werde es Zeit meines Lebens erzählen", sagt Mahmud, während er einen Zug aus seiner Nargileh tut. „Und ich bin der einzige, der es erlebt hat."

„Es war einmal eine sehr schöne Frau aus Frankreich gekommen, die sich Gräfin Dordain nannte. Klug und reich, seit jeher von der Wüste, von Beduinen und arabischen Rassepferden träumend, ließ sie sich mit ihrem Mann und ihren Kindern in Palmyra nieder. Sie bewunderte leidenschaftlich die Königin Zenobia und war entschlossen, die Legende um sie wieder aufleben zu lassen und den Ruhm des Wüstenkönigreichs zu erneuern. Zuerst erstellte sie dieses große Haus, das jetzt das Hotel ist und das ihr Schloss war. Sie richtete Stallungen ein, in denen sie die schönsten Pferde hielt, und hatte zahlreiche Diener, alles Beduinen. Ich war einer der ersten und der ihr am nächsten Stehende. Ihr Schloss wurde, unter dem französischen Mandat, zum Sammelpunkt aller hohen französischen und arabischen Persönlichkeiten. Alle Generäle, Hochkommisare, Offiziere, Minister, Deputierte und hohen Beamten besuchten sie und berieten sich mit ihr. Sie gab Empfänge, die großartiger waren als die irgendeines Oberhauptes oder vornehmen Herrn. Uns, den Einwohnern, gegenüber war sie von außerordentlicher Güte. Sie kannte jeden im Dorf und tat allen Gutes. Niemand bat sie je um eine Gunst, die nicht sofort bewilligt wurde. Sie wurde vergöttert." „Und ihr Mann?" fragte ich. „Er wurde eines Abends in einer Scheune auf seinem Besitztum von einem mysteriösen Beduinen ermordet, den man nie ausfindig machen konnte. Böse Zungen setzten das Gerücht in die Welt, dass sie für diesen Mord verantwortlich sei ... Allah alleine weiß es."

Mahmud schwieg und schien sich in eine ferne Träumerei zu verlieren ... Man hörte nur noch das leise Gurgeln des Wassers im Gefäß der Nargileh. Ich weiß nicht, woran Mahmud dachte; wusste er, dass Odänathus, der Mann Zenobias, unter denselben Umständen ermordet worden war? War eine solche Ähnlichkeit möglich?

„Und was wurde dann aus Ihrer Schlossherrin?" „Ah, da fragen Sie mich zuviel. Zu Beginn des letzten Krieges verließ sie das Land. Ich habe später von Reisenden vernommen, dass sie Besitzerin eines Fischkutters wurde und dass eines Tages eine Meuterei an Bord ausbrach. Die Gräfin wurde von ihren eigenen Leuten über Bord geworfen."

(aus: S. Jargy, „Das Buch der Reisen", 1963)

● **Hotel Zenobia Cham Palace*****/€€€

Quasi in den Ruinen, hinter der Touristeninformation, Tel. 591 81 23, Fax 591 81 30, www.chamhotels.com/zenobia_palace.html. Reservierung ist nötig, in der Hauptsaison sogar Wochen vorher. Akzeptiert werden American Express und VISA. Von außen sehr schönes Hotel, z.T. in Art déco, mit ausgesprochen freundlichem Personal. Eröffnet unter französischem Protektorat, gehört dieses Hotel wohl zu den traditionsreichsten Hotels in Syrien. Vollständig renoviert, gehört es seit 2007 zur Cham-Palace-Kette, was seinem Charme aber nicht abträglich war. Die Zimmer sind zwar nach wie vor eher klein, aber komfortabel. Die meisten sind inzwischen aus dem Haupthaus ausgelagert und in einer Bungalowanlage zu finden, die sich dem Hotel direkt anschließt. Auf einer herrlichen Terrasse unter Olivenbäumen und Palmen, inmitten der Ruinen, oder aber in einem Beduinenzelt wird sehr gutes Essen serviert. Wie immer in dieser Preisklasse auch für allein reisende Frauen zu empfehlen!

oder aber direkt in das Hotel Caracalla gehen (das ihm gehört, Adresse und Telefonnummer s.u.). Er ist ein sehr guter Guide und führt gewissenhaft und mit großem Wissen in englischer Sprache durch die Ruinen.

Praktische Informationen

- **Telefonvorwahl: 031**

Touristeninformation

- Neben dem Restaurant Oasis, Tel. 91 05 74. Theoretisch von 8–14 und 16–18 Uhr geöffnet, Fr nur bis 12 Uhr, im Winter seltener.

Hotels

Luxus

- **Semiramis Hotel*******/€€€€

An der Straße nach Homs und Damaskus, Tel. (über Damaskus) 011-223 35 55, www.semiramis-hotel.com. 2008 eröffnetes und zurzeit bestes Hotel vor Ort, allerdings ziemlich gesichtslos, wie das bei großen Hotels ja oft der Fall ist. Riesige Anlage mit dem Komfort von vier Sternen und dennoch irgendwie nett und sehr syrisch. Zu Fuß etwas weit weg von den Ruinen (gerade noch machbar).

Schick und schön

- **Heliopolis*****/€€-€€€

PO Box 75, Tel. 591 39 21/22, Fax 591 39 23, Heliopolis-Palmyra@usa.net. Sehr komfortables Hotel in ruhiger Lage mit großen Zimmern, herrlichem Ausblick, einer Bar und einem Panorama-Restaurant.

Die goldene Mitte

- **Caracalla**€€

An der Straße zur Burg, Tel./Fax 91 08 79, Handy 0948-10561, jamalfathalla@hotmail.com. Sehr schöne, riesengroße Suiten mit herrlichem Blick auf die Ruinen, große Terrasse, freundliche Leute und sehr gutes Essen im Restaurant (auf Bestellung). Das Hotel gehört dem freundlichen Jamal Fathalla, der auch tolle Führungen über das Ruinengelände anbietet.

- **An-Nakhil****/€€

Seitenstraße der Sh. Abd an-Nasr, Tel./Fax 91 07 44. Kleines Hotel mit sauberen Zimmern und ebensolchen Bädern! Die hübschen Räume sind mit Beduinendekor ausgestattet, allerdings sehr klein. Heizung und Ventilator werden – im Falle der Benutzung – extra berechnet. Empfehlenswert, auch für allein reisende Frauen!

- **Sands Hotel (Hotel Rimal)**€€€

Beim Suq, Tel. 591 07 25, www.sands-palmyra.com. Das Beste an diesem Hotel ist die Lage – für denjenigen zumindest, der nicht lärmempfindlich ist: Das Hotel liegt nämlich direkt beim morgendlichen Gemüsemarkt. Hier kann man die Beduinenfrauen aus der gesamten Region beobachten, wie sie ihre Produkte verkaufen. Ansonsten ist das Hotel nett und sauber, aber auch sehr abgewohnt.

Einfach, aber schön und gut

- **Citadel (Hotel al-Qalaa)**€-€€

Direkt neben dem Museum, Tel. 591 05 37, Fax 591 29 70, citadelhotel@hotmail.com. Einfaches, nettes Hotel, absolut sauber. Die Zimmer nach hinten sind zum Teil etwas dunkel, die Zimmer vorne raus, vor allem aber die Zimmer oben bieten einen wirklich guten Blick auf die Ruinen und die Oase. Die Leute sind freundlich, der Aufenthaltsraum schön, die Zimmer sind alle mit AC und Bad ausgestattet und das zu einem wirklich günstigen Preis. Was will man mehr? Ganz sicher auch gut für alleine reisende Frauen.

- **New Afqa**€-€€

Hinter der Post, Tel. 91 03 86, Handy (für Busabholungen) 0999-599160, mahran-afqa@hotmail.com. Mahran, der Sohn des Besitzers, führt das Hotel mit viel Enthusiasmus, spricht gut englisch und organisiert auch Ausflüge in die Umgebung zu günstigen Preisen. Wahrscheinlich ist das der Grund, weshalb hier so viele Traveller absteigen. Abendessen (von Muttern gekocht) gibt es auf Anfrage, Bus-Shuttles und Ticketkauf auch.

- **Al-Faris**€-€€

An der Straße zur Zitadelle, Tel. 91 25 14. Einfaches Hotel etwas abseits des Rummels, gegenüber dem Feld, auf welchem jährlich im April der Kamel- und Schafmarkt stattfindet. Absolut ruhig, sehr liebenswürdiger Besitzer, dessen Frau auf Anfrage auch leckere Kleinigkeiten kocht. Einfach, sauber und ganz sicher sympathisch.

- Es gibt inzwischen sicher 25 Hotels, von denen nicht alle zu empfehlen sind. Die meisten befinden sich an der Hauptstraße und/oder in deren Seitengassen. In der Regel sind die Preise Verhandlungssache, sodass man im Winter, wenn die Hotels leer sind, gute Chancen hat, billig unterzukommen. Von Juli bis Mitte Oktober ist Hochsaison. Dann steigen die Preise ins Unendliche und es kann vorkommen, dass alle Betten belegt sind. Wer dann nicht unter freiem Himmel im Ruinenfeld übernachten möchte – was ich mir, mal davon abgesehen, dass es ziemlich unbequem ist, recht romantisch vorstelle (Vorsicht allerdings vor Schlangen und Skorpionen!) –, tut gut daran, rechtzeitig zu reservieren oder aber frühmorgens in Palmyra anzukommen.

Camping

- Ein sehr netter, sauberer und einfacher Platz befindet sich hinter dem Baal-Tempel inmitten eines herrlichen Gartens. Hier ist Platz für zwei bis drei Campingbusse und wenige Zelte. Ruhig, nette Leute, schattig und ein bisschen wie im Garten Eden. Mit Pool (auch für Nicht-Gäste). Kosten: Campingbus mit zwei Personen 500 Lira, Poolbenutzung für Nicht-Gäste 75 Lira.

Restaurants

- **Zenobia**
Sehr gute internationale und syrische Küche bietet das Restaurant des Hotels. Gespeist wird im Sommer auf der Terrasse oder im schönen Glaspavillon.
- **Tadmur Tourist**
Am Platz vor dem Museum, neben der ehem. Karnak-Station. Auf einer schönen Terrasse werden syrische Gerichte, auch vegetarische, angeboten.
- **Casa Mia**
An der Straße hinter dem Museum, Tel. 59 16 22. Sehr schönes und liebevoll hergerichtetes kleines Restaurant im Beduinendekor und mit offenem Kamin. Hier gibt es statt der üblichen syrischen Gerichte echte und gute Hausmannskost, z.B. Mahshi, gefülltes Gemüse oder leckere Suppen, Eintopfgerichte aus dem Ofen u.v.m. Sehr gut und sehr nett!
- **Restaurant al-Bitar**
An der Hauptstraße, Tel. 91 23 94. Läuft man die Hauptstraße mit all ihren Boutiquen, Restaurants und Souvenirläden ganz nach hinten, vorbei an der Moschee, und denkt, nun kommt nichts mehr – dann ist man richtig. Auf der rechten Straßenseite, ganz unscheinbar und klein, liegt das Restaurant al-Bitar. Hier speisen Beduinen und die einfachen Leute von Palmyra. Es gibt Ful (Saubohnen), Falaffel, Hummus und Pickels. All dies in einer hervorragenden Qualität zu super Preisen. Für 100 Lira hat man viel und gut gegessen, für 9 Lira bekommt man einen Tee!
- **Restaurant Nabu**
An der Hauptstraße, Tel. 0944-55 10 57. Außen hängt das Fleisch und rotiert das Hähnchen, im Haus findet sich ein schönes Restaurant: einfach und sauber, leckere Fleischgerichte, Gegrilltes, alles frisch zubereitet – ganz sicher besser, als die Restaurants, die in erster Linie auf Touristenfang aus sind – und auch noch günstiger! Wer keine Lust hat, sich hinzusetzen, kann sich für wenig Geld einen Sandwich mit frisch gegrilltem Lamm zubereiten lassen. Top!
- **Traditional Restaurant & Pancake House**
Zwei zusammengehörende Restaurants an der Hauptstraße, Tel. 91 08 78. Klein, einfach, günstig und für Touristen gemacht. Das Besondere hier sind die Pfannkuchen, die man anbietet – und die je nach Laune des Kochs mal besser, mal schlechter sind. Kleines Manko: Der Besitzer stresst ein wenig.

Teehaus

- Nett ist der **Garten hinter dem Museum,** den Beduinen zu einem kleinen Restaurant mit Teehaus umgebaut haben. Hier sitzt man schön.

Abends ...

- Wer hätte es sich nicht verdient: Ein **Bier auf der Terrasse des Hotels Zenobia** weckt Träume von vergangenen Zeiten ... Hier können auch allein reisende Frauen in aller Ruhe ihre „Blue Hour" genießen.

● Oder wie wäre es mit einer **Wasserpfeife** auf dem Dach des Spring-Restaurants, endlich auch mal für Frauen alleine möglich?

Baden

● Wer ein **öffentliches Schwimmbad** nicht scheut, findet es gegenüber vom Hotel Heliopolis. Eintritt 150 Lira. Außerdem können auch Nicht-Gäste für 75 Lira den Pool des Campingplatzes hinter dem Baal-Tempel benutzen. Herrlich frisches Wasser mit Blick auf den Tempel!

Museum

● Das **Historische Museum** Palmyras vermittelt dem Betrachter einen Überblick über die Geschichte und Kultur der Stadt. Gut beschriftete Exponate (tägl. außer Di, 9–18 Uhr, im Winter bis 16 Uhr, Eintritt 300 Lira, für Studenten 15 Lira).

Verkehrsverbindungen

● Der **zentrale Busbahnhof** liegt rund 1 km vom Zentrum entfernt an der Ausfallstraße nach Dair az-Zur. Täglich mehrmals Verbindungen in alle größeren Städte. Wer morgens hingeht und ein wenig warten kann, braucht vorher kein Ticket zu kaufen. Die meisten Hotels bieten ihren Gästen einen Shuttle-Service an und besorgen auch gerne die Bustickets für ihre Gäste – einfach nachfragen.

● Ein kleiner **Bahnhof für Minibusse nach Homs** findet sich hinter der Post. Abfahrt bis am frühen Nachmittag, wenn die Busse voll sind. Kosten: 110 Lira.

Rund ums Auto

● Jede Menge **Werkstätten** finden sich an der Ausfallstraße nach Dair az-Zur.

syr123 Foto: mb

Hauptpost

- Die einzige Post des Ortes liegt am Rondell. Hier befindet sich auch die einzige internationale Telefonzelle. Geöffnet tägl. außer Fr bis 14 Uhr.

Geldwechsel

- Vor dem Museum befindet sich (zumindest während der Saison) eine kleine **Exchange-Kabine.** Sie ist täglich außer Fr geöffnet. Wenn niemand da sein sollte, warten Sie. Da wenig los ist, ist der Wechsler wahrscheinlich in einem der Cafés in der Nähe!

Feste/Veranstaltungen

- Ende April gibt es hier das große **Palmyra Festival.** Reiterspiele, Konzerte im Baaltempel und den Ruinen und ein riesengroßer traditioneller Markt mit spannender Schaf- und Kamelmesse, zu dem Menschen aus der gesamten Umgebung herbeikommen, um ihre Tiere zu verkaufen oder welche zu kaufen. Schönes Erlebnis!

Ausflüge

Qasr al-Hair ash-Sharqi (östliches Wildgehegeschloss)

Dieses umayyadische Wüstenschloss gehört zu den prächtigsten Schlössern, die man sich in einer Wüste vorstellen kann. Errichtet im 8. Jahrhundert, lässt sich die einstige Pracht noch gut erahnen. Auch wenn von der Anlage nicht mehr allzu viel übrig ist, so lohnen allein schon die Besichtigung des grandiosen Eingangstores und die unvergleichliche Atmosphäre.

• Geschichte

Das Qasr al-Hair ash-Sharqi ist die **älteste befestigte Anlage aus frühislamischer Zeit,** die erhalten ist. Auch wenn es heute angesichts der wüsten Einöde nahezu absurd anmutet: Hier blühten einst Blumen und Bäume. Wasser wurde durch ein raffiniertes Kanalisationssystem (dessen Reste man noch immer sehen kann) aus at-Taibe, der 15 km entfernten Oase, herangeschafft, damit sich die umayyadischen Kalifen in ihrem Schloss verlustieren konnten. Der **Kalif Hisham II.** begann **729** das Qasr (arab. Schloss) als **„Naherholungsziel"** zu bauen. Da aber Kalifen selbst bei ihrer Erholung politisch denken mussten, wurde dieses Erholungsschlösschen (oder war es gar ein Lustschlösschen?) an einer strategisch wichtigen Stelle gebaut: Zum Einen war hier eine Wasserversorgung möglich, zum Anderen war diese Stelle politisch gesehen von großer Bedeutung. Die Umayyaden konnten nämlich während ihrer kurzen Regierungszeit nie das gesamte islamische Reich regieren. Wichtige Außenbezirke drohten ständig abzufallen. Aus diesem Grund galt es, die sicheren Gebiete zu halten. Die syrische Wüste, gelegen nahe der Hauptstadt Damaskus, zwischen den westlichen Stadtzentren, Mesopotamien und an einer wichtigen Karawanenstraße, war sowohl politisch als auch wirtschaftlich eine der wichtigsten Regionen unter umayyadischer Herrschaft. Und hier baute man eine blühende Stadt. Diese sollte auch der Stabilisierung der Beziehung zwischen Nomaden und Sesshaften dienen, denn mit den nomadischen Stämmen dieser Wüstenregion stand und fiel die umayyadische Macht. Vollendet wurde das Schloss erst unter der Nachfolgedynastie, den Abbassiden, während deren Regierungszeit es weiter genutzt wurde.

• Besichtigung

Das Qasr besteht aus drei Komplexen: der Stadt, dem Palast und dem „Wildgehege", dem Hair.

Der **Palast** mit seinem herrlichen Eingangstor ist der am besten erhaltene Teil und sicherlich auch der interessanteste. Es handelt sich um eine quadratische Anlage, deren Außenmauern je 70 m lang sind. Vier runde Ecktürme und je zwei halbkreisförmige Türme sind in die ansonsten schlichten Mauern eingelassen, wobei die beiden halbkreisförmigen Türme der Frontseite das Portal aus-

Portal des östlichen Wüstenschlosses

machen. Oberhalb des Portals befindet sich ein Erker, der Verteidigungszwecken diente. Dieses Portal ist der einzige Zugang zum Palast. Man kann den Palast auch von innen besichtigen, wozu jedoch der Schlüssel geholt werden muss, der am Ticketoffice erhältlich ist. Im Inneren des Palastes ist wenig zu sehen. Ein Hof, umgeben von einer einstigen Säulenhalle, lässt ein Gebäude erahnen, das einem großen Khan ähnelt. Diese khanähnliche Bauweise lässt den Schluss zu, dass der Palast zumindest zeitweise auch als Wirtschaftszentrum genutzt wurde.

Den zweitgrößten Komplex macht die **Stadt** aus. Sie wurde innerhalb eines unregelmäßigen Vierecks gebaut, dessen Außenmauern rund 160 m lang waren. An jeder Seite steht ein großes Portal, dem gerade Straßen folgen, die sich in der Mitte kreuzen und das Areal in vier gleich große Viertel teilen. Im südöstlichen Viertel finden sich Reste einer Moschee, deren Minarett sich zwischen dem Palast und der Stadt befindet (allein stehender Turm beim Palastportal).

Die größte Fläche dieses Platzes nimmt das **„Wildgehege"** ein. 16 km Außenmauer umfassten diese Anlage, wahrscheinlich der Garten des Kalifen. Von den Mauern ist heute nicht mehr allzu viel zu sehen.

• Anfahrt mit öffentlichen Verkehrsmitteln: Da dieses Schloss mitten in der Wüste steht, gibt es natürlich keine öffentliche Verkehrsverbindung. Aber es bestehen zwei Möglichkeiten, das Schloss problemlos und ohne eigenes Fahrzeug zu erreichen:

1. Man mietet bereits in Palmyra ein Auto mit Fahrer; das dürfte – nach zähen Verhandlungen – nicht mehr als 1500 Lira kosten.
2. Man fährt mit einem Minibus (Abfahrt ab der Hauptstraße in Palmyra) Richtung Dair az-Zur bis zur Ortschaft **Sukhna** und nimmt sich ab hier einen Fahrer (noch 38 km; ist nicht unbedingt billiger, da die Fahrer natürlich wissen, dass man nur aus diesem Grunde in das trostlose Dorf Sukhna gekommen ist; bei guten Verhandlungskünsten dürfte man auf ca. 15 Euro kommen).

• Anfahrt mit dem Pkw: siehe Route F 5.

Qasr al-Hair al-Gharbi (Westliches Wildgehegeschloss)

Wer zuerst das östliche Wüstenschloss besichtigt hat, ist enttäuscht: Hier gibt es lange nicht mehr so viele Überreste wie bei dem Schwesterschloss. Dennoch lohnt auch ein Ausflug hierher, zumal sich neben dem Ruinengelände auch eine noch funktionierende Brunnenstation befindet, die von den Nomaden der Umgebung aufgesucht wird.

• Geschichte

Die ersten palmyrenischen Gebäude entstanden hier im 1. Jahrhundert n.Chr., wurden aber 273 wieder aufgegeben. 559 besetzten die Byzantiner zusammen mit ihren arabischen Verbündeten, den Ghassaniden, den Ort und errichteten hier ein Kloster, von dem noch einige Reste zu sehen sind. Wie später die Umayyaden, liebten auch die Byzantiner das trockene Wüstenklima. Die Wasserversorgung war durch Kanäle und Wasserleitungen zum 17 km südlich gelegenen Damm gewährleistet. Hierhin konnten weder die Pest noch andere Krankheitserreger vordringen. Das **umayyadische Wüstenschloss,** dessen Reste man heute hier vorfindet, wurde 728 von Hisham I. (724–743) errichtet. Aus byzantinischer Zeit stammt alleine der Turm, den man noch sehen kann. Das Gebäude wurde bald zugunsten des östlichen Wüstenschlosses aufgegeben.

• Besichtigung

Das prächtige Eingangstor des Schlosses befindet sich zusammen mit mehreren Exponaten in Damaskus im Nationalmuseum. Die meisten Ruinenreste sind vom Sande verweht, übrig geblieben ist ein Turm, der Teil eines byzantinischen Klosters war und von Hisham I. in das umayyadische Schloss integriert wurde.

Nördlich des Geländes kann man noch Reste eines Hammams sehen, welches unter dem französischen Archäologen Schlumberger ausgegraben wurde und das mit denselben Wasserkanälen wie das Schloss verbunden war. Reste des Khans, den man hier fand, wurden im Garten des Nationalmuseums in Damaskus wieder aufgebaut.

• **Anfahrt:** Das westliche Wüstenschloss liegt 120 km von Palmyra entfernt.

Öffentliche Verkehrsverbindung: Man nimmt in Palmyra einen Direktbus Richtung Damaskus und fährt ca. 80 km bis zu der kleinen Siedlung al-Busairi. Hier zweigt die Straße nördlich nach Homs ab. In al-Busairi muss man sich einen Minibus oder ein Taxi Richtung Homs bis zu den Ruinen nehmen (liegen nahe der Straße, englische Beschilderung (!), siehe auch Route F 1B rückwärts). Die Strecke al-Busairi – Homs ist nur unregelmäßig und nicht allzu häufig frequentiert, erkundigen Sie sich also vorher, wie häufig und wie lange Busse (Minibusse, Sammeltaxis) von Homs kommen. Zur Rückfahrt einfach an den Straßenrand stellen und auf ein Sammeltaxi, Minibus oder Bus warten!

Anfahrt mit dem Pkw: Man nimmt die Straße Richtung Damaskus und folgt ihr bis zu dem Ort al-Busairi. Dort biegt man in die Straße nach Homs nach Norden ab. Nach 30 km finden sich die Brunnenstation und die Ruinen auf der rechten Seite. Nähere Kilometerangaben bei Route F 1B.

Weitere Ausflugsziele

• **Khan al-Hallabat**

Dieser Khan römischen Ursprungs wurde im 3. Jahrhundert, im 6. Jahrhundert und dann noch einmal 1978 restauriert. Als römisches Fort im 2. Jahrhundert errichtet, stellt es eventuell das klassische **Veriaraca** dar. Der quadratische Grundbau mit seinen 47 m langen Außenmauern erinnert schwach an das östliche Wüstenschloss. Obwohl das Innere vollkommen zerstört ist, ist die Ruine sehenswert. Ein Brunnen, der noch heute von den Nomaden benutzt wird, und die Umfassungsmauer sind sehr gut erhalten.

Anfahrt: Der Straße von Palmyra nach Damaskus 23 km folgen. Hier steht rechter Hand ein großes Schild. Das ist der Pisteneinstieg. Bei klarem Wetter ist der Khan schon von weitem zu sehen, die Piste ist eindeutig und ca. 10 km lang.

• **Qasr as-Sukkari**

Dieses Schloss wurde im 8. Jahrhundert erbaut, war aber offensichtlich nicht allzu lange bewohnt. Heute sind nur noch der Turm, das Haupttor und ein paar Säulenreste vorhanden. Auch hier gibt es noch einen Brunnen, der von Nomaden benutzt wird. Ansonsten ist leider nicht mehr viel zu sehen.

Anfahrt: die ersten 23 km wie zum Khan al Hallabat. Dann aber geht die Piste links statt rechts ab. Der Pistenverlauf ist nicht eindeutig, viele Spuren laufen gen Süden. Da der Turm aber schon von weitem zu sehen ist, kann man die Ruinen nicht verfehlen (ca. 12 km). Man muss ein Flussbett durchqueren, das voller Sand und Steine ist (aber kein Wasser führt), daher ist die Piste für Pkws nicht zu befahren.

Route F 2:

Palmyra – Homs

• **Routenlänge:** insgesamt 147 km, gute Teerstraße

Anfangs geht es durch schöne Wüstenlandschaft, später durch eher langweilige Gebiete. Schnellste Verbindung nach Zentralsyrien und ins Orontestal. Keine lohnenswerten Stopps zwischendurch.

Öffentliche Verkehrsmittel

Da dies die Hauptstrecke zwischen Palmyra und Homs ist, gibt es sehr **häufige Busverbindungen** (siehe bei Palmyra).

Anfahrt mit dem Pkw: Ausgangspunkt ist die Straße, die von der Burg vorbei an den Hotels Faris und Caracalla nach Westen führt. Man folgt den Hinweisschildern Richtung Homs/Damaskus, bis die Kreuzung erreicht ist, wo von links hinten die Straße von Damaskus kommt. Hier ist **Km 0.**

Man folgt der Beschilderung nach Homs, immer geradeaus. Es geht vorbei an bewässerten Feldern und Nomadenzelten.

Km 34 – Hier geht rechts die neue Straße nach **Hama** ab.

Km 49 – Man durchfährt den nichtssagenden Ort **at-Tiyas,** der durch seine großen Stromwerke auffällt.

Die Route passiert weitere kleine Siedlungen.

Km 100 – Links geht es nach Homs und Furqlus ab. 200 m später stößt man dann auf eine T-Kreuzung; hier rechts. Die Straße führt nun parallel zur alten Straße weiter.

Km 103 – Links kann man Bienenwabenhäuser sehen.

Km 107 – Man durchfährt den Ort **Afraqush,** kurz danach führt die Strecke durch Kiefernwäldchen. Man hat die Wüste jetzt hinter sich gelassen. Die Fahrt geht vorbei an Olivenhainen und führt durch hügelige, eigentlich ganz schöne Landschaft.

Km 126 – Man fährt rechts am **Tell Anaka** vorbei – nichts zu sehen!

Km 139 – Die ersten Industrieanlagen von Homs tauchen auf.

Km 144 – **Große Kreuzung.** Hier geht es rechts auf der Einfahrtsstraße nach Homs.

Km 145 – Der große **Tetrapylon-Kreisel.** Es geht nun geradeaus, beim nächsten Kreisel auch.

Km 146 – **Kreisel.** Links nach Tartus, geradeaus ins Zentrum von **Homs,** das bei **Km 147** erreicht ist (zu Homs vgl. Routenteil C).

Route F 3:

Palmyra – Salamiya – Qasr ibn Wardan (– Hama)

• **Routenlänge:** insgesamt 218 km, gute, zum Großteil neue Straße, (noch) keine Busverbindungen bis nach Salamiya

Herrliche Landschaft, Wüstenfarben, leicht hügeliges Land und zum Schluss ein wunderschönes Schloss! Da die Strecke über Salamiya so schön ist und die Route sonst keine Sehenswürdigkeit aufzuweisen hätte, wurde als Endpunkt der Route das **Qasr ibn Wardan** gewählt. Natürlich kann man es auch – und zwar völlig problemlos – von Hama aus erreichen (siehe dort, „Ausflüge"). Wer sich diesen Schlenker sparen und von Salamiya direkt nach Hama möchte, kann für den Rest der Strecke die Wegbeschreibung von Route F 4 heranziehen.

Anfahrt mit dem Pkw: Die ersten 34 km der Strecke entsprechen Route F 2. Dann Abzweig nach Hama, beschriftet „Hama". Die Strecke führt nun durch schöne hügelige Wüstenlandschaft auf kurviger Straße.

Km 48 – Von einer Anhöhe hat man tolle Blicke nach rechts und links.

Km 54 – T-Kreuzung, hier links. Die Straße wird nun gerader.

Km 74 – Durchquerung eines großen Wadis. Links ein Lehmdorf, das wie an den Hang geklebt erscheint. Die Strecke wird wieder kurviger, der Wüstensand ist nun weiß, und mehr und mehr sind Pflanzen zu sehen – man verlässt die Wüste.

Km 86 – Die Straße führt durch ein enges Tal, das von Bäumen gesäumt ist.

Km 91 – Bergkuppe. Vor uns weitet sich die Landschaft.

Km 102 – Rechts eine Siedlung mit dem Namen **Mshafa.** Es folgen immer mehr Ortschaften.

Km 109 – Kreuzung. Hier geht es links nach Hama. Die Gegend verliert ein wenig an Reiz. Kleine, nichtssagende Ortschaften lösen einander ab, die Strecke ist eben.

Km 116 – Man durchfährt den Ort **Abu Dali** mit ein paar Bienenwabenhäusern.

Km 147 – Die ersten Häuser von **Salamiya** sind zu sehen.

Km 150 – Der erste Ortskreisel ist erreicht. Hier geht es geradeaus bzw. schräg rechts, bei der nächsten Kreuzung dann links nach Hama (nach dieser Kreuzung geht es immer geradeaus!), wir fahren weiter geradeaus auf der Umgehungsstraße, die bald nach Westen abbiegt. Nach rund 750 m (der ersten richtigen Kreuzung) geht es dann rechts ab. Geradeaus kommt man wieder auf die Straße von Hama, links gelangt man von hier ins Zentrum von Salamiya.

Salamiya سلمية

Das kleine Städtchen ist heute **Zentrum der Ismailiten** in Syrien. Die Ismailiten sind eine politisch-religiöse Richtung innerhalb des schiitischen Islam. Aus ihnen gründeten sich die Fatimiden, später die Assasinen und auch die Drusen. Außerhalb Salamiyas gibt es kaum noch Ismailiten in Syrien, hier jedoch sammeln sie sich. Davon spürt man als Tourist allerdings gar nichts.

Interessant machen den Ort vor allem sein hübscher **Viehmarkt,** der Montagvormittag stattfindet, und die lebendige Innenstadt. Außerdem kann man von hier aus die Burg Shammasis besichtigen (siehe Route F 4). Es gibt **kein Hotel,** aber so ziemlich alle Versorgungsmöglichkeiten. Regelmäßige **Minibusverbindungen von/nach Hama** (siehe dort, wo die Abfahrt ist!)

Ortsdurchfahrung zum Qasr ibn Wardan: Man folgt der Straße rechts (s.o.). Bei der nächsten Kreuzung (eine T-Kreuzung!) geht es erst links und dann nach einer Schule (o.Ä.) gleich wieder rechts.

Die Straße führt aus dem Ort wieder heraus und durchquert hügelige Landschaft. Links ist die Burg Qala'at Shammasis zu sehen. Man folgt der Straße, bis man auf eine T-Kreuzung bei **Km 186** stößt. Hier geht es rechts zum Qasr ibn Wardan, links nach Hama.

Km 199 – Gabelung, man hält sich rechts.

Km 218 – Auf der linken Seite liegt das schöne **Qasr ibn Wardan** (Näheres dazu siehe Hama). Archäologie-Interessierte können von hier aus noch rund 20 km weiter nach **Androna (al-Andarin)** fahren. Dafür einfach das Ibn Wardan links liegen lassen und die Straße weiterfahren. Nach rund 20 km sieht man rechts zwei Hinweisschilder mit der Aufschrift „Athar Alandarin": Hier rechts auf eine neue, gute Asphaltstraße abbiegen. Diese endet nach knapp 3 km an der Umfassungsmauer des Ausgrabungsterrains von Androna. Das Gelände darf nicht befahren werden (was trotzdem immer wieder geschieht ...). Bei Androna handelt es sich um eine spätantike Stadt, die etwa zur gleichen Zeit wie das Qasr Ibn Wardan existierte; auch die Bautechnik gleicht der der bekannten Burg, auch wenn diese im Gegensatz zu Androna stark restauriert und rekonstruiert wurde. Die archäologische Fakultät der Heidelberger Universität hat hier jahrelang gegraben und die Funde aufbereitet. Androna besitzt zwei Stadtmauerringe: einen aus Lehmziegeln, sehr gut als Hügelkette sichtbar, und einen aus Basalt, den man in Fundamenten noch erkennen kann. Im Zentrum der Stadt gibt es ein frisch ausgegrabenes Kastron, eine Art befestigte Kaserne, aus Basalt und Ziegeln errichtet und z.T. noch sehr hoch erhalten, mit Türmen, Toren, Treppen, Rampen und einer Kirche in der Mitte. Ein für die byzantinische Zeit erstaunlicher Bau! Im Stadtgebiet gibt es natürlich noch sehr viel auszugraben: Kirchen und besonders Häuser, deren Lage man häufig an den noch stehenden oder liegenden Stürzen und Laibungen der größeren Tore und Türen erkennen kann – eines davon wurde in Teilen ausgegraben und ein wenig restauriert (die Lehmziegelmauern). Nähere Infos: www.andarin.uni-hd.de.

Nach Hama zurück geht es nun auf gleicher Strecke, man fährt nach 32 km **(Routenkilometer 250)** jedoch geradeaus und biegt nicht nach Salamiya links ab! Die Straße führt stets geradeaus und erreicht 55 km hinter dem Qasr die Autobahnunterfahrung. Man kann hier auf die Autobahn (rechts nach Aleppo, links nach Damaskus) oder geradeaus ins Zentrum fahren.

Route F 4:

Hama – Salamiya – Isriya – ar-Rusafa

- **Routenlänge:** insgesamt 217 km, nagelneue Teerstraße

Die Route führt durch die Wüste, vorbei an einem römischen Tempel und Bienenwabendörfern, nach ar-Rusafa, einem absolut sehenswerten Ort! Es gibt leider **keine öffentlichen Busverbindungen.**

Ausgangspunkt der Route ist der Uhrturm in Hama = **Km 0.**

Vom Uhrturm, die Sh. al-Quwwatli hinter einem, geht es geradeaus. Beim ersten Kreisel, wenige hundert Meter weiter, wieder geradeaus, man folgt der Straße.

Nach ungefähr einem Kilometer folgt eine Kreuzung. Hier links und beim nächsten Kreisel dann rechts. Kurz danach gabelt sich die Straße, man nimmt die rechte Straße. Nun folgt man dem Straßenverlauf.

Bienenwabenhaus in der Wüste

syr121 Foto: mb

Km 4 – Die Stadt liegt jetzt hinter uns, man fährt auf einer breiten, vierspurigen Ausfallstraße, Beschilderung nach Aleppo/Salamiya. Kurz danach Überquerung der Autobahn.

Die Landschaft wird nun hügelig und ist von Feldern durchzogen. Rechter Hand kann man Berge sehen, links breitet sich die große Öde aus.

Km 16 – Rechts dehnt sich der hübsche Ort **Kaftat** aus.

Km 22 – Rechts der **Tell Udara,** ein hübsches Dörfchen, links ist die **Burg Qala'at Shammasis** zu erkennen.

Km 30 – Ortsbeginn von **Salamiya** (Eingangsbogen), gleich links geht es nach Shammasis, ein paar hundert Meter später rechts nach Homs. Wir fahren geradeaus ins Zentrum. Wer ab Isriya die Piste nach Palmyra fahren will, muss hier an der Polizeistation um Erlaubnis bitten!

Abstecher zur Burg Shammasis

Die Burg liegt in den Ausläufern des Djabal al-Ala in 640 m Höhe. Sie stammt aus dem Jahr **1231,** der ayyubidische Prinz Malik al-Mudjtahin Shirku ließ sie auf dem Plateau eines Vulkans errichten. Von den Mongolen zerstört, ließ sie der große Baibars wieder aufbauen und verleibte sie der Provinz Damaskus ein. Wann sie ihre Funktion aufgegeben hat, ist unklar.

Die Reste im Inneren der Burg sind nur noch kläglich, der Ausblick von oben ist hingegen großartig.

Anfahrt: Mit öffentlichen Verkehrsmitteln ab Hama mit dem Minibus bis Salamiya und dann mit dem Taxi oder zu Fuß (wenn man sich gleich am Ortsausgang absetzen lässt, sind es – laut Auskunft von Syrern – nur 20 Min. zu laufen!) Mit dem Pkw kurz nach dem Ortseingangsbogen links ab. Der Straße folgen. Die Burg ist in Sichtweite.

Km 33 – Die Straße gabelt sich. Hier geradeaus, gleich danach links. Bei der nächsten größeren Kreuzung rechts.

Km 34 – Kreisel: Hier links.

Km 35 – Endlich ein Hinweisschild, das nach ar-Rusafa (ar-Resafa) weist.

Die neue Straße führt geradewegs in die Wüste hinein.

Km 44 – Links ist der **Tell Shmaliya** zu sehen.

Die Landschaft ist nun sehr karg und einsam. Noch wird der Boden bebaut, aber bald schon hört auch das auf.

Km 54 – Man durchfährt den Ort **Djadu'ar.**

Km 63 – Links ein Dorf mit Bienenwabenhäusern, rechts eine Fernsehstation. Es folgen nun immer häufiger Dörfer mit Bienenwabenhäusern.

Km 77 – In **al-Azm** kann man seine Vorräte aufstocken und tanken.

Km 95 – Ein wunderschönes **Bienenwabendorf,** dessen Häuser sich perfekt in die Landschaft einfügen!

Km 121 – Rechts sind die Ruinen von **Isriya** zu sehen.

Isriya إثريه

„Nothing shows better to what extent human effort has transformed the Syrian desert than the beautiful Roman Temple that is to be found here."

(Blue Guide, 1966)

Das antike Seriane ist durch die neue Straße endlich auch Touristen einfach zugänglich geworden.

Wichtige Bedeutung hatte Isriya als Verkehrsknotenpunkt der Karawanenstrecken zwischen ar-Rusafa und Salamiya sowie zwischen Qinnasrin und Palmyra. Heute sind nur noch die eindrucksvollen **Reste eines Tempels aus dem frühen 3. Jahrhundert** erhalten. Nur die Dachkonstruktion ist eingestürzt, der Rest, vor allem das Portal, begeistert immer noch. Urplötzlich, wie aus dem Nichts, erhebt sich der Tempel und beeindruckt auch durch seine Größe. Ungewiss ist, welchem Gott zu Ehren er errichtet wurde, vielleicht Apollo oder Nebo, deren Statuen sich neben dem Tempel fanden.

Unter den Byzantinern wurde der Tempel zum Fort umgebaut, und auch die **Abbassiden** und **Mamluken** nutzten Isriya als Wachstation auf dem Karawanenweg. Später, mit der Aufgabe der Handelsstrecke, verschwand auch Isriya in der Versenkung.

Von hier geht eine Piste (wahrscheinlich der alte Karawanenweg) nach Palmyra. Ohne geländegängiges Fahrzeug, sehr gutem Kartenmaterial, Wüstenerfahrung und Kompass ist sie nicht zu bewältigen. Zudem führt sie durch militärisches Sperrgebiet. Wer die Strecke also fahren möchte, muss sich unbedingt in Salamiya bei der Polizei melden und sich eine Erlaubnis dafür holen (die bisweilen aus verschiedenen Gründen verwehrt bleibt). Mit dem syrischen (sehr misstrauischen) Militär ist nicht zu spaßen, also unbedingt vorher klären!

Hinter Isriya führt die Straße entlang des Rashidiya-Gebirges weiter nordostwärts.

Km 160 – Links ein ausgestorbenes Lehmdorf, ohne Türen und etwas trist anzusehen.

Km 184 – Gabelung. Hier geht eine weitere neue Straße links nach Raqqa ab. Nach ar-Rusafa geht es jedoch geradeaus. Hier kommt es häufiger zu Polizeikontrollen.

Km 212 – Hinten rechts sind die ersten Ruinen von ar-Rusafa zu erkennen.

Km 217 – T-Kreuzung. Links geht es nach al-Mansura und Raqqa, rechts nach Sukhna und zu den Ruinen von **ar-Rusafa,** die nun, in voller Pracht, vor uns liegen.

Ar-Rusafa الرصافة

Wer vor ar-Rusafa steht, glaubt eine lebendige Stadt vor sich zu haben: Eine fast vollständige Stadtmauer umfasst das Gelände, und wer, wie ich, im Sandsturm ankommt, vermag fast noch die Stimmen der einstigen Bewohner zu hören ... Auch wenn die Ruinen nicht mehr ganz so gut erhalten sind wie beispielsweise in Palmyra, so gehört ar-Rusafa doch ohne Zweifel zu den **beeindruckendsten historischen Stätten in Syrien.**

Geschichte

Ar-Rusafa war eine der wichtigsten byzantinischen Festungen in der „Kornkammer" des Reiches. Dem Hofschreiber Justitians, Prokop, verdanken wir die ersten schriftlichen Aussagen über ar-Rusafa, das aber aller Wahrscheinlichkeit nach schon wesentlich früher existiert hat (ob es identisch mit dem alttestamentarischen *Rezeph* oder dem assyrischen *Rasappa* ist, bleibt ungeklärt). Von weitem schon erkennt man die gut erhaltene Stadtmauer, die wohl zur Sicherung der dortigen Kirche gedacht war. Diese Kirche wurde dem Heiligen Sergius geweiht, der hier im Jahre 305 bei der letzten Christenverfolgung als Märtyrer starb. Um ihn entwickelte sich schnell ein Kult, der ar-Rusafa zu einem bedeutenden Pilgerort der Byzantiner machte. Im 7. Jahrhundert herrschte in ar-Rusafa, das nicht nur Pilgerzentrum, sondern auch Stützpunkt auf der Karawanenroute von Sura nach Bosra war, der arabische christliche König Nu'man ibn al-Harith als Vasall der Byzantiner. Er ließ die große Zisterne errichten, die noch gut zu erkennen ist.

636 wurde ar-Rusafa **von den Muslimen erobert** und entwickelte sich schnell zu einem blühendem Zentrum. Hierher flohen die umayyadischen Kalifen vor der Pest oder nutzten den Ort als Sommerresidenz. Über eine Wasserquelle verfügte ar-Rusafa, das **unter Hisham II. vollkommen restauriert** wurde, nicht. Waren die großen Zisternen im Sommer leer, war es die Aufgabe der Sklaven, das Wasser mit Hilfe von Eseln aus dem Euphrat herbeizukarren.

Die Bewohner von ar-Rusafa, meist Christen, lebten vom **Handel mit den Beduinen.** Bekannt war die Stadt für die besondere Kleidung der Bewohner, die von den Frauen und Männern des Ortes in Gemeinschaftsarbeit hergestellt wurde. Zwischen den Bewohnern Rusafas und den Beduinen gab es Schutz- und Handelsverträge, die ein friedliches Miteinander garantierten. Erst die **Mongolen im 13. Jahrhundert** entvölkerten die Stadt, die seitdem „in Frieden ruht". Wiederentdeckt wurde sie Ende des 17. Jahrhunderts von englischen Kaufleuten aus Aleppo, seit Mitte des 20. Jahrhunderts werden Grabungen durchgeführt.

Besichtigung

Am besten ist die **Stadtmauer** erhalten, die im Süden und Norden etwa 560 m Länge aufweist, im Westen 430 m und im Osten 360 m. Man beginnt den Stadtrundgang im Norden, da hier das Haupttor der alten Stadt war. Wir betreten die Stadt – nach dem Vorbild der Reisenden aus früheren Zeiten – durch das Nordtor, mit seinen drei Durchgängen das prächtigste Tor der Stadt. Gegenüber, noch außerhalb des Tores, steht ein gut erhaltenes Gebäude. Es handelt sich um eine kleine Kirche (errichtet in der Zeit von 569–582), die im Inneren vier Säulen um einen Innenhof aufweist. Man kann leider nicht hinein.

Sobald man die schönen Stadttore durchschritten hat, kann man linkerhand die Reste der Wehrgänge sehen, geradeaus den sog. **„Zentralbau"**, die größte Kirche ar-Rusafas. Sie ist noch erstaunlich gut erhalten, z.T. kann man die Treppen hinaufsteigen und das gesamte Areal überblicken. Man erkennt im Süden den Khan und die riesige

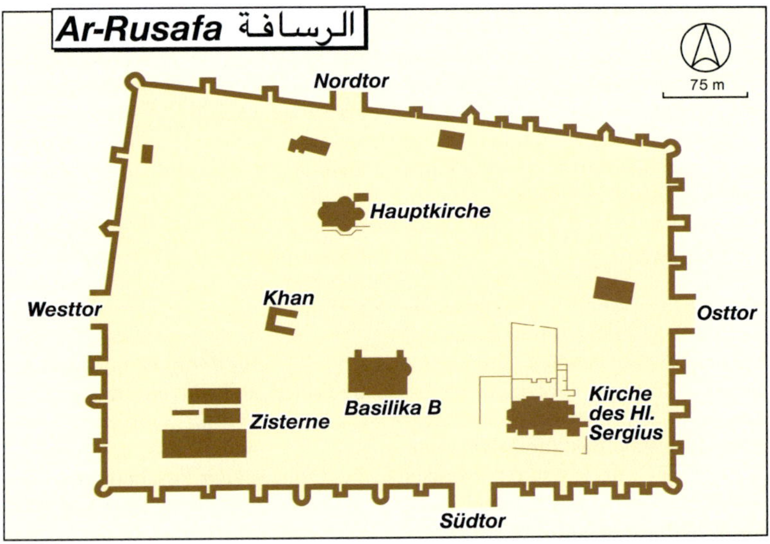

Zisterne. Dorthin läuft man einfach weiter Richtung Süden, bis man rechts Rundbogen entdeckt, in die man hineinschauen kann. Die **Zisternen** ar-Rusafas gelten zusammen mit den Zisternen Istanbuls als die größten des Orients! Ungeklärt ist, wer sie erbauen ließ, ob bereits Justinian unter römischer Herrschaft oder erst die Muslime im 7. Jahrhundert. Eine Überdachung schützte die Wasserspeicher vor Verschmutzung und Verdunstung. Die größte Zisterne ist 65 m lang und 22 m breit und fasste 14.600 Kubikmeter Wasser. Sie war so groß, dass sie selbst in Trockenzeiten 6000 Menschen versorgen konnte!

Die große **Kirche des Hl. Sergius** steht zwischen Süd- und Osttor. Dieser Sakralbau ist die besterhaltene Kirche des Ortes, Säulenreste im Mittelschiff mit wunderschönen Verzierungen zeugen von der einstigen Pracht. Errichtet wurde der Bau im Jahr 559 unter dem Bischof Abramios. Direkt daneben befinden sich die Reste der einzigen Moschee ar-Rusafas, deren Gestalt man heute aber nicht einmal mehr erahnen kann. Obwohl der Ort Sommerresidenz der islamischen Kalifen war, lebten hier fast ausschließlich Christen, weshalb es auch mehrere Kirchen und nur eine Moschee gab. Südlich der Stadt ließ Hisham II. seinen Palast errichten. Schade nur für die Nachwelt, dass er keine Steine, sondern getrocknete Lehmziegel verwenden ließ. So ist fast nichts übrig geblieben von dem einst mit einer Seitenlänge von 70 m sicherlich imposanten Gebäude.

Praktische Informationen

- **Eintritt** 150 Lira, für Studenten 10 Lira. Tickets gibt es am Osttor.
- **Öffentliche Verkehrsverbindung** nach ar-Rusafa: Von Raqqa fahren regelmäßig Minibusse nach al-Mansur. Ab dort geht es mit einem Minibus weiter nach ar-Rusafa (ca. 25 Lira). Letzterer fährt nur sehr unregelmäßig, also Geduld aufbringen und vorher erkundigen, wann die letzte Rückfahrt ist! Wem das zu lange dauert, muss sich ein Taxi nehmen.

Route F 5:

Palmyra – Östliches Wüstenschloss – ar-Rusafa – al-Mansura

- **Routenlänge:** 241 km, durchgehende Teerstraße mit ein paar schlechten Straßenabschnitten, die fast in Piste übergehen. Befahrbar für Pkw und Busse. Die Route führt durch anfangs schöne steppige Landschaft, vorbei an einem Salzsee und entlang der Gaspipeline von Kirkus nach Tripoli. Die erste Hälfte der Strecke verläuft auf der Hauptstraße, die von Palmyra nach Dair az-Zur führt, die zweite Hälfte führt dann auf kleineren Straßen mitten durch die Wüste, vorbei an kleinen Dörfern und Bewässerungsprojekten. Highlights der Route sind das Wüstenschloss sowie Rusafa! Wer nach Dair az-Zur möchte, folgt der Beschreibung bis Km 105 und folgt danach weiter der Hauptstraße bis Dair az-Zur (ausgeschildert).

Öffentliche Verkehrsmittel

Keine bis zum Wüstenschloss, ar-Rusafa oder al-Mansura. Man kann sich die Route (auch mit Verlängerung bis Raqqa) von fast allen Hotels in Palmyra organisieren lassen.

Ausgangspunkt der Route ist der Ortskreisel beim Museum in **Palmyra = km 0.**

syr124 Foto: mb

Säulenkapitell am nördlichen Eingangstor von ar-Rusafa

Man fährt links der Post die Straße geradeaus nach Nordost. Bei der zweiten Ampel, nach ungefähr 500 m, geht es rechts ab; Beschilderung nach Dair az-Zur. Dieser Straße folgen wir.

Km 1 – Ortsausgangskreisel von Palmyra. Man biegt nach links ab. Wer aufmerksam guckt, kann hinten rechts einen großen Gebäudekomplex erkennen: Es ist das **Hochsicherheitsgefängnis** für politische Strafgefangene und sogenannte Terroristen, das schlimmste Gefängnis im Land, Folterungen sind laut *amnesty international* an der Tagesordnung. Kurz nach dem Kreisel sieht man linker Hand einen Kiosk – dies ist der kleine Busbahnhof von Palmyra.

Km 2 – Ein weiterer Kreisel. Hier folgen wir den Hinweisschildern nach Dair az-Zur rechts.

Km 14 – Links gut zu erkennen sind riesige Getreidesilos. Auf den kommenden 30 km sind linker Hand immer wieder **Erdgasförderstellen** zu sehen – hohe Schornsteine, Flammen, Zufahrtswege.

Km 17 – Rechts geht es zu einem Naturreservat ab, wo Gazellen ausgewildert werden **(Talila Reserve).**

Km 28 – Hinten links kann man die **Oase von Arak** sehen. Früher ein netter Abstecher, gibt es hier heute nur noch Fördertürme für Gas, denn Arak ist das Zentrum der Gasförderung in dieser Region.

Km 65 – Links die **Abfahrt nach Sukhna,** einem kleinen, nichtssagendem Ort mit Tankstelle. Es besteht die Möglichkeit, von hier direkt nach Rusafa zu fahren, man kann auf dieser Route das Wüstenschloss jedoch nicht sehen.

Km 105 – Links, kaum zu sehen und inmitten des Nichts, beginnt eine Teerstraße. Dafür muss man die Straße überqueren und ein Stück querfeldein fahren. Erkennbar ist die Abfahrt auch an einem grünen Schild mit arabischer Schrift, das rechts der Straße steht.

Km 119 – Die Straße geht für kurze Zeit in eine Piste über, ist aber weiter gut befahrbar.

Km 120 – Wieder Teer.

Km 130 – Vorne links ist nun das **Wüstenschloss** zu erkennen. Kurz danach geht die Straße noch einmal in ein kurzes Stück Piste über, linker Hand ist jetzt groß das Wüstenschloss zu sehen.

Km 134 – T-Kreuzung. Rechts geht es nach ar-Rusafa, links zum Schloss, das nach 500 m erreicht ist (Beschreibung siehe Palmyra).

Km 147 – Ortsbeginn von **Taibe,** einem verlassenen, fast menschenleeren Oasenstädtchen. Man kann noch die Reste von Lehmhäusern sehen, viel Dreck und wenig Menschen. Wir folgend der Straße, die eine Linkskurve macht, danach eine Rechtskurve und dann wieder eine Linkskurve. 50 m danach biegen wir rechts ein: Es gibt einen Wegweiser nach „Kom" und „Raqqa". Nun geht es immer den Stromleitungen nach, die rechts der Straße zu sehen sind.

Km 149 – Taibe liegt nun hinter uns, wir folgen der Straße.

Km 160 – Ortsbeginn von **al-Qawm (el-Kom).** In al-Qawm, was so viel wie „Abfallhügel" heißt, lohnt eine Pause für diejenigen, die gerne im Sand nach Steinwerkzeugen und alten Dingen graben und auf einem der ältesten Siedlungsböden des Nahen Ostens wandeln möchten. Zwanzig Kulturschichten finden sich hier, **Grabungen** sind seit Jahren in vollem Gang. Auf dem Hügel, der dem Ort den Namen gibt, befinden sich alte Mauerreste, die auf eine vor- und frühgeschichtliche Besiedlung hinweisen. Zwischen al-Qawm und dem östlichen Wüstenschloss verlief ein Wasserkanal, der die Versorgung der Kalifen im Schloss mit dem Lebenselixier gewährleistete! Hobby-Archäologen können hier mit etwas Glück Relikte dieser Zeit finden (diese aber natürlich nicht mitnehmen, sondern im Schweizer Grabungshaus abgeben!). Einen sensationellen Grabungsfund machten hier 2005 die Leiter der Grabungsteams der Universitäten Basel und Zürich, die unweit des Dörfchens Knochen eines Riesenkamels fanden. Es muss knapp die Größe einer Giraffe gehabt haben – und ist somit das einzige Tier dieser Art, das man je gefunden hat (nähere Infos finden sich online unter www.unipublic.uzh.ch).

Km 193 – T-Kreuzung. Es geht nach links. Der Ort **Zumla** liegt rechts der Straße.

Km 207 – Ortsdurchfahrt von **Raschid,** einer kleinen Häuseransiedlung inmitten der Wüste.

Km 216 – Die **Südseite von ar-Rusafa** ist erreicht (siehe Route F 4). Rechts geht es zum Haupttor und einer kleinen Cafeteria (der einzigen auf dieser Strecke!), geradeaus weiter nach al Mansura. Kurz danach biegt links die Straße nach Salamiya ab (siehe Route F 3), wir fahren geradeaus weiter. Es geht nun vorbei an mehreren kleinen Weilern, an Baumwoll- und sonstigen Feldern. Das Wasser wird aus dem Stausee hierher gepumpt.

Km 240 – Ortseinfahrt von **al-Mansura.** Auf der rechten Seite ist ein großes Marktareal zu sehen, auf dem samstags ein bunter sehenswerter Markt stattfindet.

Km 241 – T-Kreuzung. Rechts geht es nach Raqqa und Dair az-Zur, links nach Aleppo.

svr130 Foto: mb

Anhang

syr128 Foto: mb

syr129 Foto: lh

Immer sauber und gut: die Küche des Restaurants Abu Nawas in Aleppo

An der „Strandpromenade“ in Tartus

Die Moschee Sayyida Zainab

Literatur

Es gibt eine Vielzahl von Büchern über Syrien, das Meiste davon steht in Bibliotheken. Im Folgenden ein paar Empfehlungen:

Zur allgemeinen Einführung (über das Land und seine Geschichte)

- Cassin, Elena & Bottero, Jean & Vercoutter, Jean (Hrsgs.): **Die altorientalischen Reiche,** Band 1 und 2. Frankfurt 1966. Übersichtliche Werke der Fischer Weltgeschichte.
- Deutsches Archäologisches Institut (Orient-Abteilung): **Zehn Jahre Ausgrabungen und Forschungen in Syrien: 1989–1998.** Damaskus 1999.
- Erbstösser, Martin: **Die Kreuzzüge.** Gütersloh 1981.
- Escher, A.: **Die arabische Levante: Syrien – Libanon – Jordanien.** Stuttgart 1998.
- Fansa, Mamoun: **Damaskus – Aleppo. 5000 Jahre Stadtentwicklung in Syrien.** Oldenburg 2000. Katalog zur gleichnamigen Ausstellung in Oldenburg und Stuttgart.
- Fortin, Michel: **Syrien, Wiege der Kultur.** Québec 1999. Schön aufgemachter Ausstellungskatalog zur Sonderausstellung im Antikenmuseum Basel und Sammlung Ludwig.
- Freitag, Ulrike: **Geschichtsschreibung in Syrien 1920–1990.** Hamburg 1991. Gute Arbeit zum Thema.
- Gabirieli, F.: **Die Kreuzzüge aus arabischer Sicht.** Zürich 1973. Spannendes Buch, das über manch falsche Vorstellung aufklären könnte.
- Haarmann, Ulrich (Hrsg.): **Geschichte der arabischen Welt.** München 1987. Sehr ausführliches und detailliertes Geschichtswerk. Namhafte Professoren verfassen einzelne Kapitel zu ihren Spezialthemen.
- Haddad, Rida: **Syrien: Der Preis der Freiheit.** Berlin 1998. INAMO-Dokumentation. Bericht eines syrischen Gefangenen.
- Hannes, Frank: **Syrien, Schauplatz der Geschichte.** Bonn 1989.
- Hermann, R.: **Kulturkrise und konservative Erneuerung: Muhammad Kurd Ali und das geistige Leben in Damaskus zu Beginn des 20. Jahrhunderts.** Frankfurt 1990.
- Hopfinger, Hans: **Wirtschaftsentwicklung und Investionspolitik in Syrien.** München 1997.
- Khoury, Philip: **Syria and the French Mandate.** Princeton 1987.
- Klengel, H.: **Kulturgeschichte des alten Vorderasien.** Berlin 1984.
- ders.: **Syrien zwischen Alexander und Mohammed.** Wien 1987.
- Konrad, Michaela: **Der spätrömische Limes in Syrien: Archäologische Untersuchungen an den Grenzkastellen von Sura, Tetrapyrgium, Cholle und in Resafa.** Mainz 2001.
- Maalouf, Amin: **Der heilige Krieg der Barbaren. Die Kreuzzüge aus der Sicht der Araber.** München 1996.
- Schlummberger, Daniel: **Der hellenistische Orient.** Baden-Baden 1969. Dieses Buch war einst das bahnbrechende Werk zu 300 Jahren syrischer Geschichte. Noch heute gehört es zu den wichtigsten Büchern zum Thema.
- Schumacher, Leonhard (Hrsg.): **Religion – Wirtschaft – Technik: Althistorische Beiträge zur Entstehung neuer kultureller Strukturmuster im historischen Raum Nordafrika, Kleinasien, Syrien.** St. Katharinen 1998.
- Schweizer, Gerhard: **Syrien: Religion und Politik im Nahen Osten.** Stuttgart 1998.
- Sitarz, Eugen: **Kulturen am Rande der Bibel.** Stuttgart 1983
- Statistisches Bundesamt: **Länderbericht Syrien 2005.** Wiesbaden.
- Strube, Christine: **Die „Toten Städte“: Stadt und Land in Nordsyrien während der Spätantike.** Mainz 1996.
- Wirth, Eugen: **Syrien – eine geographische Landeskunde.** Darmstadt 1971. Das Beste, was es dazu gibt!
- Wirth, Eugen & Gaube, Heinz: **Aleppo: Historische und geographische Beiträge zur baulichen Gestaltung, zur sozialen Organisation und zur wirtschaftlichen Dynamik einer vorderasiatischen Fernhandelsmetropole.** Wiesbaden 1984. Zweibändiges Werk, unverzichtbar für alle, die sich für die Stadtgeschichte Aleppo interessieren.

Zum Islam

- al-Bukhari, Sahih: **Nachrichten von Taten und Aussprüchen des Propheten Muham-**

mad. Übers. von D. Ferchl. Reclam, Stuttgart 1991. Hier sind die wichtigsten Aussprüche und Kommentare des Propheten gesammelt. Übersichtlich nach Themen geordnet.
- Cahen, Claude: **Der Islam 1.** Fischer Weltgeschichte, Frankfurt, mehrere Auflagen. Historisch aufgearbeitete Geschichte des Islam bis zum Osmanischen Reich.
- Ende, W./Steinbach, U. (Hrsg.): **Der Islam in der Gegenwart.** München, mehrere Auflagen. Sensationelles Buch, in dem sich wirklich alles Interessantes zum Islam findet.
- Grunebaum, G.: **Der Islam 2.** Fischer Weltgeschichte, Frankfurt, mehrere Auflagen. Fortsetzung von Band 1 (Cahen), Ausgangspunkt ist das Osmanische Reich, doch nun wird die islamische Geschichte getrennt nach Regionen behandelt.
- Halm, H.: **Die Schia.** Darmstadt 1982. Übersichtliches Buch zum Thema Schiiten.
- Hattstein, M. & Delius, P. (Hrsg.): **Islam: Kunst und Architektur.** Berlin 2000. Groß aufgemachter Bildband mit tollen Fotos und Texten renommierter Wissenschaftler zum Thema.
- Heiser, Lothar: **Mosaike und Hymnen: Frühes Christentum in Syrien und Palästina.** St. Ottilien 1999.
- Ibn Ishaq: **Das Leben des Propheten.** Übersetzt von G. Rotter, Tübingen 1976. Die wohl bekannteste Biographie des Propheten.
- Kreiser, K., Diem, W., Majer, H.-G. (Hrsg.): **Lexikon der islamischen Welt.** Stuttgart 1974.
- Niehr, Herbert: **Religionen in Israels Umwelt: Einführung in die nordwestsemitischen Religionen Syrien-Palästinas.** Würzburg 1998.
- Paret, Rudi: **Der Koran.** Übersetzung. Stuttgart, mehrere Auflagen.
- Rotter, Gernot (Hrsg.): **Die Welten des Islam – Neunundzwanzig Vorschläge, das Unvertraute zu verstehen.** Fischer Frankfurt. Sehr schön ausgesuchte Aufsätze zum Thema. Interessanes zu allen Bereichen, z.B. Frauen, Black Muslims etc.
- Schimmel, Annemarie: **Der Islam. Eine Einführung.** Reclam, Stuttgart 1990. Gute Einführung, die alle wichtigen Bereiche anspricht. Sehr günstig und auch deshalb empfehlenswert.
- diess.: **Mystische Dimensionen des Islam.** Köln 1986.
- diess.: **Und Muhammad ist sein Prophet.** Düsseldorf 1981.
- Watt, W. (Hrsg.): **Der Islam.** Die Religionen der Menschheit, 3 Bände. Stuttgart 1980–90.

Frauenthematiken

- **Löwengleich und Mondenschön. Orientalische Frauenmärchen.** Zürich 1994.
- Mernissi, Fatima: **Der politische Harem. Muhammad und die Frauen.** Freiburg 1992. Dieses Buch ist wohl das umstrittenste Werk der marokkanischen Autorin. Sie versucht hierin aufzuzeigen, dass der Islam eine „feministische" Religion ist und der Prophet selbst ein „emanzipierter" Mann. Für mich eines der spannendsten Bücher.
- Das Buch der gleichen Autorin: **Geschlecht, Ideologie, Islam,** München 1991, ist etwas theoretischer geschrieben, aber hinsichtlich des Themas nicht zu übertreffen.
- Wadud Muhsin, Amina: **Qur'an and Woman.** Kuala Lumpur 1992. Amina Muhsin unternimmt in diesem Buch sehr gewagte Koraninterpretationen zu Rechten und Stellung der Frau. Spannende Ergebnisse, wissenschaftlich z.T. etwas zweifelhaft.
- Walther, Wiebke: **Die Frau im Islam.** Stuttgart 1980. Hier wird alles Wesentliche zusammengefasst.

Belletristik

- Kuhr, U. (Hrsg.): **Arabische Märchen aus Syrien.** Frankfurt 1993.
- Nasrallah, Emily: **Septembervogel.** Basel 1988. Melancholisches Frauenbuch.
- dies.: **Flut gegen die Zeit.** Basel 1991.
- Samman, Ghada: **Mit dem Taxi nach Beirut.** Berlin 1990.
- Schami, Rafik: **Erzähler der Nacht.** Weinheim 1994. Das schönste Buch, seit es syrische Autoren gibt.
- ders.: **Eine Hand voller Sterne.** Mehrere Auflagen. Eine Kindheit in Damaskus und sensationelles Erzählvermögen.
- ders.: **Der ehrliche Lügner.** Mehrere Aufl.
- ders.: **Maalula.** Mehrere Auflagen.
- Taufiq, Suleman: **Im Schatten der Gasse.** Meerbusch 1992. Eine zweisprachige Erzählung (arabisch/deutsch).

Anhang

Anderes, Kurzweiliges und Spannendes zum Thema

- Bell, Gertrude: **Am Ende des Lavastromes. Durch die Wüsten und Kulturstätten Syriens.** Neu aufgelegt in Wien 1991. Gertrude Bell reiste Anfang des 19. Jahrhunderts alleine als Frau durch den Orient. In diesem Buch, das 1905 zum ersten Mal veröffentlicht wurde, sind ihre Erzählungen aus Syrien enthalten. Nett!
- Brunswig-Ibrahim, Muriel: **KulturSchock Vorderer Orient.** 2007. Andere Länder, andere Sitten – die Autorin des vorliegenden Reiseführers informiert über Alltag, Traditionen und Gesellschaft nicht nur in Syrien.
- Christie, Agatha: **Erinnerungen an glückliche Tage.** 1977. Die Erinnerungen der Agatha Christie an die Abenteuer und Ausgrabungen, die sie zusammen mit ihrem Mann in Tell Brak in Syrien unternommen hat.
- Djebbar, Assia: **Fern von Medina.** Zürich 1994. Hierin geht es um die Frauen, die zur Zeit des Propheten lebten. Romanartig aufbereitet.
- Fadel, Marie: **Damaskus. Der Geschmack einer Stadt.** Aufgezeichnet von Rafik Schami. Zürich 2002. Ein Buch, das Ess-Geschichten aus dem Leben der Altstadt von Damaskus erzählt. Die Schwester des bekannten syrischen Schrifstellers Rafik Schami verrät ihre besten Rezepte und (ver)führt Sie in eine andere Welt. Wirklich toll!
- Flaubert, Gustave: **Reise in den Orient.** Frankfurt 1985.
- Goethe, Johann Wolfgang: **West-östlicher Diwan.** Mehrere Ausgaben. Die schönste ist die des Insel-Verlages.
- Jäkel, Lutz & Harms, Florian: **Kulinarisches Arabien.** Wien 2004. Traumhaft schöner Textbildband mit Kochrezepten.
- T.E. Lawrence: **Die sieben Säulen der Weisheit.** Viele Auflagen. Die Geschichte des berühmten Lawrence of Arabia.
- Usama Ibn Munqid: **Ein Leben im Kampf gegen Kreuzritterheere.** Tübingen 1978. Kurzweilige und empfehlenswerte Lektüre für Syrienreisende und Liebhaber witziger Anekdoten (übersetzt von Gernot Rotter)!

Landkarten

Um es gleich vorweg zu nehmen: Es gibt nur wenige Landkarten! Folgende **Straßenkarten** sind in Deutschland erhältlich:

- **world mapping project, Reise Know-How:** Syrien, Libanon, Maßstab 1:600.000, gute, aktuelle Landkarte zu diesem Reiseführer mit Stadtplänen von Damaskus, Aleppo und Beirut. Die im Buch erwähnten Orte sind alle in der Karte markiert.
- **Freitag & Berndt:** Maßstab 1:800.000, gute Karte, aber nicht auf dem neuesten Stand. Einige neue Straßen fehlen, gerade im Grenzbereich ist vieles falsch eingezeichnet!
- **Geoprojects:** Maßstab 1:1.000.000, mittelmäßige Karte. Sie ähnelt sehr den Karten, die das syrische Fremdenverkehrsamt herausgibt! Aktuellste Karte von 1991.
- Als Straßenkarten tauglich und gar nicht schlecht, da zum Teil sehr detailliert, sind die Karten, die das **syrische Tourismusministerium** herausgibt. Man kann sie im Vorhinein bei der syrischen Botschaft bestellen (gegen einen frankierten Rückumschlag, wobei ich mich darauf nicht verlassen würde) oder in Syrien in jedem Touristenbüro kostenlos erhalten. Sie haben je nach Region unterschiedliche Maßstäbe und sind recht aktuell.
- Ebenfalls in Syrien erhältlich ist die **Karte der Druckerei Avicenne** in Damaskus. Entweder machen sie Raubkopien der Freitag-&-Berndt-Karte oder aber sie haben einen Vertrag mit diesem Verlag – es handelt sich um dieselben Karten, nur aktualisiert! D.h. die neuen Straßen sind alle verzeichnet, aber leider auch Straßen, die in Planung sind. So ist zum Beispiel eine Straße von ar-Rusafa nach Sukhna eingezeichnet. Diese Straße gibt es nur teilweise, das unangenehmste Stück ist nach wie vor Piste! Dennoch ist die Karte recht gut und in Syrien in vielen Buchläden (v.a. nahe der Touristenzentren) erhältlich! Sie hat jedoch dieselben Mängel wie die Freitag-&-Berndt-Karte, nämlich zum Teil falsch eingezeichnete Straßen im Grenzbereich.

Neben diesen Straßenkarten gibt es in Deutschland außerdem zwei ausgezeichnete **topografische Karten,** die jedoch auch nicht auf dem neuesten Stand sind. Dennoch sind beide von großem Nutzen, da alle Pisten und Wege eingezeichnet sind.

- **TPC, Tactical Pilotage Chart:** Vier Blätter mit einem Maßstab von 1:500.000. Die amerikanischen Pilotenkarten haben sich allzeit bewährt. Die letzte stammt jedoch von 1990!
- **ONC, Operation Navigation Chart:** Ein Blatt mit einem Maßstab von 1:1.000.000. Nicht schlecht, aber auch nicht viel besser als die Straßenkarten!
- Demjenigen, der kyrillisch lesen kann, sei zum Schluss die wohl detaillierteste Karte ans Herz gelegt (aber sicherlich auch die älteste: 1974–85): **Russische Karten in 36 Blättern** mit einem Maßstab von 1:200.000.

Während man die Straßenkarten in jeder besseren Buchhandlung bestellen kann, gibt es die topografischen Karten nur in speziellen Läden. Das Landkartenhaus Voigt in Freiburg hat viele der Karten vorrätig bzw. kann sie problemlos besorgen:

- **Landkartenhaus Voigt**
Schiffstraße 6, 79098 Freiburg,
Tel. 0761-2 39 08, Fax 0761-202 00 54,
E-Mail: Landkartenhaus-Voigt@t-online.de.

Buchtipp – Praxis-Ratgeber:
- Wolfram Schwieder
Richtig Kartenlesen
(Reise Know-How)

Sprachhilfe Syrisch

Dass Grundkenntnisse der Landessprache auf Reisen von großem Nutzen sind, ist allgemein bekannt. Heißt das Reiseziel zudem Syrien, wird man sehr schnell feststellen, dass ein **Basiswortschatz Arabisch** nicht nur **sehr nützlich,** sondern **bisweilen unumgänglich** ist. Syrien gehört (noch) nicht zu den großen Reisezielen, und nur wenige Syrer sprechen Englisch, noch weniger Französisch oder gar Deutsch. Vor allem abseits der großen Bazarstraßen und üblichen Reiserouten nimmt die Zahl Englisch sprechender Menschen rapide ab. Das bedeutet natürlich nicht, dass man sich in diesen Gebieten gar nicht zurechtfinden würde. Auch Hände und Füße sind akzeptierte Mittel der Kommunikation, oder aber ein Dorflehrer oder ein Schulkind werden herbeigeholt, um dem Fremden weiterzuhelfen. Dennoch: Ein paar Grundkenntnisse des Arabischen erleichtern das Reisen und die Verständigung mit der einheimischen Bevölkerung ungemein und sind weit weniger schwierig zu lernen als allgemein angenommen.

Niemand wird eine perfekte Grammatik erwarten, und der **syrische Dialekt** ist für den Europäer sogar **relativ leicht auszusprechen,** im Gegensatz zu manch anderen arabischen Dialekten. Dazu sollte man wissen, dass die arabische Sprache der Gegenwart ein weites Feld von mehr oder minder unterschiedlichen Mundarten umfasst.

Die „Ursprache“ bildet das klassische Hocharabisch, das Arabisch des Korans. Da die arabische Sprachpalette so vielfältig ist, dass auch die Kommunikation von Arabern unterschiedlicher Herkunft nicht immer möglich ist, hat man sich innerhalb der arabischen Welt auf eine **moderne Schrift- und Umgangssprache** geeinigt, die vor allem in Zeitungen, im Fernsehen, auf Vorträgen und in Ansprachen etc. verwendet wird.

Das syrische Arabisch ist diesem modernen Umgangsarabisch recht ähnlich. Es ist sogar noch leichter und für den Reisenden von größerer Bedeutung. Daher wird es in diesem Sprachführer in aller Kürze vorgestellt. Wenn manch ein Syrer diesen Sprachführer als „unarabisch“ oder „falsch“ betrachten sollte, ist das nicht weiter von Belang. Ihrer Meinung nach sollte ein Ausländer nur Hocharabisch lernen (es gilt als vornehmer, da dem Koran sprachlich viel näher), zum Zwecke des Reisens jedoch ist die Hochsprache völlig unerheblich.

Das arabische Alphabet

Ein paar Bemerkungen zum arabischen Alphabet vorweg: Das arabische Alphabet setzt sich aus **28 Buchstaben** zusammen, die von rechts nach links geschrieben werden. Innerhalb der Wortgrenzen werden sie miteinander verbunden (mit sechs Ausnahmen), wodurch sich unterschiedliche Zeichenformen ergeben, abhängig davon, ob ein Buchstabe am Anfang, in der Mitte oder am Ende eines Wortes steht. Nimmt man nun noch die Form des allein stehenden Buchstabens hinzu, kommt man auf **vier unterschiedliche Schreibweisen für ein und denselben Buchstaben.** Das klingt komplizierter als es ist: Wie man am geschriebenen Alphabet sieht, ähneln sich die vier Formen der Buchstaben meist oder sind zum Teil sogar dieselben, so dass man nicht gezwungen ist, viermal 28 Buchstaben zu lernen, will man das arabische Alphabet beherrschen (siehe S. 468).

Sprachkurse

Die **Universität Damaskus** hat ein **Fremdspracheninstitut in Meze.** Hier kann jeder (nicht nur Studenten) vierwöchige Kurse in sieben verschiedenen Levels besuchen. Ein Kurs kostet 10.000 Lira; es ist möglich, mehrere Kurse hintereinander zu besuchen. Die Kurse sind logisch aufgebaut und mit etwas Motivation kann man gut und schnell Arabisch lernen. Unter www.damasuniv.shern.net/ gibt es alle Informationen zu den Kursen, zur Einschreibung und zu den Preisen.

Sehr gute Kurse vermittelt die **Agentur Nawafir Travel & Tours in Damaskus** (siehe dort den Punkt „Reisebüro“). Sie organisiert nicht nur die Kurse – in Gruppen oder privat –, sondern auch Unterkunft, Aufenthaltsgenehmigungen etc., was sehr hilfreich ist.

Ebenfalls Kurse in Syrien, vor allem aber sehr gute Kurse in Deutschland bietet das **Landesspracheninstitut in Bochum:**

- **Landesspracheninstitut NRW Arabicum**
Pf 24 04 33, 44742 Bochum,
Tel. 02 34/700-78 99 oder 700-77 50,
Fax 70 94-119, www.ruhr-uni-bochum.de.

Der **Deutsch-Syrische Verein** organisiert Sprachkurse, auch speziell für Kinder, in München:

- **Deutsch-Syrischer Verein e.V.**
Schwanthaler Str. 111, 80339 München,
Tel./Fax 089/50 62 79,
www.deutsch-syrischer-verein.de.

Das arabische Alphabet

Name	allein stehend	hinten/Mitte/vorn	Aussprache	Umschrift
Alif	أ	أأأ	a, i oder u. Ein langer Vokal wird mit ^ gekennzeichnet.	a, i, u
Bâ	ب	ببب	b	b
Tâ	ت	تتت	t	t
Thâ	ث	ثثث	th, wie engl. think	th
Djîm	ج	ججج	j, wie engl. Job	dj
Hâ	ح	ححح	gehauchtes h	h
Khâ	خ	خخخ	ch wie in Lachen	kh
Dâl	د	ددد	d	d
Thâl	ذ	ذذذ	stimmhaftes th wie engl. though	th
Râ	ر	ر ر ر	rollendes r	r
Zâ	ز	ز ز ز	stimmhaftes s wie in Susi	z
Sîn	س	سسس	stimmloses wie in sauer	s
Schîn	ش	ششش	sch	sh
Sâd	ص	صصص	emphatisch s	s
Dâd	ض	ضضض	emphatisch d	d
Ta	ط	ططط	emphatisch t	t
Za	ظ	ظظظ	emphatisch z	z

Name	allein stehend	hinten/Mitte/vorn	Aussprache	Umschrift
'ain	ع	عـعـع	„Würge-laut" aus der Kehle	' oder nichts
Ghain	غ	غـغـغ	ein franz. r wie in rire	gh
Fâ	ف	فـفـف	f	f
Qâf	ق	قـقـق	ein q aus der Kehle	q
Kâf	ك	كـكـك	k	k
Lâm	ل	لـلـل	l	l
Mîm	م	مـمـم	m	m
Nûn	ن	نـنـن	n	n
Hâ	ه	هـهـه	h	h
Wau	و	ووو	w, wie engl. while od. u	w oder u
Yâ	ي	يـيـي	wie j in ja oder i	y oder i

Ein letzter **Hinweis zum Buchstaben h:** Er wird im Arabischen immer gesprochen (wie in Bethle**h**em) und dient nicht, wie im Deutschen, der Verlängerung des vorangehenden Vokals.

Wer **Arabisch,** sei es die Hochsprache oder den Dialekt, **erlernen** möchte, findet in Damaskus sehr gute Kurse unter den folgenden Adressen:

- **AG Arabisch in Damaskus**
c/o Zakaria Sweid, Goethe-Institut, PO Box 6100, Damascus, Tel. (00963-11) 333 66 73 (zweimal jährlich Vier-Wochen-Kurse, ca. 450 Euro inkl. Unterkunft)
- **IFEAD (Institut Français d'Études Arabe de Damas)**
PO Box 344, Damascus, Tel. (00963-11) 333 19 62, Information auch in Frankreich unter Tel. 0033-1-40 65 68 25 (sowohl Sommerkurse als auch Jahres- und Vierteljahreskurse, Kosten: 6 Wochen ca. 450 Euro).

Acht Regeln, die das Lernen ungemein erleichtern:

1. Es gibt im Arabischen keine Form für „sein". „Ich bin", „du bist" etc. wird nur mit „ich", „du" etc. wiedergegeben.
Ich: ana / Du (m.): inte, Du (f.): inti / Er: huwwe / Sie: hiyye / Wir: nihna / Ihr: intu / Sie: hinne
In der Vergangenheit hingegen existiert das Verb „sein".
Ich war: kint / Du warst (m.): kint, Du warst (f.): kinti / Er war: kân / Sie war: kânet / Wir waren: kinna / Ihr wart: kintu / Sie waren: kânû

2. Das Verb „haben" wird im Arabischen mit „bei mir ist..." wiedergegeben. Was es auf Arabsich heißt, wird anhand der Personalsuffixe erläutert.

3. Die Personalsuffixe sind (anhand der Präposition „bei" = „'ainda"):
Ich: 'aind**î** / Du (m.): 'aind**ak**, Du (f.): 'aind**ek** / Er: 'aind**o** / Sie: 'aind**â** / Wir: 'aind**anâ** / Ihr: 'aind**kon** / Sie: 'aind**on**
Die Frage „Haben Sie Brot?" lautet dementsprechend: „'aindak khubz (= Brot)?"

4. Die weibliche Form wird in fast allen Fällen durch Anhängen eines „e" gebildet (z.B. Ingenieur: muhandis / muhandise; groß: kebîr / kebîre etc.).

5. Der Artikel lautet immer „al-", „und" heißt immer „wa-".

6. Die Verneinung ist bei Dingen „mâ" (z.B. es gibt nicht: mâ fî), bei Menschen „mû" (z.B. Ich bin nicht groß: ana mû kebîre).

7. Der Plural ist meist unregelmäßig, für einen kurzen Urlaub sollte man es sich deshalb besser gar nicht erst angewöhnen, Regeln zu suchen oder zu lernen. Ausnahmen: Der maskuline Plural bei Personen lautet „-ûn" (z.B. Ingenieure: muhandisûn), der feminine Plural „-ât" (z.B. Ingenieurinnen: muhandisât).

8. Nichts ist leichter als der Nominalsatz: Das Haus (al-bêt) ist groß (kebîr) – al-bêt kebîr. Aber: das große Haus: al-bêt al-kebîr.

Deutsch	Syrisch (m.)
(in Klammern: Syrisch (f), falls Abweichungen)	
Die Begrüßung	
A: Guten Morgen	sabah al-khêr
B: Antwort	sabah an-nûr
A: Guten Tag	marhaba
B: Antwort	marhabtên
A: Guten Abend	masâ al-khêr
B: Antwort	masâ an-nûr (masâ al-khêrât)
A: Gute Nacht	tisbah alâ khêr (tisbahî alâ khêr)
B: Antwort	wa-inte bi-khêr (wa-inti bi-khêr)
A: Auf Wiedersehen	khatrak (khatrik)
B: Antwort	ma'a salâma (ma'a salâma)
A: Antwort auf B	Allah yusallmak (Allah yusallmik)
A: Herzlich Willkommen	ahlan wa-sahlan
B: Antwort	ahlên
Gespräch	
Wie geht es Dir?	shlunak oder kîf sahtak (shlunik oder kîf sahtik)
Danke, gut	mnîh, al-hamdulillah
Es geht so	mâshî hâl
Woher kommst Du?	inte min wên (inti min wên)
Ich komme aus ...	âna min ...
... Deutschland	... almâniya
... Österreich	... al-nimsa
... der Schweiz	... al-swizzera
Ich bin ...	âna ...
... Deutsche(r)	... almânî (... âlmânîya)
... Österreicher(in)	... nimsawî (... nimsawîya)
... Schweizer(in)	... swizzerî (... swizzerîya)
Wie heißt Du? [bitte]	shu ismak [min fadlak]? (shu ismik [min fadlik])?
Ich heiße ...	ismî ...
Wie alt bist Du? [bitte]	shu 'umrak [min fadlak]? (shu 'umrik [min fadlik])?
... Jahre alt	... âman
Wer ist das?	mîn hâda? (mîn hai?)
Das ist ...	hâda ... (hai ...)
... mein Ehemann	zaudjî
... meine Ehefrau	zaudjatî
... mein Vater	abî
... meine Mutter	immî
... mein Sohn	waladî
... meine Tochter	bintî
... mein Bruder	akhî
... meine Schwester	ukhtî
... mein Freund	sadîqî
... meine Freundin	sadîqatî
Was arbeitest Du?	shu btischtighil? (shu btischtighilî?)
Ich bin ...	âna ...
... Student(in)	tâleb (tâlebe)
... Lehrer(in)	istâz (istâze)
... Arzt(in)	tabîb (tabîbe)
... Arbeiter(in)	'âmil ('âmile)
... Ingenieur(in)	muhandis (muhandise)
Sprichst Du Arabisch?	btihki 'arabî?
Ja, ich spreche ein wenig	é, bihkî 'arabî shwayy
Nein, ich spreche kein Arabisch	lâ, mû bihkî 'arabî

Wichtige Worte

Ja	é oder na'am
Nein	lâ
Bitte	min fadlak (min fadlik)
Danke	shukron
Antwort: Gerne geschehen	lâ shukron 'alâ wâdjib oder 'afwan
viel	ketîr (ketîre)
Wenig	shwayy oder alîl (shwayye oder alîle)
Was willst Du?	shû biddak (shû biddik)
Ich will ...	bidî ...
Ich will nicht/kein ...	mu bidî ...
Es gibt ...	fî ...
Es gibt nicht ...	mâ fî ...
gut	qwais (qwaisa)
schlecht	saiy' (saiy'a)
groß (ein Mensch)	tawîl (tawîle)
groß (eine Sache)	kebîr (kebîre)
klein (ein Mensch)	qasîr (qasîre)
klein (eine Sache)	seghîr (seghîre)
schön	djamil/hlu (djamila/hluwe)
unschön	gher djamil (gher djamile/ gher hluwa)
alt (ein Mensch)	kebîr bi-sinne (kebîre bi-sinne)
alt (eine Sache)	'adîm ('adîme)
jung (ein Mensch)	seghîr bi-sinne (seghîre bi-sinne)
neu	djedîd (djedîde)
teuer	ghâlî (ghâlîye)
billig	rakhîs (rakhîse)
verboten	mammnu' (mammnu'a)
erlaubt	masmu' (masmu'a)
krank	marîd (marîda)
wichtig	him (hima)
Moschee	masdjid/djamii
Apotheke	saidaliya
Museum	mathaf
Post	barîd
Haus	bêt/dâr
Markt	sûq
Geschäft	baqqaliya/dukkân
Bank	banka
Geldtausch	al-mâl
Herr/Dame	sayyid/sayyida
Mann/Frau	radjul/imra
Fluss	nahr
Meer	bahr
Straße	shâri'a/tarîq
Berg	djebl
Wasser	mai
Abend	masâ
Nacht	leila
Tag	yaum
Wer	mîn
Wo	wên
Wie	kîf
was	shû

Uhrzeit, Wochentage, Monate

Wie spät ist es?	'addêsch as-sâ'a?
Es ist ...	is-sâ'a ...
13 Uhr	wihde
14 Uhr	tintên
15 Uhr	tlâte
16 Uhr etc.	arba'a
13.15 Uhr	wihde wa-rib'
13.20 Uhr	wihde wa-tilt
13.30 Uhr	wihde wa-niss
13.40 Uhr	tinten illa tilt
13.45 Uhr	tinten illa rib'
12 Uhr	tna'asch ad-dihr
24 Uhr	tna'asch
1 Uhr	wihde ba'd niss el-lel
2 Uhr etc.	tinten ba'd niss el-lel
Samstag	yaum as-sabt
Sonntag	yaum al-ahd
Montag	yaum at-tanen
Dienstag	yaum at-talâta
Mittwoch	yaum al-arba'a
Donnerstag	yaum al-khamis
Freitag	yaum al-djuma'a
Januar	kanûn at-tâni
Februar	shubât
März	azâr
April	nissân
Mai	ayyâr
Juni	hzeran
Juli	temmuz

August	âb
September	elûl
Oktober	tishrîn al-awal
November	tishrîn at-tâni
Dezember	kanûn al-awal

Lebensmittel	**ma'kulât**
Brot	khubz
Butter	zibda
Käse	djibne
Eier	bûyûd
Milch	halîb
Reis	rûz
Oliven	zaitûn
Salz	milh
Zucker	sukar
Suppe	shûrba
Fleisch	**lahm**
Hähnchen	farûdj
Lamm	ghanam
Rind	baqara
Fisch	samak
Leber	kibda
Niere	kilawi
Herz	qalb
Gemüse	**khudâr**
Tomaten	banadûra
Karotten	djazar
Gurke	khiyâr
Zwiebel	basl
Knoblauch	thûm
Erbsen	bisala
Kartoffeln	patatas
Bohnen	fasuliya
Paprika	filfil
Obst	**fawâke**
Apfel	tufâh
Banane	mûz
Orange	burtaqâl
Mandarine	karmantîna
Zitrone	laimûn
Nüsse	djauz
Wassermelone	batîkh
Aprikose	mishmish
Trauben	ainab
Erdbeere	tût oder frês

(für Gerichte siehe im Kapitel „Essen und Trinken“)

Die Zahlen
(im Gegensatz zu den Worten werden Zahlen wie bei uns von links nach rechts gelesen)

1	١	wâhed
2	٢	tnên
3	٣	tlâte
4	٤	arb'a
5	٥	khamse
6	٦	sitte
7	٧	sab'a
8	٨	tmâne
9	٩	tis'a
10	١٠	'aschra
11	١١	ida'asch
12	١٢	tna'asch
13	١٣	tlâtte'asch
14	١٤	arb'atasch
15	١٥	khamsta'asch
16	١٦	sitta'asch
17	١٧	sabata'asch
18	١٨	tminta'asch
19	١٩	tasata'asch
20	٢٠	'aschrîn
21	٢١	wâhed wa-'aschrîn
22	٢٢	tnên wa-'aschrîn
30	٣٠	tlâtîn

40	٤٠	'arb'în
50	٥٠	khamsîn
60	٦٠	sittîn
70	٧٠	sab'în
80	٨٠	tmânîn
90	٩٠	tis'în
100	١٠٠	miyye
101	١٠١	miyye wa-wâhed
102	١٠٢	miyye wa-tnên
200	٢٠٠	miyyatên
300	٣٠٠	tlât-mît
400	٤٠٠	'arb'-mît
1000	١٠٠٠	alf
2000	٢٠٠٠	alfên
3000	٣٠٠٠	tlât-alâf
4000	٤٠٠٠	'arb'-alâf

Glossar

Abd: arab. Diener/Sklave
Abu: arab. Vater des ...
Agora: griech. Markt- und Versammlungsplatz
Aid: arab. Fest
Ain: arab. Quelle
Akropolis: griech. Burg
Alawi: Familienzweig der Familie des Propheten. Die Alawiten in Syrien und der Türkei glauben, von diesem Familienzweig abzustammen.
Alim, Plu. Ulama: arab. religiöser Gelehrter
Argilah: arab. Wasserpfeife

Bab: arab. Tor
Bahr: arab. Meer
Bait: arab. Haus
Bakschisch: arab. Trinkgeld
Banu: arab. Stamm
Baraka: arab. segensreiche Kraft, die von einem Heiligen ausgeht
Basilika: lat. drei- oder mehrschiffiges Gebäude, unter den Römern ein Marktgebäude, unter den Byzantinern eine Kirche
Ben/Ibn: arab. Sohn des ...
Bismillah: arab. im Namen Gottes

Dair: arab. Kloster
Dar: arab. Haus
Dhikr: arab. rituelles Gottgedenken, oft durch permanente Wiederholung des Glaubensbekenntnisses
Djabal: arab. Berg
Djahiliya: arab. die Zeit der Unwissenheit, d.h. die Zeit vor dem Islam
Djamaa: arab. Platz

Djazira: arab. Insel
Djihad: arab. „Anstrengung", speziell: „Heiliger Krieg"
Djinn, Plu. Djunun: arab. Geist
Donjon: Wehrturm bei Kreuzritterburgen
Drusen: schiitische Glaubensgemeinschaft, die vor allem im Süden Syriens lebt

Fatwa: arab. islamisches Rechtsgutachten

Hadith: arab. die Worte des Propheten, Berichte über seine Handlungen
Hadj: arab. die Pilgerreise nach Mekka. Der Hadj gehört zu den fünf Säulen des Islam. Jeder Gläubige sollte einmal in seinem Leben nach Mekka gepilgert sein.
Halwayat: arab. Süßigkeiten
Hammam: arab. orientalisches Dampfbad
Hidjab: arab. Schleier der Frau
Hidjra: arab. Auswanderung des Propheten Muhammad von Mekka nach Medina. Die islamische Zeitrechnung beginnt mit dieser Hidjra im Jahre 622.

Imam, Plu. A'imma: arab. „Vorbeter" in der Moschee. Unter den Schiiten sind mit A'imma die Nachfolger des Propheten Muhammad gemeint. Ein Imam kann auch ein politischer oder religiöser Anführer sein.

Khan: pers. 1. an muslimischen Karawanenwegen gelegene Herberge mit Verkaufsräumen; 2. mongolischer Fürstentitel

Madhab: arab. sunnitische islamische Rechtsschule. Ihrer gibt es vier: die Hanafiten (nach Abu Hanifa, gest. 767), die Malikiten (nach Malik ibn Anas, gest. 795), die Schafiiten (nach Shafi, gest. 820) und die Hanbaliten (nach Ahmad ibn Hanbal, gest. 855)
Madrasa: arab. Schule
Maristan: arab. Krankenhaus
Mihrab: arab. Gebetsnische in der Moschee
Minbar: arab. Gebetskanzel in der Moschee
Muhafazat: arab. Provinz

Nekropole: griech. Totenstadt
Noria: arab. Wasserrad

Pascha: osm. Fürstentitel

Qadi: arab. Titel für einen islamischen Richter
Qala'at: arab. Burg
Qasr: arab. Schloss
Qibla: arab. Gebetsrichtung

Ramadan: arab. Der neunte islamische Monat ist der Fastenmonat.

Sahat: arab. Platz
Salafiya: arab. Die Salafiya ist eine religiöse modernistische Bewegung, die sich Ende des letzten Jahrhunderts v.a. in Ägypten geformt hat und aus der der moderne Fundamentalismus entstanden ist. Ziel der Salafiya war eine Rückbesinnung auf die Wurzeln des Islam (salaf = Vorväter), ohne dabei auf moderne Bildung oder Technik zu verzichten. Die Salafiya gründete sich vor allem vor dem Hintergrund, dass weite

Teile der islamischen Welt von europäischen Kolonialmächten unterdrückt wurden. Muhammad Abduh und Rashid Rida gelten als „Gründerväter" dieser Bewegung.

Saum: arab. das Fasten im Monat Ramadan

Scherif: arab. die direkten Nachfahren des Propheten Muhammad durch seine Tochter Fatima

Scheich: arab. religiöser Lehrer

Scharia: arab. islamische Rechtsprechung

Sharia: arab. Straße

Sufismus: islamische Mystik

Sunna: arab. die „Gewohnheiten" des Propheten; maßgebend für die Muslime

Suq: arab. Markt, oder pers.: Bazar

Sure: arab. Kapitel des Korans

Tell: arab. Hügel

Umayyaden: Die erste arabische islamische Dynastie (661–756), die mit Hauptsitz in Syrien im Geiste des altarabischen Herrentums herrschte. Unter ihrer Herrschaft wurden Gebiete bis zum Atlantik, Transoxanien und Sind erobert.

Umma: arab. die islamische Gemeinschaft

Urf: arab. Gewohnheitsrecht

Wadi: arab. Tal/Oase

Wali: arab. „Freund Gottes", oft Titulierung eines islamischen Heiligen

Reise-Gesundheitsinformationen Syrien

Stand: März 2009

© Inhalte: Centrum für Reisemedizin

Die nachstehenden Angaben dienen der Orientierung, was für eine geplante Reise in das Land an Gesundheitsvorsorgemaßnahmen zu berücksichtigen ist. Die Informationen wurden uns freundlicherweise vom Centrum für Reisemedizin zur Verfügung gestellt. Auf der Homepage **www.travelmed.de** werden diese Informationen stetig aktualisiert. Es lohnt sich, dort noch einmal nachzuschauen. Eine Gewähr oder Haftung für die nachstehenden Angaben kann nicht übernommen werden.

Klima

Subtropisches, trockenes Klima, im Westen Winterregen; durchschnittliche Temperatur in Damaskus im Januar 7°C, im August 28°C.

Einreise-Impfvorschriften

Bei Direktflug aus Europa sind keine Impfungen vorgeschrieben.

Bei einem vorherigen Zwischenaufenthalt (innerhalb der letzten 6 Tage vor Einreise) in einem der aufgeführten Länder (Gelbfieber-Endemiegebiete) wird bei Einreise eine gültige Gelbfieber-Impfbescheinigung verlangt.

Gelbfieber-Impfbescheinigung erforderlich bei Einreise aus: Angola / Äquatorialguinea / Äthiopien / Benin / Bolivien / Brasilien / Burkina Faso / Burundi / Ecuador / Elfenbeinküste / Franz. Guayana / Gabun / Gambia / Ghana / Guinea / Guinea-Bissau / Guyana / Kamerun / Kenia / Kolumbien / Kongo, Rep. / Kongo, Dem. Rep. / Liberia / Mali / Mauretanien / Niger / Nigeria / Panama / Peru / Ruanda / Sao Tomé & Principe / Senegal / Sierra Leone / Somalia / Sudan / Surinam / Tansania / Togo / Tschad / Uganda / Venezuela / Zentralafrikanische Republik.

Empfohlener Impfschutz

Generell: Standardimpfungen nach dem deutschen Impfkalender, spez. **Tetanus, Diphtherie, Hepatitis A.**

Eventuell: Bei Reisen durch das Landesinnere unter einfachen Bedingungen (Rucksack-, Trekking- oder Individualreise) mit einfachen Quartieren/Hotels, bei Camping-Reisen und Langzeitaufenthalten, im Falle einer praktischen Tätigkeit im Gesundheits- oder Sozialwesen und bei engem Kontakt zur einheimischen Bevölkerung ist außerdem ein Impfschutz gegen **Hepatitis B** und **Tollwut** (bei vorhersehbarem Umgang mit Tieren) zu erwägen.

Welche Impfungen letztendlich vorzunehmen sind, ist abhängig vom aktuellen Infektionsrisiko vor Ort, von der Art und Dauer der geplanten Reise, vom Gesundheitszustand sowie dem evtl. noch vorhandenen Impfschutz des Reisenden.

Da im Einzelfall unterschiedlichste Aspekte zu berücksichtigen sind, empfiehlt es sich immer, rechtzeitig (etwa 4 bis 6 Wochen) vor der Reise eine persönliche **Reise-Gesundheits-Beratung** bei einem reisemedizinisch erfahrenen Arzt oder Apotheker in Anspruch zu nehmen.

Malaria

Risiko von Mai bis Oktober; geringes Risiko herdförmig im Norden, speziell im Al Hasaka-Gouvernorat (Grenzgebiet zur Türkei und zum Irak); kein Risiko in den übrigen Landesteilen.

Vorbeugung: Ein konsequenter Mückenschutz in den Abend- und Nachtstunden verringert das Malariarisiko erheblich **(Expositionsprophylaxe).** Die wichtigsten Maßnahmen sind: In der Dämmerung und nachts Aufenthalt in mückengeschützten Räumen (Räume mit AC, Mücken fliegen nicht vom Warmen ins Kalte); beim Aufenthalt im Freien in Malariagebieten abends und nachts weitgehend körperbedeckende Kleidung (lange Ärmel, lange Hosen); Anwendung von Insekten abwehrenden Mitteln an unbedeckten Hautstellen (Wade, Handgelenke, Nacken; Wirkungsdauer ca. 2–4 Std.); im Wohnbereich Anwendung von Insekten abtötenden Mitteln in Form von Aerosolen, Verdampfern, Kerzen, Räucherspiralen; schlafen unter dem Moskitonetz (vor allem in Hochrisikogebieten).

Ergänzend ist die Einnahme von Anti-Malaria-Medikamenten **(Chemoprophylaxe)** evtl. zu empfehlen. Zu Art und Dauer der Chemoprophylaxe fragen Sie Ihren Arzt oder Apotheker, bzw. informieren Sie sich in einer qualifizierten reisemedizinischen Beratungsstelle. Malariamittel sind verschreibungspflichtig.

Ratschläge zur Reiseapotheke

Vergessen Sie nicht, eine kleinere oder größere Reiseapotheke mitzunehmen (wenigstens Medikamente gegen Durchfall, Fieber und Schmerzen sowie Verbandstoff, Pflaster und Wunddesinfektion), damit Sie für kleinere Notfälle gerüstet sind.

Nicht vergessen: Medikamente, die der Reisende ständig einnehmen muss!

Aktuelle Meldungen

Orientbeule: Die durch Einzeller verursachten, durch nachtaktive Mücken übertragenen Geschwüre sind im Norden des Landes besonders häufig („Aleppobeule"). Schutz vor Mückenstichen beachten.

Gesundheitszeugnis/HIV-Test: Für Arbeits- und Langzeitaufenthalte werden ein Gesundheitszeugnis („Health Certificate") sowie ein HIV-Test in englischer Sprache verlangt.

Syrien
Libanon - Jordanien
Eine Reise durch das Land der Kulturen.
ADNAN HABBAB TRAVEL Co.
Kultur- und Pilgerreisen
Individual- und Gruppenreisen
Studien- und Incentivreisen
Bahnreisen und Wüstentouren
Mietwagen mit und ohne Fahrer
Arabisch Sprachkurse in Syrien
Nawafir
TRAVEL&TOURS
Syrien - Damaskus - 24 Rawda Street P.O. Box 31109
Telephon: +963 11 335 01 51 Fax: +963 11 334 34 40
E-mail: discover@nawafir-tours.com - www.nawafir-tours.com

Tour Serail
Marokko- & Orientreisen mit
der Reisebuchautorin
Muriel Brunswig-Ibrahim
Nutzen Sie das Know How
der Autorin
und lassen Sie sich
Ihre ganz private Syrienreise
maßschneidern!
Turnseestr. 6 79102 Freiburg
Tel. +49 761 64107 www.tourserail.com

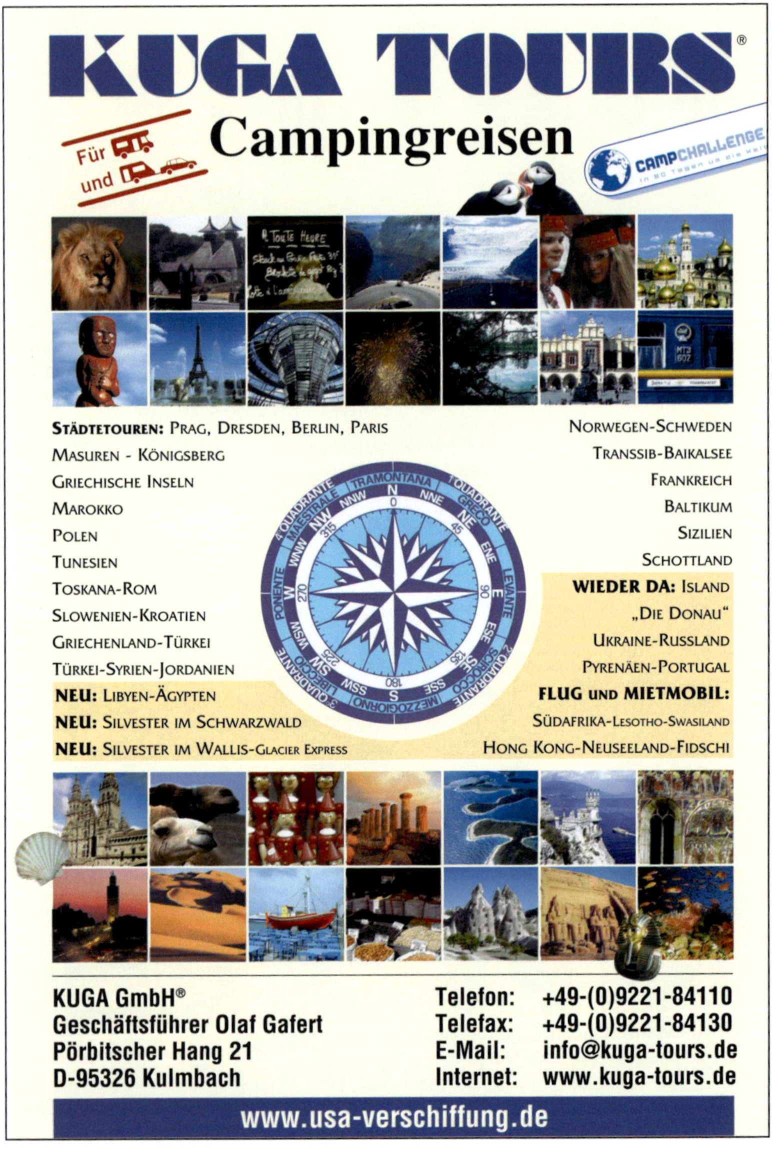
KUGA TOURS®
Für und
Campingreisen
CAMPCHALLENGE
Städtetouren: Prag, Dresden, Berlin, Paris
Masuren - Königsberg
Griechische Inseln
Marokko
Polen
Tunesien
Toskana-Rom
Slowenien-Kroatien
Griechenland-Türkei
Türkei-Syrien-Jordanien
NEU: Libyen-Ägypten
NEU: Silvester im Schwarzwald
NEU: Silvester im Wallis-Glacier Express
Norwegen-Schweden
Transsib-Baikalsee
Frankreich
Baltikum
Sizilien
Schottland
WIEDER DA: Island
„Die Donau"
Ukraine-Russland
Pyrenäen-Portugal
FLUG UND MIETMOBIL:
Südafrika-Lesotho-Swasiland
Hong Kong-Neuseeland-Fidschi
KUGA GmbH®
Geschäftsführer Olaf Gafert
Pörbitscher Hang 21
D-95326 Kulmbach
Telefon: +49-(0)9221-84110
Telefax: +49-(0)9221-84130
E-Mail: info@kuga-tours.de
Internet: www.kuga-tours.de
www.usa-verschiffung.de

Register

Die Autorin

Muriel Brunswig-Ibrahim (geb. 1970) ist Reiseveranstalterin und freischaffende Islamwissenschaftlerin und Ethnologin. Seit 1990 in Asien und Afrika unterwegs, gehört ihre besondere Liebe Syrien und Marokko. 1994 besuchte sie zum ersten Mal Damaskus und blieb für sechs Monate zum Studium dort. Seitdem hat sie das Land immer wieder bereist, meist über mehrere Monate hinweg. Heute lebt die Autorin als Publizistin in Deutschland, ist verheiratet und hat ein Kind. Ihr gehört die Firma Tour Serail (www.tourserail.com), die sich auf Individual-, Bildungs-, Kultur- und Aktivreisen in Syrien, Ägypten und Marokko spezialisiert hat. Im Vordergrund steht der Kontakt zu den Menschen, die in den Gastländern leben. Von der Autorin sind außerdem, ebenfalls im Reise Know-How Verlag, die Bücher „KulturSchock Marokko", „KulturSchock Vorderer Orient" und „Marokko aktiv" erschienen. Nähere Infos unter www.brunswig.info.

Danksagung

Ich möchte in erster Linie *Lewina Höhlein* danken. Sie hat mir viel geholfen, hat Teile des Buches für mich recherchiert und war – als Studentin in Damaskus – auch immer auf dem Laufenden, was in und out war.

Dann danke ich natürlich *Adnan Habbab* und seinem tollen Team von Nawafir in Damaskus, die mir mit allen Kräften geholfen haben, auch diese Auflage zu aktualisieren! Sie haben mich unterstützt, wo sie nur konnten – und das hat viel zum Gelingen des Buches beigetragen.

Natürlich möchte ich auch *Lucia Vallerius* danken, meiner lieben Freundin, die mich auf der Rechercheireise begleitet, meinen Sohn so wunderbar betreut und sich mit viel Lust und Liebe ins syrische Leben geworfen hat! Sie hat stundenlang Steine betrachten können – sodass sogar ich langsam Lust bekam, mir diese mal näher anzusehen –, hat mir mit ihrem Faible für Geschichte die Möglichkeit gegeben, das Land mal wieder neu zu entdecken und war immer eine ganz tolle Reisebegleiterin.

Khaled Aloush, meinem – unserem – Fahrer möchte ich von ganzem Herzen für die Effektivität danken, mit der er mich zu zig Hotels brachte, für seine Umsicht, sein Wissen, die interessanten Gespräche. Und natürlich dafür, wie geduldig er sich während des Fahrens stundenlang die immer gleiche Kinderkassette angehört hat, bis er das Anfangslied auf Deutsch singen konnte!

Meinen Lesern möchte ich danken – für das umsichtige Lesen, die Leserbriefe, für Lob und Kritik.

Danke meinen Freunden in Syrien, den alten wie den neuen. Sie sind es, die das Land für mich lebendig machen.

Und natürlich möchte ich *Nour* danken, meinem geliebten Sohn, der mit seinen vier Jahren bereits so viel von Syrien wahrgenommen hat, der bekannte Gesichter auf Plakaten stets unbekümmert kommentiert, geduldig jede Fahrt mitgemacht, ganz eifrig jede Ritterburg erklommen hat und uns mit seiner Fröhlichkeit beglückte.

HILFE!

Dieses Reisehandbuch ist gespickt mit unzähligen Adressen, Preisen, Tipps und Infos. Nur vor Ort kann überprüft werden, was noch stimmt, was sich verändert hat, ob Preise gestiegen oder gefallen sind, ob ein Hotel, ein Restaurant immer noch empfehlenswert ist oder nicht mehr, ob ein Ziel noch oder jetzt erreichbar ist, ob es eine lohnende Alternative gibt usw.

Unsere Autoren sind zwar stetig unterwegs und versuchen, alle zwei Jahre eine komplette Aktualisierung zu erstellen, aber auf die Mithilfe von Reisenden können sie nicht verzichten.

Darum: Schreiben Sie uns, was sich geändert hat, was besser sein könnte, was gestrichen bzw. ergänzt werden soll. Nur so bleibt dieses Buch immer aktuell und zuverlässig. Wenn sich die Infos direkt auf das Buch beziehen, würde die Seitenangabe uns die Arbeit sehr erleichtern. Gut verwertbare Informationen belohnt der Verlag mit einem Sprechführer Ihrer Wahl aus der über 220 Bände umfassenden Reihe „Kauderwelsch".

Bitte schreiben Sie an:

REISE KNOW-HOW Verlag Peter Rump GmbH, Pf 14 06 66, D-33626 Bielefeld,

oder per E-Mail an: info@reise-know-how.de

Danke!

Entfernungstabelle

	Tartus	Suwaida	Raqqa	Qunaitra	Qamishli	Palmyra	Lathaqiya	Homs	Hama	Dair az-Zur	Derâa	Damaskus	Bosra
Aleppo	274	491	192	422	589	346	182	193	146	324	456	355	494
Bosra	245	33	696	116	1085	366	487	301	348	818	40	139	
Damaskus	258	106	547	67	944	220	348	162	209	421	101		
Derâa	359	68	648	76	1045	321	449	263	310	522			
Dair az-Zur	600	785	138	488	727	201	510	354	470				
Hama	143	315	388	276	735	200	147	47					
Homs	96	286	385	229	782	153	186						
Lathaqiya	90	454	378	415	775	339							
Palmyra	256	268	155	287	598								
Qamishli	865	1050	306	885									
Qunaitra	325	98	617										
Raqqa	482	653											
Suwaida	364												

Kartenverzeichnis

Zeichenerklärung

Verkehr

- Autobahn
- Hauptverkehrsstraße
- wichtige Straße
- Nebenstraße
- Piste
- Eisenbahn
- Internationaler Flughafen

Grenzen

- Grenzübergang
- Staatsgrenze

Signaturen

- Moschee
- Kloster - Klosterruine
- Burg - Burgruine
- Antike Ruinen

Maßstab 1 : 1.000.000

0 10 20 30 40 50 km

Nordsyrien
MITTELMEER
Yumurtalik
Dörtyol
Iskenderun
Bozdagh
2240
Nur Daghlari
Kirikhan
Shaikh
Hadid
Amik
Gölu
Kizildagh
1795
Musadagh
1281
Orontes
Reyhanli
Antakya
Harim
Harbiye
Salqin
Kafr
Takharim
Samandagh
Darkush
Idli
Qunaya
Yayladaghi
Kasab
كسب
Ariha
Ra's al-Basit
راس البسيط
Djisr ash-Shughur
جسر الشغور
Rabi'a
Knadda
ash-Shabatliya
IV
A
B
1
2
3

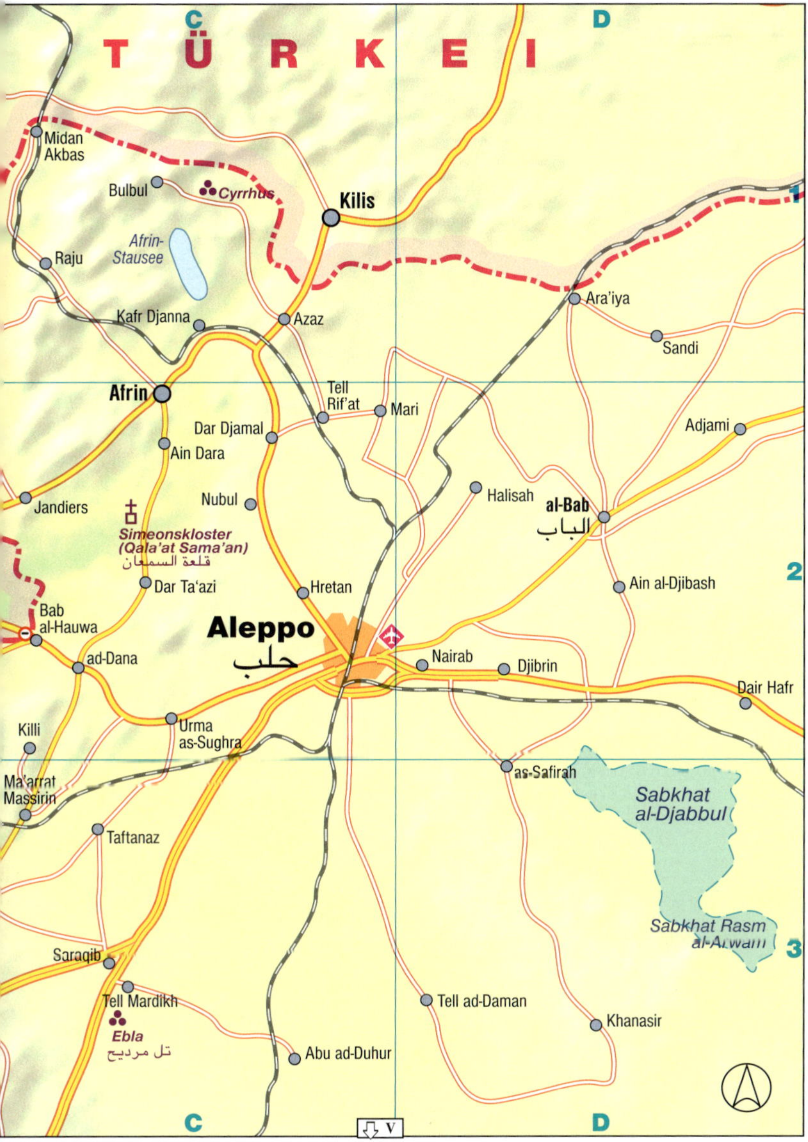
C
D
TÜRKEI
Midan Akbas
Bulbul
Cyrrhus
Kilis
Afrin-Stausee
Raju
Kafr Djanna
Azaz
Ara'iya
Sandi
Afrin
Tell Rif'at
Mari
Dar Djamal
Ain Dara
Adjami
Jandiers
Nubul
Halisah
al-Bab
الباب
Simeonskloster (Qala'at Sama'an)
قلعة السمعان
Dar Ta'azi
Hretan
Ain al-Djibash
Bab al-Hauwa
Aleppo
حلب
ad-Dana
Nairab
Djibrin
Dair Hafr
Killi
Urma as-Sughra
Ma'arrat Massirin
as-Safirah
Sabkhat al-Djabbul
Taftanaz
Sabkhat Rasm al-Arwam
Saraqib
Tell Mardikh
Ebla
تل مرديخ
Tell ad-Daman
Khanasir
Abu ad-Duhur
1
2
3
V

Syrische Küste
II
Ra's al-Basit
راس البسيط
Rabi'a
Djisr ash-Shughur
جسر الشغور
Ariha
Knadda
Orontes
ash-Shabatliya
Salma
1
al-Bahluliya
Ma'arat Mukhuz
Ugarit
راس شمرة
al-Haffah
1562
Slunfa
Qala'at Salah ad-Din
قلعة صلاح الدين
Lathaqiya
اللاذقية
Djaubat Birghal
al-Ghab
Apamea
قلعة المضيق
al-Fahura
Qirdaha
Qala'at al-Mudiq
Khan Shaykh
Djabal al-Lataqiya
Djabla
جبلة
Suqaylabiya
Kafr Zaita
1436
Ain ash-Sharqiyya
Qala'at Shaizar
قلعة شيزار
MITTELMEER
Mhardah
Abu Qubays
2
Banyas
بنياس
Qadmus
Qala'at Marqab
قلعة مرقب
Misyaf
مصياف
Ain al-Bayda
as-Sauda
Shaikh Badr
Tartus
طرطوس
Draikish
Kafrun
ARWAD
(ar-Ruad)
Amrit
Safita
Krak des Chevaliers
(Qala'at al-Husn)
قلعة الحصن
Shin
3
al-Hamidaya
Tell Kalakh
Hdaidah
Qlaiat
Buhayrat Qattina
Halba
A
B
VI

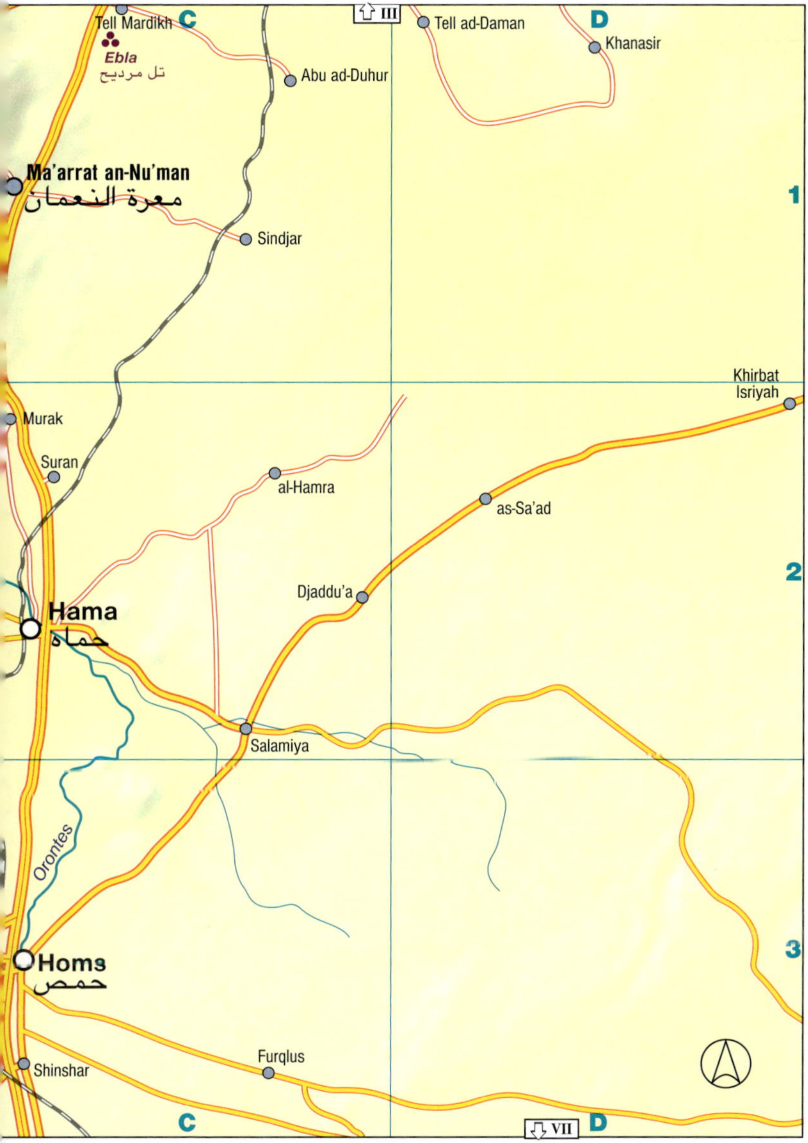
Tell Mardikh
Ebla
تل مرديخ
Abu ad-Duhur
Tell ad-Daman
Khanasir
Ma'arrat an-Nu'man
معرة النعمان
Sindjar
Khirbat Isriyah
Murak
Suran
al-Hamra
as-Sa'ad
Djaddu'a
Hama
حماه
Salamiya
Orontes
Homs
حمص
Furqlus
Shinshar
C
D
1
2
3
III
VII

Zentralsyrien
Shin
IV
Homs
حمص
B
Tell Kalakh
Hdaidah
Buhayrat Qattina
Shinshar
Furqlus
1
al-Qubaiyat
al-Qusair
Djabal Lubnan
Hermel
Hisya
Qurnat as-Sauda 3083
Orontes
Shadad
Ra's Baalbek
al-Qaryatain
al-Ain
Djabal Lubnan ash-Sharqi
(Anti-Libanon)
LIBANON
Qarah
Dair Atiya
2
Baalbek
an-Nabk
Yabrud
Djabal Ru'us at-Tiwal
(Djabal at-Tadmuriya
Al-Qalamun
an-Nasriye
Maalula
معلولا
Bahr al-Mallah
Djibrud
Rankus
al-Qtaifah
ar-Ruhayba
Bludan
Sayyid Naya
Mnin
3
Khan Abu Shamat
ad-Dumair
Adra
at-Tall
Duma
DAMASKUS
دمشق
A
VIII
B

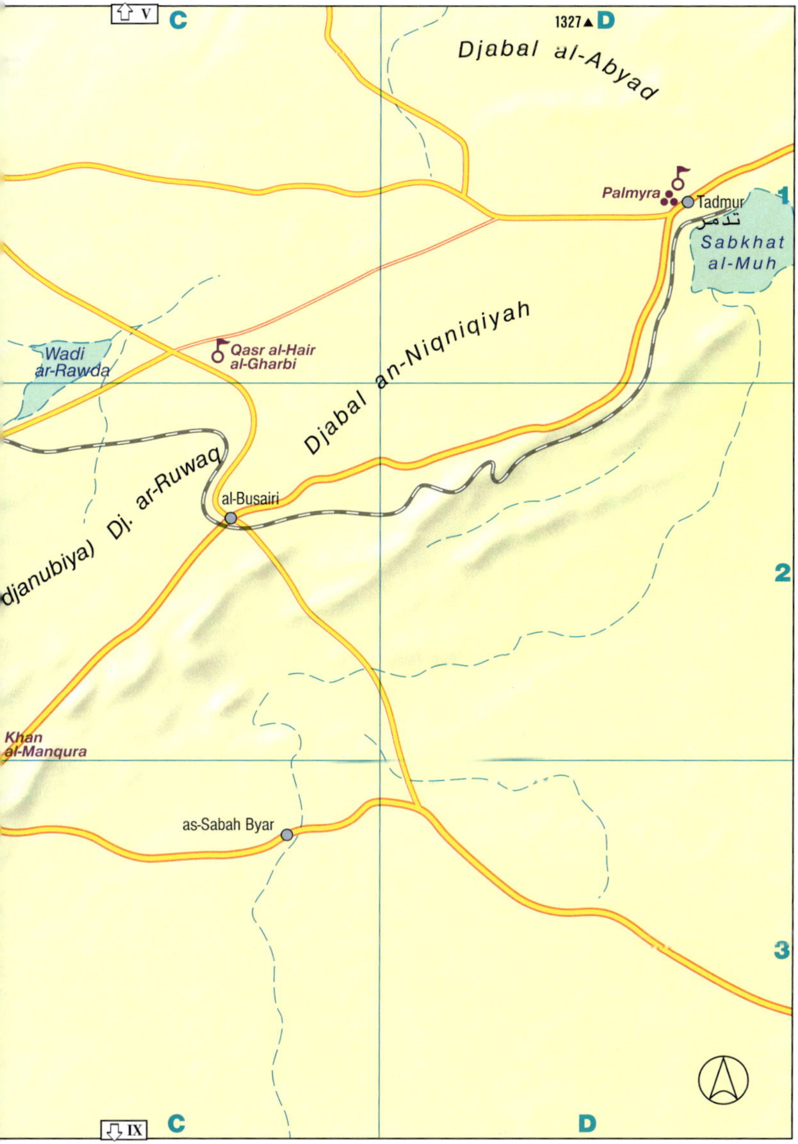
V
C
1327
D
Djabal al-Abyad
Palmyra
Tadmur
تدمر
Sabkhat al-Muh
1
Wadi ar-Rawda
Qasr al-Hair al-Gharbi
Djabal an-Niqniqiyah
Dj. ar-Ruwaq
djanubiya)
al-Busairi
2
Khan al-Manqura
as-Sabah Byar
3
IX
C
D

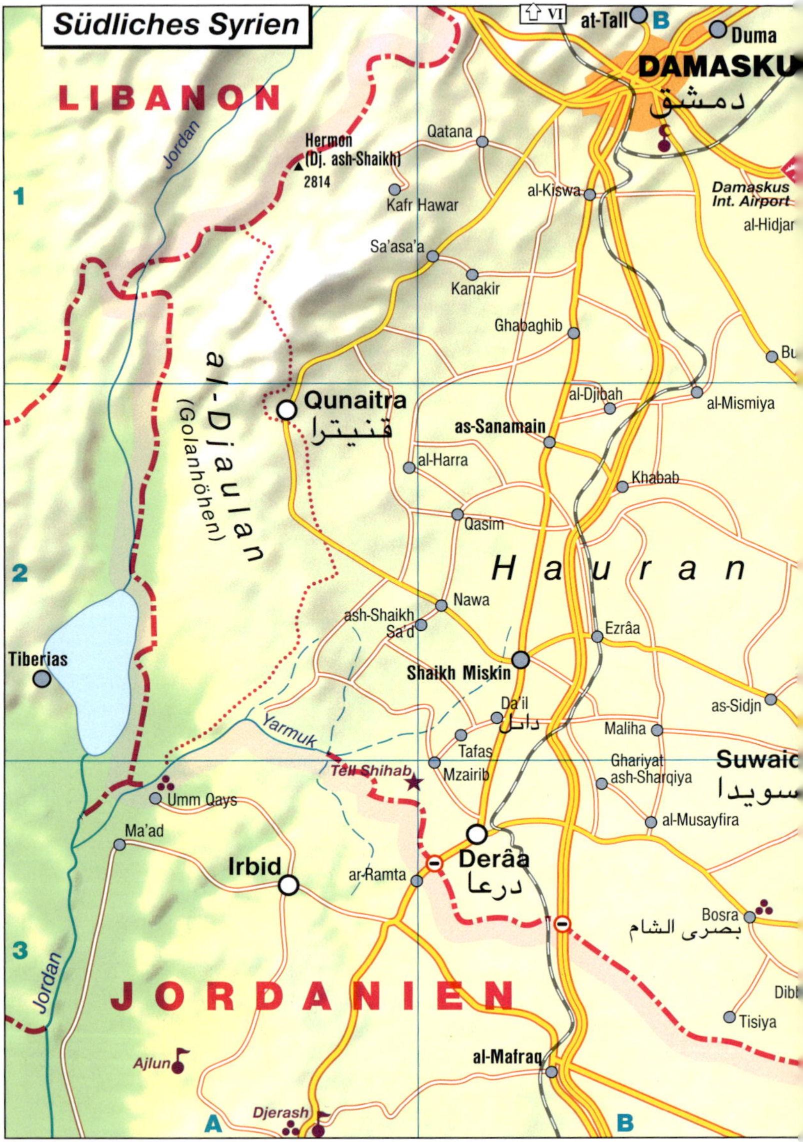
Südliches Syrien
VI
LIBANON
JORDANIEN
Hauran
al-Djaulan (Golanhöhen)
Jordan
Yarmuk
Hermon (Dj. ash-Shaikh) 2814
at-Tall
Duma
DAMASKU
دمشق
Qatana
Kafr Hawar
al-Kiswa
Damaskus Int. Airport
al-Hidjar
Sa'asa'a
Kanakir
Ghabaghib
Bu
Qunaitra
قنيترا
al-Djibah
al-Mismiya
as-Sanamain
al-Harra
Khabab
Qasim
Nawa
ash-Shaikh Sa'd
Ezrâa
Shaikh Miskin
as-Sidjn
Da'il
دائل
Maliha
Tafas
Tiberias
Tell Shihab
Mzairib
Ghariyat ash-Sharqiya
Suwaid
سويدا
Umm Qays
al-Musayfira
Ma'ad
Derâa
درعا
Irbid
ar-Ramta
Bosra
بصرى الشام
Dibb
Tisiya
Ajlun
al-Mafraq
Djerash
1
2
3
A
B

C
D
VII
1
2
3
Syrische
Wüste
az-Zalaf
Shaqqa
شقة
Shahba
شهبا
Salim
Maf'ala
al-Mushannaf
Qanawat
Djabal al-cArab
1800
Salah
al-Kafr
Qurayya
Milh
Salkhad
صلخد
Imtan
Khirbat Awwad
C
D

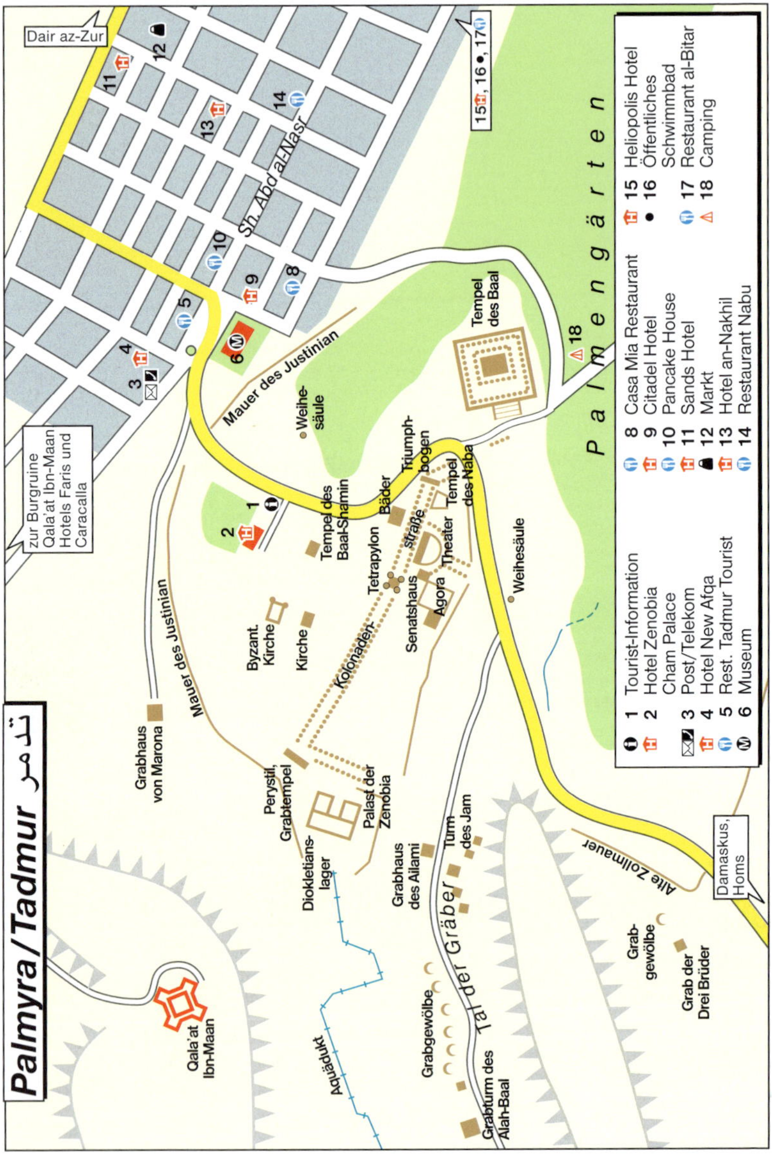

Palmyra/Tadmur تدمر
Dair az-Zur
zur Burgruine Qala'at Ibn-Maan Hotels Faris und Caracalla
15, 16 •, 17
Damaskus, Homs
Sh. Abd al-Nasr
Mauer des Justinian
Mauer des Justinian
Weihesäule
Tempel des Baal
Tempel des Baal-Shamin
Bäder
Triumphbogen
Tempel des Naba
Straße
Theater
Tetrapylon
Senatshaus
Agora
Weihesäule
Byzant. Kirche
Kirche
Kolonaden-
Grabhaus von Marona
Perystil, Grabtempel
Palast der Zenobia
Diokletianslager
Grabhaus des Ailami
Turm des Jam
Tal der Gräber
Alte Zollmauer
Grabgewölbe
Grab der Drei Brüder
Grabgewölbe
Grabturm des Alah-Baal
Aquädukt
Qala'at Ibn-Maan
P a l m e n g ä r t e n
1 Tourist-Information
2 Hotel Zenobia Cham Palace
3 Post/Telekom
4 Hotel New Afqa
5 Rest. Tadmur Tourist
6 Museum
8 Casa Mia Restaurant
9 Citadel Hotel
10 Pancake House
11 Sands Hotel
12 Markt
13 Hotel an-Nakhil
14 Restaurant Nabu
15 Heliopolis Hotel
16 Öffentliches Schwimmbad
17 Restaurant al-Bitar
18 Camping

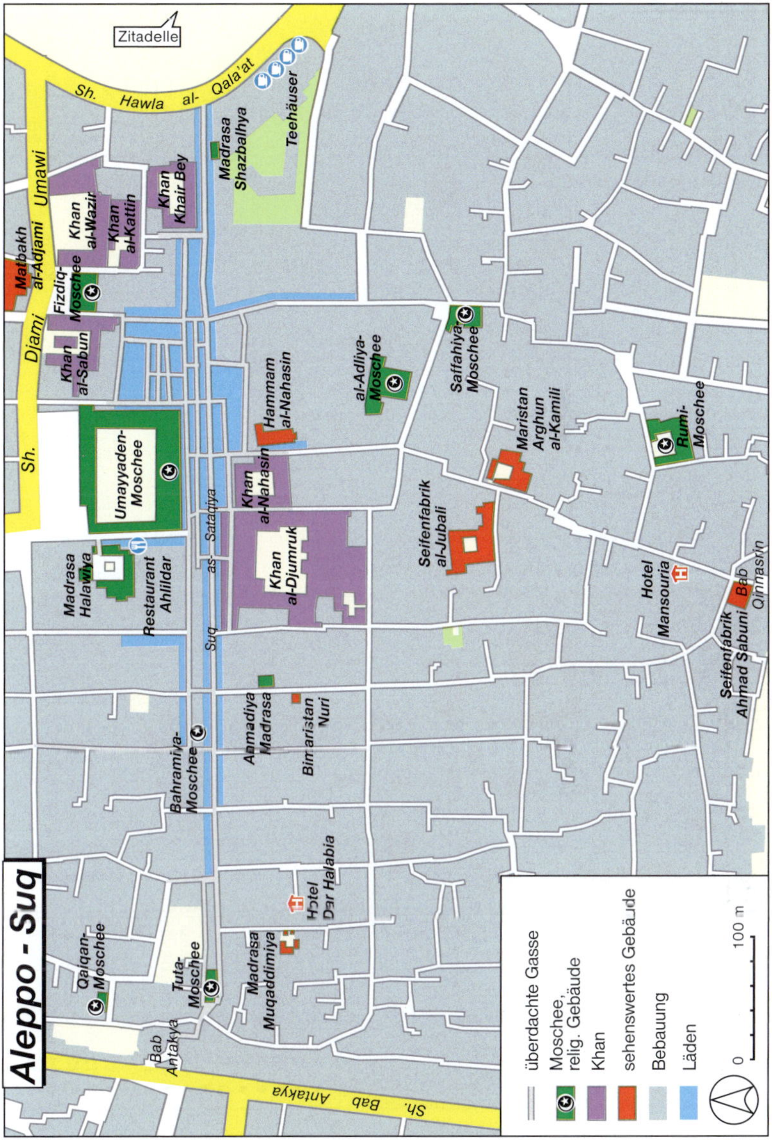

Aleppo - Suq
Zitadelle
Sh. Hawla al- Qala'at
Teehäuser
Madrasa Shazbalhya
Sh. Djami al-Adjami Umawi
Matbakh al-Adjami
Khan al-Wazir
Khan al-Kattin
Khan Khair Bey
Fizdiq-Moschee
Khan al-Sabun
Umayyaden-Moschee
Hammam al-Nahasin
al-Adliya-Moschee
Saffahiya-Moschee
Maristan Arghun al-Kamili
Rumi-Moschee
Khan al-Nahasin
Khan al-Djumruk
Seifenfabrik al-Jubali
Madrasa Halawiya
Restaurant Ahlildar
Suq as- Sataqiya
Hotel Mansouria
Bab Qinnasrin
Seifenfabrik Ahmad Sabuni
Ahmadiya Madrasa
Bimaristan Nuri
Bahramiya-Moschee
Hotel Dar Halabia
Madrasa Muqaddimiya
Qalqan-Moschee
Tuta-Moschee
Bab Antakya
Sh. Bab Antakya
überdachte Gasse
Moschee, relig. Gebäude
Khan
sehenswertes Gebäude
Bebauung
Läden
0
100 m

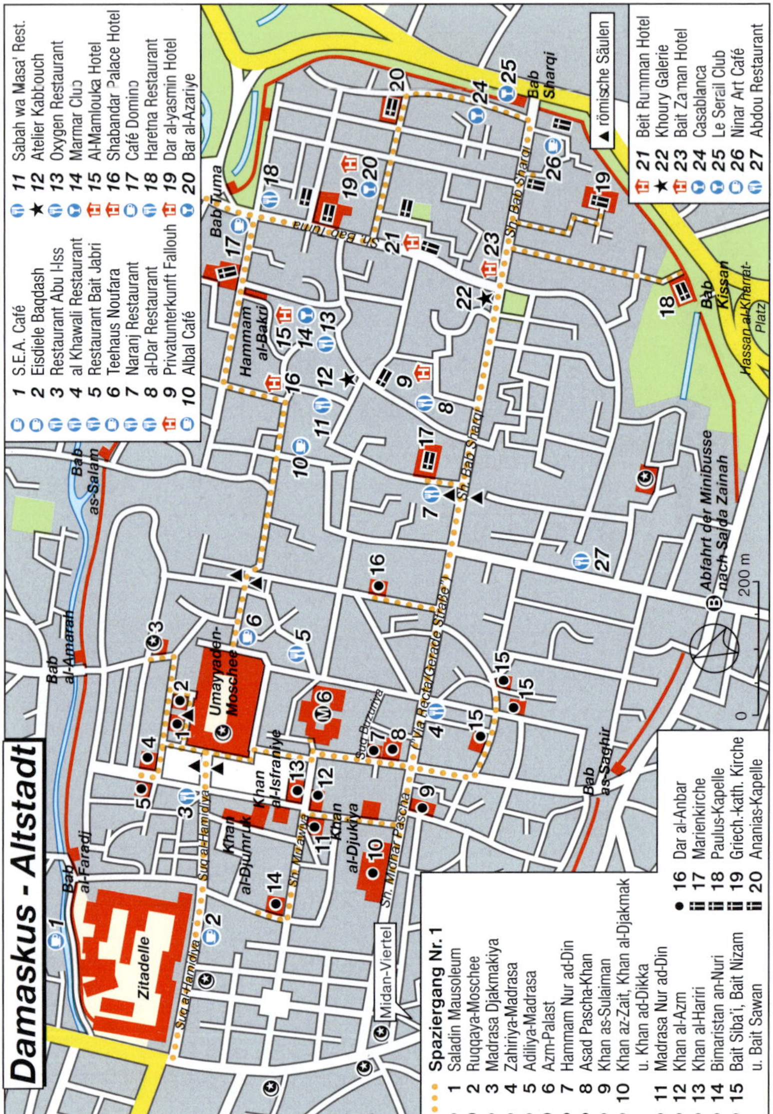
Damaskus - Altstadt
1 S.E.A. Café
2 Eisdiele Baqdash
3 Restaurant Abu l-Iss
4 al Khawali Restaurant
5 Restaurant Bait Jabri
6 Teehaus Noufara
7 Naranj Restaurant
8 al-Dar Restaurant
9 Privatunterkunft Fallouh
10 Albal Café
11 Sabah wa Masa' Rest.
12 Atelier Kabbouch
13 Oxygen Restaurant
14 Marmar Club
15 Al-Mamlouka Hotel
16 Shabandar Palace Hotel
17 Café Domino
18 Haretna Restaurant
19 Dar al-yasmin Hotel
20 Bar al-Azariye
21 Beit Rumman Hotel
22 Khoury Galerie
23 Bait Zaman Hotel
24 Casablanca
25 Le Serail Club
26 Ninar Art Café
27 Abdou Restaurant
Spaziergang Nr. 1
1 Saladin Mausoleum
2 Ruqqaya-Moschee
3 Madrasa Djakmakiya
4 Zahiriya-Madrasa
5 Adiliya-Madrasa
6 Azm-Palast
7 Hammam Nur ad-Din
8 Asad Pascha-Khan
9 Khan as-Sulaiman
10 Khan az-Zait, Khan al-Djakmak u. Khan ad-Dikka
11 Madrasa Nur ad-Din
12 Khan al-Azm
13 Khan al-Hariri
14 Bimaristan an-Nuri
15 Bait Siba'i, Bait Nizam u. Bait Sawan
16 Dar al-Anbar
17 Marienkirche
18 Paulus-Kapelle
19 Griech.-kath. Kirche
20 Ananias-Kapelle
römische Säulen
Zitadelle
Umayyaden-Moschee
Bab al-Faradj
Bab al-Amarah
Bab as-Salam
Bab Tuma
Bab Sharqi
Bab Kissan
Bab as-Saghir
Hammam al-Bakri
Khan al-Djumruk
Khan al-Isfraniye
Khan al-Djukmiya
Suq al-Hamidiya
Suq Bzuriya
Sh. Mu'awiya
Sh. Midhat Pascha
"Via Recta/Gerade Straße"
Sh. Bab Sharqi
Sh. Bab Tuma
Midan-Viertel
Hassan al-Kharrat-Platz
Abfahrt der Minibusse nach Saida Zainah
0
200 m